アメリカの国立公園

National Parks in the U.S.A.

COVER STORY

カリフォルニアでゴールドラッシュが始まった翌年、シエラネバダの森の奥で先住民を追っていた民兵隊が、とある峡谷の入口に到達。その神秘的な景観に誰もが天国の門の前へ来たと思い、静かに銃を置いたといいます。白人初といわれるヨセミテの発見は15年後、世界初の景観保護区誕生につながりました。コロナ禍を乗り越え、再び旅に出られる喜びと感謝を込めて、自然保護運動の原点となったヨセミテ国立公園を表紙に。

地球の歩き方 編集室

出発前に必ずお読みください！　旅のトラブルと安全情報…P.52、82、224、410、497、500

MAPS

おもなコラム

本書で用いられる記号・略号

 UNESCO の世界遺産に登録されている

 大型野生動物との出会いが期待できる

 一面の花畑が楽しめる（季節による）

 オンシーズンなら車がなくても見学できる

 熱中症に注意（春～秋）

 低体温症に注意（特に秋～春）

 崖からの転落に注意

 鉄砲水に注意

 ハイキング中の遭難に注意

住 住所

☎ 電話番号
（一部を除き市内通話は最初の3ケタは不要）

Free アメリカ国内は料金着信者払いの無料電話で、1800、1888、1877、1866、1855、1844、1833で始まる番号。日本からは有料

FAX ファクス番号

URL ウェブサイトアドレス（http:// は省略）

開営 開館時間、営業時間

休 休館日、休業日

運行 バスなどの運行時間

所要 所要時間

料 料金

Ranger レンジャープログラム（→ P.46）

Wi-Fi ワイヤレスインターネット
Ave. Avenue
Blvd. Boulevard
Dr. Drive
Hwy. Highway
Rd. Road
St. Street
E. East
N. North
S. South
W. West

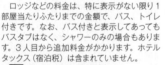

本書では、National Park を国立公園、National Monument を国定公園と表記しています。山や川などは、なるべく現地での呼び方に近い音で表記しています。

キャニオン Canyon 峡谷
クリーク Creek 小川
グローブ Grove 森
メドウ Meadow 草地、湿原
マウント Mount 山
マウンテン Mountain 山
オーバールック Overlook 展望台
ポイント Point 岬、突端
パス Pass 峠
リム Rim 断崖の縁

各公園の周辺マップです。ゲートシティやほかの公園との位置関係がわかります

アメリカ全図で詳しい場所を見つけやすいよう、公園のおよその位置を◆で示してあります

各公園の基本データです。開館時間、入園料、面積などの情報を記載しています。**適期** は、一般的な観光で訪れるのに適した時期を示しています

宿泊施設　ロッジなどの料金は、特に表示がない限り1部屋当たりふたりまでの金額で、バス、トイレ付きです。なお、バス付きと表示してあってもバスタブはなく、シャワーのみの場合もあります。3人目から追加料金がかかります。ホテルタックス（宿泊税）は含まれていません。

on オンシーズンの宿泊料金
off オフシーズンの宿泊料金

シーズンは公園によって異なります。スキー場の近くなど、真冬の料金が最も高くなる場所もあります。

なお、「朝食付き」とあるのは、パン、ドーナツ、コーヒー程度の簡単な朝食のことです。「フルブレックファスト付き」とある場合は、さらにベーコン、卵、果物などが出されます（内容は宿によって異なります）。

地 図

40	インターステートハイウエイ
———	有料道路 Toll Road
30	国道 US Hwy.
5	州道 State Hwy.
———	未舗装路
Ⓣ	料金ゲート
⟵	一方通行
----------	ハイキングトレイル
━━━	鉄道
✈	空港
ℹ	ビジターセンター
🏨	ロッジ、ホテル
⛺	キャンプ場
⛺	キャンプ場（季節限定オープン）
⛽	ガスステーション
🚢	遊覧船のりば
●	展望台
Ⓟ	駐車場
🚻	トイレ
🚰	飲料水

※ビジターセンターや
ロッジ、キャンプ場に
は、これらはあって
当然なので、表記し
ていません

トレイル

　本書では、ハイキングコースや遊歩
道を**トレイル Trail**、その出発点を**ト
レイルヘッド Trailhead** と表記して
います。所要時間は、平均的な体力
の人が平均的なペースで歩いた場合
を示しています。小休止の時間は含ま
れていますが、食事休憩などの時間
は含まれていません（→ P.488）。

初級 30分〜1時間程度の短いコース、
あるいは平坦でラクなコース

中級 数時間程度のコース、あるいは
勾配があって少々体力を必要とする
コース

上級 丸一日かかるロングコース、あ
るいは急勾配のコース、転落の危険
がともなうコースなど

クレジットカード

Ⓐ アメリカン・エキスプレス
Ⓓ ダイナース・クラブ
Ⓙ JCB
Ⓜ マスターカード
Ⓥ ビザ

（掲載物件とカード会社との契約が解消
されることもあります）

NOTES	SIDE TRIP	Trivia
追加情報	寄り道情報	豆知識

Reatle's Voice	⚠
投稿記事	注意、危険情報

■掲載情報のご利用にあたって

編集部では、できるだけ最新で正確な情報を掲載するよ
う努めていますが、現地の規則や手続きなどがしばしば
変更されたり、またその解釈に見解の相違が生じることも
あります。このような理由に基づく場合、または弊社に重
大な過失がない場合は、本書を利用して生じた損失や不
都合について、弊社は責任を負いかねますのでご了承くだ
さい。また、本書をお使いいただく際は、掲載されている
情報やアドバイスがご自身の状況や立場に適しているか、
すべてご自身の責任でご判断のうえでご利用ください。

■現地取材および調査時期

本書は、2023年夏〜秋の取材調査データを基に編集
されています。しかしながら時間の経過とともにデータ
の変更が生じることがあります。特にロッジやモーテル
などの料金は、旅行時点では変更されていることも多
くあります。したがって、本書のデータはひとつの目安
としてお考えいただき、現地では観光案内所などで、
できるだけ新しい情報を入手してご旅行ください。

■新型コロナウイルス感染症について

新型コロナウイルス（COVID-19）の感染症危険情報に
ついて、日本外務省より全世界に発出されていたレベル
1（十分注意してください）は、2023年5月8日に解
除されましたが、渡航前に必ず外務省のウェブサイトに
て最新情報をご確認ください。
◎外務省 海外安全ホームページ・アメリカ合衆国危険
情報 **URL** anzen.mofa.go.jp/info/pcinfectionspot
hazardinfo_221.html#ad-image-0

■発行後の情報の更新と訂正情報について

発行後に変更された掲載情報や訂正箇所は、『地球の
歩き方』ホームページ「更新・訂正情報」で可能なかぎ
り案内しています（ホテル、レストラン料金の変更など
は除く）。ご旅行の前にお役立てください。
URL www.arukikata.co.jp/travel-support

投稿記事について

投稿記事は、多少主観的になっても原文にできるだ
け忠実に掲載してありますが、データに関しては編
集部で追跡調査を行っています。投稿記事のあとに
（東京都　○○　'22）とあるのは、寄稿者と旅行年度
を表しています。ただし、ホテルなどの料金を追跡
調査で新しいデータに変更している場合は、寄稿者
データのあとに調査年度を入れ［'23］としています。
　なお、ご投稿をお送りいただく場合はP.472をご
覧ください。

アメリカ合衆国の基本情報

国　旗
Stars and Stripes　13 本のストライプは 1776 年建国当時の州の数、50 の星は現在の州の数を表す。

正式国名
アメリカ合衆国 United States of America
アメリカという名前は、イタリアの探検家でアメリカ大陸を確認したアメリゴ・ベスプッチのファーストネームから取ったもの。

国　歌
Star Spangled Banner

面　積
約 962 万 8000km²。日本の約 25 倍（日本は約 37 万 8000km²）

人　口
約 3 億 3330 万人

首　都
ワシントン特別行政区 Washington, District of Columbia

全米 50 のどの州にも属さない連邦政府直轄の行政地区。人口は約 67 万人。経済の中心は東部のニューヨーク市。

元　首
ジョー・R・バイデン大統領 Joe R. Biden, Jr.

政　体
共和制　大統領制　連邦制（50 州）

人種構成
白人 59.3%、ヒスパニック系 18.9%、アフリカ系 13.6%、アジア系 6.3%、アメリカ先住民 1.3% など。

宗　教
キリスト教が主流。宗派はプロテスタント（バプテストなど）、カトリックが多いが、地域によって分布に偏りがある。少数だがユダヤ教、イスラム教など。

言　語
主として英語だが、法律上の定めはない。スペイン語も広域にわたって使われている。

通貨と為替レート

▶旅の予算とお金
→ P.475

通貨単位はドル（$）とセント（¢）。$1＝149.55円（'23年11月6日現在）。紙幣は1、5、10、20、50、100ドル。なお、50、100ドル札は、小さな店では扱わないこともあるので注意。硬貨は1、5、10、25、50、100セント（＝$1）の6種類だが、50、100セント硬貨はあまり流通していない。

$1　　$5

25¢

10¢

$10　　$20

5¢　　1¢

出入国

▶出発までの手続き
→ P.477

ビザ
90 日以内の観光、商用が目的ならば基本的にビザは不要。ただし、頻繁にアメリカ入出国を繰り返していたり、アメリカでの滞在が長い人は入国を拒否されることもある。なお、ビザ免除者は

ESTA による電子渡航認証の取得が義務づけられている。

パスポート
パスポートの残存有効期間は、入国日から少なくとも 90 日以上が必要。

電話のかけ方

▶電話→ P.494

日本からの電話のかけ方　**例**ロスアンゼルス（213）123-4567 へかける場合

事業者識別番号 **0033**（NTTコミュニケーションズ）**0061**（ソフトバンク）携帯電話の場合は不要	＋	国際電話識別番号 **010** ※	＋	アメリカの国番号 **1**	＋	市外局番（エリアコード）**213**	＋	相手先の電話番号 **123-4567**

※携帯電話の場合は 010 のかわりに「0」を長押しして「＋」を表示させると、国番号からかけられる
※ NTT ドコモ（携帯電話）は事前に WORLD CALL の登録が必要

直行便の場合、成田からロスアンゼルスまで約 9 時間 50 分、シカゴまで約 11 時間 50 分、デンバーまで約 10 時間 30 分、ニューヨークまで約 12 時間 30 分。

日本からの
フライト

国立公園の場所や季節によって気候はさまざま。例えば、グランドキャニオンとデスバレーは北緯 36 度付近に位置しているが、標高が違うため、気候条件もかなり異なっている。訪問する前に必ず気象情報を確認のうえ、条件に合った服装や装備の準備を行うこと。

気　候

▶ 各国立公園のデータ
をご参照ください

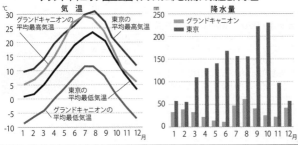

グランドキャニオン国立公園（サウスリム）と東京の気温と降水量

州によって祝日となる日（※印）に注意。なお、店舗などで「年中無休」をうたっているところでも、元日、サンクスギビングデイ、クリスマスの 3 日間はほとんど休み。また、メモリアルデイからレイバーデイにかけての夏休み期間中は、営業時間などのスケジュールを変更するところが多い。

祝祭日
（連邦政府の祝日）

1 月	1/1	元日　New Year's Day
	第 3 月曜	マーチン・ルーサー・キング牧師の日 Martin Luther King Day
2 月	第 3 月曜	大統領の日　Presidents' Day
3 月	3/17 ※	セント・パトリック・デイ St. Patrick's Day
4 月	第 3 月曜 ※	愛国者の日 Patriots' Day
5 月	最終月曜	メモリアルデイ（戦没者追悼記念日）Memorial Day
6 月	6/19 ※	ジューンティーンス（奴隷解放記念日）Juneteenth
7 月	7/4	独立記念日 Independence Day
9 月	第 1 月曜	レイバーデイ（労働者の日）Labor Day
10 月	第 2 月曜 ※	コロンブス記念日 Columbus Day
11 月	11/11	ベテランズデイ（退役軍人の日）Veterans Day
	第 4 木曜	サンクスギビングデイ（感謝祭）Thanksgiving Day
12 月	12/25	クリスマス Christmas Day

注：祝日が土曜に当たる場合は前日、日曜の場合は翌日が振替休日となる

アメリカから日本へかける場合　　例 東京 (03) 1234-5678、または (090) 1234-5678 へかける場合

| 国際電話識別番号 **011** | ＋ | 日本の国番号 **81** | ＋ | 市外局番と携帯電話の最初の 0 を除いた番号 **3** または **90** | ＋ | 相手先の電話番号 **1234-5678** |

※公衆電話から、日本にかける場合は上記のとおり。ホテルの部屋からは、外線につながる番号を頭に付ける。

▶ アメリカ国内通話

▶ 公衆電話のかけ方

市内へかける場合は市外局番は不要。市外へかける場合は最初に 1 をダイヤルし、市外局番からダイヤルする。
① 受話器を持ち上げ、発信音を確認する。
② 都市により異なるが、最低通話料 50¢ を入れ、相手先の電話番号を押す（プリペイドカードの場合はアクセス番号を入力し、ガイダンスに従って操作する）。
③「初めの通話は○分○ドルです」とのアナウンスに従って、案内された額以上の金額を投入する。

ビジネスアワー

以下は一般的な営業時間の目安。業種、立地条件などによって異なる。スーパーは7:00〜22:00くらい。都市部のオフィス街、国立公園内のスーパーや売店は19:00頃に閉店することが多い。

銀　行　月〜金9:00〜17:00。土曜午前中のみ営業する店もある。

デパートやショップ
月〜土10:00〜21:00、日12:00〜18:00
レストラン
朝からオープンしているのはレストランというより気軽なコーヒーショップ。朝食7:00〜10:00、昼食11:30〜14:00、ディナー17:30〜22:00。バーは深夜まで営業。

電圧とプラグ

電圧とプラグ
電圧は120ボルト。3つ穴プラグ。100ボルト、2つ穴プラグの日本製品も使えるが、電圧数がわずかではあるが違うので注意が必要。特にドライ

ヤーや各種充電器などを長時間使用すると過熱する場合もあるので、時間を区切って使うなどの配慮が必要。

映像方式

ビデオ・DVD・ブルーレイ映像方式
ビデオは日米ともにNTSC方式、ブルーレイのリージョンコードは日米ともに「A」なので、両国のソフトはお互いに再生可能。ただし、DVDのリージョンコードはアメリカ「1」に対し日本「2」

のため、「ALL CODE」の表示のあるソフト以外はお互いに再生できない。

チップ

▶ **チップについて**
→ P.493

レストラン、タクシー、ホテルの宿泊（ベルチップやベッドメイキング）など、サービスを受けたときにチップを渡すのが慣習となっている。額は、特別なことを頼んだ場合や満足度によっても異なるが、以下の相場を参考に。
レストラン
合計金額の18〜20%。サービス料が含まれている場合は、小銭程度をテー

ブルやトレイに残して席を立つ。
タクシー
運賃の約15〜20%（最低でも$2〜3）。
ホテル宿泊
ベルチップは荷物の大きさや個数によって、ひとつにつき$2〜5。荷物が多いときはやや多めに。
ベッドメイキングは枕元やサイドテーブルに$2〜5。

飲料水

水道の水をそのまま飲むこともできるが、ミネラルウオーターを購入するのが一般的。スーパーやコンビニ、ドラッグストアなどで販売している。

郵　便

▶ 郵便→ P.496

郵便料金
日本への航空便は封書、はがきともに$1.45。規定の封筒や箱に入れるだけの荷物を定額で郵送できるタイプもある。
町によって営業時間は多少異なる。一般的な局は平日の9:00〜17:00くらい。

時差とサマータイム

アメリカ本土内には4つの時間帯がある。東部標準時 Eastern Time（EST：エバーグレーズ N.P.、ニューヨークなど）は日本時間マイナス14時間、中部標準時 Central Time（CST：シカゴなど）はマイナス15時間、山岳部標準時 Mountain Time（MST：イエローストーン N.P.、デンバーなど）はマイナス16時間、太平洋標準時 Pacific Time（PST：ヨセミテ N.P.、ロスアンゼルスなど）はマイナス17時間。夏はデイライト・セービング・

タイム（夏時間）を採用し、1時間時計の針を進める州がほとんど。なお、アリゾナ州は夏時間を採用していないため、夏時間中は MST のグランドキャニオンと PST のラスベガスは同時刻となる。ただしナバホ族居留地 Navajo Nation はアリゾナ州でも夏時間を採用。居留地内にあるモニュメントバレーは、夏時間中は同じアリゾナ州にあるグランドキャニオン（→ P.64 欄外）やペイジ（レイクパウエル→ P.107 欄外）より1時間進んでいる。

物を購入するときにかかるセールスタックス Sales Tax とホテルに宿泊するときにかかるホテルタックス Hotel Tax がある。また、レストランで食事をした場合はセールスタックスと同額の税金、またそれに上乗せした税金がかかる。率（％）は州や市によって異なる。スーパーなどの生鮮食料品のセールスタックスは 0％、または低率。

税　金

TAX

日本人が遭いやすい犯罪は、置き引き、ひったくりなど。犯行は複数人で及ぶことが多く、犯行グループのひとりが気を引いているすきに、他のひとりが財布を抜いたり、かばんを奪ったりする。日本語で親しげに話しかけ、言葉巧みにお金をだまし取るケースも多い。日本から1歩でも出たら「ここは日本ではない」という意識を常にもつことが大切。

警察・救急車・消防署　911

安全とトラブル

▶旅のトラブルと安全対策
→P.497

州によって異なるが、飲酒可能な年齢はほぼ 21 歳から。場所によっては、お酒を買うときにも身分証明書の提示を求められる。ライブハウスなどお酒のサーブがあるところも身分証明書が必要。アメリカでは若年層の交通事故がとても多く、大手レンタカー会社では一部の例外を除き 25 歳以上にしか貸し出さない。21 歳以上 25 歳未満の場合は割増料金が必要なことが多い。

年齢制限

▶マナーについて
→P.493

度量衡

距離や長さ、面積、容量、速度、重さ、温度など、ほとんどの単位が日本の度量衡とは異なる。

長さ

センチメートル(cm)	メートル(m)	キロメートル(km)	インチ(inch)	フィート(feet)	ヤード(yard)	マイル(mile)
1	0.01	—	0.394	—	—	—
100	1	0.001	39.37	3.28	1.09	—
10万	1000	1	39370	3281	1094	0.62
2.54	—	—	1	0.083	0.028	—
30.48	0.305	—	12	1	0.333	—
91.44	0.914	—	36	3	1	—
—	1609	1.61	—	—	1760	1

面積

平方メートル(m²)	平方キロメートル(km²)	坪	スクエアフィート(ft²)	平方ヤード(yd²)	ヘクタール(ha)	エーカー(acre)
1	—	0.3025	10.764	1.196	—	—
100万	1	30万2500	—	—	100	247.11
3.306	—	1	3万5586	3.954	—	—
0.092	—	0.028	1	0.111	—	—
0.836	—	0.2529	9.00	1	—	—
—	0.01	3025	—	—	1	2.471
—	0.004	—	—	—	0.4	1

男性服のサイズ（cm）

サイズ	S	M	L	X-Large
首まわり	35.5~37	38~39	40.5~42	43~44.5
胸囲	86.5~91.5	96.5~101.5	106.5~112	117~122
ウエスト	71~76	81~86.5	91.5~96.5	101.5~106.5
袖丈	82.5~84	85~86.5	87.5~89	90~91.5

婦人用のサイズ（cm）

サイズ	0	2	4	6	8	10	12	14	16
バスト	81~83	83~85	85~87	87~89	89~92	92~95	95~98	98~102	102~106
ウエスト	63~66	66~68	68~71	71~73	73~76	76~79	79~83	83~87	87~92
ヒップ	89~91	91~93	93~94	94~96	96~99	99~102	102~105	105~109	109~113

重さ

グラム(g)	キログラム(kg)	オンス(oz)	ポンド(lb)
1000	1	35.27	2.205
28.3	0.0283	1	0.063
454	0.454	16	1

身長

フィート/インチ(ft)	5'0"	5'6"	6'0"
センチメートル(cm)	152.4	167.6	182.9

体重

ポンド(lbs)	100	150	180
キログラム(kg)	45.4	68.0	81.7

靴のサイズ（cm）

紳士用 サイズ	6	6½	7	7½	8	9	10	11
cm	24	24.5	25	25.5	26	27	28	29

婦人用 サイズ	4	4.5	5	5.5	6	6.5	7	7.5	8
cm	21.5	22	22.5	23	23.5	24	24.5	25	

ワイシャツのサイズ（cm）

サイズ(inch)	14	14½	15	15½	16	16½
首まわり	36	37	38	39	40	42

インチ早見表

inch	20	25	30	35	40	45	50
cm	50.8	63.5	76.2	88.8	101.6	114.3	127.0

スーツ・コート類のサイズ（cm）

サイズ	S	M	L	X-Large
身長	160~171	172~181	182~192	193以上

日米Tシャツのサイズ

アメリカ	XS	S	M	L
日本	S	M	L	LL

長さ・距離
1インチ(inch)≒2.54cm
1フィート(foot)=12インチ≒30.48cm
1ヤード(yard)=3フィート(feet)≒91.44cm
(feetはfootの複数形)
1マイル(mile)≒1.6km

重さ
1オンス(ounce)≒28.35g
1ポンド(pound)≒453.6g

体積
1パイント(pint)≒473mℓ
1ガロン(gallon)≒3.785ℓ

温度

華氏＝（摂氏×9/5）+32　　摂氏＝（華氏-32）×5/9

華氏／摂氏温度早見表　　（氷点）　　　　　　　　　　　（沸点）

摂氏℃	-20	-10	0	10	20	30	40	100
華氏℉	-4	14	32	50	68	86	104	212

時差表

日本時間	0	1	2	3	4	5	6	7	8	9	10	11	12	13	14	15	16	17	18	19	20	21	22	23
東部標準時（EST）	10	11	12	13	14	15	16	17	18	19	20	21	22	23	0	1	2	3	4	5	6	7	8	9
中部標準時（CST）	9	10	11	12	13	14	15	16	17	18	19	20	21	22	23	0	1	2	3	4	5	6	7	8
山岳部標準時（MST）	8	9	10	11	12	13	14	15	16	17	18	19	20	21	22	23	0	1	2	3	4	5	6	7
太平洋標準時（PST）	7	8	9	10	11	12	13	14	15	16	17	18	19	20	21	22	23	0	1	2	3	4	5	6

※ 3月第2日曜（深夜2:00）から11月第1日曜（深夜2:00）まではデイライト・セービング・タイムを実施している。夏時間は時計の針を1時間進める政策。なお、赤い部分は日本時間の前日を示している。

America the

ノース・コヨーテビュート（→ P.118）

アメリカは、世界で初めて国立公園という概念を実現させた国であり、自然保護運動発祥の地である。大陸があまりにも巨大だったために発見が遅れ、自然の厳しさゆえに開発から取り残され、その結果、世界的にも比類のない貴重な自然と動植物が、ほとんど手つかずのまま残された。この驚くべき景観を造り出した大自然の力と、大自然に畏敬の念をもって暮らしてきた先住民と、およそ160年も前から、これを守ろうと尽力してきた人々。本当に偉大なるアメリカの姿が、ここにある。

 UNESCO 世界遺産（→ P.42）

クレーターレイク国立公園（→ P.288）

Great!

ブライスキャニオン国立公園 (→ P.136)

シップロック (→ P.187)

グレイシャー国立公園 (→ P.384)

ヨセミテ国立公園 (→ P.208)

デビルスタワー国定公園 (→ P.438)

◈ グランドキャニオン国立公園 (→ P.60)

バッドランズ国立公園 (→ P.428)

アーチーズ国立公園 (→ P.156)

14 　ホワイトサンズ国立公園 (→ P.458)

イエローストーン国立公園（→ P.328）

マウントレニエ国立公園（→ P.302）

America the Great!

モニュメントバレー（→ P.174）

トッドストゥール（→ P.119）

アメリカの国立公園

入園者数 (2022年)

1. Great Smoky Mountains ⊚ （ノースカロライナ／テネシー州） — 1294万人
2. グランドキャニオン (→ P.60) ⊚ — 473万人
3. ザイオン (→ P.120) — 469万人
4. ロッキーマウンテン (→ P.412) — 430万人
5. Acadia（メイン州）— 397万人
6. ヨセミテ (→ P.208) ⊚ — 367万人
7. イエローストーン (→ P.328) ⊚ — 329万人
8. グレイシャー (→ P.384) ⊚ — 291万人
9. グランドティトン (→ P.364) — 281万人
10. オリンピック (→ P.314) ⊚ — 243万人

面積 (2023年)

1. デスバレー (→ P.262) — 1万3790km²
2. イエローストーン (→ P.328) — 8984km²
3. エバーグレーズ (→ P.464) ⊚ — 5668km²
4. グランドキャニオン (→ P.60) — 4863km²
5. グレイシャー (→ P.384) — 4100km²

※48州の国立公園のみ。アメリカ最大は Wrangell-St Elias National Park（アラスカ州）で3万3680km²。最小は Wolf Trap National Park for the Performing Arts（バージニア州）で0.53km²

なんでもランキング

国立公園局の管理する土地の面積が広い州

1.	アラスカ	22万**1200**km
2.	カリフォルニア	3万**3230**km
3.	アリゾナ	1万**1930**km
4.	フロリダ	1万**680**km
5.	ワイオミング	**9698**km

創設の古い公園

1.	イエローストーン（→ P.328）	1872年3月1日
2.	セコイア（→ P.248）	1890年9月25日
3.	ヨセミテ（→ P.208）	1890年10月1日
4.	マウントレニエ（→ P.302）	1899年3月2日
5.	クレーターレイク（→ P.288）	1902年5月22日

※最新は2020年に創設された New River Gorge National Park（ウエストバージニア州）

Most Extreme National Parks

最も暑い公園	最も乾いた公園	標高の低い公園	標高の高い公園（アラスカを除く）
デスバレー	**デスバレー**	**デスバレー**	**セコイア**
6〜8月は50℃前後。最高記録は56.67℃！	年間50mm以下（日本の年平均降水量1718mm）	最低地点−86m	最高地点4421m

最も寒い公園（アラスカを除く）	最も雨の多い公園	積雪の多い公園	標高の高い車道
イエローストーン	**オリンピック**	**マウントレニエ**	**ロッキーマウンテン**
12〜2月は−10℃以下。最低記録は−54℃	平均年間降水量3660mm	平均年間16m	最高地点3713m

春におすすめの公園

1. グランドキャニオン ◎ (→ P.60)

峡谷の中も崖の上も多くの花で彩られる。日が長い時期は峡谷内を歩くにも最適

2. デスバレー (→ P.262)

普段は地平線まで続く荒涼とした風景だが、3月頃、野草が一斉に花を咲かせ、巨大な黄色い絨毯が現れる

3. クレーターレイク (→ P.288)

リムドライブが開通してすぐの頃、まだ外輪山は雪に覆われている。湖の深い青と雪とのコントラストが鮮やか

夏におすすめの公園

1. マウントレニエ (→ P.302)

パラダイス、サンライズともに高山植物の群落がすばらしい。トレイルを歩けば多彩な花々が次々に現れる

2. グレイシャー ◎ (→ P.384)

ローガンパスではマウンテンゴートが残雪の上を歩き、メニーグレイシャーではルピナスの大群落が訪れた人を魅了する

3. メサベルデ ◎ (→ P.198)

断崖に4700以上の先住民遺跡が残るが、夏になると魅力的な遺跡のあるウェザリルメサへの道路がオープンする

秋におすすめの公園

1. ザイオン (→ P.120)

グランドサークルで最も紅葉・黄葉が美しいのがココ。例年11月中旬頃まで楽しめる

2. グランドティトン (→ P.364)

新雪をかぶったティトン山脈とアスペン（アメリカヤマナラシ）の黄葉の組み合わせは写真家にも大人気

冬におすすめの公園

1. ブライスキャニオン (→ P.136)

馬蹄形の断崖が雪に覆われると、尖塔群のオレンジピンクが映えていっそう美しい。積雪によっては州道が閉鎖されることもある

2. アーチーズ (→ P.156)

こちらの奇岩も雪化粧がよく似合う。国道や町が近く、積雪による道路閉鎖が少ないのもうれしい

星空の観察におすすめの公園

1. ブライスキャニオン

2. モニュメントバレー (→ P.174)

3. デスバレー

4. アーチーズ

5. ナチュラルブリッジ (→ P.186)

野生動物との出会いが期待できる公園

1. イエローストーン&グランドティトン
バイソン、エルク、ムース、プロングホーン、ハクトウワシ、グリズリーベア、ブラックベア、ハイイロオオカミほか

2. バッドランズ（→ P.428）
バイソン、プレーリードッグ、ビッグホーンシープほか

3. グレイシャー
マウンテンゴート、ムース、シラガマーモット、ビッグホーンシープ、グリズリーベアほか

4. マウントレニエ
シラガマーモット、シマリス、オグロジカ、ナキウサギ、ブラックベアほか

5. グランドキャニオン
キンイロジリス、シマリス、エルク、カリフォルニアコンドル、バイソン（ノースリム）、ワタオウサギほか

車窓からの眺めがすばらしい公園

1. グランドティトン
国道側もパークロード側も絶景の連続。ティトン山脈は常に西に見えているので、後部座席に足の不自由な同乗者がいるなら、座る位置と走行方向を考慮しよう

2. グレイシャー
ゴーイング・トゥ・ザ・サン・ロードでのロッキー越えは、死ぬまでに見ておきたい絶景そのもの

3. サワロ
高さ 10m 以上もある巨大なサボテンが、地平線までニョキニョキ、ニョキニョキ！

4. ホワイトサンズ
世界最大の石膏砂丘。右も左も車道そのものも真っ白！

5. マウントレニエ
パークロード沿いにリフレクションレイクなどの絶景ポイントが数ヵ所ある

車椅子のまま楽しめる公園

1. グランドキャニオン
ウエストリムなら道路から峡谷を見ることができる。3 ～ 11 月はシャトルバスのみ（一般車進入禁止）だが、車椅子の同乗者がいる場合は通行許可証をもらえる（→ P.47）

2. ヨセミテ
おすすめはバレービューとトンネルビュー。グレイシャーポイントは少々勾配のある舗装道を 280m 移動する

3. クレーターレイク
湖をぐるりと一周するリムドライブの途中に、車椅子対応の展望台が数ヵ所ある

4. キャニオンランズ
グランド・ビュー・ポイントとグリーンリバー展望台が特におすすめ。それぞれ 100m ほど移動が必要

5. デスバレー
おもな展望台の多くが車椅子可で、ザブリスキーポイントを除けば勾配もほとんどない

編集部厳選！

とびっきりのトレイル

Beginner　初級

短いトレイルでも
飲料水を
忘れずに！

ガイザーヒル ループ
➡ P.341

@ イエローストーン

1周：約1時間	
標高差：15m	

ビアシュタット レイク
➡ P.420

@ ロッキーマウンテン

下り：約2時間

標高差：215m

センチネル ドーム
➡ P.237

@ ヨセミテ

往復：1〜2時間

標高差：140m

Intermediate　中級

絶景に次ぐ絶景
ぜ〜んぶ
歩いてみて！

ブラッドリー・ タガート・ループ
➡ P.375

@ グランドティトン

1周：約3時間

標高差：262m

セカンド バロー
➡ P.311

@ マウントレニエ

1周：約4時間

標高差：274m

シーダー リッジ
➡ P.86

@ グランドキャニオン

往復：2.5〜4時間

標高差：366m

Advanced　上級

歩く時間や
季節を選んで
安全に楽しもう

アッパー・ ヨセミテ滝
➡ P.238

@ ヨセミテ

往復：6〜9時間

標高差：823m

プラトー ポイント
➡ P.86

@ グランドキャニオン

往復：7〜12時間

標高差：939m

※ 2025年3月頃まで閉鎖の予定

（ハイキングコース）

ハイキングについて詳しくは
➡ P.82、 P.488

Enjoy Hiking

タフト ポイント
➡ P.237

@ ヨセミテ

往復：1〜2時間

標高差：76m

インスピレーション ポイント
➡ P.278

@ チャネル諸島

1周：約1時間

標高差：ほとんどなし

スタウト グローブ
➡ P.283

@ レッドウッド

1周：30分〜1時間

標高差：ほとんどなし

コングレス
➡ P.253

@ セコイア

1周：1〜2時間

標高差：70m

グリネル 氷河
➡ P.402

@ グレイシャー

往復：6〜8時間

標高差：490m

ナバホループ
➡ P.144

@ ブライスキャニオン

1周：1〜2時間

標高差：167m

※2023年11月現在閉鎖中

スカイライン
➡ P.309

@ マウントレニエ

1周：4〜5時間

標高差：518m

デリケート アーチ
➡ P.164

@ アーチーズ

往復：2〜3時間

標高差：146m

ハイライン
➡ P.401

@ グレイシャー

下り：6〜8時間

標高差：732m

エンジェルス ランディング
➡ P.131

@ ザイオン

往復：4〜5時間

標高差：453m

※抽選許可制

パノラマ
➡ P.234

@ ヨセミテ

下り：6〜8時間

標高差：975m

グランドキャニオン 横断
➡ P.104

@ グランドキャニオン

片道：2日

標高差：1732m

グランドキャニオン・サウスリム

(A) ビレッジより西に続く9つの展望台（→ P.74）へは無料シャトルが連れていってくれる（3～11月のみ）

(B) 遠くの展望台まで行くバスツアー、ミュール（乗馬）、遊覧ヘリなどは各ロッジにあるデスクで申し込む

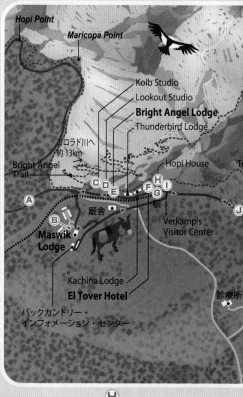

Hopi Point
Maricopa Point
Kolb Studio
Lookout Studio
Bright Angel Lodge
Thunderbird Lodge
コロラド川へ約13km
Bright Angel Trail
Hopi House
Tr
厩舎
駅
Verkamp's Visitor Center
Maswik Lodge
Kachina Lodge
El Tover Hotel
バックカントリー・インフォメーション・センター
診療所

(C) 写真集などが豊富なコルブスタジオ（→ P.71）

翼に付いたナンバータグを探そう

(D) ルックアウトスタジオの階下はコンドル（→ P.79）の観察に最適

(E) 立地と安さで人気のブライトエンジェル・ロッジ（→ P.94）

先住民グッズが買えるホピハウス

(G) 左／木造で趣のある鉄道駅がビレッジの中心　下／サウスリムへは観光列車で訪れることもできる。日によってはSLも走る（→ P.64）

(H)

(F) 由緒あるエルトーバー・ホテルなど断崖沿いに4軒のロッジが並ぶが、残念ながら眺望のよい客室はわずかだ

(I) 規模は小さいが、ビレッジ内にあって便利なビジターセンター

(J) 3ルートの無料シャトルが日の出前から走っていて便利（→ P.72）

Grand Canyon South Rim

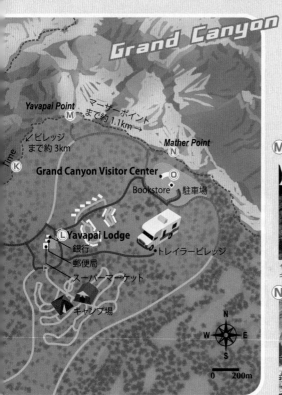

凡例:
- ┈┈ 線路
- ┈┈ トレイル
- ── 車道
- ← ハーミッツルート ┐
- ← ビレッジルート ├ シャトルバス
- ← カイバブ・リムルート ┘
- ◀ バスストップの位置と進行方向

Yavapai Point Ⓜ マーサーポイント まで約 1.1km→

↙ビレッジ まで約 3km

Mather Point Ⓝ

Grand Canyon Visitor Center

Ⓞ

Bookstore 駐車場

Ⓛ **Yavapai Lodge**
- 銀行
- 郵便局
- スーパーマーケット
- キャンプ場

↙トレイラービレッジ

N W E S

0　200m

ヤバパイポイント（→ P.73）にはミニ博物館＆
ギフトショップがある

各国語の驚嘆の声が1日中飛び交っている
マーザーポイント

Ⓚ

ヤバパイポイントからビレッジまでのリム沿いには、峡谷の岩石が展
示されている。1m＝100万年として時を遡りながら、各年代の地層
を見ることができる

＼大きな説明パネルに／
蛇口が付いてるよ

Ⓞ

夏は乾燥していて
暑い。峡谷の対岸
から引いてきた水
飲み場（→ P.90）
が各所に用意され
ている

Ⓛ

右／セルフサービス方式のカフェテリアはヤバパイロッジとマズウィッ
クロッジにある（→ P.71）　左／部屋数が多く予約が取りやすいヤバパ
イロッジ（→ P.95）

あらゆる情報が集まるビジターセンター（→ P.70）。
正面のブックストアも充実している

ワオ！ マーベラス！
グレート！ ゴージャス‼

朝日と夕日の楽しみ方
@グランドキャニオン・サウスリム

「死ぬまでに一度は見たい世界の絶景」というランキングがあったなら、
間違いなく上位に入るのがグランドキャニオンの朝日と夕日。
観光の中心であるサウスリムから見るキャニオンは
東西に延びているため、朝夕どちらもおすすめ！

ヤバパイポイントは朝日も夕日もおすすめ

混雑が嫌な人には
ピマポイントがおすすめ。風向
きによってはコロラド川の流れ
の音が聞こえてくる

なるべく朝遅くまで
寝ていたい人は
シャトルの乗り換えが不要な
マーザーポイントへ

車があって
「グランドキャニオンは2回目」
という人には
リパンポイントをすすめる

ヤキポイントの朝。比較的人が少なく静かに観賞できる

「しまった！ 寝坊した！」
という方へ。ビレッジからでも
峡谷は見える。無理にシャトル
に乗って展望台へ急ぐより、ビ
レッジからリムトレイルを東か
ら西へ歩き、日光がだんだんと谷
底を照らしてゆくさまを楽しもう

車椅子の方に
おすすめの展望台はヤキポイ
ントとホピポイント。あらかじ
め入園ゲートやビジターセン
ターで Accessibility Pass をも
らっておけば（無料）、いずれ
の道路も年中通行できる

観賞のポイント

サウスリムには数多くの展望台があり、一般的に東寄りの展望台（イーストリム）は朝日、西寄りの展望台（ウエストリム）は夕日に向いているといわれる。しかし、グランドキャニオンの醍醐味である岩壁の色彩と影のコントラストは、どの展望台からでも楽しめる。宿泊施設から便利に行ける場所で観賞すればいいだろう。

おすすめの観賞時間は、日の出の30〜40分前の朝焼けから、キャニオンの谷底に日光が届く約1時間後まで。夕方は日没の1時間前から30分後の夕焼けまで。あらかじめP.69などで時刻を確認し、暖かい格好で出かけよう。

日帰りじゃなくて1泊にして正解だったね！

日が陰ると急に寒くなるね

ヤバパイポイントの朝
雲が多いときのほうがドラマチックな朝焼け、夕焼けを見られる。皮肉なことに、山火事などによる空気の汚れが空をより赤く染めることもある

ホピポイントは台地に吸い込まれていく夕日そのものの観賞に人気だが、帰りのシャトルバスは停まらないので、パウエルポイントまで500mほど歩く必要がある

モハーベポイントも夕日に人気。ただしピークシーズンはかなり混雑し、シャトルに乗りきれないこともある（15分ほど待てば追加バスを出してくれる）

ヤキポイントは朝日も夕日もおすすめ。あまり混雑していないのもいい。最終バスに乗り遅れないよう注意

宿泊施設から各展望台への行き方

🚶 徒歩　🚌 無料シャトル　🚗 車
※所要時間はおよその目安です。無料シャトルは乗り換えの待ち時間を含みません

宿泊施設	展望台	ピマポイント/モハーベポイント（ウエストリム →P.74）	ホピポイント	ヤババイポイント（ビレッジ周辺 →P.73）	マザーポイント	ヤキポイント（イーストリム →P.75）	グランド・ビュー・ポイント/リパンポイント
Bright Angel Lodge / Thunderbird Lodge / Kachina Lodge / El Tover Hotel / Maswik Lodge (→P.94〜95)	🚶	—	1時間	40分〜1時間	1〜1.5時間	2時間	
	🚌 3〜11月	20〜30分（ハーミッツルート）	15分（ハーミッツルート）※復路は停車しない	35分（ビレッジルート+カイバブ・リムルート）	25分（ビレッジルート）	50分（ビレッジルート+カイバブ・リムルート）	有料ツアー2時間（流動的なので要確認。要予約）
	🚗	不可	不可	10分	10分	不可	30〜50分
	🚌 12〜2月	—	—	35分（ビレッジルート+カイバブ・リムルート）	25分（ビレッジルート）	50分（ビレッジルート+カイバブ・リムルート）	有料ツアー2時間（流動的なので要確認。要予約）
	🚗	15〜25分	10分	10分	10分	不可	30〜50分
Yavapai Lodge (→P.95)	🚶	—	—	20分		1.5時間	
	🚌 3〜11月	30〜40分（ビレッジルート+ハーミッツルート）	25分（ビレッジルート+ハーミッツルート）※復路は停車しない	20分（ビレッジルート+カイバブ・リムルート）	10分（ビレッジルート）	35分（ビレッジルート+カイバブ・リムルート）	有料ツアー2時間（流動的なので要確認。要予約）
	🚗	不可		3分	3分	不可	20〜40分
	🚌 12〜2月	—	—	20分（ビレッジルート+カイバブ・リムルート）	10分（ビレッジルート）	35分（ビレッジルート+カイバブ・リムルート）	有料ツアー2時間（流動的なので要確認。要予約）
	🚗	20〜30分	15分	3分	3分	不可	20〜40分
トゥシヤンのホテル (→P.97)	🚌 3〜11月	65〜75分（トゥシヤンルート+ビレッジルート+ハーミッツルート）	—	30分（トゥシヤンルート+カイバブ・リムルート）	20分（トゥシヤンルート）	45分（トゥシヤンルート+カイバブ・リムルート）	
		※無料シャトルのトゥシヤンルートは夏期8:00〜21:30の運行（2023年）なので、日の出には間に合わない					
	🚗	不可	不可	20分	15分	不可	30〜50分
	🚗 12〜2月	35〜45分	30分	20分	15分	不可	30〜50分

パークレンジャーが
解説してくれるよ

A

ビレッジ内は無料シャトル（→ P.220）が巡回している。ビレッジから離れた展望台へは開放感いっぱいのトラムツアーで

B

マーセド川は水量が多いときにはラフティング、少ないときには水遊びする子供たちでいっぱい

C

逆さハーフドームを見るならココ！

5月頃に訪れると
迫力満点！

E

D

改装されてきれいになったヨセミテバレーロッジ（→ P.240）

無料シャトルを降りて10分ほど歩けば落差が北米最大級の滝の真下へ出る（→ P.228）

地図

ヨセミテ滝

Visitor Center
Ansel Adams Gallery
郵便局
Degnan's Kitchen
Village Store
診療所

Upper
Yosemite
Fall Trail

Museum
墓地

**Yosemite
Valley
Lodge**

E

Sentinel
Bridge

駐車場

G

H I J

The

M

キャンプ場

D

一方通行

Housekeeping Camp

K

駐車

C

Swinging
Bridge

B

Conservation
Heritage
Center

レンタルセンター
（スケートリンク）

O

一方通行

Four Mile Trail

Curry
*Glacier
Point*

N

A

センチネルドーム

G

かつてヨセミテに暮らしていた先住民の生活を再現した博物館

H

展示も映像も充実しているビジターセンター（→ P.218）

F

夕日に染まるハーフドームを見るならセンチネル橋へ。橋のたもとの草原からはヨセミテ滝もよく見える

I

ヨセミテを愛した写真家アンセル・アダムスのギャラリー

J

ビレッジストアは町のスーパーと変わらない品揃え。隣にはスポーツ用品店もある

凡例:
- 歩道
- トレイル
- 車道
- シャトルバス
- バスストップの位置と進行方向

N W E S
0 500m

ハーフドーム

hnee

Q ミラーレイク

P キャンプ場

キャンプ場

ハッピーアイル・ネイチャーセンター
John Muir Trail

バーナル滝

マーセド川

ネバダ滝

M

高級レストランからピザ屋まで食事処は数多い。屋外テーブル利用の際にはリスや野鳥にパンくずなどを与えてはいけない

手軽なハイキングコースとして人気のミラーレイク。自転車を借りることもできる

歴史的なリゾート、アワニーホテル（→ P.240）は泊まらなくても一見の価値あり

P

林の中のキャンプ場が大人気（→ P.242）

K

安さで人気のハウスキーピングは2段ベッドがあるだけ

L

ヨセミテの自然保護に深くかかわってきたシエラクラブの図書室とホールがある

N

ビレッジの頭上約1000mの断崖の突端にあるグレイシャーポイント（→ P.230）

O

上／カリービレッジのテントキャビンは素朴さで人気　右／アクティビティの予約はこのブースで

Yellowstone   Old Faithful

ビレッジで最もモダンなスノーロッジのゲストルーム

ビジターセンターからは大きな窓の真正面に有名な間欠泉が眺められる。展示はタッチスクリーンが多く、子供も楽しんで学ぶことができる

20世紀初頭に建てられたオールドフェイスフル・インは世界最大のログキャビンとしても知られている（→ P.360）

川ごしに眺める
温泉群も
なかなかオツだよ！

自転車や車椅子は西側の舗装路を利用しよう

上／各ロッジ内に小さなギフトストアがあるほか、食品や日用品も扱うストアがビレッジ内に2軒ある
下／ストアには全店共通のアイテムが多いが、その店だけのオリジナル商品もいくつか置かれている

落ち着いて食事をするなら各ロッジ内のレストランへ。さっと済ませたいならスノーロッジ隣のファストフード店が便利

2022年にオープンしたTribal Heritage Center。かつてこの地に住んでいた27の先住民部族が交替でパフォーマンスを行っている

ビレッジの中心にあり、イエローストーンの象徴でもあるオールドフェイスフル・ガイザー。次の噴出時刻はビレッジのあちこちに掲示されている

ブラック・サンド・ベイスン
Emerald Pool

診療所／レンジャーステーション／バックカントリーオフィス
郵

車道
トレイル
ガスステーション

0   0.5 km
0   0.5 miles

マディソンへ
Firehole River

owl Spring
Comet Geyser
Daisy Geyser
Splendid Geyser
Chain Lakes
Round Spring

Morning Glory Pool
Fan,Mortar,Spiteful Geysers
Riverside Geyser
Grotto Geyser
Giant Geyser
Oblong Geyser
Chromatic Pool
Beauty Pool
Turban Geyser
Grand Geyser
Spasmodic Geyser
Liberty Pool
Solitary Geyser

Spring
Sawmill Geyser
Crested Pool
Castle Geyser
Lion Group
Heart Spring
Beehive Geyser
Aurum Geyser
Doublet Pool
Giantess Geyser
Plume Geyser
Anemone Geyser
Observation Point

ストア
ful Inn
ビジターセンター
Old Faithful Geyser
Old Faithful Snow Lodge
レストラン
ストア
Old Faithful Lodge
一方通行
駐車場
イエローストーンレイクへ

鉱物と微生物が
この色を作るんだって

木道のいちばん奥に
あるモーニング・グ
ローリー・プール

毎日数回噴出する
グロットガイザー

定期的に噴出する間欠
泉としては世界最大の
グランドガイザー。30
〜 60m もの噴出が
10 分ほど続く

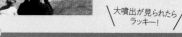

大噴出が見られたら
ラッキー！

オールドフェイスフル地
域には、小さなものまで
含めると 400 以上の温
泉や間欠泉があり、それ
らをつないで木道が敷
かれている。1 時間ほど
かけて 1 周してこよう

オールドフェイスフル・ロッジの客室は
キャビン形式

20 〜 30 分で登れる天然の展
望台オブザベーションポイン
ト。間欠泉の噴出時刻を見計
らって行こう

イエローストーン マンモス

Yellowstone Mammoth

「象の背中」というネーミングに納得！

車があるならアッパーテラスもお見逃しなく

マンモスで最も活動的でカラフルなパレットスプリング

典型的な石灰華が見られるミネルバテラス

古代ローマのフリジア帽から名づけられたんだって

ビジターセンターからリバティキャップまで徒歩約10分と近い

地図内の表記

レストラン
ストア
Mammoth Hot Springs Hotel
Beaver Ponds Loop Trail
Liberty Cap
Cleopatra Terrace
Palette Spring
Minerva Terrace
一方通行（大型車進入禁止）
Prospect Springs
New Blue Spring
Orange Spring Mound
New Highland Terrace
アッパーテラス
テラスマウンテン
Bath Lake
Angel Terrace
Canary Spring
White Elephant Back Terrace
一方通行
N
ノリスへ

テラスマウンテンの見学には30分から1時間程度を予定しておきたい

ジェネラルストアは1軒のみ。ギフトショップの品揃えも少なめ

ガスステーションは夏期のみオープン。オフシーズンには園内では給油できないので注意

DINING ROOM
LOUNGE

建物の東半分がダイニングルーム、西半分がファストフードとアイスクリームパーラーになっている

マンモスのビレッジには大きな駐車場はないが、ビジターセンター前、テラスマウンテン前などあちこちに小さな駐車場がある

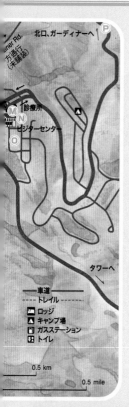

北口、ガーディナーへ

一方通行
（未舗装）

診療所

ビジターセンター

タワーへ

車道
トレイル
🏠 ロッジ
⛺ キャンプ場
⛽ ガスステーション
🚻 トイレ

0.5 km
0.5 mile

古きよきアメリカの
ムードたっぷり

北口ゲートのルーズベルトアーチまで車で約15分だ

人慣れしてるけど
近づき過ぎないでね

ビレッジ内
にはたいて
いどこかに
エルクの群
れがいる

右／1911年創
業のマンモス・
ホットスプリン
グス・ホテル。
冬も営業してい
る（→ P.361）
下／夏ならキャ
ビンに泊まるこ
ともできる

郵便局のクラシカ
ルな建物は国の歴
史的建造物に登録
されている

マンモスのアルブライト・ビジターセンターの展示はイエローストーン
の歴史と野生動物が中心

ビジターセンターの裏側にはフォートイエローストーンがあ
る。まだ国立公園局がなかった1891年に、公園を管理す
るために築かれた陸軍の駐屯地だったもので、現在も残っ
ている22の建物は公園スタッフの住居として使われている

31

国立公園の主役たち

大型動物

①アカギツネ Red Fox
日本に生息するキツネと同種。赤褐色の毛とふさふさの尾が特徴。全米のあらゆる環境下で生きるたくましい動物だが、寿命はわずか2〜3年

⑧ビッグホーンシープ
Bighorn Sheep
オオツノヒツジ。オスは渦巻状、メスもカーブした角をもつ。高山の険しい岩壁などにすむ。寿命約10年

②ボブキャット
Bobcat
体長1m弱のヤマネコ。全米の森や砂漠、人里近くまで広く生息しているが、夜行性なので目にする機会は少ない。途中でちぎれたような短い尻尾が特徴。寿命8〜12年

③コヨーテ
Coyote
キツネより大きく、オオカミよりは小さい。高山から森林、草原、砂漠と非常に広い範囲に生息しており、日暮れ時によく遠吠えする。寿命5〜10年

⑥プロングホーン
Pronghorn
エダヅノレイヨウ、アンテロープ。体長1〜1.5m。アフリカのレイヨウとそっくりだが、学術的にはまったく異なる。北米固有種で1属1種というユニークな動物。西半球最速の足をもち、トップスピードは時速80〜90km！オス、メスともに角がある。ロッキーからネバダ、アリゾナまでの草原に群れですむ。寿命約10年

 人間約25cm
① 3〜4cm
② 4〜5cm
③ 4〜6cm
④ 8〜10cm
⑤ 8〜10cm
⑥ 6〜7cm
⑦ 6〜7cm
⑧ 7〜9cm

④ハイイロオオカミ
Gray Wolf
体長1〜2m。毛色は黒、灰色、白など。家畜の敵として大量に殺され、今やロッキー山脈北部の森林や草原に残るのみ。寿命2〜13年(→ P.355)

⑨ミュールジカ
Mule Deer
エルクよりひと回り小さく、大きな耳が特徴。オジロジカ（尻尾がこげ茶色で裏が白）やオグロジカ（尻尾が黒）とよく似ているが、ミュールジカの尻尾は白くて先端だけ黒い。寿命約10年

⑤ピューマ
Mountain Lion
クーガ。体長1〜2m、尻尾の長さ55〜80cm、垂直ジャンプ力5m、水平10m以上。高山から砂漠まで広く生息しているが、めったに人前に姿を現すことはない。寿命約12年

⑦マウンテンゴート
Mountain Goat
シロイワヤギ。ロッキー山脈の標高の高い岩場に群れですんでいる。寿命約10年

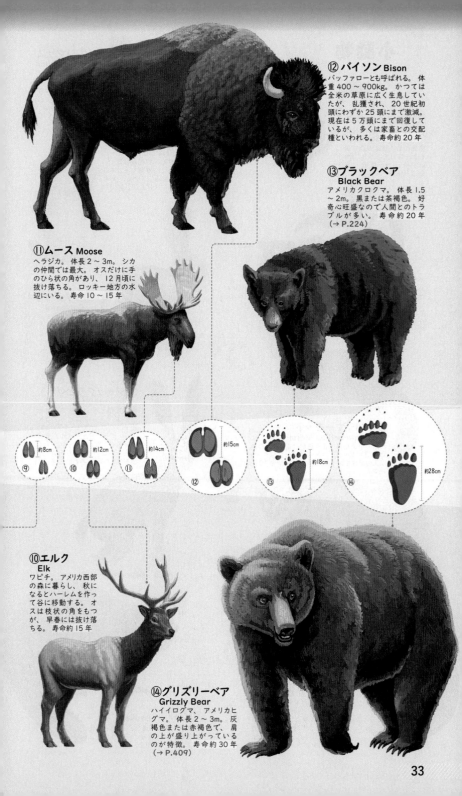

⑫ バイソン Bison
バッファローとも呼ばれる。体重400〜900kg。かつては全米の草原に広く生息していたが、乱獲され、20世紀初頭にわずか25頭にまで激減。現在は5万頭にまで回復しているが、多くは家畜との交配種といわれる。寿命約20年

⑬ ブラックベア
Black Bear
アメリカクロクマ。体長1.5〜2m。黒または茶褐色。好奇心旺盛なので人間とのトラブルが多い。寿命約20年
(→ P.224)

⑪ ムース Moose
ヘラジカ。体長2〜3m。シカの仲間では最大。オスだけに手のひら状の角があり、12月頃に抜け落ちる。ロッキー地方の水辺にいる。寿命10〜15年

⑨ 約8cm
⑩ 約12cm
⑪ 約14cm
⑫ 約15cm
⑬ 約18cm
⑭ 約28cm

⑩ エルク
Elk
ワピチ。アメリカ西部の森に暮らし、秋になるとハーレムを作って谷に移動する。オスは枝状の角をもつが、早春には抜け落ちる。寿命約15年

⑭ グリズリーベア
Grizzly Bear
ハイイログマ、アメリカヒグマ。体長2〜3m。灰褐色または赤褐色で、肩の上が盛り上がっているのが特徴。寿命約30年
(→ P.409)

小動物

①シマリス
Chipmunk
アメリカの子供たちのアイドル。顔にもシマがあるのが特徴。
寿命2〜3年

②キンイロジリス
Golden-mantled Ground Squirrel
標高の高い西部の森で最もよく目にするリス。白いアイラインが特徴。寿命3〜4年

③プレーリードッグ
Prairie Dog
リスの仲間だが尻尾は短い。草原の地下に複雑なトンネルを作って生活している。寿命3〜5年（→ P.138、433）

④シマスカンク
Striped Skunk
肛門から強烈な悪臭を放って天敵から身を守るが、ワシなどの猛禽類には効果がないといわれる。寿命1〜5年

⑤ワタオウサギ
Cottontail
アメリカで最もよく見られるウサギ。その名のとおり綿毛のような尻尾がキュート！ 寿命1〜2年

⑥キバラマーモット
Yellow-bellied Marmot
西部の山岳地帯でよく見かけるリス科の動物。冬になると、太い爪を使って深さ5m以上の巣穴を掘り、冬眠する。寿命10〜15年

⑦ジャックラビット
Jackrabbit
異様なほど長い耳が印象的なウサギ。トップスピードは時速60km以上で、ジャンプ力は約3m。グランドサークルの荒野に数多く生息しているが、おもに夜行性なのであまり人前には姿を現さない。寿命約5年

⑧アメリカアナグマ Badger
イタチの仲間。毛が長くてふわふわしている。草原の地下に巨大な巣穴を掘る。夜行性なので人目に触れることは多くない。寿命3〜10年

⑨カワウソ
River Otter
日本では絶滅してしまったが、西部の川や湖に数多く生息している。遊び好きで活発。寿命10〜15年　ちなみにSea Otterはラッコのこと

⑩ビーバー Beaver
木をかじり倒して運び、川や池をせき止めてダムを作る。アメリカ全土の森に生息。寿命15〜20年

- ① 体長 15〜20 cm
- ② 体長 20〜25 cm
- ③ 体長 約30cm
- ④ 体長 約40cm
- ⑤ 体長 約40cm
- ⑥ 体長 50〜70 cm
- ⑦ 体長 約60cm
- ⑧ 体長 80cm
- ⑨ 体長 約1m 前後
- ⑩ 体長 約1m

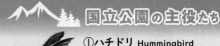

野鳥

①ハチドリ Hummingbird

世界最小の鳥。毎秒20～80回もはばたいて蜂のような羽音を出し、空中で静止して花の蜜を吸う。足が極端に短く、まったく歩けないといわれる。亜種が非常に多く、色もさまざま。砂漠から高山まで全米各所で見られる。寿命3～5年

①
体長
5～21
cm

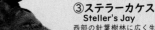

②マウンテンブルーバード
Mountain Bluebird

ムジルリツグミ。西部の開けた草原にすんでいる。メスは地味な茶色。冬になると100羽以上の群れを作る。アイダホ、ネバダの州鳥。寿命5～10年

②
体長
約16cm

③ステラーカケス
Steller's Jay

西部の針葉樹林に広く生息。頭の飾り羽と、けたたましい鳴き声が特徴。寿命4～10年

④ハイイロホシガラス
Clark's Nutcracker

ルイス・クラーク探検隊（→ P.503）に発見された。標高の高い公園でよく目にする警戒心の薄い鳥。主食はマツの種。寿命10年前後

③
体長
約30cm

④
体長
約30cm

⑤オオミチバシリ
Greater Roadrunner

こう見えてもカッコウの仲間。飛ぶのは下手だが走るのは得意。乾燥した荒野を走り回ってトカゲなどを捕食する。トップスピード時速30km以上。ニューメキシコの州鳥。寿命7～8年

⑥ミサゴ Osprey

体長50～60cm。腹が白いのが特徴。魚しか食べないといわれ、水辺の岩や樹木の上に皿状の巣を作る。西海岸、東海岸、ロッキー山脈で見られる。寿命約30年

⑤
体長
50～60
cm

⑥
体長
50～60
cm

⑦
体長
65cm～
1m

⑧ハクトウワシ
Bald Eagle

アメリカの国鳥。ロッキー地方の川岸やオリンピック国立公園の海岸などが観察しやすい。幼鳥は頭が白くない。寿命約30年

⑧
体長 1m
羽を広げると
2m

⑦カナダガン Canada Goose

アメリカで最も親しまれている水鳥で、都会の池でも見かける。V字に編隊を組んでの北帰行は春の風物詩になっている。寿命約30年

35

野　草

ヤマヨモギ Big Sagebrush
西部の荒野で最もよく目にする高さ1m前後の植物。先住民は食料、生薬、住居の材料などに利用した。ネバダの州花

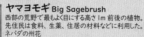

カステラソウ
Indian Paintbrush
エフデグサ。赤い部分は包葉で、中に黄色い小さな花が隠れている。亜種が多く、砂漠から高山までの広い範囲でよく目にする。ワイオミングの州花

ジャイアント・ホグウィード
Giant Hogweed/ Giant Cow Parsnip
バイカルハナウド。草丈1～2mになる外来種で、各地の草原で見られる。樹液に触れると深刻な皮膚病、目に入れば失明の可能性もある有毒植物

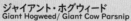

ブルーベル
Bluebell Bellflower
イトシャジン（キキョウ科）。草丈15cm～1m。道路沿いなどに群生する。亜種が非常に多い

ジョシュアツリー Joshua Tree
モハベ砂漠を代表するユニークな植物。高さ10m以上にもなるが、実はユッカの仲間で、樹木ではない。幹のように見えるのは繊維が固まったもの

ヤナギラン Fireweed
亜高山帯の夏を彩るアカバナ科の多年草で、ランの仲間ではない。山火事のあと、真っ先に咲く花。車道沿いでもよく見かける

ユッカ Yucca
イトランやキミガヨランの仲間。ヤッカと発音する。乾燥に強く、砂漠のど真ん中にも自生する。栽培種は日本の小学校の校庭などにもよく植えられている。ニューメキシコの州花

回転草 Tumbleweed

別名ロシアアザミ、ハリヒジキと呼ばれる外来種。枯れると株元から折れ、風に吹かれて転がりながら種をまき散らす。西部劇では荒野のシンボルとして描かれているが、繁殖力が非常に強く、牧場のフェンスなどに吹き寄せられた大量の回転草は厄介者として問題になっている

ルピナス Lupine

ハウチワマメ、ノボリフジ。草丈 30 ～ 70cm。英語ではルーパンと発音する。高原に群生し、初夏には一面、青紫色の花畑になる。園芸種は日本でもすっかりおなじみ。亜種が非常に多く、ヨセミテだけでも 25 種類のルピナスが確認されている

シューティングスター Shooting Star

カタクリモドキ。草丈 10 ～ 30cm。シクラメンと同じサクラソウ科の植物で、流れ星という名前はその姿から。5 ～ 7 月に湿原などで見ることができる

グレイシャーリリー Glacier Lily

キバナカタクリ。草丈 15 ～ 30cm。雪解けの大地に真っ先に咲くレモンイエローの花。グレイシャー NP などで。早春のマウントレニエ NP で見られるアバランチリリーは真っ白な亜種

ベアグラス Beargrass

グレイシャー、マウントレニエなどの高山で見られるユリの仲間。ひとつの株から花が咲くのは 5 ～ 10 年に一度だけ

パスクフラワー Alpine Pasqueflower

オキナグサ（キンポウゲ科）の一種。草丈 10 ～ 30cm。標高の高い砂礫地に咲く。白い花が咲き終わったあとのヒゲのような綿毛が印象的。全草に毒があり、触れるとかぶれることがある

コロンバン Columbine

セイヨウオダマキ。草丈 60 ～ 90cm。5 ～ 7 月、涼しい地方の草原や岩場に咲く。コロラドの州花。青、赤、ピンクの花もある。全草に毒があるので手を触れないようにしよう

カリフォルニアポピー California Poppy

ハナビシソウ。テキサスなどでメキシカン・ゴールド・ポピーと呼ばれているものも同種。花びらは 4 枚で、生育場所によってレモンイエローから濃いオレンジまであり、花期も 2 ～ 9 月と幅がある。カリフォルニアの州花

樹木

アスペン Quaking Aspen
アメリカヤマナラシ、ハコヤナギ。群生全体が共通の根から増えるクローンなので、"世界最大の生物"といわれることもある。樹皮が白く白樺のようだが、ポプラの仲間。風にそよいでざわざわと音を立てる。丸い葉が秋には鮮やかな黄色に染まる

セコイア Sequoia
世界最大の樹木で、2種類ある。体積世界一のビッグツリーはヨセミテ＆セコイア国立公園で、樹高世界一のコーストレッドウッドはレッドウッド国立公園などで見られる（→ P.231、258、285）

ウチワサボテン
Pricklypear
西部ではさまざまなサボテンが見られるが、最もよく目にするのがこれ。ほぼアメリカ全土に分布していて、亜種も非常に多い

コットンウッド
Cottonwood
アメリカクロヤマナラシ。樹皮が黒い。初夏、果実がはじけて綿毛が舞い散る様子は、まるでぼたん雪のよう

サワロ Saguaro
ベンケイチュウ。ソノラ砂漠に生えるサボテンで、大きなものは15mになる（→ P.447）。ちなみに、サボテンが木か草かについては議論があるが、「木でも草でもない」とする専門家が多いようだ

子供たちの憧れ
パークレンジャー

PARK RANGER

パークレンジャーの4割弱は女性だ

スピード違反から凶悪犯罪まで不法行為の取り締まりを専門に行うレンジャーもおり、警察機関としても機能している

右がレンジャー、左はボランティア。年間延べ30万人以上といわれるボランティアの存在はとても大きい

子供向けの自然観察プログラムでガイドをするレンジャー

公園管理官

　パークレンジャーとは、国立公園などの管理官のこと。アメリカでは多くの子供たちが憧れ、尊敬する職業のひとつといわれる。彼らは米国内務省国立公園局の職員であり、その数は全米に2万人以上。グランドキャニオンなどでは車椅子のレンジャーもいる。

レンジャーハットとしておなじみの帽子のほかにもキャップ、ニット帽、ヘルメットなどさまざまな制帽がある

多岐にわたる業務

　パークレンジャーの役割は「資源と訪問者の保護」。つまり、国立公園局の土地や自然環境・文化資源などの財産、そして入園者の安全を守ること。具体的には、入園者への情報提供と教育・啓蒙、入園料の徴収、道路や施設の整備、事故や遭難の対応、動植物などの調査と管理、ときには険しい登山道の奥にあるトイレの清掃まで行う。

ビレッジ近くに現れたグリズリーベアを威嚇射撃で追い払うレンジャー。状況によっては動物を殺さなければならないこともある

パークレンジャーになるには

　パークレンジャーに応募するには学士号の学位が必要で、先にボランティアなどで経験を積んでから挑戦するケースが多いようだ。身元調査やさまざまな試験をパスして採用されると、数年間にわたって研修を受けることになる。研修所はグランドキャニオンなどにある。
　パークレンジャーの仕事は分業化されており、地質学、生物学などに特化したレンジャーや、日常的に銃を携帯している取締官などがいるが、全員が救急救命、消火、拘束・逮捕技術などの基礎訓練を受けているそうだ。

パークレンジャーに声をかけてみよう

　園内では、道案内から解説プログラムまでさまざまな場面でレンジャーにお世話になるだろう。彼らは外国人のつたない英語にも慣れているので、なんでも質問してみるといい。
　ちなみに、パークレンジャーにチップを渡す必要はない。彼らはいわば「先生」のような立場なので、チップを渡すのはむしろ失礼になる。

オーダーメイドで一生の思い出に残る
旅をご提供します。

アメリカ国立公園専門旅行会社（イエローストーン、グランドキャニオン）

トマトツアー株式会社

📱**03-3983-4461**

東京都知事登録旅行業 3-3231 号　全国旅行業協会会員
〒170-0013 東京都豊島区東池袋 3-11-9　三島ビル502
✉ info@tomato-tour.co.jp　🌐 https://tomato-tour.co.jp

基礎知識

　アメリカの国立公園は、単なる物見遊山のための観光地ではないということを知っておいてほしい。世界に先駆けて国立公園制度を発足させたアメリカ。その制度は現在も依然高いレベルを維持しており、その任務は大きく3つに分けられる。

① 原生自然景観の維持、保全
② 人々が平等に利用できる施設の運営
③ 利用者に自然への理解を深めてもらう

矢尻型をした国立公園局のエンブレム

　これらを実現するための努力を続けているのが、約2万人のパークレンジャー（→ P.39）と、年間延べ31万人のボランティアだ。各分野のスペシャリストであるレンジャーは、入園者の質問に答えてくれたり、トレイル（ハイキングコース）の整備を行ったりするばかりでなく、警察権までももっている。私たちも国立公園の理念をしっかりと理解したうえで、ルールを守ってすばらしい自然を楽しみたい。

日本の国立公園とは全然違う！

　国立公園局は63の国立公園を含め425のエリアをもち、総面積は約34万4000km²（九州を除いた日本の面積に匹敵）。その約95%が国有地で、敷地内にあるものはレストランから教会にいたるまで、当局の厳重な管理下にある。景観を損ねる建物も、生態系に影響を及ぼす行為も厳禁。とにかく自然保護が最優先なのだ。

　また、アメリカの国立公園はたいへん広く、1日で歩いて回れるような規模の公園はひとつもない。すぐそこに見えるビューポイント（展望台）でも車で15分もかかるなど、見学には思いのほか時間を取られる。スケジュールには余裕をもたせよう。

　なお、観光客が車で行ける場所やビレッジなどを**フロントカントリー**、トレイルを歩かなければ行けない奥地を**バックカントリー**、トレイルすらない原生地域を**ウィルダネス**という。

手前に見える未舗装路のある台地がバックカントリー。その奥には広大なウィルダネスが広がっている

入園予約制の公園に注意

　入園者の増加による混雑対策に加えて、コロナ禍で密集を避ける意味もあり、事前予約制によって入園者数をコントロールする公園が登場している。アーチーズ国立公園など、ピークシーズンは事前に公式サイトからチケットを確保しないと入園できないので注意（→ P.56）。

ナショナルモニュメントとは

　自然景観や科学的、歴史的価値が国立公園に準じる地域。システムは国立公園とほぼ同じで、観光客にとって両者の違いはない。本書では**国定公園**と訳しているが、都道府県が管理する日本の国定公園と異なり、アメリカの場合は国立公園局が管理している。ただし、一部に森林局 USFS や土地管理局 BLM が管理している国定公園もあり、これらの場所では天然ガスの掘削や樹木の伐採が行われることがある。

マウントレニエ国立公園の標高1950mにあるビレッジ

◎「世界遺産？ 何それ？」

　日本では知らない人はいないユネスコの世界遺産は、アラスカ、ハワイを除くアメリカ48州には20ヵ所ある（目次の◎マーク参照）。ところが、最近までアメリカでは世界遺産そのものがあまり知られておらず、世界遺産のプレートも駐車場の片隅やトイレの脇など、人目につかない場所に設置されていることが多かった。アメリカの国立公園は世界最高水準の自然保護システムを誇っており、国立公園になることにこの上ない価値がある。一方、世界遺産に登録されても予算も何も変わるわけではなく、大きな意味をもたないのだ。

入口に立つサインボードは公園ごとに異なるデザインが楽しい

近年、海外からの観光客が多い公園では世界遺産登録をアピールするようになってきた

入園料

　アメリカの国立公園の多くにはゲートがあり、基本的に入園料が必要。キャッシュ不可の公園もある（→ P.56）。車での入園は乗車人数にかかわらず1台＄10 〜 35（人数によって課金される公園もまれにある）。バスや自転車、徒歩などでの入園は1人＄3 〜 20（15歳以下無料）。

　連続する7日間有効で、ゲートでレシートを見せれば出入り自由。公園によっては出る際にもレシートの提示を求められる。悪天候で何も見えなくても払い戻しはない。

　なお例年、1月第3月曜、4月中旬の土曜（国立公園ウイーク初日）、8/4、9/23、11/11は無料開放される。

交通機関

　園内の交通機関が整っているのはグランドキャニオン、ヨセミテ、イエローストーン、グレイシャーくらいで、ほとんどの公園は交通の便が悪いか、まったくない。レンタカー（→ P.48、486）などを利用しよう。特にシーズンオフは前述の公園でさえ車がないとほとんど動けないので、レンタカーの利用を強くすすめる。いつでもどこでも動物を観察できる、天気によって行き先を変えられるなどメリットが大きい。

　ただし、道幅の狭い箇所、崖っぷち、急カーブが多いので、山道の運転が苦手な人は、よく考えて車種や行き先を選んだほうがいい。

イエローストーンでは昔懐かしいボンネットバスによるツアーが行われている

アメリカ・ザ・ビューティフル・パス America The Beautiful Pass

　数ヵ所の公園を訪れる人におすすめの年間パス。正式名称はNational Parks and Federal Recreational Lands Pass (Interagency Annual Pass)。わずか＄80で国立公園、国定公園はもちろん、森林局や土地管理局など連邦政府が管理する**全米2000ヵ所以上に1年間出入り自由**（2024年7月1日に購入したら2025年7月31日まで有効）。パス1枚で車の同乗者全員（バイクは4台まで）が入園できる。人数で課金される公園の場合は16歳以上4名まで有効（15歳以下は無料）。園内で行われるバスツアーなどには使えない。また州立公園には使えない。

　購入は各公園のゲートで。支払いはクレジットカードのみというキャッシュレスの公園が増えてきているが、入園者の少ない公園など逆にクレジットカードが使えない場合もある。購入後すぐに裏面に署名する。署名欄は2名分あり、家族でなくてもOK。以後、このパスで入園する際にはパスポートの提示を求められることが多いので、パスポートと同じ署名をしよう。

名称が長いため年間パスと呼ばれることも多いが、その公園のみに有効な年間パスと混同しないよう注意

　なお、62歳以上向けシニアパスなどもあるが、購入はアメリカ国籍または永住権のある人に限られる。

宿泊施設ガイド

ティトン山脈の眺望がすばらしい
グランドティトン国立公園の
Signal Mountain Lodge

園内に泊まろう

アメリカの国立公園は広いため、公園外の町のホテルから園内の展望ポイントまで車で30分～1時間もかかる。ぜひ、大自然のど真ん中に滞在しよう。

人気の高い国立公園には、たいてい設備の整った宿がある。ロッジ Lodge は比較的リーズナブルな宿で、部屋の前に車を停められるモーテルタイプが多い。一方、ホテル Hotel とイン Inn は高級感のある2～4階建ての建物が多い。両者に明確な区別はないようだ。

1部屋ごと、または2部屋続きの独立したキャビン Cabin も多い。バス・トイレ付きの快適なログキャビンから、フレームに帆布を張っただけのキャンバステントまでさまざま。床下にマーモットがすんでいたり、早朝、窓の外にシカが姿を現したりと楽しい体験もできる。

動植物への影響を減らすため、ロッジやキャビンの周囲には照明設備がほとんどなく、夜は真っ暗。宿泊棟からフロントへ行くにも懐中電灯は必携だ。

なお、大きな公園には車椅子対応室を備えた宿が必ずあるが、園内のすべての宿にあるわけではないので、予約の際に確認を。

料金は高い！

国立公園内の宿はコンセッショナーと呼ばれる民間企業が運営していて、国立公園局の承認を得て宿泊料金が決められている。誰もが気軽に利用できるようにするため、不当に高い料金にならないよう管理されているのだが、それでも一般のホテルやモーテルに比べると高め。客室の設備よりもロケーションや眺望で料金が変わるので、1泊5万円近い部屋でも質素な造りで驚くこともある。グランドキャニオンやイエローストーンのように園外の宿から展望ポイントまで比較的近い場合は、園外の宿も同様に料金が上がる傾向にある。

なお、オフシーズンは休館する宿が多い。営業している場合、ピーク時の半額程度で泊まれることがある。

スタンプラリーはいかが？

ビジターセンターでパスポートブック（スタンプ帳）＄12.95 を購入し、無料の消印 cancellation と写真シール sticker ＄2.95 ～を集めれば旅のいい記念になる。園内のどこで消印を押せるかなど詳しくは以下で。特別仕様のパスポートブックや、買い忘れたステッカーなども購入できる。

公園ごとに異なるデザインが楽しい。グランドキャニオンには7種類のスタンプがある

URL americasnationalparks.org/
passport-to-your-national-parks/

マウントレニエにある Paradise Inn の＄299 の部屋。狭い！

宿の確保が最大の難関

　自然保護のため園内の宿は数が限られており、部屋は慢性的に不足している。ヨセミテなどのトップシーズンの客室は半年～1年前に売り切れる。特に人気のロッジの眺めのよい部屋など予約開始から5分で満室になることもある。**キャンセル待ちはできない。**

　予約はインターネットで。時差を気にせず24時間利用でき、室内の写真を見ながらその場で確定できる。電話でのやり取りは何かと間違いが多いので、英語が堪能な人以外は避けるべき。

予約金の支払いとキャンセル

　インターネットでも電話でも、部屋の確保にはクレジットカードが必要。予約確定と同時にカードから1泊分が引き落とされる公園と、宿泊後に決済される公園がある。

　何ヵ月も前に支払うのは不安かもしれないが、アメリカの国立公園でのカード払いのトラブルは聞いたことがないので、おおむね信用していいのではないだろうか。

　シーズン前に予約を入れた場合、料金は仮定のものなので値上げ（まれに値下げもある）もあり得るが、せいぜい5％といったところ。差額は宿泊後に精算される。税金（10％前後）は含まれていない。公園によっては$1～2の自然保護寄付金を求められることがある（任意）。

　予約の際にはキャンセル条件 Cancellation Policyをしっかりと確認しよう。宿泊前日の16:00までに電話をすれば無料でキャンセルできるロッジもあれば、予約確定から30日たつと手数料$15がかかるというロッジもある。タイムリミットを過ぎると1

最終的な金額はチェックインの際に確認しよう

泊分を支払わなければならない。

　なお、例えば3泊分を予約したが最初の1泊だけキャンセルしたいという場合、1泊目の到着日夜までに連絡をしないと、1泊分の予約金を没収されたうえに3泊分すべてキャンセルされてしまう。

どうしても取れなかったら

●無料キャンセルできるタイムリミットの直前に、もう一度トライしてみる
●公園の外で探す。国立公園のゲートシティにあるモーテルをウェブサイトで探す。ただし、トップシーズンはどこも満室になっている可能性が大きい
●ラスベガスなどの大都市から出ているツアーに参加する。日帰りバスツアー、ホテル宿泊付きツアー、ヘリツアーなどがある（各国立公園の項を参照）
●日本から予約できるツアーもある。4日～1週間程度で数ヵ所の公園を巡るバスツアーや、キャンプなどのアクティビティツアーもある。トップシーズンでもホテルが確保できるのは魅力だが、何しろ駆け足なので、半日かけてトレイルを歩くといった、ゆったりとした旅は望めない

　なお、宿が見つからなかったからといって、園内の駐車場などに停めた車内で夜を明かすことは禁じられている。

キャンプという選択肢も考えてみるといい

一度は泊まってみたいロッジ

眺望でおすすめ（部屋の向きによる）

全室レイク＆マウンテンビューがうれしいグレイシャーの Village Inn の室内からの眺め

歴史と雰囲気でおすすめ（建物が古いので客室が快適とは限らない）

イエローストーン湖の畔に建つ Lake Hotel

チェックインの際に

　園内の宿の**チェックイン開始時刻は16:00また
は17:00**と、一般のホテルに比べて遅い。チェッ
クアウトも10:00〜11:00と早めなので、確認
しておこう。

　車でチェックインする場合、ホテル本館に予約
を入れた場合を除いて、**スーツケースはトランクに
入れたまま**のほうがいい。フロントと宿泊棟（ま
たはキャビン）が離れていて、駐車場所を動かさ
なければならないことが多いからだ。

目の前に車を停められるキャビンも便利

室内の設備

●園内のロッジはほとんどがダブルかツインルーム
で、シングルルームはめったにない。1人でも2
人でも同料金だ。3人目から追加料金がかかる
が、部屋が狭くてエクストラベッドを入れられな
いケースも多い。家族連れの方は予約の際に要
チェック

●日常とは異なる時間を楽しむため、室内には**テレ
ビ、電話、エアコンはない**のが常識だったが、近
年はこれらを備えた客室も増えてきている

●風呂について特に表示がない場合、シャワーとト
イレは室内にある。シャンプーなどは備えられて
いるが、ヘアドライヤーは期待できない。バスタ
ブがある客室は少なく、シャワールームもたいて
い狭い

● Room without Bath と表示された客室は、シャ
ワールームとトイレは共同で、洗面台だけが室
内にある。その場合でもバスタオル、フェイス
タオル、ウォッシュタオル、石鹸の4点は用意
されている。シャワールームは男女共同という
こともあるが、脱衣所付きの個室なので、女性
でもそれほど抵抗なく使えるだろう。キャビン
の場合、夜、トイレに行くにも懐中電灯を持っ
て林の中を歩かなければならないことがある

●園内の宿は禁煙。山火事の危険が高まっていると
きなど屋外でも禁煙になることがある

●どのロッジも建物が古いため、隣室の声が聞こえ
る、お湯の温度調節が難しい、などの問題はよく
ある。明治時代の旅館に泊まったと思って我慢す
るべし

●エレベーターがある
宿は少なく、なかに
は5階建てなのにエ
レベーターがないホ
テルもある。このよ
うな場合、荷物はた
いていベルスタッフ
に運んでもらうこと
ができる

ゴミの分別も進んでいる。
缶、瓶などは Recycle、生ゴ
ミは Compost、そのほかは
Landfill へ

マウントレニエの Paradise Inn は世界でも有数の豪雪に耐えられる

現地での楽しみ方

ビジターセンターでも
さまざまなイベントが
行われている

まずはビジターセンターへ

　国立公園には必ずビジターセンターがあり、天気予報、トレイルマップなどあらゆる情報が入手できる。「ビーバーの観察におすすめの場所は？」など、知りたいことがあればレンジャーに尋ねてみよう。野鳥や花のリストなども用意されている。さらに、その公園の自然環境についての展示やオリエンテーションフィルムの上映があり、来訪者の知識を深めるのに役立っている。

　また、どんなに小さな公園のビジターセンターでも**トイレ、飲料水、公衆電話は必ずあり**、ビジターセンターが閉鎖していてもこれらは利用できる（サワロなどごく一部例外あり）。

アクティビティを楽しもう

　ビジターセンターでぜひもらっておきたいのが、園内の地図と最新情報を掲載したパンフレット（車で入園した場合はゲートで渡される）。いずれも無料。これに、シャトルバスの時刻表やトレイル案内などが載っている。自分の足で森に分け入り、馬の背に揺られ、ボートで川を下り、それぞれの方法で大自然と一体になろう。なお、一部の公園はパンフレットの用意がないので、情報は公式サイトか公式アプリ（→ P.474）で。

　パークレンジャーのガイドによる**レンジャープログラム Ranger-led Program** もおすすめ。たいてい無料で、予約なしで誰でも参加できる。トレイルを歩きながら、その風景がどのように生まれたのか説明してくれたり、咲いている花について教えてくれたり、先住民の言い伝えを聞かせてくれたりする。歴史の話などは英語がわからないとつらいが、地理や動植物のプログラムは子供や外国人にもわかりやすいように工夫されている。開始時間と集合場所はパンフレットやアプリで確認しよう。

ある程度英語がわかる子供なら、園内を回りながらクイズに答えるキッズプログラムも楽しい。最後に宣誓を唱え、バッジをもらって、ジュニアレンジャーの誕生だ

園内での食事とショッピング

　大きな公園にはセルフサービスのカフェテリアがある。ハンバーガー、サンドイッチ、ピザといったメニューが中心だ。

　園内のロッジには落ち着いて食べられるレストランが併設されている。カジュアルな服装で入れるが、ディナーはTシャツを避けて襟のあるポロシャツなどがいい。たいていステーキ、シーフード、ベジタリアンメニューが揃っている。

　小さな公園の場合、ビジターセンター併設の売店にシリアルバーなどを置いてあるだけか、それすらなくて一切食べ物が入手できないこともある。

　売店だけはどんなに小さな公園にも必ずあり、関連書籍や美しい写真集、カードなどが揃っている。大きな公園ではさらに充実したギフトショップや、

水を持ち歩こう

　ペットボトル入り飲料水は環境への配慮から園内では販売されていない。水筒を持ち歩こう。短い旅なら園外で購入したペットボトルを再利用するのが安上がりだが、園内のギフトショップで気に入ったデザインの水筒を購入するのもいい。口が大きいものなら洗いやすいし、スーツケース内で割れやすい小物の保管にも使える。

歩きながらチューブから吸えるハイドレーションパック。バックパック内で安定させると重さを感じにくい

　トレッキングをするならハイドレーションパックがおすすめ。ただし飲むたびに残量を確認できる水筒と違って、予期せず空になってしまうことがある。必ず予備の水を用意しよう。

ランチは大自然のなかで食べるのがおすすめ。前夜に予約すればピクニックランチを用意してくれるレストランが多い

一度は入ってみたいレストラン

キャンプ用品からハイキングシューズまでずらりと並んだスーパーマーケットもある。

円安を乗り切るためのtips

アメリカは食費が高く、国立公園も例外ではない。最近はチップも20%が一般的になっており、1日3食レストランで食べていたら特に贅沢をしなくても1万円以上かかってしまう。少しでも食費を抑えたいなら、カフェテリアを利用するといい。ダイニングルームの食事はスープ＋メイン＋コーヒー＋チップで$50〜80かかるが、セルフサービスのカフェテリアならハンバーガー＋フライドポテト＋ドリンクで$12〜18で済むだろう。

さらに、入園する前に近くの町のスーパーでサンドイッチやフルーツ、ドリンク、朝食用のパンなどを購入しておくのもおすすめ。

大きな公園ほどギフトショップの品揃えは充実している

インターネットと携帯

大きな公園のビレッジではたいてい携帯が通じるが、ビレッジから離れた展望台では通じないことが多い。Wi-Fiはビジターセンターなどで使える公園が増えてきた。ただしスピードが遅くて使い物にならない場合もあるので、あまり期待しないほうがいい。

ロッジ内のWi-Fiは無料で使えることもあるが、宿泊客に限られていることが多いので、チェックイン時にパスワードを確認しよう。フロントから遠い客室だと入らないことが多い。

一方、入園者が少ない公園ではインターネットはまったく使えないと思ったほうがいい。僻地にある公園では、国道沿いでさえ携帯が通じないことも珍しくない。

トイレ事情

ビジターセンターやロッジなどのトイレは、アメリカの一般的な公衆トイレと大差ない。問題は展望台やトレイルに備えられた簡易トイレ（いわゆるポットトイレ）だろう。バクテリアで分解させるバイオトイレ（コンポスト）なので、使用後はフタを閉めておこう。水のない場所や、汲み取り作業が難しい場所にも設置できて、環境にも優しい。たいていは男女共同なので、気になる人は除菌シートを用意しよう（使用後は持ち帰ろう）。

トイレットペーパーは、どんなに山奥のトイレでもちゃんと備えられている。楕円形に巻かれているのは紙の無駄使いを防ぐ工夫だ。

水がないため

トレイルの途中にあるトイレは、パークレンジャーやボランティアのおかげで、おおむね清潔に保たれている

手を洗うことはできないが、たいていトイレの外側に速乾性アルコール手指消毒ジェルが備え付けられている。

トレイルの途中でトイレに行きたくなってもトイレはめったにない。"そのへんで"用を足すのは環境への影響が非常に大きいので、たとえ子供でも極力避けるべき。トレイルを外れることによって毒蛇やサソリ、ダニなどに咬まれる危険も増す。歩き出す前に必ず済ませておこう。

バリアフリー情報

歩行困難などのハンデがある方は、入園ゲートでディスアビリティ・プラカードDisability Placardとアクセシビリティ・ガイドAccessibility Guideをもらうといい。カードを掲示すると車椅子用駐車スペースを利用でき、一般車両進入禁止の道路を通行できる場合もある。ガイドにはトイレ情報など詳しい案内が載っている。大きな公園ならレンタル車椅子や、視聴覚障がい者のための振動や光による火災報知器（レンタル無料）の用意もある。

なお、障がい者用無料年間パス Access Passの購入にはアメリカ市民権か永住権が必要。

国立公園の走り方

常にガソリンの残量とガスステーションの位置を意識しながら走ろう

制限速度

　見通しのよい道路での制限速度は、一般道でも時速 55 〜 75 マイル（約 89 〜 121km）と、日本と比べるとかなり速い。急カーブ手前ではカーブに合わせた制限速度が設定されている。

　町に近づくと『Reduced Speed Ahead』の表示があり、45、25、15 と制限速度がダウンしていくので必ず守ろう。ハイウエイで飛ばしている車でも、町なかでは制限速度を守っているし、警察のチェックも厳しい。

動物の飛び出し

　シカと衝突すれば、相手は即死、車も大破しかねない。小動物の場合でも、驚いて急ハンドルを切ったために大事故になるケースが多い。人間が彼らのテリトリーに道路を造ったのだから、『シカ飛び出し注意』などの標識を見たらスピードを落として走ろう。時間的には、早朝と日没前後が最も危ないといわれている。

夜間走行

　よほどの事情がない限り、夜間走行は避けるべきだ。アメリカの田舎の道路には基本的に街灯というものがない。I-15 のような幹線道路でさえ、ほとんど明かりはない。周囲は荒野や山ばかりで人家も少ないため、夜は恐ろしいほど真っ暗。ヘッドライトに浮かび上がるセンターラインだけを頼りに走るのは、とても疲れるし危険だ。

荒天時走行とチェーンについて

　グランドサークルやネバダなどでは砂嵐が多い。視界不良の中を無理して走らず、安全な場所に避難して治まるのを待とう。

　冬のドライブは凍結、積雪、地吹雪の可能性があり、道路閉鎖などさまざまなリスクをともなう。公園内はもとより、ハイウエイも決して安全ではない。アメリカのドライブに慣れていない人は、冬のドライブは避けるべきだろう。

　また、**レンタカーにはチェーンやスノータイヤを装着できないことが多い**ので、冬期にヨセミテなどを訪れるときには列車、バスなどの利用をすすめる。

　緯度の高い地方（イエローストーン、バッドランズなど）や、標高の高い場所（ブライスキャニオン〜キャピトルリーフ間の UT-12、ヨセミテのタイオガロードなど）は、5 月でも雪に降られることがある。緯度、標高ともに高いマウントレニエやグレイシャーでは、6 月末でもまだ残雪が多い。天候と道路状況を直前にもチェックしよう。

ドライブ情報ダイヤル「511」

　「511」は州内の道路＆気象情報を流しているトールフリーの電話番号。西部では、カリフォルニアの一部とワシントン州、テキサス州を除いてすべての州で実施されている。一般電話からは無料だが、公衆電話からは市内通話料金が必要だったり、つながらない州もある。

道路工事

　国道でも州道でも補修工事は常にあちこちで行われている。日本と違って片側通行の工事区間が非常に長いのが特徴で、目の前で停止させられると 30 分も待たされることがある。エンジンを切り、気長に待とう。

安全に気を配ろう

　田舎は都会に比べて治安がよいとはいえ、やはりいつも銃社会アメリカにいるという意識を忘れずに。財布を人前で広げない、ひと気のない駐車場へは近づかない、車のドアは常にロックするなど、自分の身は自分で守ろう。

タイムゾーン

　特に夏にグランドサークルを回る場合、何度も現地時刻が変わることになる。ラスベガスやロスアン

ゼルスは PST だが、ユタ州やアリゾナ州は MST だから 1 時間進んでいる。ただし 3 月第 2 日曜〜11月第 1 日曜までは、ネバダ州が夏時間を採用、アリゾナ州は不採用なので、ラスベガスとグランドキャニオンは同時刻だ。さらに、ナバホ族居留地内は夏時間を採用しているため、同じアリゾナ州内でもグランドキャニオンとモニュメントバレーでは夏期は時刻が違うのだ。これを頭にたたき込んでおかないと、せっかくの朝焼けを見逃してしまったり、ボートツアーに乗り遅れたりすることになる。とにかく常に現地の現在時刻を確認しよう（→ **P.10、64**）。

そのほか

- インターステートハイウエイの案内標識は通常緑地に白字だが、国立公園に関する標識はすべて茶色地に白字なので、覚えておくと便利
- 50km 走ってもガスステーションがないということも珍しくない。早めの給油を心がけよう
- 坂道が連続するような所ではシフトダウンを。思っているより簡単にブレーキは焼けてしまう
- 歩行者優先は基本のキ。徹底しよう
- 田舎ではカーラジオは入らないことが多い。お気に入りの音楽を用意していくといい
- 田舎では昼間もライト点灯が推奨されている（州によっては義務）。アクセルを踏むと自動的に点灯するレンタカーもある
- ラスベガスはマナーの悪いドライバーが多い。飲酒運転も多いし、クレイジーなドライバーをよく見かける。「相手がゆずってくれるはず」などの見込み運転は禁物
- 僻地のホテルは、住所に番地がないか、あったとしてもカーナビに正しく表示されないことが多い。住所ではなくホテル名を入力するといい

公園内での注意点

- 公園の近くまで来たら、カーラジオを 1610AM に合わせよう。旅行者向け最新情報を流している
- 園内のガスステーションは廃止傾向にある。公園ゲートをくぐる前に給油しておこう
- 入園者の多い公園ではゲートで大渋滞になること

入園者の多い公園では駐車スペースを探すのに苦労する。シャトルバスを積極的に利用したい

がある。このような公園では、いちばん端のレーンを有効なレシートや年間パスを持っている人専用にしていることが多い。
- 園内の最高速度は時速 25〜35 マイル。ビレッジ内はさらに低く抑えられている
- 園内の道路はカーブや崖っぷちが多いが、ガードレールはほとんどない。落石も多いので、くれぐれも運転は慎重に
- 園内には未舗装路も多い。普通車で入れることもあるが、**たとえ 4WD を借りても未舗装路を走行するとレンタカーの保険が契約違反で適用外になる場合が多いので注意**
- 夏のヨセミテやグランドキャニオンでは駐車スペースを探すのにひと苦労。いったん駐車したら、あとはシャトルバスを利用するのが賢明。また自然保護のため、駐車の際はバックではなく、頭から入れよう
- 西部山岳の国立公園ではクマに対する備えが必要。食料すべてをトランクに入れなければならない公園と、逆に絶対に車内に食料を残してはいけない公園があるので注意を
- サマータイムを導入していることもあって、夏の日没時刻は遅い。カナダに近い公園では、暗くなるのは 22:00 頃。夕焼けを堪能してからロッジに戻ると、レストランもストアも閉店したあとだ。逆に、秋から冬は驚くほど日没時刻が早い。早め早めに行動しないと夜間走行になってしまうので気をつけよう

アメリカのおもな道路標識　　アメリカの交通法規とレンタカーについては→ P.486

進入禁止

進入禁止

踏切あり

ここから追い越し禁止区間

追い越し禁止

右折禁止

赤信号時右折禁止

右車線は右折のみ

一時停止

ゆずれ

車線終了左に寄れ

路面凹凸あり

まわり道

車線閉鎖中

左車線は 2 名以上乗車のみ通行可（カープールレーン）

レンタカーで巡るモデルコース

Model Course 1

グランドサークル 15日間

ラスベガス発着でグランドサークルをぐるりとひと回りするダイナミックなルート。11ヵ所の公園で、カラフルで多彩な岩の芸術を楽しもう。季節は春と秋がおすすめ

車があればグランドキャニオンの朝日をイーストリムから見ることができる

1日目	日本→ラスベガス（ラスベガス泊）
2日目	→ルート66 →グランドキャニオン（サウスリム泊）
3日目	グランドキャニオン見学（サウスリム泊）
4日目	移動→午後アンテロープキャニオン（ペイジ泊）
5日目	レインボーブリッジ→移動（モニュメントバレー泊）
6日目	モニュメントバレー見学（モニュメントバレー泊）
7日目	→フォーコーナーズ→メサベルデ（メサベルデ泊）
8日目	移動→午後キャニオンランズ（モアブ泊）
9日目	アーチーズ見学（モアブ泊）
10日目	→ゴブリンバレー→キャピトルリーフ（トーレイ泊）
11日目	UT-12 →ブライスキャニオン（ブライスキャニオン泊）
12日目	ブライスキャニオン見学→移動（ザイオン泊）
13日目	→ザイオン（ザイオン泊）
14日目	バレー・オブ・ファイヤー→ラスベガス（ラスベガス泊）
15日目	帰国

Model Course 2

西部大周遊 1ヵ月

真夏限定のおすすめコース。思いきって長い休みを取り、欲張り旅行に出てみよう。長期で借りるとレンタカーは驚くほど割安になる

全米最深、青い湖面が魅力的なクレーターレイク

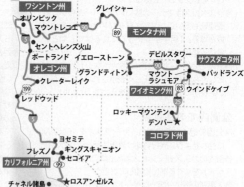

1日目	日本→デンバー（デンバー泊）
2日目	デンバー見学（デンバー泊）
3日目	→ロッキーマウンテン（エステスパーク泊）
4日目	移動→ウインドケイブ→移動（キーストーン泊）
5日目	マウントラシュモア見学→移動（バッドランズ泊）
6日目	バッドランズ見学→移動（サンダンス泊）
7日目	→デビルスタワー→移動（コディ泊）
8日目	→イエローストーン→グランドティトン（グランドティトン泊）
9日目	グランドティトンでハイキング（グランドティトン泊）
10日目	→イエローストーン（オールドフェイスフル泊）
11日目	イエローストーン1周（マンモス泊）
12日目	移動日（メニーグレイシャー泊）
13日目	グレイシャーでハイキング（メニーグレイシャー泊）
14日目	GTTS横断（レイクマクドナルド泊）
15日目	移動日（ワシントン州ヤキマ泊）
16日目	→マウントレニエ（サンライズ）でハイキング（パラダイス泊）
17日目	マウントレニエ（パラダイス）でハイキング（パラダイス泊）
18日目	→オリンピック（ポートエンジェルス泊）
19日目	オリンピック見学（クラロック泊）
20日目	→セントヘレンズ火山（ポートランド泊）
21日目	→クレーターレイク（クレーターレイク泊）
22日目	→レッドウッド（クレセントシティ泊）
23日目	移動日（ヨセミテバレー泊）
24日目	ヨセミテでハイキング（ヨセミテバレー泊）
25日目	→グレイシャーポイント→移動（フレズノ泊）
26日目	→キングスキャニオン（グラントグローブ泊）
27日目	セコイア見学→移動（ヴェントゥーラ泊）
28日目	チャネル諸島クルーズ（ロスアンゼルス泊）
29日目	→ロスアンゼルス見学（ロスアンゼルス泊）
30日目	帰国

アメリカの国立公園は大きい。しかも公共の交通機関が非常に少なく、車がないと訪れることができない公園が多い。ぜひレンタカーを借りて、広大な大地を自由気ままに走り回ろう

Model Course 3

世界遺産巡り 13日間

フェニックスを起点にグランドキャニオン、メサベルデ、チャコ・カルチャー、カールスバッド、タオスプエブロの5つの世界遺産を訪れる。さらにホワイトサンズやサワロなどアメリカならではの絶景もめじろ押し

メサベルデは先住民の断崖住居が圧巻

1日目	日本→フェニックス（フェニックス泊）
2日目	→グランドキャニオン（サウスリム泊）
3日目	グランドキャニオン見学（サウスリム泊）
4日目	→モニュメントバレー（モニュメントバレー泊）
5日目	→フォーコーナーズ→メサベルデ（メサベルデ泊）
6日目	メサベルデ見学（デュランゴ泊）
7日目	→チャコ・カルチャー → サンタフェ（サンタフェ泊）

8日目	タオスプエブロ見学（サンタフェ泊）
9日目	→ホワイトサンズ→移動（カールスパッド泊）
10日目	カールスバッド見学→移動（エルパソ泊）
11日目	→チリカワ→移動（ツーソン泊）
12日目	サワロ→移動（フェニックス泊）
13日目	帰国

Model Course 4

シエラネバダ横断 7日間

北米大陸で最も海抜の低い谷を通った直後に、アメリカ本土最高峰のマウントホイットニーを見上げてシエラネバダ山脈を横断。最後に地上最大の生物セコイアの森を走り抜ける。
　ネバダ＆カリフォルニアは、レンタカー会社によっては乗り捨て料金がかからないので、お得！

不思議な景観が広がるモノレイク

1日目	日本→ラスベガス（ラスベガス泊）
2日目	→デスバレー（デスバレー泊）
3日目	→ US-395 →（モノレイク泊）
4日目	→タイオガパス→ヨセミテバレー（ヨセミテバレー泊）
5日目	→グレイシャーポイント→移動（グラントグローブ泊）
6日目	セコイア見学→移動（ロスアンゼルス泊）
7日目	帰国

レンタカーの選び方

　レンタカー会社は日本で予約できて信頼できるところを選びたい。故障などの事態を考えると、各地に営業所をもつ大手のほうが安心だ。ドライブする予定のルート上または近くに営業所がある会社を選ぶといい。
　ひとつの公園だけを訪れるなら小型車で十分だが、グランドサークルを巡るなど長距離ドライブになるときは、疲れの少ない中型車がおすすめ。トランクに全員の荷物が入るかどうかもチェックしよう。ほとんどの車に GPS カーナビが装備されている。ラスベガス、シアトルなど営業所によっては日本語音声で案内してくれるものもあるので、予約時に申し込んでおきたい。
レンタカー→ P.486

覚えておきたいルールと危険情報

最高気温の世界記録をもつデスバレーのバッドウォーター。熱中症とやけどに注意を

国立公園で命を落とさないために

● 景色のよい場所、遠くまで見晴らせる場所というのは、断崖絶壁の突端にあることが多い。**崖からの転落と落雷**には、特に気を配ってほしい。アメリカの国立公園では、自然環境へのインパクトを最小限に抑えるため、山道でもガードレールはほとんどないし、展望台に設けられた手すりも一部だけ。国立公園局は、注意を促すことはしても、安全を確保してはくれない。自分の身の安全は自分で守ろう

● **スピードの出し過ぎや過労による交通事故**も多い。余裕のあるスケジュールを組もう

● アメリカでは気をつけるべき**感染症**がいくつかあるので、P.500 にも目を通しておいてほしい

● **治安について。**自然を愛する人に悪人はいないのか、それとも入園ゲートがあるためか、園内の治安はとてもよく、女性ひとりでも問題ない。とはいえ、夜間はゲートもフリーパスだし、やはり油断は禁物だ。ゲートシティの治安は場所によって大きく異なる。常に「ここはアメリカだ」という意識で行動したい

● 2010 年、国立公園内への銃器類の持ち込みが解禁された。もちろん園内での狩猟や射撃は禁じられており、レストランなどには持ち込み禁止だ。しかし、護身用の銃を身に付けている人や、車にライフルを積んでいる人が園内にもいるかもしれないということは、頭の隅に入れておきたい

海外旅行保険は極めて重要!

アメリカの医療費の高さは想像を絶する。体調を崩して数日入院しただけで数百万円なんてザラ。2015 年には、ガラガラヘビに咬まれた人が病院から約 15 万ドル（約 1670 万円！）を請求されたことが話題になった。大自然に分け入る旅はけがをする可能性が高く、僻地なので町の病院までヘリで運ばれることも多い。海外旅行傷害保険は決してケチらず、十分な金額に加入することを強くすすめる。クレジットカードに自動付帯している場合、特に「傷害治療」の限度額が十分かどうかよく検討しよう（→ P.478）。

ヨセミテバレーでの救助活動　©NPS/DavePope

現地ツアーを利用するにあたって

アメリカの国立公園へ連れていってくれるガイドやツアー会社は数多く存在する。個人で訪れるのが難しい場所へ案内してくれたり、面倒な手続きを代行してくれたり、アウトドアスポーツに精通している業者もある。しかし残念ながら、なかにはモグリのガイドもいるようだ。

園内でツアーを行う際にはラフティング、フィッシングなどの営業許可や、州の営業ライセンスが必要で、**許可を受けていなければ違法営業**となる。違法行為のもとで行われたツアーでは、たとえその業者が保険に加入していても、万一のときに保険金が支払われない可能性がある。

特にバックカントリー（奥地）を訪ねるツアーや危険をともなうアクティビティツアーに参加する際は、慎重にガイドを選んでほしい。

正規の営業許可をもった業者のリストは、各公園のウェブサイトに載っているか、ない場合はメールなどで各公園に問い合わせれば教えてくれる。

撮ってもいいのは写真だけ！ 残していいのは足跡だけ？

ショートカットも自然を破壊する

アメリカの国立公園は地球の財産だ。この財産を守るために、人間が生態系に及ぼす影響を最小限にくいとめようとレンジャーやボランティアが日夜がんばっている。以下のことを守る自信がない人は、公園ゲートをくぐるのはやめてほしい。

●道路やトレイルから外れない。動物や花の写真を撮るために湿原に踏み込んだりしない。足跡すらも残してはいけないのだ

●山火事の防止には細心の注意を払う

●花、キノコ、化石、動物の角、野鳥の羽など（ごくまれに例外あり）を取らない、ひろわない。枯れ枝や松ボックリもだめ。公園によって500～2万ドルの罰金＆懲役が科せられることもある

●たとえ土に還るものでも、絶対にゴミや吸い殻を捨てない

野生のものは野生のままに！ Keep Wildlife Wild

アメリカの国立公園では動物に出会うことが多いが、どんなに人懐こくても、彼らは野生動物だということをお忘れなく。ビレッジにいるときも、トレイルを歩くときも、細心の注意を払って動物たちに接してほしい。

安全な場所に車を停め、車内から観察しよう

●屋外での食事のあとは、パンくずひとつ残さないようにすべて持ち帰ろう。食べこぼしたポテトチップスのかけらが、鳥や動物の健康に重大な影響を及ぼす

●果物を食べるときは種を落とさないよう気をつけて

●もしも匂いにつられて動物が寄ってきたら、速やかに食べ物を片付けてその場を離れよう。人慣れしたシカが多いが、おとなしそうに見えても角で突かれたら大けがをする

●人間の食べ物の味を覚えてしまった強引なリスに注意。バックパックだろうとジャケットだろうと、鋭い歯であっという間に穴を開けてしまう。ただし、たとえ追い払うためであっても、決してリスをたたいたりしてはいけない

近づき過ぎに注意

大型野生動物に襲われて大けがをする事故が後を絶たない。その多くが写真を撮るために近づき過ぎたのが原因だ。子育て中のメスは神経質だし、繁殖期のオスも気が立っている。バイソンを振り向かせたくて声をかけたら、いきなり突進してきた、なんてこともある。バッファローやシカなどは23m（大型バス2台分）、クマやオオカミは91m（列車4～5両の長さに相当）以内に近づくことは禁じられている。ちなみに、本書に掲載されている大型動物の写真は望遠レンズで撮影している。

どうして餌をあげてはいけないの？

野鳥や動物に餌を与えるのは違法行為で、罰金は最高＄5000＆懲役6ヵ月。落ちていた木の実をリスにあげるなど、たとえその動物が本来食べているものでも、決して与えてはいけない。人間を警戒しなくなり、人間に近づけば食事にありつけると学習した動物は……

●自力で食料を得る能力が鈍り、観光客の少ない時期に飢えて死んでしまう

●ヒトの手を恐れなくなると咬みつくことがあり、狂犬病（→ P.500）などの感染症をヒトに移す

●食料を得る技術を子孫に伝えられなくなる

●車を警戒しなくなり、交通事故が増える

●太り過ぎて動きが鈍くなり、天敵に襲われやすくなる

●栄養過多によって出産頭数や回数が増え、生態系が狂う

●食品の匂いのするビニール袋などを食べるようになる

●ヒトから動物へ、彼らにとって未知の菌や感染症が移ることもある

●栄養が偏る。塩分、糖分、香辛料、化学添加物など、ヒトの食べ物は動物の健康を害する

●もっと食べたいと強引にヒトから食料を奪い取るようになる。そして、殺される

なお、ヨセミテ、グレイシャーなどクマ問題が深刻化している公園では、独自のルールを設けている。入園の際に配布される新聞をよく読んでおこう（→ P.224、409）。

国立公園で買いたい
おみやげ カタログ

$ 9.99

サバイバルキット
笛、マッチ、絆創膏、ダクトテープ、釣り糸と針、コンパスなどが手のひらサイズの缶に収まっている

$ 21.99

$ 20.99

$ 39.99

**デスバレーの
世界最高気温Tシャツ**
Tシャツは各公園に5〜20種類ほどのデザインが揃っている

**ブラックベアの
トレッキング
ソックス**
厚手の靴下は疲れを軽減してくれる。国立公園のショップにある衣類は質のよいものが多い

**キッズレンジャー
ユニホーム**
憧れのパークレンジャーになった気分が楽しめる。公園によってクマのヌイグルミ付き、ミニ双眼鏡付きなどさまざま

グランドサークルでは先住民が手作りしたギフトやアクセサリーが手に入る。
特にグランドキャニオン・サウスリムのホピハウスが充実している

**ココペリの
置物**

**ドリーム
キャッチャー
のピアス**

$ 41.99

$ 14.99

$ 36

**異星人を表す
カチーナドール**

**ナバホ族の
陶器**

$ 59.99

54

$21.99

**イエローストーンの
スーツケースベルト**

それぞれの公園で見られる野生動物をモチーフにしたものが多く、クマ、エルク、ムースが特に人気

$27.99

**グランドキャニオン
横断トレッキングの
ウォーターボトル**

世界のハイカーが憧れるトレイル Rim to Rim のアイテムを使っていると、ちょっぴり鼻が高い

$8.99

**ベンチマークの
キーチェーン**

山頂などに埋め込まれている測量水準点をモチーフにしたグッズはおもな公園にある。ピンブローチ、マグネット、文鎮も人気

$5.99

**ラッセン火山の
ピンバッジ**

ほとんどの公園にあるのがオリジナルのピンバッジ。コレクションしている人も多い

ルート 66 のマグネット

$5.99

バラマキみやげに人気なのがチョコレート、紅茶、メモ帳、そしてマグネット。セリグマンやウィリアムズのギフトショップにはルート 66 グッズがずらり！

$2.99 〜 5.99

$7.99

**ハーフドーム登頂
マグネット**

ヨセミテのハーフドーム登頂に成功した暁にはぜひ！Tシャツなども揃っている

**動物飛び出し注意の
プレート**

飛び出し注意の標識をモチーフにしたグッズはどの公園でも人気。Tシャツ、水筒、マグネット、キーホルダー、ステッカーなどがある

$10 〜 70

国立公園の写真集

ほぼすべての公園に置いてあるのが写真集。ポストカードサイズのものなら $10 前後から手に入る

ホワイトサンズが国立公園に！

2019年、ホワイトサンズ国定公園が、アメリカで62番目の国立公園に昇格。ユネスコの世界遺産登録も目指している

混雑に注意

人が密集する観光地を避けていたコロナ禍、アメリカの国立公園局は過去最高の収益を上げた。グランドキャニオン、ヨセミテ、ザイオンなど人気の公園は混雑しており、入園ゲートをくぐるにもシャトルバスに乗るにも時間がかかる。特に5月最終月曜、7/4、9月第1月曜の前後は、長蛇の列を覚悟したほうがいい。都市に近い公園では、スプリングブレイク（2月下旬〜3月中旬の1週間）も大騒ぎをする大学生であふれる。できればこれらの時期を外して訪れたほうが、じっくりと楽しめるだろう。

予約制の導入が進む

アーチーズ、ロッキーマウンテンなど人気の高い公園では、人の密集や渋滞を避けるために予約制が導入されていて、ピークシーズンは事前に公式サイトからチケットを確保しないと入園できない。ザイオンのトレイル・エンジェルスランディングも予約制になった。

一方、ヨセミテの場合は2022年夏に実施された予約制が2023年夏には行われなかった。各公園で混雑緩和の方策を試行しているようだ。

入園ゲートの キャッシュレス化が進む

グランドキャニオン、ヨセミテなど、入園ゲートでの支払いはクレジットカードとスマホ決済（日本のシステムは不可）のみで、キャッシュは不可という公園が増えている。カードが通らないと入園できないため、通信トラブルなどに備えて2枚もつことをすすめる。

一部の公園で デジタルパス導入

デジタルパスとは、事前にオンラインで入園料を支払い、届いた領収メールをスマホやタブレットに表示させることで入園できるシステム。公園ゲートが渋滞しているときでも特別レーンを使ってスムーズに通ることができることもある。料金は一般の入園料と同額。グランドキャニオン、ヨセミテ、イエローストーンなどで導入されている。

詳しくは URL yourpassnow.com で

ヨセミテの アワニーホテルが復活！

ヨセミテの旧運営会社とのトラブルが解決し、一時的に変更されていたアワニーホテル、カリービレッジなどの名称がようやく元どおりになった。

changed in 4 years?

工事と山火事に注意

バイデン政権によって国立公園のメンテナンスに巨額の予算が付き、トランプ政権時代に滞っていた各公園の道路補修やロッジの耐震工事などが急ピッチで進められている。工事による渋滞や通行止め、ロッジや各施設の閉鎖などの情報を確認しよう。

また、山火事も相変わらず多い。春から秋にかけて、西部の公園や国有林では常に複数の山火事が発生している。公園の部分閉鎖や通行止めも珍しくないので、最新情報を確認しよう。

デスバレーで洪水

世界で最も暑い場所として知られるデスバレーは、極端に乾いた土地でもあるが、いったん雨が降ると大洪水が起きる。2022年8月の洪水では園内の道路が各地で流され、長期間閉鎖された。さらに2023年8月20日、年間降水量を超える量の雨が1日で降り、各地で洪水と鉄砲水が発生して公園全体がおよそ2ヵ月間にわたって閉鎖された。

そのほか

● ジューンティーンス（6/19。土曜にあたる場合は前日、日曜の場合は翌日）が新たな祝日になった。国立公園でも公民権運動や黒人関連のイベントが行われている

● グランドキャニオンの峡谷内にあるインディアンガーデンが、ハバスパイガーデンズに名称変更された

● グランドキャニオンで恐竜より古い時代の動物の足跡化石が発見された

● ホワイトサンズで世界最古の人間の足跡化石が発見された

● ユタ州内すべての国立公園でATV、UTV、OHVなどと呼ばれる全地形対応型バギーが禁止になった

連邦政府機関が閉鎖されたら

2018〜2019年に行われた連邦政府機関シャットダウンでは、多くの公園の入園ゲートが開放されたが、残念ながら破壊行為などが見られた。このため今後のシャットダウンでは公園ゲートが閉鎖される予定になっている。ただしグランドキャニオン、ザイオンなどは州政府が資金を提供することで運営を続ける可能性がある。

今後またシャットダウンが起き、公園が開放された場合には、以下のことに気を付けてほしい。

▶ コンセッショナー（民間委託会社）によって運営されているロッジなどは営業する（公園ゲートが閉鎖された場合、予約金は返金される）
▶ ビジターセンターは閉鎖される
▶ 各公園のウェブサイトやSNSは更新されず、電話での問い合わせもできない
▶ 緊急通報911のみ対応可
▶ 園内のトイレはすべて閉鎖される可能性がある

このような状況の結果として、入園者に危険が及んだり、公園にダメージが生じるリスクが大きい場合、公園が閉鎖されることがある。

なお、カールスバッド（鍾乳洞）、ホワイトサンズ（軍事施設に隣接）など特殊な事情をもつ公園は、シャットダウンが解除されるまで閉鎖される可能性が大きい。

グランドサークル
Grand Circle

グランドキャニオン国立公園
Grand Canyon National Park　South Rim

アリゾナ州

コロラド川が削った峡谷の断崖には、およそ18億年分の地層が露出している。ごく原始的な生命が誕生した頃からの地球の姿を目の前にできる

　ロッキー山脈に降った雨は、山肌を走り、仲間と出合いながら、小さな流れへと成長してゆく。小さな流れがいくつも集まり、大きな力をもつ流れが生まれる。やがてその流れは、500万〜600万年という長い年月をかけて赤い大地を削り、途方もない谷を造り上げた。『グランドキャニオン』── 大峡谷。まさしく、そう呼ぶほかにこの谷を表現する言葉はない。しかし、この谷は単に巨大なだけではない。時の移ろいとともに、その表情を劇的に変化させてゆく。

　ここにすむ鳥たちが、シカが、リスが、この巨大な谷のさまざまな表情を見つめてきた。先住民も、白人の探検家たちも、そして世界中からの観光客も、その表情を見つめてきた。

　一気に輝きにあふれる日の出。照りつける太陽にじっとたたずみ、通り過ぎる雲にほっとひと息つく午後。どこまでも赤く染まる夕暮れ。突然の稲光に暗黒のなかから白々と浮かび上がる夜……。どんな表情に出合ったとしても、悠々たる時の流れのイメージが、心に強く刻み込まれることだろう。

NOTES　国際ダークスカイパーク　夜空が暗く、天体観測に適しているとされる公園。アメリカの天文学者らが運営するNPOによって認定されている。ダークスカイパークはアメリカを中心として世↗

サウスリム

凡例 →P.6

MAP 折込1枚目 C-2、折込2枚目オモテ H-1～2、折込2枚目ウラ K

行き方　ACCESS

　グランドキャニオンは東西約446km（東京と琵琶湖間の距離に相当）にわたって延びる長大な峡谷だが、実際に私たちが地上から見学できるのは東側のごく一部にすぎない。

　公園はコロラド川を隔てて北の**ノースリム North Rim**と南の**サウスリム South Rim**に分けられ、崖の上の向かい合った所にそれぞれビレッジがある。ここではまず、交通の便がよく、入園者の9割が訪れるサウスリムへの行き方から紹介しよう（ノースリムは→P.98）。

　飛行機を使って短時間にアプローチしたいなら、ゲートシティはサウスリム・ビレッジから車で南へ15分の**トゥシヤン Tusayan**。小さな空港があり、ラスベガスから小型機で訪れることができる。鉄道や長距離バスを使いたいなら、ビレッジから南へ1～2時間の**ウィリアムズ Williams**か**フラッグスタッフ Flagstaff**。車を運転できる人には、ラスベガスで車を借りてグランドサークルを1周するドライブプラン（→P.50）をおすすめする。

時間を変え、場所を変えて見るのがグランドキャニオンを楽しむコツ。滞在時間の短い人でも、できるだけ東へ西へとリム沿いに移動してみよう

DATA

時間帯▶山岳部標準時MST（夏時間不採用）
☎(928)638-7888
緊急☎911
（客室からかける場合は9-911）
緊急(928)638-7805
道路情報☎(928)638-7496
URL www.nps.gov/grca
24時間365日オープン
通年中
料ノースリムと共通で車1台＄35、バイク＄30。そのほかの方法での入園は1人＄20。キャッシュ不可
国定公園指定▶1908年
国立公園指定▶1919年
世界遺産登録▶1979年
国際ダークスカイパーク認定▶2016年
面積▶4863km²（福岡県とほぼ同じ）
入園者数▶約473万人
園内最高地点▶2793m（ノースリム）
哺乳類▶91種（このうちコウモリ22種）
鳥　類▶447種
両生類▶10種
爬虫類▶48種
魚　類▶24種
植　物▶1747種

ラスベガス	✈ 約1時間15分	グランドキャニオン空港（トゥシヤン）	タクシー約15分
	🚗 約5時間		
	🚌 ツアー 約7時間		ツアー
	🚂 8～10時間	ウィリアムズ	🚂 約2時間15分
ロスアンゼルス	🚌 12～14時間		🚂 約1時間
	🚗 8～10時間	フラッグスタッフ	🚂 約1時間30分
	✈ 約55分		日帰りツアー
フェニックス	🚂 約3時間		
	🚗 約4時間		グランドキャニオン・サウスリム

往路、右手にグランドキャニオン・ウエストやスカイウオーク（→P.78）を見下ろすことができる

GCN
☎(928)638-2446

Grand Canyon Scenic Airlines
☎(702)835-8484
日本事務所
☎(03)5745-5561
日本 無料 0120-288-747
URL www.scenic.co.jp
URL www.grandcircle.jp
営 月～金10:00～17:00
料 片道＄370、往復＄740
※冬期はほかの季節に比べて悪天候による欠航が多い（平均して月2、3日程度）

GCNのタクシー
☎(928)638-2631、2822（内線6563）
料 ビレッジまで3人まで＄35、以後1人＄5＋入園料（タクシー用特別料金1人＄8）＋チップ

シャトルについて
5月下旬～9月上旬8:00～21:30のみ、空港があるトゥシヤンのホテルと園内のビジターセンター（→P.70）をつないで無料シャトルが走る。ただし空港へは寄らない。空港ターミナルからトゥシヤンのバスストップまで歩くと約20分

FLG ☎(928)213-2930
Alamo ☎(928)779-1975
Avis ☎(928)774-8421
Hertz ☎(928)774-4452

PHX ☎(602)273-3300
Alamo ☎(602)244-0897
Avis ☎(602)261-5900
Budget ☎(602)261-5950
Dollar ☎(602)567-9700
Hertz ☎(602)267-8822

Greyhound →P.485
Free 1800-231-2222
URL www.greyhound.com
料 Las Vegas→Flagstaff片道＄40～
フラッグスタッフのディーポ
住 800 E. Butler Ave.
☎(928)774-4573

Groome Transportation
☎(928)350-8466
URL groometransportation.com
料 フラッグスタッフから片道＄44＋入園料特別料金1人＄8

飛行機　▷▷▷▷▷ AIRLINE

Grand Canyon National Park Airport (GCN)

サウスリム・ビレッジから南へ4マイル（約6.4km）、**トゥシヤンTusayan**という町にある小さな空港。おもに遊覧飛行用セスナとヘリのための空港だが、ラスベガスからGrand Canyon Scenic Airlinesが1日1～2往復の定期便を飛ばしている。所要1時間15～30分。ラスベガスではフーバーダムの手前にあるボウルダーシティ空港から発着する。ラスベガス市内のおもなホテルまで無料で送迎してくれるし、日本で予約できる。ハリー・リード（旧マッカラン）国際空港へも送迎してくれるが、乗り継ぎには3時間以上の余裕が必要。

グランドキャニオン空港からサウスリム・ビレッジへはタクシーで20分。空港にレンタカー会社はない。

Flagstaff Grand Canyon Pulliam Airport (FLG)

フラッグスタッフ郊外にある。アメリカン航空がフェニックスから1日4便、ダラスから1便飛んでいる。サウスリムへはGroome Transportation（欄外）かレンタカーで。

Phoenix Sky Harbor International Airport (PHX)

アリゾナを中心にレンタカーで回る旅なら、フェニックスからアプローチしてもいい。全米各都市からのフライトが多数あり、各社のレンタカーも予約なしで借りられる。サウスリムまで4時間のドライブ。

長距離バス　▷▷▷▷▷ BUS

ロスアンゼルスやラスベガスからサウスリムを訪れる際、グレイハウンドを利用するのはあまりおすすめではない。なぜなら、グレイハウンドはフラッグスタッフには停車するがウィリアムズには停車せず、フラッグスタッフからサウスリムまでのシャトルバス（1日3便）はウィリアムズ経由なので、時間のロスが大きいのだ。さらに、シャトルバスはアムトラック駅に発着するので、荷物を抱えて約15分歩かなければならない。乗り継ぎもよくない。最もマシなのはラスベガス6:10発のグレイハウンド。フラッグスタッフで乗り継げば17:45にサウスリムのマズウィックロッジに到着できる（2023年12月の場合）。

➤NOTES **列車やバスを利用するなら** アメリカの鉄道やバスは遅れるのは日常茶飯事。長距離になると1時間以上の遅れも珍しくないので、乗り継ぎにはかなり余裕をみておこう

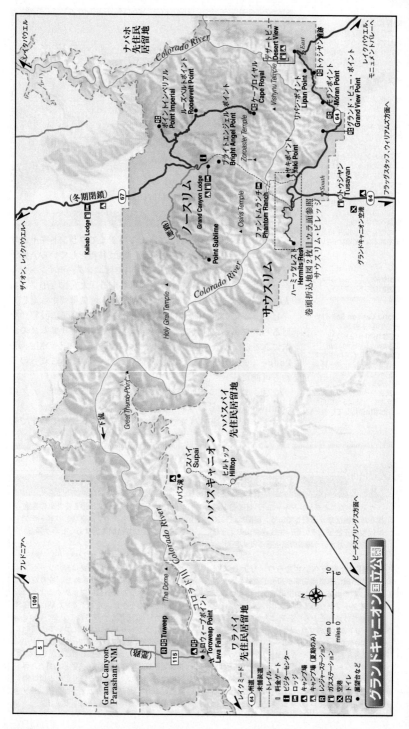

ハリマン型と呼ばれる客車も人気。展望ドームカーもある

鉄道　　　　　　　　　　　　▷▷▷▷▷▷▷ AMTRAK

ウィリアムズからサウスリム・ビレッジまで**グランドキャニオン鉄道**の観光列車が1日1往復（繁忙期は2往復）している。要予約。ウィリアムズでの乗車前や列車内ではエンターテインメントが行われ、季節によっては特別列車も走る。大人にも子供にも人気が高いので予約は早めに。月1回程度、蒸気機関車も走る。

ビレッジでの滞在時間は3時間45分あり、この間に展望台を回るバスツアーも同時に予約できる。また、ウィリアムズの駅前にあるホテル（→P.97）と、サウスリム・ビレッジのMaswik Lodge（→P.95）も同じ会社が経営しているので、これらの予約も可能だ。

なお、ロスアンゼルスとシカゴを結ぶアムトラックのSouthwest Chief号はウィリアムズには停車しないため、フラッグスタッフから連絡バスでグランドキャニオン鉄道の駅まで行くことになる。

時差に注意！

アリゾナ州は夏時間を採用していないので、例えば夏にグランドサークルを回ると、こんなややこしいことになる

ラスベガス（PST）
↓ 時計の針を1時間進める
ザイオン（MST）
↓ 1時間遅らせる
レイクパウエル（アリゾナ州は夏時間不採用なのでPSTと同じ）
↓ 1時間進める
モニュメントバレー（アリゾナ州にあるが、ナバホ族居留地内は夏時間なのでMST）↓ 1時間遅らせる
グランドキャニオン（アリゾナ州なのでPSTと同じ）
↓ 夏期は同時刻
ラスベガス（PST）

このように、4回も時計の針を直さなくてはならない！

Amtrak　　　　　　→P.485
Free 1800-872-7245
URL www.amtrak.com

Grand Canyon Railway
☎ (303)843-8724
Free 1800-843-8724
URL www.thetrain.com
運 車両のタイプによって往復 $82～226、2～15歳 $51～153
休 12/25
※鉄道から峡谷はまったく見えない。SLは3～10月の第1土曜に運行している

COLUMN

蒸気機関車でグランドキャニオンへ

ウィリアムズとグランドキャニオンとを結ぶ路線を蒸気機関車が運行している。機関車は1920年代製の正統派。その昔、先住民が山のような商品を運んだという伝説の道を通るSLの旅だ。

時を超えた散策へいざなうウィリアムズ駅

この路線に蒸気機関車が初めて運転されたのは1901年。当時、ほかの交通機関といえばフラッグスタッフから出ている揺れのひどい乗り合い馬車だけだったから、列車は人気を博した。

ウィリアムズ駅のプラットホームは1908年に初めて使用されたもの。トレインルームには鉄道グッズがたくさん展示されている。出発の30分前からウエスタンショーが行われ、ニッカボッカー、ロングスカート、ペティコートといった昔の衣装を身につけた人々が気分を盛り上げてくれる。

乗り心地満点のハリマン型客車（プルマン社製）には、乗客のニーズに応えるための客室係がいる。車内でもライブ演奏などのアトラクションがあり、約2時間の旅はあっという間だ。

いよいよグランドキャニオンへ

サウスリム・ビレッジの駅舎は、リゾートブームに沸いた1909年に建造された。目の前にあるエルトバホテルの外観にマッチするようにデザインされたそうだ。丸太でできた駅は現在のアメリカには3ヵ所しか残されていない。

到着前にグランドキャニオンについての情報がもらえるので、各自でバスツアーに参加したり、ハイキングをしたり、観光を楽しむことができる。

グランドキャニオンを探検して回ったあと、再び汽車で帰路につく。ちなみに、この鉄道は帰路によく"事件"が起こる。カメラと小銭（チップ）を用意しておかないと後悔するかも!?

ウィリアムズの踏切に注意 I-40 の Exit 163 から南へ走ると、鉄道駅を経て町の中心部へ出るが、駅の横の踏切で一時停止違反のキップを切られた。通常アメリカでは踏切で停止する必要がなく、➚

アメリカを代表する観光地だけあって、さまざまなツアーが催行されている。ピークシーズンでも宿が確保できるのはうれしい。それぞれにメリット、デメリットがあるので、よく比較検討しよう。

ラスベガスから小型機でサウスリムへ

日帰り（＄400〜650程度）だとサウスリムでの見学は3時間ほどしかない。朝日や夕日を見られる1泊2日ツアーをおすすめしたいが、欠航によるキャンセルが多いせいか、残念ながら各社とも日帰りツアーだけに絞る傾向にあるようだ。日本で予約できるGrand Canyon Scenic Airlinesの場合、ラスベガス（ボウルダー空港）をたち、フーバーダムやレイクミード上空を飛んで約1時間15分でグランドキャニオン空港に着陸。大型SUV車ハマーを改造したオープンカーに乗り換えてビレッジへ向かい、ヤバパイポイント、グランドビューポイントなど数ヵ所の展望台から峡谷を眺める。サウスリム滞在は昼食込みで約3時間。夏期はボウルダー空港を9:15発→15:10帰着、冬期は9:05発→14:40帰着。ラスベガスではおもなホテルまで送迎あり。

ラスベガスからヘリ or セスナで GC ウエストへ

グランドキャニオン国立公園の敷地は広大で、サウスリム・ビレッジは東の端のほうにある。このあたりが最もダイナミックな風景を楽しめるからこそ、ここにビレッジが造られたのだ。パッケージツアーにはグランドキャニオン・ウエスト（→P.78。ウエストリムと表示されることもある）を訪れると謳ったものが多いが、これはサウスリム・ビレッジから無料シャトルが走っているウエストリム（→P.74）とはまったく違う場所。ビレッジから数百キロも西に離れていて、P.63の地図よりはるかに外側だ。ビレッジ付近の谷の深さは1500〜1800mあるが、GCウエストでは200〜1200mということを承知しておこう。

メリットは、ビレッジよりはるか手前にあるためラスベガスからの飛行時間が短いことと、先住民居留地に着陸するので、国立公園では厳禁の屋外バーベキューやスカイウオークを楽しめること。

ラスベガスからバスでサウスリムへ

数多くのツアー会社が催行している。小型飛行機が苦手な人向けだが、上空からの景色が楽しめる飛行機と異なり、バスの車窓には延々と荒野が続く。往復だけで10時間かかるのだから、日帰りだと見学時間はごくわずか。1泊2日ツアーをおすすめしたいが、催行している会社はほとんどない。

フラッグスタッフからバスでサウスリムへ

Open Road Toursなど数社が催行している。キャメロン（→P.97）のギフトショップに寄ってからデザートビュー、ヤバパイポイントを回って戻る日帰りコースが一般的。

展望台を確認しよう

ツアー選びで重要なのは、どこの展望台から何時頃に見学するのか確認すること。どんなに急ぎ足のツアーでも、ヤバパイポイントorマーザーポイントは必須だし、夕日or朝日も外せない！（→P.24、P.69）

Grand Canyon Scenic Airlines →P.62
🍴 ランチ込み＄609、2〜11歳＄599

小型機ツアーの注意点

小型機でグランドキャニオンを訪れる場合、気流によってはかなり揺れる場合がある（特に午後が多い）ことと、悪天候による欠航（特に冬期が多い）を覚悟しておこう。機体のバランスを保つために体重測定が行われるが、ほかの乗客には数値が見えないようになっている

小型機のツアーはフーバーダムとミード湖の眺めも楽しめる

Open Road Tours
☎ (602)997-6474
Free 1855-563-8830
URL openroadtoursusa.com
🚌 毎日7:30発。8時間
💰 ＄164、3〜15歳＄144

↗ 警報機も鳴っていなかったので停まらずに通過したが、列車通過の時間帯は例外とのこと。踏切の標識を点滅させていたそうだが、気付かなかった。ご注意を。(兵庫県 安田修 '18) ['23]

65

アリゾナ州の道路情報
Free 511
Free 1888-411-7623
URL www.az511.com
　天候、積雪、工事、渋滞などを道路ナンバーごとに案内している

フーバーダム
　ラスベガスからキングマンへ向かう途中、フーバーダムの横でコロラド川を渡るが、I-11を走っただけではダムはあまり見えない。見学するならネバダ側から標識に従って下りよう。ダムの両側に駐車場があり、ダムの上を歩いたり、見学ツアーに参加したり、I-11の歩道へ上がってダム全景を見ることもできる。検問あり。1トン以上の車や荷物室のあるバスは入れない。このため、グランドキャニオン行きの大型バスツアーの途中でフーバーダムに寄る場合、スーツケースは持ち込みできない（普通車のトランクは問題ない）。
　なお、冬期はダムを過ぎたら時計の針を1時間進めるのをお忘れなく

　グランドキャニオンだけを訪れるならレンタカーの利用はすすめない。サウスリムのビレッジには1日約6000台の車が流入し、渋滞、排気ガスなどの問題が深刻になっている。シャトルバスを走らせたり、一部の道路を進入禁止にしたり、駐車場を大幅に増設したりといった対策が講じられているが、それでもシーズン中は混雑していて車はかえってじゃまになることがある。

　そうはいっても、やはり車は便利だ。日の出前にロッジを出てイーストリムの展望台で御来光を迎えるなど、車のある人だけの特権も多い。モニュメントバレーほかグランドサークルの見どころを回るなら車に限る。10日～2週間ほどかけてぐるりと1周してこよう（→P.50）。

ラスベガスから

　ハリー・リード（旧マッカラン）国際空港の南を走るI-215 EAST（インターステートハイウエイ215号線の東行き）に乗り、あとはI-515 SOUTH → I-11 SOUTHと進む。40分でフーバーダムを渡るとUS-93（国道93号線）に変わり、キングマンKingmanまで71マイル（約114km、1時間20分）。I-40 EASTに乗り、117マイル（1時間45分）でウィリアムズだ。Exit 165（インターステートハイウエイの出口165番）でAZ-64（アリゾナ州道64号線）に移れば、あとはサウスリムまで60マイル（1時間強）の一本道。ラスベガスから5時間ほどの道のり。

SIDE TRIP

ルート66

　ラスベガスからグランドキャニオンへ向かうとき、退屈なのがI-40。そこでちょっと寄り道して、平行するUS-66を走ってみてはどうだろう。そう、これがかの有名なルート66の名残なのだ。
　あまり時間がない人におすすめなのはExit 121の**セリグマンSeligman**とExit 139の間。古びたガスステーション、モーテルのネオン、うねうねと続く丘。セピア色の写真を見るようなノスタルジックな風景が続く。ルート66グッズを探したければセリグマンかキングマン、ウィリアムズで。ファン垂涎のショップが何軒もある。

セリグマンにはノスタルジックなダイナーもある

セドナ Sedona

　世界有数のパワースポットとして知られるセドナは、グランドキャニオンから遠くない所にあり、半日あれば寄り道できる。赤い岩山に囲まれた独特の景観を楽しみ、スピリチュアル体験の店をのぞいてみるといい。フラッグスタッフからI-17を南へ走りExit 337でAZ-89Aへ下りる。50分。車がない人は、フェニックスからGroome Transportation（→P.62）やOpen Road Tours（→P.65）で訪れることもできる。

最も有名な教会Chapel of the Holy Cross

▶ SIDE TRIP　巨大映像 IMAX　公園入口にある町トゥシヤン Tusayan の IMAX 劇場では、臨場感たっぷりのグランドキャニオンの巨大映像を楽しめる。ナショナルジオグラフィックが制作したものだ。

フェニックスから

　サワロ（ハシラサボテン）が生えるI-17を北へ140マイル（2時間弱）。フラッグスタッフでI-40 WESTへ移り、ウィリアムズのExit 165でAZ-64へ。あとは一本道。フェニックスから合計4時間弱。

ビレッジの走り方

　最初の難関は入園ゲート。春～秋の日中は大渋滞になることが多い。できれば朝9:00前に入園したい。すでに入園料の有効なレシートやアメリカ・ザ・ビューティフル・パス

ビジターセンターの駐車場は広いので、区域ごとに動物の名前がつけられている

（→P.42）を持っている人は、5車線のうちいちばん左側のプリペイドレーンを使うことができる。

　中へ入って10分ほど走るとビジターセンターがある（ピークシーズンは朝10:00頃に満車になる）。まずはここで情報収集。5分ほど歩いてマーザーポイントで大峡谷と対面したら、さっそくロッジへ向かおう。

　ビレッジ中心部は一方通行のループになっている。ブライトエンジェル、サンダーバード、カチーナ、エルトバの4つのロッジ（→P.94）はまとめて『Village』という案内標識が出ている。これらのロッジは峡谷沿いにあるのが魅力だが、駐車スペースの確保が難題。それぞれ建物の前に駐車場はあるが、一般観光客も自由に停められるため、いつ行っても満車。路上駐車のスペースを見つけるのも運次第という状態だ。

　スーツケースなどがある場合、まず先にチェックインをして荷物を部屋へ運んでから、落ち着いて駐車スペースを探すといい。マズウィックロッジの先を右折したバックカントリー・インフォメーション・センターの駐車場が比較的すいている。遠いけれど便利なのはマーケットプラザだが、夕方は満車になることが多い。荷物が軽いなら、最初からビジターセンター前の駐車場に停め、シャトルバスで各ロッジへ行くといい。滞在中はなるべく車は使わないようにしたい。

AAA路上救援　→P.486
Free 1800-222-4357

**サウスリム・ビレッジ
までの所要時間**
Williams	約1時間
Flagstaff	約1.5時間
Monument Valley	約4時間
Phoenix	約4時間
Las Vegas	約5時間
Los Angeles	8～10時間

冬は雪の覚悟を
　冬にグランドサークルを走るなら、雪や凍結を覚悟したほうがいい。サウスリムは標高が2000mを超えており、5月の降雪もあるほど。もしも吹雪になってしまったら、無理にハイウエイを走ったりせず、最寄りの宿へ飛び込んで除雪されるまで待つのが賢明。なお、レンタカーにチェーンを装着すると契約違反になることがある

ガソリンは満タンで
　ビレッジにはガスステーションがない。トゥシャンかデザートビュー（カードでの給油のみで、24時間）で必ず入れておこう。故障は下記へ
☎ (928)638-2631

カーナビ利用の注意
　サウスリムのゲートシティであるトゥシャンは独自の郵便番号をもたない。このためカーナビやスマートフォンのソフトによっては、郵便番号や住所を入力しても正しい位置が表示されないので、ホテル名から検索するといい

SIDE TRIP　ウパキ国定公園　Wupatki National Monument

MAP 折込1枚目 D-3、折込2枚目オモテ J-2
圏 日の出～日没　**圏** 車1台$25、バイク$20

　先住民の遺跡を見てみたいけれど、メサベルデ（→P.198）やチャコ（→P.197）まで行く時間がないという人におすすめ。フラッグスタッフからUS-89を北上し、12マイル（15分）で標識に従って右折。さらに21マイル（45分）走った所にビジターセンターがある。

　ここには約700年前、プエブロ族が定住し、農業を営んでいた。園内には5つの遺跡があり、見学には1～2時間を要する。

©NPS
モニュメントバレーからの帰りに寄るのも一案

↗ 9:30～18:30の毎時30分に上映開始。34分間。料金は$13.59、6～10歳$10.33。館内には公園の情報カウンターもあり、入園料の支払いや年間パスを購入することができる

ビレッジ詳細ガイド→P.22

◀ NATIVE AMERICAN ▶

ココペリ

ギフトショップでよく見かける縦笛を吹く男の子のようなモチーフがココペリ。古くから先住民（特にホピ、ズーニー族）の間でその存在を信じられてきた妖精のような生き物で、彼が笛を吹くと雨が降るといわれる。乾いた大地を潤し、豊作をもたらしてくれるのだ。背中に背負った袋の中には歌（または胎児）が詰まっているという

何も背負っていないココペリも多いが、常に猫背なのも特徴のひとつ

アリゾナ

アリゾナとは、先住民の言葉で「小さな泉」の意。現在、公園に隣接して3つの先住民居留地があり、ナバホ、ハバスパイ、ワラパイの3部族が暮らしている

　サウスリムの中心はロッジ、レストラン、キャンプ場などすべての施設が集まるビレッジ。ここを中心に、断崖の縁に沿ってたくさんの展望台が設けられていて、ビレッジより西を**ウエストリムWest Rim**（**MAP**折込2枚目ウラ面 K-1〜3）、東を**イーストリムEast Rim**（**MAP**折込2枚目ウラ面 K-5, P.63）と呼ぶ。

　ウエストリムの道路（Hermits Road）は8マイル（約13km）で行き止まり。3〜11月は一般車は入れないが、代わりに無料シャトルが走っている。12〜2月は車のない人はツアーバスで見学することになる。

　イーストリムの道路（AZ-64）は26マイル（約42km）あり、年中通行できる。車がない人のためにツアーバスが走っている。この州道はそのまま園外へ出てモニュメントバレー方面のUS-89にいたる。

　ビレッジに着いたらまずやるべきこと、それは最新情報を網羅したパンフレット（日本語版あり）と地図を手に入れること。いずれも無料。車で訪れた人はゲートでもらえるが、そうでない人は各ロッジのフロントでもらうか、なければビジターセンターなどへ取りに行く。これを見ながら、貴重な滞在時間をどう過ごすかを決めよう。

角度を変えて見る

　グランドキャニオンのケタ違いのスケールや美しさを知るためには、1ヵ所にとどまっていたのではダメ。上下左右から角度を変えて眺めると、感動が10倍にも100倍にも膨らんでくる。サウスリムには断崖沿いにトレイル（ハイキングコース）と舗装道路が敷かれ、自然の岩を利用した展望台がたくさん造られている。東の端から西の端まで移動するだけでも、峡谷の様相はかなり違う。さらに峡谷内へ歩いて下るとか、セスナやヘリで空から見下ろすなどすれば理想的だ。

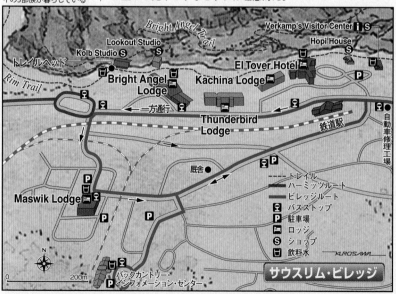

サウスリム・ビレッジ

Trivia 入園者数第1位の公園は？ テネシー州＆ノースカロライナ州にまたがるグレート・スモーキー・マウンテンズ国立公園（世界遺産）で、第2位のグランドキャニオンの倍以上。人口の多い東↗

サンライズ＆サンセットを見逃すな！

写真家にとってグランドキャニオンは日の出前後3時間と日没前後3時間が勝負といわれる。なるほど、昼間のグランドキャニオンはのっぺらぼうで、立体感や色彩に乏しい。それに夏は暑い！　こんなときは昼寝かショッピングに充てたほうが利口だ。

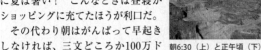
朝6:30（上）と正午頃（下）

その代わり朝はがんばって早起きしなければ、三文どころか100万ドルの損！　千変万化の色と影はこの世のものとは思えない神秘の世界を造り出し、夕暮れのすばらしさとともに世界の人々に絶賛されてきた。

日の出、日の入りの時刻は各ロッジのロビーに掲示されているので確認しておこう。ロッジから展望台まで行く時間も忘れずに調べておきたい。一般に、イーストリムのポイントは日の出を見るのによく、ウエストリムは夕日を見るのによいといわれている。

シーズン　SEASONS AND CLIMATE

断崖の上のビレッジは標高2100mにあるため、春の訪れは遅い。4～5月上旬は谷底までのトレイルを歩くには最適の時期。リムでは雪が降ることもあるが、だいたい天候は安定している。朝霧がキャニオンからわき上がる幻想的な光景を見られる季節でもある。

夏、入道雲を背景にしたキャニオンはすばらしいが、ビレッジは多くの観光客でごったがえす。昼夜の温度差が激しく、谷底では40℃以上の猛暑となる。午後には毎日のように強烈な雷雨に見舞われ、キャニオンの劇的な姿を見られる。

秋になると天候は安定し、気温も快適。日暮れが早いので、トレイルを歩く際には気をつけたい。

11～3月は最も厳しい季節。天候も荒れ気味となり、気流が乱れて航空便の欠航も多くなる。トレイルは積雪のために閉鎖されることもあるが、峡谷に降りしきる雪のほとんどは谷底まで舞い降りることはできない。途中で溶けて雨になってしまうのだ。吹雪のあと、上部だけ雪化粧したキャニオンの景観は格別。荘厳な美しさを味わうことができる。

おすすめ日の出ポイント
ヤバパイ、マーザー、ヤキ、グランド・ビュー、リパン

おすすめ夕日ポイント
ホピ、モハーベ、ピマ、ヤキ
日の出＆日没時間は下表参照。行き方は→P.25

昼間のほうがきれい!?
「薄暗い朝夕よりも、谷底までよく見える昼間のほうがいい」と主張して日帰りツアーを売る会社があるが、そうだろうか？

“グランドキャニオンで朝日を見る”とは、日の出30分ほど前の朝焼けから、太陽が姿を現して1時間ほどたち、谷底のコロラド川が朝日に輝く頃までをいう。この間に、無数の尾根が造り出す影と、岩の色彩の変化を堪能する。

日の出から3時間もたつと岩の陰影はほとんど消え、のっぺらぼうな1枚の壁となる。それがグランドキャニオンなのだ。

つまり、「朝日を見られる」というツアーでも、日の出後約1時間の見学時間がなければ、せっかくの“朝”の半分も楽しめない。逆に、日没の1時間ほど前から夕焼けまでたっぷりと見学でき、暗くなってからグランドキャニオンを離れるツアーなら、日帰りでも満足度は高いはずだ

名前は同じでも大違い
ブライトエンジェル・ロッジはサウスリムにある宿。そこから谷底まで続いているのがブライトエンジェル・トレイル。このトレイル沿いに対岸のノースリムまで延びる峡谷の名がブライトエンジェル・キャニオンで、その北端、ノースリムの崖っぷちにある展望台がブライトエンジェル・ポイント（→P.100）だ

グランドキャニオンの気候データ
日の出・日の入り時刻は年によって多少変動します

	月	1	2	3	4	5	6	7	8	9	10	11	12
サウスリム	最高気温（℃）	5	7	10	15	21	27	29	28	24	18	11	6
	最低気温（℃）	-8	-6	-4	0	4	8	12	12	8	2	-3	-7
	降水量（mm）	34	39	35	24	17	11	47	57	40	28	24	42
ノースリム	最高気温（℃）	3	4	7	12	17	23	25	24	21	15	8	4
	最低気温（℃）	-9	-8	-6	-2	1	4	8	7	4	-1	-4	-7
	降水量（mm）	81	82	67	44	30	21	49	72	51	35	38	72
ファントムランチ	最高気温（℃）	13	17	24	28	33	38	41	39	36	29	20	14
	最低気温（℃）	2	6	9	13	17	22	26	24	21	14	8	2
	降水量（mm）	17	19	20	12	12	8	21	36	25	17	11	22
マーザーポイント	日の出（15日）	7:39	7:17	6:40	5:55	5:22	5:11	5:23	5:47	6:11	6:35	7:05	7:32
	日の入り（15日）	17:36	18:06	18:35	19:02	19:27	19:47	19:46	19:19	18:36	17:53	17:21	17:15

部に国立公園が少ないこと、アトランタやワシントンDCなどの大都市からマイカーで行けることが理由と思われる。世界最古の山ともいわれ、動植物の数はなんと2万種以上。詳しくは→『B12 アメリカ南部編』

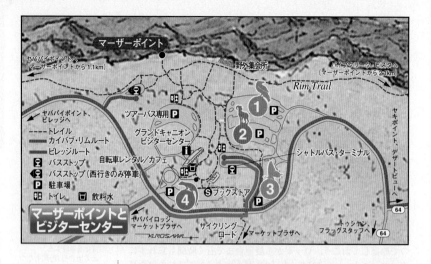

マーザーポイント

ヤバパイポイントへ
（マーザーポイントから1.1km）

野外集会所

Rim Trail

パイプクリーク・ビスタへ
（マーザーポイントから2.1km）

ヤバパイポイント、
ビレッジへ

ツアーバス専用 P

グランドキャニオン
ビジターセンター

自転車レンタル/カフェ

ヤキポイント、
デザートビューへ

シャトルバス・ターミナル

- - - - トレイル
━━ カイバブ・リムルート
━━ ビレッジルート
🚌 バスストップ
🚌 バスストップ（西行きのみ停車）
P 駐車場
🚻 トイレ　▲ 飲料水

**マーザーポイントと
ビジターセンター**

KUROSAWA

ヤバパイロッジ、
マーケットプラザへ

サイクリング
ロード

マーケットプラザへ

S ブックストア

トゥシャン
フラッグスタッフへ

64

64

情報収集　◁◁◁▷▷▷ INFORMATION

Grand Canyon Visitor Center

　グランドキャニオンの顔であるビジターセンターは、ビレッジよりはるか手前、マーザーポイントという展望台の近くにある。ビレッジにあふれるマイカー対策としてあえて離れた場所に建てられたもので、とても大きな駐車場がある。まずはここで最新の情報を集めたパンフレットTrip Planner、ハイキングマップなどを手に入れよう（いずれも無料）。ジオラマなど展示が充実していて、天気予報の掲示も役に立つ。広場を挟んだ正面には大きなブックストアがあり、書籍、写真集、ポストカードなどが豊富に揃っている。

　ここはまた無料シャトルバス（→P.72）の乗り換えポイントにもなっている。ビレッジルートに乗れば各ロッジへ、カイバブ・リムルートに乗ればリム沿いの展望台へ行くことができる。

　その前にビジターセンターの裏側へ5分ほど歩いて**マーザーポイントMather Point**（→P.73）へ行ってみよう。展望台の手前には石造りの野外集会所があり、大峡谷を見ながらさまざまなレンジャープログラムが催される。よく見ると座席に化石が露出している。この野外集会場とマーザーポイントは車椅子でもOKだ。

Grand Canyon VC
🕐夏期8:00〜18:00
　冬期10:00〜16:00
※ロッジやアクティビティ
の予約はここではできない

Bookstore
🕐夏期8:00〜20:00
　冬期8:00〜19:00

**このほかの
ビジターセンター**
　滞在時間が短いなら、わざわざビジターセンターまで足を運ばなくても、ビレッジの東端にある**Verkamp's Visitor Center**（8:00〜18:00、夏期〜19:00）やヤバパイポイントの**Yavapai Geology Museum**（8:00〜18:00、夏期〜20:00）がビジターセンターの役割を担っているし、翌日の天気など基本的な情報なら各ロッジのフロントでも案内している。またモニュメントバレー方面から来た場合は、**デザートビューのウォッチタワー**でも情報を得られる

携帯とインターネット
　携帯電話はビレッジ周辺ならおおむね通じる（プロバイダーによる）。Wi-Fiは各ロッジのロビー付近や、マーケットプラザ内のデリ付近でもつながるが、スピードは遅い

館内には模型やインタラクティブな展示が多く、外国人や子供にもわかりやすい工夫がなされている

▶**NOTES**　**自転車レンタル&軽食**　ビジターセンター隣のレンタサイクル屋で車椅子とベビーカーも借りられる。軽食スタンドも併設している。🕐9:00〜17:00、冬期10:00〜16:00　🚫1〜2月、12/25

園内の施設　▶▶▶▶▶▶ FACILITIES

食事

気軽に食べるならYavapai LodgeかMaswik Lodgeのカフェテリア（セルフサービス）か、Bright Angel LodgeのHarvey House Café。この3軒はいつも混んでいるので行列覚悟で。予約はできない。

時間もお金もないときにはマーケットプラザ内のデリでサンドイッチ、ピザ、スープなどはいかが？　ホットドッグやアイスクリームならBright Angel Lodgeの峡谷側にあるファウンテンで。

ムードを楽しむならエルトバホテル内のダイニングルームか、ブライトエンジェル・ロッジ隣のArizona Steakhouseがおすすめ。

ビレッジの外ではデザートビューとハーミッツレストで軽食が取れるが、このほかの場所では一切、食べ物も飲み物も買えない。

マーケットプラザ　Marketplaza

Yavapai Lodgeの隣にマーケットプラザという大きな店があり、都会のスーパー並みに何でも揃う。食品、キャンプ用品、アウトドア用品、ハイキング用の携帯食のコーナーもある。

店の一角にはデリもあって、ここで食べれば安くあがる。すぐ隣には郵便局とATMもある。

なお各ロッジにも売店があり、おみやげやスナック、ハイキング用品、サングラスなどが購入できる。

診療所

診療所はビレッジの南の外れにある（**MAP** 折込2枚目ウラK-4）。車がない場合、ブライトエンジェル・ロッジから歩くと20分くらいかかる（シャトルバスは通らない）。

Yavapai Lodge Cafeteria
🕒7:00〜10:00、17:00〜20:00
Maswik Lodge Cafeteria
🕒6:30〜21:00
Bright Angel Fountain
🕒夏期のみ6:00〜15:00
Harvey House Café
🕒6:30〜21:00
Marketplaza Deli
🕒8:00〜17:00、夏期7:00〜18:30
Arizona Steakhouse
🕒16:30〜21:30。夏期は11:30〜15:00も
El Tover Dining Room
🕒6:30〜10:00、11:00〜14:30、16:30〜21:30

Marketplaza
🕒8:00〜20:00、夏期7:00〜21:00

郵便局
🕒月〜金9:00〜15:30

ATM
🕒24時間

診療所
☎(928)638-2551
救急　911（客室からかける場合は9-911）

COLUMN　コルブスタジオ　Kolb Studio

ブライトエンジェル・トレイルヘッドの隣にあるギフトショップ＆ギャラリー。1924年に作られたもので、もとはEmery & Ellisworth Kolbという写真家兄弟のスタジオだった。

コルブ兄弟は1911年、2ヵ月かけてコロラド川を下り、その様子を収めたフィルムを全米で上映して回った。Ellisworthはこのあとさらにコロラド川の河口まで旅をして、本も出版したという。

やがてふたりはグランドキャニオンにスタジオを建て、コロラド川探検のフィルムを観光客に見せたり、ミュール（ラバ）ツアー参加者の記念写真などを撮影して商売していた。

当時、リムでは十分な水が確保できなかったため、写真の現像はハバスパイガーデンズで行っていた。つまり、参加者の写真を撮ったらすぐにトレイルを下り、ハバスパイガーデンズで現像し、できあがったプリントを携えてトレイルを上り、戻ってきたツアー客に売っていた

わけだ。標高差約1000m、毎日約15kmを往復したことになる。

Emeryは1976年に亡くなるまでコロラド川探検の映画を上映し続けた。これは世界で最長の映画上映記録といわれている。
🕒9:00〜17:00

兄弟が撮影した映像が店の一角で流されている

NOTES 自動車修理工場　鉄道駅の東、メインロード沿いにある。牽引サービスもある。**MAP** P.68
☎(928)638-2631　🕒8:00〜12:00、13:00〜17:00　※緊急時は夜間も対応可

71

Grand Circle

シャトルバスは環境に優しい天然ガスで走る。すべての車両が車椅子対応で、自転車も2台積むことができる

最新情報を確認しよう

無料シャトル、ツアーバス、レンジャープログラムなどのスケジュールはよく変更される。必ず現地で確認しよう

●トゥシヤンシャトル（Purple）

5月下旬〜9月上旬の8:00〜21:30のみ。20分ごと。アイマックスシアター→Square Inn → Grand Hotel → Big E Steakhouse→ビジターセンターと循環している。空港へは寄らない。無料だが、乗車前にアイマックスシアターなどで入園料1人$20（年間パス$80。→P.42）を支払っておくこと

無料シャトルのルート

MAP 折込2枚目ウラ K1〜5、P.22、P.68、P.70
※無料シャトルはすべて車椅子可（幅76cm×長さ121cm以内）

Village Route（Blue）
運行 日の出約1時間前〜21:45（6〜8月は〜23:00、12〜2月は〜20:30）
所要 ブライトエンジェル・ロッジからビジターセンターまで約30分

Kaibab Rim Route（Orange）
運行 日の出約1時間前〜日没約30分後
所要 片道約25分
※ヤキポイントは1年中一般車乗り入れ禁止

Hermits Route（Red）
運行 日の出約1時間前〜日没約30分後。季節によって多少異なる
所要 片道約40分
※3〜11月は、ウエストリムは一般車乗り入れ禁止

ツアーバスの予約

Xanterra Parks & Resorts
Free 1888-297-2757
URL grandcanyonlodges.com
カード A D J M V
現地での予約は各ロッジにあるツアーデスクで
Hermits Rest Tour
出発 9:00発
料 $52、3〜16歳 $26
Desert View Tour
出発 9:00発
料 $90、3〜16歳 $45

園内の交通機関とツアー ▷▷▷▷▷ TRANSPORTATION

無料シャトル

サウスリムには3ルートの無料シャトルバスが運行されている。各バスストップで乗り降り自由。いずれも朝晩は30分ごと、日中は15分ごとに運行されている。

●ビレッジルート　Village Route ➡ 年中運行

広大な森の中に点在するビレッジの施設とビジターセンター、マーケットプラザを1周50分で循環していて、足代わりに便利に使える。ただし、ビレッジ内など一部の道路は一方通行なので、場所によっては歩いたほうが早いこともある。なお、ヤババイポイントには行かない。

●カイバブ・リムルート　Kaibab Rim Route ➡ 年中運行

リム沿いの展望台を結んで走るルート。ヤババイポイント、マーザーポイント（西行きのみ停車）、ビジターセンター、サウスカイバブ・トレイルヘッド（東行きのみ停車）、ヤキポイントをつないで往復している。

●ハーミッツルート　Hermits Route ➡ 3〜11月のみ

ブライトエンジェル・ロッジの西側から出発し、ウエストリムにある9ヵ所の展望台を結んでハーミッツレストまで走る。適当な場所で下車し、リム沿いのトレイルを歩き、疲れたら次のポイントで再びバスに乗るといい。**復路はピマ、モハーベ、パウエルの各ポイントにしか停車しないため、日没後は非常に混雑する。**乗りきれなかった場合は臨時バスを出してくれるが、かなり待たされることがある。

ツアーバス

ビレッジから離れた展望台を巡るツアーバスがある。車のない人には貴重な足だ。なるべく前夜までに予約を入れておこう。Bright Angel LodgeとMaswik Lodgeへ送迎してくれる。

ハーミッツレスト・ツアー　Hermits Rest Tour

ウエストリムの各ビューポイントに停まりながらハーミッツレストまで行く2時間のツアー。上記の無料シャトルが運行されている時期には利用価値はあまりない。

デザートビュー・ツアー　Desert View Tour

イーストリムへ行く4時間のツアー。モランポイントやリパンポイントに寄ってからデザートビューまで行く。変化に富んだ眺望を楽しめるおすすめツアー。

Reader's Voice **夜の駐車場は真っ暗！** 夕日を見たあとにシャトルバスでビジターセンターへ帰ってくると、駐車場に街灯がなく、ブックストアもすでに閉まっているので本当に真っ暗になります。車を停めた場所を ↗

ブライトエンジェル・キャニオンがノースリムに影を刻む夕暮れのヤババイポイントからの眺め。赤色の矢印の位置に建つGrand Canyon Lodge（→P.102）が、いかに景観を乱さないようデザインされたかがわかる

おもな見どころ　📷　▶▶▶▶　PLACE TO GO

ビレッジ周辺　◀◀◀▶▶▶▶　VILLAGE

➡ブライトエンジェル・ロッジから歩いた場合の平均的な片道所要時間

ヤババイポイント　Yavapai Point ➡ 40 〜 60 分

　1540年、西洋人として初めてグランドキャニオンを発見した13人のスペインの遠征隊員は、ここでキャニオンと劇的な対面をした。われわれのように、さまざまなメディアをとおして予備知識を得ていても驚嘆するのに、彼らの驚きはどれほどであったろう。

　展望台から見下ろすとトント台地Tonto Plateauの中に、プラトーポイント・トレイルが続いているのがわかるだろう。その手前に緑色に見えるのはハバスパイガーデンズ（旧インディアンガーデン）と呼ばれるオアシス。はるか下のコロラド川に架かるつり橋と、その左の支谷にファントムランチも見つけられるはず。

　ここには展望台を兼ねた博物館がある。崖っぷちに建ち、大きなガラス越しに180度の展望を楽しめる。雷を見るのに絶好の場所だ。中にはグランドキャニオンの立体模型や化石の展示があり、レンジャープログラムも行われる。

マーザーポイント　Mather Point ➡ 60 〜 90 分

　ビレッジから離れているが、ここからの眺望は数ある展望台のなかでも1、2を争うすばらしさ。旅行会社のパンフレットなどに登場するグランドキャニオンの写真は、ここで撮影したものが圧倒的に多い。キャニオンに張り出した自然の岩の展望台に立てば、断崖と残丘が幾重にも重なり、16km先に対峙するノースリムが青くかすんで一直線に見える。日の出を見るにもよいポイント。マザーポイントと誤って呼ばれることが多いが、MotherではなくMather。初代アメリカ国立公園局長スティーヴン・マーザーの名前から取ったものだ。ビジターセンターから徒歩約5分。通路も展望台も車椅子可。

Yavapai Point
MAP 折込2枚目ウラ K-4、P.23
設備 トイレ（車椅子可）・飲料水・博物館・売店

ビレッジからの行き方
　まずビレッジルートでビジターセンターまで行って、カイバブ・リムルートのヤババイ行きに乗り換えよう

Yavapai Geology Museum
開 8:00 〜 18:00、夏期は20:00
Ranger Geology Talk
岩石に焦点を当てた地質学の話
集合▶14:00。冬期は木〜月のみ（30分）

Mather Point
MAP P.70、P.23
設備 トイレ（駐車場横。車椅子可）

リムトレイルを歩こう
　リム沿いには平坦なトレイルが整備されている。ビレッジを中心に東はヤキポイントの手前まで、西はハーミッツレストまで。ずっと車道に沿っているので、疲れたら無料シャトルで戻ればいい。ビレッジ周辺は舗装されていてトレイルも車椅子可。
　ただし崖っぷちなので油断は禁物。水場はないので水筒を忘れずに

West Rim
MAP 折込2枚目ウラ K-1〜3
設備 ホピポイント：トイレ（車椅子可）、ハーミッツレスト：トイレ（車椅子可）・飲料水・売店

⚠️ **転落注意！ 落雷注意！**
　展望台は、自然へのダメージを抑えるため、手すりなどは最低限しか設けられていない。そのため、毎年のように観光客がリムから滑落して命を落としている。おしゃべりや写真に夢中になって転落しないよう、特に雪や氷で滑りやすい冬の朝は要注意。子供の行動にも十分に気を配ろう。また、雷雨のキャニオンは実にドラマチックだが、展望台や大きな木に近づかないようにしよう

🔍 **GEOLOGY**
グランドキャニオン豆知識
峡谷の深さ：ビレッジとコロラド川の標高差1524m。最も深い所は1829m
峡谷の幅：ビレッジからノースリムまで約16km。東京の山手線がすっぽり入る。最も広い所は29km、狭い所は8km
峡谷の長さ：約446km。ロッキー山脈に端を発し、メキシコのカリフォルニア湾に注ぐまで全長2333kmに及ぶコロラド川の、なんと5分の1近くを占めている
最古の岩：コロラド川が現在削っている岩壁は17〜20億年前の地層。世界最古の岩はカナダにあり、約40億年前のものだそうだ
最大の峡谷：メキシコのコッパーキャニオン、アイダホのヘルズキャニオン、チベットのヤルツァンポ峡谷、ペルーのCotahuasi Canyon & Colca Canyonなどが、グランドキャニオンより長く、深い。しかし景観の美しさ、ダイナミックさにおいてはグランドキャニオンがナンバーワンといわれる

マリコパポイント　Maricopa Point ➡ 約30分
　眼前に戦艦 Battleshipと呼ばれる岩山がそびえ、足元にはブライトエンジェル・トレイルが下っていくのが見える。19世紀末に銅の鉱山として開発された所で、廃坑の跡も残っている。

パウエルポイント　Powell Point ➡ 約45分
　もちろん名前はコロラド川を下った探検家J. W. Powell（→P.93）から取っている。展望台から見ると、正面にダナビュートDana Butte、対岸にはアイシス寺院 Isis Templeが北壁をバックに屹立している。この寺院の中腹にある石灰岩層は、夕日を浴びると鮮明な真紅に浮かび上がる。

ホピポイント　Hopi Point ➡ 約1時間
　雄大な景観を望める日没ポイントとして見逃せない。クフ王のピラミッドCheops Pyramidと呼ばれる岩山の下を、コロラド川が蛇行して流れるのが見える。隣のモハーベポイントまで約30分と近いので、ぜひ歩いてみたい。

モハーベポイント
Mohave Point ➡ 1.5〜2時間
　アリゲーターAlligatorという尾根の左の谷間にコロラド川がはっきり見える。左の谷からコロラド川へ注いでいるのはソルトクリークSalt Creekの渓流。ホピポイントとの間の谷は、日が差すと炎のように赤く見えるため地獄Infernoと呼ばれている。ここは夕焼けのキャニオンだけでなく、地平線に沈む太陽を見るのにもgood。

はるか足元に流れるコロラド川。ラフティングボートが肉眼で見えることもある

ピマポイント　Pima Point ➡ 3〜4時間
　180度開けたパノラマが楽しめて、コロラド川が最も近く、長く見渡せるポイント。川の中で白く見えるのは急流の部分。静かな日にはブーシェの急流Boucher Rapidsの音が聞こえてくる。対岸には勇壮なオシリス寺院Osiris Templeがそびえている。

ハーミッツレスト　Hermits Rest ➡ 4〜5時間
　観光客が行ける西の終点で、無料シャトルで約40分かかる。遊覧飛行はここから西を飛ぶため、ヘリの音が聞こえることもある。1914年に建てられた石造りの小屋の中には、開拓時代をしのばせるラウンジに暖炉がある。19世紀、カナダ人L. Boucherがこの奥に住み、仙人のような暮らしをしていたために「仙人の休憩所」という名がついた。

1914年当時の姿がそのまま残されている

Trivia ウランの穴　マリコパポイントの西の300m崖下に、幅9mの穴がある。国立公園になる前に採掘権を入手した男が銅を掘っていた場所だ。1951年、ここでウランが見つかり大規模な採掘が ↗

見る角度によって大きく姿を変えるヴィシュヌ寺院。イーストリムの道路沿いに最もとがって見えるポイントがある

イーストリム　▷▷▷▷▷▷▷ EAST RIM

ヤキポイント　Yaki Point ➡ 約2時間

　ビジターセンターから無料シャトルのカイバブルートに乗って約25分。サウスカイバブ・トレイルの出発点に近く、午後になると谷底から戻ってきた人々の姿を目にする。正面のノースリムを一直線にえぐっているのがブライトエンジェル・キャニオン。右手の奥にはウータンの玉座Wotan's Throneやヴィシュヌ寺院Vishunu Templeなどの岩峰が美しい。

グランド・ビュー・ポイント　Grand View Point

　標高2255mとサウスリムで最も高い展望台。その名のとおり、見晴らしがよく壮大な景観が見えるポイント。駅馬車の時代はここにホテルが建っていた。朝夕には崖の各層の細い線や割れ目が明瞭に浮かび上がり、まるで地層の標本を見るようだ。日の出を見るのによいポイントだが、車がないと早朝訪れるのは無理。

モランポイント　Moran Point

　アメリカ大西部の景観を描いた画家T. Moranは1873年にここから『Chasm of the Colorado』という有名な絵を描き、グランドキャニオンの驚異を東部の人々に紹介した。シバ寺院Sheba Templeとソロモン寺院Solomon Templeの下の白く見える流れがハンス急流Hance Rapids。上流にグレンキャニオン・ダムが建設されるまでは、波頭が4mにも達するほどの激流だったという。

トゥシヤン遺跡と博物館
Tusayan Ruins and Museum

　約800年前の先住民プエブロ族の遺跡。彼らの集合住宅や、キバKivaと呼ばれる宗教儀式を行う円形集会所などが、ほぼ完全な姿で残っている。

Yaki Point
MAP 折込2枚目ウラK-5
設備 トイレ（車椅子不可）

East Rim
MAP P.63
設備 トイレ（グランド・ビュー・ポイント＆トゥシヤン遺跡。いずれも車椅子可）

▷ WILDLIFE ▷▷▷▷▷▷▷▷

エルクの角は凶器！
　イーストリムにはエルクが多い。シカはおとなしいイメージがあるが、1mもある角で突かれて亡くなった人もいるので、近づき過ぎないようにしよう。特に秋はオス同士が角を突き合わせて戦う季節。攻撃的になっているので気をつけたい。
　なお、動物に近づき過ぎたり、餌を与えたりする人が跡を絶たないため、違反者に最高＄5000の罰金が課されることになった。目撃した人は車のナンバープレートを通報してほしいと当局は呼びかけている

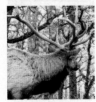

秋から冬にかけてオスの角は最大になる

Tusayan Museum
圏 改装のため閉鎖中
料 無料

↗ 始まった。リムから垂直に穴を掘ってエレベーターまで作ったという。採掘はウランの価格下落によって1969年に終わったが、鉱石を運び上げていた場所（立入禁止）では今もごく微量の放射性物質が検出されている

耳毛がかわいいリス

　Abert Squirrelは尻尾まで入れると50cmもある大きなリスで、長い耳毛が特徴。かわいいけれど餌を与えないで！人間の食べ物はリスの健康をむしばむし、リスが狂犬病ウイルスや腺ペストをもっていることもある。

　一方、ノースリムにいる耳の長いリスは、近似種のKaibab Squirrel。この2種類はもともと同種だったが、コロラド川がこの平原を浸食し始め、峡谷によって南北に分断されてから、種が分かれたものと考えられている

ビレッジの外の松林に暮らしている

Desert View
MAP P.63
設備 トイレ（車椅子可）
Watch Tower
圏 夏期9:00〜17:00
　冬期9:00〜16:30
料 無料
ストア
圏 夏期8:00〜20:00
　冬期8:00〜17:00
ガスステーション
圏 24時間。クレジットカード払いのみ

タワー内部は先住民住居をモチーフに造られている

リパンポイント　Lipan Point

　数ある展望台のなかで最も美しいといわれる。谷の深くまで見通せる場所にあり、東西に延々と続くコロラド川と、カルディナスビュートCardenas Butte、エスカランテビュートEscalante Butte、ウエディングケーキWedding Cake、アポロ寺院Apollo Templeなどの巨大な岩峰とのコントラストがすばらしい。

リパンポイントは峡谷の幅が最も狭い場所でもある

デザートビュー　Desert View

　ビレッジから車で30分。イーストリムの東端で、食料品や衣料品が揃うストア、カフェテリア、ガスステーション、キャンプ場があり、すぐ東側には東口ゲートがある。コロラド川が大きくカーブする角にあるため見晴らしは抜群。デザートビューの名のとおり、断崖の向こうにははるか地平線まで続く砂漠が見渡せる。展望台に建つ**ウオッチタワーWatch Tower**は、先住民の遺跡からデザインを写して1932年に造られたもの。塔は鉄筋とグランドキャニオンの岩石でできており、中には先住民の壁画が描かれている。上からの展望がまたすばらしいのでお見逃しなく。

サウスリムで最も東にある展望台、デザートビュー

NOTES **ハバスキャニオンは予約必須**　スパイ村はコロナ禍と洪水で2年間閉鎖された。感染症の流行は部族の存続に直結するので、新たに流行があれば再閉鎖もある。村を訪れるにはロッジか↗

ハバスキャニオン　▷▷▷▷▷ HAVASU CANYON

グランドキャニオンのオアシスといわれるハバスキャニオンは、コロラド川の支流ハバスクリーク沿いにあり、ビレッジから西へ約55km離れたハバスパイ族居留地にある。アクセスは極めて不便。ヘリコプターでさえ約20分かかる。しかし、それでも行ってみる価値のある美しい自然が待っているのだ。

峡谷には約200人の先住民が住む**スパイ村Supai Village**がある。村にはジェネラルストア、カフェ、ロッジがあり、1時間ほど歩いた所に人気の**ハバス滝Havasu Falls**がある。石灰岩を含む青緑の清流が魅力的な桃源郷だ。さらに3kmほど先の**ムーニー滝Mooney Falls**も迫力があるが、ぬれた岩壁のケーブルを伝って滝つぼへ下りるので危険をともなう。

また、2008年の洪水によってスパイ村とハバス滝の間に新たな滝が3つも誕生した。いずれも小さなものだが美しい。トレイルから少々外れるので、地元ガイドと一緒のときに連れていってもらうといい。

ドライブ＆ハイキング

サウスリム・ビレッジからのアクセスではない。西からならI-40のKingmanでガソリンを満タンにしてAZ-66に入り、55マイル走ってPeach Springsの先の地方道18を北へ。東から行くならI-40のSeligmanでガソリンを補給してAZ-66に入り、31マイルでハバスパイへの地方道18へ。68マイルでヒルトップHilltopに到着する。ラスベガスからもサウスリムからも4〜5時間。

ここに車を停め、スパイ村までの急なトレイルを下りる。事前に馬での送迎を頼んでおくこともできる。ロッジ（1軒のみ。24室）かキャンプ場の予約も必要。途中に飲料水はなく春〜秋の日中は非常に暑い。**日帰りは禁止されている。**

ハバス滝を訪れる際の注意点

◎トレイルの後半は日陰がないので真夏は非常に暑い。水を忘れずに

◎滝の下にある石灰岩のテラスでは泳ぐことができる。水着を持っていくといい

◎周囲にハイカーがいないと非常にさびしいトレイルなので、明るいうちに村へ戻ろう。昼間でも女性ひとりで訪れるのは避けたほうが無難だ

ヒーリングスポットとして世界中から人々が訪れるハバス滝

サウスリム・ビレッジとは異なる時間が流れる

Havasu Canyon
MAP 折込2枚目オモテH-1、P.63
※ハバスキャニオンはたび重なる洪水で大きな被害を受け、2020年からはコロナ禍も重なって長期間村全体が閉鎖された。2023年11月現在、ロッジやトレイルは再開しているが、運営は流動的なので最新情報を確認のこと
☎(928)448-2180
URL theofficialhavasupaitribe.com

予約とチェックイン
キャンプ場とロッジの予約は下記ウェブサイトで。チェックインは、セリグマン北西のルート66にあるGrand Canyon Caverns Innで行う
URL havasupaireservations.com
ロッジ ☎(928)448-2111
料 3泊限定 $1980
カード M V
キャンプ場 ☎(928)448-2121
料 3泊限定 $395。ハバス滝そば。トイレ、飲料水（ろ過したほうがいい）あり
馬による送迎
☎(928)448-2180
料 ヒルトップからキャンプ場まで往復 $400。ウェブサイトから要予約

上級 Havasupai Trail
距離▶片道12.8km。スパイ村から滝まで3.2km
標高差▶960m
所要▶下り3〜4時間、上り4〜6時間
出発点▶Hilltop

✎ キャンプ場の予約が必要。いずれも3泊限定。ロッジは2022年の洪水後に再建され、2023年夏から営業している。予約はウェブサイトでできるが、通信エラーも多く、予約システムも流動的

Grand Canyon West
MAP 折込1枚目 C-2
☎ (928)769-2636
URL grandcanyonwest.com
料 入園料 $64～73（日による）、スカイウオーク $85～94（入園料、グアノポイントでのランチ含む）
車での行き方：ラスベガスから2時間30分。フーバーダムを過ぎてから40マイルでPierce Ferry Rd.へ左折。28マイル走ってDiamond Bar Rd.へ右折し、21マイルで飛行場に到着。スカイウオークへはここでシャトルバスに乗り換える

Grand Canyon Scenic Airlines　→P.62
料 ラスベガスから日帰り $384（入園料、スカイウオーク込み）
所要 7時間
※コロラド川ラフティングを組み合わせたコースあり

無料シャトルバス
　空港→イーグルポイント→グアノポイント→空港と循環している。約15分ごと。空港とワラパイランチを往復するバスもある

ラスベガスとサウスリムの中間、ワラパイ族居留地にある（→P.65）。よくも悪くも観光地化されており、自然保護の立場もラスベガスと国立公園の中間といった感じ。Grand Canyon Scenic Airlinesほか多数の会社が、ラスベガスから小型機やヘリを使った日帰りツアーを催行している。峡谷の深さがサウスリム付近よりかなり浅いため、ここを訪れただけでは「グランドキャニオンを見た」ことにはならないと思うが、先住民の文化に触れられるというのは魅力だ。

イーグルポイント Eagle Point

　峡谷にせり出したU字型のガラスの橋、**スカイウオークSkywalk**がある。聖地が汚れる、景観を乱す、など物議を醸しているが、観光客には人気だ（カメラも含めて手荷物持ち込み禁止）。コロラド川からの高さは1100mだが、支谷へ入った所にあるので、足元に川が見下ろせるわけではない。振り向けば、ワシが羽を広げたような見事な岩壁がある。奇抜なアイデアの橋よりずっと美しい大自然の造形だ。隣にはワラパイ、ナバホなど各部族の住居が再現されたビレッジがあり、伝統的なダンスも楽しめる。

スカイウオークはスリル満点！

グアノポイント Guano Point

　峡谷を見晴らす食堂がある。5分ほどトレイルを歩くと、高級肥料などに利用するコウモリの糞guanoを採取していた跡があり、コロラド川を足元に見下ろせる。

ワラパイランチ Hualapai Ranch

　空港の南にあるビレッジ。ギフトショップ、乗馬、ジープツアー、ラフティング、ジップラインなどが楽しめる。リム沿いにキャビンがあり、宿泊もできる。

グランドキャニオン・ウエスト
←レイクミードへ
グアノポイント
・食堂
グランドキャニオン国立公園
コロラド川
スカイウオーク
イーグルポイント
・Eagle Rock
ワラパイ族居留地
7
Buck and Doe Rd.
・飛行場
ヘリポート
N
↓ワラパイランチ、ピーチスプリングスへ
0(km)　1

ワラパイランチにあるロッジ。先住民の伝統を取り入れつつもモダンで快適な宿になっている

Trivia スカイウオーク　ガラスの床から真下の地面までは高さ200mほど。大地震や風圧にも耐えられるし800人が同時に乗っても大丈夫とのことだが、定員は120人に設定されている

WILDLIFE

キャニオンを滑空するコンドル

カリフォルニアコンドルCalifornia Condorは猛禽類としては世界で2番目に大きい鳥だ（最大は南米のコンドル）。体重7〜10kg。羽を広げたときの幅約3m。以前は北米最大の鳥といわれていたが、現在ではそれは否定されている。体重はナキハクチョウのほうが少々重く、幅はアメリカシロペリカンのほうがわずかに大きいそうだ。

時速80kmの速さで1日に160km以上も谷を飛び回り、おもに大型哺乳類の死肉をあさる。翼の下側に大きな三角形の白斑がある。コンドルというと赤いハゲ頭が印象的だが、幼鳥は頭が黒く、3〜4歳になると赤くなる。オスとメスの見分けは素人には難しいとされる。

帰ってきた空の王者

カリフォルニアコンドルの寿命は40〜60年。断崖の窪みに巣を作って卵を1個だけ産むが、巣立ちは約1年後と極めて遅い。さらに6〜8歳にならないと繁殖を始めないため、増えにくい種であり、絶滅の危機に瀕している。1987年にはわずか22羽にまで激減したが、保護活動が功を奏し、560羽にまで回復した。といっても、半数は動物園で飼われている個体で、野生のものは北アリゾナ、ユタ、カリフォルニア、メキシコの一部にいるのみだ。

1996年、動物園生まれの6羽のコンドルがバーミリオンクリフス国定公園（→P.118）に放たれた。国立公園に放鳥するのは法律的に難しいため、土地管理局の場所が選ばれたという。

ところが、あろうことかコンドルを撃ち殺すハンターがいたのだ。放鳥後初めてグランドキャニオンでの生息が確認された個体が、ラフティングをしていたハンターの手にかかるなど、3羽が園内で撃たれたことがわかっている。

もちろん、コンドルに限らず園内でのハンティングは犯罪だ。

放鳥から4年後、生き延びたコンドルがようやく繁殖活動を始め、巣の中に待望の卵が確認されたが、コヨーテに襲われてヒナは全滅。2003年になってようやくヒナが順調に育ち、グランドキャニオンの大空に、100年ぶりに自然繁殖した野生のコンドルが羽ばたいた。

現在、グランドキャニオンなど北アリゾナ＆ユタに約110羽が生息しており、そのほとんどの個体に発信器が取り付けられている。

コンドルを襲うビーズのような弾丸

日本では、鉛の散弾で撃たれた小動物をワシなどが食べて中毒死する例が跡を絶たないが、アメリカでもコンドルなど猛禽類の鉛中毒が問題になっている。

園外ではハンティングに鉛弾（小さいものは直径2mm）が使われており、撃たれた鳥や小動物の死骸をコンドルが食べ、体内に鉛が蓄積される。コンドルは、カルシウムを補給するために骨まで食べるので、弾丸を骨のかけらと間違えることがあり、硬い異物でも吐き出すことが少ないのだという。野生のコンドルの血液中鉛濃度は、動物園のコンドルの約10倍。1996年以後、126羽以上が鉛中毒で死亡した可能性が高く、解毒治療が必要なコンドルは半数にのぼる。

2008年、カリフォルニア州ではコンドル生息域での鉛弾使用が禁止された。アリゾナでも自粛を呼びかけたが、効果が見られなかったため、コンドル生息地での使用が禁止された。

観察は極めて簡単！

カリフォルニアコンドルはとても容易に見ることができる。夏期なら、日没の1時間前ぐらいになるとサウスリム・ビレッジ上空を旋回しているからだ。特に見やすいのがブライトエンジェル・ロッジの裏にあるルックアウトスタジオで、足元の断崖にコンドルの巣がある。

また、ヤキポイント＆リパンポイントと、ノースリムの間はキャニオンの幅が狭いため、コンドルが横切る場所になっている。

秋〜春には峡谷内部の川の近くにいることが多い。プラトーポイント（→P.86）などで間近に目にする機会があると思うが、餌を与えてはいけない。

キャニオン上空に飛んでいる「黒くて大きな鳥」には、次の3種類がある。

ワタリガラスRaven　日本のカラスよりひと回り大きく、翼の幅約1m。よく羽ばたき、急旋回などアクロバット的な飛び方をする

ヒメコンドルTurkey Vulture　幅約1.8m。V字に広げた翼が特徴

カリフォルニアコンドル　幅約3m。真一文字に翼を伸ばし、ほとんど羽ばたかず、グライダーのように静かに滑空する。近くへ来れば、成鳥ならば赤いハゲ頭が特徴的なのですぐにわかる。羽に発信器の白い数字が見えるだろう

©Peregrine Fund

識別番号と発信器がないコンドルは、おそらく自然のなかで繁殖した個体だ

Trivia　過密空域　グランドキャニオン・ウエストでビレッジから川まで観光客を運ぶヘリコプターは、多い日にはなんと400回以上！　峡谷には1日中爆音が響き渡っている

展望台からグランドキャニオンを見渡すと、岩壁に水平に走る無数の線に気がつくだろう。線と線の間の層によって色や硬さなどが違うこともわかる。これが地球の歴史を物語る地層だ。グランドキャニオンの地層は、波瀾に満ちた地球の歴史を示している。大地は、あるときは海底に沈み、あるときは大森林に覆われ、またあるときは砂嵐の吹き荒れる砂漠であった。一つひとつの地層はその時代の堆積物（砂漠の砂や海底の泥の中に、その時代に生育していた植物や動物の化石を含んだもの）によってできている。いつの時代がどんな状態でどんな生物がいたのかという事実を、グランドキャニオンは明らかにしているのだ。それも18億年分いっぺんに！

およそ18億年かかって堆積した膨大な厚さの地層は、6000万～7000万年前に造山運動によって標高8000m付近まで隆起した。やがて東側にロッキー山脈が誕生し、ユタの台地が隆起して川の流れが変わるとコロラド川による浸食が始まり、600万年（5500万年との説もある）の時をかけて、2億6000万～18億年前の地層がこうして整然と露出した（最深部の地層の年代は研究者によって17億～20億年前と幅がある）。

化石の宝庫

ここはまた、世界で最も多くの化石が見つかっている場所のひとつでもある。コロラド川が深く削ってくれたおかげで、岩壁にはいたるところに化石が露出している。谷底近くの岩石は先カンブリア時代のもので、最も原始的な藻類の化石が出る。その上のカンブリア紀の地層からは三葉虫、デボン紀からは二枚貝などの化石が、さらに上に行くに従ってサンゴやサメ、爬虫類、両生類、樹木などさまざまな化石が発見されている。グランドキャニオンは生物の進化の過程をもわれわれに教えてくれているのだ。

足跡の謎

グランドキャニオンには恐竜の化石はない。最上部の"新しい"地層でも、恐竜が繁栄するより前のものだからだ。スパイ層からはトカゲなど爬虫類の化石が数多く見つかっているが、これがすべて足跡ばかり。骨や歯の化石がないのだ。しかも足跡はすべて斜面の上に向かっている。この事実は研究者の間でも大きな謎となっている。

足跡の化石は謎に満ちている

新たな化石発見

2020年、ブライトエンジェル・トレイル（→P.84）沿いに落ちてきた岩石の表面に、2種類の脊椎動物の足跡化石が見つかった。調査によると、恐竜が現れるよりずっと前の約3億1300万年前に、ワニのような4本足の生き物が砂丘を歩いた跡と考えられ、殻のある卵を産む動物としては世界最古の化石ではないかと考えられている。2種類は歩き方に差があり、1種類は後方交叉型、もう1種類は前方交叉型だという。保存のために移動させるのが困難なほど大きな石なので、しばらくはハイカーの目を楽しませてもらえそうだ。

気候と動植物

キャニオン内部は一見不毛の地に見える。しかし、実際は5つの気候帯に多様な動植物が生息する、興味深い谷なのだ。

断崖の上や谷の上部は標高が高いので、カナダに近い気候。マツやモミ、アスペンなどの林が続き、エルクやピューマなどが生息している。

峡谷の中ほどまで下ると気温が高くなり、樹木が灌木に変わるあたりは半砂漠地帯。ネズミやトカゲ、そしてビッグホーンシープなども生息している。石灰層の壁には数多くの洞窟があり、コウモリたちがすみついている。

谷底は非常に暑くて乾燥した砂漠気候。夏は40℃を超え、冬でも2月には花が咲く。サボテン、ユッカ、そしてヘビやトカゲなど砂漠独特の生物が見られる。

このようにグランドキャニオンは、崖を登り下りするだけで針葉樹林地帯から熱帯までを体験できる、ユニークな場所でもある。

グランドキャニオンは
将来モニュメントバレーになる!?

今日も休みなく浸食を続けるコロラド川は、この先いったいどうなるのだろうか。

グランドキャニオンは、かつて平坦な高原だった地域に1本の川が流れ、川岸が浸食されてできたもの。浸食が進むと峡谷は深くなり、何本もの支谷ができて、さらに複雑に刻まれていく。硬い地層は断崖に、軟らかい地層は緩斜面となって露出し、谷はどんどん広くなっていく。

将来、グランドキャニオンの末期には、もとの高原はわずかに残丘となって残り、現在のモニュメントバレーのような準平原となるだろうと予想されている。

とはいえ、現在コロラド川は頁岩、花崗岩など特に硬い地層を削っている最中。さらに、ダム（→P.90）の影響で浸食のスピードが非常に遅くなっているので、グランドキャニオンがモニュメントバレーになる日は、さらに遠くなりそうだ。

NOTES　フライオーバー・ベガス　ラスベガスのストリップに2021年、国立公園を満喫できる4Dシアターがオープンした。グランドキャニオンを飛んだり、モニュメントバレーのビュートやアー ↗

グランドキャニオンの地層と動植物

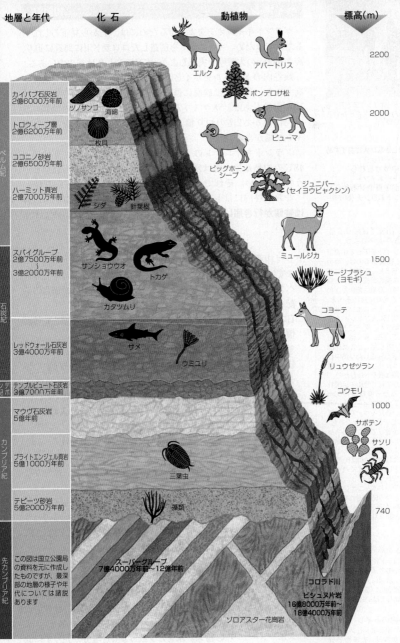

地層と年代	化石	動植物	標高(m)

ペルム紀
- カイバブ石灰岩 2億6000万年前
- トロウィープ層 2億6200万年前
- ココニノ砂岩 2億6500万年前
- ハーミット頁岩 2億7000万年前

石炭紀
- スパイグループ 2億7500万年前〜3億2000万年前
- レッドウォール石灰岩 3億4000万年前

デボン紀
- テンプルビュート石灰岩 3億7000万年前

カンブリア紀
- マウヴ石灰岩 5億年前
- ブライトエンジェル頁岩 5億1000万年前
- テピーツ砂岩 5億2000万年前

先カンブリア紀
- この図は国立公園局の資料を元に作成したものですが、最深部の地層の様子や年代については諸説あります

化石：ツノサンゴ、海綿、二枚貝、シダ、針葉樹、サンショウウオ、トカゲ、カタツムリ、サメ、ウミユリ、三葉虫、藻類

スーパーグループ 7億4000万年前〜12億年前

コロラド川

ビシュヌ片岩 16億8000万年前〜18億4000万年前

ゾロアスター花崗岩

動植物：エルク、アバートリス、ポンデロサ松、ピューマ、ビッグホーンシープ、ジュニパー（セイヨウビャクシン）、ミュールジカ、セージブラシュ（ヨモギ）、コヨーテ、リュウゼツラン、コウモリ、サボテン、サソリ

標高：2200、2000、1500、1000、740

チーズのアーチに接近したりといった巨大映像を、ヘリにつり下げられたようなモーションシミュレーターで体験する。風や匂いまで再現されている。詳しくは URL www.flyoverlasvegas.com で

ハイキング　　　　　　　　　　　▶▶▶▶ HIKING

プラトーポイントまで下りる
ならハイキングポールがあ
るといい

半日しかない人におすすめ
シーダーリッジ
1日中歩けるなら
プラトーポイント
2日間を費やせるなら
ファントムランチ（要予約）

⚠️ **川まで日帰りする
のはやめよう！**

　トレイルを下って川まで
1日で往復するのは、体力
はもちろん、天候などさま
ざまな条件が揃わないと無
理。特に夏場は命にかかわ
るので絶対に避けるべき。
グランドキャニオンでは年
間平均250人がトレイル上
で救助され、平均12人が死
亡している。多くは、自分
の体力を過信したために脱
水症状を起こしたり熱中症
になったりしたもので、救
助費用は数千ドルかかる。
　なかには「登山には慣れ
ているから標高差1400m
なんてへっちゃら」という
人もいるだろう。でも、気
温45℃で日陰がなくても、
帰りが登りでも、へっ
ちゃらなのだろうか？　救助さ
れた人の多くが「へっちゃ
ら」なはずの20歳代の男
性だという事実をくれぐれ
もお忘れなく。
　グランドキャニオンは18
億年という時の流れを感じ
る場所。足元ばかり見て苦
しさと闘うなんてナンセン
スだ

⚠️ **遊泳厳禁！**

　コロラド川は流れが速く
冷たいので泳ぐことはでき
ない。浅瀬に入って亡くな
った若者もいるので、決し
て油断してはいけない

峡谷内のトイレ

　いわゆるポットトイレ
で男女共同。有機物で分
解させるコンポストなの
で、必ずフタを閉めよう。
ペーパーは用意されている

　グランドキャニオンをよく知るためには、上から見下ろしてい
るだけではだめ。キャニオンを創造したコロラド川に間近に迫り、
高さ1600mの大障壁を実感しよう。本当の楽しさは谷の中にある！
　峡谷内のトレイルを歩くと、下りるに従って少しずつ気温が
高くなり、谷底では砂漠に似た気候になる。リムとの気温差は
10℃前後もある。サウスリムとノースリムをつなぐのはコロラ
ド川に架かる2本のつり橋。橋の近くにファントムランチとキ
ャンプ場がある。
　グランドキャニオンのトレイルは決して甘くない。夏は40〜
48℃の灼熱地獄、冬は寒くて雪も降る。何より帰りが急登とい
うのは苦しい。それでも、下りてみる価値は絶対にあるのだ！
　なお峡谷内にはトレイルが16本あるが、**後述するコース以外
は整備が行き届いておらず、ハイカーも極端に少ないのですす
め**ない。

トレイルを歩く際の注意事項

◎まずは天気予報を確認しよう。雨だったらハイキングは中止す
　べきだ。特に真夏の午後は落雷が怖いし、鉄砲水や崖崩れの心
　配もある。11〜5月には雪になることもある
◎日本から到着後すぐは避ける。時差、気温、湿度（乾燥）に体が
　慣れていないと、思わぬ事故につながることがある
◎絶対にゴミを捨てないで。もちろんたばこの吸いガラも！
◎ほんの2時間のハイキングでも、水と食べ物は必ず持っていこう
◎化石やシカの角、鳥の羽などを見つけても持ち帰ってはいけない
◎トイレの場所は限られている。歩き出す前に必ず済ませておこう。
　どうしてもというときには、汚物もティッシュもゴミ袋に入れてビレ
　ッジまで持ち帰らなければならない
◎スイッチバック（つづら折り）の場所では落石に気をつけて
◎狭い箇所では上り優先がマナー
◎ミュールツアーに出会った場合、彼らに優先権がある。速やかに
　山側に避けて待とう。ラバは崖っぷちでも大丈夫だ
◎動植物と、そして自分自身の命を守るためにも決してトレイルを外
　れてはいけない。峡谷内にはガラガラヘビもサソリもタランチュラ
　もいる。普通は向こうが逃げてくれるので事故はめったにないが、
　木陰などに入るときには足元に注意を

持ち物と服装

◎ひとり2リットル以上の飲料水。水場のないトレイルを丸1日歩く
　なら4リットル用意したい。重くて嫌だと思うだろうが、少ないと
　必ず後悔するし、命にもかかわる。水筒は軽いものがいい
◎スポーツドリンクの粉末。水をガブ飲みすると塩分が足りずに低
　ナトリウム血症（水中毒）になることがある。マーケットプラザや各
　ロッジ内の売店で購入して、水に溶かしてチビチビ飲むといい

⚠️ 工事閉鎖に注意　ブライトエンジェル・トレイルでは老朽化したパイプラインの架け替え工事が行
われている。トレイルヘッド〜ハバスパイガーデンズ間は2024年4月まで、ハバスパイガーデンズ ↗

◎食料。トレイルの途中には食事ができる小屋も自動販売機もない。塩分、糖分、ビタミン、ミネラルがバランスよく含まれている行動食で、消化吸収がよく、栄養をすぐに筋肉に伝えてくれるもの。高温でも変質しにくく、軽くてかさばらないものがベスト

◎ジッパー付きポリ袋。ゴミ持ち帰り用に

◎トレイルはよく整備されているが、それでも凹凸はけっこうある。スニーカーだと足への負担が大きいので、ハバスパイガーデンズ以下まで下りる人にはしっかりとしたハイキングシューズをすすめる。靴は緩め、靴下は厚めにするといい

◎夏はもちろん、春や秋でも紫外線遮断率の高いサングラスは必携

◎ツバが広く通気性のよい帽子。これがないと命にかかわるので、風で飛ばされないように気をつけよう

◎日が陰ると急激に温度が下がるので夏でも上着を用意したい。急な雨でも対応できる防水ジャケットだとなおいい。プラトーポイントやファントムランチまで下りるなら、レインパンツも用意したい。トレイルは狭いし、落雷の危険もあるので、傘は使えない

◎日焼け止めとリップクリーム。決してシミ対策ではない。激しい日焼けによる脱水とやけど防止のために、男女を問わず必要

バテないために

◎自分の体力を正確に知る。「スポーツで鍛えていた」という人が危ない。24歳で亡くなったある女性は、その3ヵ月前にボストンマラソンを3時間で完走している。過信は禁物だ

◎できるだけ日陰を歩く。日の当たらない時間とルートを選ぶ。真夏の10～15時は峡谷内は歩けないと思ったほうがいい

◎意識してゆっくり歩く。話しながらでも苦しくない速度がいい

◎他人と競わない。高齢者や子供に追い抜かれても気にしない

◎頻繁に立ち止まる。頻繁に水を飲む。頻繁にカロリーを補給する。30分ごとに少量ずつ食べるのが理想とされる

◎水をガブ飲みしない。スポーツドリンクを少しずつ飲もう。スポーツドリンクがない場合は、必ず塩分のあるものを食べよう

◎上りは、下りの2倍の時間を要するので、予定時間の3分の1が過ぎた時点で引き返す

それでもバテてしまったら

◎トレイル上の日陰を探して横になる。岩や荷物に足を載せ、心臓より高くして休む

◎暑さが原因でバテた場合、首や脇の下などを水でぬらすといい

◎決してトレイルから離れてはいけない。万一のことがあっても誰も気づいてくれない

◎水や食料がなくなってしまったら周囲の人に頼んで分けてもらう。もちろん、相手に十分な余裕がある場合に限られるし、本来は自分で用意するべきなのだから、緊急手段と心得てほしい

◎それでも回復しない、頭痛やめまい、吐き気がする、顔色が悪い、手足がけいれんする、顔の紅潮や動悸が治まらないなどというときには救助を呼んでもらう。救助費用は非常に高いが、命には代えられない。こんなときのためにも保険は重要

おすすめの食料

●ゼリー飲料。暑さや過労で食べ物がのどを通らないときでもこれなら飲めるし、ポケットに入れて頻繁にカロリー補給できるのは便利。パワー主体でクエン酸入りの商品がおすすめ。日本から用意していこう

●トレイルミックス（ナッツ＆ドライフルーツ）

●シリアルバー（穀類＆ドライフルーツのクッキー）

●5-hour Energyというエナジードリンク。57mℓ入りの小さなアルミボトルで軽く、効果は素早い。ビレッジストアで＄4程度。子供と妊娠中の女性、アレルギーのある人は避けること

休憩中や写真撮影中の転落事故が多いので気をつけて

万一に備えるおすすめサバイバルグッズ

●懐中電灯。途中で日が暮れてしまった場合だけでなく、ロッジや駐車場でも重宝する

●おでこに貼る冷却シート、冷却ジェル

●使い捨てカイロ

●緊急事態を伝える笛

●エマージェンシーブランケット（スペースブランケット。NASAが開発した手のひらサイズにたためる超軽量保温シート）

©NPS

できればお世話になりたくないものだ

↗コロラド川圏と、プラトーポイントは2025年3月まで、シルバーブリッジは2025年12月まで閉鎖される予定。この期間はサウスカイバブ・トレイルを利用しよう

トレイルの閉鎖に注意
→P.82下欄外

Bright Angel Trail
出発点 ブライトエンジェ
ル・ロッジの西側
MAP P.68
※峡谷内のトレイルは集中
豪雨や積雪のために閉鎖
されることがある。また、
特に6〜9月の10:00〜15:00
頃はあまりに暑過ぎるし、
急な雷雨も多いので避け
るのが賢明

ブライトエンジェル・トレイル　Bright Angel Trail

　ブライトエンジェル・ロッジのそばから始まる最もポピュラ
ーなトレイル。2〜3時間でもいいから下りてみよう。きっと新
しい感動があるはずだ。各自の体力と時計をにらみながら途中
で引き返してくればいい。トレイルの大部分
が峡谷の奥にあるため、朝夕なら日陰が多い。

　ブライトエンジェル・トレイルは、サウスリム
からノースリムへと続く断層に沿っている。もと
もとハバスパイ族が交易ルートとして開拓した
ものだが、19世紀末にラルフ・キャメロンとい
う男が観光的価値に目をつけてトレイルを買収。
ハバスパイガーデンズまでだったトレイルを川
まで延長し、通行人から$1の料金を徴収した。

ハバスパイガーデン
ズの黄葉

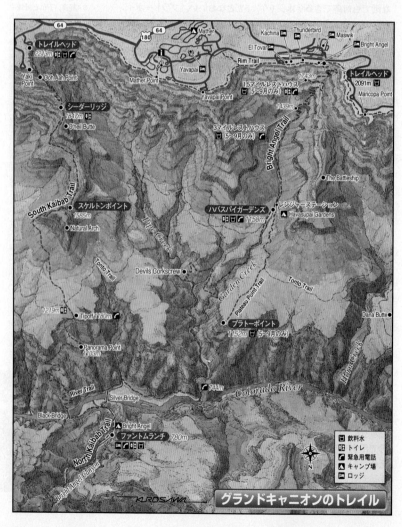

グランドキャニオンのトレイル

NOTES　インディアンガーデン名称変更　ブライトエンジェル・トレイルの途中にあるオアシス、イン
ディアンガーデンは、20世紀初めまでここに暮らしていた先住民ハバスパイ族からの申し出

1919年、グランドキャニオンは国立公園に指定されたが、キャメロンはトレイルの所有権を手放そうとせず、観光客から通行料を取り続けた。そこで国立公園局は対抗措置としてサウスカイバブ・トレイルを開拓。観光客が無料で川まで下りられるようにしたのだ。キャメロンと当局はトレイルの所有権をめぐってその後長いこと法廷闘争を繰り広げたが、ついに1928年、所有権が国立公園局にあると認められ、キャメロンは去り、トレイルは開放された。

トレイルはよく整備されているが、ところどころ道幅の狭い箇所があるので転落しないように気をつけて。下りるに従って岩壁の色が変化し、踏みしめている土の色も変わる。トレイル沿いに化石を見つけることも珍しくない（採取は厳禁！）。周囲の植生の変化にも注目してゆっくり歩けば、帰りの急登も苦にならないだろう。

峡谷のオアシス、ハバスパイガーデンズ　Havasupai Gardens

リムから2〜3時間下るとハバスパイガーデンズがある。ここには貴重な清流があり、緑あふれるオアシスとなっている。かつてハバスパイ族がここで豆やトウモロコシを栽培して暮らしていたが、国立公園指定後の1926年に強制的に移住させられた。なお、せっかくここまで下りたなら、プラトーポイント（→P.86）まで行くことを強くすすめる。景色がまるで違うのだ。

ハバスパイガーデンズから川を目指して下りてゆくと、デビルスコークスクリューという難所がある。勾配がキツイだけでなく、日陰がなく、**夏は気温50℃**を超えることもある。トレイル中で最も多くの死者を出しているといわれる場所なので、ファントムランチから登ってくるときには、気温が上がる前の早朝にここを通過したい。

中級 3 mile Rest House
適期▶3〜11月
距離▶往復9.6km
標高差▶652m
所要▶往復4〜6時間

上級 Havasupai Gardens
適期▶3〜6月、9〜11月
距離▶往復14.8km
標高差▶933m
所要▶往復5〜9時間

宿の予約が絶対に必要
　ファントムランチかキャンプ場の予約をしていない人は、ハバスパイガーデンズで引き返そう。日本の山小屋と違って、定員以上は泊められてくれない。川が見たい人には、プラトーポイント（→P.86）をおすすめ

上級 Phantom Ranch
適期▶3〜5月、10〜11月
距離▶片道15.4km
標高差▶1347m
所要▶下り4〜6時間、上り6〜10時間
※ファントムランチの予約を取って谷底まで下りるときは、サウスカイバブ・トレイルを下って、ブライトエンジェル・トレイルから登るといい。サウスカイバブは急で、水場もないため、上りには不向き。ブライトエンジェルなら水場もあり、登りきった所がビレッジなので便利だ

峡谷内のトレイル		所要時間	片道距離	標高	飲料水	トイレ	緊急用電話	レンジャーステーション	備考
ブライトエンジェル・トレイル	トレイルヘッド	−		2091m	●	●	●		水とトイレはブライトエンジェル・ロッジで
	1.5マイルレストハウス	往復2〜3時間	2.4km	1743m	▲	●	●		水は5〜9月のみ
	3マイルレストハウス	往復4〜6時間	4.8km	1439m	▲	●			水は5〜9月のみ
	ハバスパイガーデンズ	往復5〜9時間	7.4km	1158m	●	●		●	木陰のピクニックテーブルあり
	プラトーポイント	往復7〜12時間	9.8km	1152m	▲				水は5〜9月のみ　日陰なし。夏の日中は灼熱地獄！
	コロラド川岸	下り3.5〜5.5時間　上り5.5〜9.5時間	12.6km	744m			●		
	ファントムランチ	下り4〜6時間　上り6〜10時間	15.4km	780m	●	●	●		宿の予約は数ヵ月〜1年前に！
サウスカイバブ・トレイル	トレイルヘッド	−	−	2213m		●	●		トレイルヘッドへはシャトルバスで
	シーダーリッジ	往復2.5〜4時間	2.4km	1865m		●			
	スケルトンポイント	往復4〜7時間	4.8km	1591m					
	トントトレイル・ジャンクション	下り2.5〜5.5時間	7km	1219m		●			避雷シェルターあり
	ティップオフ	下り2.5〜5.5時間	7.4km	1180m		●	●		
	パノラマポイント	下り3〜6時間	8.4km	1103m					
	ブラックブリッジ	下り3.5〜6.5時間	10km	732m					
	ファントムランチ	下り3〜7時間　上り6〜12時間	12.2km	780m	●	●	●	●	宿の予約→P.95

※ノースリムのトレイルについては→ P.102、P.104

⤴ を受けて2022年、ハバスパイガーデンズHavasupai Gardensに名称を変更した。なお、給水所は利用できない場合もあるので、水は多めに持とう

コロラド川の展望台、プラトーポイント　Plateau Point

　ブライトエンジェル・トレイルを下り、ハバスパイガーデンズで左に折れて約1時間。コロラド川を間近に見下ろす展望台を訪れてみよう。ここはグランドキャニオンの数ある展望台のなかで、最も景色がよいといわれる。何しろサウスリムとノースリムの中間にせり出した台地の突端にあるので、パノラマは文句なく360度。頭上には美しい岩峰、足元にはコロラド川が音を立てて流れている。運がよければラフティングボートも見えるだろう。

プラトーポイント。コロラド川の流れる音がはっきりと聞こえる

　ただし、ここはまたサウスリムで最も厳しい日帰りトレイルでもある。難しいことは何もないのだが、往復約20kmと距離が長く、日陰がゼロで暑いのだ。必ず早朝まだ暗いうちにリムをたとう。

サウスカイバブ・トレイル　South Kaibab Trail

　イーストリムの入口にあるヤキポイント近くからノースリムまで縦断するトレイル。コロラド川より南をSouth Kaibab、北をNorth Kaibabという(→P.102)。谷底でブライトエンジェル・トレイルと出合う。この全行程をたった4時間でやってのけた男がいるそうだが、凡人の足だと12〜18時間かかる。途中のシーダーリッジまでなら往復2.5〜4時間程度。ブライトエンジェル・トレイルよりずっと景色がよいので日帰りハイクにおすすめ。ただしコロラド川を見たいなら、サウスカイバブ・トレイルのスケルトンポイントよりも、前述のプラトーポイントのほうがずっと川に近く、風景がダイナミックだ。

　景色がよいということは、日陰がないということ。そのうえ水場もまったくないので、飲料水はかなり多めに持っていこう。

薄暗いうちに歩き出して、早朝のシーダーリッジを満喫しよう

TRAIL GUIDE　大峡谷を歩く──ファントムランチに泊まろう!

準備は15ヵ月前から

せっかくグランドキャニオンを訪れるなら、ぜひコロラド川まで下りて、谷底で一夜を過ごしてみたい……そう思ったなら、一刻も早くファントムランチの予約を取ろう。

峡谷内にある唯一の宿、ファントムランチは、世界中のトレッカー憧れの場所。80人しか収容できないこともあって1年中ほとんど満室で、ピーク時の予約は15ヵ月前の抽選で埋まってしまう。**特に混雑するのは春と秋**。冬は比較的予約が取りやすいが、寒さへの備えを万全にしなくてはならないし、積雪による閉鎖も覚悟を。

ピークシーズンでも直前にキャンセルが出ることはあり、ビレッジへ着いてから翌日の予約が取れたという人もけっこういる。ダメモトでウェブサイトをチェックしてみよう。

めでたく予約が取れたら、同時に前後のビレッジの宿の予約も済ませてしまうといい。

部屋と食事

部屋は、2段ベッドの10人ドミトリーが男女各2棟。シャワー・トイレ・洗面所付き＄70。2人用キャビン（シャワー共同＄213.50）も11棟あるが、ミュールツアーが確保しているのでキャンセルが出ない限り個人の予約は無理。

予約の際、食事も一緒に申し込む。食堂が小さく、2回に分けて食べるため、その時間も予約時に決めてしまう。夕食は3種類あり、ステーキ＄58.23が17:00、ビーフシチュー＄41.55とベジタリアン＄39.05が18:30。シチューの評判がいいようだ。

朝食＄29.50は1種類なので、とにかく早い時間を確保しよう。4〜10月が5:00と6:30、11〜3月が5:30と7:00だ。またボックスランチ＄24.43を頼むこともできる。

直前の準備

予約金がクレジットカードから引き落とされると、すぐに確認書が送られてくる。キャンセルや予約再確認の項目を注意深く読もう。

ビレッジへ着いたら、前日までにブライトエンジェル・ロッジのTransportation Desk（4〜

広大なグランドキャニオンの峡谷内にある唯一の宿だ

10月5:00〜20:00、11〜3月6:00〜18:30。マズウィックロッジでも可）へ行って、宿泊＆食事チケットを発行してもらう。

ハイカーズエクスプレスのスケジュールと、天気予報の確認もお忘れなく。夜は早めに部屋へ戻って、ぐっすり休もう。

出発!

当日の朝は、まずチェックアウトから。スーツケースなどの荷物は車のトランクへ。車のない人は各ロッジのフロントで預かってくれる。

そして、まだ薄暗いうちにハイカーズエクスプレスに乗ってサウスカイバブ・トレイルヘッドへ向かおう。ここには水と簡易トイレがあるが、たいへん混雑する。ストレッチをして体をほぐしたら、いよいよ出発だ。

いきなり勾配のきついスイッチバックとなる。駆け下りるように急ぐ人も多いが、彼らは数時間でリムへ戻る観光客だ。マイペースを保ち、翌日に備えて足をいたわるように歩こう。

朝風が頬に心地よく、キャニオンの陰影も際立って美しい。トレイル沿いにはあちこちに貝やスポンジの化石が露出している。足元にも季節ごとにさまざまな花が咲く。

1時間ほどで平坦な**シーダーリッジ**に到着。悲しいことに、ここにいるリスは人間から食料を得ることを学習してしまっている。餌をもらいにくるだけでなく、荷物をかじって食べ物を盗み出す。人間が隣に座っていても警戒する様子もなく、頑丈なバックパックでも5秒で穴を開けてしまうので要注意。手をたたくなど、危害を加えない方法で追い払うしかない。

左／サウスカイバブ・トレイル最初のつづら折り
右／サウスカイバブ・トレイルヘッド

↗ 後の男性が、全米の国立公園などの整備を行った。サウスリムにも数千人の若者が9年間にわたって駐在し、ビレッジの石垣、トレイルのレストハウス、コロラド川に架かる2本の橋をつなぐRiver Trailなどを造った

©NPS

上／トンネルを抜ければ谷底へ到着！
左／トントトレイル分岐点の避雷シェルター。日陰で休憩できるのがありがたい

猛暑との闘い

ひと休みしてトイレを済ませたら、目の前にそびえるオニールビュートの右手を巻くように進む。日帰りの人はたいていシーダーリッジで引き返すため、ここから先は今夜ファントムランチで同宿する人ばかり。そう思うと、「Hi！」のあいさつにも自然に心が込もる。大きな荷物を背負っている人はきっとキャンパーだ。

ビュートの先へ出るとぐんと視界が開け、峡谷の巨大さが全身に迫ってくる。同時に、すっかり高くなった日差しもまた全身に降りかかってくる。地面からの照り返しも強く、まるで四方八方にいくつも太陽があるようだ。

私たちがこうしてハイキングを楽しめる陰には、パークレンジャーたちの並たいていではない努力がある。ハイカーが投げ捨てたゴミをひろい、トイレを清掃し、化石や動植物に悪影響を与える不心得者がいないか目を光らせ、体調の悪いハイカーがいないか、トレイルが危険な状態になっていないか、崖崩れの心配はないかを確認しながら、毎日トレイルを往復しているのだ。

そしてトレイルの修理は、パークレンジャーやボランティアが一つひとつ手作業でやってくれている。炎天下の作業はもとより、こんな所まで毎日リムから往復するだけでも過酷な労働に違いない。

約1時間で**スケルトンポイント**の標識がある。コロラド川を見下ろす岩棚で大休止しよう。ここで約半分まで下ってきたことになる。

ここからしばらくだらだらと下り、急に勾配がなくなって広々とした荒野に出ると、行く手

に小屋が見えてくる。そこが**トントトレイルとの分岐点**で、小屋はトイレとシェルターだ。

300m進むと断崖の縁に出る。ここは**ティップオフ**と呼ばれていて、手前に緊急用の電話がある。

もしもラバに出合ったら山側に避けて待とう。ファントムランチで消費されるすべての食料は、馬とラバが毎日運んでくれている。

しばらく下ると再びコロラド川を見下ろせる場所がある。**パノラマポイント**だ。先ほどよりずっと近くに川が見えるのがうれしい。足元に光っているのはブライトエンジェル・ブリッジ（シルバーブリッジ）。明日の朝、帰り道に渡る橋だ。

ここから最後のスイッチバックが始まる。疲労も暑さも頂点に達する頃だが、カーブを曲がるたびに大きく迫ってくる**カイバブブリッジ（ブラックブリッジ）**を目指して、もうひとがんばり！

いつのまにか断崖の色が大きく変わっている。いかにも古そうな黒い壁は約18億年前のもの。大気中の酸素もまだ少なく、ごくごく原始的な生物しかいなかった頃の地層だ。

コロラド川への到着はちょっとドラマチック。最後がトンネルになっていて、暗闇の向こうに川がキラキラと輝いているのだ！

好天が続いていれば、コロラド川はエメラルドグリーンのはずだ。吸い込まれそうな深い色だが、それは自然の姿ではない（→P.90）。赤茶色に濁って流れていなければコロラド（スペイン語で赤）ではないのだ。

橋のたもとは小さなビーチになっているが、グランドキャニオンを削ったその流れはたいへん力強くて速いので、水に入ることはできない。ここは、はるか上流から激流下りをしてきたラフティングボートの船着場だ。ほてった足を冷やすなら、さらに10分ほど先へ進んだブライトエンジェル・クリークがおすすめ。

峡谷内にいるサソリは夜行性で、あたりが暗くなると岩陰から出てくる。キャンプ場、ファントムランチなどで夜、岩などに腰掛けるときには十分に注意。体長は5cmほどで、色は茶褐色。刺されても死にいたるほどの毒ではないが、ひどく痛く、腫れ上がってしまうそうだ

WILDLIFE 狂犬病に注意　グランドキャニオンには22種類のコウモリがいて、ごく少数だが狂犬病ウイルスをもつ個体がいる。2019年に見つかったコウモリの亡骸のうち2匹が陽性だった。コ↗

キャンティーンと呼ばれる食堂でチェックインを

谷底の別世界ファントムランチ

　トレイルはコットンウッドの緑がまぶしい川岸に沿って北へ方向を変える。対岸にキャンプ場を望み、レンジャーステーションを過ぎたら、ようやくファントムランチに到着だ。

　1922年にメアリー・コルターがデザインしたメインビルディングは現在、食堂Canteenになっている。エアコンの効いた室内に入り、ファントムランチ名物の冷たいレモネードをいただく。至福のひとときだ！　チェックインの手続きを済ませたらさっそく、部屋へ。皆にあいさつし、ベッドを確保し、汗を流す。こんな辺鄙な場所なのに熱いシャワーに入れるのは、豊かな湧き水のおかげ（→P.90）。シーツ、毛布、バスタオル、フェイスタオル、ソープ兼シャンプーは用意されている。

　まだ時間が早かったら、あたりを散策してこよう。猛暑の谷底に木陰を作ってくれるコットンウッドは、リゾートブームの時代に植えられたもの。ブライトエンジェル・クリークの河口には下水処理施設も造られている。

　夕食の前後、16:00と19:30には食堂とレンジャーステーションの間にある集会場（木陰に椅子が並べてあるだけ）でレンジャープログラムが行われる。ファントムランチやトレイルについての興味深い話を聞くことができる（春〜秋のみ）。

　鐘の音が聞こえたらお待ちかねのディナータイム。酷暑のトレイルを制した仲間同士、山小屋の雰囲気で和気あいあい。あちこちのテーブルでさまざまな国や地域の言葉が飛び交ってにぎやかだ。多くの人が、1年も前から予約を取って今日のこの日を楽しみにしてきたのだ。見知らぬ者同士でもすぐに打ち解けて、会話も弾む。

　やがて周囲の岩壁に吹く風が変わり、大峡谷に壮大な夕暮れが訪れる。遠くサウスリムのてっぺんにヤバパイポイントの展望台が鋭く光る。

　あたりが闇に包まれる頃、後片付けを終えた食堂がバーとして再び扉を開く。明かりがともると岩壁の穴にすんでいるコウモリたちのお食事タイム。急旋回しながら窓際に集まってくる虫たちを捕らえる技は、ちょっとしたショーだ。

　ところで、アメリカ人の宿泊客はファントムランチに2泊する人がけっこう多い。なるほど、1年も前から予約を取った貴重な宿だし、めったに来られない場所なのだから、1泊ではもったいない。疲れた体をゆっくり休めて登りに備える意味でも、賢い選択といえる。昼間はドミトリーを追い出されるので、木陰のベンチで昼寝をしたり、体力がある人はノースリムのリボン滝（往復6〜7時間。→P.105）を見に行くのもいいだろう。

出発は早朝に！

　朝はスタッフがちゃんと起こしに来てくれる。とにかく涼しいうちにハバスパイガーデンズまで登ってしまいたいので、ボリュームたっぷりの食事を終え、水筒をいっぱいにしたら即、出発だ。

　キャンプ場の先を右折してクリークを渡り、しばらく歩くと**ブライトエンジェル・ブリッジ（シルバーブリッジ）**へ出る。橋の下には、サウスリム・ビレッジの水需要すべてをまかなっているパイプラインが取り付けられている（→P.90）。

　橋を渡ってしばらくはコロラド川沿いに歩くが、川に別れを告げるといよいよ急登が始まる。このあたりでは、同時に歩き始めたハイカーが前後にたくさんいるし、まだまだ元気なこともあって、つい競争心が芽生えてしまうが、そこをぐっとこらえてスローペースで進もう。先は長い。

　やがて、難所中の難所、**デビルスコークスクリュー**のスイッチバックが現れる。とにかく暑くならないうちにここを登ってしまいたい。夏なら、8:00にはもう日差しが厳しくなっているはずだ。

　ハバスパイガーデンズまでたどり着いても木陰でゆっくりと休もう。水とエネルギーを十分に補給してから後半の登りに挑戦だ。もしもここでバテバテだったら、暑い時間に無理して登らずに、夕方まで待つという手もある。

　とにかく無理をせずにゆっくり行こう。周囲を見回せばミュールジカなどの動物がいるかもしれない。**ヤコブのハシゴ**と呼ばれるスイッチバックを過ぎてしばらくすると**3マイルレストハウス**。ここからは軽装の観光客が増え、子供がはしゃぐ声も聞こえるようになるが、こちらにとっては最も苦しい場所。マイペースを保とう。

　1.5マイルレストハウスを過ぎ、リムの上の展望台から人の声が届くようになったら、ゴールはもうすぐそこだ。

（横断トレイルについては→P.104）

シルバーブリッジは足元がメッシュでスリリング

↗ウモリは峡谷内部に多く生息しており、見かけただけなら怖がらなくていい。ただし、人間にぶつかってきた場合は発病している可能性が高いため、一刻も早くワクチンを接種すること。詳しくは→P.500

ダムに挟まれたグランドキャニオン

コロラド川はかつて、グランドキャニオンよりずっと北を通っていたと考えられている。ユタ州南部から西へ流れ、ネバダ州を横断し、カリフォルニア州から直接太平洋へと注いでいたらしい（現在の河口はメキシコのカリフォルニア湾にある）。しかし、ユタ州付近のコロラド台地が隆起したことによってコースを南向きに変え、グランドキャニオンの浸食が始まった。

コロラド川は、ここを発見したスペインの探検隊によって名づけられた。**コロラドとはスペイン語で「赤い」という意味**。かつてのコロラド川は、ユタの赤い岩の色を反映していたのだ。

コロラド川は今もキャニオンの岩壁を削り続けている。削られた"岩壁のかけら"は小石や砂、泥になって川の水に流される。かつてのコロラド川は、こうした土砂をグランドキャニオン地域だけで1日50万トンも運んでいたといわれる。当然、これらは下流に1936年に造られたレイクミードの湖底に沈殿する。その量が予想を超えて早かったため、湖の貯水量が激減するのを防ぐために、1963年、上流にもうひとつのダム、グレンキャニオン・ダムが造られたのだ（実はこのときグランドキャニオンにも巨大なダムを造る計画があったが、自然保護団体の反対によって水没を免れている）。

グレンキャニオン・ダムの完成によって多くの沈殿物はレイクパウエルの湖底に沈み、グランドキャニオンのコロラド川は緑に近い色になった。同時に、水の勢いも衰えた。速度は5分の1から8分の1にまで落ち、水温も平均27℃から8℃へと大きく下がった。そのうえコロラド川の水量は毎日変わる。ダムの発電所が、電力需要に合わせて放水量を変えるためだ。

その結果、コイの仲間など2種類の魚が絶滅危惧種となり、3種類の魚はすでに絶えた。流れが緩やかになったためにヤナギなどの樹木が増え、それをかじるビーバーの数も増え、川岸の生態系が大きく変わってしまった。

ビレッジとフラッグスタッフの水問題

ノースリムの標高はサウスリムより300〜600m高い。実はこのあたり全体が南から北へ向かって高くなっているのだ。そのため、ノースリムの北に広がるカイバブ台地に降った雨は南へ流れてきて、ノースリムの断崖を流れ落ちる。流れは川や滝となり、崖をどんどん削ってゆく。サウスリムから見た風景のほうがノースリムよりダイナミックだといわれるのは、北側の浸食が激しいためだ。

ノースリムに降った雨はまた、大地にしみ込み、石灰岩の地層にろ過されて、リムから930m下のRoaring Springs（→P.105）で豊富な湧き水となっている。一方、南へ傾斜しているサウスリムでは、降った雨が南へ逃げていってしまうので、サウスリム・ビレッジでは常に水の確保が難題だった。

そこで1970年、Roaring Springsにパイプラインが取り付けられた。湧き水はコロラド川を渡り、ブライトエンジェル・トレイル沿いに汲み上げられている。現在、ファントムランチ、ハバスパイガーデンズ、そしてサウスリムのすべてのロッジの水需要がこの湧き水でまかなわれている。しかし、この取水によってブライトエンジェル・クリークの水量が目に見えて減ってしまい、川岸の植生の変化など生態系に与える影響が懸念されている。

このパイプラインも設置から半世紀がたち、老朽化が目立つ。1995年に大きく破損した際には、復旧までの1ヵ月間、毎日85台のトラックでビレッジに水を運び続けた。水漏れは多い年で30回も起きている。しかし、パイプラインを取り換えるには1億5000万ドルかかるそうで、年間予算2130万ドルの公園の財政に大きな負担となっている。

このようにサウスリムの水はノースリムから引いてきたものだが、フラッグスタッフの水需要はサウスリムで確保されている。

崖崩れによって破損したパイプライン。当局は1年中補修に忙しい

フラッグスタッフからUS-180でサウスリムへ来た人なら、その間に湖や大きな川がないことに気づいただろうか。トゥシヤンやフラッグスタッフで使われている水は、サウスリムの南側で汲み上げたもの。すべてグランドキャニオンの石灰層にろ過された地下水なのだ。

この石灰層には335の鍾乳洞が発見されていて、研究者によって氷河期に絶滅した生物のミイラなどが見つかっている。地下水の汲み上げは、こうした鍾乳洞や、サウスリムを流れる数少ない清流にどれほどの影響を与えるのだろうか？ 地下水自体がどれくらいあるのかも未知数で、将来、枯渇するのではないかと心配されている。

trivia ついにパイプライン交換！ 2023年、老朽化した水道管を交換するために2億ドル以上の予算が付き、大規模な工事が始まった。2026年には頑丈で破損しにくいパイプラインが完成する予定

一生に一度は体験してみたいエキサイティングなアトラクションだ

ミュールツアー　▷▷▷▷▷ MULE RIDE

　壮大な峡谷を3次元の感覚で楽しめるミュールツアーに挑戦してみよう。牧歌的なスタイルは、まさにグロフェの名曲『大峡谷』そのまま。一生思い出に残る1日になるだろう。

　ミュール（ラバ）はロバと馬の交配種で、ロバよりひと回り大型でおとなしく、忍耐強くて人見知りをしない。ただ、「歩くよりも楽そう」なんて気持ちで挑戦するのはちょっと待って。ラバの背は意外に高く、崖っぷちスレスレを歩くので高所恐怖症の人にはとても無理。乗馬の経験がなければなおさら怖いはず。ハイキングと違ってどんなに疲れても、お尻が痛くても勝手には休めないし、途中で何かを落としてもひろえない。30～45分ごとに休憩時間があるが、ミュールから下りるわけではない。シーダーリッジまではトイレに行くことはできない。乗馬経験は不要だが、ガイドの説明や注意事項をちゃんと理解できる英語力が必要。また、ミュールはよく調教されているが、ごくまれに落馬事故もないわけではない。そのあたりもよく考えて挑戦したほうがいい。

　非常に人気があるので、冬を除いて13ヵ月前の1日から予約でいっぱいになる。最後にガイドにチップを渡すのをお忘れなく。

参加条件と服装

◎9歳以上。身長145cm以上。服を着た状態での体重が約90kg（3時間ツアーは約102kg）以下であること
◎ガイドの説明や注意事項を理解できる英語力があること
◎体調が整っていること。腰、ひざ、呼吸器に不安がある人は要検討。もちろん妊娠の可能性がないこと
◎日焼けと脱水防止のために、夏でも長袖シャツと長ズボン着用
◎手袋、厚いソックス、靴は底に凹凸のないスニーカーがいい
◎ひもの付いた帽子。カウボーイハットがおすすめ。レンタルあり
◎砂ぼこりがすごいので、鼻と口を覆うバンダナがあるといい
◎朝夕や天候による温度変化に対応できる服装を
◎雨の日はレインコートかウインドブレーカーが必要。ミュールツアーは雨で中止されることはまれだ

ミュールツアーの予約
Xanterra Parks & Resorts
☎(303)297-2757
Free 1888-297-2757
カード ADJMV

3時間ツアー
图 $170.28
　ヤキポイントの近くからイーストリムを歩く。なお、プラトーポイントへの日帰りツアーは現在催行されていない

1泊2日ツアー
图1人 $1164.83
　2人 $2109.45
　サウスカイバブ・トレイルを下りてファントムランチに宿泊。3食込み

ツアーの中止と予約について
　2024年4月までブライトエンジェル・トレイルが工事で閉鎖され、サウスカイバブ・トレイルの混雑が予想されるため、ミュールツアーは催行されない。再開以後の予約は下記ウェブサイトで抽選。受付は15ヵ月前に行われる。空きがある場合は13ヵ月前にリリースされる
URL www.grandcanyon
lodges.com/lodging/
lottery/

厩舎は線路の南側、Maswik Lodgeから東へ6分ほど歩いた所にある

Trivia ストックって何？ 「stock」には在庫、株式、煮汁など多くの意味があるが、国立公園では馬（家畜）を指すことが多い。trail open to stock use（馬も通れるトレイル）のように使う

91

気流によっては揺れることもあるので酔い止め薬を忘れずに

遊覧飛行
※現地での申し込みは各ロッジで。園外に出るので、戻る際には入園料のレシートが必要

Grand Canyon Scenic Airlines
☎(702)835-8484
URL www.grandcanyonair lines.com
🕐40〜45分 $179〜289

Papillon Grand Canyon Helicopters
☎(702)736-7243
URL www.papillon.com
🕐30分 $239、50分 $349

　グランドキャニオンほど遊覧飛行を推薦したい場所はなかなかない。広大な緑の台地から突然切れ落ちる断崖は圧巻！　峡谷の大きさを肌で感じられるし、地上からは容易に近づけない場所へもひとっ飛びだ。グランドキャニオン空港からセスナ機とヘリコプターによるツアーが多数出ていて、ビレッジまで送迎してくれる。ただし、ビレッジから眺めている場所を飛ぶわけではない。ハーミッツレスト付近からモーランポイント付近までは飛行禁止だ。

Grand Canyon Scenic Airlines

　リトルコロラド川とコロラド川との合流点、ノースリムなどの上空を飛ぶ。19人乗り双発エンジン機が売り物。

Papillon Grand Canyon Helicopters

　観光用ヘリコプターツアーでは世界最大の会社で、音の静かな機材が特徴。予約はGrand Canyon Scenic Airlines日本事務所（→P.62）でも可。

峡谷へ飛び出す瞬間がたまらない！

　コロラド川の激流下りはアドベンチャーツアーの神髄。本格的なツアーは3〜18日かかる。アルミニウムの保護膜を張った頑丈なゴムボートを使用する。出発はレイクパウエル下流にあるリーズフェリーLees Ferryで、日程によってファントムランチまでのものや、レイクミード手前まで450kmを下るものなどがある。この間、大小200を超える急流を乗り切る。食事は仲間たちと手分けして作り、夜は川岸のテントで眠る。冒険をなしとげたときの感激はひとしお。

ラフトツアー会社のリスト
URL www.nps.gov/grca/ planyourvisit/river- concessioners.htm
※まれにではあるが、ボートからの転落やボート転覆もないわけではない。数年に1回程度、死亡事故も起きている

　人気抜群なので半年以上前からの予約が必要。ツアー会社はたくさんある。インターネットで選ぶのが簡単だ。4〜10月まで催行されているが、夏は猛烈に暑い！

©NPS

一生に一度の大冒険にトライしてみたい

スムースウオーター・ラフティングも人気

　激流下りではなく、コロラド川を静かに下る日帰りツアーがある。往復バス送迎付きのコースもあるが、小型機でペイジまで飛んでアンテロープキャニオン（→P.112）を見てから川を下るGrand Canyon Scenic Airlinesのツアーもおすすめ。

レンジャープログラム ▷▷▷▷▷ RANGER-LED PROGRAM

　入園者に公園への理解を深めてもらうために、パークレンジャーがテーマに沿って解説してくれるプログラムが年間を通じて催されている。いずれも無料で、予約不要。ぜひ参加してみよう。

おもなレンジャープログラム

プログラム名	催行	所要	集合場所	内容
Fossil Walk	夏期 9:00	1 時間	ブライトエンジェル・トレイルヘッド	化石の見つけ方を教えてもらいながらリム沿いを歩く。子供にもおすすめ
Critter Chat	11:00 冬期は木～月のみ	30 分	ビジターセンター	大峡谷に生きる野生動物についてのトーク
Family Friendry Program	13:30 冬期は木～月のみ	30 分	Verkamps VC	岩石やカリフォルニアコンドルの話など日替わりのトーク
Astronomy Program	月に数回。夏期21:00頃、冬期19:00頃	90 分	ビジターセンター	天文学者を招いての望遠鏡を使った星空観察や満月の観察会など

ハートを探そう

　ビレッジのリム沿いの石垣のなかに、ひとつだけハート形の石がある。場所は El Tover Hotel と Kachina Lodgeの間。CCC（→P.86）の誰かが埋め込んだものだ

重労働のなかの遊び心が楽しい

ハーミッツレストやデザートビューなどビレッジから離れた場所でもプログラムは行われている。現地でチェックしよう

COLUMN　グランドキャニオンの歴史

　グランドキャニオンに人が住み着いたのは2万5000年前くらいと推測されている。現存する証拠として最古のものは、サウスリムで見つかった柳の小枝を束ねて作った馬のおもちゃで、放射性炭素測定の結果約4000年前のものと判明した。

　西洋人として初めてグランドキャニオンを発見したのは、金を探しにやってきたスペイン探検隊のカルディナス以下13名。1540年に現在のヤバパイポイント付近に達し、眼前に広がる大峡谷に驚嘆したという。

　18世紀後半には伝道師や毛皮商人、ハンターなどがやってきたが、西洋人が定住できる環境ではなかった。1857年にアメリカ陸軍の探検隊もグランドキャニオンを訪れているが、「何の価値も見出せない不毛の荒れ地」と報告されている。

　1869年、南北戦争で右腕を失った軍人であり、探検家、学者でもあった**J・W・パウエル**を隊長とするコロラド探検隊が、激流を乗り切ってグリーン川からコロラド川、そしてグランドキャニオンへと達した。彼は生きいきとした文章でその壮大な景観を紹介した。

　1873年、第2次パウエル探検隊に同行した画家の**トーマス・モーラン**は、現在のモーランポイントから見た風景を「Chasm of the Colorado」と題して描いた。この絵は政府に高値で購入され、上院議事堂のホールに飾られて、東部の有力者たちに西部の大自然のすばらしさを知らしめた。

　1880年には元鉱夫のJ・ハンスが北壁から下るトレイルを造り、観光ブームの波が及び始める。1890年には駅馬車ツアーも始まり、ほどなくグランドキャニオンの景観を保護しようという運動も始まった。1901年、サンタフェ鉄道がウィリアムズ〜サウスリム間に鉄道を開設。1905年には初代のEl Tovar Hotelが完成した。

　この頃、Fred Hervey社はビレッジの建物のデザイナーとして**メアリー・コルター**を起用。彼女は先住民の伝統的なデザインを取り入れ、キャニオンの岩石を使って、ブライトエンジェル・ロッジ、Hopi House、ハーミッツレスト、デザートビューのウオッチタワーなど大自然の景観に調和するような建物を次々に建てていった。

　1903年、セオドア（テディ）・ルーズベルト大統領が西部を巡る旅でグランドキャニオンを訪れ、1908年に国定公園に指定。1919年には国立公園に昇格し、アメリカのランドマークとなった。

　戦後、モータリゼーションの波に乗って入園者は増えたが、一方で鉄道客は激減。サンタフェ鉄道は1954年に廃止となった（現在は蒸気機関車が走っている。→P.64）。

　1965年、巨大なダムを造る計画が連邦議会で審議されたが、自然保護団体などの努力が実って廃案となり、グランドキャニオンは水没を免れた。

　現在では、世界各国から年間約500万人の観光客が押し寄せている。

園内で泊まる

　園内の宿泊施設は8ヵ所。6軒はサウスリム・ビレッジに、1軒は谷底に、もう1軒はノースリムにある。どこも非常に混雑しており、ピーク時は半年以上前でないと予約が取れない。4〜10月の長期にわたって満室が続くのもグランドキャニオンの特徴。一刻も早く予約を入れよう。最も簡単で確実な予約方法はインターネットだ。

　予約が取れなかった場合はキャンセルを狙うしかない。とにかく何回もトライしよう。直接ロッジのフロントへ足を運んでもいい。予約システムはオンライン化されているので、1ヵ所で聞けばほかの宿の状況もわかる。2日前の16:00過ぎが狙いめ。ただし、キャンセルが出るかどうかは運任せ。当日の夕方になってもだめかもしれない。そんなときはトゥシヤンの宿もまた混んでいて、遅い時間に空室を探すのは困難だ。いつまで粘るか、どこで諦めるか、見極めが難しい。最後の手段はフラッグスタッフの宿。ここなら泊まれないことはめったにない。なお、車のない人はラスベガス発着のツアー（→P.65）に参加するという手もある。

ロッジの予約（Yavapai Lodgeを除く）
Xanterra Parks & Resorts
☎ (303)297-2757 Free 1888-297-2757　7:00
〜19:00(MST)　休 11月第4木曜、12/25、1/1
当日☎ (928)638-2631
URL www.grandcanyonlodges.com
カード A D J M V
予約は13ヵ月前の1日から
● 例えば2025年7/1〜7/31までの予約は2024年7/1から受け付ける（1月は1/2から）
● サンダーバード・ロッジとカチーナロッジ、エルトバホテルは早々と満室になる
● ツアーのバラ売りやキャンセルがあるので、1ヵ月前〜1週間前にもポッカリと空きが出ることもある
● キャンセルは2日前の15:00までに予約ナンバーを告げて申し出れば、予約金（1泊分）は全額返金される。電話で予約した場合は電話で、インターネットで予約した場合はインターネットでないとキャンセルできない。その時間を過ぎると予約金は没収となる
● ビレッジ内もキャンプ場も、動物への影響を最小限にするために街灯は極力控えている。そのため、モーテルタイプの客室棟やキャビンに泊まると、足元が真っ暗で、部屋の鍵も開けられないほど。ぜひ懐中電灯を持っていこう
● すべての宿は全館禁煙。駐車場無料

🏠 Bright Angel Lodge

　ビレッジの中心に建つ1935年完成のロッジ。El Tover Hotelの外観に合わせてデザインされた。暖炉はグランドキャニオンのリムを構成しているカイバブ石灰石と、キャニオンの底の川沿いの地層を構成している石で造られている（公園敷地外で砕石したもの）。リム沿いにあって何かと便利だが、部屋から峡谷が見えるわけではない。

　エアコンあり。シャワー、トイレは共同の部屋もあるが、各棟に十分な数が用意されていて清潔。90室。

静かに過ごせるキャビンもおすすめ

グランドキャニオンで最もポピュラーなロッジだ
MAP P.68　on off $155〜161、シャワー共同$100〜158、キャビン$233〜377

🏠 Thunderbird Lodge

　味も素っ気もない鉄筋コンクリートで、客室にテレビまであって普通のモーテルと変わらない。ただし客室以外は何もなく、ブライトエンジェル・ロッジの新館と考えるべき。チェックインも同ロッジで。

　部屋とキャニオンとの間には遊歩道があり、大勢の人が行き交う。夜明け前から騒々しいし、せっかくの峡谷もほとんど見えない。リム側の部屋を取るならぜひ2階を確保したい。55室。

都会と変わらない快適さを求める人向け
MAP P.68　on off $200〜336、峡谷側$251〜400

⭐NOTES　ロッジはみだし情報　園内のロッジはすべてチェックイン16:00、チェックアウト11:00。3人目の料金は$20（Yavapai Lodge $12）。税金は6.9%

🏠 Kachina Lodge

Thunderbird Lodgeとほぼ同じ造りの近代的なロッジ。リム側2階の部屋からはキャニオンが見える。客室以外何もなく、隣のエルトバホテルの新館と考えるべき施設。チェックインも同ホテルで行う。49室。

外観はThunderbird Lodgeとほぼ同じ

MAP P.68　**on off** $289〜336、峡谷側$344〜400

🏠 El Tovar Hotel

北アリゾナに初めて探検隊を送ったトーバー公爵の名を取った、アメリカ屈指のリゾートホテル。サンタフェ鉄道によって1905年完成。当時はミシシッピ川以西で最もエレガントなホテルとの評判だった。キャニオンの岩とダグラスモミで建てられ、ラウンジや大きな暖炉が開拓時代の大邸宅の雰囲気を醸し出している。キャニオンを望めるのはスイートルーム4室のみ。TV、電話、エアコンあり。78室。

2014年に大改装を行った歴史的ホテル

MAP P.68　**on off** $278〜579、スイート$944

🏠 Maswik Lodge

スイスシャレー風のロッジ。松林に面したSouthはテレビ、電話あり。Northはさらにエアコンもある。ブライトエンジェル・トレイルヘッドまで徒歩約5分。駐車場も広いのでレンタカー利用者にも便利。ATMあり。278室。

Southのスタンダードルーム

MAP P.68　**on off** South$327〜383、North$284

🏠 Yavapai Lodge

松林の中に点在するロッジ。1階建ての旧館Westと2階建ての新館Eastがある。全室テレビ、電話、冷蔵庫、暖房あり。新館はエアコンあり。マーケットプラザの斜め前にレセプションがある。宿泊棟によってはシャトルバス乗り場にもリムにも遠く、車がない人には不便。358室。

キャンセルは2日前までに

MAP 折込2枚目ウラ K-4、P.23
☎ (928)638-4001
Free 1877-404-4611
URL www.visitgrandcanyon.com
on off West$127〜259、East$189〜285

🏠 Phantom Ranch

谷底にある唯一の宿。80名収容。ビレッジから下り4〜7時間、帰りは6〜10時間。必ず事前に予約を取ること。予約先はほかのロッジと同じだが、**予約は抽選**で行われる。15ヵ月前の1〜25日（例えば2025年5月の予約は2024年3/1〜3/25）にウェブサイトから申し込む。当選した場合、翌月4日頃にメールが届くので13日までに支払い手続きを終える。支払われなかった分は再抽選に回され、その当選メールは17日頃に届く。以後の空室は翌月1日（上記の例では5/1）から一般に公開され、ウェブサイトから予約できるようになる。
ドミトリーは男女別10人部屋でシャワー、トイレ付き。キャビンはトイレ付き、シャワー共同。ただしキャビンはミュールツアーが確保しているので、個人客はほとんど泊まれない。食事も予約と同時に申し込む。夕食は楽しいし、疲れた体に本当においしい（詳しくは→P.87）。

MAP 折込2枚目ウラ K-5、P.84
on off ドミトリー$70　夕食$39.05〜58.23
朝食$29.50　ランチパック$24.43
※4日前〜2日前までに予約再確認をしないとキャンセルとみなされる。キャンセルは45日前まで可

ファントムランチのドミトリーは工事のため閉鎖中。再開未定

NOTES 節水に協力を　サウスリムの水不足は深刻で（→P.90）、レストランではメニューを限定し、食器は使い捨てということも。入園者も連泊する際はシーツやタオルを使い回すなど協力したい

林の中にゆったりと配置されたマーザーキャンプ場

リムのキャンプ場で泊まる

　設備の整ったキャンプ場は下記の2ヵ所で、どちらもたいへん混雑する。予約は早めに。サイト内の所定の場所での焚き火はできるが、枯れ枝をひろうのは禁止。薪はマーケットプラザで購入可。

　このほかにトゥシヤンの南側のAZ-64沿いにも民間のキャンプ場が数軒ある。

キャンプ場の予約→P.489
Free 1877-444-6777　☎(606)515-6777
URL www.recreation.gov　カード A M V

⛺Mather

　ヤバパイロッジの南にある。トイレ、シャワー、コインランドリーあり。キャンプ用品から冷凍食品までズラリと並ぶマーケットプラザにも近く、シャトルバスのビレッジルートも停まるので便利だが、リムからは離れている。3〜11月は要予約。6ヵ月前の同日に上記ウェブサイトで予約受付が始まる。

年中オープン。$18。327サイト

⛺Desert View

　デザートビューにある。50サイト。たいてい昼過ぎにはいっぱいになってしまう。予約可。トイレあり、シャワーなし。キャンプフードなど簡単なグッズが揃うジェネラルストアあり。7連泊まで。

4月中旬〜10月中旬オープン。$18。50サイト

峡谷内のキャンプ場で泊まる

　テントを担いでトレイルを歩いて行けるなら、キャニオン内部のキャンプ場に泊まるのもおもしろい。1人1泊$12。必ず事前に予約をして$10の許可証を取得する。年間を通じて非常に混雑している。

　予約抽選は5ヵ月前に行われる。例えば6/1〜6/30の予約は1/16に受付が開始され、2/1抽選。結果は翌日に通知される。予約先はリムのキャンプ場と同じ。「Backcountry Permits」で探そう。抽選後に空きがあれば翌月1日にリリースされ、先着順に予約できるようになる。

　オフシーズンならキャンセル待ちにトライしてもいいだろう。マズウィックロッジそばにあるBackcountry Information Center（シャトルバスのビレッジルートが停車する）へ行ってリストに記載する。毎朝8:00に翌日分のリリースが始まり、その場にいないと無効になる。

　峡谷内のキャンプ場では、排泄物の始末などさまざまな規則があるので、しっかりと読んで確認を。また、生態系への影響を抑えるため、各サイトに金属製フードボックスが用意されている。ちょっとでもテーブルを離れるときには、すべての食品と生ゴミをここへ入れて、シカやリス、野鳥に取られないように気をつけよう。

谷底の渓流沿いにあるBright Angelキャンプ場

Backcountry Information Center
圏8:00〜12:00／13:00〜17:00
おもなキャンプ場
（いずれも2連泊まで。11/15〜2/28は4連泊まで）
Havasupai Gardens　年中オープン。ブライトエンジェル・トレイルを下って約2時間。トイレ、飲料水あり。15サイト
Bright Angel　年中オープン。ファントムランチの手前。水洗トイレ、飲料水あり。32サイト
Cottonwood　年中オープン。ファントムランチとノースリムをつなぐノースカイバブ・トレイルの中間点。トイレあり。飲料水は夏のみ。12サイト

🚐 SIDE TRIP　サファリパーク　ウィリアムズ中心部から東へ5分のBearizona Wildlife Parkはブラックベア、オオカミ、プロングホーンなど野生動物を目の前で見ることができるサファリパーク。↗

近隣の町に泊まる ▷▷▷▷▷

　公園南口ゲートから2マイルのトゥシヤンに7軒のモーテルがある。年間を通じて混んでいるせいか、やや料金が高い。しかし、ここを逃すとウィリアムズかフラッグスタッフまでほとんど宿がない。

　フラッグスタッフには85軒のモーテルがある。特にI-40のExit 195から北へ延びるMilton Rd.付近に集まっている。

　ウィリアムズのホテルは約40軒。I-40のExit 163からグランドキャニオン鉄道駅へ向かうGrand Canyon Blvd.と、Exit 161で下りたルート66沿いに多い。ルート66は東行きと西行きで1ブロック離れているので、住所に注意。

　またフラッグスタッフからレイクパウエルへ延びるUS-89沿いのキャメロンに1軒だけモーテルがある。デザートビューに比較的近く、モニュメントバレーへドライブする人には便利。

クラシックなロビー。レストランも雰囲気がある

🏠 Grand Canyon Railway Hotel

　グランドキャニオン鉄道（→P.64）が経営するホテルで、ウィリアムズの駅に隣接している。サンタフェ鉄道の開通にともなって1908年にオープンしたホテルを改装したものだ。暖炉のあるロビーは20世紀初頭のリゾートの雰囲気を残しているが、客室はモダンで快適。SLでサウスリムへ行くなら、前泊をここで過ごすといい。乗車券とのパッケージがあり、駅のレストランでの夕食＆朝食バフェ（バイキング形式）が含まれる。Wi-Fi無料。屋内プール、フィットネスルームあり。全館禁煙。298室。

🏠 233 N. Grand Canyon Blvd., Williams, AZ 86046　☎(928)635-4010　Free 1800-843-8724　on $270〜390　off $80〜190　パッケージ料金は乗車券＆2食込み1人$305〜476　カード AJMV

注：トゥシヤンには独自の郵便番号がないため、ホテルの住所表記はGrand Canyonとなる

トゥシヤン		Grand Canyon, AZ 86023　サウスリム・ビレッジまで7マイル　6軒		
モーテル名	住所・電話番号など		料　金	カード・そのほか
Grand Canyon Plaza Resort	🏠 406 Canyon Plaza Lane　☎(928)638-2673 FAX (928)638-9537　Free 1800-995-2521　URL www.grandcanyonplaza.com		on $199〜299　off $119〜269	ADJMV　レストラン、プールあり。Wi-Fi無料。パークへの送迎無料（シーズンのみ）。全館禁煙。冷蔵庫、電子レンジあり
Squire Resort at Grand Canyon BW	🏠 74 Hwy. 64 ☎(928)638-2681　FAX (928)638-2782　Free 1800-622-6966　URL www.grandcanyonsquire.com		on $229〜449　off $139〜379	ADJMV　コインランドリー、スパ、ボウリング場、レストランあり。Wi-Fi、パークへの送迎あり。全館禁煙
Holiday Inn Express & Suites	🏠 226 Hwy. 64 ☎(928)638-3000　Free 1800-465-4329　日本 無料 0120-677-651　URL www.ihg.com		on $220〜399　off $180〜299	ADJMV　室内プールあり。朝食付き。Wi-Fi無料。全館禁煙。冷蔵庫、電子レンジあり
Red Feather Lodge	🏠 300 Hwy. 64　☎(928)638-2414 FAX (928)638-2707　Free 1800-538-2345　URL redfeatherlodge.com		on $157〜345　off $140〜302	ADMV　コインランドリー、屋外プール、隣にレストランあり。Wi-Fi無料。全館禁煙
Grand Hotel	🏠 149 Hwy. 64　☎(928)638-3333　Free 1888-634-7263　URL www.grandcanyongrandhotel.com		on $179〜470　off $120〜380	AMV　現金不可。ステーキハウス、サルーン、室内プールあり。全館禁煙。Wi-Fi無料。ギフトショップあり

キャメロン		Cameron, AZ 86020　デザートビューまで30マイル　1軒		
モーテル名	住所・電話番号など		料　金	カード・そのほか
Cameron Trading Post	🏠 466 Hwy. 89　☎(928)679-2231 FAX (928)679-2501　Free 1800-338-7385　URL camerontradingpost.com		on $139〜219　off $99〜189	AMV　AZ-64の終点からUS-89を北へ2マイル。大きな先住民グッズショップとレストランあり。Wi-Fi無料。全館禁煙

↗ 動物園エリアにはジャガー、カワウソ、ビーバー、ヤマアラシなどが飼育されていて、ショーや餌やりイベント、バックステージツアーなども行われている。詳しくは URL bearizona.com

グランドキャニオン国立公園
Grand Canyon National Park　North Rim

ブライトエンジェル・ポイントの壮大な夕暮れ。ブラフマー寺院と呼ばれる岩峰が最後の光を失うと、大峡谷に深い闇が訪れる

　標高2438〜2683mと、サウスリムより300〜600mほど高いノースリムは、北国の高原を思わせる自然を満喫できる所だ。針葉樹ばかりのサウスリムに対して、ノースリムではアスペンを中心とした広葉樹が混じり、夏には色とりどりの花も見られる。気候は、より涼しく、冬は積雪が多い。そのため例年5月中旬〜10月中旬しか入ることができない。サウスリムに比べて訪れる人も少なく、グランドキャニオンの違った顔を静かに見ることができるだろう。

ノースリム唯一の宿

ノースリム

MAP 折込1枚目 C-2〜3、折込2枚目オモテ H-2、P.63

行き方 ACCESS

　サウスリムのビレッジとは直線距離にして16kmほどしか離れていないが、間に横たわる大峡谷を渡るには215マイル（約346km）、車で4〜5時間も迂回しなければならない。むしろザイオン国立公園やレイクパウエルからのほうが容易にアプローチできる。

　車がない場合は下記のバスを利用するか、あるいはラスベガスなどから発着してグランドサークルを巡るツアーバスをおすすめ。

長距離バス BUS

　サウスリム・ビレッジから**Trans Canyon Shuttle**のバスが1日1〜2往復している。車のない人には唯一の交通手段だ。要予約。

レンタカー RENT-A-CAR

　サウスリムから行くなら、デザートビューから東へ走ってUS-89に突き当たったら左折。途中でレイクパウエル方面へ行くUS-89と分かれてUS-89Aに入り、ナバホブリッジでコロラド川を渡り、森の中のJacob LakeのジャンクションでAZ-67へ左折すれば、あとはノースリムまで一本道。4〜5時間で行けるが、途中、雄大で不思議な風景の連続なので、1日つぶすつもりでゆっくりと走ってみたい。

　ザイオン、ブライスキャニオン方面からは、US-89に出て南下。KanabでUS-89Aに入ればJacob Lakeへ出る。

　どこから訪れるにしても、春と秋は凍結や降雪を覚悟したほうがいい。あらかじめ道路情報を確認してから出かけよう。

アスペンの林は新緑はもちろん、黄葉もすばらしい。ノースリムには赤く染まる群生もある

DATA

時間帯▶山岳部標準時 MST（夏時間不採用）
☎(928)638-7888
道路情報
☎(928)638-7496
URL www.nps.gov/grca
園5月中旬〜10月中旬のみ24時間オープン
週期6〜9月
料サウスリムと共通で車1台＄35、バイク＄30、そのほかの方法での入園は1人＄20

ノースリムの地図→P.63

Trans Canyon Shuttle
☎(928)638-2820
URL www.trans-canyonshuttle.com
料片道＄120
出発5/15〜11/15サウスリム8:00発、ノースリム14:00発。10/15まではサウスリム13:30発、ノースリム7:00発の便もあり。要予約。48時間以内の予約は電話で
所要4時間30分

ノースリムまでの所要時間

South Rim	4〜5時間
Zion	約3時間
Bryce Canyon	約3.5時間
Page	3時間弱
Las Vegas	5〜6時間

アリゾナ州の道路情報

Free 511
Free 1888-411-7623
URL www.az511.com

ユタ州の道路情報

Free 511
Free 1866-511-8824
URL udot.utah.gov

真冬は酷寒の地

　ノースリムで記録された最低気温は−30℃、降雪記録はなんと7m！

▶◎NOTES　最新情報のチェックを　2023年春は雪が多く、ノースリムの再開は6/2。さらに水道管補修のためロッジの再開は7/23にずれ込んだ。こうしたアクシデントも覚悟しておきたい

歩き方 ▶▶▶ GETTING AROUND

ノースリムを訪れるなら、ぜひ、唯一の宿グランドキャニオン・ロッジに滞在して、のんびりと大地との対話を楽しんでみたい。車ならケープロイヤルやポイントインペリアルへも足を延ばそう。翌日は早起きして、峡谷の朝焼けをお見逃しなく。

情報収集 ▶▶▶ INFORMATION

North Rim Visitor Center

ロッジのすぐ手前。森の中を歩いたり、星空を見たりするレンジャープログラムが行われているので参加してみるといい。

ノースリムのすべての情報が集まる

園内の施設 ▶▶▶ FACILITIES

食事はぜひロッジのダイニングルームへ。キャニオンの眺望がすばらしいのでいつも混雑している。ディナーは要予約。朝の陽光を浴びながらのバフェ（バイキング）がおすすめだ。

気軽に食べるならロッジに隣接するデリかコーヒーハウス（夜は酒場になる）がいい。隣にギフトショップあり。

郵便局の窓口はロッジ内にある（平日のみ）。ガスステーションとグロサリーストアはずっと手前のキャンプ場のそば。

おもな見どころ 📷 ▶▶▶ PLACE TO GO

ブライトエンジェル・ポイント
Bright Angel Point

夏の午後は雷雨が多い。ロッジのロビーに入ってドラマチックな峡谷を安全に眺めよう

ロッジから歩いて10分ほどの所にある展望台。まるで人工的に造ったような形のよい石灰石のテラスを利用している。足元からコロラド川まで延びている支谷がBright Angel Canyon。J.W.パウエル（→P.93）がミルトンの『失楽園』にちなんで名づけた。荒涼とした谷間から**ブラフマー寺院 Brahma Temple**、**ゾロアスター寺院Zoroaster Temple**など大伽藍を思わせる残丘が屹立している。

朝のほうが光と影のコントラストが強く、冴えた光景が見られる。晴れた日にはサウスリムの背後の高原のかなたにサンフランシスコ連峰のシルエットが美しい。

ロッジから近いため、朝夕にはほとんどの宿泊客がこの展望台に集まる

日の出＆日没時間と気温などのデータ →P.69

Visitor Center
🕐8:00〜18:00

Ranger **Nature Walk**
集合▶日〜木8:30
所要▶1時間30分

Dining Room
🕐6:30〜21:45
※ディナーの予約は2/1から受付開始
Deli
🕐10:00〜21:00
Coffee Saloon
🕐10:00〜23:00
Gift Shop
🕐8:00〜18:00
Post Office
🕐月〜金 8:00〜12:00、13:00〜17:00

Groceries Store
🕐7:00〜19:00
Gas Station
🕐8:00〜17:00（カードでの給油は24時間）
※充電ステーションはない。最も近いのは80マイル北のユタ州カナブKanab

初級 **Bright Angel Point**
距離▶往復800m
標高差▶29m
所要▶往復15〜30分
出発点▶ロッジ
🚻トイレ（車椅子可）。
展望台は勾配あり

▶NOTES ビレッジのWi-Fi ノースリムでWi-Fiがつながるのは、キャンプ場のそばにあるグロサリーストア付近のみ。携帯電話もキャリアによってはつながらないようだ

ケープロイヤル　Cape Royal

　峡谷に深く突き出した断崖の端にあり、左右に大きく開けた眺望がすばらしい。デザートビューのウオッチタワーも小さく見える。駐車場から10分ほど歩く。

　展望台の手前に**Angel's Window**という石灰石が浸食された自然のアーチがある。天使の窓から見えるのはコロラド川だ。ロッジからは車で45分かかるが、見逃せないポイント。

ポイントインペリアル　Point Imperial

　ロッジから20分。ケープロイヤルへ行く道路の途中から左へ入る。マーブルキャニオンと呼ばれるグランドキャニオン東部の眺望が開けた展望台で、サウスリムを含めたすべての展望台のなかで最も北にあり、最も標高が高い（2683m）。ほかのポイントと比べるとぐっと穏やかな景色が広がり、足元には**Mount Hayden**が印象的。周辺には野生動物が多く、ヤマアラシやリス、キツツキ、ライチョウなどを見かけることもある。

左／ケープロイヤルから見えるコロラド河畔の平地では、かつて先住民が耕作をしていた
右／天使の窓は頭上が展望台になっている

Cape Royel
設備トイレ（車椅子可）。
展望台は勾配あり

展望台の足元に屹立するマウントヘイデン

Point Imperial
設備トイレ（車椅子可）。
展望台は勾配あり

大峡谷に消えた128人

　グランドキャニオンで起きた史上最悪の事故は、遊覧ヘリの墜落でもボートの転覆でもない。旅客機の事故だ。1956年6月、LAからカンザスシティへ向かっていたTWA機と、その3分後にLAを飛び立ってシカゴへ向かっていたユナイテッド機が、ケープロイヤル北東（コロラド川の手前）の上空6400mで空中衝突して墜落、炎上。日中にもかかわらず目撃者がおらず、発見されたのは翌日だった。犠牲者は128人。生存者はいない。岩場のため残骸の回収は困難で、一部は今も現場に残っているという。

　当時、ここは航空管制区域外であり、レーダー監視システムも整っていなかった。この悲劇をきっかけにして2年後、連邦航空局FAAが設立された

ポイントインペリアルの手前にあるルーズベルトポイントからは先住民居留地が見晴らせる。正面に見える対岸にリゾート計画がもちあがったことがある

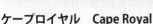

⚠ **落雷注意**　真夏のグランドキャニオンは雷雨が多いが、特にノースリムの展望台は落雷が多い。雲行きがあやしくなったら早めに車か建物に避難しよう

101

ファントムランチ
→P.87、95
峡谷内キャンプ場 →P.96

ハイカーズシャトル
　ロッジから2.2マイル離れたトレイルヘッドまでの無料シャトルは5:45 & 7:10発。24時間前までにロッジで要予約。また、トランスキャニオンシャトル（→P.99）のシャトルサービスもある。ロッジ発4:45 & 6:15、トレイルヘッド発18:30 & 20:00。$25。24時間以内の予約は電話で。☎(928)638-2389

ハイキング　　▷▷▷▷▷ HIKING

　各ポイントの周辺に往復20分～2時間程度のトレイルが整備されている。リスやシカを探して森を歩くのもいいし、少しだけキャニオンに下りてみるのもいいだろう。

　ノースリムから峡谷へ下りる唯一のルート、**ノースカイバブ・トレイルNorth Kaibab Trail**は、コロラド川まで片道23km。サウスリムのトレイルよりずっと長く、しかも南向きの斜面なので非常に暑い！

　ノースリムから下りてファントムランチかキャンプ場で1泊（要予約）。翌朝ブライトエンジェル・トレイルを上るのが一般的。逆コースは上りが長くなる。P.82、87、104をよく読み、飲料水や食料をしっかり用意し、体調を万全に整えて出かけよう。

ノースカイバブ・トレイル

	所要時間	片道距離	標高	飲料水	トイレ	緊急用電話	レンジャーステーション	備考
トレイルヘッド	—	—	2512m	▲	●			水は5～10月のみ
スパイトンネル	往復3～4時間	3.2km	2073m	▲	●			水は5～9月のみ
ローリングスプリングス	往復6～8時間	7.6km	1591m		●			トレイルから片道10分
マンザニータレストエリア	下り2.5～4時間	8.7km	1402m	▲	●	●	●	水は5～9月のみ
コットンウッドキャンプ場	下り4～6時間	10.9km	1244m	▲	●		●	水は5～9月のみ
リボン滝	下り4.5～7時間	13.4km	1134m		●			トレイルから片道15分
ファントムランチ	下り7～11時間 上り9～14時間	22.8km	780m	●	●	●	●	予約は1年前に！

ミュールツアー
注意事項→P.91
☎(435)679-8665
半日コース
出発7:30 & 12:30（10歳以上）
料金$100

ミュールツアー　　▷▷▷▷▷ MULE RIDE

　ラバの背に揺られて峡谷へ下りるミュールツアーがある。ただし谷底まで下りるわけではない。ロッジにあるツアーデスクで申し込もう。

宿泊施設 🏠　　　ACCOMMODATION

園内で泊まる　▷▷▷▷▷

🏠 Grand Canyon Lodge

　ノースリム唯一の宿。メインビルディングは峡谷に張り出して建っており、峡谷の眺望が見事。客室はキャビンとモーテル棟があり、よく設備が整っていて快適だ。5月中旬～10月中旬オープン。峡谷が見えるのは6室のみ。予約は13ヵ月前の同日に受付開始。

コの字型のメインビルディングは機能的にできている

North Rim Hospitality（ARAMARK）
Free 1866-499-2574

URL www.grandcanyonnorth.com
料金モーテル$172～、キャビン$306～325
カード A D J M V

キャンプ場に泊まる　▷▷▷▷▷

　ロッジの手前、徒歩15分ほどの所にある。5月中旬～10月中旬のみ。6ヵ月前の同日に予約受付が始まり、すぐにいっぱいになってしまう。シャワー、コインランドリーあり。また、次ページのKaibab LodgeとJacob Lake Innにもキャンプ場がある。

キャンプ場予約　　　　　　　→P.489
Free 1877-444-6777 **URL** www.recreation.gov
受付8:00～22:00（MST）
料金$6～18 **カード** A M V

バッファローの受難　ノースリムの草原には2019年の時点で約600頭のバイソンがいた。1906年にハンティング目的で連れてこられた100頭から増えたものだ。あまりにも増えすぎて↗

近隣の町に泊まる ▶▶▶▶

下記の2軒を逃すと、あとはザイオン方面へ走ったユタ州Kanab（約30軒）か、レイクパウエルのペイジ（→P.117）の町まで宿らしい宿はない。

🏠 Kaibab Lodge

リムから18マイル（約29km）北。5月中旬〜10月中旬オープン。レストラン、ガスステーションあり。電話、TVなし。26室。

MAP P.63　※トランスキャニオンシャトルが停車する　☎ (928)638-2389
URL www.kaibablodge.com
on **off** $ 129〜238　**カード** **M** **V**

🏠 Jacob Lake Inn

リムから45マイル（約72km）北、US-89角。年中オープン。レストラン、グロサリーストア、ガスステーションあり。35室。

☎ (928)643-7232
URL www.jacoblake.com
on **off** $ 90〜173　**カード** **M** **V**

SIDE TRIP

トロウィープポイント Toroweap Point

コロラド川を見下ろす絶景展望台。ノースリムのビレッジからは遠く離れているし（**MAP** →P.63の左端）、未舗装路を100kmも走らなければたどり着けないが、苦労して訪れる価値のある場所だ。

突端の展望ポイントから見下ろすと、足元の岩がコロラド川まで見事に垂直に切れ落ちており、なんとその高さは915m。高所恐怖症の人でなくてもクラクラしそうだ。展望ポイントといっても手すりも何もないので、転落には十分に注意してほしい。どの岩がいつ崩れるかわからないし、足元はとても滑りやすい。

トロウィープポイントへの未舗装路は、よく乾いているときなら4WD車で走れなくはないが、岩がゴツゴツしている最後の3マイルでタイヤがパンクすることが多い。また、レンタカーの場合、未舗装路での事故は保険適用外なので、後述のツアーに参加することを強くすすめる。

途中にも展望ポイントにも飲料水は一切な

途中に入植地の跡や小さな先住民遺跡もある

い。特に夏は多めに用意しておこう。食料、ガソリン、スペアタイヤとツールも忘れずに。入園料無料。途中にTuweepというレンジャーステーションがあり、緊急電話が使える。
MAP 折込2枚目オモテ H-1、P.63

予約について

トロウィープポイントを個人で訪れるには事前予約が必要。入園料（車1台 $ 35）とは別に予約手数料 $ 2。
URL www.recreation.gov
※Tuweep Area Day Use Ticketsで検索する

行き方

トロウィープポイントにいたる未舗装路は4本あるが、最も状態がマシなのは、FredoniaからAZ-389を西へ8マイルの地点から入るBLM Road 109。片道61マイル、2〜3時間。特に最後の3マイルは路面が荒れている。雨のあとは4WDでも入らないほうが無難だ。

キャンプ場

9サイト。無料。飲料水なし。ゴミはすべて持ち帰らなければならない。要許可証（→P.96）。

ツアー　Dreamland Safari

☎ (435)644-5506　**URL** www.dreamlandtours.net　**料** $ 249（ボックスランチ込み）
所要 ユタ州カナブ発着8時間

足を滑らせたら本当に川へ真っ逆さま。スカイウオーク（→P.78）よりずっとスリリングだ

大峡谷を歩く　　グランドキャニオン大横断！

ノースリムから約4km（標高差642m）の地点にある橋はRed Wall Bridgeと呼ばれている

世界で最もダイナミックな峡谷を自分の足で横断する――それは自然を愛する者にとって憧れのトレッキングだ。グランドキャニオンを横断することを**リム・トゥ・リムRim To Rim**、そのトレイルを**コリドー（回廊）トレイルCorridor Trail**という。コンドルが横断するなら距離は約16kmだが、人間の通り道は片道38.2kmある。なかには12時間で往復（Rim To Rim To Rim）してしまうトライアスロン選手のような人もいるが、ファントムランチ（→P.95）に1泊して2日で横断するのが一般的だ。

Rim To Rimは、距離は長いし、勾配はきついし、夏は殺人的な暑さ＆冬は積雪が多いなど、厳しいトレイルではある。しかし、決して体を鍛え上げた上級者のためだけのトレイルではない。きちんとした知識を頭に入れ、必要なもの（→P.82）を過不足なく備え、体調を整えて歩き出せば、普通の人でもきっと完歩できる。

初めての挑戦は5月下旬に！

Rim To Rimのいちばんの難関は、もしかしたらファントムランチの予約かもしれない。なぜなら横断に適している時期が非常に短く、予約が集中するからだ。その時期とはズバリ、5月下旬。

グランドキャニオンのトレイルは、6～9月は40℃以上は当たり前。10月は日没が早いのでおすすめできないし（5月に比べて2時間も日が短い）、10月中旬～5月中旬はノースリムが閉鎖されてしまう。残るは5月下旬しかないのだ。

ルートの選択

ノースリムのトレイルはノースカイバブ・トレイル（→P.102）1本のみ。サウスリムにはブライトエンジェル・トレイル（→P.84）とサウスカイバブ・トレイル（→P.86）の2本がある。

ノースリムはサウスリムより標高が高いので、トレイルの勾配もより厳しく、リムから約8kmの間に一気に1000mも崖を下る。このため、南から北へ歩くと、はるばる30kmも歩いてきて疲れきっているところへ、最後に急な登りが待っていることになるし、終着点からビレッジまで離れているのも不便だ。

そんなわけで、おすすめは北→南へ歩くルート。サウスカイバブは水場がないので、ブライトエンジェルを上るといい。

あとは、サウスリムをベースにするのか、ノースリム（車のある人のみ）にするのかを決めて、前後泊のロッジも予約。Trans Canyon Shuttle（→P.99）も早めに確保しよう。

なお、2日目の早朝にファントムランチをたち、13:30発のシャトルでその日のうちにノースリムへ戻る人もいるが、バスに乗り遅れまいとして無理なペースで歩くのは危険だ。

出発！

横断前日、ビジターセンターでトレイルの状態について確かめよう。積雪がある、水場が故障して使えないなど、重要な情報が掲示してある。もちろん天気情報も忘れずにチェック。車

NOTES トレイル閉鎖に注意　サウスリムまでトレイルを歩く予定の人は、パイプライン工事の情報に注意。2025年3月頃までブライトエンジェル・トレイルは利用できず、サウスカイバブ・トレ ↗

崖っぷちを歩く箇所もあるので、足を滑らせないよう慎重に進もう

がない人はハイカーズシャトル（→P.102）も予約しておこう。

　トレイルヘッドはビレッジから5kmほど離れている。駐車場は狭いが、早朝なら空いている。まだ暗いうちに停めて、ストレッチを念入りに。空が明るくなったらすぐに歩き出そう。

　最初の2～3時間、ひざが笑いそうなほどの急な下りが続く。アスペンの林、激しく浸食された断崖や奇岩など、サウスリムには見られない風景を楽しみながら、休み休み行こう。視界が開けた所が**ココニノ展望台**。ここからさらに勾配がきつくなる。やがて足元の土が白から赤に変わると**スパイトンネル**だ。トイレを済ませておこう。

　トンネルからはるか下に見えていた橋を渡り、周囲の緑が色鮮やかになってくると、左から滝の音が聞こえてくる。サウスリムの水源である**ローリングス**

左／サボテンが見え出すと、いよいよ気温が上がってくる　下／年間約500万人に及ぶ観光客がこの流れのお世話になっている

ブリングスだ（→P.90）。朝食を取りながら大休止したい。ただしピクニックテーブルとトイレはトレイルから10分ほど離れているため、道端に腰を下ろして滝を見ながら行動食をほおばる人も多いようだ。

　ここから先は谷底まで下りる人ばかり。植物もサボテンなどが多くなる。しばらく下ると沢沿いにManzanita Rest Areaがある。その先の橋を渡ると勾配が緩くなり、だらだらの下り坂がキャンプ場まで続く。

暑くて変化に乏しい谷底歩き

　Cottonwoodの**キャンプ場**は、ノースカイバブ・トレイルのほぼ中間点。木陰のテーブルでランチを取ったら、日焼け止めを塗り直して

出発しよう。この先は水場がないので、水筒をいっぱいにするのも忘れずに。

　しばらく行くと**リボン滝**の分岐点があるので、ぜひ寄り道していこう。トレイルが荒れているので迷

滝つぼの苔が美しいリボン滝

うかもしれないが、標識で右折して橋を渡ったあと、突き当たりの岩山を左側へ回り込むように進もう。往復約30分だ。

　なお、ファントムランチから上ってきた場合、上記標識よりずっと手前に「Ribbon Fall via Bridge →」の標識がある。ここで標識が示す矢印とは逆に左の踏み跡をたどると滝への近道になるが、川を横切らなければならないため春先や雨のあとなどは危険をともなう。標識どおりに

トレイルを進み、前述の橋を渡ることをすすめる。滝からトレイルへ戻るときも、来た道を戻って橋を渡ろう。

　さて、大変なのはここからだ。

あまりに暑いときには、リボン滝で休憩して、涼しくなってからThe Boxを歩くといい

勾配はもうほとんど感じられない。谷底を流れる渓流に沿って進むだけだ。何度も橋を渡り、右岸、左岸と移りながら、ひたすら歩くだけだ。川は右に左に曲がりくねり、先がまったく見えない。いつのまにか両岸には高さ300mの岩壁が迫り、よけいに視界を狭めている。**The Box**と呼ばれるこのエリアは、ことのほか暑い。18億年ともいわれる古い地層は黒々としていて、ファントムランチまでの8.4kmがとても長く感じるだろう。

　うんざりするほどカーブを曲がり、ようやく緑が見えてきたら、谷底のオアシスに到着。絶品のレモネードが待っている！

イルを上ることになる（→P.82下欄外）。また、リボン滝手前の橋は老朽化のため閉鎖中。再建（日程未定）されるまでは川を渡るしかないが、水量や流れの強さによっては危険。無理をしないこと！

レイクパウエルとレインボーブリッジ国定公園
Lake Powell & Rainbow Bridge National Monument

レイクパウエル西岸の奥地にあるアルストロムポイント。手前の入江は水位が低いと完全に干上がってしまう

　グランドキャニオンの上流に、96もの峡谷が複雑に入り組んだ場所があった。その乾いた風景のなかに、コロラド川をせき止めてダムが造られ、アメリカで2番目に大きな人造湖レイクパウエルが誕生した。湖の長さは約300km（東京－名古屋間に相当）。峡谷は入江となり、湖岸線は3200kmにわたって迷路のように続く。満水になるのに17年もかかったという。空の青を鮮やかに映す湖水と、ココアパウダーをふりかけたような色の滑らかな岩肌。その不思議な景観は『猿の惑星』など数々の映画のロケ地にもなってきた。

　現在は湖の周辺一帯はグレンキャニオン国立レクリエーション地域として保護されており、入江の奥にある世界最大級の自然橋、レインボーブリッジとともに1年中訪れる人が絶えない。『水をたたえたグランドキャニオン』と称される迫力の景観を、グランドサークルのドライブの途中にぜひ組み込みたい。時間があれば、ボートをはじめとするウオーターアクティビティを楽しんでみたい。ここは、アメリカ西部におけるウオーターアクティビティのメッカなのだ。

MAP 折込1枚目 C-3、折込2枚目オモテ G〜H-2

行き方 ACCESS

　ゲートシティは、長さ約300kmに延びる湖の南端にある**ペイジPage**（印刷物のページと混同しないようCity of Pageと呼ばれる）。グレンキャニオン・ダム関係者の居住地として生まれた町だ。アリゾナ州だが、ユタ州境に近く、湖の大部分とレインボーブリッジはユタ州になる。メインストリートであるLake Powell Blvd.（US-89）沿いを中心にモーテルが並び、夏休み中は多くの観光客でにぎわう。

　町外れに小さな空港があり、一応、定期フライトもある。しかし、町の郊外に散らばった見どころを回る足がないので、むしろフラッグスタッフやラスベガス発着のツアーバスを利用したほうが便利だ。レンタカー派にはラスベガスなどで借りることをすすめる。

　なお、レインボーブリッジはレイクパウエル湖畔にあるが、ペイジからは遠く離れている。車道は通っていないので湖の南端から出ているボートツアーを利用して訪れることになる。

先住民の聖地でもあるレインボーブリッジ

DATA

時間帯▶山岳部標準時MST
（アリゾナ州は夏時間不採用）
☎(928)608-6200
URL www.nps.gov/glca
（グレンキャニオン）
www.nps.gov/rabr
（レインボーブリッジ）
開24時間365日オープン
適期年中
料車1台＄30、バイク＄25、そのほかの方法は1人＄15
国定公園指定▶1910年
（レインボーブリッジ）
国際ダークスカイパーク
認定▶2018年
面積▶5075km²
（グレンキャニオン）
入園者数▶約284万人
（グレンキャニオン）
園内最高地点▶2181m
(Kaiparowits Plateau)
哺乳類▶57種
鳥　類▶303種
両生類▶7種
爬虫類▶27種
魚　類▶26種
植　物▶875種

⚠️ **タイムゾーンに要注意！**
　この地域はナバホ族居留地に隣接している。居留地内では夏時間を採用しているが、ペイジの町やダム、ワーウィープマリーナは、いずれも居留地外のアリゾナ州にあるので夏時間は採用していない。つまり夏時間の間だけ、マリーナのすぐ北にあるユタ州やモニュメントバレーより1時間遅れていることになる

ダムの下流にあるホースシューベンド。予約なしで気軽に訪れることができる

飛行機　▷▷▷▷▷▷▷ AIRLINE

Page Municipal Airport (PGA)

　ペイジの町の北にある小さな空港。アメリカン航空と提携しているContour Airlinesがフェニックス（毎日1便）からフライトをもつ。

　空港からホテルやマリーナまでの足は、宿泊するホテルに送迎を頼むかタクシー利用となる。レンタカー会社もあるが、台数が少ないので要予約。

ツアー　▷▷▷▷▷▷▷ TOUR

Grand Canyon Scenic Airlines

　3月上旬〜10月下旬のみ、グランドキャニオン・サウスリム発着のアンテロープキャニオン＆ラフティング日帰りツアーを催行している。往路は、トゥシヤンのグランドキャニオン空港（→P.62）から小型機でペイジへ。アッパー・アンテロープキャニオンを見学したあと、ダムの下からゴムボートに乗り込み、コロラド川を下る。リーズフェリーからはバスでサウスリムへ戻る。航空機利用のラスベガス発着コースもある。

PGA　☎(928)645-4240
Contour Airlines
Free 1888-332-6686
URL www.contourairlines.com
Avis　☎(928)645-2024
タクシー ☎(928)645-2789

Grand Canyon Scenic Airlines
☎(702)835-8484
日本 無料 0120-288-747
URL www.scenic.co.jp
URL www.grandcircle.jp
料 昼食込み＄679、4〜11歳＄669（4歳未満参加不可）

レイクパウエル

キャピトルリーフへ　ハンクスビルへ
エスカランテへ
デビルスガーデン
km 0　　　10
miles 0　　　6
Escalante River
Bullfrog North
Bullfrog South
ブルフロッグマリーナ
Stanton Creek
ホールズクロッシング
グレンキャニオン国立レクリエーション地域
ナチュラルブリッジへ

国道
州道
未舗装道
料金ゲート
ビジターセンター
ロッジ
キャンプ場
トイレ
ガスステーション
遊覧船のりば
空港

グランドステアケース-エスカランテ国定公園
Hole in the Rock Rd.
悪路
Hole in the Rock
San Juan River
Smoky Mtn. Rd.

ザイオンへ
Dangling Rope Marina
レインボーブリッジ国定公園
Padre Bay
ユタ州
Navajo Mtn.(3166m)
Wahweap Bay
グレンキャニオン・ダム
アリゾナ州
ワーウィープ
Navajo Canyon
Tower Butte
リーズフェリー
ペイジ
ロウアー・アンテロープキャニオン
発電所
ホースシューベンド
ナバホ族居留地
サウスリム、フラッグスタッフへ
アッパー・アンテロープキャニオン
モニュメントバレーへ

→NOTES　ペイジ空港に注意！　ペイジと名の付く空港はワシントン州、フロリダ州など全米に5ヵ所ある。混同しないよう注意しよう。アリゾナ州ペイジの空港コードはPGAだ

ペイジへの行き方

　グランドキャニオン・サウスリムからは、デザートビューを通ってAZ-64を東に走り、US-89に突き当たったら左折。ナバホ族居留地を走り抜け、ひたすら北上する。所要3時間。

　ノースリムからは、Jacob Lakeを右折してUS-89Aを東へ走り、ナバホブリッジ（Marble Canyon）でコロラド川を渡り、US-89と合流するジャンクションを左折して北上する。3時間弱。

　モニュメントバレーからなら、US-163でKayentaに出て、US-160を西へ。標識に従ってAZ-98に入ればペイジにいたる。2～3時間。

　西側からレイクパウエルを訪れるなら、KanabからUS-89を東へ走ればダムへ出る。ザイオンから2時間。

　ブライスキャニオンから訪れる場合、4WD車ならCottonwood Canyon Rd.（→P.149）経由もおもしろいが、普通車の場合はUS-89経由のほうが遠回りだが早い。

ブルフロッグへの行き方

　ペイジからはるか北東、レイクパウエルが細くなった所をUT-276が横断しており、北側の湖岸にある**ブルフロッグBullfrog**と南側にある**ホールズクロッシングHalls Crossing**との間を夏期のみフェリーで渡れるようになっている（所要約25分）。キャピトルリーフ（→P.150）からナチュラルブリッジ（→P.186）経由でモニュメントバレーへ抜けるのに便利なルートだ。

歩き方 GETTING AROUND

　レイクパウエルでの足は車か船しかない。レインボーブリッジへの船や水上レクリエーションの起点になるのは、ダムの西にある**ワーウィープマリーナWahweap Marina**。ペイジから行くには、Lake Powell Blvd.を西へ進み、

全米第2位の規模を誇るグレンキャニオン・ダム

US-89に突き当たったら右折。坂を下って、ダムの前に架けられた**Glen Canyon Bridge**を渡るとすぐにビジターセンターがある。US-89をさらに少し進み、標識に従って右折。料金ゲートを過ぎ、右手に湖を見ながら5マイル行くとワーウィープマリーナに到着。

　シーズン中は広い駐車場もキャンピングカーや車でいっぱい。ロッジもレストランも大変な混雑だ。マリーナにはハウスボートがズラリと浮かび、水上長期滞在の優雅な休暇を過ごしている人々がいる。

　なお、レイクパウエル周辺では夏は35℃を超える日も多い。冬でもあまり気温は下がらず、雪が降ることはめったにない。

ペイジまでの所要時間

South Rim	約3時間
North Rim	3時間弱
Monument Valley	約2.5時間
Zion	約2時間

アリゾナ州の道路情報
Free 511
Free 1888-411-7623
URL www.az511.com

ユタ州の道路情報
Free 511
Free 1866-511-8824
URL udot.utah.gov

ブルフロッグのフェリー
運航 Bullfrog発
9:00、11:00、13:00、15:00
Halls Crossing発
8:00、10:00、12:00、14:00
休 10月中旬～4月中旬の日～木
料 小型車$25、バイク$15
※2023年11月現在、マリーナの水位低下のため運休。運航情報は以下で
☎ (435)893-4747
URL www.udot.utah.gov/go/ferry

夏は必ず予約を！
　夏のレイクパウエルは混雑する。まずペイジの宿を確保することが重要。特に週末にかかるときは早めの到着を心がけたい。ボートツアーも前日までに予約を入れよう

橋の上は駐車禁止
　グレンキャニオン・ブリッジは駐停車禁止。橋の上からダムを見たければ、ビジターセンターの駐車場に車を置いて歩いて行く

ダム全体を見るなら
　ダムからUS-89を東へ走り、Lake Powell Blvd.の交差点で、ペイジの町とは逆方向のScenic View Rd.へ右折。700mほど走って左折した突き当たりの駐車場から、急な階段を10分ほど下りる（標高差183m）と、ダムとコロラド川を見渡せる展望台がある

朝夕のクルーズはぜひおすすめ！

ペイジ

レイクパウエル
ユタ州
アリゾナ州
レインボー
ブリッジへ
Lake Powell Resort
クルーズ乗り場
Lakeshore Dr.
アンテロープ
ポイント・マリーナ
ザイオンへ
Lakeshore Dr.
グレンキャニオン・ダム
Wahweap Overlook
0　　　1マイル
0　　1Km
ビジターセンター
パウエル博物館
アンテロープ
キャニオン
コロラド川
空港
ロウアー・アンテロープ
キャニオン
N. Lake Powell Blvd.
Copper Mine Rd.
発電所
S. Lake Powell Blvd.
98
モニュメントバレーへ
ホースシューベンド
89
アッパー・アンテロープ
キャニオン駐車場
（車両進入禁止）
駐車場
↓グランドキャニオンへ
アッパー・アンテロープ
キャニオン

情報収集　▷▷▷▷▷ INFORMATION

Carl Hayden Visitor Center

Carl Hayden VC
☎(928)608-6200
⏰9:00〜17:00
休11月第4木曜、12/25、1/1

　グレンキャニオン・ダムに隣接している。館内にはレイクパウエルのジオラマが設置され、1時間おきに15分間の映画も上映されている。ガラス越しに見下ろす巨大なダムが壮観で、夏期にはエレベーターで降りてダムを見学するツアーも行われる（→P.111）。

　なお、ダムは原子力発電所と並ぶ重要施設であり、テロを警戒する当局は訪問者の言動に神経をとがらせている。ビジターセンターへ入るにも金属探知器、ボディチェックがあり、カメラ、財布、水以外は持ち込むことができないので、バッグなどは車内に外から見えないように置いていこう。

そのほかの施設
　ワーウィープマリーナにはレストラン、ジェネラルストア、ガスステーションなどが整っている。ほかには湖北部のブルフロッグにビジターセンターがある

ダムの真上にあるビジターセンター

Powell Museum Visitor Information Center

Powell Museum
住6 N. Lake Powell Blvd.
☎(928)640-3900
URL www.powellmuseum.org
⏰9:00〜17:00
料博物館＄3。ホテルやツアーの予約手数料は無料

　ペイジの中心、Navajo Driveの角にある博物館。館内には、レイクパウエルが誕生する前の資料や、J.W.パウエル（→P.93）がコロラド川を下ってこの地域を探検したときのボートの模型や写真、先住民の文化についての展示が充実している。町のビジターセンターも兼ねており、ホテルやツアーの予約、ハウスボートのレンタルも手数料無料で手配してくれる。ペイジに着いたら真っ先に立ち寄ろう。ウェブサイトを通しての予約も便利だ。

Trivia　レインボーブリッジは揺れている！　2016年11月、ユタ大学の研究者によって驚くべき報告が行われた。先住民の許可を得てレインボーブリッジにセンサーを取り付けたところ、ごくわ↗

グレンキャニオン・ダム　Glen Canyon Dam

ダム見学ツアー
出発 夏期 8:30 〜 10:30、12:30〜15:30の30分ごと。冬期は1日4回程度。45分間
料 $5、7〜16歳半額
注意：コロナ禍のため閉鎖中。再開未定

　巨大なレイクパウエルを出現させたダムは高さ216m、幅475m、出力132万キロワットで、1956〜66年にかけて建設された。ラスベガス郊外にあるフーバーダムに次ぐ規模だ。

　1936年に完成したフーバーダムは、西海岸の水資源確保と、大恐慌後の雇用対策のために造られた。一方、グレンキャニオン・ダムは事情が異なる。ロッキー山脈を削り、ユタの大地やグランドキャニオンを削って流れてきたコロラド川は、予想以上に大量の土砂を含んでいて、これがレイクミードの湖底にぶ厚く沈殿してしまった。放っておいたら湖が埋まってしまう！

　そこでグランドキャニオン上流に造られたのが、このグレンキャニオン・ダムなのだ。「グランドキャニオンよりも美しい」とたたえられたグレンキャニオンの峡谷は、水資源のためでも洪水対策でもなく、レイクミードの沈殿物対策のために姿を消した。

　しかし、このダムが出現したおかげで美しい湖とペイジの町が生まれ、全米から観光客が集まる一大レクリエーションエリアとなった。

国道上の歩道から眺めてみよう

COLUMN 🐦 干上がる湖

　レイクパウエルの湖岸を見ると、岩壁の下が真っ白になっているのが目立つ。これは岩の表面に含まれる成分が水に溶け出したもので、色の境目が満水時の水位線ということになる。ここ数年、湖の水位は下がる一方で、水路が狭くなって通れなくなったり、2000万ドルをかけて船着場などの施設を移動させたりといった問題も出ている。

　原因は上流一帯の少雨傾向にある。レイクパウエルの湖水はロッキー山脈を中心に4州の山に降った雨と雪解け水を集めているが、気候変動の影響で流入量が減少している。

　どんなにレイクパウエルの水位が下がろうとも、ラスベガスやロスアンゼルスなど大都市の貴重な水源であるレイクミードの水位を下げるわけにはいかないので、グレンキャニオン・ダムは放水を続ける。皮肉なことに、この放水には、グランドキャニオンで絶滅の危機に瀕している動植物を保護する意味もある（→P.90）。通常の5倍の水を一気に放出して、川底にたまった沈殿物を流し、河畔の植物を洗い、不自然に増えてしまったマスを一掃する作戦も試みられている。今では考えられないことだが、レイクパウエルが誕生した当時、国立公園局は釣り客の楽しみのために湖にマスなどを放流した。さらに驚くべきは、ダムの下流、グランドキャニオン国立公園との境界にあるリーズフェリーで、なんと1990年代までアリゾナ州の手によっ

てニジマスの放流が続けられていたのだ。そして今、増え過ぎたマスを駆逐しようとしている。マスにとっても在来種にとっても、人間ほど迷惑な生き物はいないだろう。

　環境保護団体のなかにはダム撤去を求める声もあるが、これに反対する人々も多い。「巨大な湖が干上がったら地球温暖化を悪化させる」「コロラド川が運んできた土砂が湖底に沈んでおり、湖が干上がれば粉塵となって舞い上がる」「せっかく増えたハクトウワシを殺すことになる」「人口が増えてしまった今、巨大な貯水池と電力を手放すのは無理」「ペイジの町は失業者だらけになり、不動産価格が下がる」などなど理由は限りなくあり、とても実現しそうにない。

　2021年、当局は放水を一時中止するという異例の措置を発表。それでも2022年春には水位が満水時より56mも下がった。ダムを撤去しなくても、近いうちに湖が干上がる日が来るかもしれない。

水位によってボートツアーの時間も変わるので確認を

首を傾けて見上げると
ハートが見える

訪れる時間、時期によってさまざまな色を見せてくれる

Upper Antelope Canyon
圖 夏期8:00～17:00
　冬期9:00～15:00
圏 ガイド料別で1人 $8。
ロウアーと共通
※車椅子可。三脚、自撮り
棒、大きなバッグは禁止

Antelope Canyon Tours
信 22 S. Lake Powell Blvd.
Free 1855-574-9102
URL www.antelopecanyon.
com
1.5時間ツアー
出発 1日4～7回
圏 $85、0～7歳 $75
※ホワイトポケット(→P.119)
へのツアーもある

アッパー・アンテロープキャニオン
Upper Antelope Canyon

　レイクパウエルへ流れ込む支流のひとつが刻んだ小さな峡谷、アンテロープキャニオンは、極端なまでの幅の狭さと幻想的な造形で知られている。まるで水流の渦がそのまま岩壁に刻まれたような不思議な形は、砂丘が固まってできた砂岩が鉄砲水に浸食されたもので、スロット（細長い隙間の）キャニオン、コークスクリュー（らせん状の）キャニオンとも呼ばれる。

　場所はペイジの東側。ナバホ族居留地内にあり、勝手に見学することはできない。数社がツアーを催行しており、パウエル博物館（→P.110）へ行くと、希望の時間に合ったツアー会社を選んでくれる。また直接現地へ行って申し込んでもいい。人数が集まったらジープに乗って出発する。

　ツアーで行く場合、出発場所はペイジの中心にあるパウエル博物館近辺。荷台に椅子を装備した改造トラックで出発だ。AZ-98を東へ5分ほど走り、もくもくと煙を上げる火力発電所の手前で右折して、ドライクリーク（普段は乾いていて、雨が大量に降ったときだけ現れる川）を2マイルほど進むと到着。

　前方に見える岩壁には割れ目のような細い入口があり、そこから中に入るとすべすべの岩肌に囲まれた細い空間がくねくねと続いている。全長150m。3分で歩けるほど短い。見上げると高さ約20mの岩肌が渦巻き状に削られている。

　この幻想的な空間を造ったのは鉄砲水だ。砂漠にときおり降るスコールは、地面に浸透するよりも早く、転がるように低い所へ集まり、強力な勢いのついた鉄砲水となる。これが、比較的柔らかく赤いナバホ・サンドストーン（砂岩）を削り取ってできたのがアンテロープキャニオンなのだ。

　峡谷内はあまりにも狭く、空がわずかしかないので、谷底に日光が届くのは春～秋の正午前後しかない。写真を撮るならその頃のツアーを選ぼう。写真を見てもわかるとおり、いったん鉄砲水が流れてきたら逃げ場がなく、たいへん危険。そのため、はるか上流で雷が鳴っただけでも立入禁止になることがある。

➤NOTES　**出発時刻に注意**　アンテロープキャニオンはナバホ族居留地にあるが、ツアーは便宜上、ペイジの時刻（MST。夏時間不採用）で行われる。特にモニュメントバレーから来た人は注意

ロウアー・アンテロープキャニオン
Lower Antelope Canyon

景観はアッパーとよく似ているが、こちらの峡谷のほうがずっと長く、深く、狭い。ただし、より危険もともなう。1997年、鉄砲水によってここで11名が亡くなった。20〜30分ごとに出発するガイドツアー（2社のみ）で見学する。急なハシゴがあるのでスカートやサンダルは不可。特に狭い箇所では服が汚れることもある。閉所恐怖症の人にはアッパーをすすめる。

ここ数年、アッパー以上に混雑しているので、事前にウェブサイトから予約しておこう

ホースシューベンド　Horseshoe Bend

ダムの下流にあり、コロラド川が馬蹄形の急カーブを描く場所。そのダイナミックな風景は写真家に大人気だ。コロラドとは「赤い」という意味だが、川の水に含まれる岩石や砂はレイクパウエルに沈殿してしまうため、ここでは緑色の川となって流れている。よく見ると、ラフティングボートが行き交っているのがわかるだろう。

東から見ることになるので、写真を撮るなら午前中がおすすめ

エアコンの効いた待合室がある

Lower Antelope Canyon
🕐夏期6:15〜16:45
冬期8:45〜14:45
💲ガイド料別で1人 $8。アッパーと共通。
レストラン、ギフトショップあり。三脚、一脚、自撮り棒、GoProなどの動画カメラ、バッグ、ポシェットも持込禁止。車椅子不可
Ken's Tour
☎ (928) 645-6997
🌐lowerantelope.com
💲1時間$55〜
Dixie's Tour
📞 (928) 640-1761
🌐antelopelowercanyon.com
💲$55、8〜12歳$35。1時間
🗺️カード A M V
🚗行き方 ページからAZ-98を東へ約10分（モニュメントバレーから来た場合はページの手前）、火力発電所のすぐ手前でAntelope point方面へ左折する（正面にロウアー・アンテロープキャニオン入口がある）。500mほど走り、左の細い道を鋭角に曲がった所

Horseshoe Bend
ダムからUS-89を南へ5マイル。マイルマーカー545を過ぎてすぐ右側。駐車場からカンカン照りの砂地を15分ほど歩く。飲料水を忘れずに。展望ポイントには一部に手すりがあるが、高さ305mの断崖なので転落、落雷には十分に注意を
💲車1台$10、バイク$5（ページ市が徴収する駐車料なので、グレンキャニオン入園料やアメリカ・ザ・ビューティフル・パスは無効）

転落死亡事故も起きているので、足元には十分に気をつけよう

ブリッジ？　アーチ？

　ナチュラルブリッジとは、川の流れに浸食されてできたもの。世界最大のものは中国の広西チワン族自治区にある仙人橋。

　アーチとは、昼夜の温度差によって岩に割れ目ができたり、雨が岩にしみ込んで化学変化を起こしたり、風化によって崩れたりといった要因でできたもの。世界最大の中国新疆ウイグル自治区の阿図什天門。2番目はアーチーズのランドスケープアーチ（→P.163）

Rainbow Bridge Cruise

予約 Free 1888-896-3829

URL www.lakepowell.com

運行 週2～3便（48時間前までに20人以上の予約がないと中止）

所要 7時間

料 $145、3～12歳 $105

　ボックスランチ、ドリンク、税込み。グレンキャニオン入園料は別。ボートは車椅子可だが、レインボーブリッジまでのトレイルは未舗装で、ぬかるんでいることがある

映画『ジュラシック・パーク』に"スピッター"として登場したディロフォサウルスの足跡。展望台の北端の足元にある

左／歩く時間は湖の水位によって大きく変わる
右／レインボーブリッジ（左端）の周囲にある岩壁の形にも注目しよう

レインボーブリッジ国定公園　Rainbow Bridge NM

　ユタ州にはアーチとかブリッジとか呼ばれる「穴の開いた岩」がうんざりするほどあるが、ナンバーワンを決めるとしたら、多くの人がこのレインボーブリッジかアーチーズのデリケートアーチのどちらかを選ぶだろう。レインボーブリッジは西半球最大のナチュラルブリッジで、穴の高さは74.7m、差し渡し71.3m。大きさもさることながら、その完璧な姿がいい。先住民ナバホの人々が、「虹が固まって石になってしまった」と言い伝えていたのも理解できる。コロラド川から分かれた峡谷の奥に、こんな大きな虹を発見した人の驚きはどんなだったろう。

　レイクパウエル観光のハイライトともいうべきレインボーブリッジへのボートツアーは料金は高いが、クルーズ自体が最高のアトラクション。乗り逃したらきっと後悔する！

　乗船券は、マリーナのレイクパウエルリゾート（→P.117）のロビーにあるツアーデスクで受け取る。早めに並んでおかないと、人気のある上部デッキはすぐにいっぱいになってしまう。

　このクルーズの魅力は、グレンキャニオンと湖のすばらしさが同時に楽しめること。青い空、左右に展開するカラフルな峡谷、岩と小島が赤、茶、白など鮮やかな色彩とダイナミックな姿で迫ってくる。モーターボートがうなりを上げて遠ざかる。シュプールを描いて水上スキーを楽しむ人たちがすれ違う。船内にはレモネード、水、コーヒーが置いてあって自由に飲むことができる。

　出航してから約2時間30分、船はForbidding Canyonに入り、スピードダウン。谷が急に狭くなり、左右に岩壁が迫る。船は峡谷の水路をうねるように奥へ奥へと進み、約20分で桟橋に到着する。

　ボートを降りると、レインボーブリッジまで30分ほど歩く。以前はブリッジのすぐ手前に桟橋があったが、湖の水位低下によって桟橋が後退してしまったのだ。スニーカーを履いて行こう。ここには簡易トイレ以外、キャンプ場、売店などの施設は一切ない。レインボーブリッジでの停泊時間は90分ある（水位による）。

　2002年、レインボーブリッジの真下へ近づくことを禁じる決定が裁判所によって下された。「聖なる場所を汚さないでほしい」というナバホの人々の訴えを認めたものだ。訪問者であるわれわれも、展望ポイントから静かに拝ませてもらおう。

⊘NOTES **出発時刻と所要時間に注意**　レインボーブリッジはユタ州にあるが、ツアーはアリゾナ時間（MST。夏時間不採用）で進行される。また所要時間などは湖の水位によって大きく変わる

アクティビティ 🌲🌲 ▶ ACTIVITIES

レイククルーズ ▷▷▷▷▷ LAKE CRUISE

　レイクパウエルの
クルーズは人気ナン
バーワンのアクティ
ビティ。特にアンテロ
ープキャニオンが湖に
流れ込む入江のツア
ーはエキサイティン
グ。最奥はボートの幅
すれすれなので、突端
まで行ったらバックし
て戻るしかない。この
ツアーでは、ぜひボー
ト最前部の座席を
確保したい。

どの程度奥まで進めるかは湖
の水位によって大きく異なる

ボートツアー
Antelope Canyon Boat Tour
☎(928)645-5900
🖳 antelopepointlake
powell.com
🎫 $50、4〜12歳$30。グ
レンキャニオン入園料は別
料金
🚢4〜10月9:30、11:00、
12:30、14:15、15:45、
17:00、18:15。11〜3月
9:30、11:00、12:30、14:00
注意：出航はロウアー・
アンテロープキャニオン
（→P.113）前の道路を北
へ10分走ったAntelope
Point Marina。レインボ
ーブリッジのクルーズが
出航するWahweap
Marinaと間違えないよう
注意。2名以上催行

ラフティング ▷▷▷▷▷ RAFTING

　コロラド川を下るラフトツアーが出ている。ペイジ市内に集
合し、バスでダムの真下へ。ここからゴムボートに乗り込み、
ホースシューベンドを通って24kmほど下流にあるリーズフェ
リーLee's Ferryまで下る。急流はなく、ゆったりと流れながら
カラフルな岩をじっくり眺めることができる。ネットから早め
に予約しておこう。グランドキャニオン発着コースや、数日か
けてグランドキャニオンを下る激流下りのラフティングもある
（→P.92）。

半日ラフトツアー
🚩 5〜9月1日3回、春と
秋10:30
所要 5時間
🎫$107.52、4〜15歳$94.87
予約☎(928)645-6906
🖳 www.riveradventures.
com
注意：日焼け止めとサング
ラスを忘れずに。飲み物
はボートに用意されてい
る。ダム構内へ入るとき
にセキュリティチェックが
ある。ナイフ類などは持
ち込み禁止

ホースシューベンドの近
くでトイレ休憩がある

コロラド台地の赤い岩を存分に
満喫しよう

夏休みにハウスボートを借りて長期滞在する人が多い

カヤックツアー
☎(928)660-0778
URL www.kayakpowell.com
📍アンテロープキャニオン
2時間30分＄85
　カヤック、パドル、ライフジャケット、スプレースカートのレンタル込み

ハウスボートのレンタル
📅4日＄1435〜
Free 1888-896-3829
URL www.lakepowell.com

フィッシングライセンス
　釣りをする場所によってアリゾナ州（1日＄20）またはユタ州（3日＄31）のライセンスが必要。ペイジ市内のUS-89沿いにあるWalmartで入手できる。フィッシング禁止の場所や魚種など細かい規定を確認のこと

オフロードツアー
Lake Powell Adventure CO.
🏠908 N. Navajo Drive
☎(928)660-9683
URL lakepowelladventure.com
📍5人まで＄750〜
　4WD車で湖を見下ろす絶景ポイントAlstrom Pointを訪れる。所要5時間

ハイキング
　湖の周囲には数本のトレイルがあるが、いずれも長距離で本格的な装備を必要とする

ウオータースポーツ ▷▷▷▷▷ WATER SPORTS

　レイクパウエルは水上レクリエーションのメッカ。モーターボート、水上スキー、ダイビング、パラセーリング、水泳などが楽しめる。マリーナでは各種道具のレンタルも行っている。静かなレイクパウエルの湖面へ漕ぎ出すガイド付きのカヤックツアーもある。支谷の狭い水路に入り、艇を降りて短いハイキングを楽しむ。ただ、あまりにも観光客が多過ぎて環境汚染が問題になっており、今後、規制が厳しくなることが予想される。また冬期はサービスが限定される。

　湖面にキャンピングカーのような船が停泊しているのを見かけるが、これはハウスボートと呼ばれるもの。10人前後が寝起きできるようになっていて、トイレ、シャワー、キッチンなどが付いている。アメリカ人は家族ぐるみでこのボートに滞在して、長いバカンスを過ごすのだそうだ。レンタルもある。

フィッシング ▷▷▷▷▷ FISHING

　レイクパウエルは釣り人の天国。トラウトやブルーギル、ナマズ、ブラックバスなどが釣れる。これらは生態系の保護という観念が薄かった時代に、国立公園局がレクリエーションのために放流したものの子孫。大物も期待できる。

オフロード・ドライブ ▷▷▷▷▷ OFF ROAD DRIVE

　湖の両側にはたくさんのダートロードがあり、腕に覚えのあるドライバーがちょっとした探検気分を味わえるようになっている。特に人気があるのは、UT-12のエスカランテEscalanteから湖岸のHole in the Rockまでの92マイル（約148km）。ただし、どのルートもかなりの悪路と思ったほうがいい。

　ペイジの西からコダクロームベイスン州立公園へ抜けるCottonwood Canyon Rd.（→P.149）は状況によっては普通車でも走れるが、もしも途中で雨が降ったら悲惨。出発前に必ず道路状況を確認しておこう。

園内で泊まる

🏠 Lake Powell Resort

ワーウィープマリーナにある。湖畔に建つ唯一の宿なので人気があり、数ヵ月前から予約でいっぱいになる。湖側の部屋は高いが、夜明けや夕暮れはすばらしい。夏期の夕方、ロビーでタペストリー織り、銀細工など先住民の文化を紹介するイベントが行われる。Wi-Fi無料。348室。

レインボーブリッジなどのクルーズツアーはすべてここから出発する

🏠 100 Lakeshore Dr., Page, AZ 86040
☎ (928)645-2433　Free 1888-896-3829
FAX (928)645-1031　URL www.lakepowell.com
on $145〜259　off $108〜239　入園料別途要　カード A D M V

🏠 Defiance House Lodge

ブルフロッグのマリーナに近く、湖を見下ろす絶景。レストラン（冬期休業）、コインランドリーあり。48室。

🏠 4055 Hwy. 276, Bullfrog, UT 84533
☎ (435)684-3000
on $169〜176
off $89〜119
予約はLake Powell Resortへ

キャンプ場に泊まる

上記レイクパウエルリゾート内に大きなRVパークがあり、オンラインで予約できる。夏休み中は混雑している。ほかには湖の北部にあるブルフロッグ（24サイト）、ホールズクロッシング（41キャンプサイト+24RV用サイト。冬期休業）にある。ブルフロッグ1泊$46、ホールズクロッシング1泊$47。

近隣の町に泊まる

ペイジにモーテルが22軒あり、ここで宿が確保できないとつらい。ザイオン方面へ73マイル走ったKanab、モニュメントバレー方面へ100マイル走ったKayentaまで町らしい町はない。特に夏休み中のペイジの宿は混雑するので、予約は早めに。

ペイジ		Page, AZ 86040　ワーウィープまで5マイル　22軒	
モーテル名	住所・電話番号など	料金	カード・そのほか
Canyon Colors B&B	🏠 225 S. Navajo Dr.　☎ (928)640-0647　URL www.canyoncolorsbandb.com	on $99〜109　off $89〜99	M V　パウエル博物館角を西へ入った住宅街にある。全室に暖炉と冷蔵庫あり。フルブレックファスト付き。Wi-Fi無料。全館禁煙
Courtyard Page at Lake Powell	🏠 600 Clubhouse Dr.　☎ (928)645-5000　FAX (928)645-5004　Free 1877-905-4495　日本 無料 0120-925-659　URL www.marriott.com	on $166〜309　off $82〜179	A D J M V　中心部からダムへ向かう途中にある。Wi-Fi無料。コインランドリーあり。全館禁煙
Best Western Plus at Lake Powell	🏠 208 N. Lake Powell Blvd.　☎ (928)645-5988　Free 1800-780-7234　URL www.bestwestern.com	on $149〜244　off $109〜199	A D J M V　中心部にある。近くにベストウエスタン系ホテルがもう1軒ある。フルブレックファスト付き。全館禁煙。Wi-Fi無料、屋外プールあり
Holiday Inn Express Page Lake Powell	🏠 643 S. Lake Powell Blvd.　☎ (928)645-9900　Free 1800-465-4329　日本 無料 0120-677-651　URL www.hiexpress.com	on $132〜255　off $80〜213	A D J M V　中心部にある。朝食付き。全館禁煙。Wi-Fi無料。コインランドリーあり
Super 8 Page/Lake Powell	🏠 649 S. Lake Powell Blvd.　☎ (928)608-5348　Free 1800-454-3213　URL www.super8.com	on $125〜188　off $67〜106	A D M V　中心部にある。Wi-Fi無料。ロビーにゲスト用PCあり。朝食付き。コインランドリーあり

ザ・ウエーブ。幸運の女神がほほ笑んだ人だけが、この景色を目にすることができる

MAP 折込2枚目オモテ H-2
☎ (435)688-3200
URL www.blm.gov/national-conservation-lands/arizona/vermilion-cliffs

　ペイジの西に広がる公園で、土地管理局BLMの管轄。舗装道路は1本もないという未開の地だが、ナバホ砂岩が造り出した名作の宝庫。特に、人気絶大の**ザ・ウエーブThe Wave**を擁する**ノース・コヨーテビュートNorth Coyote Butte**（パリアキャニオンParia Canyonと呼ばれることもある）と、奇岩の数も種類も多い**サウス・コヨーテビュートSouth Coyote Butte**がすばらしい。グランドサークルを知り尽くした人でも、きっと新たな感動を得られる岩の庭園だ。

　ただし、手つかずのバックカントリーを何時間も歩かなければたどり着けない場所ばかりで、遭難などのリスクが高い。個人で訪れるのは危険をともなうため、公認ガイドの利用を強くすすめる。

　なお、6〜9月の日中は酷暑で、雷雨も多いので避けるべきだ。

ノース・コヨーテビュート（ザ・ウエーブ）

　ノース・コヨーテビュートとサウス・コヨーテビュートを訪れるには許可証が必要。ノースは非常に人気が高く、取得は困難。めでたく許可証が取れてからガイドを探すといい。

　許可証は$7で、1日64名。1グループ6名まで。このうち48名はインターネットで抽選（参加料$9）が行われる。4ヵ月前にウェブサイトから申し込み、結果はメールで通知される。例えば10月分は6月1〜30日に受付、7月初旬に抽選。残り16名は2日前に現地でスマホ（ラップトップ不可）を使った抽選が行われる。下記アプリをインストールし、ペイジ〜カナブ付近に着いたら18:00までに申請。19:15頃に結果が通知される。当選したら翌日カナブ市内などのオフィスへ許可証を受け取りに行く。オフィスの休日や夏時間開始・終了日に注意。こちらも春と秋は競争率が非常に高い。
アプリ**URL** www.recreation.gov/mobile-app

サウス・コヨーテビュート

　実は、ノースよりもサウスのほうがはるかに見どころが多く、10回通ってもすべての奇岩を回れないといわれるほど。許可証もノースよりは取りやすいが、それでも近年は競争率が高くなっている。許可証は$5。1日20名。1グループ6名まで。10名は3ヵ月前の1日（例えば10月分の許可証は7/1）の12:00（MST）からインターネットで先着順に受付開始。残り10名は2日前にスマホで抽選。上記ノースを参照。

数ある奇岩が、それぞれまったく異なる姿をしている

⚠ **遭難に注意**　ザ・ウエーブに当選すると詳細地図の日本語版を送ってくれるが、これを見てもなお道に迷う人が跡を絶たない。2013年夏には遭難事故が2件（死者3名）起きている

白い溶岩流のようなホワイトポケット

行き方

ダムからUS-89を西へ34マイル（カナブから東へ38マイル）。国道が大きく右へカーブする所で未舗装のHouse Rock Valley Rd.へ入り、Wire Passまで8.3マイル。乾いていれば普通車でも走れるが、雨が降ると数日間通れなくなる。

ザ・ウエーブはWire Passから片道4.8km。往復5時間以上みておこう。トレイルはないに等しく、方角を見失う可能性が大きい。個人で訪れるのは避けたほうが無難。

サウスへはWire Passからさらに奥へ走るが、道が入り組んでいるうえ、軟らかい砂地でスタックしやすい。そのうえ見どころが広範囲に散らばっているので、個人で訪れるのは無理だ。

そのほかの注意

実に残念なことだが、薄い岩棚によじ登って記念写真を撮る人がいる。端を踏んだだけでも壊れてしまうほどもろい岩だからこそ、64名に立ち入り制限しているのだ。壊さないように気をつけてほしい。

なお、ゴミ、排泄物、トイレットペーパーなどすべて持ち帰らなければならない。

ツアーガイドは、BLMのウェブサイトに掲載されている公認ガイドのリストから選ぼう。コヨーテビュートのような奥地を訪れるのは探検に近い行為だ。トレイルも道標もないに等しく、5月や10月でも非常に暑いため道に迷うと命にかかわる。

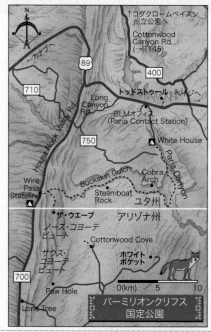

BLMのサイトに記載されていない人と一緒に行く場合、公認されていないガイドが行っている違法なツアーではないかどうかよく確認しよう。

なお、公認ガイドのぶんの許可証は不要だ。

ホワイトポケット White Pocket

サウスコヨーテよりさらに奥にあり、コヨーテビュートとはまったく異なる不可思議な白い世界が広がる。許可証不要なので人気急上昇中だが、個人で訪れるのは無理。ツアーを利用しよう。

Grand Circle Tours
☎ (928)691-0166　URL www.vermilioncliffs.net
料 $269〜。ランチ込み。催行は2名以上

トッドストゥール　Toadstool

規模はごく小さいが、ガイドなしでも手軽に訪れることができる場所を紹介しよう。真っ白な崖を背景に、マッシュルームロック、ETロックなどと呼ばれる岩がいくつも立っている。ほとんど観光客が訪れることもないマイナーな場所だが、なかなかの奇観。レイクパウエルからザイオン方面へ行く人はぜひ寄り道してみよう。

行き方は、ダムからUS-89を西へ15マイルほど走り、マイルマーカー19と20の間、右側にある駐車スペースに車を置き、トレイルを約1.2km歩く。整備されたトレイルではなく、ドライクリークの川底を歩くので迷わないよう注意。雲行きがあやしくなったら早く車へ戻ろう。

パリアリムロックと呼ばれることもある

▶NOTES　Buckskin Gulchについて　はるか上流の天候の急変を知る手段がなく、鉄砲水が怖いスロットキャニオンだ。距離が長いので奥へ入り過ぎないよう注意。日帰りでも事前の許可証要

ザイオン国立公園
Zion National Park

峡谷の中心に屹立するエンジェルスランディング。人気ナンバーワンのスリリングなトレイルは抽選予約制になった

　ユタ州南部、岩の芸術の宝庫ともいえるこの地域にあっても、ザイオンはそのスケールで他を圧倒している。確かに巨岩群には驚かされる。しかし、それだけではない。さまざまな色彩の花々、大小多彩な鳥、道端にひょっこり現れる小動物。小さな自然の小さな営みを、巨大な岩々が見守っている。アンバランスなようでいて、実は絶妙のバランスを保っているこの姿が、ザイオンの魅力だ。

　ザイオンはまた、私たちの冒険心にも訴えかけてくる。両岸にそそり立つ巨大な岩山を見上げながら川の中をジャブジャブと歩く、そんなハイキングがほかのどこで体験できるだろうか。木の杖をつき、ひざまで水に沈めて遡る。決して忘れ得ない1日になることだろう。

赤い岩壁に咲くエフデグサ

MAP 折込1枚目 C-2、折込2枚目オモテ G-1

行き方　ACCESS

　ラスベガスとソルトレイク・シティを結ぶI-15。ユタ州南部の国立公園へは、この道路から入っていくことになる。ザイオンへのゲートシティは、公園から43マイル西にあるセントジョージSt. George。フェニックス（アメリカン航空）、ソルトレイク・シティ（デルタ航空）などから定期便が飛ぶ空港St. George Regional Airport（SGU）があり、レンタカーも借りられる。グレイハウンドバスも停車する。

　しかし、ラスベガスから近いのでここを拠点にするメリットは少ない。実質的なゲートシティはラスベガスと考えよう。

　ラスベガスからザイオンを訪れるのは日帰りも可能だが、せっかくここまで来たなら、ぜひもう1日を割いてブライスキャニオン（→P.136）も訪れたい。

ツアー　TOUR

　ラスベガスからバスツアーがいろいろと出ている。ザイオンだけを訪れる日帰りツアー、ブライスキャニオンと組み合わせた1泊2日ツアーなどがあり、日本語ガイド付きのコースもある。なかにはバレー・オブ・ファイアー州立公園（→P.122）に立ち寄るものもある。

　ただし、ラスベガスにひしめくツアー会社は、必ずしも評判のよいものばかりではない。ツアー会社を選ぶ際は、州政府の認可の有無、万一の際の保険の有無など、細かくチェックしよう。

DATA

時間帯▶山岳部標準時 MST
☎(435)772-3256
URL www.nps.gov/zion
圏24時間365日オープン
適期▶年中
料車1台$35、バイク$30、そのほかの方法は1人$20
国定公園指定▶1909年
国立公園指定▶1919年
国際ダークスカイパーク認定▶2021年
面積▶596km²
入園者数▶約469万人
園内最高地点▶2660m
（Horse Ranch Mtn.）
哺乳類▶72種
鳥　類▶262種
両生類▶7種
爬虫類▶29種
魚　類▶9種
植　物▶1059種

現金もカードもOK
　入園ゲートで現金が使えない公園が増えてきているが、ザイオンでは現金もカードもOK。ADJMVが使える

SGU　☎(435)627-4080
URL www.flysgu.com
Avis　☎(435)627-2002
Budget　☎(435)673-6825
Hertz　☎(435)628-8962

セントジョージのバスストップ
圕805 S. Bluff St.（バス会社Salt Lake Expressオフィス前の路上）
☎(208)656-8824

Grand Canyon Scenic Airlines　→P.62、137
URL www.grandcircle.jp
ラスベガス発着日本語ガイド付きツアー

ダイナミックな岩山だけでなく、谷底の緑の美しさも大きな魅力

観光客が集中するザイオンキャニオン。特にザイオンロッジの周辺はいつもにぎやか

時差に注意！
　ザイオンは、ラスベガスより1時間進んでいる。レイクパウエル（ペイジ）やグランドキャニオンとは、冬期は時差はないが、夏時間中はザイオンのほうが1時間進んでいる

ザイオンまでの所要時間

Las Vegas	2.5〜3時間
Bryce Canyon	約1.5時間
Page	約2時間
North Rim	約3時間
Salt Lake City	約5時間

ユタ州の道路情報
Free 511
Free 1866-511-8824
URL udot.utah.gov

ガスステーション
　園内にはない。南から入るときにはスプリングデールで、東から入るときにはMount Carmel Junctionで必ず給油しておこう

レンタカー ▷▷▷▷▷ RENT-A-CAR

　ラスベガスからセントジョージへは、I-15をひたすら北へ117マイル（約188km）。砂漠の中の一本道を1時間40分ほど。
　セントジョージからザイオンへは、I-15をさらに北へ7マイル（約11km）ほど走り、『Zion National Park』の茶色い標識に従ってExit 16でUT-9に下りる。あとはUT-9を東に35マイル走れば（途中1度右折あり）**スプリングデールSpringdale**に到着。
　ザイオンの玄関口としてにぎわうスプリングデールは、洗練されたギフトショップやギャラリー、ロッジが軒を並べるおしゃれなリゾートタウン。公園内にガスステーションはないので、ここで必ず給油しておこう。ザイオンのゲートはすぐそこだ。

スプリングデールはザイオンの山々に囲まれた小さな町だ

SIDE TRIP バレー・オブ・ファイアー州立公園　Valley of Fire State Park

MAP 折込1枚目 C-2　**☎** (702)397-2088
URL parks.nv.gov　**料** 1台 $10（州外ナンバー $15）

　グランドサークルを巡るドライブ旅行の幕開けに、真っ赤な奇岩が集まる公園をのぞいてみてはどうだろう。ラスベガスからI-15を走ってザイオンへ向かう途中、Exit 75で下りて、NV-169を東へ約30分走れば公園入口に到着する。
　ここはネバダ州で最初の、そして最大の州立公園。ハチの巣のようなビーハイブ、ゾウの鼻のようなエレファントロックなど道路の左右にさまざまな奇岩があり、特に夜明けや日没時は燃え上がる大地のよう。先住民が残した岩絵もある。ビジターセンターの裏側に続く道も見逃せない。2時間ほどかけ

てざっと1周してくるといい。
　なお、NV-169をそのまま東へ抜けて直進すると、30分ほどでレイクミードの北端に出られる。

ラスベガスから日帰りで訪れる人も多い

Trivia 意外な場所も　国立公園局が管理しているのは自然公園や先住民遺跡ばかりではない。ニューヨークの自由の女神、ホワイトハウスとペンシルバニア通り、南北戦争の戦跡、リンカーンが暗 ▷

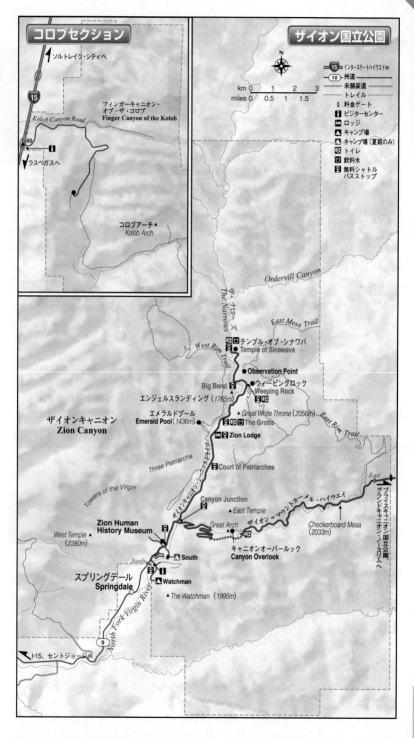

コロブセクション

ソルトレイク・シティへ

フィンガーキャニオン・
オブ・ザ・コロブ
Finger Canyon of the Kolob

Kolob Canyon Road

ラスベガスへ

コロブアーチ▲
Kolob Arch

ザイオン国立公園

N

km 0　1　2　3
miles 0　0.5　1　1.5

インターステートハイウェイ
州道
未舗装道
トレイル
料金ゲート
ビジターセンター
ロッジ
キャンプ場
キャンプ場（夏期のみ）
トイレ
飲料水
無料シャトル
バスストップ

Ordervill Canyon

ザ・ナローズ
The Narrows

East Mesa Trail

West Rim Trail

テンプル・オブ・シナワバ
Temple of Sinawava

● Observation Point

Big Bend　ウィーピングロック
エンジェルスランディング（1765m）　Weeping Rock

ザイオンキャニオン
Zion Canyon

エメラルドプール　▲ *Great White Throne*（2056m）
Emerald Pool（1436m）　The Grotto

East Rim Trail

Zion Lodge

Three Patriarchs

Court of Patriarches

Towers of the Virgin

Canyon Junction

▲ *East Temple*

East

ザイオン・マウント・カーメル・ハイウェイ

Zion Human
History Museum

West Temple ▲
（2380m）

Great Arch

Checkerboard Mesa
（2033m）

ブライスキャニオン国立公園、グランドキャニオン・ノースリムへ

キャニオンオーバールック
Canyon Overlook

▲ South

スプリングデール
Springdale

Watchman

▲ *The Watchman*（1995m）

South

North Fork Virgin River

I-15、セントジョージへ

殺された劇場、公民権運動ゆかりの地、2001年同時多発テロの航空機墜落地点、国立墓地、さらには広島
と長崎へ投下した原子爆弾を開発、製造した場所も含まれている。パークレンジャーの仕事もさまざまだ

ザイオン国立公園は大きく3つのセクションに分けられる。ひとつは、バージン川に沿って巨岩が並ぶ**ザイオンキャニオンZion Canyon**。ビジターセンターやロッジがあり、川沿いにシーニックドライブScenic Driveという舗装道が通る。観光の中心となるエリアで、冬期を除いて一般車立入禁止となるので無料シャトルで回る。

緑豊かなシーニックドライブ

ふたつ目は、公園東口から**ザイオン・マウントカーメル・ハイウエイZion-Mt. Carmel Highway**（UT-9）に沿って広がる岩の庭園。ザイオンキャニオンの東側にそびえる崖の上に位置し、キャニオンとはトンネルで結ばれている。

そして3つ目は公園の北西部にある**コロブセクションKolob Section**。セントジョージとシーダーシティの間にあり、ザイオンキャニオンとコロブセクションを園内で結ぶ車道はないので、いったんI-15まで戻ってアプローチする。

初めてザイオンを訪れたなら、まずは無料シャトルでザイオンキャニオンの見どころを回り、公園東部のUT-9を走ろう。急ぎ足なら、丸一日あればざっとひととおり見ることができるだろう。

しかし、ザイオンの魅力は巨岩群だけではない。巨岩に守られた環境のなかで生きる多彩な動植物こそ、むしろ本当の魅力なのではないだろうか。ザイオンには半日から1日で歩けるトレイルがたくさんあるので、ひとつでもいいから歩いてみよう。そしてもちろん、川の中を歩くナローズ（→P.128）は絶対に外せない。

Zion Canyon VC
開8:00〜17:00。夏期〜19:30、春＆秋〜18:00
休12/25

Zion Human History Museum
開夏期9:00〜19:00
春・秋10:00〜16:00
休11月下旬〜3月上旬
料無料

そのほかの施設
ザイオンにはビレッジといったものはないが、ザイオンキャニオンの奥にロッジがあり、レストラン（6:30〜21:00、ディナーは要予約）とカフェ（春〜秋7:30〜17:00）で食事が取れる。
公園南口ゲートのすぐ外側（ビジターセンターから徒歩5分）にスーパーマーケットがあり、食料とキャンプ用品などが揃う。併設されたカフェテリアの食事も安くておいしい

Zion Canyon Visitor Center

公園南口を入ってすぐ右側にあり、無料シャトルの出発点になる。トレイル、キャンプなど豊富な各種情報のほか、大きなブックストアとロッジのデスクもあり、運よく空室やキャンセルがあれば予約もできる。

展示もショップも充実している

このビジターセンターは、季節による太陽の高度差を利用して、夏は太陽光を遮り、冬は太陽光を最大限取り入れるように計算された窓や、水と風の気化作用を利用した冷暖房システム、風力発電の利用などを取り入れており、エコ志向となっている。

Zion Human History Museum

上記ビジターセンターの北にある。旧ビジターセンターを改装したもので、ザイオンと周辺地域における人間の歴史についての展示やフィルム上映がある。もちろん園内の各種情報収集もOK（ロッジの予約は上記ビジターセンターへ）。何といっても建物の裏からの展望がすばらしいので、ぜひ立ち寄ろう。

園内の交通機関とツアー ▷▷▷▷▷ TRANSPORTATION

無料シャトル

　交通渋滞、駐車場不足、違法駐車そして環境汚染などの問題を緩和するべく導入されている。無料シャトルが運行される期間はシーニックドライブへのマイカーの乗り入れは禁止となる。

　南口から入園して車をビジターセンターに停める場合、ゲートを通ってすぐに右折すると、右手に駐車場とビジターセンターが見えてくる。シーズン中は8:00～9:00頃に満車になることが多い。無事にスペースを見つけられたら、無料シャトルに乗る前にビジターセンターに立ち寄って情報を仕入れよう。

　もしもビジターセンターに停められなかったら、3分ほど奥へ走って博物館の駐車場を利用しよう。無料シャトルも停車する。

　ザイオン公園内のバスストップは博物館、ロッジ、おもなトレイルヘッド（ハイキングコース出発点）、ナローズへの入口など9ヵ所で、乗ったまま往復しただけで最低90分はかかる。飲料水、帽子、日焼け止め、サングラスなどをお忘れなく。

　ちなみに、無料シャトルの車両はプロパンガスと電気を使用しており、排気ガスによる環境汚染の軽減に貢献している。

2023年秋、電動バスが導入された

シーズン ▷▷▷▷▷ SEASONS AND CLIMATE

　公園は年中オープン。『どの季節に訪れてもザイオンの美しさは保証します』と公園の広報紙も謳っているように、四季それぞれのよさがあるが、色とりどりの花が咲き乱れる5月と、10月下旬～11月上旬の黄葉の美しさには定評がある。

　ザイオンの夏は暑い。7月と8月には2日に1回の割合で雷雨があり、崖という崖に滝が現れるドラマチックな光景を見られる。ナローズを歩く際には要注意。この時期のザイオンは、シャトルバスを運行しなければならないほど入園者が多く、どこへ行ってもにぎやか。ロッジなどの予約を取るのがたいへんだ。

　冬（特に12～1月）には降雪を見ることもあるが、雪のザイオンもまた魅力的。

西部の秋は黄色に染まる樹木が多いが、ザイオンでは紅葉、黄葉の両方が楽しめる

ザイオンの気候データ

月	1	2	3	4	5	6	7	8	9	10	11	12
最高気温（℃）	12	15	19	24	30	35	38	37	33	26	18	12
最低気温（℃）	-1	1	4	7	12	17	21	20	16	9	3	-1
降水量（mm）	46	51	51	33	18	8	30	38	25	33	33	41

無料シャトル
運行 3～11月
日中5～10分間隔
朝晩15分間隔
夏期
ビジターセンター発
6:00～20:30
テンプル・オブ・シナワバ
発最終は21:15
春＆秋
ビジターセンター発
7:00～17:00
テンプル・オブ・シナワバ
発最終は19:15

ザイオンロッジに予約がある場合
　予約確認書と一緒に送られてくる赤い許可証を提示すれば、ロッジまでマイカー乗り入れ可。一度ロッジに到着したら、観光そのものはシャトルバスを使用しなくてはならない。もしも通行許可証の郵送が間に合わなかった場合、ビジターセンターのロッジのデスクにその旨を申し出よう

Reader's Voice
入園ゲートでも可
　赤い許可証が事前に受け取れなかった場合、入園ゲートでロッジに泊まることを伝えれば許可証がもらえます。ビジターセンターは駐車スペースを探すのがたいへんなので、まずはロッジに向かい、ビジターセンターや見どころはシャトルバスを利用するほうがいいです。
（東京都 よこすけ '16）['23]

赤い許可証を提示しよう

スプリングデールに宿泊する場合
　スプリングデールのロッジに泊まっているなら、最初から車はロッジに置いてくるのが正解。町の通りを往復している無料シャトルがビジターセンター手前まで連れていってくれる

ザイオンキャニオン ◇◇◇◇◇◇ ZION CANYON

中級 Watchman
適期▶4〜11月
距離▶往復5.3km
標高差▶112m
所要▶往復約2時間
出発点▶ビジターセンター

茜色に染まるウォッチマンの夕暮れ

ウォッチマン　The Watchman

　ザイオンを訪れて最初に目にする大岩壁。ビジターセンターの背後にそびえ立つ、頼もしい「見張り番」だ。夕日を受けて輝く姿がすばらしい。ビジターセンター裏手から始まるウォッチマントレイルを歩けば、ザイオンキャニオンやスプリングデールの町が一望できる。距離は短いが、けっこう急な部分がある（山頂まで登るわけではない）。

ウエストテンプル　West Temple

　博物館の裏手にそびえる大岩壁を総称して**タワーズ・オブ・ザ・バージンTowers of the Virgin**という。左手のいちばん高くて大きい岩山がウエストテンプルの大伽藍で、博物館から頂上までの標高差は1161m。東京スカイツリーを2つ弱、積み上げられる高さだ！

貫禄のウエストテンプル。早朝が最もきれいに見える

司教の宮殿　Court of the Patriarchs

司教の宮殿は早朝が美しい。朝いちばんのシャトルバスで訪れたい

　博物館をあとにして奥へ進み、バージン川に架かる橋を渡ると、すぐ左に向かう道がある。これを入って峡谷へと進んでいこう。バージン川に沿って続く道の両側には高さ600〜800mの岩壁が迫っている。この峡谷は、涼やかに流れるバージン川が刻んだのだ。
　やがて道の東側（右手）に3つの岩峰が見えてくる。右側の2つが**ツインブラザースTwin Brothers**、左が**太陽の山Mountain of the Sun**。朝、いちばん先に太陽の使者が降りてくる岩峰だ。
　道の西側にそびえる3つの巨大な岩峰は司教の宮殿と呼ばれている。左からアブラハム、イサク、ヤコブと名づけられている。バスストップの裏手にある展望台から見る姿は圧巻。これぞザイオン！と満足できる眺めだ。

エメラルドプール
Emerald Pools (→下欄外)

ザイオンロッジでシャトルバスを下りたら、バージン川に架かるつり橋を渡り、峡谷の奥にひっそりとある池を訪れてみよう。**ロウアー・エメラルドプールLower Emerald Pool**（下の池）は、残念ながら池の水がエメラルド色に輝いているのを見たことがないが、頭上に覆いかぶさる岩壁から落ちる滝が実に爽快。歩くのが嫌いな人もせめてここまでは行ってみよう。

さらにトレイルを進むと滝の上へ出られる。ここにごく小さな**ミドル・エメラルド・プールMiddle Emerald Pool**（中の池）があり、さらにトレイルを登ると絶壁に囲まれた**アッパー・エメラルド・プール Upper Emerald Pool**（上の池）へ出られる。

エメラルドプール・トレイル

0　500フィート
0　200m

アッパー・エメラルドプール
Upper Emerald Pool Trail
ミドル・エメラルドプール
ロウアー・エメラルドプール
Middle Emerald Pool Trail
Kayenta Trail
Lower Emerald Pool Trail
バージン川
公衆出口ID
ナローズへ
● Zion Lodge

幸運を手に入れた人だけが頂に立つことができる

エンジェルス
ランディング
Angels Landing

バージン川が大きく蛇行する少し手前に、とがった赤い独立峰がある。これがエンジェルスランディングだ。「こんな所に着陸できるのは天使だけ」という意味で名づけられたとおり、頂上までのトレイル（→ P.131）はかなりキビシイ。断崖絶壁を登る区間や鎖場もあって、歩き慣れた人向け。下から見てもわかるように高所恐怖症の人は無理。しかし、頂上からのパノラマは天にも昇る気分だ。

なお、この頂上から谷に向かって落ちているパイプオルガンのような階段状の岩は**オルガンThe Organ**と呼ばれている。

ウィーピングロック　Weeping Rock

大岩壁の一部がアーチ状にはがれ落ち、そこから水がしたたり落ちている岩。峡谷の上で降った雨が岩壁の砂岩層にしみ込み、この岩のすぐ上で水を通さない泥岩にぶつかって表面にしみ出してきたものだ。展望台になっていて、左にグレート・ホワイト・スローン、右にエンジェルスランディングとオルガンの勇姿を、滝の裏側から見ることができる。清らかな空気のなか、美しい谷を望む見事な景観だ。

初級 **Lower Emerald Pool**
適期▶年中
距離▶往復3.5km
標高差▶46m
所要▶往復1時間
出発点▶The Grottoバスストップ

中級 **Upper Emerald Pool**
適期▶3〜11月
距離▶往復4.8km
標高差▶61m
所要▶往復約2時間
出発点▶The Grottoバスストップ
※いずれの池も遊泳禁止。冬は積雪や凍結によって閉鎖されることもある

ウィーピングロック

初級 **Weeping Rock**
適期▶年中
距離▶往復0.6km
標高差▶30m
所要▶往復約30分
出発点▶Weeping Rockバスストップ
設備 簡易トイレ
※冬期は凍結して足元が滑りやすいので注意。階段あり

グランドサークル　ザイオン国立公園（ユタ州）

Grand Circle

▶NOTES　**橋の閉鎖に注意**　ザイオンロッジの向かいにある橋は老朽化のため閉鎖中。再建されるまではThe GrottoのバスストップからKayenta Trail経由でエメラルドプールを訪れよう

127

玉座の名にふさわしいグレート・ホワイト・スローン

鉄砲水警戒情報サイト
URL www.weather.gov/slc/
flashflood

⚠️ **途中で雨に降られ たら非常に危険！**

バージン川は、雨が少し降っただけでも急激に水かさが増す。ナローズには川岸というものがほとんどなく、逃げ場がないので非常に危険。2022年夏にも犠牲者が出た。川に入る前に、天候と水量を忘れずに確認しよう。特に7〜9月の午後は急な雷雨が多い。入道雲が発達しようと、上流で雨が降ろうと、いちいちパークレンジャーが教えに来てくれるわけでも、サイレンが鳴るわけでもない。一応トレイルヘッドに危険度を示すボードがあるが、あくまでも目安なので、自分で判断しよう

歩いている最中にも注意

●空の様子はもちろん、水の音にも気をつけよう。上流から響いてくる水の音が大きくなったら即刻、避難する場所を探そう

●水が濁る、水流が速くなる、木の枝などが流れてくるなどは鉄砲水のサイン。水位が上がり始めると、早ければ1分以内に鉄砲水が襲ってくる可能性がある。水位はときに4mも上昇することがある

他人につられないで！

自分より奥へ進んでいく人がいると、つい「まだ大丈夫だろう」という気になるもの。しかし、ナローズを歩くのは日帰りの人ばかりではなく、奥でテントを張ってキャンプする人や、はるか上流のポイントに車を待たせておいて片道だけ歩く人もいる（事前に許可が必要）。つられて進んでしまうとたいへんなことになるので、常に引き返す時間を頭に入れながら、自分の判断で歩こう

グレート・ホワイト・スローン
Great White Throne

エンジェルスランディングをぐるりと回り込んだ所にあるビッグベンドというバスストップで降りて、ちょっと後ろを振り向いてみよう。思わずウォーッと叫びたくなるような迫力の、垂直のモノリス（一枚岩）、これがグレート・ホワイト・スローン。ザイオンの顔だ。世界最大級の一枚岩で、バージン川からの高さはなんと732m。周囲の赤い岩に対してここだけは青白く、どっかりと腰を下ろした姿はさすがに貫禄がある。登山道はない。

ナローズ　The Narrows

ザイオンキャニオン・シーニックドライブの突き当たりが、**シナワバ寺院Temple of Sinawava**と呼ばれる駐車場。ここから峡谷の奥へRiverside Walkというトレイルが続いており、ト

空が少ししか見えないので、天候の急変に気づきにくい

レイルの終点から先が、ザイオン国立公園のハイライトとでもいうべきポイント。ここを歩かなければザイオンへ行ったとは言えない！

トレイルは川沿いに続く舗装路で、片道30分ほどで突き当たりとなる。ツアーバスなどで訪れた人は、残念ながらここが観光の終点。しかし、ここから本当のナローズが始まるのだ。すごい風景を見るためには、さらに川の中を歩いて進まなければならない。

▶NOTES ナローズを丸一日歩くなら　スプリングデールのアウトドア用品店Zion Outfitterでハイキングポール（杖）、ブーツ、ドライパンツなどを借りることができる。夏用一式セット$32、春↗

　バージン川は両側の岩壁いっぱいに流れているが、深さは通常、足首からひざくらいしかない。夏なら、短パン姿の観光客が何人も川上りに挑戦しているだろう。

　流れを遡っていくと川はどんどん細くなり、垂直の岩壁が両側に迫ってきて押しつぶされそうだ。流れは右に左に蛇行しながら延々と続く。やがて空も見えないほど岩と岩が接近するさまは圧巻！　奥のほうの狭い所では、その幅たった6m。ふたりがつながって手を伸ばせば両側の壁に届いてしまう。しかも高さは600mもあるのだから、1日中、日が差さない場所もある。

　ただし、ここまで遡ると丸一日かかってしまうし、天候の急変も心配だ。時間や体力と相談して適当な所で引き返して来よう。

　Orderville Canyonとの分岐点まで歩くと片道2〜4時間かかる。たとえ1時間でも、30分でもいい。バージン川を歩けば貴重な体験になるだろう。

ナローズを歩く際の注意点

◎歩き出す前にトイレを済ませておこう（駐車場にある）
◎けっこう流れが強いので、足を取られないよう気をつけて
◎川底は滑りやすい。しっかりとした履物が必要
◎転んだときのことを考えて、持ち物はすべてジッパー付きビニール袋に入れるなど工夫を
◎ところどころに深みがあるため、小さい子供には危険
◎日が差さないほど谷が深いので、真夏でも意外に寒い。防水ジャケットがあるといい
◎長時間歩くつもりなら飲料水と食べ物を持っていこう。バージン川の水は飲めない
◎川の水から有毒なシアノバクテリアが検出されている。顔を水につけたりしてはいけない
◎11〜4月は水が冷たいので、ウエットスーツなど本格的な装備がないと長時間歩くのは無理

モグリのガイドに注意
　ザイオンのトレイルでのガイドツアーは、エメラルドプールなどごく一部のみで許可されており、事前に許可証を発行してもらう必要がある。これを持っていないガイドはモグリだ。ナローズなど危険をともなう場所へ行く際には、特に慎重に確認を

ナローズの適期
　ナローズを歩くのに最適の時期は5月下旬〜6月と10月上旬。7〜9月頃の午後には急な雨が多いので要注意。例年、2日に1回程度雷雨がある。
　また、雪解け水で水位が高くなる春に閉鎖されることがある。2022年は閉鎖なし。2023年は4/8〜6/19に閉鎖された。
　年にもよるが、11〜4月頃は水が冷たくて歩けない

スプリングデールのスポーツ店でブーツ、防水パンツなどの「ナローズ・セット」を借りるといい

ナローズ　The Narrows

適期▶5〜10月　**距離▶**往復1〜16km　**標高差▶**10〜102m　**所要▶**30分〜8時間
出発点▶Temple of Sinawava駐車場
簡易トイレ・飲料水

　Riverside Walkという舗装されたトレイルを約1.6km歩き、あとはバージン川の中をザブザブと歩いて遡る、とにかく楽しいトレイルだ。あらかじめビジターセンターなどで雨の可能性をチェックしておきたい。通り雨や夕立の予報が出ていたら、決してナローズに入ってはいけない。

　舗装されたトレイルが終わり、川に入る所からは、適当な所まで行って引き返すことになる。夏以外は水がかなり冷たくなり、そのぶん体力も消耗するので、無理をしないように。水が濁ってきたり天候が悪化しそうになったら即、引き返すべきだ。川の両側に岩壁が迫っているので、ほんの少しの雨でも急に水かさが増

し、逃げ場を失ってしまう。

　目安としては、約1時間30分から2時間ほど歩くと、Orderville Canyonの支流が分かれている。これより上流は水位が高く、逃げ場のない部分が多くなる。日によっては、泳がなければ進めないことすらあるのだ（Orderville Canyonより上流は許可証の取得が必要）。

　とにかく歩きにくいので、慌てずゆっくりと歩こう。ところどころに深みがあるので気をつけよう。小さな岩がゴロゴロしていて、しかもコケが付着しているよく滑る。サンダルやマリンシューズでは危険。歩きやすいスニーカーやブーツをぬらしてしまうのがいちばんだ。服装はぬれてもいいものを。短パンが望ましい。舗装されたトレイルの終点には木の杖が置いてあるので（入場者の多いときはないこともある）、これを持っていくといい。

↗秋用$49。防水バッグ$12。子供用あり。ネットから予約可。場所はゲート外のスーパーマーケット隣で、ビジターセンターから徒歩5分。☎(435)772-5090　URLzionoutfitter.com　12/25

ピューマの気配

　ザイオンには、ピューマ（クーガ）が生息している。正式な名前はマウンテン・ライオンMountain Lion。夜行性で数も少ないため、見たことのある人はまれだ。でも、確かにいる。ザイオン全域をテリトリーとしており、闇に紛れてシカなどを襲うという。木登りと泳ぎが得意なので、もしかしたら木の上で昼寝しながら、ハイカーを見下ろしているかもしれない。

　もしも出会ったとしても、通常は向こうから逃げてくれる。万一、接近遭遇してしまったら、クマの場合とは逆に、腕を上げて振り回し、大声で叫ぶのがいいそうだ。決して背中を向けて逃げてはいけない

初級 **Canyon Overlook**
適期▶年中
距離▶往復1.6km
標高差▶50m
所要▶往復約1時間
出発点▶Zion-Mt. Carmel Hwy.のトンネルを出てすぐの駐車場
設備 簡易トイレ

チェッカーボードメサ

Kolob Canyon VC
開 8:00～17:00、夏期延長
休 12/25
　シーダーシティとセントジョージの間、I-15のExit 40を下りてすぐ右。
土砂崩れのため一部閉鎖中

フィンガーキャニオンズ

トンネルを抜けるとこんな風景が広がる

ザイオン・マウントカーメル・ハイウエイ ▶▶▶ ZION-MT.CARMEL HIGHWAY

　ザイオンキャニオンからUT-9を東へ走って、頭上にそびえる岩壁の上へ出てみよう。急坂を登る途中、正面の岩壁にボコッと大きな目を開けているのは**グレートアーチGreat Arch**。やがて道は長さ1800mのトンネルに入る。このトンネルは1930年に開通したもので、道幅が狭いため交互通行になることがある。

　トンネルを抜けるとすぐ右手に駐車場がある。ここに車を停め、道路を渡って**キャニオンオーバールックCanyon Overlook**まで歩いてみよう。最初は登りだが、すぐに平坦になる楽なトレイルだ。展望台からはウエストテンプル、イーストテンプル、パインクリーク・キャニオンなどが眺められる。グレートアーチのすぐ上にあるのだが、足元にあるグレートアーチを望むことはできない。

　再び走りだすと、そこは広々とした別世界。ザイオンキャニオンとはさほど離れていないのに、岩の形状も色も異なっている。カラフルな岩の展示会場、ロックガーデンといった感じ。マス目模様の大きな斜面**チェッカーボードメサCheckerboard Mesa**（標高2033m）をお見逃しなく。ここを過ぎると東口ゲートはもうすぐだ。

コロブセクション ▷▷▷▷▷▷▷ KOLOB SECTION

　公園敷地の北西端に位置し、いったんI-15まで戻ってアクセスする。ビジターセンターからコロブキャニオンKolob Canyonと呼ばれる峡谷に沿って全長5.5マイルのKolob Canyon Rd.が敷かれている。途中10ヵ所ほどある展望台で車を停めて雄大な景観を楽しもう。**フィンガーキャニオンズ Finger Canyons**と呼ばれる赤と黄のカラフルな岩壁が指のようにせり出し、その指と指の間に深いキャニオンが形成されているのもおもしろい。

　なお、世界第5位の長さを誇るアーチ、**コロブアーチKolob Arch**へは車では行けない。Kolob Canyon Rd.の途中にあるLee Passに車を置き、丸一日トレイルを歩かないとその姿を見ることはできない（→P.132）。

Reader's Voice **キャニオンオーバールック** トレイルにはところどころ危ない部分があり、子供が足を滑らせたら手すりの下をすり抜けて落ちてしまうような場所もあった。（静岡県 旅好き '13）['23]

アクティビティ 🌲🌲　　ACTIVITIES

ハイキング　　▷▷▷▷ HIKING

　ザイオンのトレイルはいずれも景色がよく、変化に富んでいるのでたいへん人気がある。しかし断崖が多く、毎年のように犠牲者が出ているので、足を滑らせたりしないよう十分に注意を。

　また、真夏はけっこう暑くなる。グランドキャニオンの峡谷内ほどではないが、P.82〜83の注意事項を参考にしてほしい。最低でも、飲料水にスポーツドリンクの粉末を溶かしたものを用意したい。

オブザベーションポイント　Observation Point

　シーニックロードの突き当たり、ちょうどエンジェルスランディングやグレート・ホワイト・スローンと向かい合う断崖の上にある展望台。とにかくロケーションがすばらしく、眺望ではナンバーワンのトレイルだ。ただし勾配がきつく、後半は日陰がないので、夏の正午前後の時間帯に歩くのは避けたい。無料シャトルの始発に乗って歩き始めよう。展望台からはザイオンキャニオンが一望の下。すべては足元の谷に沈んでいる。落雷と転落には十分に注意しよう。

展望台から眺めるとグレート・ホワイト・スローン（左）も小さく見える

エンジェルスランディング　Angeles Landing

　オブザベーションポイントの足元、バージン川の対岸に立つ独立峰。標高が低いぶんだけ楽そうに思えるが、前半は厳しいスイッチバック、後半はスリリングなヤセ尾根が続く。特に最後の500mが狭く、鎖を伝いながらゆっくりと登る。滑りやすいので上りも下りも気を抜けない。毎年のように死者が出ているし、救助要請も多数ある。人気のルートなので週末などは鎖場で順番待ちの列ができるが、イライラせず、もちろんせかしたりせず、そして自分もあせらずに一歩一歩慎重に進もう。

　なお、エンジェルスランディングの後半部分は許可制になっている（→右記）。

頂上からはグレート・ホワイト・スローンの大障壁が楽しめる

中級 ▶ Observation Point
適期▶4〜6月、9〜11月
距離▶往復13km
標高差▶655m
所要▶往復5〜7時間
出発点▶Weeping Rockバスストップ
設備▶簡易トイレ
崖崩れのため閉鎖中

上級 ▶ Angeles Landing
適期▶4〜6月、9〜11月
距離▶往復8.7km
標高差▶453m
所要▶往復4〜5時間
出発点▶The Grottoバスストップ
※風が強い日や落雷の危険があるときには、途中で引き返す勇気が必要。もちろん岩がぬれているとき、積雪、凍結時は非常に危険

許可証について
　エンジェルスランディング後半のヤセ尾根部分は抽選許可制になっている。

　3〜5月分は1/20、6〜8月分は4/20、9〜11月分は7/20、12〜2月分は10/20までに下記サイトで申し込み、5日後に当選がわかる。

　また、前日にも抽選が行われる。15:00までに申し込み16:00に抽選だ。いずれも抽選参加料$6、許可料$3。現地はネット環境がないので、許可証はダウンロードしておこう。
URL www.recreation.gov
Zionで検索するといい

最もスリリングな鎖場

世界第5位の大きさを誇るコロブアーチ。トレイルの終点から望遠レンズで撮影した写真で、実際にはアーチまでかなり離れている

上級 Kolob Arch
適期▶4〜6月、9〜11月
距離▶往復25km
標高差▶341m
所要▶往復8〜10時間
出発点▶Kolob Canyon Rd.のLee Pass
※土砂崩れの復旧工事のため、トレイルヘッドまで車で入れない。手前のピクニックエリアに駐車して、10分ほど車道を歩く

分岐点の標識を見逃さないよう注意！

コロブアーチ　Kolob Arch

　幅87.5mと世界屈指のアーチ（→P.165）を見に行くトレイル。8時間はかかるので、天気がいいのを確かめて早朝に出発するようにしたい。帰路が上りになるので苦しいが、巨岩の眺めもいいし、最後にアーチを目にしたときの感激はひとしおだ。10kmほど歩くと分岐点があるが、そこから先はトレイルが荒れている。踏み跡をよく確かめながら進もう。距離が長いこともあってハイカーの数が極端に少ないので、単独で歩くのは避けたほうがいい。

　トレイルの終点は「Kolob Arch」の看板がある場所。アーチよりかなり手前の林の中にあり、アーチの真下まで行くことはできない。もっとアーチに近づこうと奥へ進んだハイカーの踏み跡があるが、急斜面で危険だし、眺めはたいして変わらない。

　なお、このトレイルはいくつもの小川と交差しながら続いているが、橋がない。春先や雨のあとにはぬれる覚悟を。

乗　馬　▶▶▶▶▶ HORSEBACK RIDING

乗馬
☎(435)679-8665
URL www.canyonrides.com
1時間コース（7歳以上）
出発 9:30、11:00、14:00、15:30
料 $50
3時間コース（10歳以上）
出発 9:00、13:30
料 $100

　3〜10月のみ、ザイオンキャニオンで乗馬を楽しむことができる。巨岩を見上げながらバージン川沿いを行くのは気持ちがよい。当日の申し込みはザイオンロッジでもOK。

川風が心地よい

バードウオッチング　▶▶▶▶▶ BIRD WATCHING

　園内にはツバメ、ミソサザイ、アオサギなど262種の鳥が生息しており、オオミチバシリGreater Roadrunner（→P.35）など砂漠にすむ鳥からアオライチョウ Blue Grouseのような高山の鳥までバラエティに富んでいる。

　どのあたりに何がいるかというチェックリストをビジターセンターでもらっておこう。

🐾 WILDLIFE　一匹狼の悲劇　2014年12/28、ザイオンの北でオオカミがハンターに殺され、首輪をしていたため当局に届けられた。10月にグランドキャニオンのノースリムで70年ぶりにオオカミ↗

園内で泊まる ▷▷▷▷

🏠Zion Lodge

　園内唯一の宿。ザイオンキャニオンの奥にあり、赤茶色の巨岩の足元に建つ優美な外観のロッジ。気持ちのいい芝生の広場に面した2階建てのロッジと、40の木造キャビンからなる。年中オープン。全室エアコン、電話、コーヒーメーカー、ヘアドライヤーあり。Wi-Fi無料。ロビーにゲスト用PCあり。たいへん人気があり、夏は予約を取るのも至難の業だが、毎日2、3室のキャンセルは出るそうだ。一応尋ねてみるといい。

両側を岩壁に挟まれた
ザイオンロッジ

Xanterra Parks & Resorts
☎ (303)297-2757　☎ (435)772-7700（当日）
Free 1888-297-2757　URL www.zionlodge.
com　on off ロッジ$159〜333、キャビン
$149〜257　カード A M V

キャンプ場に泊まる ▷▷▷▷

　南口ゲートを入ってすぐ右に**South Campground**と**Watchman Campground**がある。ともにシャワーはないが、スプリングデールにシャワーだけ使えるキャンプ場がある。Watchmanのみ、3〜11月は予約できる。6ヵ月前の同日に予約受付が始まる（例：9月4日までの予約受付は3月4日開始）。

Free 1877-444-6777　URL www.recreation.gov
カード A M V　South（122サイト）　3月上旬〜
11月下旬　料 $20〜50　Watchman（189サイト）　年中オープン　料 $20〜30

近隣の町に泊まる ▷▷▷▷

　スプリングデールにモーテルが24軒ある。夏は予約を入れるか、午前中に到着を。また、東口ゲートからUT-9を走り、US-89に突き当たった角にあるマウント・カーメル・ジャンクション付近にもモーテルが4軒ある。ブライスキャニオンへ行く人には便利かもしれない。

スプリングデール		Springdale, UT 84767	公園南口目の前 24軒	
モーテル名	**住所・電話番号など**		**料　金**	**カード・そのほか**
Flanigan's Resort & Spa	住450 Zion Park Blvd. ☎(435)772-3244 URL www.flanigans.com		on $249〜409 off $159〜219	A D J M V　おしゃれなカフェと本格的スパを併設。室内もスタイリッシュで高級感たっぷり。シャトルバスが隣に停まる。Wi-Fi無料。全館禁煙
Cliffrose Lodge	住281 Zion Park Blvd. ☎(435)772-3234 URL www.cliffroselodge.com		on $309〜838 off $169〜493	A M V　公園南口まで700m。窓の外にウォッチマンが迫り、広い庭には花が絶えない。レストランあり。公園までシャトルあり。EV チャージャーあり。Wi-Fi無料。全館禁煙
Bumbleberry Inn	住97 Bumbleberry Ln. ☎(435)772-3224 FAX (435)772-3947 Free 1800-828-1534 URL www.bumbleberry.com		on $178〜273 off $108〜228	A M V　町の中心部にある。無料シャトルが目の前に停まる。レストラン、ギフトショップ、シアターあり。Wi-Fi無料。全館禁煙
Zion Park Motel	住865 Zion Park Blvd. ☎(435)772-3251 URL www.zionparkmotel.com		on $104〜219 off $64〜159	A M V　町の中心部にあり、周辺にレストランやショップが多い。冷蔵庫、電子レンジあり。Wi-Fi無料。全館禁煙

マウント・カーメル		Mt. Carmel, UT 84755	東口ゲートまで 12 マイル　4軒	
モーテル名	**住所・電話番号など**		**料　金**	**カード・そのほか**
Best Western East Zion Thunderbird Lodge	住US-89 & Hwy.9 ☎(435)648-2203 Free 1800-780-7234 URL www.bestwestern.com		on $159〜229 off $99〜169	A D J M V　Wi-Fi無料。全館禁煙。レストラン、コインランドリーあり。屋外プール、ギフトショップあり

♪ が目撃されて話題になっていた個体だった。「エコー」という名の3歳のメスで、1月にイエローストーン近くで首輪を装着されていた。約800kmも孤独な旅をして大峡谷にたどりつき、北へ戻る途中で銃弾を浴びたようだ

巨岩の展示場のようなザイオン。その色彩と迫力に驚いたら、次に疑問が生まれないだろうか。『どうやってこんな場所ができたのだろう……』。ザイオンの生いたちを概観してみよう。

長い長い堆積のとき

ザイオンができるまでには、おおまかにいって、①堆積、②石化、③隆起、④浸食という4段階を経ている。そのなかで時間的に最も長いのが堆積の過程だ。およそ2億5000万年前から5000万年前まで、約2億年もの間、この地方は浅い海の底か海岸近くにあり、約5000mの厚さの地層が堆積した。

大雨が降ると中央に見える岩の亀裂が巨大な滝になる

いちばん古い層は、カルシウム、炭酸塩の堆積によってできた石灰岩層で、**カイバブ・ライムストーンKaibab Limestone**と呼ばれる。グランドキャニオンのリムにあたる層だが、ザイオンでは地下にある（→P.141）。

次が石膏や泥岩を中心とした**モエンコピ層Moencopi Formation**。その次に堆積したチンリー層Chinle Formationがザイオンキャニオンの底部にある層だ。この層の下部にはれき岩層があり、上部には火山灰層があり、樹木の化石がよく出る。

この上に来るのは**モエナビ層Moenave Formation**。公園南口付近などで見られる、深紅の砂岩層。次の**ケイエンタ層Kayenta Formation**は、三畳紀からジュラ紀へ移る頃に堆積した層で、恐竜の足跡がこの層から発見されている。水中で堆積した不透過性の赤い砂岩層だ。

次の**ナバホ砂岩層Navajo Sandstone Formation**が、ケイエンタ層と並んでザイオンを特徴づけている層だといえる。最大で約670mの厚さをもつクリーム色やピンク色の砂岩層で、特にZion-Mt. Carmel Hwy.沿いに見える岩はほとんどこの層のもの。ジュラ紀の広大な砂漠が

博物館の東側正面の壁にあるCrawford Arch

酸化鉄や炭酸カルシウムの作用によって緩く固められてきた。風の作用で砂丘は起伏を生み、現在、公園東部の岩に見られる杉綾模様herringbone patternを造り出した。チェッカーボードメサの水平の線は砂丘が風向きの変化によって不連続となった所で、垂直の線は温度変化による岩の拡張収縮の結果できた割れ目だ。

この上に堆積したのが**テンプルキャップ層Temple Cap Formation**。短い間だが、水流によって赤い泥が流れ込んでできた泥岩層。グレート・ホワイト・スローンの上部などに見られる。さらに上にある**カーメル石灰岩層Carmel Limestone**が、ザイオンでは最上部になる層だ。ジュラ紀後期に再び海となり、ここに堆積したもので、海洋性生物の化石を多く含んでいる。

岩になる過程もいろいろ

堆積した砂や泥が、長い長い年月をかけて岩になるのだが、ここにはさまざまな力がかかる。

まずは上に積もった層の重みによる圧力。これに加えて浸透した水に溶け込んでいる鉱物（炭酸カルシウム、酸化鉄など）の作用も大きい。この結果、同じ砂岩でも、鉱物をあまり含まない白っぽい砂岩よりも、色のついた砂岩のほうが固いという現象が起きる。この差は砂岩を構成している砂粒の大きさによって決まる。粒が大きいほど粒と粒の間にすき間ができる。ここに鉱物が入り込み、結果的に強い岩を造るわけだ。ザイオンでも東部の白っぽい砂岩が緩やかなスロープを見せているのに対し、ザイオンキャニオンの赤い砂岩が垂直に近い断崖となっているのは、この岩石の強度によるもの。

🐾 WILDLIFE　**ザイオンのコンドル**　ユタ州に放鳥されたカリフォルニアコンドル（→P.79）はザイオンでも営巣していて、キャニオンオーバールックやエンジェルスランディングで目撃されること ↗

隆起と断層

　約4000万〜5000万年前（始新世）に、この地方は隆起を始める。ララマイド造山運動と呼ばれるもので、現在のロッキー山脈を形成した造山運動だ。このとき、おおむね現在のI-15に沿ってハリケーン断層Hurricane Faultができた。およそ1500万年前、西海岸のプレートの移動により、このハリケーン断層に沿って東側が大きく隆起する。

そして川による浸食

　この隆起した土地を川が削ってゆく。大河コロラド川はグランドキャニオンを削り上げた。コロラド川ほど大きくなかったバージン川が、巨大な岩を残してザイオンを削った。ブライスキャニオンは大きな流れがなかったため、上部の層も流されずに残ったわけだ。

　ザイオンの上部にある層、ナバホ砂岩層は、植生が貧弱で雨を蓄えておく力が低い。そのため、短時間で水は川へと流れ込み、急流を造り、結果的に深い谷を削った。

ザイオンの岩の色について

　石化の過程でも触れたが、岩の色の違いは含有する鉱物の量で決まる。特に鉄分の酸化によって黒、赤、黄、茶、ときに緑色さえ生まれる。

　ただし、岩石そのものの色ではなく、表面だけの色のこともある。これは、日照、風など、特定の条件が揃った岩の表面に生息するバクテリアの働きによるものだ（異論もあり）。バクテリアは風で運ばれてきたチリから鉄やマンガンを抽出し、岩の表面に定着させる。岩をコーティングしたような光沢は、これら鉱物の酸化によってできる。鉄分が多いと赤茶色に、マンガンが多いと黒紫色になる。ほかに表面に縞やしみがついている場合もある。例えばビジターセンター裏のAltar of Sacrificeには、鉄分を多く含んだ水が表面に黒い縞を描いている。

ザイオンの主役たち

　ザイオンは、その特異な地形から生物学的に非常にユニークな環境にある。

　まず、峡谷の上と下では植物も動物もまったく様子が違っている。峡谷の上の砂漠地帯にはガラガラヘビなどの爬虫類や、ウズラ、ワシなどがすみ、サボテンやわずかな灌木が生えている。谷の底ではウサギ、スカンク、ミュールジカ、アオサギやカワガラスなどの水鳥がすみ、川岸は多様な樹木に覆われている。

　垂直な岩壁のなかの一部分だけ突出した部分には、ほかからほぼ完全に独立した世界がある。また、ザイオンキャニオンの奥の非常に幅の狭い谷は、それ自体が孤立した世界で、ここにしかない固有種のカエルなど、とてもユニークな生物が発見されている。

　ザイオンの夏は非常に暑い。このため多くの植物は6月までに枯れてしまう。夏に咲くのはツユクサやツキミソウなど夜の花ばかりだ。

　動物にとっても夏は厳しい季節で、メスのハイイロギツネは夏の間だけ夜行性になるという。

　このように、生物はこの厳しい環境にもしたたかに順応してきた。しかし、ザイオンは今でも変化を続けているのだ。浸食は今日も休みなく続き、ときおり大きな崖崩れを起こす。西部で激増している山火事は大気の質を低下させ、グランドサークル各所の小川から虫よけ成分や日焼け止め成分が検出されている。

　このすばらしい景観と生物たちは、今後どのように変わっていくのだろうか。

ザイオンの岩壁には滝が描いた縞模様が多く見られる

岩の割れ目に根を張る樹木は高さが3〜6m程度にしか育たない

が多い。2016年夏、園内のコンドルの巣で衰弱したオスが見つかり、保護されたが翌日死亡した。このコンドルの血液からは高濃度の鉛が検出された

ブライスキャニオン国立公園
Bryce Canyon National Park

カラーカントリーの異名をもつグランドサークルのなかでも、色の美しさではブライスキャニオンがナンバーワンだ

　早朝のサンライズポイント。東の空が少し白んで、朝の気配をはるかに漂わせている。稲妻が光る西の空は、いまだ夜の底に眠っている。

　やがて東から光の筋が届き始めると、静止していた尖塔たちが生命を宿した。太陽の振るタクトに合わせるかのように、燃える赤へと染まっていく……。

　ユタ州南部、穏やかな森や草原の中に突然現れる断崖。そこに立ち並ぶ色も形もさまざまな岩の尖塔群フードゥーは、光によって刻々とその表情を変化させていく。

　特に早朝、夕暮れ時に、ぜひこの断崖に立ってみたい。忘れ得ない強烈な印象を感じるために。

キャンプ場に姿を現したミュールジカ

行き方　ACCESS

　ブライスキャニオンはザイオン国立公園から近いので、両方を一緒に訪れる人が多い。ゲートシティとなるのはセントジョージとシーダーシティだが、定期フライトをもつ空港やバスディーポがあるセントジョージ（→P.121）を起点にしたほうが便利。実際には、ラスベガスまたはソルトレイク・シティからレンタカーまたはツアーバスで訪れる人が多いようだ。

　なお、公園ゲートから4マイルの所に小さな飛行場があるが、チャーター機と自家用機用で定期便はない。

ツアー　TOUR

　ラスベガスからバスツアーがいろいろと出ている。日本人ガイド付きのコースもあるので、観光局などで資料を集めて検討するといい。なかにはザイオン＆ブライスキャニオン日帰りなどというコースもあるが、おすすめできない。ブライスキャニオンまで往復し、帰りにザイオンにちょっと寄り道するだけでも1泊2日は必要だ。オフシーズンの平日は人数が集まらずにキャンセルになることが多い。

レンタカー　RENT-A-CAR

　ザイオン国立公園からは、UT-9を東へ走り、突き当たりのUS-89を左折して北へ。Hatchという町を過ぎてしばらくするとUT-12が右へ分岐している。ここを曲がると、忽然と赤い奇岩や尖塔が現れる。これがレッドキャニオンRed Canyon。さらに草原の中の道を進み、標識に従ってUT-63を右折。無料シャトル（→P.140）の乗り場と、Ruby's Innという大きなモーテルを過ぎれば公園ゲートはもうすぐだ。86マイル。1時間30分。

　シーダーシティからは地図で見るとUT-14経由が近そうに見えるが、この道はかなり急坂の峠になっているので時間がかかる。景色はいい。UT-14からUT-148へと左折してシーダーブレイクス国定公園（→P.146）に入り、さらにUT-143でパンギッチPanguitchに抜けるルートは最高の高原ドライブ。急がないならぜひこのルートを走ろう。

　時間がないならUT-20で。まずI-15を北上してUT-20を東へ入り、US-89に出たら南へ。パンギッチの町を過ぎた所でUT-12を東へ左折する。シーダーシティから90マイル、1時間30分。

フードゥーの隙間に造られたナバホループ・トレイルを下りよう

DATA
時間帯▶山岳部標準時 MST
☎ (435)834-5322
URL www.nps.gov/brca
圏 24時間365日オープン
適期 年中
料金 車1台 $35、バイク $30
そのほかの方法は1人$20。
キャッシュ不可
固定公園指定▶1923年
国立公園指定▶1928年
国際ダークスカイパーク
認定▶2019年
面積▶145km²
入園者数▶約235万人
園内最高地点▶2778m
（Rainbow Point）
哺乳類▶61種
鳥　類▶203種
両生類▶4種
爬虫類▶9種
魚　類▶1種
植　物▶605種

Grand Canyon Scenic Airlines　→P.62
URL www.grandcircle.jp
　ラスベガス発着日本語ガイド付きツアーを催行。ブライスキャニオン、アッパー・アンテロープキャニオン、ホースシューベンド、モニュメントバレー、ザイオン2泊3日 $1090〜

ブライスキャニオンまでの所要時間

Salt Lake City	4〜5時間
Page	約3時間
Zion	約1.5時間
Capitol Reef	3〜4時間

夏期は無料シャトルで
　4月中旬〜10月中旬は無料シャトルを利用することをすすめる　→P.140

ガスステーション
　園内にはないが、ゲートのすぐ手前のRuby's Inn（→P.147）にあるので、忘れずに給油しておこう

歩き方　GETTING AROUND

ブライスキャニオンは南北に細長い公園だが、ビジターセンター、ロッジ、おもな見どころは、ほとんど北部の馬蹄形の壁に集中している。夏期はこのエリアを無料シャトルが往復している。

あとは、断崖に沿って15マイル（約24km）の舗装路が公園南端のレインボーポイントRainbow Pointまで続いている。この道路のところどころにある展望台から風景を楽しむわけだ。

断崖の上から眺めるだけでも強烈な印象を与えてくれるが、フードゥーと呼ばれる尖塔群をぬってトレイルを歩いてみれば、その印象はより立体的なものになる。1〜2時間の短いトレイルでいいから、ぜひ断崖の下に下りてみよう。

また、道路や各種施設のある崖の上にも目を向けてみたい。ミュールジカやプレーリードッグが生息しているので、注意していれば見られるチャンスもあるだろう。

情報収集　INFORMATION

Visitor Center

料金ゲートを入ってしばらく行った右側。ジオラマやスライドによってブライスキャニオンの地質、自然、環境などが理解できる。小さなギフトショップも併設している。Wi-Fi無料。

レンジャープログラムも充実している

WILDLIFE

絶滅の足音がしのび寄るユタ・プレーリードッグ

プレーリードッグにも数種あるが、世界でもユタ州南部にしか生息していないのが**ユタ・プレーリードッグUtah Prairie Dog**。現在の生息数はわずか4000頭以下で危機的な状況。数十年前から絶滅のおそれがあると警告されてきたにもかかわらず、ここまで数が減ってしまったのはなぜだろう？　彼らが生息するためには、次のような条件を満たす草原がなければならない。まず、草があまり密生していないこと、次に背丈の低い草であること。これらは、天敵を見つけやすい環境にすむためだ。そして水分を多く含み、栄養価の高い草であること。彼ら

が激減してしまったのは、気温の上昇によってこのような条件を満たす土地が減ってしまったことが理由のひとつ。さらには牧場の増加も食料となるイネ科の草を減らした。

また、彼らが巣穴を掘るために、巣穴に足をとられた家畜が骨折するという理由で、大規模な毒殺が行われたことも大きい。環境保護団体は、農家の圧力に負けた政府が、ユタ・プレーリードッグを絶滅危惧種から準危急種に格下げしたことに猛反発している。これによって、一時は手厚く保護されていたユタ・プレーリードッグを、害獣として駆除することが可能になったのだ。

そんな状況にあるユタ・プレーリードッグを、ブライスキャニオンではビジターセンターの南、サンセット・キャンプ場の北の草原などで簡単に見ることができる。体長は30〜40cmで、背中の明るい毛の色と、目の上にまゆ毛のような黒い斑紋があるのが特徴。その鳴き声から"dog"とはいうものの、分類上はリスなどと同じ齧歯目に含まれる。（関連コラム　→P.433）

園内に約600頭が群れを作って暮らしている

園内の施設

レストラン（4月上旬〜11月上旬の7:00〜21:00）はロッジ内にある。

食料品、キャンプ用品などはサンライズポイント近くのジェネラルストアで（4〜12月のみ8:00〜19:00）。また、Ruby's Inn（→P.147）にも大きなストアがあり年中営業している

Visitor Center

夏期8:00〜20:00
冬期8:00〜16:30
春/秋8:00〜18:00
11月第4木曜、12/25

Ranger Full Moon Hike
月明かりに浮かび上がる尖塔群を見上げながら歩く定員30名のツアー。満月の夜に行われる。非常に人気があり、参加は抽選になる（16:00までにロッジで当日受付）。12〜2月はスノーシューを貸してくれる。8歳以上のみ。ツアー参加の際はもちろん、抽選のときにも、しっかりとしたハイキングシューズ（スニーカー不可）を履いていないと断られる。懐中電灯などは使用不可

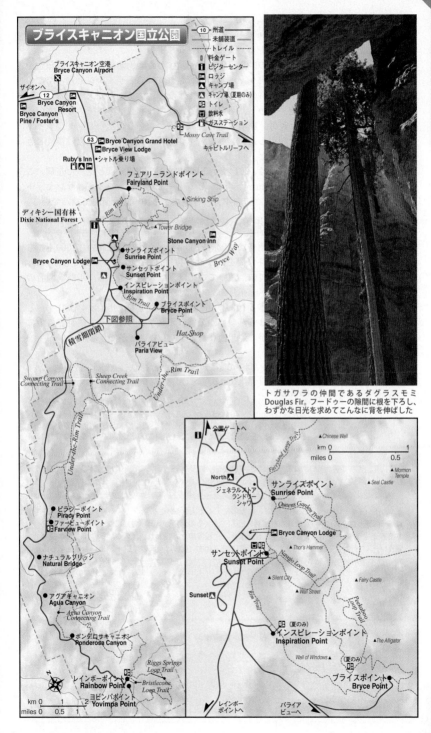

ブライスキャニオン国立公園

10	州道
	未舗装道
	トレイル

🚪 料金ゲート
ℹ️ ビジターセンター
🏠 ロッジ
🏕 キャンプ場
🏕 キャンプ場（夏期のみ）
🚻 トイレ
飲料水
⛽ ガスステーション

ブライスキャニオン空港
Bryce Canyon Airport

ザイオンへ
12

Bryce Canyon Resort
Bryce Canyon Pine / Foster's

63 Bryce Canyon Grand Hotel
Bryce View Lodge
Ruby's Inn ●シャトル乗り場

Mossy Cave Trail
キャピトルリーフへ

フェアリーランドポイント
Fairyland Point

▲ Sinking Ship

ディキシー国有林
Dixie National Forest

Rim Trail

▲ Tower Bridge

Stone Canyon Inn

サンライズポイント
Sunrise Point

Bryce Canyon Lodge

サンセットポイント
Sunset Point

Bryce Way

インスピレーションポイント
Inspiration Point

Rim Trail

ブライスポイント
Bryce Point

下図参照

積雪期閉鎖

▲ Hat Shop

パライアビュー
Paria View

Swamp Canyon Connecting Trail

Sheep Creek Connecting Trail

Under-the-Rim Trail

Under-the-Rim Trail

ピラシーポイント
Piracy Point

ファービューポイント
Farview Point

ナチュラルブリッジ
Natural Bridge

アグアキャニオン
Agua Canyon

Agua Canyon Connecting Trail

ポンデロサキャニオン
Ponderosa Canyon

Riggs Springs Loop Trail

レインボーポイント
Rainbow Point

Bristlecone Loop Trail

ヨビンパポイント
Yovimpa Point

km 0   1
miles 0   0.5   1

トガサワラの仲間であるダグラスモミ
Douglas Fir。フードゥーの隙間に根を下ろし、
わずかな日光を求めてこんなに背を伸ばした

公園ゲートへ

▲ Chinese Wall

km 0   1
miles 0   0.5

North 🏕

ジェネラルストア
ランドリー
シャワ

サンライズポイント
Sunrise Point

▲ Mormon Temple
▲ Seal Castle

Queens Garden Trail

Bryce Canyon Lodge

▲ Thor's Hammer

サンセットポイント
Sunset Point

Navajo Loop Trail

▲ Fairy Castle

Sunset 🏕

▲ Silent City
▲ Wall Street

Rim Trail

Peekaboo Loop Trail

Fairyland Loop Trail

（夏のみ）
インスピレーションポイント
Inspiration Point

▲ The Alligator

Wall of Windows ▲

（夏のみ）
ブライスポイント
Bryce Point

レインボー
ポイントへ

パライア
ビューへ

園内の交通機関とツアー ▷▷▷▷ TRANSPORTATION

無料シャトル ➡ 4月中旬〜10月中旬

展望台の駐車場不足を解消するため、北部の施設と展望台を結んで無料シャトルが運行されている。ザイオンと違ってこのシャトルバス利用は義務ではなく、マイカーで入園することも可能。しかし、園内の展望台はいつも駐車スペースを探すのにひと苦労。環境負荷の軽減にもつながるのだから、ぜひシャトルを利用したい。展望台をつなぐトレイルを片道だけ歩くときにも便利だ。

乗り場は、UT-12からUT-63へ入って3分ほど走った左側。ここから、Ruby's Inn、ビジターセンター、ロッジ、サンセットポイント、ブライスポイントなどを10〜20分間隔で結んでいる。

シーズン ▷▷▷▷ SEASONS AND CLIMATE

公園の標高は2000〜2700mと、意外なほど高い。1000本にものぼる岩柱の間を風が吹き抜けることもあって夏でも涼しい。ザイオン同様、強いていえば夏は人が多過ぎる。年間入園者のうち75%が6〜8月の3ヵ月に集中するそうだ。

黄葉の季節は9月下旬から10月中旬で、ザイオンよりずっと早い。冬は雪が多いが公園はオープンしており、銀世界の中に浮かび上がる幻想的な風景を楽しむことができる。

ブライスキャニオンの気候データ　日の出・日の入り時刻は年によって多少変動します

月	1	2	3	4	5	6	7	8	9	10	11	12
最高気温（℃）	3	3	7	12	18	24	27	25	21	14	7	2
最低気温（℃）	-9	-8	-5	-2	3	7	12	10	6	0	-5	-9
降水量（mm）	46	36	38	20	20	15	41	51	46	51	33	30
日の出（15日）	7:43	7:19	7:40	6:54	6:19	6:07	6:19	6:45	7:10	7:37	7:09	7:36
日の入り（15日）	17:33	18:06	19:36	20:04	20:31	20:51	20:50	20:23	19:38	18:52	17:18	17:11

無料シャトル

4月中旬〜10月中旬の8:00〜18:00（夏期〜20:00）まで15分ごと。往路はGrand Hotel→Ruby's inn→Ruby'sキャンプ場→ビジターセンター→サンセットポイント→ブライスポイントに停車。
復路はインスピレーションポイント→サンセットポイント→ロッジ→サンライズポイント→ビジターセンター→Ruby'sキャンプ場に停車

見上げてごらん星空を

ブライスキャニオンは全米で最も空気が澄んだ場所のひとつとして知られている。標高が高く、町の明かりが少ないこともあって、夜空の美しさは格別。近年、車の排気ガスによる汚染が問題になっているが、それでも晴れた夜には満天の星空にきっと感激するだろう。5〜9月の夜には星空の観察会も行われる（5月下旬〜9月上旬の金・土21:30）

SIDE TRIP

ボンネビル・ソルトフラッツ
Bonneville Salt Flats

MAP 折込1枚目 B-2

ソルトレイク・シティの西にある塩原。乾季には、一面真っ白で真っ平らな大地を車が猛スピードで疾走するスピードウエイとなる。史上最速を競うレースも行われており、CMやポスターで目にした人も多いだろう。

その塩原が雨季（冬）になると深さ数センチ程度の水に覆われ、風のない日には巨大な鏡と化す。夜には満天の星空が頭上にも足元にも広がって、まさに絶景！

行き方はSLCの空港からI-80を西へ走るだけ。直線区間へ出てから36マイル走ると右側にレストエリアがある（空港から約90分）。さらに6マイル走ってExit 4で右折するとスピードウエイ。さらに4マイル走ったネバダ州境の町Wendoverにホテル、カジノ、レストランがある。

© Osamu Hoshino

ボリビアのウユニ塩湖よりずっと気軽に訪れることができる

➡NOTES　インターネットと携帯　携帯はゲート外のRuby's Inn付近が通じやすいようだ。Wi-Fiはビジターセンターで無料で使える。ロッジの宿泊客ならロビーでも可（要パスワード）

GEOLOGY

ブライスキャニオンはこうしてできた

堆積と隆起

グランドキャニオンやザイオンに比べて、ブライスキャニオンの地層は新しい。最も古い層でも、ザイオンの最上部よりも新しいダコタ層Dakota Formationで、中心となっている層はクラロン層Claron Formationだ。クラロン層は、始新世初期（4000万～5000万年前）にあった巨大湖に堆積した、石灰を多く含む砂や泥の層だ。湖の大きさは大雨や乾燥によって変化し、重い砂は岸近く、軽い泥は遠くに堆積することから、硬さの異なる複雑な層が形成された。そして、約1000万年前頃からコロラド台地が隆起する。ブライスキャニオン周辺では、ポーンソーガント・プラトーPaunsaugunt Plateauと、その東側に断層が形成された。

川と雨などによる浸食

パライア川Paria Riverがポーンソーガント・プラトーの東側を浸食し、クラロ

ン層の弱い部分を崩していく。さらに雨が崖を削り、細長く突き出したフィンfinと呼ばれる崖をいくつも形成した。フィンはさらに削られて現在見られるような尖塔群、フードゥーHoodooとなるのだが、ここにもさまざまな自然現象が作用している。雨水は岩の中の炭酸カルシウムを溶かして岩をもろくするし、雪は溶けて岩の割れ目に入り込み、夜になって凍ると体積を増して割れ目を押し広げる。

この浸食は現在も続いており、2万年後には、ブライスキャニオン・ロッジも崖っぷちになってしまうと予想されている。

今日も着実に浸食が進んでいる

巨大な階段、グランドステアケース

アリゾナ州北部からユタ州南部にかけては、地層が北に向かって下がるように傾斜している。ところどころに地層の切れ目が露出し、全体として見ると下図のように巨大な階段状の地形になっている。これをグランドステアケースGrand Staircase（大段丘）と呼んでいる。崖となった露出面は、その色によって以下のように呼ばれている。

●バーミリオンクリフ　Vermilion Cliffs

三畳紀後期のモエナビ層、ケイエンタ層が露出した赤い崖。US-89のペイジ～カナブ間、US-89A沿いや、カナブの西に見ることができる。

●ホワイトクリフ　White Cliffs

ジュラ紀のナバホ砂岩層を中心とした白っぽい崖。ザイオン東部のほか、US-89のマウント・カーメル・ジャンクション東側などに見られる。

●グレークリフ　Gray Cliffs

白亜紀のワーウィープ砂岩層を中心とした灰色の崖。

●ピンククリフ　Pink Cliffs

始新世（第三紀）のクラロン層が露出したピンクがかった淡い色の崖。ブライスキャニオンがまさにそれ。

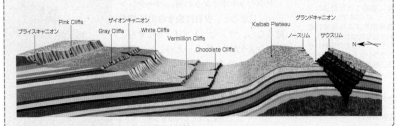

サンセットポイント。時間を変えて訪れて、表情の変化を楽しみたい

Sunset Point
車椅子可
設備 簡易トイレ（介助があれば車椅子可）・飲料水

Ranger **Rim Walk**
要所要所でレンジャーの説明を聞きながらリム沿いに歩く
集合▶春～秋14:00（催行は流動的なので要確認）
出発点▶サンセットポイント
所要▶1時間

サンセットポイントには人気ナンバーワンのトレイル、ナバホループのトレイルヘッドがある

Inspiration Point
展望台のみ車椅子可。勾配あり
設備 簡易トイレ

おもな見どころ 📷 PLACE TO GO

サンセットポイント　Sunset Point

ビジターセンターを過ぎるとすぐ左手に**サンライズポイント Sunrise Point**、そしてサンセットポイントと続く。まずサンセットポイントへ行ってみよう。

駐車場に車を置いて奥へ歩いていくと、妙な音が聞こえてくる。大きな滝でもあるようだ。音の正体は展望台に着いた瞬間にわかる。それまで閉ざされていた視界がパッと180度開け、足元にブライスキャニオンが現れる。滝のような轟音は、この何百何千という針の峰の間を吹き抜ける風の音だったのだ。オレンジ、ピンク、白、ラベンダーと実にカラフルな岩壁をこのように細く鋭く彫刻したのは、雨、霜、そしてこの風である。

石灰岩や砂岩でできた岩峰の1本1本をよく見ると、尖塔や城、巨大なチェスの駒、そしてまた肩を寄せ合って立つ亡霊たちに見えたりする。全体として見ると廃墟の町のようでもあり、SFの未来都市のようでもあり、実に幻想的だ。特に夜明けや夕暮れ、そして月の光に浮かぶ姿はすばらしいという。

谷底へは何本ものトレイルがつけられているので、1時間でもいいから下りてみよう。下から見上げると1本1本の大きさが実感できる。

人気のナバホループ・トレイルへ下りてみよう

インスピレーションポイント Inspiration Point

サンセットポイントの南。パークレンジャーによると、夕日に染まる尖塔群を見るなら、サンセットポイントよりもこちらのほうがすばらしいとのこと。背後には穏やかな森が広がっているというのに、風が渡ってゆくこの谷の何とも不思議な表情。鳥がゆっくりと舞う。

インスピレーションポイントで静かに日暮れを待とう

ブライスポイントの足元にはワニAlligatorが寝そべっている

ブライスポイント　Bryce Point

　インスピレーションポイントからさらに南側。キャニオンをぐるりと回り込んだ終点がブライスポイントだ。ここからは馬蹄形をしたキャニオン北部がよく見渡せる。時間のない人でもぜひここまでは来てほしい。特に朝一番で訪れるのがおすすめだ。

Bryce Point
車椅子可。勾配あり

フェアリーランドポイント　Fairyland Point

　ブライスキャニオンの北端にある展望台。ここへ行く道は園内に入ってすぐ左へと分岐している。

　最大の見ものは、**沈みゆく船Sinking Ship**という名の傾いた岩壁。タイタニックの最後のような姿だが、実は隆起によって生まれた地形。大地をこのように押し上げてしまう、恐ろしいほどの自然の力を目のあたりにできる。

沈みゆく船

レインボーポイント　Rainbow Point

　前述の展望台はすべて公園北部の馬蹄形の断崖にあるが、そこから15マイル離れた公園南端にあるのがレインボーポイント。途中、数ヵ所ある展望台からは、バラエティに富んだ尖塔の谷が眺められる。終点のレインボーポイントと、駐車場の反対側にある**ヨビンパポイントYovimpa Point**からは、ピンククリフと呼ばれるブライスキャニオン西壁の30マイルにも及ぶ壮大な絶壁を遠望できる。

Rainbow Point
車椅子可
トイレ（車椅子可）

積雪に注意
　レインボーポイントへの道は積雪期は閉鎖される

Trivia
動物も迷い込む地獄？
　かつてこの地に住んでいたパイユート族は、ブライスキャニオンの尖塔群は、人間に化けようとした動物が固まって石になってしまったものと考えた。
　1875年、エベニザー・ブライスという男がやってきて、断崖の下になぜか牧場を造った。彼に言わせると、ここは地獄だ。
　「牛がみんなどっかへ行っちまう！」
　こんなところで放牧するなんて、間抜けな男である

断崖の長さがよくわかるレインボーポイント

143

ハイキング ◁▷▷▷▷ HIKING

©NPS
2006年にウオール街で起きた崖崩れ

中級 Navajo Loop Trail
適期 ▶ 4〜11月
距離 ▶ 1周2.2km
標高差 ▶ 167m
所要 ▶ 1周1〜2時間
出発点 ▶ サンセットポイント
注：ウオール街は冬期閉鎖

キャニオン内にはたくさんのトレイルがつけられており、気軽に谷底へ下りられるようになっている。多くのコースが途中でつながっているので、さまざまな組み合わせが可能だ。尖塔の間をぬって谷底へ下りると、それまでとはまったく違った風景が目に飛び込んでくる。まず植物の多さに驚くだろう。上から見下ろすと不毛の地に見えたキャニオンに、実はアスペン、マホガニー、カエデなど多くの樹木が育っている。特に尖塔の隙間の狭い空間に生えた樹木が、光を求めて背伸びしている姿は感動的だ。

そして、上からだとどれも同じように見えた尖塔に個性豊かな表情を見つけることができるし、1本1本がこんなに大きいのかと驚きもするだろう。

なお、岩は非常にもろく崩れやすいので、手を触れたりトレイルを外れたりしないよう注意。積雪時にはビジターセンターでスノーシューズを無料で貸してくれるが、トレイルが完全に閉鎖されてしまう場合もある。また、ブライスキャニオンのトレイルは、必ず最後に崖を登る急な登り坂が待っていることを忘れずに。

ナバホループ・トレイル　Navajo Loop Trail

見どころの多い変化に富んだトレイルで、おすすめナンバーワン！　特に**雷神のハンマーThor's Hammer**と名づけられた岩は必見。まるでE.T.のような姿だ。**ウオール街Wall Street**という名の狭くて深い谷底へ下りたら、細くて高いダグラスファー（トガサワラ）の木をお見逃しなく。太陽を求めて生長するそのたくましい生命力に拍手！

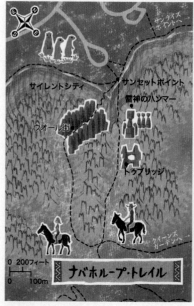

サンライズポイントへ
サイレントシティ　　サンセットポイント
雷神のハンマー
ウオール街
トゥブリッジ
クイーンズガーデンへ
0 200フィート
0 100m
ナバホループ・トレイル

トレイルの最後に雷神のハンマーが待っている

クイーンズ・ガーデン・トレイル　Queen's Garden Trail

　崖の下へ下りるものとしては最もラクなトレイル。**ガリバー城Gulliver's　Castle**から短いトンネルをいくつか通ると、東のほうに**ビクトリア女王Queen Victoria**の姿が見えてくる。ここまで往復してくるのがポピュラーだが、さらに東へ歩いてナバホループ・トレイルに合流し、サンセットポイントまで歩くと片道3時間ほど。

ピーカブー・ループ・トレイル　Peekaboo Loop Trail

　円形劇場Amphitheater（のような岩峰群）や**サイレントシティSilent City**などを通る美しいトレイル。ナバホ・ループ・トレイルと合流してサンセットポイントまで歩くと片道3〜4時間。

ハット・ショップ・トレイル　Hat Shop Trail

　このトレイルでは、ほかでは見られない景色が展開する。ピンク色の塔の頂に大きな灰色の石が載っかっているのだ。"帽子屋"とはよくいったもの。上部にあった硬い地層が残ったものだが、塔はどんどん浸食されて細くなっているので、いずれは落下する運命にある。

何ともしゃれたネーミングだ

中級	Queen's Garden Trail
適期	▶4〜11月
距離	▶往復2.9km
標高差	▶98m
所要	▶往復1〜2時間
出発点	▶サンライズポイント

上級	Peekaboo Loop to Navajo Loop
適期	▶4〜11月
距離	▶片道8.8km
標高差	▶479m
所要	▶片道3〜4時間
出発点	▶ブライスポイントまたはサンセットポイント

上級	Hat Shop Trail
適期	▶4〜11月
距離	▶往復6.5km
標高差	▶328m
所要	▶往復3〜4時間
出発点	▶ブライスポイント

乗　馬　▷▷▷▷▷ HORSEBACK RIDING

　4月上旬〜10月下旬（積雪の程度による）の間、サンライズポイント近くの厩舎から、馬に乗って谷へ下りるツアーが出ている。2時間コースはクイーンズガーデンの下まで、3時間コースはピーカブーループを訪れる。申し込みは右記サイト、ブライスキャニオン・ロッジ、Ruby's Inn（→P.147）で。

乗馬
☎(435)679-8665
URL www.canyonrides.com
2時間コース（7歳以上）
9:00＆14:00　$75
3時間コース（10歳以上）
8:00＆13:00　$100

遊覧飛行　▷▷▷▷▷ FLIGHT SEEING

　ヘリツアーも出ている。フェアリーランドポイント付近を回る35分コースのほか、ザイオンやモニュメントバレーを組み合わせたコースなどいろいろある。申し込み、出発はRuby's Innで。

Bryce Canyon Helicopters
☎(435)834-8060
URL www.rubysinn.com

クロスカントリースキー　▷▷▷▷▷ CROSS COUNTRY SKI

　ブライスキャニオンは、ユタ南部のほかの国立公園に比べて積雪が多い。クロカンには絶好のコンディションができあがり、専用のトレイルも整備されている。スノーシュー（かんじき）も楽しい。2月中旬にはクロカンのレースを中心としたWinter Festivalも行われる。こうしたウインターアクティビティの中心となるのがRuby's Inn。レンタルはもちろん、宿泊込みのパッケージ料金も用意されている。

Ranger	Snowshoe Walk
集合	▶12〜2月12:30（催行は流動的なので要確認）
所要	▶2時間
場所	▶ビジターセンター

ウインターアクティビティのスケジュールは流動的なので、事前にウェブサイトでチェックしておこう

園内で泊まる ▷▷▷▷

🏠 Bryce Canyon Lodge

園内で唯一のロッジ。4～10月オープン。サンライズポイントとサンセットポイントとの間の道を入る。フロントのあるロビーは大きな暖炉があり、ムード満点。部屋はモーテル棟70室と、松林の中に点在するキャビン40室がある。キャビンは石と丸太で組んであり、家族で泊まるにも十分の広さ。いずれに泊まっても、リムまでは歩いて行くことができる。電話あり。ロビーはWi-Fi無料。全館禁煙。予約は1年前から受付。6～9月の予約は早くにいっぱいになる。

林の中に建つコテージ

ARAMARK
Free 1855-765-0255
URL www.visitbrycecanyon.com
on off ロッジ $254、スイート $309、スタジオ $204、キャビン $371　カード A D J M V

キャンプ場に泊まる ▷▷▷▷

ビジターセンター近くの**North Campground**が年中オープンしている。夏期は要予約。

またサンセットポイント近くの**Sunset Campground**は4月中旬～10月下旬のみオープン。予約不可。6月中旬～9月中旬はほとんどいっぱいなので朝のうちに到着しよう。

また、ゲート外のRuby's Innにもキャンプ場はあるが営業は4～10月のみ。このほかUS-89沿いにも民間のキャンプ場がいくつかある。

North（99サイト）Free 1877-444-6777
URL www.recreation.gov 料 $20～30
Sunset（101サイト）料 $20～30
※いずれのキャンプ場もシャワー使用不可

近隣の町に泊まる ▷▷▷▷

ゲートのすぐ外に設備の整った大きなモーテルが3軒、UT-12とのジャンクション付近に数軒のモーテルがある。またUT-12を東へ15分ほど走ったトロピックTropicが小さなリゾートタウンになっていて、モーテルのほかB&Bも多い。このほかUT-12を西へ走ってUS-89を北へ行ったパンギッチPanguitchにもモーテルが約15軒ある。

SIDE TRIP

シーダーブレイクス国定公園
Cedar Breaks National Monument

MAP 折込2枚目オモテ G-1　☎(435)586-9451
URL www.nps.gov/cebr　料 1人 $10。支払いはカード A D M V のみ。現金不可

シーダーブレイクスの景観を指して、よく"できかけのブライスキャニオン"と表現される。ディキシー国有林の一画がすり鉢状に浸食され、ブライスキャニオンに似た尖塔がニョキニョキと生えている。断崖の白や黄色の地層と、ピンク色の尖塔とのコントラストが印象的。浸食された崖は、幅4.8km、高さ600m以上にも及ぶ。

ビューポイントは、ビジターセンター（夏期のみ）のある

Point Supreme、標高3190mのChessmen Ridge、UT-143沿いにあるNorth Viewなど。

行き方は、シーダーシティからUT-14を東へ18マイル。急坂を登り、UT-148で左折すると公園に入る。積雪期（例年11月中旬～5月下旬）は道路が閉鎖される。園内には食事ができる施設はない。高地のため気温は真夏でも10～15℃程度で、夜は零下になることもある。防寒対策は万全に。

観光の中心になる
Point Supreme

モーテル名	住所・電話番号など	料　金	カード・そのほか

ブライスキャニオン・シティ　Bryce Canyon City, UT 84764　公園ゲートまで5マイル　6軒

モーテル名	住所・電話番号など	料　金	カード・そのほか
Best Western Plus Ruby's Inn	住26 S. Main St. ☎1435)834-5341 Free1866-866-6616 URLwww.rubysinn.com	on $110〜390 off $90〜210	ADJMV　ゲートまで車で5分。無料シャトルも停車する。レストラン、ジェネラルストア、電気自動車の充電ステーションあり。郵便局も揃った便利で快適なモーテル。フルブレックファスト込み。コインランドリーあり。Wi-Fi無料。全館禁煙。屋内プールあり
Best Western Plus Bryce Canyon Grand Hotel	住30 N. 100 E. ☎(435)834-5700 Free1866-866-6634 URLwww.brycecanyongrand.com	on $140〜480 off $120〜250	ADJMV　Ruby's Inn斜め前。朝食込み。屋外プール、冷蔵庫、電子レンジ、コインランドリーあり。Wi-Fi無料。全館禁煙。シャトルも停車
Bryce View Lodge	住105 E. Center St. ☎(435)834-5180　FAX(435)834-5181 Free1888-279-2304 URLwww.bryceviewlodge.com	on $70〜230	ADMV　Bryce Canyon Grand隣。無料シャトル乗り場隣。朝食付き、コインランドリーあり。11〜3月休み。Wi-Fi無料
Bryce Canyon Resort	住13500 E. Hwy. 12 ☎(435)834-5351 FAX(435)834-5256	on off $79〜349	AMV　UT-63の角。朝食付き、レストラン、コインランドリーあり。Wi-Fi無料。全館禁煙。冬期休業。予約は宿泊予約サイトで可
Bryce UpTop Lodge	住1152 Hwy. 12 ☎(435)834-5227 URLbryceuptoplodge.com	on $110〜155	AMV　ゲートまで車で8分。UT-12沿い。レストランあり。冷蔵庫、電子レンジあり。Wi-Fi無料。全館禁煙。冬期休業
Bryce Canyon Pines	住2476 W. Hwy. 12 ☎(435)834-5441 URLbcpines.com	on $113〜230 off $70〜146	AMV　ゲートまで車で10分。UT-12沿い。レストラン、キャンプ場あり。コインランドリーあり。Wi-Fi無料。全館禁煙

トロピック　Tropic, UT 84776　公園ゲートまで11マイル　15軒

モーテル名	住所・電話番号など	料　金	カード・そのほか
Stone Canyon Inn	住1380 W. Stone Canyon Ln. ☎(435)679-8611 Free1866-489-4680 URLwww.stonecanyoninn.com	on $197〜387 off $158〜275	AMV　UT-12からBryce Wayを西へ走った町外れで、公園敷地に隣接。レストランあり。Wi-Fi無料
Bryce Canyon Log Cabins	住160 UT-12 ☎(385)223-0269 URLwww.brycecanyonlogcabins.com	on $140〜230 off $120	AMV　現金不可。Main St.沿いだが奥まったところにあり、山小屋風。冷蔵庫、電子レンジ付き。Wi-Fi無料。全館禁煙
Bryce Country Cabins	住280 N. Main St. ☎(435)679-8643 Free1888-679-8643 URLbrycecountrycabins.com	on $125〜239 off $89〜199	AMV　前払い。UT-12沿いのログキャビン。冷蔵庫、電子レンジあり。Wi-Fi無料。全館禁煙
Red Ledges Inn	住181 N. Main St. ☎(435)679-8811 URLwww.stayinns.com	on off $130〜154	AMV　UT-12沿い。全館禁煙。朝食付き（4〜10月のみ）。コインランドリーあり。Wi-Fi無料
Bryce Canyon Inn	住21 N. Main St. ☎(435)679-8502 URLwww.brycecanyoninn.com	on off $125〜300	AMV　UT-12沿い。レストラン、コインランドリー、冷蔵庫、電子レンジあり。Wi-Fi無料。冬に長期休業あり
Bryce Pioneer Village	住80 S. Main St. ☎(435)679-8546 URLwww.brycepioneervillage.com	on $130〜350 off $275	AMV　UT-12沿い。ウエスタンスタイルのレストランあり。冷蔵庫、電子レンジあり。全館禁煙。Wi-Fi無料。冬期休業

パノラマ街道─ユタ州道12号線

「日本の道100選」のアメリカ版というべき、国立シーニックバイウェイ（全米に150ヵ所）のひとつに選定されている。ブライスキャニオンからキャピトルリーフまで3〜4時間の、変化に富んだ景勝ドライブルートだ。Cannonvilleを過ぎたあたりから広大な荒野が広がり、大褶曲の大地がはっきりと見える。Escalanteの町を過ぎて坂を上ると、荒野に突き出したメサの頂上を走るようになる。足元にはCalf Creekが流れ、複雑な地形が遠く地平線まで続く。Boulderを過ぎるとガラリと風景が変わり、さわやかな森を走る高原ドライブ。走るうちに標高はぐんぐん上がり、最高地点は2865m。新緑と黄葉の頃は特にすばらしいが、10〜5月はいつ雪が降ってもおかしくないので、道路情報に気をつけよう。峠の展望台からは眼下にキャピトルリーフを望める。背骨のような岩の連なりが指し示す方角にレイクパウエルがある。

デビルスガーデンもまた奇岩の宝庫だ

🚐 コダクロームベイスン州立公園
Kodachrome Basin SP

MAP 折込2枚目オモテ G-2
☎ (435)679-8562　開 6:00〜22:00
URL visitutah.com
料 車1台 $10

ブライスキャニオンのすぐ東にあり、赤、ピンク、茶、白、黄とカラフルな岩壁に囲まれた谷に煙突状の岩が連なる。その色彩の豊かさからコダック社の許可を得て同社のフィルム名を公園につけたという。中心にあるGrand Paradeや、ここから未舗装路を東に走った平原にニョキッと生えたChimney Rock、Shakespeare Archなどが見どころ。1時間もあればざっと回れるだろう。

＠Garfield County CVB

煙突状の岩が60以上ある

行き方は、ブラ

イスキャニオンからUT-12を東へ15マイル、Cannonvilleから南へ入って7マイル。冬期はトイレも飲料水もない。

🚐 グランドステアケース・エスカランテ国定公園
Grand Staircase-Escalante NM

MAP 折込2枚目オモテ G-2
☎ (435)826-5499　料 無料
URL www.blm.gov/office/grand-staircase-escalante-national-monument

Escalante Visitor Center　開 9:00〜16:30　休 水

ブライスキャニオンからキャピトルリーフへ向かう人におすすめ。UT-12沿いに広がる、アメリカ本土で最も広大な国定公園だ。

グランドステアケース（→P.141）は、三畳紀やジュラ紀をはじめとする5つの地層が傾き、巨大な階段状になっていることから名づけられたもので、地球の歴史博物館とも表現される。総面積は東京都の約3.5倍。西はブライスキャニオン、北東はキャピトルリーフに接し、南東はレイクパウエルの近くまで迫っている。

国定公園に指定された区域には整備された道はわずかで、ほとんどは未開のまま。米国本土で最も孤立した土地といわれる荒野が広がり、変化に富んだ原生の自然美にあふれる。時間のない人でも、UT-12を走り抜ければ魅力の一端に触れることができるだろう。

バックカントリーにはワイルドな景観が多く、人ひとりがやっと通れる狭い峡谷（スロットキャニオン）などが人気を集めている。しかし、整

Burr Trail Rd.のSinging Canyon

Reader's Voice　**Kiva Koffeehouse** EscalanteとBoulderの間にある喫茶店。絶景を眺めながらコーヒーを飲むことができる。地元のアーティストの作品も展示してあってとても雰囲気がよい。

備されたトレイルなどほとんどなく、そこまで行くには時間と労力、そして遭難や鉄砲水といったリスクもともなう。相応の準備を整え、ビジターセンターで状況を確認してから出かけよう。

Lower Calf Creek Fall

UT-12のすぐ脇にある美しい滝。ただし断崖を下りる道がないため、往復約4時間歩かなければならない。トレイルヘッドはEscalanteの東15マイルのCalf Creekキャンプ場。砂地で歩きにくい箇所があり、日陰も少ないので飲料水は多めに持参しよう。トレイルの終わりに高さ約38mの滝が突如現れる。断崖に囲まれているため、午前中の短い時間しか日が差さない。ベ

整備されたトレイルがあるGrosvenor Arch

ストシーズンは春と秋。6〜8月は天候の変化が激しい時期なのでおすすめできない。

Cottonwood Canyon Rd.

コダクロームベイスン州立公園から南下し、巨大なダブルアーチ、Grosvenor Archを経て47マイルでレイクパウエル手前に出られる未舗装路。乾いていれば普通車でも走れなくはないが、もし途中で雨に遭ったら4WDでも立ち往生してしまうので、覚悟を。積雪期は通行不可。

Hall in the Rock Rd.A   MAP P.108

Escalanteのすぐ東側から未舗装路に入り、モルモン教徒の史跡が残るレイクパウエル湖畔まで56マイル。普通車で入れるのは最初の20マイルほどで、あとは4WDのみ。12マイル地点に奇岩やアーチが集まる**デビルスガーデンDevils Garden**がある。雨のあとや積雪期の通行は無理。

Burr Trail Rd.

Boulderから東へ続く舗装道路。31マイル走ってキャピトルリーフ国立公園に入ると未舗装になる。乾いていれば普通車でも通行できる。そのまま進むとストライクバレー展望台（→P.154）の分岐点を過ぎ、スイッチバックで急坂を下ってNotom-Bullfrog Rd.に突き当たる。ここまで36マイル。左折すればキャピトルリーフの中心部、右折すればレイクパウエルへ出る。

©NPS

朝早くに歩き出そう

Reader's Voice

Cottonwood Canyon Rd.を走る人へ

ブライスキャニオンからペイジへの移動にCottonwood Canyon Rd.を使いました。普通車で2時間30分ほどで難なく走れましたが、いくつか気づいたことがあります。

まず、入口がわかりにくく、脇道がたくさんあるので、Tropicのビジターセンターで詳細地図をもらうことをおすすめします。

入って10分もすると川があります。私が行ったときには深さ5cm程度でしたが、川底が泥なのでスタックしないかひやひやしながら通りました。

30分ほどで最初の山越えがあり、コダクロームベイスンを望むことができます。このあたり

は道幅が狭く、対向車が来たらどちらかがバックするしかありません。

途中で牛の大移動にあいました。300頭ほどの牛に対しカウボーイが5人ほど。まさにウエスタン！な光景に感動しました。で、こうなると牛が通り過ぎるまで10分ほど車を停めてじっと待つしかありません。

私が通行したのは8:00〜10:30でしたが、遅くなればなるほど通行量が増し、15台ほど対向車がありました。道の状態と対向車の運転の荒さを考慮すると、十分な注意が必要です。速度は常に時速25マイル程度でした。（東京都 Urara '13）['23]

キャピトルリーフ国立公園
Capitol Reef National Park

カテドラルバレーの奥にあるアッパー・カテドラルバレーには、絵になる奇岩が連なる。かなりの悪路なのでツアー利用が正解だ

　キャピトルリーフの景観を造り上げた最大の功労者は「水」。Waterpocketと呼ばれる砂岩にできた何千もの水たまりと、水の力によってできた複雑怪奇な岩の数々。これらは、今からおよそ6500万年前の地殻変動によって誕生したもので、ここからレイクパウエルまで160kmにもわたって延々と続いている。ワシントンDCの国会議事堂を思わせるドーム状の岩や、巨大な落ち葉のような平らな巨岩の連なりがあったりして、ナバホの人々がこの地を "眠れる虹の大地" と呼んだのもうなずける。

入植者の納屋なども残されている

MAP 折込1枚目 C-3、折込2枚目オモテ G-2

行き方 ▶ ACCESS

　かなり辺ぴな場所にある国立公園で、公共の交通機関などは一切ない。グランドサークルのドライブの途中で、ブライスキャニオンとアーチーズの間に立ち寄るのがよい。

　ブライスキャニオンからUT-12を東に120マイル、UT-24にぶつかったら東へ5マイルでビジターセンターに出る。3〜4時間。峠を越えるので距離のわりに時間がかかる。春や秋には雪に注意。

　アーチーズからはUS-191、I-70、UT-24と進めば145マイル、3時間。どちらの国立公園からも変化に富んだ景色が望める、まさに景勝ルートだ。

　なおキャピトルリーフからレイクパウエルへの近道であるNotom-Bullfrog Rd.は景色のよい未舗装路だが、必ず直前にキャピトルリーフのビジターセンターか、レイクパウエルのブルフロッグ・レンジャーステーションで道路状況を確認しよう。

歩き方 ▶ GETTING AROUND

　公園敷地は南北に細長いが、見どころは中央部を横切るUT-24沿いに集まっている。この周辺を見るだけなら半日〜1日あれば十分。夏の日中は40℃を超える暑さとなるが、夜は急激に冷え込む。雷や夕立が多く、乾いた大地にあっという間に激流が現れる。ナローズのような峡谷を歩くときや、未舗装路を走るときには十分に注意を。

　なお、園内にはストアなどがないので、公園に入る前に食料を調達しておきたい。空気が乾燥しているので水は必携。

情報収集 ▶ INFORMATION

Visitor Center

　UT-24沿い、シーニックドライブの入口にある。特に未舗装路の状況と雨の予報をしっかりと聞いておきたい。シーニックドライブやハイキングトレイルのパンフレットも入手しておくといい。

DATA

時間帯▶山岳部標準時 MST
☎(435)425-3791
URL www.nps.gov/care
園24時間365日オープン
適期▶年中
料金▶シーニックドライブのみ
車1台＄20、バイク＄15
国定公園指定▶1937年
国立公園指定▶1971年
国際ダークスカイパーク
認定▶2015年
面積▶979km²
入園者数▶約123万人
園内最高地点▶2820m
（Billings Pass）
哺乳類▶62種
鳥　類▶242種
両生類▶5種
爬虫類▶17種
魚　類▶13種
植　物▶910種

キャピトルリーフまでの所要時間

Bryce Canyon	3〜4時間
Arches	約3時間
Salt Lake City	約4時間

ガスステーシコン
　園内にはない。UT-24を西へ8マイル走った所にあるガスステーションがいちばん近い

Visitor Center
園8:00〜16:30、冬期9:00〜
休冬期の祝日

ザ・キャッスルと呼ばれるこの岩がシーニックドライブ入口の目印

恐竜の背骨のような褶曲が続くストライクバレー

閉鎖情報

シーニックドライブのキャンプ場から先は、道幅の拡張や排水設備工事のため2024年4〜10月頃に通行止めになる予定

果樹園は専門のスタッフが手入れをしている

今から1000年以上前のものと考えられている

🐾 WILDLIFE

ピューマに注意

キャピトルリーフにはピューマが多い。特にフルータやキャンプ場周辺でミュールジカを狙うピューマがたびたび目撃されている。ひとりきりでトレイルを歩かない、幼い子供だけで遊ばせないなどに気をつけよう

シーニックドライブ　Scenic Drive

岩壁に沿って走る片道10マイルのドライブルート。幅はとても狭いが、一応舗装されている。ところどころにナンバープレートがあり、ビジターセンターで購入できるパンフレットをそこで広げれば地形などについて理解できるようになっている。Y字路を左折し、未舗装路を突き当たりまで走れば、Capitol Gorge (→P.154) のトレイルヘッドに出る。

荒天時には入らないほうが無難だ

フルータ　Fruita

キャピトルリーフには国立公園としては珍しいアトラクションがある。19世紀にモルモン教の開拓者が始めた果樹園、鍛冶屋、学校などが残っていて、季節にはフルーツ狩りが楽しめるのだ。2700本に及ぶフルーツの収穫期は、アプリコットが6月下旬〜7月中旬頃、モモ、ナシ、リンゴが8〜9月頃。収穫OKの標識「U-Pick Fruit」が出ていたら、自由に果樹園に入って食べてよいことになっている（有料。料金箱あり）。

先住民の岩絵　Petroglyph

ビジターセンターから東へ1マイルのUT-24沿いにある。グランドサークルではこうした岩絵をあちこちで見る機会があるが、ここの岩絵は、宇宙人のような奇怪な描写が一見の価値あり。

グースネック　Gooseneck

ビジターセンターより1マイル西。UT-24に小さな標識が出ている。駐車場から左へ約600m歩くと**サンセットポイント**で、日没時には遠くキャピトルリーフの岩壁がドラマチックに色を変えてゆく。距離は短いが迷いやすいトレイルなので、暗くならないうちに戻ろう。同じ駐車場から右へ約200m歩くと**グースネックGooseneck**へも徒歩5分ほどで行ける。川が蛇行する様子がよく見えるが、転落には十分に注意を。

秋には黄葉が楽しめる

グースネックの近くにあるサンセットポイント

➡ NOTES　カントリーストア　シーニックドライブのキャンプ場手前にある納屋と農家は、20世紀初頭からモルモン教徒の入植者が暮らしていたもの。内部は当時の暮らしを再現したカント↗

カテドラルバレー　Cathedral Valley

公園の北側に広がるエリアで、高さ約120mの一枚岩**Temple of the Sun & Moon**が荒野に立つ風景で知られる。Caineville Wash Rd.はかなり条件がよければ普通車でも入れることもあるが、Hartnet Rd.は川の横断があるので4WDが必要。いずれも雨が降ると道路全体が濁流にのまれ、完全に乾くまで4WDですら走れなくなる。通る車は1日数台。スタックしても助けを呼ぶこともできないので、トーレイの町から出ている日帰りツアーに参加することを強くすすめる（要予約）。

自分で4WDを運転していく場合は、ビジターセンターで詳しい地図をもらい、路面状況をよく聞いておこう。食料、水、予備のガソリンなどの準備も忘れずに。冷え込みに備えて防寒具も必要だ。ビジターセンターからCaineville Wash Rd.入口まで18.6マイル、Temple of the Sunまでさらに18マイル、いくつもの一枚岩が列をなす**Upper Cathedral Valley**まで13マイル。4WDで1周すると60マイルで丸一日かかる。

テンプル・オブ・ザ・サンを訪れるなら早朝か夕方がおすすめ

未舗装路を走る前に

大手レンタカー各社には4WD車もあるが、たとえジープでも、未舗装路を走ると保険が適用されないことが多い。借りる前によく確認を

Waterpocket Adventure Co.
☎ (801)400-7558
URL waterpocketadventures.com
図 カテドラルバレー $340～520、ストライクバレー $520。2人まで同料金
UT-12がUT-24に突き当たる手前左側にある

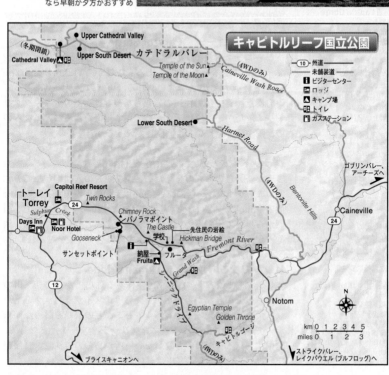

キャピトルリーフ国立公園

- 10 州道
- ─── 未舗装道
- i ビジターセンター
- ロッジ
- ▲ キャンプ場
- トイレ
- ガスステーション

↗ リーストアになっている。手作りの雑貨やジャム、パイが人気。まるで『大草原の小さな家』のような風情なので、ちょっと立ち寄ってみるといい。圏3/14〜11/25の9:00〜12:00、12:45〜16:30

普通車の場合、この看板の横に車を停めて歩いて行く人が多いようだ

Burr Trail Rd.のスイッチバックからの景色もまたダイナミック

ストライクバレー　Strike Valley

　ビジターセンターから東へ9マイル走り、Notom-Bullfrog Rd.へ右折。レイクパウエルへと続くこの道は整備されたダートロードで、乾いていれば普通車でOK。ストライクバレーの両側にはWaterpocket Foldと呼ばれる褶曲地形が連なっていて壮観だ。途中のジャンクションで「Boulder」の標識に従ってBurr Trail Rd.へ右折し、スイッチバック（つづら折り）を上りきってしばらく走ると「Upper Muley Twist Canyon」の標識がある。これを右折して3マイル走ると谷を一望できるポイントがある。ただし悪路なので、普通車は無理。手前の駐車場に車を置いて3マイル歩いていくか、前述のツアーを利用しよう。

アクティビティ 🌲🌲　▶▶▶ ACTIVITIES

ハイキング　◀◀◀◀▶▶ HIKING

キャピトルゴージ　Capitol Gorge

初級 Capitol Gorge
適期▶年中
距離▶往復3.2km
標高差▶24m
所要▶往復約1時間
出発点▶シーニックドライブ終点の駐車場
🚻簡易トイレ

　シーニックドライブの舗装路の終点を左折し、未舗装路を2マイルほど走ると駐車場に出る。ここから約2km歩き、The Tankと呼ばれる小さな池を訪れる。両側の壁が頭上に迫って迫力満点。途中に先住民の岩絵もある。標高差の少ないラクなトレイルだが、普段は干上がっている川底を歩くことになるので、雨が降りそうなときは決して入ってはいけない。

グランドウォッシュ　Grand Wash

初級 Grand Wash
適期▶年中
距離▶往復7.2km
標高差▶61m
所要▶往復約90分
出発点▶シーニックドライブの途中から未舗装路を入った所。またはビジターセンターからUT-24を東へ5マイルの駐車場
🚻簡易トイレ

急な雷雨に要注意

　ナローズというものを見たことがない人に入門編としておすすめのトレイル。両側に高さ150m以上の岩壁が迫り、狭い箇所では幅5mもない。トレイルはUT-24まで続いているので、UT-24側から歩いて来てもいい。高低差はほとんどない。ただし、鉄砲水が流れる場所なので、歩き出す前に必ず天候を確認しよう。

ヒックマンブリッジ　Hickman Bridge

中級 Hickman Bridge
適期▶10〜6月
距離▶往復2.8km
標高差▶122m
所要▶往復約2時間
出発点▶ビジターセンターより東へ2マイルのUT-24沿い
🚻簡易トイレ

　ビジターセンターの東2マイルにある駐車場から出発。川のせせらぎを聞きながらサボテンだらけのスイッチバックを上がり、眼前にそびえるキャピトルドームなどの岩峰を眺めながら歩いて、幅約40mのヒックマンブリッジ（アーチ）まで行く。途中、トレイルがはっきりしない箇所があるので注意。日陰がないコースなので夏の日中は避けよう。

宿泊施設 ACCOMMODATION

園内には宿泊施設はない。ビジターセンターの西側に3軒のモーテルがあり、いずれもキャピトルリーフに続く赤い岩山が背後に迫っていい景色。あとはUT-12とのジャンクションに5軒、**トーレイTorrey**の町に5軒のモーテルがある。

近隣の町に泊まる

🏠 Capitol Reef Resort

ビジターセンターから西へ3マイルのUT-24沿いにあり、赤い岩壁に囲まれている。幌馬車やティピ（テント）に泊まることもできる。年中オープン。レストランあり。Wi-Fi無料。

🏠 2600 E. Hwy. 24, Torrey, UT 84775
☎ (435)425-3761
URL capitolreefresort.com
on $249〜349 off $119〜349 カード A M V

🏠 Noor Hotel

ビジターセンターから西へ4マイル、上記ホテルの近くにある。ガスステーションとレストランがあるので便利。Wi-Fi無料。全館禁煙。40室。

🏠 877 N. Hwy. 24, Torrey, UT 84775
☎ (435)425-2525
URL thenoorhotel.com
on off $134〜518
カード A M V

キャンプ場に泊まる

シーニックドライブ入口の**Fruita Campground**に71サイトあり、年中オープンしていて$25。3〜10月は予約可。公園北部の**Cathedral Valley**と南部の**Cedar Mesa**にもキャンプ場はあるが、水は出ない。無料。

©NPS/Hannah Taylor
超ワイルドなカテドラルバレーのサイト

SIDE TRIP ゴブリンバレー州立公園 Goblin Valley State Park

MAP 折込2枚目オモテ F-2 ⏰ 6:00〜22:00
☎ (435)275-4584
URL stateparks.utah.gov
🎫 車1台 $20。キャンプ場 $35

キャピトルリーフからアーチーズへ行く途中にあり、規模は小さいながらも、ほかのどの公園ともまったく異なる摩訶不思議な景観が広がる。

入口はUT-24のHanksvilleの北22マイル地点。ここから12マイル走るとゲートに着く。

展望台から谷を見下ろすと、丸く浸食された岩が無数に横たわっていて壮観。まるで小鬼goblinたちの集会場のようだ。

谷に下りて歩いてみればその大きさが実感でき、マッシュルーム状に浸食された様子もよくわかる。場所によっては、ダンスをしているような小鬼がいたり、1匹だけそっぽを向いていたり、豊かな表情が見えてくる。1時間もあればざっと見学できるだろう。飲料水、トイレあり。

州道から近いので、ぜひ寄り道してみよう

アーチーズ国立公園
Arches National Park

世界でも屈指の大きさを誇るランドスケープアーチ。この姿をあと何年見ることができるだろうか

デリケートアーチ

　ユタ州南部は『カラーカントリー』『キャニオンカントリー』と呼ばれ、ザイオン、ブライスキャニオンなど岩の芸術作品が集中している地域だ。そのなかにあって、決して忘れてはならないのがアーチーズ。ここは世界でいちばんたくさんのアーチ＝穴のあいた岩が集まる所で、東京23区の約半分にあたるごく狭い地域に、確認されているだけで約2000のアーチ型をした岩が点在している。長い長い地球の歴史と、自然の力の巨大さ、不可思議さを、まざまざと見せつけてくれる光景だ。太陽の角度によってアーチが刻々と色彩を変化させていくさまは、いかなる芸術作品にも負けぬ美しさ。特にデリケートアーチは、ユタ州のシンボル的な存在になっている。

　この驚異の公園を訪れるときには、デジカメやスマホのメモリーをたっぷりと用意しておこう。

> **NOTES** 事前予約について　4/1〜10/31の7:00〜16:00に入園するには **URL** www.recreation.gov（Arches Timed Entryで検索）で時間指定の予約が必要。ファイアリーファーニスのツアーや ↗

行き方　ACCESS

　アーチーズのゲートシティは、公園ゲートから南に5マイルのユタ州**モアブMoab**。アーチーズとキャニオンランズのふたつの公園の拠点であり、オフロードドライブやラフティングなどアクティビティのメッカとしてにぎわっている。春と秋にはジープサファリやモトクロス大会も行われ、小さな町は人であふれかえる。しかし残念ながら、町の規模のわりには交通の便はよくない。コミューター機でモアブまで行くことはできるが、アーチーズを回るツアーバスはごく限られている。やはりラスベガスなどでレンタカーを借りて、グランドサークルを回る途中で立ち寄るのがおすすめだ。

飛行機　AIRLINE

Canyonlands Field Airport (CNY)

　モアブの北16マイルにある小さな空港。ユナイテッドエクスプレスがデンバーから2便（火・水は1便）、デルタコネクションがソルトレイク・シティから春～秋のみ1便飛んでいる。

　空港からダウンタウンへはMoab Expressなどのバンが送迎してくれる。レンタカーを借りるなら空港内にエンタープライズとアラモのカウンターがある。台数が少ないので要予約。4WDやジープも借りられる。

DATA

時間帯▶山岳部標準時 MST
☎(435)719-2299
URL www.nps.gov/arch
開 24時間365日オープン
図開館年中
料車1台＄30、バイク＄25
そのほかの方法は1人＄15。
キャニオンランズ、ナチュラルブリッジとの共通バス＄55（1年有効）
国定公園指定▶1929年
国立公園指定▶1971年
国際ダークスカイパーク認定▶2019年
面積▶310km²
入園者数▶約146万人
園内最高地点▶1723m
（Elephant Butte）
哺乳類▶56種
鳥　類▶188種
両生類▶7種
爬虫類▶15種
魚　類▶10種
植　物▶566種

CNY　☎(435)259-4849
URL www.grandcountyutah.net/263/Airport
※チェックインカウンターは出発時刻の45分前に閉められるので注意
Moab Express
☎(435)260-9289
URL moabexpress.com
料 モアブ市内まで＄27
Enterprise
（Alamo/National提携）
☎(435)259-8505
Free 1855-266-9289
URL www.enterprise.com
営 12:00～16:00

ラスベガス発着日本語バスツアー　→P.175

迷路のようなトレイルをレンジャーと一緒に歩くツアーが人気のファイリーファーネス

↗ キャンプ場の予約がある人は不要。3ヵ月前の1日（4月分は1/10）に受付開始。手数料車1台＄2。指定時間から1時間以内に入園を。当日中有効。予約が取れなかったら7:00前か16:00以後に入園するといい

157

Grand Circle

アーチーズまでの所要時間
Capitol Reef 約3時間
Monument Valley 約3時間
Mesa Verde 約3時間
Salt Lake City 4〜5時間

ユタ州の道路情報
Free 511
Free 1866-511-8824
URL udot.utah.gov

ガスステーション
園内にはないので、モアブで満タンにしてから入園しよう

モニュメントバレーからはUS-163、US-191と北上してきて166マイル、3時間。メサベルデからはUS-491、US-191と走って149マイル、3時間。キャピトルリーフからはUT-24、I-70、US-191と走って142マイル、3時間。

モアブのほとんどのモーテルは、町の中心部を走るUS-191（Main St.）に沿って並んでいる。アーチーズやキャニオンランズへは、このUS-191を北に走る。コロラド川に架かる橋を渡ると、やがて右にアーチーズの入口がある。モアブから5マイル。

なお、モアブで4WDを借りてアーチーズとキャニオンランズを回るというのも楽しい。レンタカー会社はエンタープライズ（→P.157）など5社あるが、台数が少ないので必ず予約を。

SIDE TRIP　園外にあるアーチとタワー

「もうひとつのレインボーブリッジ」と呼ばれるコロナアーチ

UT-128からLa Sal Loop Rd.へ入った所にあるキャッスルトンタワー

US-191からコロラド川に沿って西へ延びるUT-279は別名Potash Rd.。カリウム鉱床（→P.170）へ続く道だ。これを10マイル走ると、レインボーブリッジに似たコロナアーチCorona Archのトレイルヘッドがある。トレイルは往復4.8km、所要約2時間。近くには、モニュメントバレーのサンズアイにそっくりなBowtie Archもある。さらに進むと、道はカリウムを搬出する線路と平行するようになり、3マイルほどで右側頭上にポッ

トの持ち手のようなJug Handle Archが見える。

もしもモアブからグランドジャンクション方面へ行くなら、アーチーズの敷地に沿ってコロラド川の河岸を走るUT-128を通ってみてはどうだろう。園内のアーチが見えるわけではないが、ダイナミックな風景が次々に現れる景勝ルートだ。モアブの北、コロラド川の橋の手前を右折して21マイル走り、未舗装路を右折して2マイル進むと有名なフィッシャータワーズFisher Towersがある。トレイルは往復約7km、所要約4時間。

注意：いずれの道路も交通量が少ないので、特に雨のあとなどはあらかじめモアブのビジターセンターで道路状況を確認したほうがよい。

フィッシャータワーズは車道からも遠望できる

歩き方　GETTING AROUND

　US-191が公園の南を走り、入口はここからの1ヵ所のみ。園内にはおもな見どころを結んで全長21マイルの舗装道路が敷かれている。この道路を走りながら、途中にあるビューポイントに立ち寄ったり、トレイルを歩いたりしてみよう。

　特にトレイルを歩くことは重要だ。歩くことを嫌っていてはアーチーズの魅力は1割も味わえないだろう。数多いアーチのほとんどは、舗装道路から外れた所にひっそりと架かっている。どのトレイルもそれほど長くはない。水を持って歩こう！

　見どころが集中しているのは、南部のCourthouse Towers、バランスロックから東に入ったWindows Section、中央部のFiery Furnace、北部のDevils Gardenなどだ。

アーチーズは大人気！

　近年アーチーズの人気はうなぎ登りで、もともと狭かった駐車場は満車状態が続いている。シーズン中（3〜10月）の昼間は見学にも時間がかかり、特に日中のデビルスガーデンと、夕方のデリケートアーチ・トレイルヘッドの駐車場は大混雑！　休日を避ける、時間に余裕をもって動くなどの工夫を

園内の舗装路は1本のみ。この道を往復することになる

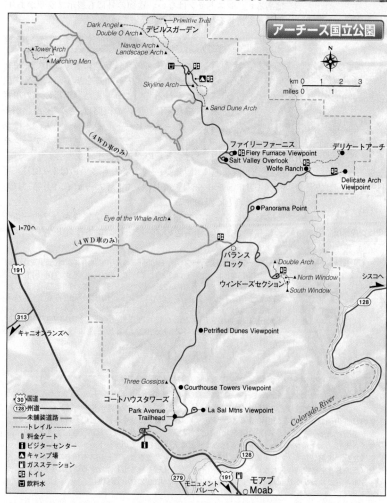

↗に関する歴史書など地元にゆかりのある書籍が豊富。日本では入手困難なものも多く、一見の価値あり。（東京都　森安徹　'15）インフォメーションセンターから北へ1ブロック　圏9:00〜21:00 ['23]

情報収集  INFORMATION

Moab Information Center

Moab Information Center
🏢 Main & Center Sts.
（駐車場はCenter St.を東へ入った所）
☎ (435)259-8825
🔗 www.discovermoab.com
🕐 9:00〜16:00
🚫 11月第4曜、12/25
※館内Wi-Fi無料

　町の中心部、US-191沿いにあるビジターセンター。国立公園局、国有林局など5つの組織が共同で運営していて、資料や写真集などがとても充実している。アーチーズ、キャニオンランズの天候やトレイルの情報もここでわかる。

アウトドアスポーツの町、モアブ

Visitor Center

Visitor Center
☎ (435)719-2299
🕐 夏期8:00〜17:00、冬期9:00〜16:00、11月第4木曜9:00〜13:00

　US-191から園内へ入り、料金ゲートを通るとすぐ右にビジターセンターがある。周囲の景観に溶け込んだ建物だ。まずは15分間のオリエンテーションフィルムを観るといい。トイレと飲料水はあるが、レストランはない。建物の外にも展示プラザがあり、閉館後も情報を得られるようになっている。

シーズン SEASONS AND CLIMATE

雪に覆われると赤みがかった岩が引き立って美しい

　アーチーズの夏は猛烈に暑く、40℃を超えることもある。トレイルを歩く際には必ず飲料水を持っていこう。また、車用の水の用意も忘れずに。園内の道路はアップダウンが多く、オーバーヒートしやすい。一方、冬は寒く積雪もある。この激しい温度差がアーチを造ってきたのだから、まぁ我慢しよう。

　観光シーズンで人も多いのは3〜10月。特にメモリアルデイ（5月最終月曜）やレイバーデイ（9月第1月曜）の前後はひどく混雑する。

　冬はオフシーズンで宿泊費も安くなる。寒いが、ラサール山地に積雪があり、赤茶色のアーチとのコントラストが美しい。

そのほかの施設
　ビジターセンターとキャンプ場以外、園内には何の施設もない。食事、軽食、売店、ガソリンなど、すべてはモアブで

アーチーズの気候データ　日の出・日の入り時刻は年によって多少変動します

月	1	2	3	4	5	6	7	8	9	10	11	12
最高気温(℃)	7	11	18	22	28	34	38	36	31	23	13	7
最低気温(℃)	-6	-2	2	6	11	16	19	19	13	6	-1	-5
降水量(mm)	14	12	8	17	19	10	23	25	23	30	15	14
日の出(15日)	7:35	7:10	7:30	6:42	6:06	5:53	6:06	6:32	7:00	7:27	7:01	7:29
日の入り(15日)	17:20	17:55	19:25	19:55	20:23	20:45	20:43	20:14	19:27	18:41	17:06	16:58

SIDE TRIP　恐竜の化石を見られるミルキャニオン

　モアブから車で30分ほどの所に、発掘したままの状態の恐竜の化石を間近に見ることができる場所がある。モアブからUS-191を北へ15マイル走り、マイルマーカー141を過ぎたらすぐに左折。未舗装路を2マイルほど走ると到着だ（雨のあとや積雪期は入れない）。

　ミルキャニオンMill Canyonと呼ばれる峡谷に、およそ1億5000万年前に堆積したアロザウルス、ステゴザウルスなどの恐竜の骨や、岩の斜面に残された恐竜の足跡、珪化木（→P.191）などが散在していて、トレイルを歩きながら自由に見学できる。フェンスも何もないが、もちろん化石を持ち出したりすることはできない。
☎ (435)259-2100　無料

Reader's Voice　ミルキャニオンへ行くなら　「Mill Canyon」と書かれた標識の先は細かい砂がたまった道で、晴天続きでも4WDでしか入らないほうがいい。普通車で入った私は車が砂に埋まり1時間以↗

今にもポキンと折れそうな摩天楼だ

> **Trivia**
> **インディ・ジョーンズ**
> 映画『インディ・ジョーンズ～最後の聖戦』の冒頭、若き日のインディのエピソードが描かれるシーンでパークアベニュー、バランスロック、ダブルアーチなどアーチーズの大地が登場している

初級 Park Avenue
適期▶年中
距離▶片道1.6km
標高差▶98m
所要▶片道約45分
出発点▶Park Avenue

おもな見どころ　📷 ▶▶▶ PLACE TO GO

パークアベニュー　Park Avenue

　ビジターセンターからスイッチバックの急坂を登った左側にある。パークアベニューといえば、道の両側に摩天楼が並ぶマンハッタンの目抜き通りだ。ユタの大地になぜ、そんな名前がついているのか。トレイルヘッドに立ってみればすぐに納得がいくだろう。トレイルが通る谷の両側に、フィンと呼ばれる巨大な衝立状の岩がビル群のように並んでいる。その迫力と美しさは、本家パークアベニューなど足元にも及ばない。谷に下りて見上げるとさらに迫力満点。トレイルの終点はコートハウスタワーズの展望台なので、ドライバーが残って、ここまで車を回しておいてもいい。

Queen Nefertitiの岩は、古代エジプトの王妃ネフェルティティの横顔そっくり。残念ながら頭が転げ落ちる日は遠くないかもしれない

コートハウスタワーズ　Courthouse Towers

　パークアベニューの北端付近には巨岩が集まっている。堂々たる迫力の**オルガンThe Organ**、天を指す**バベルの塔Tower of Babel**、シルエットが羊のような**シープロックSheep Rock**、3人寄って内緒話をしているかのような**スリーゴシップスThree Gossips**などを探してみよう。

バランスロック　Balanced Rock

　ビジターセンターから9マイルほど。アーチではないが見逃せないポイントのひとつ。頂上に乗った岩が今にもゴロンと落ちてきそうだ。隣にバランスロックの赤ちゃんのような岩（Chip-Off-the-Old-Block）があったのだが、1976年の冬、嵐のために崩れてしまった。バランスロックが崩れる日もそう遠くないだろう。写真で見て想像するよりずっと大きくて驚かされる。周囲を回る約30分のトレイルがあるので、ぜひ歩こう。格好がいいのはトレイルヘッドから見る姿だが、下まで行くと大きさがよくわかる。

バランスロックは角度によって大きく形が変わる

Balanced Rock
1周約500m、所要15～30分
📶圏外 簡易トイレ（駐車場の向かいにある未舗装路を入った所）。車椅子可

↗上四苦八苦。ほかにもセダンが埋まって放置されていた。携帯電話も通じない。0.3マイル手前にある駐車場から歩いたほうがいい。ただし足が砂に埋まるので覚悟のほど。（東京都　Urara　'16）['23]

161

真下まで入れるダブルアーチ。人の大きさに注目！

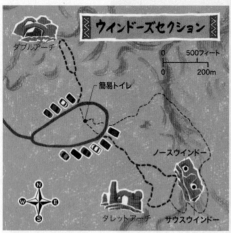

ウインドーズセクション

ウインドーズセクション　Windows Section

バランスロックの少し先で右折すると、ウインドーやアーチが集中したウインドーズセクションだ。突き当たりの駐車場に車を停め、トレイルを少し歩くと、**北の窓North Window、南の窓 South Window**がある。正面にあるタレットアーチTurret Arch あたりから見ると、間に立つ岩を鼻として両目のように見えるので、別名めがねSpectaclesとも呼ばれる。

駐車場まで戻ったら、反対側の短いトレイルを歩いて**ダブルアーチ Double Arch**を見に行こう。1ヵ所から2本のアーチがV字型に架かっている珍しいアーチで、そのダイナミックな姿が人気を集めている。

ウインドーズと向かい合って立つタレットアーチ

ファイリーファーニス　Fiery Furnace

『燃えたつ焦熱の地』『溶鉱炉』というような意味。灼熱の大地にじっと座ってラサール山脈を見つめている岩の群像がなんとも印象的。展望台から奥へ続くトレイルは、5〜9月に1日3回行われるレンジャーツアーに参加することが強く推奨されている。

トレイルといってもほとんど目印もなく、迷いやすくて危険だからだ。ちょっとした岩登りもあるので、動きやすい服装としっかりとした靴で参加しよう。

初級 Windows Section
適期▶年中
距離▶1周1.6km
標高差▶46m
所要▶1周30〜45分
出発点▶Windows Section
設備 簡易トイレ（車椅子可）

初級 Double Arch
適期▶年中
距離▶往復1km
標高差▶38m
所要▶往復約30分
出発点▶Windows Section
設備 簡易トイレ（車椅子可）

Ranger Fiery Furnace
距離▶1周3.2km
標高差▶61m
所要▶約3時間
出発点▶Fiery Furnace Viewpoint
設備 簡易トイレ（車椅子可）
料 $16
※5歳未満不可。予約は下記サイトで6ヵ月前〜4日前まで受付。空きがあれば当日ビジターセンターでの申し込みも可
URL www.recreation.gov
なお、個人で入る場合は事前に許可を取得しなければならない。1人 $10

道に迷うと危険なので勝手に入るのはやめよう

Reatler's Voice ダブル・オー・アーチへのトレイル　岩の背の所は両側とも断崖で手すりなどない。モアブでは弱風だったが岩の背は強風が吹き抜けていて、風に体がもって行かれないよう注意が必要だっ↗

デビルスガーデン　Devils Garden

『悪魔の庭』などという名がついているが、実際には多彩なアーチが楽しめる『夢の庭』だ。園内の舗装道路をいちばん奥まで走り、トレイルを歩いてみよう。シーズン中は駐車場のスペースを探すのがひと苦労なので、早朝訪れることをすすめる。

出発してすぐに右に分岐するとトンネルアーチTunnel Archと、アーチの窓の部分に小さな松の木が生えているパイン・ツリー・アーチPine Tree Archがある。トレイルに戻ってさらに進むと、左手にランドスケープアーチLandscape Archが見えてくる。差し渡し88.4mと北米最長、世界屈指。ザイオンのコロブアーチ（→P.132）は岩壁から一部がはがれただけで、展望台からは穴の向こうに空が見えない。一方、ランドスケープアーチは最も細い所が1.8mと今にも崩れ落ちそうで、見る者に強烈なインパクトを与えてくれる。近年、何度も大きな崩落があり、危険なのでアーチの真下まで行くことはできない。バランスロック同様、いつ消えてもおかしくない造形なのだ。

さらに奥へ歩くと、2008年に崩壊したウオールアーチWall Arch、ナバホアーチNavajo Arch、そして大小2つの窓が上下に開いた**ダブル・オー・アーチDouble O Arch**、そしていちばん奥にタワー状の岩、ダークエンジェルDark Angelがある。ただし、散策気分で歩けるのはランドスケープアーチまで。人気の高いダブル・オー・アーチまで行くには時間もかかるし、両側が切り立った岩の背も通る。特に風のあるときには注意しよう。

時間と体力があれば、ダブル・オー・アーチからの帰路に**プリミティブトレイルPrimitive Trail**へ回り道するといい。プリミティブとは「整備されていない」「原始的な」という意味。つまり、ワイルドなコースだから覚悟して歩きなさい、ということだ。滑りやすい岩肌をよじ登ったりするので、しっかりとした登山靴で。雨のあとや凍結時、積雪時は避けよう。またトレイルは迷路のようなので、小石を積んだ目印を見失わないように気をつけよう。

初級 Landscape Arch
適期▶年中
距離▶往復4km
標高差▶40m
所要▶往復約1時間30分
出発点▶Devils Garden
設備 簡易トイレ（車椅子可）・飲料水
※トレイルは砂地で勾配あり

上級 Double O Arch
適期▶3〜6月、9〜11月
距離▶往復6.7km
標高差▶198m
所要▶往復2〜4時間
出発点▶Devils Garden Trailhead

上級 Primitive Trail
適期▶3〜6月、9〜11月
距離▶1周11.5km
標高差▶198m
所要▶1周3〜6時間
出発点▶Devils Garden Trailhead
※足を滑らせると危険な箇所があるため、岩がぬれているとき、風が強いときには入ってはいけない

プリミティブトレイル。足を踏み入れるかどうか慎重に判断しよう

⤴ た。高所恐怖症ではない私でもここでは恐怖を感じた。むしろ、デリケートアーチへの幅の狭い断崖を歩くトレイルのほうが、片側が岩壁で体を預けられるので楽だった。（東京都　pacho '15）['23]

デリケートアーチ

トレイルヘッド

デリケートアーチ・トレイル

歩かずに見る方法
　ウォルフェランチからさらに道路を1.2マイル走ると、デリケートアーチのビューポイントがある。歩かずにアーチが見られるわけだが、はるか遠くにポツリと見えるだけ。さらに奥へ続くトレイルを15分ほど登ると、谷を隔ててデリケートアーチが見える

デリケートアーチ　Delicate Arch

　数あるアーチのなかでも真打ちといえるのがこのデリケートアーチ。偶然の産物とは信じ難いほどの完成された姿だ。赤茶色の滑らかな砂岩が円形劇場のように曲線を描くその突端に、オペラ座のステージに立つプリマドンナのごとく気品と荘厳さを漂わせたアーチがスポットライトを浴びている。足元は断崖絶壁。背後には、まさに絵に描いたようなラサール山脈の雪が光る。

　ただし、このアーチにはそう簡単には出合えない。公園のメインロードから標識に従って東へ折れて3分。ウォルフェランチWolfe Ranchからトレイルを2.4km歩く。距離はさほどでもないが、勾配があるので意外にきつい。雨上がりなどは滑りやすいので、トレイルから外れないよう注意。しんどいけれど、片道1時間ほどかけてアーチにたどり着けば、きっと疲れなど吹き飛んでしまうだろう。

わかりにくい場所では目印のミニケルンと茶色い標識を探しながら歩こう

TRAIL GUIDE

デリケートアーチ

中級 Delicate Arch
適期▶3～6月、9～11月
距離▶往復4.8km　**所要▶**往復2～3時間
標高差▶146m　**出発点▶**Wolfe Ranch
設備 簡易トイレ（車椅子可）　※日中は1リットル以上の水、夕方は懐中電灯を忘れずに

　トイレを済ませ、目の前の小川を渡って歩き始める。しばらくは野原を歩いているような気楽なトレイルだが、途中から巨大な一枚岩の上を登るようになる。この部分はけっこうきつい。歩幅を小さく、リズムよく歩くことだ。積んである石（ケルン）を目印に登るのだが、ところどころ目印がわかりにくい。とにかく、正面の岩を左から回り込むように進むのが正解だ。

　岩を登りきると、粒子の細かい砂岩や岩のゴロゴロした所があり、やや歩きにくい。左側にスベスベの奇妙な岩を見ながら進むと、やがて幅の狭い断崖を歩くようになる。風のある日など気をつけよう。突然、右側の壁が切れると、

デリケートアーチがその端正な姿を見せる。

　写真を撮りたいなら、午前中は逆光になる。できれば日没時、夕日に赤く染まるデリケートアーチを見たいもの。ビジターセンターで日没時刻をチェックし、1時間前までにアーチに着くように計画するといい。早めに行かないと駐車場がいっぱいになってしまう。

　なお、日没を待つと帰りはかなり暗くなる。もともと滑りやすい岩なので足元には細心の注意を。

雪とのコントラストもすばらしい

©NPS/Jacob W. Frank

Trivia 先住民の岩絵　デリケートアーチのトレイルを歩き出してすぐ、橋を渡ったら左折して約3分歩くと、入植者の小屋Wolfe Ranchと、先住民がビッグホーンシープなどを描いた岩絵がある

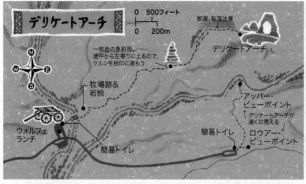

デリケートアーチ

0　500フィート
0　200m

断崖。転落注意

デリケートアーチ

一枚岩の急斜面。途中から左寄りに上るので、ケルンを目印に進もう

牧場跡＆岩絵

アッパー・ビューポイント
↑デリケートアーチが遠くに見える
ロウアー・ビューポイント

ウォルフェ
ランチ

簡易トイレ

簡易トイレ

アッパー・ビューポイントまで上がると、デリケートアーチの背後にある断崖がよく見える

アクティビティ ▶▶▶▶ ACTIVITIES

ハイキング ▶▶▶ HIKING

　各ビューポイントから離れた所にあるアーチを見に行くトレイルなど、園内には数多くのトレイルが整備されている。なかでもデリケートアーチへのトレイルを歩かないと、きっと後悔する！

　おもなハイキングトレイルについては、前記のおもな見どころの欄外情報を参照。暑く乾燥した公園なので、水は必ず携帯しよう。ビジターセンターとデビルスガーデン＆デリケートアーチのトレイルヘッドに飲料水がある。食べ物は園内では一切売っていない。

太古の時代から光合成によって酸素を生み出し、地球の環境に大きな影響を与えたといわれるシアノバクテリア

おもなアーチ＆ナチュラルブリッジの大きさ比べ

（赤字はナチュラルブリッジ）		穴の幅(m)	穴の高さ(m)
阿図什天門 Shipton's Arch	（中国）	65	305〜366
仙人橋 Fairy Bridge	（中国）	122	64
貴州織金峡谷 Zhijin Bridge	（中国）	104	85
江洲仙人橋 Juangzhou Bridge	（中国）	95	46
大穿洞 Dachuandong	（中国）	91	41
Aloba Arch	（チャド共和国）	76.2	120.0
Landscape Arch		88.4	23.6
Kolob Arch	（→ P.132）	87.5	31.9
Rainbow Bridge	（→ P.114）	74.7	71.3
Sipapu Bridge	（→ P.186）	69	44
Kachina Bridge	（→ P.186）	59	64.0
Owachomo Bridge	（→ P.186）	54.8	32.3
Double Arch	（南側）	44.4	34.1
	（西側）	18.3	26.2
South Window		35.1	17.1
North Window		27.4	14.6
Double O Arch	（上部）	20.3	10.8
Delicate Arch		10.0	13.7

Shipton's Arch の高さは National Geographic の計測（幅は推定値）、Aloba Arch は The Natural Arch and Bridge Society の計測による

◯ GEOLOGY

トレイルを外れないで
　アーチーズには、シアノバクテリアと呼ばれる地衣類やコケに覆われた特殊な土壌があちこちにある。まるで黒い霜柱が立ったようなデコボコの地面で、風化を防ぐなど、アーチーズの生態系のなかでさまざまな役割を担っていると考えられている。しかし現在、入園者に踏みつぶされ大きなダメージを受けた土壌が問題になっている。回復にはなんと250年かかるそうだ。トレイルを外れないよう、くれぐれもご注意を

© NPS/Neal Herbert

アーチ&ナチュラルブリッジ

「穴の空いた岩」の呼び方はいろいろあり、基準についてもさまざまな意見がある。3mより大きければアーチArch、小さければ穴Holeという人もいれば、縦に長い穴が空いている場合が窓Window、横に広がっていればアーチと考える人もいる。アーチーズ国立公園では最短方向の長さが3フィート（約91cm）以上あればアーチと呼んでいる。

ではアーチとナチュラルブリッジNatural Bridgeはどう違うのだろうか。地質学者は「化学的、物理的浸食作用によってできたのがアーチ、川や水の流れで浸食されたものがナチュラルブリッジ」としている。例えば川の水量が増えたとき、川がカーブしている所では、その外側の壁に流れがぶつかって、しだいにすり減っていく。やがて穴が空くと新しい流れができて、さらに浸食は進む。こうしてできたのがナチュラルブリッジだ。ユタ州南部には4つのナチュラルブリッジがあるが、レイクパウエルのレインボーブリッジRainbow Bridge（→P.114）は世界第3位の大きさといわれる。

そして、アーチーズ国立公園にあるような、雨、風、霜、太陽熱などの総合的な作用でできたものはアーチというわけ。詳細な測量によって認められたものとしては、アーチーズのランドスケープアーチが世界4位で、5位がザイオンのコロブアーチということになっている。ユタ州は世界的にも珍しい「穴の空いた岩」の宝庫なのだ。

アーチのできるまで

太古の海

2億5000万年前頃、この地方には大きな内海があった。当時は、現在よりもずっと赤道に近く、高温で乾燥していたために、海水は容易に蒸発し、塩分が堆積。海面水位の変化により、海水の流入と蒸発が繰り返され、結果的に1500〜1800mの塩が堆積した。やがて水位が安定すると、塩の層の上に土砂などの堆積が始まる。この圧力（重さ）を受けて、塩の層は氷河のように動き始めた。より圧力の弱い部分を求めて、ある部分は横へ、ある部分は表面に向かって上昇を続け、約2億年の間動き続け、背斜構造と呼ばれる丘の列を造り出した。

今から約1億年前、塩の層は動きを止め、上部には、砂など別の堆積物が地層を形成した。

水による浸食

今からおよそ4000万年前の地殻変動によって、この地方一帯が隆起。コロラド川やグリーン川による浸食が始まった。上部の層は浸食され、塩の背斜構造が地表近くに露出する。水は塩の層に浸透してこれを溶かし、支えを失った上部の層には谷や割れ目が生じる。

アーチーズでは、この上部の層が赤っぽいエントラーダ砂岩層Entrada Sandstone。下部のナバホ砂岩層Navajo Sandstoneよりももろく、アーチの多くがこの層に形成されている。

このエントラーダ砂岩層にできた割れ目は、さらに雨などの力で広げられ、フィンfinと呼ばれる薄い板状の岩を形成した。現在でも、ファイリーファーニスやデビルスガーデンなどで典型的なフィンを見ることができる。

いよいよアーチの完成

フィンに穴が空いたものがアーチだ。ではどうやって穴が空いたのか。ここではふたつの力が作用している。

ひとつは酸の力だ。雨は大気中の二酸化炭素を含んで弱酸性になっていたが、これがエントラーダ砂岩層の粒と粒を結合している炭酸カルシウムと反応して岩を崩していった。

もうひとつは霜の影響。岩の弱い部分に水が入り込んで凍結し、体積を増してくさびのように岩を崩した。エントラーダ砂岩層のなかでも、軟らかいデューイブリッジ層と硬いスリックロック層の接する所で、この過程はよく起こった。

ひとたび穴が空いてしまうと、岩は内側から崩れ始める。だから、アーチの形成は現在も続いている。あるアーチができるのに1000年かかることもあれば、一夜にして倍の大きさになることもある（スカイラインアーチは1940年に倍の大きさになったし、最近では1991年にランドスケープアーチから長さ18m、幅3.4m、厚さ1.4mの岩板が崩落した）。アーチの物語に終わりはない。

1940年の崩落で、一夜にして穴が2倍の大きさになったスカイラインアーチ

Readers Voice 郊外のロッジ　モアブにはモーテルがたくさんあるが、少し足を延ばして自然を満喫できるRed Cliffs Lodgeはいかがだろう。部屋からはコロラド川と断崖絶壁の岩山を間近に見ることができ ↗

キャンプ場に泊まる ▷▷▷▷

　デビルスガーデンの駐車場近くに**Devils Garden Campground**がある。電源、シャワーなし。年中オープンしているが、冬期は水道水が凍ってしまうこともある。1日＄25。全部で53サイトあり、ほとんどのサイトは3〜10月のみインターネットまたは電話で予約できる。11〜2月は約半分のサイトがオープンしており、早い者勝ち。

　なお、モアブの町には民間のキャンプ場やRVパークが9ヵ所ある。

キャンプ場の予約（3〜10月のみ）
Free 1877-444-6777
URL www.recreation.gov
受付は6ヵ月〜4日前まで

近隣の町に泊まる ▷▷▷▷

🏠 Hotel Moab Downtown
　町のど真ん中の国道沿いに建つ大型モーテル。室内は広さ十分で、コーヒー＆ティーメーカー、大きな冷蔵庫と電子レンジ付き。Wi-Fi無料のほか、ロビーに日本語表示できるPCもある。

広いゲストルームくてすい使いやすいゲーム

いつでも淹れたてのコーヒー＆紅茶が楽しめるのがうれしい

隣にワッフルハウス、斜め前にもレストランがあって便利。全館禁煙。

🏠 182 S. Main St., Moab, UT 84532
☎ (435)259-7141　Free 1888-989-1988
URL www.hotelmoabdowntown.com
on ＄170〜309　off ＄98〜129
カード A D M V

🏠 Apache Motel
　町の中心部からS. 100 St.を東へ4ブロック。国道から離れているぶん、割安だ。客室は質素で少々古い。コーヒーメーカー、ヘアドライヤーあり。コンチネンタルブレックファスト＆コーヒーのサービスがある。全館禁煙。

冷蔵庫と電子レンジがあって便利

🏠 166 S. 400 E., Moab, UT 84532
☎ (435)260-7239
URL apachemotel.com
on off ＄169〜250　カード A M V

国道から離れた住宅街にある

モアブ		Moab, UT 84532　公園ゲートまで5マイル　約50軒		
モーテル名	住所・電話番号など		料　金	カード・そのほか
Best Western Plus Greenwell Inn	🏠 105 S. Main St. ☎ (435)259-6151 Free 1800-780-7234 URL www.bestwestern.com		on ＄149〜324 off ＄129〜194	A D J M V　町の中心部にある。全館禁煙。電子レンジ、冷蔵庫付き。Wi-Fi無料。フルブレックファスト込み。コインランドリーあり
Expedition Lodge	🏠 168 N. Main St. ☎ (435)259-6147 Fax (435)259-5556 URL expeditionlodge.com		on ＄123〜272 off ＄78〜123	A M V　町の中心部。冷蔵庫、電子レンジ付き。コインランドリー、全館禁煙。Wi-Fi無料
Bighorn Lodge	🏠 550 S. Main St.　☎ (435)259-6171 Free 1800-325-6171 URL moabbighorn.com		on ＄113〜185 off ＄70〜110	A M V　町の南。冷蔵庫、電子レンジ付き。Wi-Fi無料、ステーキハウス併設。全館禁煙
Red Stone Inn	🏠 535 S. Main St.　☎ (435)259-3500 URL moabredstone.com		on ＄109〜170 off ＄65〜90	A M V　町の南。冷蔵庫、電子レンジ付き。コインランドリーあり。Wi-Fi無料。全館禁煙

↗ る。ワイナリーもあり、レストランでは珍しいユタ産のワインも味わうことができる。（東京都　森安徹　'15）
UT-128（→P.158コラム）を東へ14マイル　URL redcliffslodge.com　🏠 ＄174〜462［'23］

キャニオンランズ国立公園
Canyonlands National Park

アイランド・イン・ザ・スカイにあるメサアーチは、日の出の際、アーチの底部がオレンジ色に染まる。アーチ越しに見える女性が洗濯をする姿のような岩も必見

　赤茶けたコロラド川の水が大地を削り、緑茶色のグリーン川の水もまた深い谷を造る。ふたつの異なる水が出合い、さらに深く大地を削ってゆく。そんな壮大なドラマの舞台となっているのがキャニオンランズ。アーチーズ国立公園のすぐそばにありながら、景観の差はあまりにも大きい。キャニオンランズはまた、オフロードドライブのメッカでもある。腕に自信のある人は、モアブでジープや4WDのレンタルを行っているので、チャレンジしてみるのもおもしろい。

バックキャニオン展望台

MAP 折込1枚目C-3、折込2枚目オモテG-3

行き方 ACCESS

ゲートシティはアーチーズと同じく**モアブMoab**（→P.157）。

園内でY字型に合流するコロラド川とグリーン川によって、公園は3つのセクションに分かれている。北の**アイランド・イン・ザ・スカイIsland in the Sky**、南東の**ニードルスNeedles**、南西の**メイズMaze**だ。園内には川に架かる橋は一切ないので、3つのセクションをつなぐ道路もトレイルもない。初めて訪れたなら、まずは一般車でも簡単に走れるアイランド・イン・ザ・スカイを見学しよう。時間があればニードルスにも寄ってみたい。メイズは不便な奥地にあり、未舗装路を延々と走らなければたどり着けない。

ツアー TOUR

Adrift Adventures

ジープでコロラド川に沿ってデッド・ホース・ポイントまで走り、キャニオンランズでアイランド・イン・ザ・スカイの未舗装路を走る。ポピュラーな展望台を回るわけではないが、違った視点で楽しめる半日ツアーだ。モアブの各ホテルに送迎あり。ほかにもニードルスのツアーや本格的なラフティングなど、さまざまなコースがある。

レンタカー RENT-A-CAR

モアブからアイランド・イン・ザ・スカイへ行くには、町からUS-191を北上し、アーチーズの入口を通り過ぎてしばらくしたらUT-313を左折する。モアブから40分でビジターセンターに到着する。

ニードルスへは、モアブからUS-191を南へ走り、UT-211を右折。ニュースペーパーロック州立公園を通って100分でビジターセンターに出る。モニュメントバレー方面へ行く途中で立ち寄るといい。

DATA

時間帯▶山岳部標準時 MST
☎(435)719-2313
URL www.nps.gov/cany
園24時間365日オープン
適期▶年間
料車1台$30、バイク$25
そのほかの方法は1人
$15（メイズ地区は無料）。
アーチーズ、ナチュラル
ブリッジとの共通パス
$55（1年有効）
国立公園指定▶1964年
国際ダークスカイパーク
認定▶2015年
面積▶1366km²
入園者数▶約78万人
園内最高地点▶2170m
（Cathedral Point）
哺乳類▶55種
鳥　類▶205種
両生類▶6種
爬虫類▶20種
魚　類▶33種
植　物▶664種

Adrift Adventures
☎(435)259-8594
URL adrift.net
出発7:00、10:00、12:30
料$155、18歳未満$145

グランド・ビュー・ポイント。足元の台地に見える未舗装路を疾走するジープツアーも人気がある

↗ ことに注意して予定を立てることが必要。ガソリンの残量にも要注意。（東京都　pacho　'15）['23]

景観を楽しむだけなら、アイランド・イン・ザ・スカイとニードルス、それぞれ半日から1日あれば十分。しかし、この公園の本当の魅力はアクティビティにある。マウンテンバイクで岩の上を走ったり、オフロードを走ったり、遊覧飛行に参加したりして楽しみたい。

おもな見どころ PLACE TO GO

アイランド・イン・ザ・スカイ　Island in the Sky

『天空の島』というロマンティックな名前をもつエリア。ビジターセンターから12マイル走った**グランド・ビュー・ポイント**Grand View Pointに立ってみれば、その名のイメージがわいてくることだろう。

このポイントへの道沿いにいくつかの展望台がある。**メサアーチ**Mesa Archとアーチ越しのパノラマは日の出の名所。**グリーンリバー展望台**Green River Overlookは夕日を眺めるのにおすすめ。

ほかとは違った風景が広がるのが**アプヒーバルドーム Upheaval Dome**。短いトレイルを登ると火口クレーターのような複雑な地形が見渡せる。隆起説と隕石孔説があり、いまだに結論が出ていないそうだ。

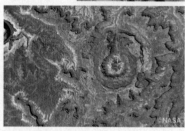

上／シェーファーキャニオンのダートロード　下／アプヒーバルドームは謎に満ちている（衛星写真）

©NASA

デッド・ホース・ポイント州立公園
Dead Horse Point State Park

モアブから車で45分。アイランド・イン・ザ・スカイへ向かうUT-313の途中、標識に従って左折する。180度のカーブを描くコロラド川の流れによって形成された半島はガチョウの首Goose Neckと呼ばれ、特に朝夕の色彩は独特。かつて地元のカウボーイがグースネックに野生の馬を追い込み、幅27mほどしかない半島の首の部分に柵を設けて馬を捕獲していた。しかしあるとき、カウボーイがなぜかどこかへ行ってしまい、馬たちは後日、白骨化して発見された。以降、デッド・ホース・ポイントと呼ばれるようになったという。

馬が死んだといわれる断崖は現在、イヌワシやハヤブサが多いことで知られている。カリフォルニアコンドル（→P.79）も目撃されているので、運がよければ見ることができるかもしれない。

時間とともに変化する色彩も見どころのひとつ

園内の施設

3つのセクションそれぞれの入口にビジターセンターがあるが、そのほかは売店もレストランもガスステーションもない。ビジターセンターを離れると飲料水すらもない。すべてはモアブで調達しておこう。

なお、アイランド・イン・ザ・スカイとニードルスのトイレはすべて車椅子可

Island in the Sky Visitor Center
☎ (435)259-4712
圏8:00～17:00、冬期～16:00
圏冬期の水・木、12/25

初級 **Grand View Point Trail**
適期▶9～6月
距離▶往復3km
標高差▶24m
所要▶往復約1時間
出発点▶Grand View Point
展望台まで車椅子可

初級 **Mesa Arch**
適期▶年中
距離▶1周1km
標高差▶23m
所要▶1周約30分
出発点▶Mesa Arch駐車場

初級 **Upheaval Dome - First Overlook**
適期▶年中
距離▶往復1.5km
標高差▶61m
所要▶往復約30分
出発点▶Upheaval Dome駐車場

Dead Horse Point SP
MAP 折込2枚目オモテ F～G-3、P.171
☎ (435)259-2614
ビジターセンター
圏トイレ（車椅子可）・飲料水
圏夏期8:00～18:00、冬期9:00～17:00（公園ゲートは6:00～22:00オープン）
圏車1台につき＄20、バイク＄10
※国立公園ではないのでアメリカ・ザ・ビューティフル・パスは使えない

Trivia コバルトブルーのプール　デッド・ホース・ポイントの駐車場から東を見下ろすと、壮大な風景のなかに異様な一画がある。コロラド川の手前に見える真っ青な水槽だ。これは化学肥料の原↗

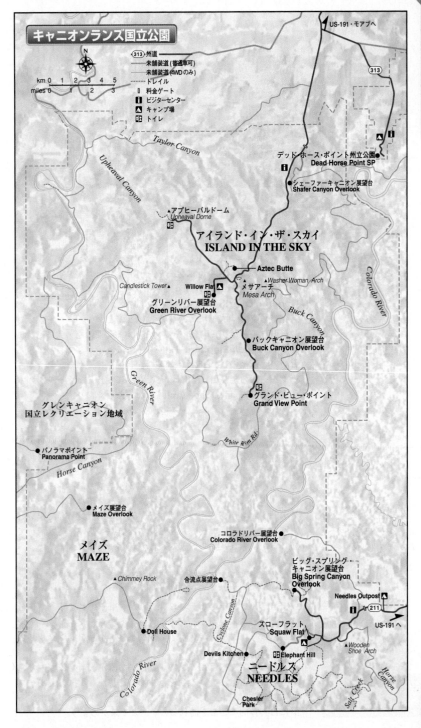

キャニオンランズ国立公園

313	州道
	未舗装道（普通車可）
	未舗装道（4WDのみ）
	トレイル
门	料金ゲート
i	ビジターセンター
▲	キャンプ場
㎡	トイレ

km 0 1 2 3 4 5
miles 0 1 2 3

N

US-191・モアブへ

313

デッドホース・ポイント州立公園
Dead Horse Point SP

シェーファーキャニオン展望台
Shafer Canyon Overlook

Taylor Canyon

Upheaval Canyon

アプヒーバルドーム
Upheaval Dome

アイランド・イン・ザ・スカイ
ISLAND IN THE SKY

Aztec Butte

▲Washer Woman Arch

Candlestick Tower ▲ Willow Flat

メサアーチ
Mesa Arch

グリーンリバー展望台
Green River Overlook

Buck Canyon

Colorado River

バックキャニオン展望台
Buck Canyon Overlook

Green River

グランド・ビュー・ポイント
Grand View Point

グレンキャニオン
国立レクリエーション地域

White Rim Rd.

パノラマポイント
Panorama Point

Horse Canyon

メイズ展望台
Maze Overlook

コロラドリバー展望台
Colorado River Overlook

メイズ
MAZE

▲Chimmey Rock

合流点展望台

ビッグ・スプリング・
キャニオン展望台
Big Spring Canyon
Overlook

Needles Outpost

211

US-191 へ

Cyclone Canyon

スコーフラット
Squaw Flat

▲Wooden
Shoe Arch

Devils Kitchen

Elephant Hill

Colorado River

ニードルズ
NEEDLES

Chesler
Park

Salt Creek

Horse Canyon

↗ 料となる塩化カリウムの精製池。大量の地下水汲み上げなど環境破壊が危惧されるが、カリウム鉱床は限ら
れた場所でしか見つからない世界的にも貴重な資源なので、州も地元も規制の方向に進むことはなさそうだ

ニードルスでは尖塔の間にトレイルがあるが、まるで迷路のようなので遭難が多発している

Needles Visitor Center
☎ (435)259-4711
🕗 8:00〜16:00
🚫 11月下旬〜3月上旬

エレファントヒル
　ニードルスのエレファントヒルは世界のオフロードドライバーの憧れだが、経験の浅い人が安易に入るとひどい目に遭うので注意。前日にウェブサイトかビジターセンターで許可証要（$6）。冬期は玄関外で受付。ハイキングトレイルもあるが、非常に迷いやすいので気をつけよう

エレファントヒル

Adrift Adventures
→P.169
ニードルス日帰りツアー
💰 $281。10時間（昼食込み。入園料別途）

Hans Flat Ranger Station
🕗 8:00〜14:00
※飲料水なし

◟ NATIVE AMERICAN ▸
グレートギャラリー
　先住民が遺した巨大な壁画グレートギャラリーGreat GalleryはメイズのHorseshoe Canyonにあり、未舗装路を走ったあと、さらに往復約12km歩かなければならない。Adrift Adventures（→P.169）が日帰りツアーを行っている

グレートギャラリー

ニードルス　Needles

　赤茶けた砂岩が針のようにニョキニョキと並ぶ不気味な景観。ビジターセンターから7マイル奥にある**ビッグ・スプリング・キャニオン展望台Big Spring Canyon Overlook**まで舗

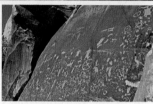

ニードルス手前にある先住民の岩絵
Newspaper Rock

装道路が敷かれているが、あとはほとんどダートロード。オフロードを走ったりトレイルを歩いたりする時間のない人でも、**エレファントヒルElephant Hill**のトレイルヘッドまで行ってみるといい。最後の1マイルは未舗装だが普通車で走れる。ビジターセンターから走り出して3分ほどで左手に見える、オランダの木靴のようなWooden Shoe Archもお見逃しなく。

メイズ　Maze

　コロラド川の西側エリアで、岩峰やメサが複雑な迷路を形作っている。映画『明日に向って撃て！』で知られる強盗ブッチ・キャシディとサンダンス・キッドが隠れていたというが、現在でも未開の奥地というべきエリア。UT-24（ゴブリンバレー州立公園入口のすぐ南側）から東へ46マイル走った地点にレンジャーステーションがあるが（公園敷地外）、その先は4WDでないと走れないし、高度な運転技術を要する箇所も多い。遊覧飛行で訪れるか、あるいはツアーに参加するのが一般的だ。

アクティビティ 🌲🌲　　　　ACTIVITIES

　モアブはアクティビティのメッカだ。車や用具を借りて自分で楽しむのが最高だが、初めて挑戦するなら、まずはツアーに参加しよう。マウンテンバイクやキャンプ用品をレンタルしている会社も多い。
　なお、モアブには15のツアー会社があるが、国立公園内で営業する許可をもっている会社は少なく、しかもボート＆ジープの両方の許可をもっているのはごくわずか。ツアーに参加する際には具体的にどこを訪れるのか、よく確かめよう。

Readers Voice **道迷いに注意**　ニードルスでトレッキング中に道に迷った。岩だらけで足跡が付きにくく、似た景色が広がるため、慣れた人でも夕暮れのトレッキングはすすめない。（大阪府　露木飛鳥 '15）['23]

ラフティング　▷▷▷▷▷ RAFTING

　モアブからグリーンリバー合流点までラフティングすると2〜3日かかる。合流点から下のCataract Canyonは急流が続くので人気があるが、道路からアクセスする場所がないため、さらに数日かけてレイクパウエルまで下るか、あるいはモーターボートでモアブまで川を遡るしかない。後者の許可をもっている大手のツアー会社を右に紹介しておく。

オフロードドライブ　▷▷▷▷▷ OFF ROAD DRIVE

　モアブには4WDをレンタルできる会社がエンタープライズほかたくさんある（→P.157）。ジープ1日＄250〜425程度で借りられる（保険料別）。台数が少ないので春〜秋には必ず予約を。なお、ここでいうオフロードドライブとは4WD車でダートロードを走ることで、道路から外れることは禁止されている。

　比較的やさしいのはアイランド・イン・ザ・スカイの断崖の下を川に沿って走るWhite Rim Road（1周12時間以上かかる）。特に高度な技術を要するのはニードルスのエレファントヒルやメイズのコースといわれる。公園敷地外にもたくさんのコースがある。レンタカー会社で詳しい地図をもらえる。

　なお、こうしたルートは、ドライクリークと呼ばれた干上がった川底を走るものが多い。はるか上流で雨が降ると恐ろしいスピードで濁流が襲ってきて、あっという間に深さ2m以上になる。ルート沿いには柳の枝などにたくさんの枯れ草がからまっているのが見えるが、その高さまで濁流が押し寄せたということだ。雲行きに気を配るのもたいせつだが、はるか上流に降った雨に気づくのは難しい。事前にビジターセンターで天候の確認を。急に水の流れが現れたら、即刻メインロードへ戻るか、間に合わなければ車を捨ててでも高所へ避難しよう。

遊覧飛行　▷▷▷▷▷ FLIGHT SEEING

　キャニオンランズは、グランドキャニオンと並んで遊覧飛行をおすすめしたい公園だ。特にメイズなどは地上からは簡単に近寄れないし、空から見下ろして初めてわかる地形も多い。モアブからはたくさんのツアー会社がセスナやヘリによるツアーを催行している。モニュメントバレー、レイクパウエルまで回るツアーもある。

Adrift Adventures　→P.169

日帰りツアー（園外）
　危険度の低い急流をゴムボートで下る（7〜8月は急流なし）
【出発】4〜10月の8:15、11:15
【料金】半日＄80、4〜17歳＄70

急流下りラフトツアー
　コロラド川の急流を下るツアー。5〜10月に催行され、テント、寝袋、防水バッグ、行程中のすべての食事が含まれている。復路は小型機チャーター（1人＄200）、バス送迎（1人＄100）、車を回してもらう（1台＄350）の3つの方法がある。
【料金】3日コース＄1045、5日コース＄1425

環境破壊にNO！
　キャニオンランズは、ほかの国立公園が厳重に規制しているオフロードドライブに寛大な公園だ。こんなにたくさんの未舗装路が4WD車に開放されている国立公園は珍しい。普通車以上の排気ガスと爆音をふりまくわけだから、当然のように自然破壊の問題が浮上。単なる荒地に見えた地面が実はコケや地衣類に覆われていて、生態系のなかで重要な役割を担っていることもわかってきた（→P.165）。そして数年前、保護団体から訴訟を起こされ、ニードルスの一部が閉鎖された。現在、すべてのルートが許可制になっている。事前にビジターセンターで確認を。
　なおATVは禁止されている（→P.165下欄外）

Redtail Air Adventures
☎(435)259-7421
URL flyredtail.com
【料金】60分＄249、150分＄549

宿泊施設　⌂　ACCOMMODATION

　園内に宿泊施設はない。モアブのホテルについては→P.167。
　キャンプ場はアイランド・イン・ザ・スカイの**Willow Flat**とニードルスの**Squaw Flat**の2ヵ所。ニードルスのみ、春〜秋に限って予約可（→P.489）。またデッド・ホース・ポイント州立公園にもキャンプ場があり、予約もできる。3〜10月は混雑するので早めに確保しよう。もちろんモアブには数多くのキャンプ場がある。

Willow Flat（12サイト）
【料金】＄15　トイレあり。飲料水なし
Squaw Flat（26サイト）
【料金】＄20　トイレ＆飲料水あり
Dead Horse Point（48サイト）
【料金】＄40〜50　トイレ＆飲料水あり
☎(435)259-2614
URL utahstateparks.reserveamerica.com

▶NOTES　デッド・ホース・ポイントの新しい宿泊施設　モンゴルのゲルに似た建物Yurtがキャンプ場に登場。6人まで泊まれて＄150。電気、冷暖房、ベッドあり。寝袋持参。上記で要予約

モニュメントバレー
Monument Valley

ビュートが茜色に染まるのは日暮れだけ。アーペントロート（夕焼け）をたっぷりと堪能しよう

アメリカの原風景ともいわれるモニュメントバレーは、ユタ州とアリゾナ州の州境にある。ここはナバホネイション（ナバホ族居留地）内で、Monument Valley Navajo Tribal Parkが正式名称。ナバホの人々が管理、運営する、ナバホの人々の公園だ。透き通るように青い空と赤茶けた広漠たる荒野のコントラスト。それを際立たせるかのように立つ高さ300m以上もあるビュートbutte（残丘）。これほど印象的なシーンには、そうそうお目にかかれるものではない。映画やCMなどにたびたび登場するが、実際に見るモニュメントバレーは、四角い画面に収まりきるような風景ではないことを思い知らせてくれる。

ビュートと向かい合って座り、静かな大地と対話してみよう。偉大な精霊の力を感じることができるかもしれない。

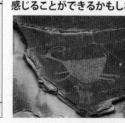

現在はナバホの人々の土地だが、かつては別の古代先住民が暮らしていた

➤NOTES　マスク着用について　2023年11月現在、ナバホ族居留地ではマスク着用義務は解除されているが、モニュメントバレーでは屋外でもマスク着用が推奨されているので持参しよう

MAP 折込1枚目 C-3、折込2枚目オモテ H-3

行き方　ACCESS

　モニュメントバレーはアリゾナ州とユタ州にまたがっており、グランドキャニオンと合わせて訪れる人が多い。ラスベガスから出ているツアーを利用するか、ラスベガスかフラッグスタッフからレンタカーで。グランドキャニオン同様、朝晩の光景がすばらしいので、ぜひ現地で1泊することをすすめる。ツアーを利用する場合、バレードライブ（後述）も含まれているコースを選ぼう。

ツアー　TOUR

シーニック・エアラインズ・ジャパン

　日本語ガイド付きラスベガス発着バスツアー。1泊2日、2泊3日コースなどもあるが、おすすめは6泊7日のコース。ザイオン、ブライスキャニオン、キャピトルリーフ、ゴブリンバレー、キャニオンランズ、アーチーズ、モニュメントバレー、アンテロープキャニオン、ホースシューベンド、サウスリム、ルート66（セリグマン）と巡る。2名以上催行。

モニュメントバレーの朝はビュートのシルエットから始まる。モルゲンロート（朝焼け）に染まるビュートはここでは見ることができない

DATA

時間帯 ▶ 山岳部標準時 MST（ナバホ族居留地内は夏時間採用）
☎(435)727-5870
開 8:00〜17:00（バレードライブ）
休 11月第4木曜とその翌日、12/25、1/1
通期 年中
料 1人 $8、クレジットカードのみ
※アメリカ・ザ・ビューティフル・パスは使えない

Scenic Airlines Japan
日本**無料** 0120-964-075
URL www.grandcircle.jp
料 6泊7日 $2390（2名1室。チップ、税込み）

グランドキャニオンとは時差がある！
　アリゾナ州は夏時間を採用していないが、モニュメントバレーのあるナバホネイションには夏時間がある。つまり3月第2日曜〜11月第1日曜は、アリゾナ州内にあるケイエンタ Kayenta もモニュメントバレーもユタ州と同時刻になり、グランドキャニオンより1時間進んでいることになる

キャニオン・ディ・シェイ（→P.192）

SIDE TRIP　ナバホ国定公園 Navajo National Monument

MAP 折込2枚目オモテ H-2　**開** 9:00〜17:00
休 11月第4木曜、12/25、1/1　**料** 無料

　キャニオン・ディ・シェイ（→P.192）をミニサイズにしたような公園で、ナバホ族居留地に残る断崖住居跡が見どころ。モニュメントバレーへの行き帰りに1〜2時間あれば寄り道できる。ビジターセンターの裏から始まる片道約15分の Sandal Trail を歩いて、峡谷を隔てた断崖住居を見に行こう。

　時間が合えば夏期の金・土7:00出発の遺跡を訪れるツアーに参加するといい（所要約5時間。標高差218m）。先着25名なので早めにビジターセンターに行って登録しよう。

　行き方は、US-160のケイエンタの西20マイル地点（ガスステーションあり）で、地方道564へ入って9マイル走った突き当たり。公園から西へ延びる地方道221はページへの近道だが、状態のよくない未舗装路なので避けよう。

アーチ型の窪みの奥に住居跡がある

Reader's Voice **ビールがない！** ドライブ後にビールをと思ってスーパーを探したがどこにもなかった。（横浜市 匿名希望 '22）ナバホネイションではアルコールは購入できない。['23]

175

Grand Circle

レンタカー ▷▷▷▷▷ RENT-A-CAR

フラッグスタッフから180マイル、4時間。US-89を北へ1時間走ってUS-160を右折。ナバホネイション（ナバホ族居留地）を走り、**ケイエンタKayenta**の町に入ったらUS-163を左折。右にAgathlan(El Capitan)と呼ばれる一枚岩を眺めながら走り、ユタ州に入ってすぐ右に公園の入口がある。

グランドキャニオン・サウスリムからは、AZ-64を東へ走り、デザートビューから東口ゲートを出てUS-89に突き当たったら左へ。あとは前述のフラッグスタッフからの行き方と同じ。サウスリム・ビレッジから197マイル、4時間。

アーチーズから南下する場合、急ぐならBluff経由で3時間ほどだが、途中、US-191からUT-95へ右折して、ナチュラルブリッジ国定公園などに寄り道しながら丸1日かけて行くのもおすすめ（→P.186）。

歩き方 ▶▶▶▶ GETTING AROUND

US-163から園内に入って4マイル走った突き当たりにビジターセンターがある。3つのビュートが並ぶおなじみの風景はここからのもの。時間のない人はこの風景を堪能するしかないが、できればバレー内の未舗装路、バレードライブを走るツアーに参加しよう。自分の車でバレー内に入ることも可能だが、路面の状態は悪く、立ち往生することもあるし、ツアーでしか入れないエリアもある。

情報収集 ▷◁▷◁▷◁ INFORMATION

Visitor Center

モニュメントバレーの地理やナバホの人々の暮らしについての展示がある。2階は大きな先住民グッズのショップになっている。

ツアーの申し込みもここで行う

シーズン ▷▷▷▷ SEASONS AND CLIMATE

公園は年間を通してオープンしている。夏は人も多いし、日中はかなり暑い！ 日陰の少ない公園なので帽子とサングラスを忘れずに。冬は雪が降ることもあり、雪原に立つ荘厳なビュートに出合えたらラッキーだ。

大きな駐車場だが朝のうちに満車になる

モニュメントバレーの気候データ　日の出・日の入り時刻は年によって多少変動します

月	1	2	3	4	5	6	7	8	9	10	11	12
最高気温（℃）	6	9	16	21	26	32	34	33	28	21	12	7
最低気温（℃）	-4	-6	3	7	11	17	20	19	15	8	2	-3
降水量（mm）	13	14	15	11	14	9	13	17	22	16	12	12
日の出（15日）	7:33	7:10	7:31	6:46	6:12	6:00	6:13	6:37	7:03	7:28	6:59	7:26
日の入り（15日）	17:26	17:59	19:27	19:55	20:21	20:42	20:40	20:12	19:29	18:44	17:11	17:05

モニュメントバレーまでの所要時間

Flagstaff	約4時間
South Rim	約4時間
Page	約2.5時間
Arches	約3時間
Mesa Verde	3〜4時間
Las Vegas	7〜8時間

アリゾナ州の道路情報
Free 511
Free 1888-411-7623
URL www.az511.com
ユタ州の道路情報
Free 511
Free 1866-511-8824
URL udot.utah.gov

ガソリンの残量をチェック
モニュメントバレーの周辺は、ぽつんぽつんと小さな集落があるだけのさびしい荒野が続く。ガスステーションの看板が見えたら必ず残量をチェックし、早め早めの給油を心がけよう

アルコール禁止！
ナバホネイションではアルコールは一切禁じられている。レストランのメニューにはビールもワインもないし、商店での販売もない

Visitor Center
開 月〜金8:00〜17:00
休 土・日、11月第4木曜、12/25、1/1

そのほかの施設
ガスステーション（7:00〜21:30）、そのほかの施設はすべてUS-163の北にあるグールディングスロッジで

眺望抜群のレストランは7:00〜21:30オープン

写真撮影に気をつけて
モニュメントバレーには約100人のナバホ族が生活しているが、住民や住宅にやたらにカメラを向けるのは失礼だし、トラブルのもとなのでやめよう。観光客向けのデモンストレーションなど撮影OKの場合でも、チップを忘れずに

Reader's Voice **スーパーマーケット** ケイエンタに入ってUS-163へ左折するとすぐ左にBashas（6:00〜21:50、日7:00〜20:00。医薬品なし）がある。必要なものはここで買わないとほかに店はない。The ↗

🐾 WILDLIFE

サボテンはどこに？

　アリゾナ州のシンボルとなっているモニュメントバレーとサワロ（ハシラサボテン→P.447）。このふたつを組み合わせてイラストなどに使われることが多い。しかし、実はこのふたつは同時に見ることはできない。モニュメントバレーはユタ州境に近い北アリゾナにあり、サワロが生える南アリゾナよりずっと寒いのだ

映画などでおなじみのポイントは園外（下の地図よりさらに北側）にある。US-163を15分北上して坂を登った所にある小さな駐車スペースを利用しよう

↗ View Hotelでも飲み物は売っているがとても高い。また、10月にバレーツアーの朝日観賞ツアーに参加したが、風を遮るものがないので帽子、ジャケット、ひざ掛けなどがあるといい。（東京都　谷口慈恵　'13）['23]

バレーツアー

ビジターセンターで、ナバホの人々が行っているバンやジープによるツアーの申し込みを受け付けている。内容、料金には大差ないので、時間の都合に合わせて選べばいいだろう。

ツアーは、バレードライブをバンで走り、数ヵ所のビューポイントでストップ。一般車立入禁止の道にも入ってくれるし、ナバホ族の伝統的な住居を訪ね、織物などのデモンストレーションを見られるコースもある。1時間30分コース（$55〜75）、2時間30分コース（$65〜90）、半日コース（$80〜95）などがある。早朝から夕方まで催行しているが、朝一番か、日没時のツアーがおすすめ。

US-163の北にあるグールディングスロッジ（→P.182）からも、4WD車にカートを連結したオープンカーのGoulding's Tourが出ている。ほこりがひどいが、見晴らしはいい。1日ツアー（$160）ならミステリーバレーも訪れる。

バレードライブは砂ぼこりがひどいので、コンタクトレンズの人にはつらいとの投稿多数

Valley Drive
⏰8:00〜17:00
バイクは進入禁止。夏期は鉄砲水に注意

中級 Wildcat Trail
適期▶3〜5月、9〜11月
距離▶1周5.1km
標高差▶274m
所要▶1周約2時間
出発点▶駐車場からバレーへ下りてすぐの十字路を右折してすぐ左側。
West Mittenを1周する。夏の猛暑、午後の雷雨、冬の降雪に注意。早朝がおすすめ

WILDCAT TRAIL

この標識がトレイルヘッドだ

おもな見どころ 📷 ◀◀◀ PLACE TO GO

バレードライブ　Valley Drive

バレー内には全長17マイル（約27km）の未舗装路が敷かれているので、ビュートの間をぬってひと回りしてみよう。谷底から見上げるビュートは迫力満点。300mの高さを実感させてくれる。**ジョン・フォード・ポイント**John Ford's Pointは、巨匠がしばしばカメラをセットした地点。フォード映画のシーンを重ね合わせて景色を眺めたい（→P.181）。3人の修道女のようなスリーシスターズThree Sisters、ラクダ（orスヌーピー）が休んでいるように見えるキャメルビュートCamel Butteなどを見ながら、赤い土煙を上げて進む。セージブラッシュ（ヨモギ）の荒野をぬって続く道の先には、岩のアーチも見える。

なお、バレードライブの路面は荒れていて、乾いているときには砂ぼこりがひどいし、雨が降るとぬかるんでタイヤがスタックしてしまう。普通車でも入れないことはないが、ツアー参加をすすめる。

ウエストミトンにある亀裂を見つけてみよう

COLUMN

バレーツアーのすすめ

ビジターセンターで夕方予約。翌朝一番のツアーに参加した。ガイドはハリー。名前は西洋風だが立派なナバホの青年だ。『バック・トゥ・ザ・フューチャー』に先住民の役で出演したとのこと。そんなハリーのおしゃべりもうわの空で巨大なビュートを見上げる。ビジターセンターから見たときのような美しさは消え、迫力が勝っている。同行のデンマーク人青年、サンフランシスコからのカップルもビュートを見上げている。ジョン・フォード・ポイントでは何かの撮影が行われていた。CMらしい。

バンはデコボコ道をさらに進む。途中で何度か車を降りてみる。朝のひんやりした空気が心地よい。もうかなりバレーの奥まで来ている。ナバホの伝統的住居、ホーガンを訪れたあと、ハリーはナバホの伝統について語った。老人は今でも伝統の暮らしを守っているが、若者はアメリカ化してナバホの心を忘れかけている……と。かく言うハリー自身、英語を話し、ジャンパーを着て車を運転する。そう自嘲気味に言うハリーだが、彼に「日本は伝統文化をもち続けているのか」と尋ねられ、答えを見つけられなかった私には、ナバホの若者のアメリカ化をとやかく言う資格はないと思った。

そんな話をしていると、バンがガクンと止まった。昨日の大雨でできた路上の溝にはまってしまったのだ。客もすべて降りてバンを押すのを手伝う。路面は軟らかく、エンジンをふかせばふかすほどタイヤは空回りし、地面にめり込んでゆく。砂だらけになりつつ約30分格闘。結局ハリーが仲間を呼びにどこへともなく消えて行った。静かなバレーに残された4人の客の間には妙な連帯感

が生まれ、そこには不思議なことに怒りはなかった。私も黙ってバレーを渡る風を感じていた。

やがてハリーが仲間の車で戻って来た。その車でビジターセンターに帰る。予定は2時間近くも狂ってしまったけれど、そんなものとは比べられない大きな何かを得たような気がした。
（東京都　岩井克則）

バレーツアーは、朝の早い時間帯がおすすめ。まだ車が少なく、砂も乾燥しきっていないせいか砂ぼこりがそれほど気にならなかった。また、参加人数も少なく、ナバホ族のガイドさんからナバホの歴史と文化についてたっぷり教えてもらえて興味深かった。　　　（愛知県　シバ　'18）

昼過ぎから21:30までのフルツアーに参加した。ホテルのロビーに迎えに来てくれたガイドはナバホ族の方で、4WD運転手兼任。ミステリーバレーはもちろんラグーンアーチ、ビッグホーン、サンズアイ、アナサジ族の遺跡、壁画など、ほぼすべてを半日かけて見学できたうえ、植物を使ったシャンプーの作り方、ドラム持参でナバホの歌の披露、ホーガンでのナバホ族の生活習慣の説明、さらに夜は、ほかの団体ツアーと合流して、ナバホ族の方々が作った揚げパン料理の夕食、笛の演奏、踊りの披露と、盛りだくさんの内容だった。
（愛知県　松井岳仁　'14）

バレーツアーで数分間、猛烈な砂嵐に遭い、着ていた綿100%の白いパーカーの目地に細かい砂が入り込み、薄赤くなってしまった。砂がさらさらと落ちていく生地の服をおすすめ。なお「モニュメントバレーの砂染め」で薄赤くなったパーカーは、逆にいい旅の記念になった。
（広島県　山村佳子　'13）

記念撮影ポイントとして外せないジョン・フォード・ポイント

↗ いバレーをひとり占めできた。ただし、完全に日が沈んでしまうと真っ暗闇のなか悪路を走行しなければならないので、ほどほどに帰ってくることをすすめる。（オハイオ在住　桝谷幸弘　'17）['23]

ミステリーバレーの
Honeymoon Arch

印象的なナチュラルアーチのひとつ、Ear of the Wind

Goulding's Museum
夏期 8:00〜18:00、
冬期12:00〜18:00。昼休
みあり
$5

西部劇のお宝グッズが並んでいる

ミステリーバレー　Mystery Valley

　バレードライブの奥にあり、個人では入ることができない。古代先住民の遺跡が残っていることと、美しいアーチがいくつも見られること、そして観光客が少なくて静かなのが魅力。ビジターセンターから出ているバレーツアーのうち、半日以上のコースなら訪れることが多い。確認してから参加しよう。

　ここに住んでいた先住民は、ある時期突然いなくなってしまった。その理由がわからないのでミステリーバレーと名づけられたそうだ。夏の日中は40〜45℃、冬の夜にはマイナス30℃になることもある。日差しよけ&防寒の両方の意味で長袖がおすすめ。

グールディングス博物館　Goulding's Museum

　公園を出てUS-163を横切り、2マイルほど行ったグールディングスロッジにある博物館。

　1923年、モニュメントバレーの景観に魅せられた白人のグールディング夫妻がこの土地を購入し、小さなストアと宿屋を開業。誠実な人柄でナバホの人々に徐々に受け入れられていった。そして大恐慌が居留地内にも深刻な影を落としていた1938年、何とかこの不況を乗り切ってナバホが職を得る方策はないかと考えていた夫妻は、ハリウッドの映画会社がロケ地を探しているとの話を耳にする。そこで、なけなしの旅費を握りしめてハリウッドへ出かけ、門前払いされても粘り強く交渉し、ようやくジョン・フォード監督にモニュメントバレーの写真を見せることに成功。監督は写真をひと目見て気に入り、なんと3日後から『駅馬車』のロケが開始された。こうして多くのナバホが映画に出演、または裏方としてギャラを手にし、グールディングの宿屋もロケ隊の拠点としてにぎわうこととなった。

　現在、宿泊施設は隣の建物に移っている（→P.182）が、当時宿屋だった建物が博物館として公開されている。1920年代の交易所を復元した部屋から始まり、ナバホの暮らしを記録した写真の部屋などが続く。もちろんハイライトはモニュメントバレーで撮影された映画に関する展示だ。ジョン・フォード愛用のディレクターチェアがものものしく飾られ、ジョン・ウェインらのスチール写真が並ぶ。日本語の『駅馬車』のポスターもある。

COLUMN　ジョン・フォード監督とモニュメントバレー

　名匠ジョン・フォードは数多くの作品をモニュメントバレーで撮影した。初めてここをロケ地として選んだ作品は、ジョン・ウェインの出世作にもなった西部劇『駅馬車』。1938年10月のことである。冬は厳しく冷え込み、夏は猛暑、しかも不便このうえないこの土地でのロケーションは大変だったが、台地と岩山からなる景観がもたらす映像上の効果は、苦労が十分報われてあまりある、とフォードは考えていた。

　モニュメントバレーはナバホ族の居留地で、彼らは羊を飼い、泥とわらで造った半球状の住居（ホーガン）に暮らしていた。フォードは、当時寒波に見舞われ、苦境におかれていたナバホの人々を現場の裏方として雇う。その後、映画を制作するたびにナバホ族との信頼関係は強いものになり、ジョン・フォードの西部劇ロケの強力なメンバーとして力を貸すことになる。

　ジョン・フォードのロケ隊は、いつもグールディングスロッジに本部をおいた。このロッジは交易所を兼ねており、毎朝、フォードは経営者のハリー・グールディングのステーションワゴンに乗ってロケ現場に出かけたという。

　名作『黄色いリボン』は『アパッチ砦』にひき続き、騎兵隊3部作のひとつとしてモニュメントバレーでロケが行われた。カラー映画制作の要請を受けて1948年、一流のカメラマンであり、かつて化学者だったウィントン・C・ホックを起用した。完全主義者のホックは有能である一方、機転を利かせる柔軟さに欠ける男であった。ロケ現場でのふたり（フォードとホック）の伝説的なエピソードがある。

　モニュメントバレーで撮影中のある日。騎兵隊のシーンで、突然砂嵐が巻き起こり、怒れる雲で空が覆われた。フォードは、それがかえってドラマチックな効果になると考えて、カメラを回し続けるように指示。職人肌のホックは光量不足を理由に撮影の中止を迫ったが、フォードは是が非でも撮影続行の監督命令を譲らなかった。ホックは渋々カメラを回したが、同時にアメリカ映画カメラマン協会にあてて、そのシーンは自分にとって「受け入れ難い」ものだが、命令によって撮影せざるを得なかった旨の公式文書を送ったという。

　皮肉なことにその問題のシーンは『黄色いリボン』の中で最も美しいショットとして評価され、さらにこの作品でホックにアカデミー撮影賞が与えられてしまうことになる。

　前述したモニュメントバレーの宿、グールディングスロッジには、『黄色いリボン』撮影のために建てられたといわれているステージ・コーチ・ダイニングルームという食堂がある。また併設の博物館には、おもにジョン・フォードが監督した映画のモニュメントバレーのシーンに関する写真が展示されている。

まだまだある！　バレーで撮影された映画

　モニュメントバレーで撮影された映画は、ざっと40本以上。厳密にはパーク外で撮影されたものも含まれているが、おもな作品を紹介する。

『駅馬車』1939年公開
監督：ジョン・フォード　主演：ジョン・ウェイン

『荒野の決闘』1946年公開
監督：ジョン・フォード　主演：ヘンリー・フォンダ

『アパッチ砦』1948年公開
監督：ジョン・フォード
主演：ジョン・ウェイン／ヘンリー・フォンダ／シャーリー・テンプル

『黄色いリボン』1949年公開
監督：ジョン・フォード　主演：ジョン・ウェイン

『幌馬車』1950年公開
監督：ジョン・フォード　主演：ベン・ジョンソン

『捜索者』1956年公開
監督：ジョン・フォード
主演：ジョン・ウェイン／ナタリー・ウッド

『リオ・グランデの砦』1950年公開
監督：ジョン・フォード　主演：ジョン・ウェイン

『2001年宇宙の旅』1968年公開
監督：スタンリー・キューブリック

『イージー・ライダー』1969年公開
監督：デニス・ホッパー
主演：デニス・ホッパー／ピーター・フォンダ／ジャック・ニコルソン

『アイガー・サンクション』1975年公開
監督＆主演：クリント・イーストウッド

『バック・トゥ・ザ・フューチャーPART3』1990年公開
監督：ロバート・ゼメキス
主演：マイケル・J・フォックス

『テルマ＆ルイーズ』1991年公開
監督：リドリー・スコット
主演：スーザン・サランドン／ジーナ・デイビス

『フォレスト・ガンプ　一期一会』1994年公開
監督：ロバート・ゼメキス　主演：トム・ハンクス

『ため息つかせて』1995年公開
監督：フォレスト・ウィテカー
主演：ホイットニー・ヒューストン

『M:I-2（ミッション・インポッシブル2）』2000年公開
監督：ジョン・ウー　主演：トム・クルーズ

『バーティカル・リミット』2000年公開
監督：マーティン・キャンベル
主演：クリス・オドネル

『ローン・レンジャー』2013年公開
製作：ジョニー・デップ
出演：ジョニー・デップ

『トランスフォーマー／ロストエイジ』2014年公開
製作：スティーブン・スピルバーグ
監督：マイケル・ベイ

『ジュラシック・ワールド／炎の王国』2018年公開
製作：スティーブン・スピルバーグ
出演：クリス・プラット、ブライス・ダラス・ハワード

↗ 道案内を中断してしまうと目的地を再設定できなくなるので、途中で車を停めて景色を眺めたりする際は、スマートフォンのナビ機能をオンにしておくといい。（オハイオ在住　桝谷幸弘　'17）['23]

宿泊施設 ACCOMMODATION

園内で泊まる

The View Hotel

ビジターセンターに隣接して建ち、世界でも屈指の絶景が部屋の窓いっぱいに広がる(見えない部屋も数室ある)。高さを抑え、外壁を岩の色に合わせるなど景観に配慮したデザインになっているが、それでもモダンな外観はバレーのなかで異質な存在だ。

ナバホ族が経営しており、全室コーヒーメーカー、TV、冷蔵庫、電子レンジあり。ロビーと一部の客室はWi-Fi無料。全館禁煙。非常に混雑しているので予約は早めに。キャンセル料10%(45日前から25%、3日前から100%)。

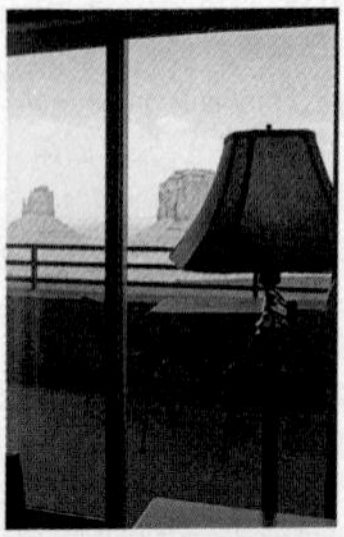

部屋の目の前にビュートが迫る

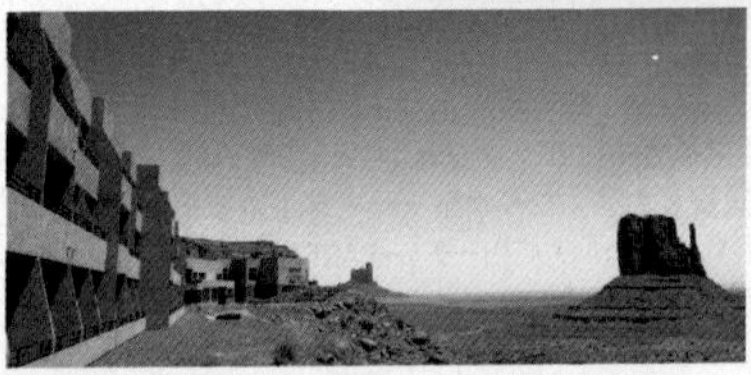

キャンセル条件が厳しいので、よく確認しよう

住 Monument Valley, UT 84536
☎(435)727-5555 FAX(435)727-4545
URL monumentvalleyview.com
on $219～399 off $109～299
カード A M V (キャッシュ不可)

キャンプ場で泊まる

バレードライブの入口に設備の整ったキャンプ場がある。世界屈指の絶景キャンプ場だ。戸建てキャビンもあり、シャワー付きで4人まで泊まれて簡素なホテルといったところ。いずれも非常に人気が高いので、予約は早めに。

また右記Goulding's Lodgeにもキャンプ場があり、予約もできる。

The View Campground
☎(435)727-5802
URL monumentvalleyview.com/campground
料 $40～60、キャビン$209～359

近隣の町に泊まる

Goulding's Lodge

US-163からモニュメントバレー入口と反対側へ入り、北へ2マイルほどの所。モーテル、ロッジ、キャビン形式の部屋があり、どの部屋からも大平原とモニュメントバレーの遠景が望める。室内もとてもきれいだ。屋内温水プール、コインランドリー、ギフトショップのほか、近くにスーパーとガスステーションもある。レストランの窓際の席からは、れんが造りの博物館と大平原に並ぶビュートという絵のような風景が楽しめる。

人気があって夏はいつも満室。日本のパッケージツアーにもよく利用される。オフシーズンなら予約なしで泊まれることが多いようだ。全館禁煙。Wi-Fi無料。ゲスト用PCあり。63室。

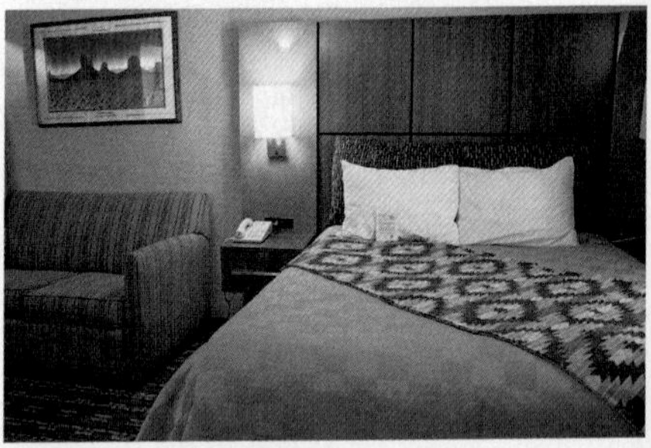

調度品はシックで高級感がある

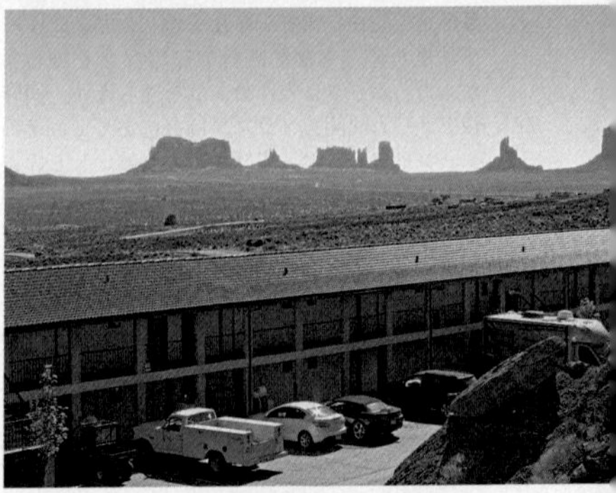

ガスステーションなどの設備も揃っていて便利

住 1000 Gouldings Trading Post Rd.,Monument Valley, UT 84536 Free 1866-313-9769
URL gouldings.com on $205～370
off $129～318 カード A D J M V

Readers' Voice **キャビンもおすすめ** キャンプ場の隣のキャビンを家族で利用した。ベランダ付きで、クイーンベッド、2段ベッド、バスルーム、トイレ、キッチン、クーラー、いずれも新しく、とて ↗

アメリカの中の独立国

全米最大の先住民居留地、ナバホネイションNavajo Nationは、東北6県に相当する広さがある。約25万人のナバホ族の66%がナバホネイションとその周辺に住み、約30〜100人がモニュメントバレーで生活している。

ナバホネイションは日本によくあるジョーク半分の独立国ではない。連邦政府が認めた準自治領であり、ナバホ独自の法律、国旗、大学、警察、裁判所もある。普通の病院とは別にメディスンマンと呼ばれる呪術師のいる診療所があり、病気になったときだけでなく、人生のさまざまな場面で儀式を行ってもらうという。自然と一体となったナバホ独特の世界観は、民族を超えて多くの人々の共感を呼んでいる。

彼らが話す言葉は、アラスカのアサバスカ族の言葉とよく似ているため、かつては同じ部族だったのではないかといわれるが、16世紀頃には、すでにアメリカ南西部に定住していたと考えられている。

ナバホの人々は、あるときは断崖に粘土で造った家を建て、平原に住むようになってからはホーガンと呼ばれるお椀型の家を造るようになった。バレードライブの入口ゲートの隣に再現されているので、ちょっと中をのぞいてみるといい。

彼らは特に美術工芸の分野で高く評価されており、彩色土器や銀細工、砂絵などの技術は今に受け継がれている。幾何学模様を配した織物、ナバホ織りも世界的に有名だ。さらに、石油やウラン、天然ガス、そして何よりすばらしい観光資源に恵まれているにもかかわらず、ナバホネイションの経済は決して豊かではない。国道を除けばまだ未舗装路が多く、住民の38%が貧困層で、失業率は48.5%に及ぶ。

お祭りを観に行こう

毎年9月に行われるNavajo Nation Fairは、さまざまなダンスやパレード、ライブを楽しめるにぎやかなお祭り。ナバホ料理を食べさせる店や、ジュエリーを売る店などがたくさん出店し、ロデオ大会やパレードなども行われて実ににぎやか。場所はキャニオン・ディ・シェイの南東、アリゾナとニューメキシコの州境にあるウインドーロックWindow Rock。ここがナバホの国の首都だ。

ナバホの女性が民族に伝わる風習などを見せてくれる

ケイエンタ　　Kayenta, AZ 86033　公園ゲートまで 24 マイル　3 軒

モーテル名	住所・電話番号など	料　金	カード・そのほか
Wetherill Inn	住1000 Main St. ☎(928)697-3231　FAX(928)697-3233 URLwww.wetherill-inn.com	on $173 off $106〜128	ADMV　US-163 沿い。朝食付き。Wi-Fi 無料。コインランドリー、屋内温水プールあり
Kayenta Monument Valley Inn	住Hwy. 160 ☎(928)697-3221 Free 1866-306-5458 URLwww.kayentamonumentvalleyinn.com	on $149〜418 off $99〜199	ADJMV　US-160 と US-163 の角。レストラン（シーズンの時）、コインランドリー、屋外プールあり。Wi-Fi 無料
Hampton Inn Kayenta	住Hwy. 160 ☎(928)697-3170 Free 1800-426-7866　日本 無料 0120-489-852 URLwww.hampton-inn.com	on $202〜246 off $107〜183	ADJMV　US-160 沿い。US-163 との交差点より西側。朝食付き。Wi-Fi 無料。コインランドリーあり。全館禁煙

メキシカンハット　　Mexican Hat, UT 84531　公園ゲートまで 24 マイル　4 軒

モーテル名	住所・電話番号など	料　金	カード・そのほか
San Juan Inn	住US-163 & San Juan River ☎(435)683-2220 FAX(435)683-2210 URLwww.sanjuaninn.net	on $138〜156 off $138〜148	AMV　バレーから行くと橋を渡ってすぐ左にある。レストラン、ギフトショップあり。Wi-Fi 無料。ランドリーあり
Hat Rock Inn	住120 US-163 ☎(435)683-2221 URLwww.hatrockinn.com	on $170〜212 off $143〜153	ADMV　町の中心部にある。冷蔵庫あり。電子レンジあり。アルコール OK。Wi-Fi 無料。全館禁煙。11〜2月休業
Mexican Hat Lodge	住100 US-163 ☎(435)683-2222 URLwww.mexicanhatlodge.com	on off $120〜290	AMV　ステーキハウスあり。Wi-Fi 無料。全館禁煙。11〜2月休業

↗も気持ちよく過ごすことができた。The View Hotel内のレストランも問題なく使えるため、The View Hotelの予約が取れなかった人はキャビンを狙うのもおすすめ。（オハイオ在住　桝谷幸弘　'17）['23]

🚐 メキシカンハット　Mexican Hat

MAP 折込2枚目オモテ H-3

モニュメントバレーからUS-163を北上してメキシカンハットへ向かう途中、ちょっと車を停めて後ろを振り返ってみよう。直線道路のかなたにビュートがそびえる風景はフォレストガンプ・ポイントと呼ばれ、CMなどでもよく使われる絶景ポイントだ。

左に古城のようなAlhambra Rockを見ながら走り、20分でMexican Hat。この先当分の間ガスステーションはないので、必ずここで満タンにしておきたい。

町を過ぎてすぐ、Mexican Hat Rockの標識を右折して未舗装路へ入ると、町のシンボルである岩の真下まで行くことができる。

マントをまとったメキシコ人のようなメキシカンハット・ロック

🚗 グースネック州立公園　Gooosenecks State Park

MAP 折込2枚目オモテ G〜H-3　🚙車1台$5

Mexican Hatから片道15分。US-163を北上し、UT-261へ左折してすぐにUT-316へ左折。4マイルほど走った突き当たりにある。ここではサンファン川が大きく蛇行するダイナミックな風景を望むことができる。ところによってはわずか90mほどの距離を4.8kmも迂回している。はるかにモニュメントバレーのビュートも見えている。簡易トイレはあるが、飲料水も売店もない。

ホースシューベンド（→P.113）、デッド・ホース・ポイント（→P.170）と見比べてみたい

🚐 モキダグウエイ　Moqui Dugway

グースネックからUT-261へ戻って北上すると、行く手にシーダーメサの断崖が立ちはだかる。間違いなく断崖に向かっているこの道路は、いったいどうなっているのだろう？　驚いたことに、UT-261はこの断崖を登るのだ。道路沿いには、大型車や車長の長い車は国道へ迂回するようにとの指示標識が何本も立てられていて、ちょっと緊張する。

やがてシーダーメサの絶壁の麓に着くと、道は未舗装となる。急坂急カーブの連続なので運転初心者はやめたほうがいいが、日本の山道に慣れている人なら難なく走れるはず。路肩がもろいので注意。また、路面が乾いているときなら普通車で大丈夫だが、天候の悪いときや夜間の通行は避けたほうが無難だ。

この断崖を一気に上るのだ！

未舗装路といっても比較的凹凸が少なく、よく整備されている

➤**NOTES**　ガス欠に注意！　2023年11月現在、ハイトのレンジャーステーションとガスステーションは閉鎖中で、飲料水とトイレも期待できない。メキシカンハット、Hanksville（ハ ↗

ミューリーポイント
Muley Point

MAP 折込2枚目オモテ G-3

モニュメントバレーから車を走らせ、1時間で行ける絶景ポイント。モキダグウエイを上りきった所、舗装路との境目を左折する。ここから砂利道を走る。道幅は広いが状態のよくない道なので、ぬれているときには普通車での進入はすすめない。10分走ると、左手に車10台ほど停められる広さの天然の岩棚と、大きな三角岩がある場所へ出る。そこがミューリーポイントだ。

足元には蛇行するサンフアン川が光っているが、そこはレイクパウエルへと続くグレンキャニオン国立レクリエーション地域の端っこ。地平線上に蜃気楼にようにゆらめいているのは、モニュメントバレーのビュートだ。

ミューリーポイントは特に整備された展望台ではなく、標識すら出ていない。トイレも飲料水もない。手すりもなく、崖っぷちで足を滑らせたらまず命はないし、けがをしても助けを呼ぶ手段もない。特に風のある日など十分に気をつけよう。

この岩がミューリーポイントの目印だ
グースネックとモニュメントバレーを上から見下ろせる

ユタ州道 95 号線 UT-95

MAP 折込2枚目オモテG-2〜3

ミューリーポイントからUT-261へ戻って30分ほど北上するとUT-95に突き当たる。ここを左折してキャピトルリーフへ抜けるルートは、知る人ぞ知るパノラマ街道だ。

3分でナチュラルブリッジ（→P.186）の入口があり、さらに10分走るとUT-276との分岐がある。ここを左折するとレイクパウエルのブルフロッグ（→P.109）まで1時間強で行ける。

左右にカラフルな岩が続く

分岐を過ぎると、やがて眺望がどんどん開けてくる。雄大な荒野が延びたその先に、カラフルな地層が露出したビュートが次々に現れる。交通量は限りなくゼロに近い。

40分ほど走るとレイクパウエルの北端に到着。標識に従って左へ入った所に**ハイトHiteのレンジャーステーション**（4〜10月のみ）がある。トイレ、飲料水、ガスステーション（年中営業）あり（→下欄外）。

UT-95へ戻り、坂を下ってコロラド川を渡ろう。運がよければ激流下りを制したラフティングツアーのボートが見えるかもしれない（→P.173）。橋には駐車場がなく、停車もできないが、赤い岩山の裾野を回り込んでしばらく進むと展望台があり、レイクパウエル（といっても川にしか見えないが）とハイトのマリーナが見下ろせる。

その先、景色はさらにダイナミックさを増し、退屈する間もなく1時間でハンクスビルHanksvilleの町に到着（モーテルあり）。UT-24を左折すればキャピトルリーフ（→P.150）まで45分のドライブだ。

ナチュラルブリッジ国定公園
Natural Bridges National Monument

左／シパプブリッジはトレイルヘッドからはまったく異なる形に見える
右／カチーナブリッジでは今でも崩落が続き、穴は年ごとに大きくなっている

MAP 折込1枚目 C-3、折込2枚目オモテ G-3
URL www.nps.gov/nabr
ビジターセンター ☎ 9:00～17:00　休 9月中旬～4月
下旬の火・水、11月第4木曜、12/25、1/1　料 車1
台$20、バイク$15。アーチーズ、キャニオンラン
ズとの共通パス$55（1年有効）

　モニュメントバレーから片道2時間、モアブから
も2時間。アーチーズやキャピトルリーフへ行くとき
に立ち寄りたい公園だ。

　モキダグウエイからUT-261を27マイルほど北上

し、突き当たりのUT-95を左折するとまもなく標識
が出ている。まずはビジターセンターで地図をもら
い、1周9マイルの一方通行路を走ろう。世界で
も最大級のナチュラルブリッジ（→P.165）が3つ
あり、それぞれトレイル（積雪期閉鎖）を歩いて
見に行く。長さ69m、高さ44mの**シパプブリッジ
Sipapu Bridge**と、長さ59m、高さ64mの**カチー
ナブリッジKachina Bridge**へはそれぞれ往復
1時間ほど。最も手軽なのは**オワチョモブリッジ
Owachomo Bridge**で往復30分ほど。ほかの
ふたつに比べると小さいが、わずか2.7mの
厚みしかなく、見応えがある。いずれも帰
りは標高差55mを登ることになるが、間近
に見ないことにはブリッジの大きさが実感
できないので、ぜひ歩いてみよう。

　飲料水とトイレがあるのはビジターセン
ターのみ。園内にも周辺にもレストラン、
ストア などまったくない。携帯の電波も入
らない。ガスステーションは、東へ43マ
イルのBlandingか、西へ45マイルのHite
Marina（→P.184下欄外）にしかない。

　なお、ナチュラルブリッジは夜空の暗さ
が際立っており、International Dark-Sky
Associationから2007年に世界初の国際ダー
クスカイパークに認定された。5～9月の夜
には望遠鏡をのぞかせてくれるレンジャー
プログラムが行われている（スケジュール
は要確認）。

左／オワチョモブリッジは展望台からもよく見
えるが、トレイルを下って間近で大きさを感じ
てほしい　右／リムから谷を見下ろす公園だ

Reader's Voice　**シパプブリッジを見るなら**　シパプブリッジは、ビューポイントから見下ろすと小さく見
えるだけでたいしたことがないように感じる。しかし実際にトレイルを下りていくとその➘

フォーコーナーズ
Four Corners

MAP 折込2枚目オモテ H-3
🕐 8:00〜18:45、春・秋〜17:45、冬期〜16:45
🚫 11月第4木曜とその翌日、12/25、1/1
💲 1人$8（クレジットカードのみ）

モニュメントバレーから車で東へ2時間。メサベルデやキャニオン・ディ・シェイへ行くときに立ち寄りたいポイントを紹介しよう。

ちょっとアメリカの地図を開いてみてほしい。アメリカの州はわりと単純に直線的に区切られているのだが、4州の境界線が十字に交わっている所というのは1ヵ所しかない。それがフォーコーナーズ。コロラド、ユタ、アリゾナ、ニューメキシコの州境だ。メサベルデとKayentaを結ぶUS-160がこの地点を通っていて、モニュメントと測量標がある。

US-160から少し入ると料金ゲートがある。モニュメントでは4州をまたにかけて記念撮影をする人々が絶えない。また周囲には、ナバホやホピ、ユートの人々が、手工芸品などを売る店を出している。

上／トイレはあるが飲料水や公衆電話はない
下／土地管理局のベンチマーク（測量標）

シップロック　Shiprock

MAP 折込2枚目オモテ H-4

グランドサークル巡りのドライブをしている "奇岩フリーク" に抜群にカッコイイ岩峰を紹介しよう。

フォーコーナーズ・モニュメントからUS-160を南へ戻り、US-64を東へ。ニューメキシコ州へ入ってしばらくすると右に見えてくる。

シップロックは、地層の割れ目にマグマが貫入して板状に固まり、それが地表に現れて浸食されたもので、古くから先住民に聖なる山としてあがめられてきた。1939年に初登頂を成功させたのは、後に環境保護活動家として名をはせたデビッド・ブラウアー。その後、ナバホの人々の反対をよそにロッククライミングが盛んに行われていたが、現在は禁止されている。

荒野に屹立するシップロックはUS-64や東側のUS-491からも見えるが、せっかくここまで来たら、ぜひ南側へ回ってRed Rock Hwy. 13を走ってみよう。恐竜の背骨のように延びる "翼" を横切ることができてドラマチックだ。

なお、岩から北東10マイルの所にナバホ族居留地最大の町、シップロックがある。

ナバホの人々は「翼を広げた岩」と呼んでいる

↗ 大きさを実感できる。ビューポイントより奥へ2分ほど走るとトレイルヘッドがある。そこからブリッジは見えないが、ぜひトレイルを下りて大きさを体感してほしい。（横浜市　cranberry '22）['23]

化石の森国立公園
Petrified Forest National Park

珪化木と呼ばれる化石になった樹木が一面に散らばっている。モース硬度スケールで7〜8（鉄やガラスが4〜5、ダイヤモンドが10）という硬さだ

　アリゾナの荒野にはすごいものがある。宇宙からも見えるという深い深い峡谷、赤い大地に鎮座するビュート、巨大な隕石の爪痕、それから今度は地平線まで続く丸太の原っぱだ。直径1m以上もある大きな丸太が荒野にごろごろ転がっている。たたくとコンコンと冷たい音がする。よく見ると、鈍い輝きを放つ石である。見渡す限り、無数の丸太のどれもが化石、いや宝石なのだ。

　すべてはおよそ2億2500万年前にしみ込んだ水による化学反応のなせる技。大自然は、ときに木を石に変え、石を砂に変える。化石の森は、2027年までにユネスコの世界遺産に登録することを目指した「世界遺産暫定リスト」に掲載されている。

　化石の森にはまた、不可思議な色をした砂丘の連なりがある。軟らかい岩が浸食された奇岩群がある。古代先住民の住居や岩絵などの遺跡もある。

　化石の森は訪れた人の体にも何かをしみ込ませるようだ。

SIDE TRIP　ルート66　化石の森を横断しているI-40はルート66でもある。ホルブルックの西にあるWinslowのW. 2nd St.とN. Kingsley Ave.の交差点には、イーグルスのヒット曲 ↗

MAP 折込1枚目 D-3、折込2枚目オモテ J-3

行き方 ACCESS

　グランドキャニオン、ラスベガス、フェニックスなどを起点に、北アリゾナの見どころを1周するドライブがおすすめ。

レンタカー RENT-A-CAR

　フラッグスタッフからI-40を東へ120マイル。2時間弱。Exit 311で標識に従って出口を下りれば、そこが公園ゲート。アリゾナ大隕石孔（→P.191）と合わせてフラッグスタッフからの日帰りドライブにちょうどいい。

歩き方 GETTING AROUND

　南北に細長い公園の中を27マイルの道路が貫いている。ゲートは南北両端にある。北端に**Painted Desert Visitor Center**があり、南口の外側にギフトショップがあるので、北から南へ走るのが正解。南口を出たらUS-180を右折すれば19マイルでI-40へ戻れる。

シーズン SEASONS AND CLIMATE

　春から初夏は非常に乾燥していて暑いが、晩夏に雨期が到来する。午後になると激しいスコールと雷に襲われ、この時期に年間降雨量の半分が降る。化石を運び、粘土層を押し流して不思議な光景を造り出した雨だ。園内のあちこちに川が出現し、サボテンなどの植物はここぞとばかりに花を咲かせる。化石の森では、花は春ではなく晩夏に多い。冬は意外と寒く、吹雪のために閉鎖されることもある。

地表に露出した珪化木はほんの一部にすぎない。カラフルな地層の中にまだ膨大な量が眠っているはずだ

DATA

時間帯▶山岳部標準時 MST（夏時間不採用）
☎(928)524-6228
URL www.nps.gov/pefo
園夏7:00～19:00
　春・秋7:00～18:00
　冬期8:00～17:00
休11月第4木曜、12/25
適期年中
料車1台＄25、バイク＄20
そのほかの方法は1人＄15
国定公園指定▶1906年
国立公園指定▶1962年
国際ダークスカイパーク
認定▶2018年
面積▶896km²
入園者数▶約51万人
園内最高地点▶1900m
哺乳類▶44種
鳥　　類▶221種
両生類▶7種
爬虫類▶17種
植　物▶482種

開園時間に注意
　化石の盗難を防ぐため、公園は夜間は閉鎖される。開園時間は日没に合わせて頻繁に変更されるので要確認。また11月第4木曜と12/25は閉園になる

化石の森までの所要時間
Flagstaff　　　　　約2時間
Canyon de Chelly 約2時間

Painted Desert VC
園夏期8:00～18:00
　冬期8:00～17:00
※ レストラン（8:00～16:00）とガスステーション（8:00～17:00）あり

採取厳禁！
　園内の珪化木や化石は、どんな小さなかけらでも持ち出してはいけない。ゲートを出る際にチェックがあり、罰金は最低＄325。ギフトショップで売られているものはすべて園外の私有地で採取されたもの。これらを購入して持ち込む場合は、必ず入園する際にレンジャーに申告して預けよう

↗『Take it easy』にちなんでStanding Corner Parkが造られた。角にはギターを持った若者の像があり、ルート66を巡る観光客の人気を集めている

Painted Desert Inn Museum
開9:00〜16:00
料無料
設備トイレ（車椅子可）

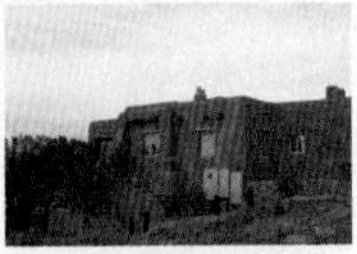
先住民の家を模したデザインの博物館

Puerco Pueblo Indian Ruin
設備トイレ（車椅子可）
※トレイルも車椅子可

初級 Blue Mesa Trail
適期▶年中
距離▶1周1.6km
標高差▶33m
所要▶1周約1時間
設備緊急用電話

初級 Crystal Forest Trail
適期▶年中
距離▶1周1.2km
標高差▶11m
所要▶1周30〜45
車椅子可。最大勾配22.5%

初級 Long Logs Trail
適期▶年中
距離▶1周2.6km
標高差▶25m
所要▶1周約1時間
車椅子可。最大勾配20.5%

Rainbow Forest Museum
開夏期8:00〜18:00
　冬期8:00〜17:00
料無料
設備トイレ（車椅子可）

初級 Giant Logs Trail
適期▶年中
距離▶1周640m
標高差▶11m
所要▶1周約20分
車椅子可。最大勾配19%

宿泊施設
園内にも近隣にもホテルやキャンプ場は一切ない。最も近いのはホルブルックHolbrook。モーテルが15軒ほどある

ペインテッドデザート　Painted Desert

9ヵ所の展望台から、鉱物を含んだカラフルな地層と豪快なフォーメーションを眺めることができる。カチーナポイントKachina Pointには、1920年代のホテルを改築した**博物館Painted Desert Inn Museum**がある。

プエルコプエブロ先住民遺跡　Puerco Pueblo Indian Ruin

14世紀頃のもので、日干しれんがで造った集合住宅の跡や岩絵が残されている。夏至の頃の8:30になると反対側の岩に空けた穴から日が差し込むものもあるという。

ブルーメサ　Blue Mesa

いよいよ丸太の登場だ。最初の展望台から真正面に見える尾根には、足元の砂岩を浸食されて今にも崩れそうな巨木が横たわっている。次の展望台からはバッドランズと呼ばれる丘を望む。延々と続く砂山にはカラフルな縞模様がついているが、この層が珪化木を造り出した火山灰や砂岩や粘土だ。厚さ600mといわれる地層には今も無数の珪化木や化石が埋まっており、やがて丘が浸食されれば姿を現す日が来るだろう。

アゲートブリッジ　Agate Bridge

小さな川をまたいで横たわる長さ12mの珪化木がある。いくつもの亀裂が入っているにもかかわらず奇跡的なバランスを保っていたが、国立公園に指定される数年前に、倒壊を心配した人々がコンクリートで無理やり土台を造ってしまった。

クリスタルフォレスト　Crystal Forest

見渡す限りの草原にずらりと並んだ珪化木が圧巻。19世紀に宝石採掘のために粉砕されたものだという。

ロングログ　Long Logs

比較的平らな場所なので、背の高い針葉樹全体の形が崩れずに残っている珪化木が多い。

ジャイアントログ　Giant Logs

1周約20分と短いが、見応えのあるトレイルがある。トレイルヘッドに**レインボーフォレスト博物館Rainbow Forest Museum**があり、南口のビジターセンターも兼ねている。ここには三畳紀に栄えた巨大な爬虫類や、両生類の化石などが展示されている。

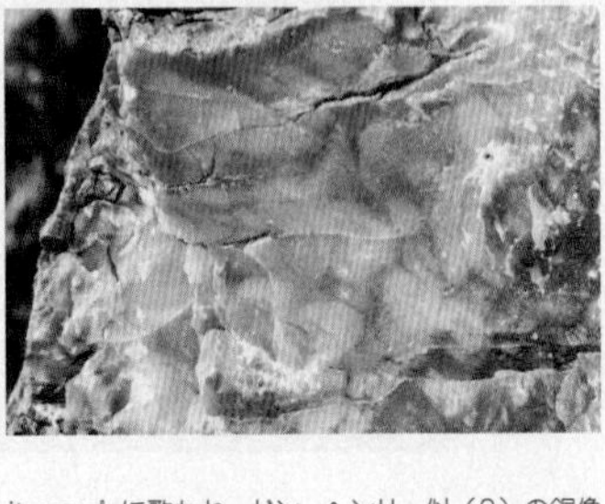
メノウなどがそこらじゅうに転がっている

Reader's Voice **Winslowの見どころ**　イーグルスの『Take it easy』に歌われ、ドン・ヘンリー似（?）の銅像が立っていることで有名なWinslowだが、町の東の端には「9.11 Memorial Garden」がある。↗

木を宝石に変える水のマジック

今からおよそ2億2500万年前の三畳紀の頃、この地方は緑豊かな土地だった。ゆったりと流れる川には魚が泳ぎ、森にはマツやスギが繁茂していた。この木が嵐などで倒れ、洪水して下流へ押し流されてこのあたりに集まり、砂と泥に埋もれた。普通はこの段階で腐敗するが、上流からどんどん運ばれてくる泥が丸太の上に数百メートルも堆積したため、酸化から免れた。また、当時この近くには火山があり、泥の中に大量の火山灰が含まれていたため、水の中に溶け出した珪素（シリカ）が木の細胞と反応して石英の結晶を造り出した。結晶は少しずつ成長して丸太全体を包み、ついには木を石に変えてしまった。

やがて大地が浸食され、固い石となった珪化木だけが残ったのが、現在の化石の森の風景だ。今まさに地表に顔を出したばかりの丸太から、足元の土まで洗い流されてしまった丸太までさまざま。この地層は地下600mまであるといわれ、時を経ればさらに数万の化石が露出することになる。

長い丸太はたいてい輪切りになっている。大地が隆起したときの圧力や地震によってひびが入り、その割れ目に入った水が凍り、膨張して割れ目を広げ、やがて自然に裂けたものだ。いずれはもっと細かく粉砕され、砂に戻る運命にある（一部には先住民が道具として利用するために割ったり、19世紀に宝石を採るためにダイナマイトで爆破したものもある）。

木の化石が見られる場所はほかにもあるが、これだけの数が集中していることと、石の多彩さでは世界でもほかに類を見ない。これは木の種類によるものではなく、水に含まれる成分の違いのせいだという。石化したあとで割れ目に入り込んだ別の化学物質によって描かれた模

年輪がそのまま残っている珪化木も多いが、当時は四季がなかったので年輪の数=樹齢ではない

様や、年輪がそのままシリカに置き換えられた模様もある。赤褐色や白い縞模様のメノウ、オニキス、緑色のジャスパー、クオーツ、紫水晶（アメジスト）など、宝石としておなじみの石ばかり。このため、20世紀初頭には、大量の丸太が宝石商などに持ち去られた時代もあった。

化石の森から発掘されたのは木の化石ばかりではない。貝殻や爬虫類の骨など数百種類に及ぶ。そのほとんどは三畳紀、つまり恐竜が登場する直前のものであるため、恐竜が地球上に生まれた理由を知る手がかりになっている。公園では今でも化石の発掘作業が進められている。

SIDE TRIP　アリゾナ大隕石孔国定記念物　Meteor Crater National Natural Landmark

ミディアあるいはミーティアクレーターと発音する。別名バリンジャー隕石孔。世界で唯一、ほとんど風化されずに残っている隕石孔。フラッグスタッフからI-40を東へ走り、Exit 233で下りる。所要50分。化石の森へ行く途中にある。

今からおよそ5万年前のある日、流れ星が大気圏で燃え尽きずにアリゾナの大地に降ってきた。その直径は推定50m。時速約4.2万kmで大気を突き抜け、地表に激突。周囲数キロ以内の動植物を、一瞬にして死滅させた。展望台からは直径1219m、深さ168mの巨大な衝突の跡が一望できる。

クレーターの底に採掘坑が見えるが、これは1903年にバリンジャー博士が「隕石本体は地下に埋まっている」と確信して採掘を試みた跡。今日では、超音波や磁気の測定によって彼の説が正しかったことが裏付けられている。ただ

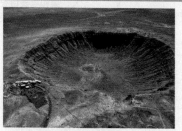

世界で最もクレーターらしいクレーターだし、隕石本体は衝突時にほとんど気化し、地下にあるのは数%程度とみられている。

MAP 折込1枚目 D-3、折込2枚目オモテ J-2
料 $27。6～12歳 $18　**時** 8:00～17:00、11月第4木曜～12:00　**休** 12/25
☎ (928)289-2362　**URL** www.meteorcrater.com

キャニオン・ディ・シェイ国定公園
Canyon de Chelly National Monument

クモのおばあさんが住むというスパイダーロック。ナバホの人々の創造主と信じられているクモで、岩はたいせつな聖地だ。サウスリムの奥にある展望台から見下ろそう

キャニオン・ディ・シェイとは、スペイン語から変化した言葉で、「岩の峡谷」という意味。ディネ（ナバホ語でナバホ族の人々のこと）の肌に似た色をした高さ300mの垂直の断崖が、約42kmの長さにわたって続いている。

グランドキャニオンに比べればずっと小さいが、とても明るく、柔和な表情をした美しい峡谷だ。

谷を渡る風に乗って悠然とイヌワシが舞う。谷底から馬のいななきが響いてくる。誰が吹いているのか、やわらかな笛の音も聞こえる。

ここはモニュメントバレーと同じくナバホ族居留地の中。ディネにとってとても大切な聖地になっている。そのため、国定公園に指定されたあとも人々は土地を手放さず、現在でも国有地がまったくないという珍しい公園でもある。かつて、争いが絶えなかった時代に断崖に隠れ住んだ人々の遺跡も興味深い。

グランドサークルのドライブプランに、ぜひこの峡谷を加えてほしい。

MAP 折込1枚目 C～D-3、折込2枚目オモテ H-3

行き方 ACCESS

キャニオン・ディ・シェイはアリゾナ州の北東の端に位置する。かなり辺ぴな場所だが、そこへ向かう途中の景観はなかなかのものだ。フラッグスタッフから日帰りもできるが、せっかくなら化石の森やメサベルデと合わせて数日かけて回ってくるといい。峡谷の麓に広がる**チンリーChinle**の町がゲートシティになる。

レンタカー RENT-A-CAR

化石の森からは、I-40を東へ走ってChambersで下り、あとはUS-191の標識をたどればいい。112マイル、2時間。

モニュメントバレーからは、US-163を南へ走り、Kayentaへ戻ってUS-160を東へ。44マイル走りMexican WaterでUS-191へ入る。136マイル、3時間。

歩き方 GETTING AROUND

キャニオン・ディ・シェイは東西にV字型に延びる峡谷だ。チンリーChinleの町の中心にある交差点からIndian Route 7を東に3マイル坂を登ると、V字の付け根にあたる場所に出る。ここに**ウエルカムセンター**とサンダーバードロッジThunderbird Lodgeとキャンプ場があり、すぐ横から道が分かれていてサウスリム、ノースリムそれぞれ崖に沿って道路が敷かれている。時間のない人にはサウスリムをすすめる。

谷底には未舗装路があるが、許可なしで走ることはできない。ジープによる**キャニオンツアー**（→P.195）に参加しよう。半日コースと1日コースがあり、後者ならスパイダーロックも間近で見ることができる。

DATA

時間帯▶山岳部標準時 MST
（ナバホ族居住留地内は夏時間採用）
☎(928)674-5500
URL www.nps.gov/cach
圏24時間365日オープン
適期▶年中
料無料
国定公園指定▶1931年
面積▶339km²
入園者数▶約35万人
園内最高地点▶2094m
（Spider Rock Overlook）
哺乳類▶57種
鳥　類▶192種
両生類▶6種
爬虫類▶16種
魚　類▶8種
植　物▶813種

キャニオン・ディ・シェイまでの所要時間
Petrified Forest 約2時間
Monument Valley 約3時間
Mesa Verde 3～4時間
South Rim 約5時間

Welcome Center
圏8:00～17:00
休11月第4木曜、12/25、1/1

そのほかの施設
　園内には何もない。入園は無料で、入園ゲートもない。ガスステーションなどの施設はすべてチンリーにある

SIDE TRIP ハベル交易所国定史跡 Hubbell Trading Post National Historic Site

MAP 折込2枚目オモテ J-3 ☎(928)755-3475
圏夏期8:30～16:30、冬期短縮あり 休11月第4木曜、12/25、1/1

1878～1965年までジョン・ハベルと息子が経営していた交易所。彼はナバホ語を身につけ、ナバホ族と白人との間に立って和解に尽力した。当時、強制収容所から故郷へ戻ってきていたナバホの人々は、抑留中に白人の生活や習慣を少なからず取り入れていた。ハベルの店ではそんな彼らが新たに必要とした食材や衣類などを取り揃え、同時にナバホから工芸品を買い取って、その優れた技術を広く社会に紹介した。ハベルが買い集めた陶器、織物、写真などは現在、貴重な資料として保存、展示されている。場所はキャニオン・ディ・シェイと化石の森の中間。Ganadoより1マイル西のAZ-264沿いにある。

無料の見学ツアーも行われている

個人で、予約や許可証なしで訪れることができる唯一の断崖住居跡、ホワイトハウス

ベストシーズンは初夏。雪解け水が川となって峡谷を潤し、花がいっせいに咲き競い、断崖のあちこちに滝が出現する。真夏は40℃を超える暑さとなる。標高が2000m近くあるので、冬は積雪の覚悟が必要。

サウスリム　South Rim

片道18マイルの道路に沿って8ヵ所の展望台があり、車を停めて谷を見下ろせば家々や畑が見える。谷底では数家族の先住民が、リンゴやアプリコットを栽培して暮らしている。牧畜も行っていて、目のいい人なら木陰で休んでいる牛や羊の群れ、リンゴ畑を歩く白い馬を見つけることができるだろう。

数ある遺跡のなかで特に見逃せないのが**ホワイトハウスWhite House Ruin**。ぜひ遺跡まで下りるトレイルを歩いてみたい。ここは許可なしで峡谷へ下りられる唯一の場所でもある。

サウスリムの終点は**スパイダーロックSpider Rock**。244mの高さに屹立する岩峰で、先住民に聖なる岩とあがめられている。

ノースリム　North Rim

キャニオン・ディ・シェイという名は、正確にはV字になった峡谷のサウスリム側だけを指す。ノースリム沿いの峡谷はキャニオン・デル・ムエルトCanyon del Muerto（死の谷の意）と呼ばれている。

17マイルの道路沿いに3ヵ所の展望台がある。ノースリムドライブのほとんどは厳密には園外で、沿道には一般の住居もある。ふたつ目の展望台から見える**マミーケイブMummy Cave**は4世紀頃から14世紀頃まで使われていたという断崖住居。ミイラが発見されたことからこの名がついた。

時差に注意

キャニオン・ディ・シェイは、モニュメントバレー同様ナバホ族居留地内にあり、アリゾナ州であっても夏時間を採用する。この期間はグランドキャニオンや化石の森より1時間進んでいる

中級 White House Trail
適期▶4〜10月
距離▶往復4km
標高差▶152m
所要▶往復約2時間
出発点▶White House Overlook
設備トレイルヘッドと谷底に簡易トイレあり（車椅子可）
※2023年11月現在、ホワイトハウスの展望台とトレイルは閉鎖中。このまま再開されない可能性もある

Spider Rock Overlook
車椅子可。トイレなし

NATIVE AMERICAN
スパイダーロック
スパイダーとは、ディネの創造主とされているおばあさんグモのこと。太陽の光は彼女の織物の一部として考えられていて、有名なナバホ織りの織り方を教えてくれたのも彼女だという

アクティビティ　　　ACTIVITIES

キャニオンツアー　　　▷▷▷▷▷ CANYON TOUR

キャニオンの谷底を走るツアーに参加してみよう。峡谷の風景や先住民遺跡はもちろん、オフロードドライブそのものも実に楽しいアトラクションだ。

キャニオン・ディ・シェイのふたつの峡谷は、V字の根元の部分は高さがなく、簡単に谷へ入ることができる。東へ進むに従って断崖がぐんぐん高くなっていくのだ。

上から見ているとなだらかそうに見えるが、谷底は意外に起伏があり、かなりワイルドなドライブ。何しろ、道といえるほどの道はない。雨が降ったあとなどは谷の半分が川となるので、何十回も流れを横切り、ときにはジャバジャバと水しぶきを上げて川を遡る。

ナバホのガイドが興味深い話を聞かせてくれる

ときおり、馬に乗った先住民とすれ違う。この土地で牧畜をしている羊飼いだろう。

半日ツアーはサウスリム、ノースリムそれぞれの途中まで訪れる。1日ツアーは、午前中にノースリムの最奥にあるマミーケイブを訪れてから、午後にサウスリムのホワイトハウスまで行く。もちろんおすすめは後者だ。出発はウエルカムセンターから。夏の予約は早めにしよう。前日までにはいっぱいになってしまうことが多い。

キャニオンツアー
☎(928)674-5842
URL thunderbirdlodge.com
半日コース
出発 4〜10月9:00、14:00
　　　11〜3月9:00、13:00
料 $70
1日コース
出発 9:00
料 $150（昼食込み）

雨のあとには谷全体が川になる

ピークシーズンの春と秋には、数多くのジープが川の中を疾走する

　園内にロッジが1軒、チンリーに2軒のホテルがあるが、あとは近隣の町にもまったく宿がない。3軒ともシーズン中は混雑するので予約をしておいたほうがいい。

　キャンプ場はビジターセンターの隣にある。年中オープンしていて先着順。

🏠 Thunderbird Lodge

　ウエルカムセンターのすぐそばにあるリゾートホテル。いわゆるサンタフェスタイルの建物だ。キャニオンツアーもここから出発するので便利。エアコン、TVあり。レストランあり。Wi-Fi無料。

🏠 Rural Route 7, Chinle, AZ 86503
☎ (928)674-5842
URL thunderbirdlodge.com
on $ 120〜150　　off $ 90〜150
カード A D M V

調度品もナバホテイストでまとめられている

エアコン完備で快適に過ごせる

チンリー	Chinle, AZ 86503　公園ゲートまで3マイル　3軒		
モーテル名	住所・電話番号など	料　金	カード・そのほか
Holiday Inn Canyon de Chelly	🏠 7 Garcia Trading Post ☎ (928)674-5000　Free 1800-465-4329 日本 無料 0120-677-651 URL www.holidayinn.com	on $ 124〜159 off $ 113	A D J M V　公園とチンリーの中間。レストラン、コインランドリー、ギフトショップあり。Wi-Fi無料
Best Western Canyon de Chelly Inn	🏠 100 Main St. ☎ (928)674-5875 Free 1800-780-7234 URL www.bestwestern.com	on off $ 110〜130	A D J M V　US-191からRoute 7を東へ1ブロック。公園へ行く途中。レストラン、屋内プール、サウナあり。冷蔵庫あり。Wi-Fi無料。全館禁煙

ホピ族 Hopi

　12世紀頃、現在のアリゾナ州にやってきて、グランドキャニオンとキャニオン・ディ・シェイの中間にある3つのメサ（台地）の上に定住。現在でもナバホ族居留地の中にあるSecond Mesaの周辺に約7000人が暮らしている。

　ホピとは「穏やかな人々、平和的な人々」の意味で、その名のとおり、紛争の和解に努めてきた歴史がある。ホピ族の昔からの言い伝えでは、人間は自然とのバランスを取りながら生きていかないと、将来、大洪水など自然の報復があると警告している。

　儀式を重んじる部族で、男性は春から夏にかけて毎週末カチナダンスを踊って、魂が天に届くように祈るという。カチナドールと呼ばれる木彫りの人形や、銀細工のジュエリーも有名。

　キャニオン・ディ・シェイからグランドキャニオンへ行くなら、遠回りをしてAZ-264を走ってみるといい。途中に博物館やギフトショップがいくつかあり、ホピの文化に触れることができる。

　ちなみに、ナバホ族居留地内は、アリゾナ州であっても夏時間を採用しているが、ホピ族居留地では採用していないので、常にグランドキャニオンと同時刻ということになる。

カチナドール

SIDE TRIP 世界遺産　チャコ・カルチャー国定史跡　Chaco Culture National Historical Park

数ある遺跡のなかで最も美しいといわれるプエブロボニート

MAP 折込1枚目 D-3、折込2枚目オモテ H-4
☎(505)786-7014　**URL** www.nps.gov/chcu
料 車1台＄25、バイク＄20。キャンプ場＄20
開 7:00～16:30（ビジターセンター9:00～17:00）。
夏期延長　**休** 11月第4木曜、12/25、1/1

　メサベルデとサンタフェのちょうど中間にある、知られざる世界遺産を紹介しよう。メサベルデの断崖住居とは対照的な荒野の住居跡で、プエブロ、ホピ、ナバホの人々にとっては今も大切な聖地。その規模と独特の景観は、はるばる足を延ばすだけの価値がある。

　場所はニューメキシコ州の北西。メサベルデから車でデュランゴ経由でUS-550を南下して4時間。US-550は快適なハイウエイで、そのまま南下すれば4時間でサンタフェorアルバカーキに出る。

　公園へは、Bloomfieldの南41マイル地点（Nageeziの町から南へ3マイル）から地方道7900へ入る（角にガスステーションあり）。5マイル走った所で地方道7950へ右折。あとは砂利道を18マイル走ると公園に着く。途中、ごく浅い川を渡る箇所もあるので、雨天時、積雪時は普通車では無理。また、周辺には

左上／路面の状態がよくないときには諦めよう　右上／Chetro Ketlのキバ　下／トレイルを歩けば断崖の上からプエブロボニートを見下ろすことができる

©NPS

未舗装路がほかに何本かあるが、路面の状態がさらに悪いため、前記以外のルートは使わないよう当局も呼びかけている。

　園内の道路は舗装されている。入口にビジターセンターとキャンプ場があり、1周9マイルのループロード（夜間閉鎖）に沿って5つの遺跡が見学できるようになっている。最も有名なのは**プエブロボニートPueblo Bonito**。断崖を背にした半円形の集合住宅で、直線部分は春分＆秋分に太陽が昇る位置と沈む位置を結んだ線上にある。遺跡同士も東西または南北に正確に並んでいるそうだ。

　高度な石積みの技術にも驚かされる。よく見ると遺跡ごとに異なる技法で積まれているのがわかる。壁の下半分が黒いのは、彼らがこの住居を捨てるときに、キバ（→P.205）で何かを燃やしたからではないかと考えられている。

　チャコの遺跡は850～1250年頃のもので、当時、ここは交易の中心として栄えた大きな町だった。一時はプエブロボニートのような大きな集合住宅が150もあったという。

　園内にはロッジはない。最も近い宿はBloomfieldの3軒のモーテル。Farmingtonには約20軒ある。

　キャンプ場は34サイト。遺跡の目の前にあり、予約もできる（崖崩れのため閉鎖中）。

メサベルデ国立公園
Mesa Verde National Park

典型的な断崖住居のひとつ、クリフパレス。かつてここに100人ほどの古代先住民が暮らしていた

コロラド州の南西部、ロッキー山脈の南の端に位置するメサベルデ国立公園は、先住民遺跡を保護している公園だ。アメリカ西部で唯一の自然公園以外の国立公園であり、1978年にはアメリカで初めてユネスコの世界文化遺産にも登録された。

今からおよそ1400年前、「緑の台地」と呼ばれる独特の地形をもつこの地域に住みついた人々がいた。彼らは高度な文明をもち、おおいに繁栄したが、800年ほどたった後、13〜14世紀頃に忽然と姿を消してしまった。すべては白人がアメリカ大陸に到着するはるか以前のことである。

園内には4700以上の先住民遺跡がたいせつに保存されており、特異な地形を利用して建てられたおよそ600の断崖住居は壮観。標高2000mを超える山上にあるので、地平線まで続く広大な眺望と豊かな緑も楽しめる。

ぜひ旅程の1日を割いてメサベルデを訪れてみよう。ほかでは味わえない強い印象を受けるに違いない。

MAP 折込1枚目 C-3、折込2枚目オモテ G-4

行き方 ACCESS

ゲートシティは、公園の東36マイルにある**デュランゴDurango**と、北西10マイルにある**コルテスCortez**。デュランゴはSLが走る狭軌鉄道で知られる観光の町なので、こちらを拠点にしたほうが見どころも多いし、何かと便利。ただし、どちらの町からも公園への交通機関はなく、レンタカーを借りることになる。もちろん、アーチーズなどと一緒にグランドサークルを回るプランに組み込むのもおすすめだ。

飛行機 AIRLINE

Durango - La Plata County Field Airport（DRO）

デンバーからユナイテッドエクスプレス航空が1日5便（所要1時間20分）、フェニックスからアメリカン航空が1日2便（1時間20分）、ダラスからも2便（2時間20分）飛んでいる。

レンタカー RENT-A-CAR

デュランゴからメサベルデへはUS-160を西に36マイル。公園入口まで所要40分、チェイパンメサまで90分。

アーチーズからはUS-191、US-491と走り、コルテスを経由して149マイル。モニュメントバレーからはUS-163、US-160を通って141マイル、キャニオン・ディ・シェイからはUS-191、US-160経由で150マイル。いずれも所要3時間くらいだ。

デュランゴから走ってくるときは、写真左奥に見える岩山が公園の目印になる

DATA

時間帯▶山岳部標準時 MST
☎(970)529-4465
URL www.nps.gov/meve
開365日。冬期は夜間閉鎖
適期6〜9月
料車1台＄30（冬期＄20）、バイク＄25（＄15）。それ以外の方法は1人＄15。キャッシュ不可
国立公園指定▶1906年
世界遺産指定▶1978年
国際ダークスカイパーク認定▶2021年
面積▶212km²
入園者数▶約50万人
園内最高地点▶2613m（Park Point）
哺乳類▶72種
鳥類▶207種
両生類▶4種
爬虫類▶16種
植物▶814種

DRO	☎(970)382-6050
Avis	☎(970)375-7831
Hertz	☎(970)247-5288
National	☎(970)259-0068

メサベルデまでの所要時間

Arches	約3時間
Monument Valley	3〜4時間
Canyon de Chelly	3〜4時間
Chaco NHS	約4時間
Santa Fe	約8時間
Albuquerque	約6時間

コロラド州の道路情報
Free 511
☎(303)639-1111
URL www.codot.gov

夏期は14日前に予約を
5月下旬〜10月中旬にメサベルデを訪れるなら、14日前にインターネットでレンジャーツアーを予約しておこう（→P.200）。人気の断崖遺跡はレンジャーツアーに参加しないと入れない。空きがあれば現地で申し込むこともできるが、たいてい早くに売り切れる。複数のツアーを予約する際は間隔を3時間以上空けよう。

なお、予約システムは頻繁に変更されているので、最新情報を確認のこと

⚠ 落石注意

園内の道路は落石が多い。公園ゲートからファービューまでの間など、落石注意の標識が出ている場所では、「もしかしたら石がカーブの先で石が道路をふさいでいるかも」という意識で走ろう。落石を見つけたときには、決して自分でどかしたりせずに、パークレンジャーに報告を。落石箇所では停車しないのが大原則だ

山火事に注意

メサベルデ国立公園は山火事が多く、過去100年で公園敷地の70%が焼失している。火災の場所によっては公園全体が閉鎖されることもあるので、訪れる直前にウェブサイトなどで最新情報を確認しよう

Mesa Verde VRC

🕐 夏期7:30〜19:00
　冬期8:30〜16:00
🚫 11月第4木曜、12/25、1/1

レンジャーツアー

5月下旬〜10月中旬に催行され、料金は$8。予約受付は14日前から下記。現地は電波が届かないのでチケットはダウンロードまたは印刷しておこう。15分前から注意点などの説明が始まるので、これに遅れないように着いていること
🌐 www.recreation.gov
☎ Free 1877-444-6777

そのほかの施設

モアフィールド
（5月中旬〜10月上旬のみ。Wi-Fi無料）
カフェテリア　7:00〜10:00
ストア　　　　7:00〜19:00
ガスステーション　24時間
ファービュー
（5月下旬〜10月中旬のみ。Wi-Fi無料）
カフェテリア　7:00〜17:00
ロッジ内レストラン
Metate Room
17:00〜21:00

歩き方 🐟 GETTING AROUND

入園ゲートはUS-160沿いの1ヵ所のみ。まずはゲートの手前にあるビジターセンターへ寄ろう。**人気のある3ヵ所の遺跡は夏期に行われるレンジャーツアーでしか入れない**。事前にインターネットで予約でき、空きがあればビジターセンターで購入できる。ツアー時間に合わせてほかの遺跡を見学することになる。

ゲートを過ぎると急な上り坂が続く。標高をかせぐに従って眺望が開けてきて、雪をかぶった山々やフォーコーナーの荒野が右に左に現れる。やがてロッジとカフェテリアがある**ファービューFar View**に到着。道路はここでふた手に分かれる。直進すれば**チェイパンメサChapin Mesa**（年中オープン）、右折すれば**ウェザリルメサWetherill Mesa**（5月下旬〜9月初旬以外は閉鎖）。遺跡の数はチェイパンメサのほうが多い。ここから緑のテーブルの上を走り、断崖の突端にある遺跡を見に行くことになる。

公園の中心、ファービューに建つ園内唯一のロッジは眺望抜群

情報収集 ▷▷▷▷▷ INFORMATION

Mesa Verde Visitor and Research Center

US-160から園内へ入ってすぐの所にある。断崖住居や先住民についての展示はもちろん、ビジターセンターの最新エコロジー技術についての展示もある。事前に予約をしていない場合、クリフパレス、バルコニーハウス、ロングハウスの見学ツアーのチケットはここで購入する。夏の日中は混んでいて希望する時間は取りにくい。

シーズン ▷▷▷▷▷ SEASONS AND CLIMATE

公園は年中オープンしているが、ロッジやカフェテリアなどの施設は冬期にはほぼ閉まってしまうし、クリフパレスなどのレンジャーツアーも行われない。5月、10月でも雪が積もることがあり、雪の状態によって遺跡を回る道路も閉鎖されるので注意。冬期は、夜間は全面的に閉鎖される。訪れるなら基本的に夏期だが、日中は暑く、7、8月の午後には雷雨が多い。

園内のいたるところに焼け焦げた林が広がっている

冬には積雪があるが公園はオープンしている

📝 NOTES 園内各所への車での所要時間　公園ゲート→ファービュー30分、ファービュー→クリフパレス30分、ファービュー→バルコニーハウス35分、ファービュー→ロングハウス1時間、↗

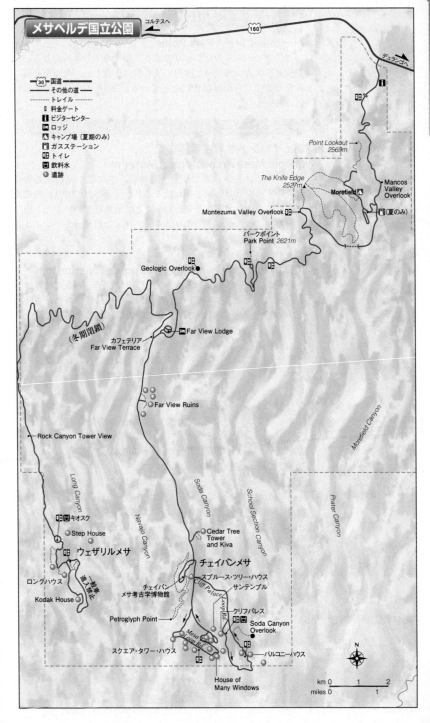

メサベルデ国立公園

コルテスへ

160

デュランゴへ

凡例
- 国道
- その他の道
- トレイル
- 料金ゲート
- ビジターセンター
- ロッジ
- キャンプ場（夏期のみ）
- ガスステーション
- トイレ
- 飲料水
- 遺跡

Point Lookout 2569m

The Knife Edge 2527m

Morefield

Mancos Valley Overlook

Montezuma Valley Overlook

パークポイント Park Point 2621m

Geologic Overlook

（夏のみ）

（冬期閉鎖）

Far View Lodge

カフェテリア Far View Terrace

Far View Ruins

Rock Canyon Tower View

Long Canyon

Navajo Canyon

Soda Canyon

School Section Canyon

Prater Canyon

Morefield Canyon

キオスク

Step House

ウェザリルメサ

一般車 進入禁止

Cedar Tree Tower and Kiva

チェイパンメサ

ロングハウス

Kodak House

チェイパンメサ考古学博物館

Cliff Palace

スプルース・ツリー・ハウス

サンテンプル

クリフパレス

Soda Canyon Overlook

Petroglyph Point

Loop Rd.

スクエア・タワー・ハウス

Mesa Top Loop Rd.

House of Many Windows

バルコニーハウス

km 0　1　2
miles 0　1

N

↗ クリフパレス→ロングハウス1時間30分、バルコニーハウス→ロングハウス1時間25分、公園ゲート→ロングハウス1時間30分（いずれもツアー集合場所に近い駐車場までのおよその所要時間）

パークポイント　Park Point

　モアフィールドのビレッジを過ぎ、山道を上りきったところで脇道へ入る。2613mと園内で最も標高が高く、山火事を見張る火の見やぐらが展望台になっている。360度の大パノラマに気分爽快！

チェイパンメサ ▷▷▷▷ CHAPIN MESA

チェイパンメサ考古学博物館
Chapin Mesa Archeological Museum

　ファービューから車で15分。遺跡群の中に建つ考古学博物館。メサベルデで発掘された数々の品が展示されており、古代先住民の生活や習慣などがわかってとても興味深い。また、博物館の裏手はスプルース・ツリー・ハウスの展望台＆トレイルヘッドになっている。

スプルース・ツリー・ハウス　Spruce Tree House

　最もよく保存されている住居跡で、8つのキバ（儀式用の部屋　→P.205）と114の居室がある。1200年頃に建築され、当時は100人以上が住んでいた。崖の上で畑を耕して農業を営んでいたと考えられている。ここの特徴は、キバの内部に入れること。古代先住民も同様にハシゴを使って出入りしていたそうだ。夏期は自由に見学できるが、冬期は1日3回行われるレンジャーツアーに参加しないと入れない。**→下欄外参照**

クリフパレス　Cliff Palace

　ファービューから車で30分、博物館から10分。一方通行のCliff Palace Loop Rd.へ入ってすぐにある。園内で最大規模の遺跡で、部屋は約150室、壁は高いところで4階建ての高さがある。最盛期には約100人が住んでいたという。

　レンジャー引率ツアーでしか内部は見学できないが、外から眺めるだけならいつでも可。展望台（車椅子可。段差1段あり）から眺めると、全体の様子がよくわかる。右端の4階建ての部分はオリジナルではなく、あとから修復したものだ。

遺跡見学の際の注意
　遺跡に行くときは、水以外の飲み物や食べ物を持っていってはいけない。壁に登ったり、触ったり、寄りかかったりするのも不可。もちろん禁煙。ハシゴを登って見学する遺跡もあるので、それなりの服装を

Chapin Mesa Archeological Museum
🕐 夏期10:00〜16:30
　冬期10:00〜15:00
　カフェテリア（年中オープン。Wi-Fi無料）
🕐 夏期9:00〜18:30
　春・秋11:00〜16:00
　冬期11:30〜14:30
🚫 11月第4木曜、12/25、1/1

Spruce Tree House
　内部は閉鎖中だが、チェイパンメサ考古学博物館の裏のバルコニーからよく見える。車椅子可

Ranger Cliff Palace
集合▶5月中旬〜10月中旬
9:00〜15:30（30分ごと）
所要▶1時間　料金▶$8
注意：ツアーは駐車場ではなく、展望台から出発する。ハシゴを使って登るので、スカートやサンダルは不可。階段160段あり

頭上の崖の浸食が進むスプルース・ツリー・ハウス

クリフパレスは対岸のサンポイントからも遠望できる

NOTES スプルース・ツリー・ハウス閉鎖中　スプルース・ツリー・ハウスの頭上に張り出した岩壁は、長さ80mを超える亀裂が入るなど崩壊が進んでいる。当局は遺跡を保護するため、崩 ↗

バルコニーハウス　Balcony House

　Cliff Palace Loop Rd.の奥にあり、ファービューから車で35分かかる。道路からはまったく見えないので、レンジャーツアーに参加しよう。「どうしてこんな所に……」と考えてしまうほどの断崖絶壁に建っており、見学も容易ではない。ここのハシゴは高さ10mあるので高所恐怖症の人にはすすめない。また幅46cm、長さ4mの穴を這って進む箇所もあるため、汚れてもいい服装で行こう。持ち物も最低限に。東を向いているので午前中の見学がおすすめだ。

このハシゴがちょっと怖い

　なお、ツアーが取れなかった人、遺跡の全体像を見たい人は、さらに800m車を走らせて、Soda Canyonの駐車場から平坦なトレイルを片道20分ほど歩くと、峡谷の向かい側からバルコニーハウスを眺められるポイントがある。

メサ・トップ・ループ・ロード　Mesa Top Loop Road

　1周約10kmの一方通行路で、いくつかの住居跡や展望台がある。なかでも、メサベルデでいちばん美しいとされる**スクエア・タワー・ハウス**Square Tower Houseは見逃せない。これは1200年から100年間ほど使われており、当時は80以上の部屋をもつ高層建築物だったとか。塔の高さはこの種の遺跡のなかでは国内最高で、約8mある。西向きの遺跡なので午後がいい。夏期に週3回レンジャーツアーあり。

　しばらく進むと**サンポイント**Sun Pointという展望台がある。ここからはクリフパレス、オークツリーハウスOak Tree Houseなど6つの断崖住居跡がいっぺんに見渡せる。

　最後の見どころ、**サンテンプル Sun Temple**（車椅子可）は、ほかの遺跡と違って台地の上に造られている。何かの儀式のために建てられたのではないかと考えられており、石を正確に積み上げる技術がすばらしい。建物の内部は多くの部屋と廊下からなる迷宮だ。しかし、13世紀後半頃、突然の移住によって建築途中で捨てられてしまった。

スクエア・タワー・ハウス。夏期に週3回、内部見学のチャンスがある

↗ れかけた部分を爆破したり、アンカーボルトを打ったり、小さな亀裂をシールドするなどの処置を施してきた。しかし2015年にまた岩崩れがあり、2023年11月現在閉鎖中。博物館裏から見学しよう

グランドサークル
メサベルデ国立公園（コロラド州）
Grand Circle

Ranger **Balcony House**
集合▶5月下旬〜10月中旬9:00〜11:00、13:00〜15:00。30分ごと
所要▶1時間　**図**$8
場所▶Balcony House駐車場北側
注意：ハシゴを登るのでスカートやサンダルは不可。高所＆閉所恐怖症の人も要検討

これをくぐれない人は参加不可

初級 **Soda Canyon Overlook Trail**
適期▶5〜10月
距離▶往復2km
標高差▶21m
所要▶往復45分〜1時間
出発点▶バルコニーハウス駐車場より北へ1マイル

Mesa Top Loop Road
圏8:00〜日没。積雪により閉鎖されることもある

Ranger **Square Tower House**
集合▶6月上旬〜10月中旬の木〜土8:30
所要▶90分　**図**$25
場所▶Square Tower House Overlook
　14日前から予約可（→P.199、200）。高さ6.1mのハシゴや、急斜面の下降、岩をよじ登る箇所あり

☾ NATIVE AMERICAN

クマの踊りを舞う人々

　メサベルデの西に住むユート族には、こんな言い伝えがある。その昔、いつまでも冬眠から覚めずに餓死しそうになっていたクマを、ユートの人々が起こして命を救った。クマはお礼に冬の終わりを告げる踊りを教えてくれた。

　以来、ユート族の人々は、毎年春になるとベアーダンスを踊って春の到来を祝うのだそうだ

5月中旬〜10月中旬のみオープンするドライブコース。狭い急カーブが続くが、すれ違う車も少なく、静かでのんびりとしたドライブが楽しめる。ひととおり見学するなら半日を予定しておきたい。

ファービューから1時間走った所にキオスク（軽食スタンド）とトイレがあり、そこから先はマイカー乗り入れ禁止なので、1周約10kmの舗装路を歩くか自転車（レンタルなし）で巡る。

ロングハウス　Long House

レンジャーツアーでしか入ることができないので、あらかじめチケットを入手してから向かおう。キオスクに集合し、レンジャーと一緒にハイキング（往復3.6km）で訪れる。メサベルデで2番目に大きな遺跡で150〜160人が暮らしていたと考えられている。ハシゴあり。

ロングハウスのハシゴ。断崖住居を訪れるツアーは動きやすい服装で参加しよう

ステップハウス　Step House

キオスクの近くがトレイルヘッドになっており、ここから急な坂道を20分ほど下りて断崖住居を見に行く。各自、自由に見学できる。626年頃に使われていた住居と、13世紀に使われていた住居がはっきりと分かれているのが特徴。

自由に見学できる数少ない遺跡のひとつ、ステップハウス。レンジャーがいるのでいろいろと質問してみるといい

閉鎖情報に注意
　ウェザリルメサは山火事の復旧工事の影響で2023年は閉鎖された。工事が長引いた場合、2024年夏も閉鎖が続く可能性があるので、最新情報を確認しよう

Wetherill Mesa Road
圖▶5月中旬〜10月中旬の8:00〜18:00（夏期は19:00）のみ。そのほかの時期は通行止めになる。自転車は1年中通行禁止なので、サイクリングしたい人は園外から車に積んで持ち込むこと

Ranger **Long House**
集合▶5月中旬〜10月中旬
1日3回、夏期は1日6回
所要▶2.5時間
圖▶$5
場所▶キオスク
設備▶トイレ・飲料水・売店

初級 **Step House**
オープン▶9:00〜16:00
距離▶往復1.2km
標高差▶47m
所要▶往復約1時間
出発点▶キオスクの向かい側
※トレイルヘッドから真っすぐに進むと、急な階段を経てステップハウスへ。途中で左折すると、遠回りになるがなだらかな坂道を下ってステップハウスへ行くことができる（幅広タイヤの車椅子で介助があれば可。未舗装区間、勾配あり）
設備▶トイレ（車椅子可）・飲料水・売店

ロングハウス。大きな遺跡のなかでは最も遠くにあるが、訪れる価値はおおいにある

NATIVE AMERICAN

断崖に生きた先住民

メサベルデの歴史は5〜6世紀頃に始まる。

それまで遊牧生活を送っていた先住民のあるグループがこの地へやってきて定住し、農耕生活を始めた。彼らはトウモロコシや豆、カボチャなどを作り、すばらしい籠を編む技術をもっていた。この頃に住居として使われていたのがピットハウスPit Houseだ。地面を四角く掘って柱を立て、天井を木やしっくいで覆ったもので、崖のくぼみやメサ（台地）の上に建てられた。

750年頃になると、メサの頂上に柱と泥を使って本格的な家を建て始め、1000年頃には石を積み上げる技術を身につけた。厚い二重の壁は、ときには2階、3階建てとなった。

1100年頃、人口は数千人に達しようとしていた。彼らは小さな村に集中して住み、石の壁に囲まれた中にキバKivaが建てられた。キバは教会のようなものだったと考えられている。ここで雨乞いや豊作の祈願をしたり、ときにはハタ織りなどが行われた。儀式のために火を使っても大丈夫なように、換気システムまで備えられている。

崖の住人たちの日常生活

1200年頃、大きな変化が起こる。彼らはメサの上に建てた住居を捨て、断崖の洞窟へ移ってきたのだ。理由はわかっていないが、このときに断崖住居が誕生し、その後75〜100年も崖での生活が続くことになる。

断崖住居のおもな材料は砂岩で、これを小さな長方形のブロックにして正確に積み上げていく。しっくいは泥と水を混ぜたもので、内部の壁は絵で飾られていた。部屋は2、3人用のスペ

ースがあり、必要に応じて横へ縦へと新たに建て増していった。食料はメサの上の畑で取れた穀物やシカ、ウサギなどの動物。犬と七面鳥を飼っていた。

驚くべきことに、彼らは西海岸の先住民などと交易を行っている。輸出品は織物や陶器、革細工、宝石など。輸入品は貝殻、トルコ石、綿など。これらを担いで村々を歩く商人がいたらしい。

冬になると寒さと湿気対策にあちこちで火を燃やしていたらしく、壁や天井はススで黒くなっている。それでもやはり生活は厳しく、平均寿命は32〜34歳といわれている。メサベルデの住居跡を訪れると、建物のドアが小さいことに気づくだろう。当時の住民の平均身長は男性が163cm、女性が152cmだったそうだ（当時のヨーロッパ人とほぼ同じ）。

ある文明社会の消滅

13世紀後半〜14世紀初頭、断崖での生活は破局を迎え、人々はメサベルデを捨てて去っていってしまう。理由はよくわかっていない。干ばつや樹木の過剰な伐採、動物の乱獲などが原因といわれる。ここを出た人々は南へ移り、その子孫が現在のプエブロ族であると考えられている。

こうしてメサベルデは600年にわたる長い眠りについた。コロンブスの新大陸発見より200年も前のことだ。

1888年、地元のカウボーイWetherillの家族がメサベルデを発見、1906年に国立公園に指定されて現在にいたっている。

古代先住民を指すアナサジAnasaziという言葉は、ナバホの言葉で「昔の敵」という意味があるため、現在ではプエブロ族の先祖Ancestral Puebloという呼び方が一般的になっている

Far View Lodgeは客室のインテリアが洗練されていて快適だし、料金も手頃。レストランもとても評判がいい。アメリカの国立公園に数あるロッジのなかでも特におすすめしたい宿だ

宿泊施設 🏠 ACCOMMODATION

園内で泊まる

🏠 Far View Lodge

　園内で唯一の宿。チェイパンメサの入口にあり、4月中旬〜10月下旬のみオープン。テレビはないが、全室にバルコニーがあり、広大な緑の風景はまさに絶景。160km先まで見渡せるそうだ。電話、冷蔵庫、コーヒーメーカーあり。Wi-Fi無料。150室。全館禁煙。レストランMetate Roomは、味も雰囲気も夕暮れの眺望も抜群！

インテリアは先住民アートをモチーフにしている

ARAMARK
Free 1800-449-2288
URL www.visitmesaverde.com
on off $124〜186　カード AMV

キャンプ場に泊まる

　モアフィールドに設備の整ったキャンプ場がある。5月中旬〜10月中旬のみ。左記ロッジのサイトから予約可。レストラン、ガスステーション、ストア、コインランドリー、シャワーあり。267サイト。

Free 1800-449-2288　料 $38〜51

近隣の町に泊まる

　US-160沿いにモーテルやゲストランチ、B&Bがけっこうある。コルテスかメンコスで見つからなかったらデュランゴまで走ればいい。町の内外に約50軒あるので、ピークシーズンでも何とか見つかるだろう。

メンコス		Mancos, CO 81328　公園ゲートまで8マイル　3軒	
モーテル名	住所・電話番号など	料　金	カード・そのほか
Mesa Verde Motel	住191 W. Railroad Ave. ☎(970)533-7741 Free 1800-825-6372 URL mesaverdemotel.com	on off $132〜153	AMV US-160とCO-184の角。冷蔵庫、電子レンジあり。Wi-Fi無料。全館禁煙

コルテス		Cortez, CO 81321　公園ゲートまで10マイル　17軒	
モーテル名	住所・電話番号など	料　金	カード・そのほか
Holiday Inn Express	住2121 E. Main St. ☎(970)565-6000 Free 1800-465-4329 日本 無料 0120-677-651 URL www.ihg.com	on $135〜230 off $109〜137	ADJMV US-160沿い。町の東端。屋内温水プール、コインランドリーあり。朝食込み。Wi-Fi無料。全館禁煙
Best Western Turquoise Inn	住535 E. Main St. ☎(970)565-3778 Free 1800-780-7234 URL www.bestwestern.com	on $135〜245 off $118〜148	ADJMV ダウンタウン中心部、US-160沿い。コインランドリー、屋外プールあり。冷蔵庫、電子レンジあり。朝食付き。Wi-Fi無料。全館禁煙
Econo Lodge	住2020 E. Main St. ☎(970)372-2906 Free 1877-424-6423 FAX (970)565-0923 日本 無料 0053-161-6337 URL www.choicehotels.com	on $76〜114 off $65〜82	ADJMV ダウンタウンの東寄り、US-160沿い。朝食込み。コインランドリーあり。Wi-Fi無料。全館禁煙

西海岸
West Coast

ヨセミテ国立公園
Yosemite National Park

グレイシャーポイントから見たハーフドーム。背後には夏でも雪を残すシエラネバダ山脈が広がる

春。雪解け水が滝となって谷に落ち、その音に眠りを覚まされたかのように、生き物たちが活動を始める。

夏。ヨセミテバレーの主役は人間になる。都会の重圧から少しでも逃れようと谷に遊ぶ人々。しかし、その喧騒のなかにあって、ヨセミテの自然は威厳を失ってはいない。

秋。引き締まった空気が谷に満ち、ヨセミテは静寂を取り戻す。木々は美しく着飾った姿を川面に映し、滝はその落下を止める。

冬。白いベールに覆われた谷は、神々が集い、遊ぶ場所になる。神々に見守られ、地上の生命は、新たな躍動のときまで安らぎのなかにある。

西海岸の大都市から数時間というアクセスの容易さもあって、ヨセミテは全米で最も人気のある国立公園のひとつだ。そのため、夏のビレッジは大変な混雑となる。しかし、ビレッジを一歩出て、トレイルを歩いてみよう。雲によって、太陽の光によって、そして風によって多彩な表情を見せてくれる自然が、教えてくれるだろう。人間にとっていちばん大切なものは何かということを……。

NOTES ロッジ名が復活！ ロッジなどの運営会社（コンセッショナー）変更に際して、1993年から運営してきた企業と公園との間で知的財産権に関して係争となり、2016年に歴史的なロッジ↗

MAP 折込1枚目 C-1、折込2枚目ウラL

凡例
→P.6

行き方 ACCESS

ヨセミテ国立公園はカリフォルニア州の東端にあり、サンフランシスコから車で4～5時間、ロスアンゼルスからは6～7時間で行ける。SFから日帰りツアーバスが出ているほどだから、夏は混雑するのも無理はない。交通機関もバス、航空機、列車、レンタカー、どれも可能なので、各自の日程と興味に合わせて選ぼう。

ヨセミテへのゲートシティは北西の**マンテカManteca**、西の**マーセドMerced**（発音はメルセッに近い）、南西の**フレズノFresno**、東の**リーバイニングLee Vining**の4つ。北西ゲートへの公共交通機関はないが、SFから車で来るなら最も近道だ。列車やバスを使うなら、マーセドかフレズノからのアプローチとなる。飛行機を使うなら南西のフレズノから。東ゲートからは、夏期のみアプローチすることができる。

飛行機 AIRLINE

Fresno Yosemite International Airport（FAT）

比較的規模の大きな地方空港で、コンコースに並んだセコイアの巨木のモニュメントが旅の気分を盛り上げてくれる。実際のセコイアはもっともっと大きいのでお楽しみに！

ユナイテッド航空がサンフランシスコから1日2便（所要1時間）、ロスアンゼルスからも1日2便（1時間）飛んでいる。またシアトル、ソルトレイク・シティ、ラスベガス、デンバー、シカゴなどからも各社の直行便がある。もちろんレンタカー会社も各社が揃っている。

5月上旬～9月上旬なら、空港からヨセミテまでYARTSのバス（→P.212）が走る。空港7:15発、ワワォナ10:10着、ヨセミテバレー11:20～11:44着の1便のみ。

DATA

時間帯▶太平洋標準時 PST
☎(209)372-0200
URL www.nps.gov/yose
圃 一部を除いて24時間
365日オープン
適期 年中
料車1台$35、バイク$30、そのほかの方法は1人$20。キャッシュ不可
景観保護区指定▶1864年
国立公園指定▶1890年
世界遺産登録▶1984年
面積▶3083km²
（東京都の約1.4倍）
入園者数▶約334万人
園内最高地点▶3997m
(Mt. Lyell)
哺乳類▶90種
鳥 類▶269種
両生類▶12種
爬虫類▶22種
魚 類▶10種
植 物▶1570種

レシートをなくさずに
ヨセミテではゲートを出る際にも入園料のレシートをチェックされるので、なくさないようにしよう。なお、ヨセミテの各ゲートではAMVのカードで支払うことができ、現金不可

FAT ☎(559)621-4500
Hertz ☎(559)251-5055
Alamo Free 1844-827-2606
Avis ☎(559)454-5029
Budget ☎(559)253-4100
Dollar Free 1866-434-2226

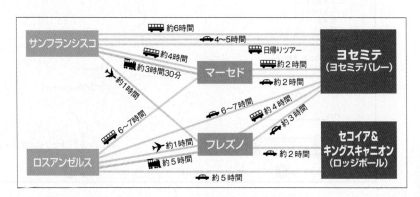

名などの変更を余儀なくされた。しかし2019年、新しい運営会社と国立公園局が旧運営会社に和解金を支払ったことで解決。アワニーホテル、カリービレッジ、ワワォナホテルの名称がもとに戻された

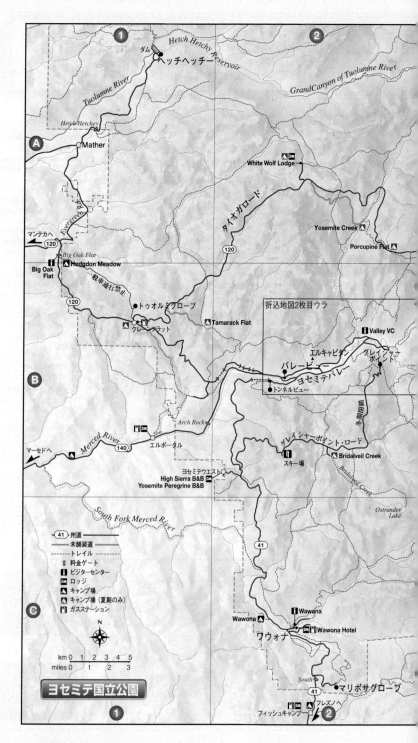

ヨセミテ国立公園

Trivia バッファロー・ソルジャーズ　南北戦争終結の翌年、奴隷解放によって自由の身となった黒人
で編成された騎兵隊。縮れた髪から名づけられた。激しい人種差別や暴力が横行していた時 ↗

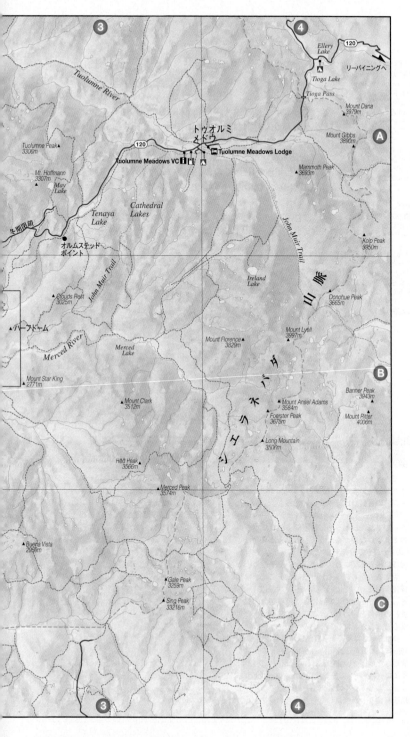

リーバイニングへ

Ellery
Lake

120

Tioga Lake

Tioga Pass

Mount Dana
3979m

Mount Gibbs
3890m

A

トゥオルミ
メドウ

120

Tuolumne Meadows VC

Tuolumne Meadows Lodge

Mammoth Peak
3693m

Tuolumne Peak
3306m

Mt. Hoffmann
3307m

May
Lake

Tuolumne River

Tenaya
Lake

Cathedral
Lakes

冬期閉鎖

オルムステッド
ポイント

John Muir Trail

Koip Peak
3950m

山脈

Ireland
Lake

Clouds Rest
3025m

John Muir Trail

Donohue Peak
3665m

ハーフドーム

Merced River

Merced
Lake

Mount Florence
3829m

Mount Lyell
3997m

B

Mount Star King
2771m

Mount Clark
3512m

Mount Ansel Adams
3584m

Foerster Peak
3675m

Banner Peak
3943m

Mount Ritter
4006m

Long Mountain
3506m

シエラ・ネバダ

Red Peak
3566m

Merced Peak
3574m

Buena Vista
2959m

Gale Peak
3259m

Sing Peak
33216m

C

3

4

↗ 代、彼らは危険をともなう仕事を担わされていた。しかし山火事の消火、密猟者や違法伐採の摘発、トレイ
ルの整備などその仕事ぶりはすばらしく、公園の状態が飛躍的によくなったと評価されている

Greyhound + YARTS

グレイハウンド →P.485
Free 1800-231-2222
URL www.greyhound.com
マーセドのディーポ
⌂ 710 W.16th St.
🕐 24時間
💴 SF→マーセド片道$22〜
フレズノのディーポ
（アムトラック駅隣）
⌂ 2660 Tulare St.
☎ (559)268-1829
🕐 10:00〜18:30
💴 LA→フレズノ片道$12〜

YARTS
Free 1877-989-2787
URL yarts.com
🚫 イースターサンデイ（2024年3/31、2025年4/20）、11月第4木曜、12/25、1/1は運休
💴 マーセドから往復$45（62歳以上、6〜17歳2人目以後$23）。フレズノから往復$41（$21）。大人1人につき12歳以下1人無料。入園料込み

グレイハウンドバスでヨセミテを訪れる方法は2通り。

まずサンフランシスコからマーセドへ行き、YARTSのバスに乗り換える方法。年中運行しているが、SF11:00発の1便のみで、マーセドで乗り換えの際、YARTSが出るアムトラック駅まで約20分歩かなければならない。ヨセミテ着は19:11〜19:23。

一方、ロスアンゼルスからフレズノへ行くグレイハウンドは1日7便走っている。ただしフレズノで乗り継ぐYARTSのバスは5月上旬〜9月上旬のみ、フレズノ7:33発→ヨセミテ11:20〜11:44着の1便のみの運行で、こちらも便利とは言い難い。

いずれのルートもヨセミテバレーではビジターセンターなどに停まるが、停車場所と順番は便によって異なる。ピークシーズンはウェブサイトから予約しておくことをおすすめする。

YARTSの乗り場はバレーシャトルの番号の下に表示されている

COLUMN

ヨセミテのプライド

ヨセミテでバスツアーなどに参加すると、ガイドの説明のなかに1度や2度は「イエローストーン」の言葉が出てくることだろう。

「イエローストーンの森はロッジポール松ばかりですが、ヨセミテには多種多様な樹木が共存する豊かな森があります」といった具合だ。

ヨセミテで長年仕事に就いている人や自然保護に携わっている人など、ヨセミテをこよなく愛する人たちの多くが「ヨセミテこそが自然保護発祥の地」という意識を強くもっている。そして、彼らの言葉の裏には「世界初の国立公園」の称号を奪われたイエローストーンへの対抗心と悔しさがにじんでいる。

ヨセミテでは早くから自然保護運動が盛んで、1864年には景観保護区Yosemite Grantの指定が実現した。しかし国立公園という形では1872年、イエローストーンに先を越された。ゴールドラッシュによって多くの金鉱掘りがやってきて、土地所有権などが複雑になっていたカリフォルニ

アに比べて、奥地であったイエローストーンは国有地化や規制が容易だったといわれる。

2014年、ヨセミテでは1864年にリンカーンが署名した景観保護区指定150周年を祝うイベントがあちこちで行われた。そこには自然保護のパイオニアとしてのプライドが強く表れていた。

関連コラム→P.216

この雄大な自然を守るために生涯をかけた人が、今も昔も大勢いる

➡NOTES **フリックスバスについて** グレイハウンドは2023年にFlixBusと提携した。グレイハウンドのサイトで検索や予約も同時にできて便利だが、乗り場がまったく異なることがあるので要注意

YARTSのバスは、車がない観光客には欠かせない存在だ

山火事に注意
ヨセミテでは毎年のように大きな山火事が起き、一部の道路や展望台が閉鎖されている。訪れる前にウェブサイトで確認しておくといい

鉄　道　▷▷▷▷▷▷ AMTRAK

とても快適で、時間的にもいちばん早く、料金も高くない。乗り換えが多いのが難点だが、列車を選べば接続はよい。

アムトラックでの行き方もグレイハウンド同様2通りある。いずれの方法も**サンホアキン号San Joaquins**＋YARTSの連絡バスを利用する。

サンフランシスコから行くならマーセドでYARTSのバスに乗り換える（SF〜Emeryville間は連絡バス）。SF7:00発→ヨセミテ13:21着、11:00発→20:16着の2便がある（2024年5月のスケジュール）。

ロスアンゼルスから行く場合はフレズノで乗り換える（LA〜Bakersfield間は連絡バス）。このルートは5月上旬〜9月上旬のみとなる。多数が運行されているが、LA9:15発→ヨセミテ18:16着が使いやすい。また深夜1:00発→13:36着の夜行便もある（2024年5月のスケジュール）。

なお、YARTSのバスはアムトラックの接続バスとして運行されているので、乗車券もヨセミテまで通しで購入できる。すべてのサンホアキン号に接続しているわけではないので、目的地を「Yosemite」と入力してスケジュールを調べるといい。

アムトラック　→P.485
[Free] 1800-872-7245
[URL] www.amtrak.com
マーセドの鉄道駅
🏠 324 W. 24th St.
☎ (209)722-6862
🕐 7:00〜21:30
🚌 SF→ヨセミテバレー片道 $32〜
フレズノの鉄道駅
🏠 2650 Tulare St.
☎ (559)486-7651
🕐 5:30〜22:00
🚌 LA→ヨセミテバレー片道 $63〜

YARTS　→P.212

リノホアキン号

ツアー　▷▷▷▷▷▷ TOUR

ヨセミテは、夏に限らず宿の確保が難しい。そこで考えたいのは宿泊がセットされたツアーの利用だ。サンフランシスコから日帰りバスツアーを催行している会社はたくさんあるが、往復10時間もバスに揺られ、ヨセミテバレーをざっとひと回りしてくるだけのツアーはおすすめできない。ぜひ、現地で1泊以上するバスツアーを選ぼう。

Gray Line San Francisco

サンフランシスコの大手観光ツアー会社で、ヨセミテまでの送迎のみのコースを催行している。料金は高いが、快適な大型バスで乗り換えなしで連れて行ってくれるのが魅力。フィッシャーマンズワーフ6:20発→ユニオンスクエア6:40発→12:30頃ヨセミテ着。帰りはバレーシャトル#7（→P.220）を15:00頃発→21:00頃SF着。なお2023年11月現在、宿泊込みのコースは催行していないので、ヨセミテバレーの宿を予約しておく必要がある。

Gray Line San Francisco
☎ (415)353-5310
[URL] graylineofsanfrancisco.com
🚌 片道 $109。入園料込み

左サイドバー

園内の道路情報
☎(209)372-0200
(内線1→1)

カリフォルニア州の道路情報
Free 511
URL quickmap.dot.ca.gov

AAA路上救援
Free 1800-222-4357
※園内での故障、事故は
☎(209)372-1060へ

ガソリンは満タンで
ヨセミテバレーにはガスステーションがないので、公園へ入る前に必ず満タンにしておこう

チェーン規制
CHAINS REQUIRED
ヨセミテの気温はサンフランシスコよりはるかに低い。園内にスキー場があるくらいなのでチェーン規制がかかることも多い。11～3月はもちろん、5月や9月にチェーン規制が出ることもある。規制には3段階あり、以下の表示が出る。
R1：Autos & Pickups Snow Tires OK
スノータイヤ（溝の深さなどに規定あり）でも可
R2：4W Drive with Snow Tires OK
4輪すべてにスノータイヤを履いた4WD車でも可
R3：No Exceptions
全車両チェーン装着が義務。ゲートでチェックがあり、チェーンがないと入園できない。レンタカーの場合、チェーンやスノータイヤを装着すると契約違反となる場合がある

タイオガロード
冬期は閉鎖される。開通日は積雪量に左右され、4/29から7/1まで幅がある。閉鎖時期は10月下旬～11月中旬頃

バレー内の道路はほとんどが一方通行だ

本文

サンフランシスコから　Big Oak Flat Entrance (CA-120)

SFからベイブリッジを渡りI-580を東へ。I-205 EAST、I-5 NORTHと移り、すぐにExit 461でCA-120へ下りるとマンテカ。ここまで75マイル。さらにCA-120を東に115マイル走ればヨセミテバレー。SFから4～5時間。後半は急な山道になり、冬は積雪も多く、11～3月はチェーン規制が出ることも多い。

マーセドから　Arch Rock Entrance (CA-140)

CA-140をひたすら東へ走ると70マイルでヨセミテバレー。2時間。年中通行できるが、ちょっとした山道もあり、冬はチェーンが必要な場合もある。

フレズノから　South Entrance (CA-41)

フレズノは中央カリフォルニアの中心都市で、大気汚染が深刻な問題になっているほどの大都会。セコイア＆キングスキャニオンへのゲートシティでもある。ヨセミテへはCA-41をひたすら北へ。2時間ほどで南ゲートをくぐり、すぐに右折すればマリポサグローブのWelcome Plaza、左折すれば1時間ほどでヨセミテバレー。フレズノからバレーまでは95マイル、3時間。年中通行できるが、10～4月はチェーン規制が多い。また道が狭いうえに急カーブの連続なので、運転は慎重に。

ロスアンゼルスから　South Entrance (CA-41)

LAからはI-5を北へ走る。山間部を過ぎた所、Exit 131でCA-99へ移ってフレズノへ。あとはCA-41を北上すれば公園にいたる。合計6～7時間。

デスバレーから　Tioga Pass Entrance (CA-120) ➡ 夏期のみ

シエラネバダ山脈の眺望がすばらしく、見どころも多いおすすめルート（→P.244）。CA-190を西へ走り、CA-136を北へ。US-395にぶつかったら北へ。リーバイニングまで178マイル、5時間。ここからCA-120へ入って東ゲートをくぐり、**タイオガロード**Tioga Road経由でヨセミテバレーまではさらに60マイル、2～3時間。

タイオガロードの入園ゲート。雪の多い年には開通が7月になることもある

▶NOTES **バレーの走り方** ビレッジに入る車道（東行き）は川の南岸、ビレッジから出る車道（西行き）は川の北岸を通っている。ビレッジからトンネルビュー、グレイシャーポイント、マリポサグ ↗

WILDLIFE

ヨセミテの四季

ヨセミテは、どの季節にも捨て難い魅力がある。気候は全般にマイルドだが、山岳地帯であることを忘れずに。天気は変わりやすいし、冬には降雪がある。また、標高の高いハイカントリーやグレイシャーポイントは、バレーとの温度差が10℃近くある。重ね着などの工夫を。

入園者数がピークに達するのは6〜9月。西海岸から気軽に来られるので4〜11月にかけての週末も混雑する。宿の予約は早めに。

春 春のヨセミテバレーはソフトフォーカスの世界。春霞が谷にたちこめ、やわらかな青空に青灰色のドームや絶壁が浮かび上がり、柳がレースのようなシルエットを造りだす。氷に閉じ込められていた滝にも春の光が差し、南に面したヨセミテ滝が最初に落下を始める。小川は絹のように滑らかな流れとなって峡谷を潤し、花々の固いつぼみもほころび始める。谷全体が生命への賛歌を奏でるシンフォニーホールと化す。運がよければこの時期、満月の夜にロウアーヨセミテ滝で月夜の虹が見られることがある。

5月上旬、バレーはドッグウッド（ハナミズキ）の大きな白い花で満たされる。その花が散る頃、春は山の上へと駆け上がる。

夏 6月、残雪の岩峰が青空に浮かび、暗緑色のマツやスギの常緑樹と萌葱（もえぎ）色にわき立つアスペンやカシワが絶妙のコントラストを見せる。無数の滝は爆音をこだまさせながら落下する。野草はいっせいに花を開き、動物たちは子育てに忙しい。峡谷が自然景観と生き物の一大ページェントを開くベストシーズンだ。ヨセミテバレーや湿原地帯では非常に蚊が多いので、虫よけスプレーをお忘れなく。

7〜8月、トゥオルミメドウなどハイカントリーにようやく花の季節が訪れる。この時期、バ

真夏の短い間だけ楽しめるハイカントリー

レーではほとんどの滝は涸れてしまい、公園中に観光客があふれて都市化する。それでもなお、積乱雲をバックに黒々とした絶壁が鎮座するさまは、夏ならではの趣がある。

バレーの夏はTシャツに短パンで十分。ただし夜は薄手のジャケットなど羽織るものが欲しい。

秋 ひんやりとした身を引き締める大気が峡谷に満ち、バレーフロアの草原は黄金色に輝く。カエデやカシなどの落葉樹は緑から朱、紅、ブロンズ色へと変化して巨大な錦絵を描き出す。自然は、生物が長い眠りにつく生命の循環のひと区切りを、万華鏡にも勝る華麗さで彩る。

秋のバレーフロアは日暮れが早く、温度は急激に下がる。セーターも必要だ。

冬 白い峡谷はアンセル・アダムスの写真そのままのモノトーンの世界。樹氷の森、凍てついた絶壁と岩峰が青空に浮かび上がるさまは、銀のエッチングを見るようだ。とりわけ吹雪の去ったあとの朝はすばらしい。梢に積もった新雪が風に吹かれてダイヤモンドダストのように散っていく。交通が不便になるなどのデメリットもあるが、冬のヨセミテバレーこそ、本当の「神々の遊ぶ庭園」なのかもしれない。

雪解け水で水量を増したマーセド川。奥はノースドーム

ヨセミテバレーの気候データ

日の出・日の入りの時刻は年によって多少変動します

月	1	2	3	4	5	6	7	8	9	10	11	12
最高気温（℃）	9	11	14	17	21	27	32	32	28	22	13	8
最低気温（℃）	-2	-1	1	3	7	11	14	14	11	5	0	-2
降水量（mm）	177	165	139	81	49	12	7	4	10	40	103	142
日の出（15日）	7:13	6:49	7:09	6:23	5:48	5:36	5:49	6:14	6:40	7:07	6:39	7:06
日の入り（15日）	17:02	17:36	19:05	19:34	20:01	20:22	20:20	19:52	19:07	18:21	16:47	16:40

↗ロープへ行くには、いったん公園出口へ向かい、左車線を走って、バレービュー（→P.227。看板・標識なし）のすぐ先で左折。南岸道路と合流した後、しばらく走ってCA-41の標識を右折する

ヨセミテの歴史とジョン・ミューア

ヨセミテの最初の住人はアファニチ族と呼ばれる先住民。彼らは外界から隔絶されたこの美しい峡谷で、長い間平和な生活を営んでいた。

バレーが白人の目に触れたのは19世紀に入ってからだ。猟師や毛皮商人たちがシエラネバダ山脈の奥へ入り込み、「ナイフでまっぷたつに切り落としたような岩山を見た」とか「何百メートルも空にそびえる巨木を見た」などと伝えたが、このときはまだ誰も信じる者はいなかった。

1849年、ヨセミテの運命を変える事件が起きた。ゴールドラッシュに沸くカリフォルニアへ向かっていた幌馬車隊が、ヨセミテの近くで先住民と衝突。政府の命を受けてマリポサ大隊が出動し、ヨセミテへ向かう。彼らは苦難の末にワウォナ高原を縦断して、ついにトンネルビュー付近に達した。そして峡谷を一望したとき、誰もが天国の門の前へ来たと思い、静かに銃を地面に置いたという。

1903年、ジョン・ミューア（右）とともにグレイシャーポイントに立ったセオドア・ルーズベルト大統領は、「今日はわが人生最高の日だ」と言ったそうだ

1862年、伝説の風景を求めて3名の画家がヨセミテへ入り、多くの作品を描いた。そのなかの1枚が後にセオドア・ルーズベルト大統領に贈られ、彼にヨセミテ行きを決意させたという。

こうしてヨセミテの神秘的な美しさは、たちどころにアメリカ全土に知れ渡っていった。

この頃、マリポサグローブのセコイアの森に魅せられ、その景観を守ろうと奔走する男が現れる。ゲーレン・クラークGalen Clarkだ。その努力が実って1864年、ヨセミテはアメリカ初の景観保護区となり、クラークは管理官となった。

そのすぐ後に、後に最も重要な役割を演じることになるジョン・ミューアもヨセミテを訪れる。彼もまた、この地にたちまち魅せられ、ヨセミテの保護運動に奔走することになる。そして1890年、ヨセミテは国立公園となった。

1903年、セオドア・ルーズベルト大統領がヨセミテを訪問。この年、ヨセミテの美しさを世界に広めた写真家アンセル・アダムスも峡谷を訪れる。このとき彼はまだ14歳であった。後年、彼はヨセミテに住んで幻想的な写真を次々と生み出していくことになる。

1927年にマーセドからヨセミテバレーへの道路が完成。'56年にヨセミテロッジ、'66年にはタイオガロードもオープンして施設のよく整った便利な国立公園ができあがった。しかし、それでも増え続ける入園者には追いつかず、現在では慢性的な宿泊施設不足に悩まされている。

国立公園の父、ジョン・ミューアJohn Muir

国立公園の父とたたえられるジョン・ミューアは1838年スコットランド生まれ。11歳のときに両親に連れられてアメリカへ移住し、農作業を手伝いながらウィスコンシンの田舎で過ごした。

29歳のとき、仕事中に目にけがを負い、1ヵ月間ほど視力を失った。これがきっかけとなって「本当に自分が見たいものを見に行こう」と

決意し、放浪の旅に出る。インディアナポリスからフロリダまで1600kmを歩き、船でキューバへ。当初は南米を目指していたがマラリアにかかって断念し、パナマ海峡経由でサンフランシスコへ。そして、ヨセミテを見に行く。そこで彼は倒木を使って水車を造り、小屋を建て、羊飼いなどをしながら自然を観察。約5年間の滞在中に、ヨセミテバレーが氷河の浸食でできたとする説を発表する。地震による沈下説が有力だった当時、ミューアの説はバカにされたが、やがて彼は氷河の痕跡を見つけ、全米にその名を知られることになった。

ヨセミテを離れたあともミューアは自然保護を訴える文章を次々に発表。やがて結婚し、安定した生活を送っていたが、51歳のときに再訪したヨセミテで、保護区とは名ばかりで自然破壊の進んだ悲惨な園内を目にし、保護活動のために立ち上がる。その運動は政治家のみならず市民を巻き込むことに成功。翌年、ヨセミテは国立公園に指定された。

1892年、ミューアは世界初の本格的な自然保護団体といわれるシエラクラブを創設。グランドキャニオンやマウントレニエなどの国立公園制定にも大きな力を発揮し、国立公園の父と呼ばれるようになった。

1901年、ヘッチヘッチー峡谷（→P.232）にダムを造る計画がもち上がり、シエラクラブの反対運動が始まる。2年後、ミューアの著書に興味をもった大統領ルーズベルトが、馬車に乗ってヨセミテを訪問。ふたりはキャンプをしながら3日間を過ごし、自然保護のあり方についておおいに議論したという。ルーズベルトの自然保護政策はこの旅が原点といわれる。この年ミューアは、世界の森を巡る旅に出て、日本へも立ち寄っている。

ミューアとシエラクラブは大統領や議員に対するロビー活動などでヘッチヘッチーを水没の危機から救おうと尽力したが、1913年にダムの建設が決定。翌年、ミューアは肺炎で死亡した。

ミューアが亡くなった翌年、彼の愛したシエラネバダに全長340kmのジョン・ミューア・トレイルを造ることが決まった（完成は1938年）。

Trivia ビレッジの片隅に、ヨセミテ博物館（→P.219）の西隣に墓地があり、ゲーレン・クラーク（上記）も眠っている。彼は生前この地を自らの墓所に選び、自身で墓石を彫ったといわれている

歩き方 | GETTING AROUND

　公園はほぼ円形をしており、その中央に氷河に削られたU字谷が東西に延びている。谷底にあるのが**ヨセミテバレーYosemite Valley**で、高さ1000〜2000mの断崖の上には広大な森林地帯が続く。森を東西に貫いて**タイオガロードTioga Road**（積雪時閉鎖）が走っているが、それでも公園の94%は森と湖と花崗岩が支配する、手つかずのバックカントリー。東にはシエラネバダ山脈がそびえ立ち、南の端にある**マリポサグローブMariposa Grove**には巨木セコイアの森が見られる。

　おもな見どころは、ヨセミテバレーとその周辺、タイオガロード沿い（ハイカントリーと呼ぶ）、マリポサグローブの3ヵ所に大別される。

公園の中心はヨセミテバレー

　おもな観光ポイントはヨセミテバレーとその周辺に集中している。また、バレーフロア（谷底）にはあらゆる施設が整っているので、できればここに宿を取りたい。バレー内には1日中、そして1年中、無料のシャトルバス（→P.220）が循環しており、さらにバレーの外側にある見どころへは、夏のシーズン中、毎日ツアーバスが運行される。

バレーの中心はヨセミテビレッジ MAP P.26、P.220

　バレーはマーセド川に沿って延びる細長い谷で、その中心となるのが**ヨセミテビレッジYosemite Village**。ビジターセンター、スーパーマーケット、カフェテリア、郵便局などが集まっている。ヨセミテビレッジから少し離れた対岸には**カリービレッジCurry Village**がある。キャビンなどの宿泊施設が木立のなかに並び、こちらも設備は充実している。

ビレッジ内はマイカー禁止。まずはビジターセンターを目指して歩こう

日程の立て方

　ある女性が、ベテランのレンジャーに尋ねた。「ヨセミテで費やせる時間が1日だけあったら何をしますか？」 レンジャーは答えたという。「マーセド川の川辺に腰かけて泣きますよ」

　確かにヨセミテには見るものがたくさんあって、1日や2日ではとても足りない。丸一日しかないなら、ヨセミテバレーを1周するだけでやっとだろう。ツアーをうまく利用し、できれば短いトレイルを歩いてみよう。2日間あるならグレイシャーポイントやマリポサグローブまで行ってみるといい。もし3日間あるなら、ぜひハイカントリーまで足を延ばそう。少々長めのトレイルを歩いてみるのもおすすめだ。

バレーの走り方

　バレー内の道路は、マーセド川の南岸が東行き（往路）、北岸が西行き（復路）の一方通行になっている。それぞれ2車線あり、眺望のよい所には駐車スペースが設けられている。

　ロッジなどの予約があるなら、まずチェックインを済ませてから、バレーシャトル（→P.220）で観光して回ろう。そうでない人はセンチネル橋を渡り、Day Parkingに駐車することになる。

　なお、カリービレッジより奥（ハッピーアイル、ミラーレイク方面）は一般車進入禁止になっている

混雑を覚悟して！

　5〜9月、ビレッジの駐車場は8:00前後に満車になることが多い。満車になると、折込マップ2枚目ウラL-2の橋から東は進入禁止となる。入園ゲートの渋滞もひどく、週末や祝日は4時間待ち！

　なお2022年夏に事前予約制が試行されたが、2023年は実施されなかった。最新情報を確認しよう

⚠ スピードダウン！

　ヨセミテには車に対する警戒心を失ったクマが非常に多く、毎年数多くのクマがバレー内で車に轢かれている（2021年は26頭）。シカの飛び出しも多いので、昼も夜もスピードダウンを！

バリアフリー情報

　歩行困難な方などは、入園ゲートかビジターセンターで「DISABILITY PLA CARD」をもらうといい。これをダッシュボードに掲示しておけばハッピーアイル（→P.220）、ミラーレイク（→P.229）、マリポサグローブ（→P.231）へも車で入ることができる。必ずハザードライトをつけて走ろう。

　なお車椅子はYosemite Valley Lodgeなどでレンタル可（→P.221下欄外）

Trivia　ヨセミテバレーにもセコイアがある　ヨセミテ博物館（→P.219）入口の正面にジャイアントセコイアが1本ある。まだ若いのでスギに紛れているが、幹の赤さは間違いなくセコイアだ

217

改装されてさらに展示が
充実した

ビレッジ詳細マップ
→P.26

#の数字はバレーシャトル
(→P.220)のバスストップ

Valley VC　　　　#5
MAP P.220
営9:00〜17:00
Ranger **Ranger Walk**
集合▶夏期の水・金・土
14:00
所要▶1時間30分
場所▶ビジターセンター
※曜日と時間は頻繁に変更
される。新聞で確認を

**Big Oak Flat
Information Station**
MAP P.210 A〜B-1
営夏期のみ8:00〜17:00

Wawona VC
MAP P.210 C-2
営夏期のみ8:30〜17:00

Tuolumne Meadows VC
MAP P.211 A-3
営夏期のみ9:30〜16:30

Degnan's Kitchen　#4
営7:00〜18:00

Village Grill　　　#2
営夏期のみ11:00〜18:00

Base Camp Eatery　#7
営夏期6:30〜21:00
　冬期6:30〜20:00

Seven Tent Pavillion
　　　　　　　　#14, 19
営7:00〜10:00
　17:30〜20:30

Pizza Deck　　#14, 19
営夏期11:00〜22:00

**Ahwahnee Dining
Room**　　　　　　#3
予約☎(209)372-1489
営7:00〜21:00

Mountain Room　#7
営17:00〜22:00

情報収集　▶▶▶▶▶ INFORMATION

施設のほとんどが集中するヨセミテバレーのほか、広大な園内の各所に情報収集できる施設が点在している。入園したらまず最寄りの施設に立ち寄って、これからの予定を立てよう。バスなどで来た人は『Yosemite Guide』という新聞と地図、ハイキングコースのパンフレット(いずれも無料)を入手しておくといい。

ジオラマで再現されたバレー

Valley Visitor Center

ビレッジの中心にある園内最大のビジターセンター。さまざまな展示や『Spirit of Yosemite』というオリエンテーションフィルムの上映、書籍などの販売も行っている。**駐車場はない。**Day Parkingに駐車し、15分ほど歩くか、バレーワイドシャトルに乗って#5で下車する。

Big Oak Flat Information Station

CA-120の北西ゲートを入るとすぐにある。サンフランシスコ方面から車で来た人は、まずここに立ち寄って情報収集しよう。

Wawona Visitor Center

南口ゲートに近いワワォナにある。フレズノからCA-41で訪れた人向け。マリポサグローブの情報はここがいちばん詳しい。

Tuolumne Meadows Visitor Center

タイオガロードにある山小屋風の建物で、ハイカントリーの中心。シエラネバダ山脈のトレッキング情報などに詳しい。

園内の施設　▶▶▶▶▶ FACILITIES

食事

時間もお金もないときにはビレッジのDegnan's Kitchenが手っ取り早い。2階のロフトには丼メニューもある。夏期にはビレッジストア隣にファストフードのVillage Grillもオープンする。家族連れに人気なのはヨセミテバレーロッジのBase Camp Eatery(セルフサービス)だ。

カリービレッジにはフードコートのSeven Tents Pavillionがあり、夏にはピザ屋Pizza Deckもオープンする。

お財布に余裕があるなら、一度はアワニーホテルでディナーをいただいてみたいもの。ドレスアップは不要だが、ディナーの場合はTシャツや短パンは避けよう。要予約。またヨセミテバレーロッジのMountain Roomも雰囲気がよい。

バレーの外では、ワワォナホテル、ホワイトウルフ・ロッジ(夏期のみ)、トゥオルミメドウ・ロッジ(夏期のみ)にレストランがあるほか、グレイシャーポイントでも軽食が買えるが、このほかの場所では一切、食べ物も飲み物も入手できない。

▶NOTES　インターネットと携帯　ビレッジのDegnan's KitchenはWi-Fi無料。各ロッジのWi-Fiは宿泊者に限定されている。携帯はビレッジ周辺とトゥオルミメドウ(夏期のみ)でおおむね通じる

食料品・雑貨

ビレッジのVillage Storeはスーパーマーケット並みの品揃え。食料品からギフト、衣類、書籍まで何でもある。カリービレッジのストアも充実している。そのほか、ギフトショップと小さなグロサリーストアはすべてのロッジやホテルにあり、スナックや懐中電灯、虫よけスプレーなどが手に入る。

バレーの外では、グレイシャーポイントとワワォナに小さなストアが1軒ずつ、夏はトゥオルミメドウにも1軒オープンする。

アウトドア用品の専門店はカリービレッジにある。

アンセル・アダムス・ギャラリー

The Ansel Adams Gallery

バレーにあるビジターセンターの隣。ヨセミテの四季を美しいモノクロ写真で世界に紹介した写真家、アンセル・アダムスの仕事場を改造したもので、彼の写真集、プリント、ポスター、カード類を中心に、高品質のギフトが揃っている。銀塩フィルムの販売やカメラのレンタルも行っている。

ポスターを見るだけでも楽しい

ヨセミテ博物館 Yosemite Museum

バレーのビジターセンター隣にあり、ヨセミテの自然と歴史についての展示がある。外へ出ると、昔、このあたりに住んでいて白人に追い出されたミウォーク族やパイユート族の暮らしを再現した庭があり、先住民がバスケット作りなどの手工芸を見せてくれる。皮肉なことにここは真夏でもすいていて、バレーで最も静かな場所となっている。

ハッピーアイル・ネイチャーセンター
Happy Isles Nature Center

バレーの東端、バーナル滝へのトレイルヘッドの隣にある自然博物館。グレイシャーポイントの真下に位置するため1996年の崖崩れによってつぶされてしまい、新しく建て直された。ヨセミテの動植物に関する展示が豊富。サトウマツの巨大な松ぼっくりをお見逃しなく。資料も揃っており、ビジターセンターとしても機能している。センター前から始まる短いトレイル（下欄外）もおすすめ。

そのほかの施設

入園者の多い人気の国立公園だけに、郵便局から診療所までひととおりの施設が揃っている。ガスステーションは2ヵ所あり、いずれもカード払いなら24時間給油できる。ただしヨセミテバレーにはないので注意。ビレッジストアの裏には自動車修理工場もあり、故障、事故時のけん引は24時間対応してくれる。

Village Store #2
夏期8:00～22:00
冬期8:00～20:00

Curry Village Grocery #14, 19
夏期8:00～22:00
冬期8:00～20:00

Ansel Adams Gallery #5
夏期9:00～17:00
冬期10:00～15:00
12/25
Ranger **Photography Walk**
集合▶火・木9:00
所要▶1時間30分
場所▶ギャラリー前
予約要☎(209)372-4413

Yosemite Museum #5
夏期10:00～17:00
冬期10:00～16:00
無料

Happy Isles Nature Center #16
夏期のみ9:00～16:00
無料

郵便局 #4
月～金8:30～17:00、
土10:00～12:00

ATM
ビレッジストア、デグナンズデリ（入口）、ヨセミテバレーロッジのロビー、ハーフドームビレッジのグロサリーストア内の4ヵ所にある

診療所 #2
☎(209)372-4637
急患☎911
月～金9:00～19:00、
冬期～17:00
アワニーホテル手前にある

ガスステーション
ワワォナ
8:00～17:00
クレーンフラット
8:00～17:00（CA-120沿い）

自動車修理工場 #2
☎(209)372-1060

コインランドリー #12
8:00～22:00
ハウスキーピング（→P.241）にある

バレーシャトル ➡ 年中運行

Valleywide Shuttle
MAP 下記&折込2枚目ウラL
所要 7:00～22:00、12～22
分ごと。1周90分

East Valley Shuttle
MAP 下記
運行 7:00～22:00、8～12分
ごと。1周50分

バレー内を無料のシャトルバスが循環している。2ルートあり、下記の番号順に一方向のみに走る。**バレーワイドシャトル**はすべてのバスストップに停車し、ビレッジを離れてエルキャピタン（→P.226）まで行く。一方、**イーストバレーシャトル**はビレッジ中心部とカリービレッジなどを回る。下記#2の次は#12に停まり、アワニーホテルやヨセミテ滝へは行かないので注意。

左／バスストップの地図をよく見て乗ろう
右／シャトルバスはすべてハイブリッドカーだ

バレーシャトルのバスストップ ※ #3～#11 はイーストバレーシャトルは通らない

#1	ヨセミテビレッジ（駐車場 Day Parking）	#10	カテドラルビーチ
#2	ヨセミテビレッジ（ビレッジストア）	#11	フォーマイルトレイル
#3	アワニーホテル	#12	ハウスキーピング
#4	ヨセミテビレッジ（Degnan's Kitchen）	#14	カリービレッジ
#5	ヨセミテビレッジ（ビジターセンター）	#15	キャンプ場 Upper Pines
#6	ロウアー滝入口	#16	ハッピーアイル（ネバダ滝トレイルヘッド）
#7	ヨセミテバレーロッジ	#17	ミラーレイク・トレイルヘッド
#8	エルキャピタン・ピクニックエリア	#18	キャンプ場 Lower Pines
#9	エルキャピタン・メドウ（橋）	#19	カリービレッジ

※バスストップ番号（#1）は下記地図内および折込地図2枚目ウラLの数字（❶）に対応

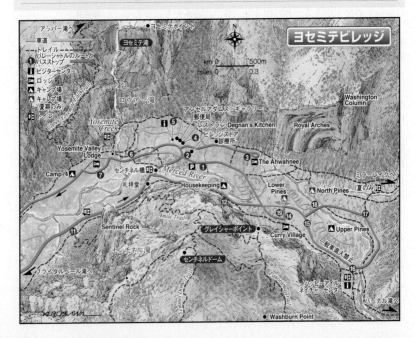

ヨセミテビレッジ

▶NOTES **冬期の運行について** バレーシャトルは年中運行されているが、積雪期や凍結時には#15～#18のループには乗り入れしない

オープントラムで回るバレーフロアツアー。はるか頭上にそびえる岩壁を存分に楽しめる　注意：道路工事の影響などにより、2023年夏は下記に紹介するツアーの多くが運行されなかった。最新情報を確認しよう

ツアーバス

　車がない人にたいへん重宝なツアーバスが走っている。ピーク時に訪れるなら、事前に予約しておくか、現地に到着したらすぐに翌日の予約を入れるといい。出発はヨセミテバレーロッジから。15分前までにチケットを受け取らないとキャンセルとみなされる。

Valley Floor Tour ➡ 年中運行

　バレービュー、ブライダルベール滝、トンネルビューなどの見どころをオープントラム（冬はバス）で回る。レンジャーがガイドしてくれる。

Valley Moonlight Tour ➡ 6〜9月の満月前後の夜

　バレーフロア・ツアーと同じルートを、オープントラムで夜間に回る。満月前後の夜のみ催行される。催行日など詳しくは現地で。

Glacier Point Tour ➡ 5月下旬〜10月下旬

　自然の展望台グレイシャーポイントから渓谷やハーフドームを一望する。途中、トンネルビューにも立ち寄る。片道のみの利用もできるので、フォー・マイル・トレイルを歩いて帰るのがおすすめ。

Grand Tour ➡ 5月下旬〜10月下旬

　トンネルビュー、グレイシャーポイント、マリポサグローブを組み合わせたおすすめツアー。昼食はワウォナホテルで。

トゥオルミメドウ・シャトル ➡ 6月中旬〜9月初旬

　ヨセミテバレーからタイオガロードを走ってトゥオルミメドウ・ロッジまで毎日1往復している。途中、クレーンフラット、ホワイトウルフ、オルムステッドポイント、テナヤレイクに停車する。乗り降り自由なので、短いハイキングと組み合わせて利用するといい。

ツアーの予約方法

URL www.travelyosemite.com
●Free 1888-413-8869
7日前から受付
●園内のロッジやホテルの内線電話（1240）で
●ヨセミテバレーロッジのフロント隣のツアーデスク
開 年中7:30〜19:00

Valley Floor Tour

出発 夏期 10:00、11:00、13:00、14:00発。冬期10:00、14:00
所要 2時間
料 $40、2〜12歳 $28

Glacier Point Tour

出発 8:30、13:30
所要 4時間
料 $57（片道 $28.50）
2〜12歳 $36.50（$18.25）

Grand Tour

出発 8:45
所要 8時間
料 $110、2〜12歳 $71

Tuolumne Meadows Shuttle

運行 カリービレッジのバスストップ#14,19　8:00発
↓
ビレッジストア裏#2　8:05発
↓
ヨセミテバレーロッジ#7
8:20発
↓
トゥオルミメドウ・ロッジ
10:35着／14:05発
↓
ヨセミテバレー　16:00着
料 テナヤレイク往復 $22
トゥオルミメドウ往復 $23
5〜12歳半額

NOTES　車椅子＆ベビーカーレンタル　バレーストア、ヨセミテバレーロッジまたはカリービレッジのレンタルセンターで1時間$8、1日$18.50。ベビーカーは1時間$8、1日$20.50

ヨセミテバレーの主役たち

動　物

　ヨセミテの広大な敷地には、標高などによってさまざまな種類の動物が生息している。特に森林と草原が混在し渓流が流れるヨセミテバレーは、動物や鳥たちの格好のすみかとなっていて、旅人の目を楽しませてくれる。

　バレーのロッジに宿を取り、朝ゴトッゴトッという音で目を覚まして窓の外を見ると、木の若葉を食べに来たミュールジカの角がロッジの壁に当たる音だったりする。夜になるとアライグマもロッジのそばへやってくるし、リスならいつでもお目にかかれる。カリービレッジでは、夕方になるとコウモリが飛んでいる。

　開拓者がカリフォルニアを見つけた頃、ヨセミテの生態系の頂点に立っていたのはグリズリーベアだった。しかし害獣として徹底的に殺され、1920年代にこの地域からは絶滅してしまった。現在のヨセミテの主役はブラックベア。ヨセミテのブラックベアは茶色の個体が圧倒的に多く、黒いブラックベアはここでは珍しいそうだ。

　園内にはほかにヤマアラシPorcupine、カワウソOtter、テンFisher、ヤマネコBobcatなども生息しているが、いずれもめったに人の前に姿を現すことはない。また、標高の高いハイシエラではナキウサギPikaの姿を見ることもある。

野　鳥

　ヨセミテには269種の鳥がすんでいる。なかでも最も頻繁に姿を現すのは、コバルトブルーの鮮やかな羽をもったステラーカケス。また、世界で最も小さな鳥として知られるハチドリも花から花へと忙しく飛び回っているし、森の奥ではキツツキWoodpeckerのあのノックが響き渡っている。

英名のとおりジェイジェイとけたたましいステラーカケスSteller's Jay

左上／白いアイラインのカリフォルニアジリス
左下／ハイカントリーで出会ったミュールジカ
右上／ミラーレイクに建築途中のビーバーダム
右下／ベリー類はブラックベアの大好物だ

Trivia 最後の氷河　現在、ヨセミテ国立公園に残っている氷河は2ヵ所。園内最高峰のMount Lyell山頂直下にあるレイエル氷河Lyell Glacierと、その隣にあるマクルア氷河Maclure Glacierだ。

イワブクロの仲間 Mountain Pride

植　物

初夏のヨセミテは色鮮やかな花の群落で埋まる。オレンジ色のカリフォルニアポピーCalifornia Poppies、アザミThistle、湿地帯に咲くシューティングスターShooting Starは流れ星のようにスーッと伸びた茎の先にシクラメンに似た可憐な花をつける。白くて大きな花が見事なハナミズキDogwoodやライラックLilacなど、美しい花を咲かせる樹木も多い。

しかし、何といってもヨセミテの植物といえば巨木セコイアだろう。公園南部のマリポサグローブにあるセコイアの森をお見逃しなく（→P.231）。

GEOLOGY

ヨセミテバレーの地理

ヨセミテバレーはシエラネバダ山脈のほぼ中央に位置するU字型の谷で、深さ約1000m、幅約1600m、長さは約11.5km。公園面積のたった数パーセントにすぎないこの谷の中に、ジョン・ミューアが言ったように「自然の造った最高の宝物が詰まっている」。氷河が彫刻した巨大な岩峰、清冽な雪解け水を集めた大小無数の滝と渓流、氷河の名残の湖など、どれをとっても神秘的な雰囲気をもっている。

この美しい景観ができるまでには、膨大な時の流れと想像を絶するエネルギー、そしていくつかの偶然が作用した。

今からおよそ2500万年前、このあたりはなだらかな山で、そのなかをマーセド川がゆったりと流れていた。200万年前頃になるとマーセド川の浸食が進み、ヨセミテバレーは深いV字谷となった。やがてシエラネバダ山脈が隆起を始め、V字谷はますます深くなっていった。

約7万年前、この渓谷は厚さ約1000mの氷河に覆われた。氷河は東から西へ流れ、V字谷は氷河に削られて幅の広いU字谷に変化していった。

約2万年前、地球は急速に温暖になって氷河は後退し、谷底に大きな湖が出現した。また、氷河がなくなって足場を失った河川は、氷河が削った1000mの絶壁から流れ落ちる滝となったのである。

このようにして「神々の遊ぶ庭」といわれる現在の美しい姿ができあがったのだ。

WILDLIFE

アメリカで最も有名なクマ

アメリカの国立公園の多くは、敷地の周囲を国有林で取り囲まれている。私有地との緩衝地帯の意味も込めた国有林の道路を走っていると、山火事の危険度を示すクマの看板を目にするだろう。森林管理官のレンジャーハット（スモーキーベア・ハットとも呼ばれる）をかぶり、延焼防止帯を掘るためのスコップを手にしたクマは**スモーキーベアSmoky Bear**と呼ばれ、アメリカでは知らない人はいないほどの人気キャラクターだ。

スモーキーベア誕生のきっかけは、1950年にニューメキシコ州の山火事から救い出された1頭の子グマだ。焼け焦げた木にしがみついているところを助けられた際、足の裏をひどくやけどしており、救出のニュースは全米で大きな話題になった。ちょうどその頃森林局は、ディズニー映画『バンビ』（主人公が山火事に襲われるシーンがある）の使用契約が切れ、新たな山火事防止キャンペーンのキャラクターを探していた。そこでスモーキーと名づけられた前述の

この姿を見たら火の用心を思い出そう

クマがモデルに起用され、ポスターなどによって森林局の象徴的な存在となっていったのだ。

スモーキーが飼育されていたワシントンDCの国立動物園には連日大勢のファンが訪れ、全国から手紙やプレゼントが届くようになり、ついには専用の郵便番号まで発行された。

1976年、スモーキーが息を引き取ると新聞各紙がいっせいに追悼文を寄せた。ニューメキシコにある埋葬地は現在、州立史跡になっている。

ブラックベアを殺さないで！

クマが殺されている。誰かが飲み残したジュースのせいで。誰かが置き忘れた口紅のせいで。

国立公園はどこも生態系の破壊に頭を悩ませているが、特にヨセミテではブラックベアが大問題になっている。人間の食べ物の味を覚えてしまったクマが、ビレッジやトレイルに頻繁に出没。やがてだんだん攻撃的になり、最悪だった2002年には、年間約1300台以上の車が原形をとどめないほどに壊された。

夜間だけでなく、キャンプ場などでは白昼堂々、人がいても闊歩している。そしてとうとう、座っているキャンパーの背後から手を伸ばしてテーブル上の食べ物を奪い去るクマまで現れた！ またカリービレッジでは、すぐそばに母子グマがすみついていて、多くのビジターが行き交う21:00頃にシャワールームの前を歩いていたり、大きな子グマがテントキャビン一つひとつの匂いを嗅いで回っていたりする。もしもその子グマが、ビレッジで食べ物を得られない日が何日も続けば、やがて必ず木の実などを探しに森の奥へ戻っていくだろう。しかし食べ物が手に入ったなら、成長するに従ってさらに人間を恐れなくなり、そう遠くない将来、殺されることになるだろう。

今のところ、クマが人を襲ったことはほとんどなく（ひっかかれてけがをした人はいる）、人がいるときにテントやテントキャビンを破って侵入したこともないので、怖がることはない。しかし、だからといって至近距離でクマが見られるなどと喜んではいけない。人間に近づき過ぎたクマには悲しい最期が待っているのだ。

レンジャーは、いったんはクマを捕らえて山奥へ返すなどの措置を取るが、それでもビレッジに戻ってきたクマや、人を威嚇するなど危険と判断されたクマには、致死量の睡眠薬を投与している。レンジャーにとって最も過酷な業務だという。

いうまでもなく、問題はクマにあるのではない。彼らを死に追いやったのは私たち人間なのだ。ヨセミテを訪れる人すべてが、いくつかのことに気を配るだけで、数年とたたないうちにクマは山へ帰っていくはずだ。

テントキャビンやキャンプ場では食品の保管方法の規則を厳重に守ろう

重要！ 必ず守らなければいけないこと

まず、クマの嗅覚がとても発達していることを肝に銘じておこう。食品はもちろん、匂いのするものを夜間車内やキャンプ場に置きっぱなしにするのは厳禁。甘党の彼らは、ジュースの空き缶やガムにも興味を示す。石鹸、シャンプー、化粧品、歯みがき粉も×。食品を入れていた空のポリ袋などのゴミもだめ。チャイルドシートは食べ物やミルクの匂いが染み付いていることがあるので外しておこう。レンタカーの場合、前の使用者が食べ物のかけらを残していないか、トランクの中まで徹底的にチェックしよう。万一、匂いのするものを車内に置き忘れた場合、車をクマに壊されるだけでなく、**最高$5000の罰金**も待っている。

危ないのは車だけではない。ピクニックテーブルでランチを食べるときや、ハイキング中の休憩でも、食べ物やバッグから目を離さないで。食べこぼしやゴミの始末にも気をつけて。

口うるさいようだが、いずれもたいした手間がかかることではない。木の実や昆虫など本物のナチュラルフードの味をクマに思い出させるために、ぜひ実行したい。

もしもクマに出会ったら

ビレッジやキャンプ場では、毎晩のようにクマが現れる。公園規則では50ヤード（約45.7m）以上クマから離れなければいけないのだが、テントの前を悠然と歩いていたりするのだからそうもいかない。ヨセミテのクマは冬眠中でもときどき穴から出てくるので、冬も油断できない。

クマを見つけたときには金属の音を立てたりして追い払ってほしい、とレンジャーは言う。たとえ深夜でも、クマを追い払うための騒音なら遠慮なくどうぞ、というのがヨセミテのルールだそうだ。ただし、この方法はヨセミテのクマが極端に人慣れしているからこそ効果がある。ほかの場所では、騒音でクマを興奮させるとかえって危険なことが多いので、おすすめできない（→P.409）。また、ヨセミテの場合でも至近距離で出会ってしまったとき、特にこちらがひとりきりのときには、興奮させないほうが無難だろう。

なお、大勢のパークレンジャーが頻繁にバレー内をパトロールしており、ゴム弾などを使ってクマを追い払っている。真夜中に叫び声や銃声が響くことがあるが、驚かないように。

グッドニュース！

パークレンジャーによる必死の啓蒙活動が功を奏し、訪問者の意識が向上したことによって、2021年のクマによる被害は1998年に比べて97%も減少した！ とはいっても、まだクマはビレッジを闊歩しているし、人間を恐れるということを学んでいない。2021年のクマによる

Reader's Voice 食べ物はフードボックスへ！ キャンプ中、ハイキング用のかばんにエナジーバーを残したままテントを離れたところ、野生のアライグマに侵入されてしまった。かばんやテントの中身、

ヨセミテのブラックベアは茶色い個体が多い

日中でも食品を出しっぱなしにしてはいけない

被害は54件あった。二度とブラックベアを殺さなくて済むように、ちょうどよい距離で彼らと付き合える日まで油断せずにがんばろう。

ピューマの悲劇

2003年10月、カリービレッジに2頭のピューマ（マウンテンライオン）が姿を現すようになった。本来ピューマは警戒心が強く、めったに人の前に姿を現さないのだが、2頭はアライグマなどを狩ることを目的に頻繁にビレッジをうろつき、やがて人間を恐れなくなっていった。そしてある日、ピューマが人間にしのび足で近寄って行くのが目撃されたため、公園当局はこの2頭は危険と判断し、捕らえて安楽死させた。幼獣と母親だったという。

ビレッジには、生ゴミを目当てに多くのアライグマが集まってくる。カリービレッジのテラスで食事をしていて、足元に突然、愛嬌のある顔が現れたという経験をもつ人も少なくないはず。そんなアライグマを目当てに、ピューマもやってきてしまったわけだ。ピューマを殺したのは、パンくずやピザのかけらを落としたり、ゴミを捨てたりした私たちなのだ。まして、食べ物を与えるなどもってのほか。ヨセミテのアライグマはペットではない。

リスにも気をつけて

ヨセミテのリスはかなり強引になってきている。餌を与えるつもりがなくても、ほんの一瞬バッグを地面に置いただけで、あっという間に噛みちぎって中から食物を奪われることがある。また、不用意に食物を持っていると手を噛まれることがあり、ペストの感染も心配だ（→P.500）。ただし、追い払うときに、意図的でなくても危害を加えてしまうことのないよう気をつけたい。手をたたく、大声を出す、などが無難だろう。

テラス席での食事はあと片付けもしっかりと。リスや野鳥の口に入らないよう気をつけたい

✈ チャックまで開けられ荷物が散乱してしまっていた。泥棒に入られたのかと思い、レンジャーを呼ぶ騒ぎになった。少しの食べ物でも絶対にテントに残してはいけない。（神奈川県　Yuuka　'18）['23]

炎のように輝く落差305mの
ホーステール滝（→下欄外）

El Capitan #8,9
MAP 折込2枚目ウラ L-2

⚠️ **落石注意**

　ヨセミテでは年間平均
80回以上の落石が起きて
おり、これまでに観光客を
含む16人が亡くなった。
2017年9月にはエルキャピ
タンで、4時間で7回の岩
盤剥落が起き、合計約
1300トンに及ぶ岩が高さ
200m付近から落下。登攀
のために麓にいたイギリス
人が犠牲となった。
　ヨセミテバレーでは季
節、時間を問わず、岩壁の
そばにいるときには頭上の
音に気を配るようにしたい

エルキャピタン　El Capitan

　バレー入口に君臨する、花崗岩としては世界最大の一枚岩。
バレーに入り、ブライダルベール滝（CA-41）方面と分岐すると
すぐに正面に見えてくる。谷底から1095mの高さに垂直にそび
えているため、ロッククライマーの憧れの的にもなっている。
夏には岩肌へへばりついているクライマーがたくさんいるが、
岩壁があまりに大きいので、双眼鏡がないとほとんどわからな
い。普通は3〜6日かけて登攀するが、最短記録はなんと1時間58
分！　最高齢記録は、10日間かけて登った81歳の男性だという。

　なお、春先に訪れたら、エ
ルキャピタンのすぐ左側の絶
壁から流れ落ちている**リボン
滝Ribbon Fall**（落差491m）
をお見逃しなく。リボンのよ
うにねじれながら落下する美
しい滝で、別名『処女の涙』
とも呼ばれている。直瀑
（→P.228）としては世界有数
の高さだが、流れる期間が3
月下旬から6月上旬までと短
いのが残念だ。

エルキャピタンはロッククライマーの聖
地。登攀ルートは70もある

NATIVE AMERICAN　エルキャピタンを登ったシャクトリムシ〜先住民の伝説より〜

　ある暑い日、2頭の子グマが母グマに内緒で
川へ泳ぎに行き、平たい岩の上で休んでいまし
た。子グマたちが寝込んでしまうと、突然その
岩がゆっくりと静かに、天に向かって伸び始め
たのです。背の高い木を越え、雲を越えて……。
　一方、2頭がいないことに気づいた母グマは、
あわてて動物たちに尋ね歩きました。するとツ
ルが、岩の上で熟睡している子グマたちを見つ
けてくれました。母親は、2頭が目を覚ました
ら驚いて岩から転げ落ちてしまうのではないか
と、さらに心配になりました。
　哀れに思ったほかの動物たちが岩に登ろうと
試みましたが、とても滑りやすく、登れる者は
誰もいませんでした。みんなが諦めかけたとき、
1匹のとても小さなシャクトリムシが名乗りを上
げました。動物たちは、シャクトリムシが子グ
マを助けられるわけがないと思いましたが、シャ
クトリムシは、すぐさま岩を登り始めました。
　「トゥータック、トゥータック、トゥトカン・

オーラー」と口ずさみながら、つるつるした崖
にひっつき、みるみる登っていったのです。地
上からシャクトリムシの姿が見えなくなると、
もはや彼を嘲笑する者はいませんでした。
　シャクトリムシが途中まで来たとき、突然、
岩が燃え出しました。するとシャクトリムシは
体をよじらせてジグザグに進みました。
　やがてシャクトリムシは頂上にたどり着き、
2頭を起こすと、奇跡ともいえる誘導で子グマ
たちを母親の元まで送り
届けたのでした。動物た
ちはこれを心から喜び、
シャクトリムシの口ずさ
んだ歌を大きな声で歌い
ました。そして、シャク
トリムシの功績にちなん
で、この巨大な岩をトゥ
トカン・オーラーと名づ
けたということです。

絵本にもなっている有
名な話だ

trivia 炎の滝　エルキャピタンの東側に冬だけ現れるHorsetail Fallは、2月後半の日没時、天候の
条件が揃うと滝が赤く染まって溶岩のように見えることから、多くのカメラマンが集まる

滝つぼは足元が滑りやすいので十分に気をつけよう。ヨセミテに数ある滝のなかでも特に水量が多いため、秋でも涸れず、冬でもめったに凍らない（2014年夏の干ばつ時には珍しく干上がった）

ブライダルベール滝
Bridalveil Fall

　エルキャピタンの向かい側にある。落差189m。細く柔らかな流れなので、風で吹き上げられると白い霧となって広がる。その様子がウエディングドレスのベールのようなので、こんなロマンティックな名前がついた。駐車場から10分ほど歩くと滝の真下へ出られる。途中のトレイル沿いに流れる絹のような渓流もまた美しい。

バレービュー　Valley View

　ヨセミテを代表する絶景ポイント。マーセド川の流れを前景に、エルキャピタンとブライダルベール滝が絶妙のバランスで配されている。滝の奥にそびえる岩壁は**カテドラルロック Cathedral Rock**。その上に頭をのぞかせているのがセンチネルロック。氷河の彫刻の見事な業に心打たれる思いだ。

写真を撮るなら夕方がおすすめ

センチネルロック　Sentinel Rock

　ビレッジの入口にそびえる巨大な一枚岩。春、バレーから見上げると岩壁の右手に**センチネル滝 Sentinel Falls**が流れ落ちる。直瀑ではなく、急斜面を滑り落ちる滝だが、落差610mもある。バレードライブやフォー・マイル・トレイルからよく見えるが、たいへん細い流れで、初夏には姿を消してしまう。

夕日に輝くセンチネルロック

初級 Bridalveil Fall
適期▶3〜12月
距離▶往復800m
標高差▶24m
所要▶往復約20分
出発点▶バレーへ入って一方通行が始まったらすぐにCA-41へ右折し、すぐ左手の駐車場
MAP 折込2枚目ウラ L-2
設備 トイレ（車椅子可。トレイルも可。勾配あり）

Valley View
MAP 折込2枚目ウラ L-1
　バレー入口にあるが、展望台はバレードライブの西行き（北岸）沿い。ごく小さな駐車場で、標識もないので見過ごさないよう注意。バレーフロア・ツアーなどでは必ず立ち寄る（車椅子可）

Sentinel Rock
MAP 折込2枚目ウラ L-3

春に訪れた人だけがお目にかかれるセンチネル滝

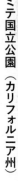

Trivia エルキャピタンに登ろう!?　グーグルマップのストリートビューにはアッパーヨセミテ滝トレイルなどがアップされているが、なんとエルキャピタンにもフリークライミングで登攀できる！

アメリカ最大の滝

滝の分類にはさまざまな方法がある。急斜面を滑り落ちるだけでジャンプしない滝や、ごく短い期間だけ姿を現す滝も含めると、ヨセミテ滝は全米第6位。1位はハワイのモロカイ島にあるOloupena Fallsで高さ約900m

初級 Lower Yosemite Fall
適期▶11〜6月
距離▶往復1.6km
標高差▶15m
所要▶往復約30分
出発点▶バレーシャトル#6
MAP 折込2枚目ウラL-3、P.220
設備 トイレ（車椅子可。トレイルも可）

夜の虹

春の満月の頃にヨセミテを訪れたなら、夜、ロウアー滝へ行ってみるといい。運がよければ滝つぼにLunar RainbowまたはMoonbowと呼ばれる夜の虹が現れることがある。めったに見られるものではないが、とても幻想的な光景だそうだ。

ヨセミテ滝　Yosemite Falls

　北米最大級の落差を誇る滝で、バレー全体に轟音をとどろかせる初夏の姿は、ヨセミテのシンボルの名に恥じない大迫力。岩壁の氷をバリバリと剥がしながら落下する春もダイナミックだ。アッパー滝（落差436m）、カスケード（206m）、ロウアー滝（97m）に分かれていて、合計すると落差739mで世界第9位。ヨセミテバレーロッジのすぐ裏にあり、10分も歩けばロウアー滝の滝つぼへ出る。ただし、8月頃にはほとんど水量がなくなり、秋には涸れてしまうことが多い。

　バレー各所から眺められるが、特におすすめはロウアー滝トレイルヘッド。ここからだと3つの滝が縦に並んで見える。また、ビレッジ入口の**センチネル橋Sentinel Bridge**のすぐ北側や、グレイシャーポイントからも美しく見える。時間と体力があるなら、滝の上まで登ってみるのもいい（→P.238）。

上／ビレッジから見ると3段に分かれているのがよくわかる　右／ロウアー滝トレイルヘッド付近からはアッパー滝からすぐにロウアー滝が落ちているように見える

GEOLOGY

ヨセミテバレーの滝

　あまり知られていないことだが、世界の落差の大きい滝ベスト100のうちの5つが、ヨセミテバレーにある。なかには数段に分かれているものや、季節によって涸れてしまうものもあるが、とにかくヨセミテには大きな滝が多いのだ。雪解け水で水量が増える5、6月には、大小無数の滝が1000m近い絶壁のあちこちから流れ落ちて迫力満点。滝によって表情豊かなのもおもしろい。

例年8月頃には姿を消してしまう

落差の大きい滝　世界トップテン

1. 948m Tugela Falls（南アフリカ）
2. 914m Tres Hermanas Falls（ペルー）
3. 845m Vinnufossen（ノルウェー）
4. 831m Kjerrskredfossen（ノルウェー）
5. 807m エンジェル滝Salto Ángel（ベネズエラ）
6. 773m Mongefossen（ノルウェー）
7. 771m Catarata Gocta（ペルー）
8. 765m Kjelfossen（ノルウェー）
9. **739m ヨセミテ滝Yosemite Falls**
10. 725m Trou de Fer（レユニオン）

番外 350m 称名滝（富山県）

　World Waterfall Databaseの登録値から、垂直に落下する直瀑がない滝、極端に流れの細い滝、落下期間が短い滝、測定値の信頼度が低い滝を除いた順位。直瀑だけで比較するとエンジェル滝が世界1位、ヨセミテのアッパー滝は24位。

trivia 本物の炎の滝　グレイシャーポイント（→P.230）にはかつてホテルがあり、1872年から夏の間毎晩9:00に、モミの樹皮を燃やした "おき火" を崖から落とすイベントFirefallを行って ↗

ハーフドーム　Half Dome

　ビレッジの奥に鎮座する、丸いドームを縦半分にスパッと切り落としたような岩壁。麓から頂上まで1443mもあり（標高は2695m）、見る角度によってかなり趣が違う。氷河に削られた岩肌には2万年の風雪に耐えてきた貫禄と存在感があり、喧騒のヨセミテバレーをじっと見下ろしている。バレー内では、センチネル橋からの眺めがいい。マーセド川とハーフドームが見事な調和を見せており、特に夕方には多くのカメラマンが集まる。もちろんグレイシャーポイントからの眺めは圧巻。東側から頂上へ登る上級者向けトレイルがある（→P.236）。

見る角度によって極端なほど形が変わる

ミラーレイク　Mirror Lake

　バレーの東端、最も奥にひっそりと水をたたえる湖。渓流に沿った平坦なトレイルを30分ほど歩くと、Mt. Watkinsを湖面に映す静かな湖に着く。湖岸から屹立する障壁はハーフドーム。見上げると首が痛くなるほどの高さだ。ここは、にぎやかなビレッジと、人間を容易に寄せつけないバックカントリーとの境界にある。ビレッジでは姿を見かけない動物たちに出会うチャンスも多く、さまざまな鳥のさえずりが耳に心地よい。特に早朝がおすすめ。ただし夏〜秋にかけて干上がってしまうことが多い。

風のない日には本当に鏡のよう

◎GEOLOGY

ハーフではなかった？

　きれいに半分に削ぎ落とされたように見えるハーフドームだが、地質学者の計算によると、氷河に削られた部分はドーム全体の8分の1にすぎないそうだ。

　なお、ハーフドームは氷河に削られたのではないという説がある。「氷河の厚みは最大でも1200mだったので、ハーフドームの頂が氷河に覆われたことはない。あの形のおもな成因は、凍結作用による岩盤の剥落」とする研究者もいる

初級 Mirror Lake
適期▶年中
距離▶往復3.2km
標高差▶30m
所要▶往復約1時間
出発点▶バレーシャトル#17
※湖を1周する平坦なトレイルは所要約2時間
MAP 折込2枚目ウラ L-5、P.234 	簡易トイレ（車椅子可。トレイルも可）

ハーフドームの涙　〜先住民の伝説より〜

　大平原にティスザアクという女と、夫ナンガスが住んでいました。美しくて豊かな土地があると聞いたふたりは、ある日旅に出ました。ナンガスは弓と矢と棍棒を、ティスザアクはバスケットと赤ん坊を入れるゆりかごを持って。

　険しい山を越え、密林を抜け、幾日もかけてやっとの思いでヨセミテバレーにたどり着いたとき、疲れて果てたナンガスは自制心を失い、ティスザアクを棍棒で殴ったのです。突然の仕打ちにティスザアクは驚き、東のほうへ走り出しました。彼女が逃げた道を神は小川にし、バスケットから落ちた実を頑丈な樫の木にしました。

　ミラーレイクにたどり着いたティスザアクは、湖の水を1滴残らず飲み干しました。あとから追いかけてきたナンガスは、これを見て呆然としてしまいました。そう、彼ものどが渇いていたのです。彼の怒りは頂点に達し、再び棍棒で妻を殴りました。逃げるティスザアクを執拗なまでに追いかけて殴り続ける姿を見て、神は嘆きました。そこでふたりは神に問いかけました。

　「どうぞ神様、私たちをこの崖にして、しかも永遠に別れていられるよう、お互いの顔をそむけるようにしてください」

　ティスザアクがバスケットを放り投げると、落ちた瞬間、それはバスケットドームになりました。次にゆりかごを北側の渓谷に向かって投げると、それはロイヤルアーチへと姿を変えたのです。ナンガスはワシントンコラムとなり、ティスザアクはハーフドームになりました。ハーフドームの崖に残る筋は、ナンガスの虐待から逃れるときに流した、ティスザアクの涙の跡といわれています

夕暮れ時は特に涙が際立つ

いた。それはまるで真っ赤な滝のように見え、ヨセミテ名物になった。ケネディ大統領も見たという。しかし樹皮を剥がされた木は次々に弱り、見物客による湿原へのダメージも深刻に。1968年に中止された

氷河が去った谷に深い深い森が生まれた

Tunnel View
`MAP` 折込2枚目ウラ L-1
車椅子可

歩行者に注意
CA-41でフレズノ方面から来る場合、トンネルを出てすぐ両側に駐車場がある。急停止することのないよう、また横断する歩行者にくれぐれも注意を

Glacier Point
`MAP` 折込2枚目ウラ L-4、P.234
`設備` トイレ、売店
車椅子可、勾配あり
バレーから車で片道約1時間15分。夏ならバスツアーも出ているし、半日がかりでフォー・マイル・トレイルを歩いて登るという手もある。展望台のはるか足元にはビレッジやトレイルがあるので、石などを落とさないように気をつけて。また、ビレッジよりずっと標高が高く、風も強いので、真夏でも上着を忘れずに

ドライバーの方へ
グレイシャーポイントへの道路は11～5月頃の積雪時は閉鎖される。急カーブが多く、狭い箇所もある。大型バスも通る道だが、山道に慣れていない人が大きな車で走るのは少々しんどいかも

`Ranger` **Sunset Talk**
集合▶夏期の金・土19:15
所要▶30分
場所▶グレイシャーポイント
※時間は日没に合わせて変更される。新聞で確認を

トンネルビュー　Tunnel View ⇒ 年中オープン

バレーからグレイシャーポイントや公園南口へ向かう道（CA-41）を上っていくとワウォナトンネルWawona Tunnelがある。この入口にある展望台。バレーを埋める緑の木々と、ブライダルベール滝、エルキャピタンが一幅の絵のような風景を造り出している。アメリカでも指折りの絶景ポイントといっても過言ではない。足元に広がる大きな谷を、深い深い森を、銀色に輝く巨大な岩を、隅から隅までじっくりと眺めてみよう。そして気づいてほしい。トンネルビューからの比類のない美しさは、谷にひしめいているはずの人の気配がまったくといっていいほど感じられないことにあるのだと。

グレイシャーポイント　Glacier Point ⇒ 積雪時閉鎖

カリービレッジの頭上にそびえる麓からの高さ980mの絶壁のてっぺん。自然が造った標高2199mのパノラマ展望台だ。眺めは最高！　正面にハーフドームが迫り、眼下には箱庭のようなバレーが広がる。春には、ハーフドームの向かいにそびえる**ノースドームNorth Dome**から雪解け水が落ち、虹の形をした**ロイヤルアーチRoyal Arch**で小さな滝となる。

ハーフドームの後ろには**ネバダ滝Nevada Fall**（落差181m）と**バーナル滝Vernal Fall**（97m）が遠望できる。上流のネバダ滝は水量が多くて迫力がある。下流のバーナル滝は爽快感がある。滝の背後に延々と続く白い山脈はシエラネバダ。バレーが公園面積のたった数パーセントにすぎないことを思い出させてくれる。

ここはまた夕焼けスポットとしても人気だ。壮大なスペクタクルが終わると皆ぞろぞろと引き揚げていくが、ちょっと待って。闇に沈む前のほんの一瞬、ハーフドームの頂だけに紅が差すことがある。Sunset Talkに参加すると、この現象やヨセミテに伝わる伝説などについてレンジャーが説明してくれる。月に照らし出されたハーフドームがまた絶景なので、車がある人はお見逃しなく。

ヨセミテで最も人気の展望台。滞在時間の短い人も、ぜひ訪れてみよう

NOTES 車で行くなら早朝に　グレイシャーポイントは大人気で、朝のうちに駐車場が満車になってしまい、週末などは2時間も待つことがある。できるだけ早朝に訪れるといい

マリポサグローブ　Mariposa Grove ➡ 積雪時閉鎖

バレーから南へ約1時間15分。公園の南端にある巨木セコイアの森。500本ある巨樹のなかでも**グリズリージャイアントGrizzly Giant**と名づけられた木が有名で、根元の直径10.7m、周囲28m、推定樹齢は3000年。この樹が芽を出した頃、日本はまだ縄文時代だったのだ！　何度も落雷を受けたために高さ63.7mで生長が止まり、17度傾いている。

森を訪れるには、まず南口ゲート東隣にあるWelcome Plazaへ。300台駐車できるが日中は満車になってしまうので、早朝がおすすめ。ここから無料シャトルが森の入口まで連れて行ってくれる。森にはさまざまなトレイルが整備されているが、前述のグリズリージャイアントは見逃せない。

なお、歩行困難な方などDisability Placard（入園ゲートかビジターセンターで入手可）を掲示した車は、グリズリージャイアントの近くまで乗り入れできる（約200m歩く。車椅子可）。

落雷の跡が痛々しいグリズリージャイアント

Mariposa Grove
MAP P.210 C-2
設備 トイレ、ロッジ→P.241 あり

無料シャトル
4〜11月頃の8:00〜17:30（夏期〜20:00）。10〜15分ごと

初級 **Grizzly Giant**
適期▶4〜10月
距離▶1周3.2km
標高差▶122m
所要▶往復約2時間
出発点▶シャトルバスを降りた所

Ranger **Nature Walk**
集合▶夏期10:00
所要▶1.5時間
場所▶シャトルバスを降りた所

WILDLIFE

セコイア豆知識　その1

マリポサグローブにあったトンネルツリー（1929年撮影）
©NPS Historic Photograph Collection

百科事典などで、根元をくり抜いて自動車が通っているセコイアの大木を見たことがあるだろうか。あのトンネルツリーはマリポサグローブにあったのだ。1875年に開けたトンネルのおかげですっかり有名になった代わりに、木は急激に弱ってしまった。そこへ1968年に2度の落雷を受け、翌年の大雪の重みでとうとう倒れてしまった。2000年もの長い間、森の王者であったセコイアの天敵、それはやはり人間だったのだ。

この**Fallen Tunnel Tree**はミニ博物館のさらに奥にあり、トレイルで訪れることができる。

また、グリズリージャイアントの近くには、やはり19世紀に根元に穴を開けられた**California Tunnel Tree**があり、哀れなことに、こちらは現在でも観光客が穴に入って記念撮影ができるようになっている。

火災とともに生きる森

山火事はセコイアの天敵ではない。むしろセコイアの生長にとって山火事は欠かせないものなのだ。セコイアの樹皮はもともと燃えにくく火災に強い。幹には黒く焼け焦げた跡がたくさん見られるが、これは山火事に耐えて生き残ってきた証拠。さらに山火事は、森に密生した小さな植物や、地面に積もった枯れ枝を焼き払って、セコイアの苗に日光を浴びせる働きもしてくれる。

ところが国立公園初期の頃、管理官たちは懸命になって山火事を消していた。その結果、日陰に育つ樹木が大きくなり、セコイアが生育しにくい環境になってしまった。

そこで現在では、自然に起きた山火事は基本的に放置する姿勢をとっている。

ただし、長期間にわたって火災が起きていない場所は、枯れ草が分厚く積もって森の活力が損なわれている。そのため、国立公園局が計画的に野焼きをして、樹木の世代交代を促進させることがある。春先の野焼きは、在来種より先に芽吹くことが多い移入種を駆逐する効果もあるという。

このような野焼きが行われているときには、炎や煙が見える場所のあちこちに看板が立てられている。山火事と間違えて慌てないようにしよう。

（→P.258、285へ続く）

巨体を支えている根は驚くほど浅い

トゥオルミグローブ　Tuolumne Grove → 積雪時閉鎖

マリポサグローブまで行く時間がない人におすすめ。バレーから北へ走り、クレーンフラットからタイオガロードへ入ってすぐ左。駐車場からだらだらの坂を下ると、セコイアの巨木が25本集まる森に出る。1周約800mのトレイルを歩いてみよう。規模は小さいが、そのぶん静かに巨木と対話できるだろう。

トゥオルミメドウ　Tuolumne Meadow → 積雪時閉鎖

タイオガロード沿いに広がるハイカントリーと呼ばれる高原地帯。その中心となり、夏の間ハイカーでにぎわうのがトゥオルミメドウだ。バレーからのバス（→P.221）を上手に利用して、周囲の森に点在する湿原や、小さな湖を訪れてみよう。タイオガロードの途中にある**オルムステッドポイント Olmsted Point**からの雄大な風景や、澄みきった**テナヤ湖 Tenaya Lake**もお見逃しなく。

広々とした高層湿原を
訪れてみよう

ヘッチヘッチー　Hetch Hetchy → 年中オープン

公園の北西の端にあるもうひとつの峡谷。ヨセミテバレーに劣らない美しい峡谷だったといわれるが、現在は半分が湖底に沈んでいる。北西ゲートから車で30分ほど走ると、1923年に完成した**オショーネシーダム O' Shaughnessy Dam**とトゥオルミメドウの水を集めた湖、ハーフドームに似た岩、湖に落ちる2本の滝などを見ることができる。

1901年、サンフランシスコの水需要に応えるためにダム計画がもち上がったとき、ジョン・ミューア（→P.216）らによって創設されたばかりのシエラクラブなど自然保護団体は猛反発。開発か保護かで全米の世論を二分する大論争となった。セオドア・ルーズベルト大統領は保護派だったといわれるが、1913年、新たに大統領となったウィルソンがダム法案に署名。10年以上にわたった保護運動は敗北に終わった。

しかしこの失敗によって、当時の国立公園システムの欠陥が注目を浴び、1916年に国立公園局が発足する大きなきっかけになったといわれている。

左サイドバー

初級 Tuolumne Grove
適期▶6〜10月
距離▶往復3.2km
標高差▶150m
所要▶約2時間
出発点▶駐車場
勾配があり、車椅子は困難

Tuolumne Meadow
MAP P.211 A-3〜4
設備 ビジターセンター→P.218、ロッジ→P.241あり

シャトルについて
バレーからのシャトルバスとは別に、トゥオルミメドウ・ロッジとオルムステッドポイントを結んで、夏の間だけシャトルが走る。各展望台の混雑を緩和するための措置で、ビジターセンター、キャンプ場、テナヤ湖にも停車する

Hetch Hetchy
MAP P.210 A-1
CA-120のBig Oak Flat Entranceのすぐ外側からEvergreen Rd.へ入り、細い山道を30分ほど走るとダムへ出る。年中オープンしているが、10〜4月はチェーン規制が多い。夜間閉鎖
※駐車場に勾配あり。車椅子は要注意

中級 Wapama Falls
距離▶往復8km
標高差▶155m
所要▶往復3〜4時間
出発点▶ダム手前に車を置き、ダムを歩いて渡った所にあるトンネル

峡谷の再生なるか？
現在、アメリカ各地でダムを撤去する動きが広がっているが、このヘッチヘッチー峡谷をもともとの姿に戻そうという運動がある。アメリカの自然保護運動の失敗のシンボルが、自然再生のシンボルとなる日が来るのだろうか？　詳細は
URL www.hetchhetchy.org

20世紀に誕生したヘッチヘッチー貯水池。Tueeulala Falls（左上部）とWapama Falls（中央）まではトレイルもある

©Sierra Club

左上／1908年頃のヘッチヘッチー峡谷
左下／ダムの上は歩いて渡ることができる

Trivia ホテルのその後　Firefall（→P.228）が中止された翌年、グレイシャーポイント・ホテルは火事で焼け落ちた。ホテル横に積み上げておいたモミの樹皮によって火の勢いが増したそうだ

アクティビティ 🌲 ▶▶▶ ACTIVITIES

ハイキング ▷▷▷▷▷ HIKING

ヨセミテはハイキングのメッカだ。花咲く湿原を歩く初心者コースから、何日もかけてシエラネバダ山脈を縦断するトレイルまで、全長約1300kmのコースが整備されている。ビジターセンターではエリアごとに分けたハイキングガイドを配っているし、詳細なコースガイドが載った出版物も数多く売られている。ぜひ旅の1日を割いて、ハイキングコースのどれかを歩いてみよう。

バーナル&ネバダ滝トレイル
Vernal & Nevada Falls Trail

ハーフドームの裏手にあるバーナル滝（落差97m）とネバダ滝（落差181m）まで歩いてみよう。ずっと渓流沿いの林を進むので、マイナスイオンとフィトンチッドがたっぷり！ ヨセミテバレーで最もポピュラーなコースなので夏は騒々しいほどだが、それでも歩く価値のある気持ちのよいトレイルだ。

バーナル滝に続くミストトレイル

積雪と凍結に注意
ヨセミテのトレイルは、冬は積雪が多くて歩けないコースがほとんど。春や秋には凍結にも気をつけよう

中級 Vernal Fall Trail
適期▶5〜10月
距離▶往復3.9km
標高差▶300m
所要▶往復2〜4時間
出発点▶バレーシャトル#16
※このルートは別名、霧のトレイルMist Trailと呼ばれ、足場がぬれていることが多い。特に春から初夏にかけて、全身びしょぬれになることもある
MAP P.234
設備 トイレ3ヵ所（冬期閉鎖）

中級 Nevada Fall Trail
適期▶5〜10月
距離▶往復8.7km
標高差▶610m
所要▶往復5〜7時間
出発点▶バレーシャトル#16

TRAIL GUIDE | バーナル&ネバダ滝トレイル

ヨセミテでちょっと長めのハイキングを楽しみたい、という人におすすめの手頃な人気コース。とはいっても後半にはかなりの急坂もあり、歩き応えは十分ある。

バレーシャトル#16で降りたらマーセド川に架かる橋を渡り、右折してJohn Muir Trailを歩き始める。ここは48州最高峰ホイットニー山まで続くロングトレイルの起点でもあるのだ。

道は川に沿って緩い上りが続く。右前方の峡谷の奥にイリルエット滝Illilouette Fall（落差113m）が落ちているのが見えるだろう。やがて再びマーセド川を渡る橋に出る。簡易トイレがあり、目指すバーナル滝が上流に見えている。まだ序の口だが、体力に自信のない人、時間のない人は、このあたりで引き返すとよい。

この少し先でトレイルの分岐がある。直進して川沿いに登るMist Trailへ進もう。滝が近づくにつれて上りは急になり、このトレイルのクライマックスが近づく。バーナル滝が轟音を響かせて落ちるすぐ目の前の急斜面に石段が刻まれており、滝の水しぶきを全身に浴びながら登っていく。ビショビショになっても天気がよければすぐに乾くが、カメラなど荷物があるときは、防水の備えは必須だ。足元はたいへん滑りやすく、特に下りは

危ない。足回りには十分に注意を。これを登り切るとバーナル滝の上へ出る。大休止しよう。

時間があれば、ぜひネバダ滝まで行ってみたい。ここも初めはダラダラ坂、後半は急なスイッチバック。ハーフドーム・トレイルとの分岐点を過ぎるとまもなくネバダ滝の上に到着だ。バーナル滝の約2倍の落差があって吸い込まれそうな迫力。手すりは最低限しかないのでくれぐれも注意を。

帰路は、滝の奥へ進んでジョン・ミューア・トレイルを下ろう。ネバダ滝&リバティキャップがカッコよく見えるポイントがあり、高山植物も楽しめる。ミストトレイル経由より時間がかかるが、特に水量が多い時期のミストトレイルを下るのは危険をともなうので、こちらを通るのが賢明。

ネバダ滝の上まで上がってみよう

パノラマトレイル　Panorama Trail

上級 Panorama Trail
適期▶6〜10月
距離▶片道13.7km
標高差▶975m
所要▶下り6〜8時間
出発点▶グレイシャーポイント
MAP 折込2枚目ウラ L4〜5、下記
設備 トイレ・売店

　グレイシャーポイントをスタートし、東側にあるパノラマピークやネバダ滝を経由してハッピーアイルまで下る展望コース。

　行きはフォー・マイル・トレイルまたはツアーバスでグレイシャーポイントへ上り、帰りにこのトレイルを歩くのが一般的。3kmほど歩いた所にイリルエット滝の展望ポイントもある。日陰が少ないので、水は多めに持とう。

　ネバダ滝からは、ミストトレイル経由でも、ジョン・ミューア・トレイル経由でも下りられる。

Reader's Voice　**有意義なレンジャーハイク**　センチネルドームのレンジャーハイクに参加した。途中、レンジャーがおもむろに石をどかして、その下にいる昆虫を見せてくれた。そのあと、周辺にあった多数 ↗

ハーフドームの後ろ姿を見ながら歩く

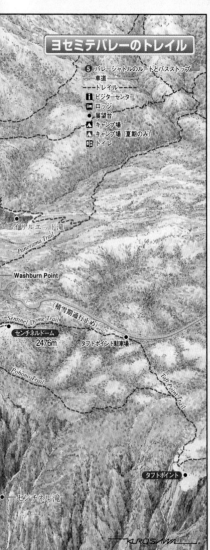

ヨセミテバレーのトレイル

5 バレーシャトルのルートとバスストップ
車道
トレイル
i ビジターセンター
ロッジ
展望台
キャンプ場
キャンプ場（夏期のみ）
トイレ

イリリエット滝

Panorama Trail

Washburn Point

（積雪期通行止め）

Sentinel Dome Trail

センチネルドーム
2476m

タフトポイント駐車場

Pohono Trail

Taft Point Trail

タフトポイント

センチネル滝

KUROSAWA

スリリングなタフトポイントは初心者でもラクに歩ける

↗ のケルンを崩すのを手伝った。ハイカーが遊び心で石を積み上げたケルンで昆虫たちのすみかが奪われていること、無造作に置かれたケルンが道迷いの原因にもなることを学んだ。（兵庫県　田中優志　'16）['23]

235

ハーフドーム・トレイル　Half Dome Trail

上級 **Half Dome Trail**
適期▶6〜9月
距離▶往復22.4km
標高差▶1475m
所要▶往復10〜14時間
出発点▶バレーシャトル#16
※頂上は落雷が多く、電流がケーブルを伝うのでたいへん危険。また花崗岩はぬれると滑りやすく、ケーブルが滝と化すので、途中で雨に降られるのも怖い。天候には十分に注意を。例年、5月下旬〜10月中旬以外はケーブルが撤去され、一般の人には登攀は無理になる。
　なお、トレイルの後半は水場がないので、飲料水は多めに持とう。暗くなった場合に備えて懐中電灯と予備の電池を忘れずに
MAP P.234

Half Dome Permits
☎(209)372-0826
Free 1877-444-6777
URL www.recreation.gov
　プレシーズン許可証（1日225人）は3/1〜3/31（2023年の場合）に申し込み、4月中旬に抽選が行われる。結果はオンラインで確認できる。第7希望まで選択できる。2022年の例だと、特に混雑している日（6月下旬の週末）は競争率約100倍、すいている日は競争率2倍以下だった。
　残りの50人分は、ハイキング日の2日前に抽選の受付が行われ、その日の夜に結果連絡メールが届く。抽選参加料は$10。当選した場合、許可証$10。2日前までにキャンセルした場合、または当日にケーブルが架っていなかった場合は、許可証代のみ払い戻しできる

　本書で紹介するトレイル中、最も厳しいコース。必ず事前に許可を取得し、早朝に出発しよう。ミストトレイル、バーナル滝を通ってネバダ滝を目指し、滝のすぐ手前で分岐する。ほかのハイカーがくたびれて休んでいる地点だが、ここからが本格的なスタートとなる。

　ドーム頂上へのアプローチはとても急でハード。特に最後の120mは垂直かと思うほどで、幅90cmに設置された2本のケーブルをつかんで登ることになる。**革手袋を持っていこう。**昼前にはケーブルに挑むハイカーで大混雑するので、なるべく早い時間に上ってしまいたい。

　頂上は広く平坦で、もちろんバレーが一望できる。

ハーフドーム許可証 Half Dome Permits

　ハーフドーム・トレイルは非常に混雑しており、滑落死亡事故が相次いでいる。そのため現在は許可制が実施されている。

◎ハーフドーム手前のサブドーム以後の進入には事前に許可証取得が必要。現地では取得できない。レンジャーの目をかいくぐって許可証なしで入ると罰金最高＄5000、懲役最高6ヵ月

◎申し込みは左記ウェブサイトか電話で。日帰りハイカー用の許可証は1日275人分が発行される。1度に6人分申し込める

◎許可証は譲渡禁止。もちろん売買やオークションも禁止

◎抽選の際に申告した名前は変更できない。当日ハーフドーム手前でレンジャーがチェックするので、パスポートを持参しよう

◎キャンセルは2日前まで可。キャンセル分の抽選は2日前に行われる

◎悪天候によってハーフドームに登れなくても、ケーブルが架かっていなくても、日付の変更はできない。ケーブルの設置・撤去日は流動的なので、5月、10月に行く人は注意しよう。2023年はケーブルの設置は6月13日だった

◎ロッククライマーおよびバックカントリー・パーミットを取得している人は別の許可証が必要なので確認を

◎許可証システムは流動的なので、ウェブサイトで確認しよう

登りも下りも1歩1歩慎重に進もう

人数制限をしていても
ケーブルは混雑する

⚠ **急な雨に注意**　2018年5月、急な雷雨でぬれたハーフドーム・ケーブルから男性が足を滑らせて滑落、死亡した。ケーブルを上る前に空を見上げて、雲行きがあやしいときには引き返そう

フォー・マイル・トレイル　Four Mile Trail

　バレーからグレイシャーポイントまで上り3～4時間、ひたすらスイッチバックが続く。キツイけれど、適度に日陰もあるし、エルキャピタンやヨセミテ滝がだんだんと目の高さに迫ってくる快感が味わえる。頂上での感激はひとしおだ。靴はしっかりしたものを、上着を1枚持っていこう。ラクをしたい人は片道だけツアーバスを使うといい。逆にもっと歩けるなら、帰りはパノラマトレイルで下ろう。

中級 Four Mile Trail
適期▶6～10月
距離▶片道7.7km
標高差▶975m
所要▶上り3～4時間
　　　下り2～3時間
出発点▶バレーシャトル #11
MAP P.220、P.234
設備 トイレ

タフトポイント・トレイル　Taft Point Trail

　高低差の少ないラクなトレイルで、レンタカー派におすすめ。グレイシャーポイントの少し手前にある駐車場から歩き出す。右へ歩くとセンチネルドーム、左へ歩くとタフトポイントだ。森の中をしばらく行くと、やがて視界が開け、エルキャピタン真正面の崖っぷちに飛び出る。勇気がある人は足がすくむほどの絶壁の縁に立つこともできるが、風のある日などはくれぐれも注意を。

初級 Taft Point Trail
適期▶6～10月
距離▶往復3.5km
標高差▶76m
所要▶往復1～2時間
出発点▶グレイシャーポイント・ロードのタフトポイント駐車場
MAP P.235

初級者向けトレイルのなかではおすすめ度ナンバーワンのタフトポイント

センチネルドーム・トレイル　Sentinel Dome Trail

　標高2476mとグレイシャーポイントよりずっと高く、360度のパノラマが広がる絶景ポイント。最後に花崗岩のドームを登るが、ほかはほぼ平坦なトレイル。ただし日陰がないので真夏は暑い。なだらかな山頂にはアンセル・アダムスの写真で有名になったジェフリーパインがぽつんと立っていて、1977年に枯れたあとも絶好のオブジェクトとして写真家らに愛されていたが、2003年、ついに倒れてしまった。

初級 Sentinel Dome Trail
適期▶6～10月
距離▶往復3.5km
標高差▶140m
所要▶往復1～2時間
出発点▶グレイシャーポイント・ロードのタフトポイント駐車場
MAP P.235
※落雷に厳重注意！

車がある人なら見逃せないセンチネルドーム。ぜひタフトポイントと合わせて訪れたい

NOTES ハーフドームに挑戦する前に　動画投稿サイトYouTubeで「Half Dome Cables」と検索すると数多くの動画を見られるので、予習しておくことをすすめる

上級 Upper Yosemite Fall Trail
適期▶4～11月
距離▶往復12km
標高差▶823m
所要▶往復6～9時間
出発点▶バレーシャトル#7
MAP 折込2枚目ウラ L-3、P.220
設備 トイレ

トレイル追加情報
　コロンビアロックまで往復2～3時間。その先は緩斜面になり、800mほど（片道約30分）登ると目の前にアッパー滝が現れる。水量が多い時期には水しぶきがかかるほどで大迫力。
　ここを過ぎると再び急傾斜の岩場となる

滝に最も近づけるあたりで引き返す人も多い

初級 May Lake Trail
適期▶7～10月
距離▶往復3.8km
標高差▶145m
所要▶往復2～3時間
出発点▶オルムステッドポイントより3マイル西側から標識に従って側道へ入り、2マイル走った突き当たり
MAP P.211 A-3

中級 Cathedral Lakes Trail
適期▶7～9月
距離▶往復11.3km
標高差▶305m
所要▶往復5～8時間
出発点▶トゥオルミメドウ・ビジターセンターから西へ800mの駐車場
MAP P.211 A-3

アッパーヨセミテ滝トレイル　Upper Yosemite Fall Trail

　Camp 4の駐車場から出発し、北米最大級の落差をもつ滝の頂上まで登る。1873年から4年をかけて造られたヨセミテ最古のトレイルのひとつだ。時間がなければ、約1.6km登った**コロンビアロックColumbia Rock**からバレーを一望して戻ってきてもいいだろう。

　トレイルは全体にスイッチバックの急坂が続く。滝に落ちて亡くなった人もいるので、トレイルを外れるのは危ない。また後半は日陰がなく、夏はとても暑さが厳しいため、必ず飲料水を持参しよう。滝の真上へ着いてまだ余裕があったら、さらに約1.6km先にある**ヨセミテポイントYosemite Point**まで往復してくるといい。

メイレイク・トレイル　May Lake Trail

　ハイカントリーで最も人気のあるトレイル。タイオガロードの北側、山上にある小さな湖を訪ねる。上り坂のトレイルを歩いていくと、マウントホフマンMt. Hoffmann（標高3307m）を湖面に映す静寂に満ちた湖に出る。積雪が多く、シーズンが短いので注意。

カテドラルレイクス・トレイル　Cathedral Lakes Trail

　トゥオルミメドウの奥にあるふたつの湖を巡るコースで、ジョン・ミューア・トレイルの一部でもある。奥にあるアッパーレイクはトレイル上にあるが、手前のロウアーレイクはトレイルから800mほど外れた所にある。**カテドラルピークCathedral Peak**（標高3335m）の鋭鋒がすばらしく、ハイシエラの雰囲気を味わうには絶好のコースだ。

カテドラルピークの姿を湖面に映すアッパーレイク

Trivia ハーフドームビレッジのスケートリンク　冬季五輪スケート会場の候補として1928年に誕生。現在駐車場になっているスペース全体に氷を張った本格的なリンクだった。結局オリンピック ↗

レンジャープログラム ▷▷▷ RANGER-LED PROGRAM

　年間を通してさまざまなレンジャープログラムが行われているので新聞で確認を。おすすめは、プロのアーティストと一緒に屋外で絵を描くArt Class、満月前後の夜にバレーを歩くFull Moon Walkなど。子供向けプログラムも多い。たいてい無料で参加できるが、なかには自然保護団体が主催する有料プログラムもあり、専門家を招いて行われるので人気が高い。予約が必要なものもある。

サイクリング ▷▷▷ BIKING

　バレーには全長20kmのサイクリングトレイルが整備されている。ハーフドームやエルキャピタンを見上げながらペダルをこぐのは気持ちがよい。ビジターセンターでサイクリングマップをもらって走ろう。

ラフティング ▷▷▷ RAFTING

　マーセド川を2〜4人乗りゴムボートで下るラフティングは、初夏だけの楽しみ。6〜7月（年による）に訪れたらぜひ挑戦してみよう。

川の水位によっては禁止されることもある

乗馬 ▷▷▷ HORSEBACK RIDING

　5〜9月の間、ワワォナからガイド付きの乗馬ツアーが出る。夏は混雑するので前日までに各ホテルのツアーデスクで予約を入れよう。なお、ヨセミテバレーでの乗馬は廃止された。

フィッシング ▷▷▷ FISHING

　園内ではニジマスなどのフィッシングが楽しめるが、魚自体の数はあまり多くはない。マーセド川やタイオガロード沿いの湖などが狙い目。ライセンスはカリービレッジのマウンテンショップで。

ロッククライミング ▷▷▷ ROCK CLIMBING

　ハーフドームビレッジのマウンテンショップでロッククライミングスクールを開催しており、岩登りの基礎から教えてくれる。エルキャピタンを見て闘志がわいてきたら、挑戦してみては？　要予約。

ウインタースポーツ ▷▷▷ WINTER SPORTS

　12月中旬〜3月下旬、グレイシャーポイントへ行く途中にスキー場がオープンする。州内最古のスキー場だそうだ。バレーから無料シャトルあり。リフト5本の初中級者向けゲレンデで、スノーボードも可。レストラン、スクール、レンタルあり。ガイド付きクロスカントリーツアーや、スノーシュー（カンジキ）を履いて森を散策するレンジャーツアーも人気。満月前後の夜にも行われる。いずれも有料。用具一式は現地で借りられる。

　また、11月中旬から3月上旬まで、バレーのカリービレッジに**アイススケートリンク**がオープンする。月の光に照らし出されたハーフドームを眺めながらのひと滑りはよい思い出になるだろう。

Ranger　Art Class
集合▶夏期の月〜金 9:00
所要▶4時間
場所▶Happy Isles Nature Center #16。要予約

Rental Bike
　貸し自転車はバレーストア、ヨセミテバレーロッジ、カリービレッジのレンタルセンター（バレーシャトル#14,19）で。半日$30、1日$40。4〜10月のみ。ハイキングトレイルなどをマウンテンバイクで走るのは禁止。車道に出ると危険な箇所もあるので注意

Rafting
　カリービレッジのレンタルセンター（#14,19）で。ライフジャケット込みで1人$30.50。体重22.7kg未満の子供は不可

Horseback Riding
予約☎(209)372-6502
⏱2時間$85
※7歳未満、身長132cm未満、体重23.50kg以下&102kg以上不可

Fishing
　シーズンは4月最終土曜〜11月中旬。漁獲量や場所などに制限があるので、ビジターセンターで確認を。用具レンタルあり

Mountaineering School
☎(209)372-8344
⏱時間4月中旬〜10月上旬の月8:30から7時間
⏱1人$205〜

Badger Pass Ski Area
⏱リフト1日券$62
ゲレンデ情報
☎(209)372-8430

Ranger　Snowshoe Walk
集合▶月・火・木・土 9:00、13:00
所要▶2時間
場所▶スキー場
⏱用具レンタル込み$60

Ice Skate Rink　#14,19
⏱月〜金　12:00〜14:30
　　　　15:30〜18:00
　　　　19:00〜21:30
土・日・祝は8:30〜11:00も
⏱$16、12歳以下$15、シューズレンタル$5.25

↗は行われなかったが、ここでスピードスケート、フィギュア、ホッケーなど数々の大会が行われた。1970年代になってリンクは現在の位置に移動したが、「世界一眺めのよいリンク」の評判は今も変わらない

園内で泊まる

　ヨセミテの宿泊施設は高級ホテルからテントキャビンまでいろいろあり、予約は下記で1年前から受け付けている。夏は非常に混雑し、ピークシーズンの予約は半年前にはいっぱいになってしまう。

　ロッジではバルコニーに食べ物を置かない、ドアや窓を開けっぱなしにしない、というのがヨセミテの鉄則。また、ロッジ周辺には人なれしたアライグマが多いが、アライグマはアメリカでの狂犬病感染源トップ3に入るので、子供が手を出したりしないように注意を。

☎(602)278-8888　Free 1888-413-8869
URL www.travelyosemite.com
受付 9:00～17:30（MSTアリゾナ時間 →P.64）
カード A D J M V
※2012年夏、テントキャビン宿泊客がハンタウイルス肺症候群（→P.501）に感染し、2名が亡くなった。園内では2000年と2010年にも感染者が出ており、客室のドアを開けっぱなしにしないなどの注意が必要。もしもキャビンやテントの中で野ネズミを見つけたら、自分で追い出したりせず、すぐにスタッフに報告しよう

🏠 The Ahwahnee

　1927年に完成したアメリカ屈指のリゾートホテル。ハーフドーム、ヨセミテ滝両方が見える最高の位置に建つエレガントなホテルで、デザインもすてき。花崗岩やマツ、モミなど、すべてヨセミテバレーで調達できる材料で造られている。アメリカ人でも「一生に一度は泊まってみたい」と憧れの的だが、料金があまりに高いこともあって比較的予約は取りやすいようだ。TV、電話あり。Wi-Fi無料。123室。

MAP P.220　on off　$521 ～ 1294

自由に入れるのでロビーなどをのぞいてみるといい

全米の国立公園で3本の指に入る名建築、アワニーホテル

🏠 Yosemite Valley Lodge

　ヨセミテ滝に近くて便利。園内で最大の収容人数をもつロッジで、TV、電話あり。エアコンがないことを除けば、一般のホテルと変わらない設備が整っている。部屋のタイプも多彩。Wi-Fi無料。250室。

MAP P.220　on off　$310 ～ 338

落ち着けるインテリアが好評

🏠 Curry Village

　グレイシャーポイントの足元に広がる林の中にキャビンがズラリと並ぶ。カフェテリア、ストア、プールまであってにぎやか。駐車場やキャビン周辺は夜は真っ暗になるので懐中電灯は必携だ。共同トイレとシャワー（部屋の鍵を見せれば無料）は2ヵ所にある。

●ホテルルーム
　18室。バス付きのダブルルーム。暖房あり。
●キャビン　木造のシンプルなキャビンで、バス付き46棟、バスなし14棟。バス付きキャビ

テントキャビンはアメリカでも珍しいスタイルだ

⇒NOTES ロッジ追加情報　チェックイン16:00、チェックアウト11:00。すべて全館禁煙。税金13.70%。ウェブ予約は最後の宿泊日の366日前から受付開始。電話なら1泊目の366日前から連泊予約 ↗

ンは非常に人気が高く、夏でも暖房が使える。バスなしキャビンにはベッドがあるだけで、洗面台も何もない。シーツ、毛布、バスタオルは用意されている。暖房はあるが、夏期は使えない。

●テントキャビン　403棟。木製フレームにキャンバス（帆布）をかけたもので、中にはベッドがあるだけ。シーツ、毛布、バスタオルは用意されている。チェックインすると、入口の南京錠の鍵と、クマ対策の鉄製フードロッカーの鍵を渡される。夏でも明け方は冷え込むので毛布1枚では寒い。着込んで寝る、寝袋を併用するなど工夫を。ヒーター付きテントキャビンもあるが、5月中旬〜10月上旬は暖房は利用できない。また、電灯はあるが、ほかの電気製品は使えない。

> **MAP** P.220　ホテルルーム **on** **off** $270
> バス付きキャビン **on** **off** $264
> バスなしキャビン **on** $205
> テントキャビン **on** **off** $159〜216
> ※クマの出没が多いため、屋外での飲食は禁止。ホテルルームとキャビンの場合、食品や化粧品はすべて室内に持ち込まなくてはならない。決して車内に残しておかないよう注意。逆にテントキャビンの場合、室内に食品などを置きっぱなしにするのは禁止。また決してテントキャビン内外で飲み食いしてはいけない。次に使う人の命がかかっていると心得よう。フードロッカーはキャビン前に設置されている。大きさは幅90×高さ58×奥行52cm。この中にすべての食品と化粧品などが入るように、荷物を調整しておこう

🏠 Housekeeping Camp

ヨセミテビレッジとカリービレッジの中間の川沿いにある。キャンプ場に準ずる施設で、ヨセミテで最も安く泊まれる。壁3面と床がコンクリート、壁1面と天井がキャンバスという建物で、中には2段ベッドとテーブルがあるだけ。雨がしのげればいいという人向け。シャワーとコインランドリーはいつも混雑している。266棟。

> **MAP** P.220　**on** 4人まで$108　夏期のみオープン。貸し毛布＆シーツあり。各サイトにクマ対策のフードロッカーと調理用グリルあり

ほかの公園ではあまり見られない特殊な宿泊施設だ

🏠 White Wolf Lodge

タイオガロードの途中にある。木製フレームにキャンバスをかけたテントキャビンが24棟、バス付きキャビンが4棟ある。電気はなく、代わりに薪ストーブとろうそくがある。シーツ、毛布、バスタオルは用意されている。2023年夏は残雪のため営業しなかった。

バックカントリーの雰囲気を満喫できる

> **MAP** P.210 A-2　**on** $137　6月下旬〜9月上旬のみオープン。レストランあり。フードロッカーは幅124×高さ43×奥行43cm

🏠 Tuolumne Meadows Lodge

タイオガパスの近くにあり、バレーから車で1時間30分ほどかかる。4人まで泊まれるテントキャビンが69棟。電気はなく、代わりに薪ストーブとろうそくがある。シーツ、毛布、バスタオルはある。2023年夏は残雪のため営業しなかった。

ストーブの薪用の着火剤も用意されている

> **MAP** P.211 A-4　**on** $137　6月上旬〜9月中旬のみオープン。食堂あり。フードロッカーの大きさは幅109×高さ71×奥行89cm

🏠 Wawona Hotel

バレーから車で南へ45分。マリポサグローブの手前にある。1879年建造という園内最古の木造ホテルで、白いビクトリア調。ロマンティックな雰囲気をお好みの方には最適。4〜11月のみオープン。電話、TVなし。Wi-Fi無料。ゴルフ場あり。104室。

> **MAP** P.210 C-2　バス付き **on** **off** $231
> バスなし **on** **off** $157

巨木セコイアの森に近い。車のある人におすすめ。夏ならYARTSのバスも停車する

キャンプ場に泊まる ◢◢◢◢

　ヨセミテはキャンプ天国。バレー内に4ヵ所（440サイト）、公園全体で13ヵ所（1456サイト）ものキャンプ場がある。4～10月はすべてのサイトが予約制で、人気のサイトは開始から数分で満杯になってしまう。予約開始日はサイトによって異なるので注意。Camp 4、Wawona、Hodgdon Meadowは冬期の週末も祝日も予約が必要。

　冬期、早い者勝ちのキャンプ場も朝のうちにいっぱいになってしまうので、とにかく早く着くことだ。

URL www.recreation.gov
Free 1877-444-6777
　カスタマーサービスは7:00～21:00（PST）（11月第4木曜、12/25、1/1除く）※予約は5ヵ月前の15日から（例えば7/15～8/14の予約は3/15から）1週間前まで。サイトによって異なる。詳しくは→P.489

●クマに厳重注意!!

　キャンプ場には昼間でもクマが現れる。匂いのあるものはすべてフードロッカーへ。大きさは、小さいもので幅90×高さ58×奥行52cm。

ヨセミテのキャンプ場　　（2023年）

	キャンプ場名（# はバレーシャトル）	シーズン	バレーからの距離（マイル）	サイト数	予約の必要あり（※は夏期）	1泊料金	水道（▲は要素沸）	トイレ（▲は簡易トイレ）	ゴミ捨て場（下欄外参照）	シャワー	ランドリー	ストア
バレー内	North Pines（#18）	4月中旬～10月下旬	0	81	※1	$36	●	●	▲	※2	※3	
	Lower Pines（#18）	4月下旬～10月中旬	0	60	●	$36	●	●	▲	※2	※3	
	Upper Pines（#15）	年中オープン	0	238	●	$36	●	●	▲	※2	※3	
	Camp 4（#7）	年中オープン（テントのみ）	0	61	●	$10	●	●				
Wawona（ワウォナ）		年中オープン	27	93	▲	$36	●	●	▲			●
Bridalveil Creek（グレイシャーポイント手前）		7月中旬～9月初旬	25	110		$36	▲	▲	▲			
Hodgdon Meadow（北西ゲート近く）		年中オープン	25	105	▲	$36	●	●	▲			
Crane Flat（CA-120沿い）		7月～10月中旬	17	151	●	$36	●	●	▲			●
タイオガロード	Tamarack Flat	6月～10月中旬	23	52		$24	▲	▲				
	White Wolf	7月中旬～9月	31	74		$36	●	●				●
	Yosemite Creek	7月上旬～9月上旬	35	75		$24	▲	▲				
	Porcupine Flat	7月中旬～10月上旬	38	52		$20	▲	▲				
	Tuolumne Meadows	2024年か2025年まで閉鎖	55	304		$36	●	●	●			●

※1 4月中旬～10月下旬は1ヵ月ごとに抽選あり　※2 カリービレッジにあり　※3 ハウスキーピングにあり

近隣の町に泊まる ◢◢◢◢◢

　最も近いのは、ヨセミテバレーからワウォナへ向かい、グレイシャーポイントへの分岐を過ぎてすぐに右へ入ったYosemite West。公園に隣接した私有地に20軒以上のB&Bなどがある。車がないと行けないが、静かな森の中にあるので散策も楽しい。

　車がない人はCA-140沿いのEl Portal、Midpines、Mariposaが便利。バレーとの間をYARTSのバス（→P.212）が走っている。また70マイル離れたマーセドにも約20軒のモーテルがある。

　南口ゲートの外側、CA-41沿いにはFish Camp、Oakhurstに約5軒ずつ、フレズノまで行けば50軒以上のモーテルがある。

ヨセミテウエスト　　　　Yosemite, CA 95389　　ヨセミテバレーまで10マイル　25軒

モーテル名	住所・電話番号など	料金	カード・そのほか
Yosemite Peregrine Lodging	⌂7509 Henness Circle ☎(619)948-8561 URL www.yosemiteperegrinelodge.com	on $695～725 off $140～175	AMV 全3室。8人まで泊まれるバケーションレンタル。Wi-Fi無料。全館禁煙。4泊以上のみ
Yosemite West High Sierra B&B	⌂7460 Henness Ridge Rd. ☎(209)372-4808 URL www.yosemitehighsierra.com	on off $350～450	MV 全3室。朝食込み。全館禁煙。2～3泊以上のみ

➡NOTES **キャンプ場のゴミ捨て場**　上記表内「ゴミ捨て場」の●印は、一般的なゴミ箱に加えて、キャンピングカーの汚水を処理するダンプステーションを備えた施設

エルポータル（CA-140）　　El Portal, CA 95318　西口ゲートまで1〜8マイル　4軒

モーテル名	住所・電話番号など	料 金	カード・そのほか
Yosemite Cedar Lodge	⌂9966 Hwy.140 ☎(209)379-2612　URLwww.stayyosemitecedarlodge.com	on off $232〜639	AMV　YARTS が停車する。レストラン、プール、スパあり
Yosemite View Lodge	⌂11136 Hwy.140 ☎(209)379-2681　URLwww.stayyosemiteviewlodge.com	on $222〜642　off $118〜448	AMV　YARTS が停車する。レストラン、コインランドリーあり

ミッドパインズ（CA-140）　　Midpines, CA 95345　西口ゲートまで23マイル　2軒

モーテル名	住所・電話番号など	料 金	カード・そのほか
Bear Creek Cabins	⌂6993 Hwy.140 ☎(209)966-5253　Free 1866-425-3366　URLwww.yosemite.com	on off $129〜195	エルポータルとマリポサの間。3室。キッチン付き
Yosemite Bug Rustic Mtn. Resort	⌂6979 Hwy.140　☎(209)989-3598　FAX(209)966-6667　URLwww.yosemitebug.com	on off $89〜229 テントキャビン$65〜139 ドミトリー$39〜49	ADJMV　YARTS が停車する。森の中にさまざまな客室棟が点在する。キッチン、レストラン、スパ、貸し自転車あり。Wi-Fi 無料

マリポサ（CA-140）　　Mariposa, CA 95338　西口ゲートまで30マイル　10軒

モーテル名	住所・電話番号など	料 金	カード・そのほか
Mariposa Lodge	⌂5052 Hwy.140 ☎(209)966-3607　URLwww.mariposalodge.com	on $116〜298　off $95〜131	AMV　町の中心部にある。プールあり。Wi-Fi 無料
Best Western Plus Yosemite Way Station	⌂4999 Hwy.140 ☎(209)966-7545　Free 1800-780-7234　URLwww.yosemitebestwestern.com	on $160〜340　off $120〜207	ADJMV　CA-140 & CA-49 の合流点。朝食付き。プールあり。Wi-Fi 無料。全館禁煙
Yosemite Miner's Inn	⌂5181 Hwy.49 N.☎(209)742-7777　Free 1888-646-2244　URLwww.yosemiteminersinn.com	on $139〜249　off $105〜145	AMV　CA-140 と CA-49 の角。朝食付き。ギフトショップあり。Wi-Fi 無料

フィッシュキャンプ（CA-41）　　Fish Camp, CA 93623　南口ゲートまで2マイル　8軒

モーテル名	住所・電話番号など	料 金	カード・そのほか
Tenaya at Yosemite	⌂1122 Hwy.41 ☎(559)683-6555　Free 1888-514-2167　URLwww.visittenaya.com	on $195〜682　off $159〜278	AMV　高級リゾートホテル。プール、レストラン、スパあり。コインランドリーあり
Narrow Gauge Inn	⌂48571 Hwy.41 ☎(559)683-7720　Free 1888-644-9050　URLwww.narrowgaugeinn.com	on $169〜399　off $149〜199	AMV　南口から5マイル。全館禁煙。本格的なレストランあり。Wi-Fi 無料

オークハースト（CA-41）　　Oakhurst, CA 93644　南口ゲートまで12マイル　14軒

モーテル名	住所・電話番号など	料 金	カード・そのほか
Yosemite Sierra Inn	⌂40662 Hwy.41 ☎(559)642-2525　FAX(559)658-8481 Free 1877-642-2525　URLwww.yosemitesierrainn.com	on $124〜242　off $94〜122	AMV　町の北外れ、CA-41 沿いにある。プールあり。Wi-Fi 無料。全館禁煙
The Oakhurst Inn at Yosemite	⌂40489 Hwy.41 ☎(559)683-8282　URLwww.theoakhurstinn.com	on $127〜353　off $104〜176	AMV　町の北、CA-41 沿い。朝食付き。プール、ジャクージあり。Wi-Fi 無料。全館禁煙
Best Western Yosemite Gateway Inn	⌂40530 Hwy.41 ☎(559)683-2378　FAX(559)683-3813 Free 1800-780-7234　URLwww.yosemitegatewayinn.com	on $179〜344　off $149〜249	ADJMV　町の北、CA-41 沿い。朝食付き。レストラン、屋内外プール、コインランドリーあり。Wi-Fi 無料。全館禁煙

リーバイニング（US-395）　　Lee Vining, CA 93541　東口ゲートまで10マイル　6軒

モーテル名	住所・電話番号など	料 金	カード・そのほか
Lake View Lodge	⌂51285 Hwy.395 ☎(760)647-6543　Free 1800-990-6614　URLlakeviewlodgeyosemite.com	on $199〜329　off $50〜229	MV　町の南寄り、US-395 沿い。カフェ、コインランドリーあり。隣はマーケット。Wi-Fi 無料
Murphey's Motel	⌂51493 Hwy.395 ☎(760)647-6316　Free 1800-334-6316　URLmurpheysyosemite.com	on $150〜250　off $115〜165	AMV　町の中心部、US-395 沿いにある。Wi-Fi 無料。全館禁煙

SIDE TRIP

パノラマ街道──国道395号線

スペイン語で「雪の山脈」の意味をもつシエラネバダは、ロッキー山脈よりも最高標高が高い

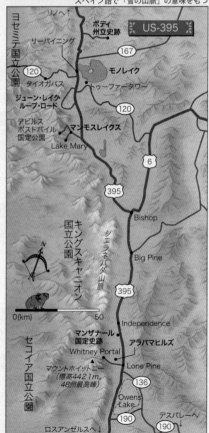

US-395

ヨセミテのタイオガパスでシエラネバダ山脈を越えて東へ走ると、やがて行く手に大きなモノレイクが姿を現し、坂を下りきった所でUS-395に突き当たる。シエラネバダと平行して南北に延びるこの国道沿いには数多くの見どころがあり、デスバレーに抜ける人はもちろん、ここだけを目的に訪れる人も多い。シエラネバダ山脈の眺望がすばらしいので、ただ走り抜けるだけでも気持ちのよいドライブが楽しめる。

シエラネバダの東向きの顔は、ヨセミテのグレイシャーポイントなどから見たなだらかな山容とは異なり、ダイナミックで魅力的。ぜひ、その美しさが際立つ残雪の時期に訪れたい（タイオガロードの開通時期に注意→P.214）。

Lone Pine付近からはアメリカ48州最高峰のマウントホイットニーMt. Whitney（標高4421m）を眺められる。登山口Whitney Portalまで車で上がるともっとよく見える

Trivia　アンセル・アダムスと収容所　写真家アンセル・アダムス（→P.219）はマンザナール日系人収容所（→P.247）の所長と友人で、何度も収容所を訪れて抑留者の生活を写真に残した。

ボディ州立史跡　Bodie State Historic Park

☎ (760)616-5040
URL www.parks.ca.gov
圏 夏期9:00～18:00、冬期9:00
～16:00　料1人$8、4～17歳$5

西部劇の世界へタイムスリップしたようなゴーストタウン。アメリカには無数のゴーストタウンが存在し、カリフォルニア州だけでも300以上あるというが、そのなかでもトップ3に入るほどの人気を誇っている。

1880年代にゴールドラッシュに沸いた町で、住宅、酒場、教会など200もの建物が残っていて見応えたっぷり。あちこちの建物をのぞきながら、1時間ほどかけて町を1周してくるといい。夏の日中は観光客がとても多くにぎやか。本物の幽霊が出てくる心配は必要なさそうだ。

行き方は、リーバイニングからUS-395を18マイル北上し、CA-270へ右折して13マイル。片道約45分。最後の3マイルは未舗装だが、夏な

1万人もの金鉱掘りがひしめき、殺人も強盗も日常茶飯事だったという

ら普通車でOK。ただし標高が2500mもあり、夏以外は積雪や凍結が多いので事前にウェブサイトなどで確認を。

学校、雑貨屋、飲み屋、葬儀屋の棺まで観光客に公開されている

モノレイク　Mono Lake

☎ (760)647-6331
URL www.parks.ca.gov
料1人$3

トゥーファータワーは湖岸の数ヵ所にあるが、最も規模が大きい南岸の一角が州立公園として保護されている

小魚や昆虫を漁るアメリカヒレアシシギWilson's Phalarope

四方を山に囲まれ、流れ出す川がないために塩分濃度が高く、特殊なエビやハエだけが生息する。湖畔に立ち並ぶ奇岩、トゥーファータワーTufa Towerで知られる。このタワーは湖水に含まれる石灰分が堆積したもので、もともと水中で

成長していた。1941年、ロスアンゼルスの水需要をまかなうために湖からの取水が始まり、水位が半分に下がったために湖上に姿を現したもの。同時に塩分濃度は2倍にもなり、生態系は大きく崩れてしまった。現在は環境をもとへ戻す取り組みが行われているため、水位が上がればトゥーファータワーも姿を消すことになるだろう。

トゥーファータワーへはリーバイニングからUS-395を南へ5マイルほど

走り、June Lake Loop Rd.のジャンクションを過ぎたらすぐにCA-120へ左折。5マイルほど走り、未舗装路へ入った所にある。

ちなみに、US-395をさらに125マイル南下してLone Pineを過ぎると、左手に白い砂漠が現れるが、これは取水のせいで干上がったOwens Lake。現在では砂嵐の被害を軽減するため、逆にわざわざ水をまいているという。デスバレーへの道路からもよく見える。

↗ 彼は政府による強制収容の不条理を痛感し、まだ戦時中だった1944年に収容所の写真集を出版。真珠湾攻撃などによって日本、そして日系人に対しても敵意が激しかった当時、大きな議論を巻き起こしたという

🚐 ジューン・レイク・ループ・ロード June Lake Loop Road

☎ (760)648-0525
URL www.junelakeloop.org

シエラネバダの山裾に延びる周遊道路。ルート沿いに4つの湖があり、湖畔には別荘が点在する。リゾートホテルなど宿泊施設も17軒ある。秋にはアスペンの黄葉が見事。

リービニングからUS-395を南へ

5マイルほど走った所でCA-158へ右折する。14マイル走ると再びUS-395に合流する。

なお、後述するYARTSのバスもこの周遊道路を通る。

ガル湖Gull Lakeの奥にそびえるカーソンピークCarson Peak（標高3325m）

🚐 マンモスレイクス Mammoth Lakes

ビジターセンター
🏠 2520 Main St. ☎ (760)934-2712
Free 1888-466-2666
🕐 8:00～17:00
URL www.visitmammoth.com

スキー場としても有名な標高2400mのリゾートタウン。ロスアンゼルスのホーソン空港からアドヴァンス航空の便があり、夏期ならヨセミテからYARTSバス（→P.212。6～10月に毎日1便、7・8月は2便。片道$30）も走る。US-395からCA-203へ入ってしばらく走るとにぎやかな町に出る。そのままLake Mary Rd.を直進して湖巡りのドライブを楽しもう（マンモスという名の湖はない）。

天気がよければゴンドラ（往復$34～44）に乗って標高3371mの**マンモスマウンテンMammoth Mtn.** へ上がるといい。シエラネバダの大

パノラマが爽快で、5月頃までスキーも楽しめる。ヨセミテ国立公園の最高峰Mt. Lyellもお見逃しなく。

上／カリフォルニア屈指のスキー場でもあるマンモスマウンテン。レンタルギアも揃っている　右／Twin Lakesの湖岸にそびえる岩山Crystal Cragはロッククライマーに人気。頂上付近には巨大な石英の塊があるそうだ

🚐 デビルスポストパイル国定公園 Devils Postpile NM

☎ (760)934-2289
URL www.nps.gov/depo
🚐 シャトルバス1人$15（3～15歳$7）、19:00～7:00は車1台$10

マンモスレイクスの奥にあり、およそ8万年前にマグマが冷えて固まった玄武岩の柱状節理が見られる。オープンは6～9月頃。7:00～19:00はマイカー規制があり、前述のマンモスマウンテンのゴンドラ乗り場からシャトルバスReds Meadow Shuttle（20～45分ごと）で訪れる。バスストップ#6で降りてからモニュメントまでは15分ほど歩く。さらに15分ほど

上／真西から眺めることになるので、できれば午後に訪れるといい　左／頂上部分には氷河に削られた痕跡も見られる

歩いて頂上部分に上り、氷河が削り取ってくれた六角柱の断面を観察しよう。柱は太いもので幅1mほど、高さは18mほど。これが約400本あ

る。時間があれば高さ31mのレインボー滝へのハイキング（モニュメントから片道約75分、バスストップ#9から約45分）も人気がある。

NOTES アラバマヒルズへ行く前に　ローンパインの町の南寄り、US-395沿いにあるThe Museum of Western Film Historyは、アラバマヒルズで撮影された映画に関する博物館。シアターで ↗

🚐 マンザナール国定史跡（日系人収容所跡）　Manzanar NHS

☎ (760)878-2194
URL www.nps.gov/manz
開 9:00〜16:30
休 12/25　料 無料

マンモスレイクスから南へ90マイル走ったUS-395沿いにある、日系アメリカ人収容所跡。1942年（真珠湾攻撃の6ヵ月後）、1万人以上の日系アメリカ人が土地や財産を奪われ、ここへ連れてこられて、鉄条網に囲まれて不自由な生活を強いられた。荒野での生活は終戦の3ヵ月後まで約4年間続いた。

ビジターセンターのギャラリーで学んだあと、1周3.2マイルのドライブルートを回ろう。当時の暮らしを再現したバラック、日本庭園跡、柔道場跡、農園跡、墓地、慰霊碑などがある。

Manzanar Relocation Center from tower / photograph by Ansel Adams
Library of Congress

アンセル・アダムスが撮影したマンザナール収容所。監視塔の撮影を禁じられた彼は、監視塔の上から全体を俯瞰した写真を撮ることによって、監視塔の存在を暗示したといわれている（→P.244下欄外）

🚐 アラバマヒルズ　Alabama Hills

デスバレーの西のゲートシティ、Lone Pineの郊外に、数々の映画の撮影に使われた奇岩群がある。シエラネバダの足元に広がる丘に、花崗岩独特の丸みを帯びた岩が風雨や雪、時には地震の影響を受けて不思議な風景を造り出している。『ローン・レンジャー』など昔の西部劇から『スタートレック ジェネレーションズ』『ダイナソー』『アイアンマン』『マン・オブ・スティール』など多くの映画のロケ地に選ばれたのも納得の奇観だ。

行き方は、Lone Pineの町で唯一の信号からWhitney Portal Rd.を西へ。この道路の両側に奇岩が連なっているが、メビウスアーチへ行くなら2.7マイル走ってMovie Rd.を右折。これを1.5マイル走り（途中から未舗装）、T字路に突き当たったら右奥に見える駐車場に停める。アーチへは駐車場の左端（足元にとても小さな標識あり）から始まるトレイルを10分ほど歩く。

入場は無料。あたりには一切何の施設もなく、道路もトレイルも標識はほとんどない。夏は非常に暑く、冬は積雪がある。飲料水を忘れずに。

上／アラバマヒルズには数多くのアーチがあるが、特に有名なのがメビウスアーチMobius Arch。メビウスの環のような形のアーチの中に顔のような岩が、反対側からはマウントホイットニーが見える　左／アラバマヒルズの名は南北戦争で活躍した戦艦にちなんだものだそうだ

↗ 上映される映像も興味深く、これを観てからアラバマヒルズを訪れることをすすめる。☎ (760)876-9909
URL museumofwesternfilmhistory.org　開 9:00〜17:00、日〜16:00　休 おもな祝日　料 $5

セコイア&キングスキャニオン国立公園
Sequoia & Kings Canyon National Parks

セコイア国立公園にあるシャーマン将軍の木は、地球上で最大の生物とされている。人間の小ささに注目！

『山を歩き、よいものを取り込もう。日差しが木々に降り注ぐように、自然は安らぎを与えてくれる。風は心地よく、落ち葉が舞うように私たちの心配事もどこかへ吹き飛ばしてくれる……』

シエラネバダの山中に隣接するこのふたつの国立公園には、ナチュラリスト、ジョン・ミューアがたたえたとおりの自然が息づいている。樹齢2000年の巨木の森をさまよい、白い花崗岩の巨人たちに見下ろされながら草原を歩く。太陽の、木々の、草花の、風の、清らかな水の流れの、鳥や動物たちの、すべての自然の優しさを体いっぱいに感じることのできる公園だ。1890年に誕生した、アメリカで2番目に古い国立公園。ゆっくりと歩き回ってみよう。

巨木に囲まれた湿原、クレセントメドウ

NOTES 夏の閉鎖に注意　2023年、豪雪と山火事の影響でシーダーグローブ（→P.256）とミネラルキング（→P.254）は夏のシーズン中ずっと閉鎖されたままだった。最新情報を確認しよう

MAP 折込1枚目 C-1

行き方 ACCESS

ヨセミテ国立公園に比較的近い場所にありながら、交通の便は悪い。公共の交通機関はほとんどなく、レンタカーが頼りとなる。

ふたつの公園は南北に隣接していて、見どころは西側に集中している。**公園の東半分はシエラネバダ山脈。これを横切る道路は園内にはない。**

ゲートシティは**フレズノFresno**。町も空港も大きく、レンタカー会社も揃っていて便利だ。ヨセミテと合わせてドライブを楽しもう。

飛行機 AIRLINE

Fresno Yosemite International Airport（FAT）

サンフランシスコ、ロスアンゼルスをはじめとして全米各地からのフライトがたくさんあって便利。大手レンタカー会社のカウンターも揃っている。詳しくは→P.209。

長距離バス BUS

ロスアンゼルスとサンフランシスコorサクラメントを結ぶグレイハウンドがフレズノに停車するので、ここでレンタカーを借りる。

また、シャーマン将軍の木など公園南部だけ見られればいいのであれば、**バイサリアVisalia**（LAから1日5便）で下車してシャトルバス（→右記）を乗り継いで観光するという手もある。

鉄道 AMTRAK

ロスアンゼルスとサンフランシスコを結ぶ列車**サンホアキン号San Joaquins**がフレズノに停車する。詳しくは→P.213。バイサリアへ行くにはHanford駅から接続バスに乗り換えなければならない。右記のバイサリアシャトルを使うならグレイハウンドを利用したほうが便利だ。

DATA

時間帯▶太平洋標準時 PST
☎(559)565-3341
URL www.nps.gov/seki
圏一部は積雪期閉鎖。そのほかは24時間365日オープン
適期 5～10月
圏両公園共通で車1台$35、バイク$30。そのほかの方法は1人$20
国立公園指定▶1890年（セコイア）、1940年（キングスキャニオン）
ユネスコエコパーク登録▶1976年
面積▶合計3505km²（東京都の1.6倍）
入園者数▶合計約179万人
園内最高地点▶4421m（Mt. Whitney。48州最高峰）
哺乳類▶72種
鳥類▶201種
両生類▶12種
爬虫類▶21種
魚類▶11種
植物▶1552種

バイサリアシャトル
Free 1877-287-4453
URL www.sequoiashuttle.com
圏入園料込みで往復$20
運行 6月下旬～9月上旬のみ。往路6:00～10:00、復路14:30～18:30の1時間ごと
バイサリアのホテルなどとジャイアントフォレスト博物館を結んでいる。園内のシャトルバス（→P.253）に乗り継げば、シャーマン将軍の木やクレセントメドウを観光できる。要予約

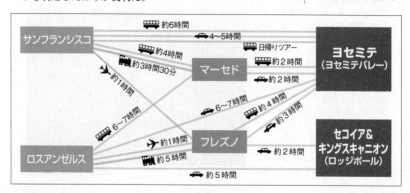

NOTES ユネスコエコパークとは UNESCO（国連教育科学文化機関）が定めた自然保護地域のことで、英語の呼称Biosphere Reservesから生物圏保存地域とも呼ばれる。全米に28ヵ所ある

249

ガソリン補給は早めに
　園内ではガソリンは一切手に入らない。北のキングスキャニオンの敷地は国有林や私有地が入り組んでいるため、ガスステーションもいくつかあるのだが、南のセコイアにはStony Creek Lodge（敷地外。夏期のみ）しかない。特に南のAsh Mountainゲートから入った場合、急カーブの上り坂が延々と続くことになるので、思った以上にガソリンを消費する。スリーリバーズで必ず満タンにしておこう

冬に訪れるときは
　積雪が多いので、常にチェーンを用意しておきたい（→P.214）。春や秋も凍結に注意しよう

園内の道路情報
☎(559)565-3341

カリフォルニア州の道路情報
Free 511
URL quickmap.dot.ca.gov

　フレズノでレンタカーを借りた場合、Kings Canyon Rd.を東に向かって走る。やがてCA-180となってキングスキャニオンのBig Stumpゲートへといたる。60マイル、所要1時間15分。ゲートからシャーマン将軍の木までさらに1時間かかる。

　ロスアンゼルスから行く場合はI-5を北へ。山間部を抜け、盆地（サンホアキンバレー）に入ったらExit 221でCA-99へ入り、96マイル走ってCA-198を東へ入ればすぐにバイサリアの町。ここまで190マイル、3時間20分。

　CA-198をそのまま東へ走ればスリーリバーズThree Riversの町を通ってAsh Mountainのゲートにいたる。さらに急な山道を1時間近く走ればジャイアントフォレストだ。バイサリアから55マイル、1時間40分。

グラント将軍の木のトレイルヘッド。特に名づけられていないセコイアでさえ、この巨大さ！

SIDE TRIP アンテロープバレー・カリフォルニアポピー保護区
Antelope Valley California Poppy Reserve

☎(661)724-1180　URL www.parks.ca.gov
圏日の出～日没　車1台 $10

　ロスアンゼルスから北へ1時間40分ほどの所にある州立公園。カリフォルニアポピー（ハナビシソウ。→P.37）の見事な群落があり、開花する3月上旬～5月上旬には大勢の人でにぎわう。

　カリフォルニアポピーは、西部の標高2000mほどの草原に群生するケシ科の1年草。日本でいうポピー（ヒナゲシ）とは別種で、背丈が40cmほどと小さい。草原の中のトレイルを歩けば、360度オレンジ色の海に囲まれることができる。ただしガラガラヘビが多いので、足元に注意。

　LAからの行き方は、I-5を北へ60マイル走り、Exit 198でCA-138へ。Lancaster Rd.の標識をたどって東へ20マイル走ると到着する。

　なお、公園は年中オープンしているが、ビジターセンターは開花期以外は閉鎖される。

花の盛りは例年4月中旬だ

🐾 WILDLIFE　壊滅的な山火事　2020年と2021年、ジャイアントセコイアの森は深刻な山火事に襲われ、貴重な群生地16ヵ所が焼失した。セコイアは火災に遭うと球果がはじけて種が飛び散り、↗

歩き方 ▶▶▶ GETTING AROUND

　北にキングスキャニオン国立公園、南にセコイア国立公園がある。広い公園だが、車でアクセスできるのは西側のごく限られた地域だ。東には広大なバックカントリーがハイカーを招いている。公園の東端は4000m級の山々の連なり。**マウントホイットニーMt. Whitney**は標高4421mでアメリカ48州の最高峰だ。残念ながら、この山は公園内のおもなポイントからはまったくその姿を見ることができない。かろうじて見えるのは、はるか東側を走るUS-395から（→P.244）。山脈を貫いてアクセスする道路は園内にはない。

　本当は何日かかけてハイシエラを歩いてみたいところだが、それには入念な準備と時間が必要。ちょっと訪れてみるなら、西側のエリア内の見どころを巡ることになる。これなら丸2日あれば十分回れる。

ヨセミテ同様、清流や滝が楽しめる公園なので、初夏がおすすめだ（キングスキャニオンのグリズリー滝）

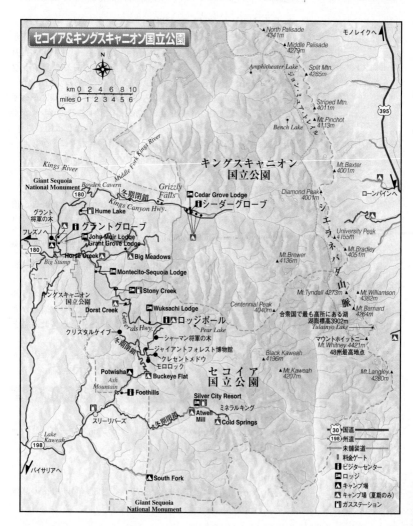

セコイア＆キングスキャニオン国立公園

↗ 翌年芽吹くが、今回は激しい炎に長時間さらされたためまったく芽吹かなかった。現在、わずかに焼け残った球果を集めて植樹し、間伐や下草の野焼きによって山火事の規模を抑える試みが行われている

園内の道路は坂とカーブが多い。巨木に気を取られないよう気をつけて走ろう

クマに注意!

両公園にはブラックベアが多く、ヨセミテ同様大問題になっている。このため匂いのあるものを車内に残すのは禁止。食品、化粧品はもとよりたばこ、虫よけ製品、くもり止めスプレーもだめだそうだ。トランクに入れるのもだめ。ハイキングに出かける際も、ロッジに宿泊する際も、とにかく車から離れるときには気をつけよう（→P.224、P.409)

園内の施設

食事

グラントグローブにレストランがある。またロッジポールのストア（夏期のみ）でも軽い食事が取れる。落ち着いて食べるならWuksachi Lodgeで。年中オープンしている。

シーダーグローブにはレストランはないが、ストアでスナックを購入できる

食料品・雑貨

各ビレッジにストアがあり、食料品やギフトなどを購入できる

📞9:00～17:00

グラントグローブを除いて冬期休業

計画は余裕をもって

園内の道路は、これでもかというほどの急カーブの連続。特に南ゲートからジャイアントフォレストまでは道幅が狭く、あちこちで改修工事も行われているため、とても時間がかかる。時間には余裕をもって行動しよう。下り坂でのブレーキの使い過ぎにも注意。シフトダウンを心がけよう

Kings Canyon VC

MAP P.251

📞夏期8:00～17:00
冬期9:00～16:30

Foothills VC

MAP P.251

📞夏期8:00～17:00
冬期9:00～16:30

▶おもなビレッジは3ヵ所

北のキングスキャニオン国立公園には、絶壁に囲まれた静かな渓谷にある**シーダーグローブCedar Grove**（4月中旬～11月中旬のみオープン）、巨木セコイアの森の中にある**グラントグローブGrant Grove**というふたつのビレッジがある。

南のセコイア国立公園には園内最大のセコイアの森、**ジャイアントフォレストGiant Forest**がある。以前はここにビレッジがあったが、森林への悪影響を懸念して宿泊施設などは閉鎖され、現在は森の入口に博物館だけが建っている。代わりに、少し北へ走った所に**ロッジポールLodgepole**というビレッジがある。

▶園内の道路

公園の入口は、北側（CA-180）のBig Stump Entranceと、南側（CA-198）のAsh Mountain Entranceの2ヵ所。ここから3ヵ所のビレッジや見どころを結んで道路が通っている。

グラントグローブ～シーダーグローブ間の30マイルは**キングスキャニオン・ハイウエイKings Canyon Highway**と呼ばれており、11月中旬～4月中旬は閉鎖される。

グラントグローブ～ジャイアントフォレスト間の**ジェネラルズハイウエイGenerals Highway**は32マイル。最も交通量が多い。年中オープンしているが、吹雪のあとなど閉鎖されることもある。

ジャイアントフォレスト～Ash Mountain Gateの間は21マイル。狭くて、カーブも多い山道だが、年中通行できる。

情報収集　　　　　　　　　INFORMATION

Kings Canyon Visitor Center

Big Stumpのゲートから3マイル。グラントグローブ・ビレッジの中心にあり、展示も充実している。

Foothills Visitor Center

Ash Mountainのゲートを入ってすぐ右側。園内の宿の状況も教えてくれる。

▶NOTES インターネットと携帯　園内でWi-Fiが使えるのは上記2ヵ所のビジターセンターとWuksachi Lodge、John Muir Lodgeのみ。携帯はめったに通じない。各ビレッジに公衆電話あり

セコイア国立公園　▷▷▷▷▷▷ SEQUOIA NP

シャーマン将軍の木　General Sherman Tree ➡年中オープン

　ジャイアントフォレストにあり、「現存する地上最大の生物」として名高い。何が最大なのかという基準はいろいろあるようだが、この木の場合、幹の体積からナンバーワンということになっている。その体積は1487m³、幹の重さは推定約2000トン、高さ83.8m、根元の直径11m、根元の周囲31.1m。確かにバカでかい。推定樹齢は2200〜2700年。1879年にJ・ウォルバートンが発見し、彼が南北戦争中に中尉として仕えたW.T.シャーマン将軍に敬意を表して命名したという。

　シャーマン将軍の木を出発点として、その周辺にある上院、下院と名づけられた巨木群など、巨大なセコイアの木々を見て回るトレイルがある。それぞれの木々のネーミングが楽しい。黄色いサインをたどって歩いてみよう。

木の梢まで入れて撮るには魚眼レンズが必要だ

無料シャトルバス

運行 6月上旬〜9月初旬の9:00〜18:00。10〜15分ごと

ルート#1：ロッジポール、シャーマン将軍の木、ジャイアントフォレスト博物館

ルート#2：博物館、モロロック（往路のみ）、クレセントメドウ

ルート#3：ロッジポール、Wuksachi Lodge

ルート#4：Wolverton駐車場、シャーマン将軍の木　駐車場不足＆排気ガス対策。ぜひ利用しよう

General Sherman Tree

MAP P.251

設備 トイレ（車椅子可）

　グラントグローブから1時間。以前はジェネラルズハイウエイからアプローチできたが、あまりにも訪問者が多いため、駐車場を森の裏側、Wolverton Rd.を入った所に移動させた。新設された駐車場は昔スキー場だった場所で、1本の木も切り倒していないとのこと。シャーマン将軍の木までは舗装されたトレイルを下って15分ほど。上記シャトルバス#4も利用できる。身体障害者は従来どおりハイウエイ沿いの駐車場を利用できる

初級 Congress Trail

適期 ▶4〜11月

距離 ▶1周4.7km

標高差 ▶70m

所要 ▶1周1〜2時間

出発点 ▶シャーマン将軍の木

Lodgepole Visitor Center

開 夏期のみ　8:00〜17:00

　シャーマン将軍の木から北へ4マイルほど行って右へ入った所にある

車椅子レンタル

　Lodgepole VC、Kings Canyon VC、ジャイアントフォレスト博物館（→P.254）で貸してくれる。無料。先着順

クレセントメドウ・ロード
Crescent Meadow Road ➡夏期のみ

ジャイアントフォレストの南側に片道3マイルの道路が敷かれている。これに沿っていくつもの見どころが集まっているので、ぜひ走ってみよう。

まずは入口にある**ジャイアントフォレスト博物館Giant Forest Museum**に立ち寄って、ジャイアントセコイアについて予習をしよう。博物館の裏手には**ラウンドメドウRound Meadow**という草原が広がっており、短いトレイルが敷かれている。夏には色とりどりの花の群落が目を楽しませてくれる。

車を奥へ走らせると、倒木の上に車が乗れるようにしてあった**オートログAuto Log**、しばらく走って右に入ると**モロロックMoro Rock**だ。駐車場から山頂まで350段の急な階段を上る。足元の悪いきつい登りだが、岩山の頂上からはシエラネバダの大パノラマが一望のもと。世界一背の高い松、サトウマツの木もこのあたりにある。高さ約60m、松ぼっくりの大きさがなんと長さ30〜50cm！

さらに**トリプルツリーTriple Tree**、**パーカーグループParker Group**などの巨木群を道路沿いに見ながら走ると、**トンネルログTunnel Log**だ。自然に倒れて道をふさいだセコイアの幹に、トンネルをくり抜いて自動車が通れるようにしたもの。特に大きなセコイアではないが、それでも推定樹齢2000年、根元の直径は6.4mもある。

道路の終点は**クレセントメドウCrescent Meadow**。セコイアの森の中にぽっかりと開けた美しい草原だ。夏には可憐な野の花が咲き乱れ、秋は静けさが心地よい。ぜひトレイルを歩いてみよう。巨木群の根元にシダが茂り、始祖鳥が飛んでいても不思議ではないような雰囲気。鳥の声だけがときおり響く静かな森の、澄んだ空気をいっぱいに吸って歩こう。2000年を生きてきた森の主は何を語りかけてくれるだろうか。

クリスタルケイブ Crystal Cave ➡ 5月下旬〜9月下旬

ジャイアントフォレストから南へ9マイルの所にある鍾乳洞。見学は入口から出るレンジャーツアーに参加しなければならない。45分間。チケットはウェブサイトで48時間前までに入手しておく。現地では購入できない。夏期は早めの予約が望ましい。鍾乳洞は10℃なので上着を忘れずに。

ジャイアントフォレストから車で50分、駐車場から洞穴入口までは急坂を下って約10分かかる。駐車場でトイレを済ませておこう。

ミネラルキング　Mineral King ➡ 5月下旬〜10月下旬

ミネラルキングは公園の南にある静かなビレッジ。1870年代に銀が見つかったことがきっかけで開発された。標高2300mの谷は険しい山々に囲まれ、周囲にはたくさんの山岳湖が点在している。Ash Mountainのゲートの外側から東へ29マイル入った、夏だけのパラダイスだ。湖の周りのトレイルを歩いたり、馬に乗ったりして1日のんびりと過ごしたい。

一般車進入禁止
クレセントメドウ・ロードは、シャトルバスのルート#2（→P.253）が運行されている期間中、週末と祝日は一般車進入禁止になる

Giant Forest Museum
🕐 夏期　　　　9:00〜18:00
　　冬期　　　10:00〜16:00
初級 Round Meadow
適期▶4〜11月
距離▶往復1km
標高差▶ほとんどない
所要▶往復約30分
出発点▶博物館
設備 トイレ（車椅子可）・飲料水

ジャイアントフォレスト博物館に立ち寄ろう

初級 Crescent Meadow
適期▶5〜10月
距離▶往復3km
標高差▶46m
所要▶往復1〜2時間
出発点▶クレセントメドウ駐車場
設備 簡易トイレ

Crystal Cave
🕐 5月下旬〜9月下旬
木〜日の10:00、16:00発
💲 $17、5〜12歳$16
※三脚、バックパック、杖、ベビーカー、ベビーキャリー禁止
設備 簡易トイレ

知名度は低いが、すばらしい鍾乳石を見ることができる

Mineral King
ミネラルキングへの道路は狭くてカーブの多い未舗装路で、例年11月上旬〜5月中旬は閉鎖される

➡NOTES **クリスタルケイブ** ツアーチケットの購入は180日前から。感染症の流行状況によってはマスク着用が義務づけられる。2023年は豪雪と山火事の影響で入洞できなかったので↗

上／球果は約20年にわたって種を保持し続ける
下／山火事で高温にさらされると球果がはじけ、オーツ麦のような小さな種をまき散らす

グラント将軍の木は入園ゲートにもビレッジにも近くて便利な位置にあり、いつ訪れてもにぎやかだ

キングスキャニオン国立公園 ◁▷▷▷▷ KINGS CANYON NP

グラント将軍の木　General Grant Tree ➡年中オープン

　世界で2番目に大きな木で、アメリカの**クリスマスツリー Nation's Christmas Tree**として知られている。地元商工会の人がこの木を訪れたとき、横にいた少女が「この木がクリスマスツリーだったらどんなにすてきなのに！」と言ったのがきっかけで、ここでクリスマスイベントを行うことをクーリッジ大統領に提案。1926年に認定されたものだという。さらに、“戦争で亡くなったアメリカ人を慰霊する場所”にも指定されており、現在でもクリスマスなどにはイベントが催されている。

　木の高さは81.7m、根元の周囲32.8m、根元の直径12.3m、樹齢は1600〜2700年。ビジターセンターの先を左折する。歩いても10分ほど。途中、倒れて中を人が通れるようになった木や、リー将軍の木、各州の名のついた木々などを回る。

パノラミックポイント　Panoramic Point ➡積雪期閉鎖

　グラントグローブのJohn Muir Lodge手前を右へ入り、狭い道路を2.3マイル登る。駐車場からさらに400mほど歩けばパノラミックポイントへ出る。東に連なるハイシエラ、西には大きな谷を隔てて遠く海岸山脈も見えてよい眺め！　マウントホイットニーが見えないのはちょっぴり残念だ。

General Grant Tree
MAP P.251
一部のみ車椅子可（段差・勾配あり）
設備トイレ（車椅子可）。近くにビジターセンターP.252、ロッジP.260あり

Ranger **Grant Tree Walk**
集合▶日10:00
所要▶1時間
場所▶駐車場

早朝と夕暮れが美しいパノラミックポイント

シーダーグローブ　Cedar Grove ➡ 4月下旬〜9月中旬

Cedar Grove Visitor Center

🕘 9:00〜17:00

シーダーグローブ・ビレッジのやや西側。5月上旬〜9月上旬のみオープン

初級 **Zumwalt Meadow**

適期▶6〜9月
距離▶1周2.6km
標高差▶ほとんどない
所要▶約1時間
出発点▶Zumwalt Meadow駐車場
🚻 簡易トイレ

⚠️ **落石注意！**

キングスキャニオン・ハイウエイは冬期閉鎖されるが、閉鎖の理由は積雪ではなく落石だ。春や秋の冷え込みが厳しいときや、夏の降雨後も落石注意。もしかしたらカーブの先で大きな石が道をふさいでいるかもしれないという気持ちで運転しよう

シーダーグローブはキングスリバー沿いに開かれたビレッジで、氷河に削られた岩山が迫る風景はヨセミテバレーを思わせる。シエラネバダ山脈を歩く長距離トレイルの拠点にもなっている。

ここでもいちばんの楽しみ方はトレイルを歩くこと。ビレッジからさらに奥へ6マイル走った突き当たりに駐車場があり、ここから長短さまざまなトレイルが整備されているほか、道路の途中からも短いトレイルがいくつか出ている。

手軽に歩きたいならズムワルトメドウ・トレイルZumwalt Meadow Trailがおすすめ。キングスリバーに架かるつり橋を渡って出発。森を抜け、右に巨大な岩壁を見上げつつ、岩場を歩く。後半はマツとスギの林の中を、右にキングスリバー、左に草原を見ながら歩く、ラクで楽しいハイキングだ。

CA-180は断崖が多い。いつも以上に安全運転で行こう

キングスキャニオン・ハイウエイは山々のパノラマが楽しめる。森の中を走るジェネラルズハイウエイとは景観が大きく異なるので、ぜひ両方を走ってみたい

アクティビティ 🌲🌲 ▶▷▷ ACTIVITIES

ハイキング ◁◁◁▷▷▷ HIKING

シーダーグローブの奥にあるズムワルトメドウのトレイル

ハイカーのための国立公園といっても過言ではないほど、長短さまざま、総延長約1400km以上のトレイルが設置されている。歩かなければシエラネバダの自然の本当のよさはわからない。ビレッジ周辺の短いトレイルでもいいから、ぜひ歩こう。ビジターセンターなどで各ビレッジ周辺のトレイルについての詳しいガイドを販売している。まずはこれを買って歩き出すといい。

短いトレイルについてはおもな見どころ（→P.253〜）の項を参照。

🏞 Reader's Voice **公園入口の看板に注目しよう** アメリカの国立公園の入口に立つ看板（エントランスサインボード）は、それぞれの園内の風景を模していたりしておもしろい。セコイアでは、CA-198（ス ↗

ミストフォールズ・トレイル　Mist Falls Trail

　シーダーグローブから、ハイシエラへ向かう登山者に混じって登っていく。最初の数キロは比較的平坦だが、最後の2キロで標高差183mを一気に登る。時間がなければキングスリバーに沿って途中まででも歩いてみるといい。

クリスタルレイク・トレイル　Crystal Lake Trail

　ミネラルキングの奥にある湖を訪れる。途中でMonarch Lakeへのトレイルと分かれるが、分岐点を見落としやすいので注意。急な登りもあって相当きついが、湖からの絶景に疲れも吹き飛んでしまうだろう。ただし、ミネラルキングのトレイルは標高2300mからの出発になり、すべて健脚向き。体調を整え、時間に余裕をもって出かけたい。

レンジャープログラム　▶▶▶▶ RANGER-LED PROGRAM

　各ビジターセンターを中心として、セコイアの森を歩くツアーや、野の花や星を観察するツアー、バードウォッチングツアー、雪の森を歩くツアー、キャンプファイヤープログラムと多彩なイベントが行われている。各ゲートやビジターセンターで配っている『Trip Planner』という新聞に載っているので、ぜひ参加してみよう。

乗馬　▶▶▶▶ HORSEBACK RIDING

　夏の間各ビレッジから乗馬ツアーが出ている。半日～1日コースが多い。前日までに電話で予約しておいたほうが確実。

登山　▶▶▶▶ MOUNTAIN CLIMBING

　公園の東側にそびえるハイシエラの高峰へ、たくさんの登山道がつけられている。マウントホイットニー4421mをはじめとする4000m級の山々なので、本格的な装備と経験が必要とされる。例年、山開きは7月上旬～10月。ただし、7月いっぱいは雪崩に要注意だ。
　なおマウントホイットニーだけが目的なら、一般的な登山道は東側のWhitney Portalからになる（**MAP**→P.244）。

フィッシング　▶▶▶▶ FISHING

　キングスリバーのフィッシングが人気。魚の種類、大きさ、場所など細かい規定があるので、ビジターセンターでチェックしよう。
　釣りを楽しむにはカリフォルニア州のライセンス（1日＄19.18）が必要。グラントグローブの北にあるHume Lakeのストアなどで手に入る。

クロスカントリースキー　▶▶▶▶ CROSS COUNTRY SKI

　ジャイアントフォレスト近くのウォルバートンWolvertonとグラントグローブに、クロスカントリー用のトレイルが用意されている。
　特にジャイアントフォレスト博物館からモロロック、クレセントメドウへ行く往復7マイルのトレイルは、眺望もすばらしいし、初心者にもうってつけのコース。また、グラントグローブでは初心者用のグループレッスンも行っている。

中級 Mist Falls
適期▶6～9月
距離▶往復13km
標高差▶233m
所要▶往復4～6時間
出発点▶Road's End駐車場
設備 トイレ

上級 Crystal Lake
適期▶6～9月
距離▶往復16km
標高差▶992m
所要▶往復8～10時間
出発点▶Sawtooth Trail駐車場
設備 トイレ・公衆電話

尻尾の先だけ黒くて耳が大きなミュールジカ

乗馬の予約
グラントグローブ
☎(559)335-9292
シーダーグローブ
☎(559)565-3464
料 1時間$65、2時間$110

登山について
　必ずバックカントリーパーミット（無料）を取得すること。マウントホイットニーへ登る場合は、たとえ日帰り登山でも許可証$15が必要。5～10月は1日100人に制限され、その年の2/1～3/15に抽選（参加料$6）の受付が行われる。2022年8月上旬は競争率約100倍だった。またクマ対策についても十分に説明を受けよう。ベアボックスの使用も忘れずに

釣り道具
　ロッジポール、ストーニークリーク、グラントグローブ、シーダーグローブで入手できる。年中オープンしているのはグラントグローブのみ

スノーシューツアー
　冬期の週末にグラントグローブ＆Wuksachi Lodgeでレンジャーと一緒に雪原を歩く無料のスノーシューツアーが行われる。要予約。☎(559)565-3341

↗ リーリバーズ方面）から南口へ入ると、先住民の顔をデザインした看板が迎えてくれる。
（福岡県　板屋克朗　'13）['23]

世界でいちばん大きな木として知られるセコイアにはふたつの種類がある。
ひとつは幹が太くて長生きのジャイアントセコイア、
もうひとつは背が高くてスマートなコーストレッドウッドだ。

高さ
70〜116m

高さ
75〜95m

ジャイアントセコイア
Giant Sequoia
（学名　Sequoiadendron giganteum）
別名　セコイアオスギ、ビッグツリー

コーストレッドウッド
Coast Redwood
（学名　Sequoia sempervirens）
別名　セコイアメスギ、センペルセコイア

枝は下を
向いている

下枝の太さ
直径1〜2m

幹は頑丈でビッグツリー
に比べると細い。木肌
が赤いのでレッドウッド
と呼ばれる

幹は太くて重い。
赤みがかかって
いる

シロナガス
クジラの
体長約30m→

根は浅く広く
張っている

身長約170cmの
ヒトの大きさ↙

Trivia バッファロー・ソルジャーズ2　グラントグローブとジャイアントフォレストを結ぶジェネラル
ズハイウエイは、黒人部隊バッファロー・ソルジャーズ（→P.210）が整備したもの。さらに↗

多くのセコイアの幹に落雷や火災との闘いの跡を見ることができる

ジャイアントセコイアGiant Sequoia

シエラネバダ山中に生育し、ヨセミテやセコイア国立公園周辺にしかない貴重な植物。高さは75〜95m、根元の直径は約10mと太くてがっしりしている。最大の特徴は樹齢が長いことで、平均3000年と極めて長生き。

今からおよそ1億年前、地球上に生えていた樹木のほとんどは今よりもずっと巨大だった。それらの巨木群の最後の生き残りがセコイアだ。セコイアの仲間はかつてオーストラリア、南極大陸、グリーンランドにも生育していたらしい。また、セコイアは日本杉とも近い親戚である。

ジャイアントセコイアが山火事に強いのは、木や樹皮の中に含まれる多量のタンニンや、その他の有機物のせいだといわれている。これらはまた、セコイアを害虫や腐敗から守るのにもおおいに役立っている。ジャイアントセコイアの比類のない長生きの秘訣はタンニンだったのかもしれない。

しかし2000年以上も生きてきたセコイアの森は、人間に発見されてから約100年間、悲惨な時期を過ごす。伐採は国立公園に制定されるまで続き、今でもその頃の切り株をあちこちで見ることができる（ジャイアントセコイアはレッドウッドと違って切り株から発芽することはない）。

コーストレッドウッドCoast Redwood

木肌が赤みを帯びているのでこう呼ばれる。ビッグツリーより幹が細くて背が高い。直径約7m、高さ100m、最高は116mにもなる。北カリフォルニアからオレゴンの海岸のみに生育し、サンフランシスコ郊外のミュアウッズ国定公園（→P.281）やレッドウッド国立公園（→P.280）が有名。

レッドウッドは、ビッグツリーに比べて樹齢も短い（とはいっても500〜2000年）。種としてはビッグツリーのほうが祖先である。その代わり背が高くて、100mを超えるものも珍しくない。

大地に足を踏んばってガッツポーズをしたような枝ぶりのビッグツリーと、女性的で繊細なレッドウッド。見比べてみるとおもしろい。

レッドウッドの幹は縮みや腐敗に強く、良質の木材として建築業者にとって貴重なものだ。今では国立公園などでの伐採は禁止されているが、多くの場所に植林域があり商業用に使われている。種子からしか発芽しないビッグツリーと違って、レッドウッドは切り株や根からも比較的容易に発芽する。

幹に傷を受けると、傷口を修復するように瘤が生長することがある。瘤の断面には複雑な模様があり、家具などに珍重されるため、違法に切り取られる被害も起きているという

園内で泊まる

公園敷地内にロッジが4軒、ジェネラルズハイウエイ＆キングスキャニオン・ハイウエイ沿いの公園敷地外に3軒がある。このうち4軒は下記でまとめて予約を受け付けているが、残りはそれぞれ個別に経営されている。夏期は予約なしで泊まるのは難しい。

なお、クマが多いため、食品など匂いのあるものをバルコニーに置くのは禁止されている。外から見えない室内に置こう。また、ドアや窓を開けっぱなしにするのはたいへん危険だ。

DNC Parks & Resorts
☎ (801)559-4930
Free 1866-807-3598
URL www.visitsequoia.com　カード A D M V

John Muir Lodge

グラントグローブのビレッジにある設備の整った快適なホテル。暖炉のあるロビーにはジョン・ミューアの肖像が掲げられ、ムード満点。TV、コーヒーメーカー、電話、バルコニー付き（一部）の客室が36室ある。予約はDNCへ。

ビレッジのいちばん奥に建つ

営4〜10月　on off $284〜306

Grant Grove Cabins

1910年、国立公園の草創期に建てられた歴史的な宿。バス付きキャビンは9棟のみ、バスなしキャビン24棟は早春〜晩秋オープン。いずれも暖房あり。また夏期のみ、テントキャビン17棟もオープンする。予約はDNCへ。

バス付きキャビン

営5〜10月　on off バス付きキャビン $145〜179、バスなしキャビン $122〜162、テントキャビン $107〜128

Cedar Grove Lodge

シーダーグローブの奥にあり、モーテル形式の部屋が21室ある。ストア、コインランドリーあり。キングスキャニオン・ハイウエイは日が落ちると恐ろしいほど真っ暗なので、明るいうちに到着することをすすめる。チェックインは21:00まで。予約はDNCへ。2024年の営業は未定。

営5月中旬〜10月中旬　on off 2024年未定

Wuksachi Lodge

ロッジポールの北2マイルにある園内で最も新しいホテルで、山々の眺めがすばらしい。ホテルルーム102室。レストラン、ギフトショップあり。予約はDNCへ。

眺望のよさは園内随一だ

営年中オープン　on $282〜428　off $158〜318

Stony Creek Lodge

厳密には園外だが、グラントグローブとジャイアントフォレストの中間にある。電話、TV、Wi-Fi無料というモーテルタイプの部屋が11室のみ。ピザハウス、ストアあり。予約は下記へ。

Sequoia-Kings Canyon Park Services
営5月下旬〜10月　☎ (559)565-3388
Free 1877-828-1440
URL www.sequoia-kingscanyon.com
on off $139〜379　カード A M V

Silver City Mountain Resort

スリーリバースから21マイル、ミネラルキングの3マイル手前にある。バス付きシャレー5棟とバスなしキャビンが4棟、バス付きキャビン4棟などがある。レストラン、ストアあり。Wi-Fi無料。

営5月中旬〜11月上旬　☎ (559)242-3510
URL www.silvercityresort.com
on off シャレー $467〜660、キャビン $198〜412
カード A M V　※2泊以上のみ

NOTES ロッジ追加情報　John Muir LodgeとGrant Grove Lodgeのチェックインは、レストラン（ビジターセンター正面）の建物内にあるカウンターで行う

キャンプ場に泊まる ◁◁◁◁

両公園合わせて14ヵ所のキャンプ場がある。冬でもオープンしているのはPotwisha、Azaleaの2ヵ所。South Fork以外は予約が必要だが、当日先着順、冬期のみ先着順のサイトもある。予約受付開始日もサイトによって異なる。自然災害の影響で閉鎖されることもある。詳しくは→P.489。

キャンプ場の予約
URL www.recreation.gov Free 1877-444-6777
※フードロッカーの使用などブラックベア対策をお忘れなく

林の中にあって静かなSentinelのキャンプ場

	キャンプ場名	シーズン	サイト数	要予約	1泊料金	水道	トイレ（▲は簡易トイレ）	ゴミ捨て場（下▲外参照）	シャワー	ランドリー	ストア
セコイア	South Fork	年中オープン	10		$6		▲	▲			
	Potwisha（南ゲートから4マイル）	年中オープン	42	●	$32	●	●	●			
	Buckeye Flat（南ゲートから5マイル）	3月下旬～9月下旬	27	●	$32	●	●	▲			
	Lodgepole	4月下旬～11月下旬	214	●	$32	●	●	●			●
	Dorst Creek	6月中旬～9月上旬	222	●	$32	●	●	▲			
	Atwell Mill（ミネラルキング）	5月下旬～10月下旬	21	●	$32		▲	▲			
	Cold Springs（ミネラルキング）	5月下旬～10月下旬	40	●	$32		▲	▲			
キングスキャニオン	Azalea（グラントグローブ）	年中オープン	110	●	$32	●	●	▲			
	Sunset（グラントグローブ）	5月下旬～9月上旬	158	●	$32	●	●	▲			
	Crystal Springs（グラントグローブ）	5月下旬～9月下旬	50	●	$32	●	●	▲			
	Sentinel（シーダーグローブ）	4月下旬～11月中旬	82	●	$32	●	●	▲			
	Moraine（シーダーグローブ）	5月下旬～9月上旬	121	●	$32	●	●	▲			
	Sheep Creek（シーダーグローブ）	5月下旬～9月中旬	111	●	$32	●	●	▲			

近隣の町に泊まる ◁◁◁◁

最も近いスリーリバーズ（約20軒）でも、ジャイアントフォレストから1時間以上山道をドライブしなくてはならない。できれば園内に泊まりたい。南口から50マイルのバイサリアには約20軒、またフレズノには80軒近くのモーテルがある。

SIDE TRIP ピナクルズ国立公園 Pinnacles National Park

MAP 折込1枚目 C-1 ☎(831)389-4486
URL www.nps.gov/pinn 料金車1台 $30

火山活動によって形成された奇岩や洞窟があり、60羽以上のカリフォルニアコンドル（→P.79）が生息していることでも知られる。東口にビジターセンターやキャンプ場があり、24時間オープン。西口は夜間閉鎖される。園内で通り抜けはできない。東から入って、Bear Gulchから半日かけてトレイルを歩くのがおすすめだ。ロスアンゼルスからはI-5を北へ走りExit 325から西へ走る。5時間。サンフランシスコからは2時間30分。

High Peaksへ上がってみよう
NPS

 NOTES キャンプ場のゴミ捨て場　上記表内「ゴミ捨て場」の●印は、一般的なゴミ箱に加えて、キャンピングカーの汚水を処理するダンプステーションを備えた施設

デスバレー国立公園
Death Valley National Park

デスバレーはかつて浅い海だった場所で、地下には厚さ3000m以上の塩の層があるという。高い塩分濃度と過酷な気候に耐えたものだけが、この谷で生き残ることができる

　猛烈な砂嵐の吹き荒れる夜、静寂がすべてを包み込む焦熱の昼。デスバレーの自然は過酷だ。そこには人間の存在を拒絶するかのような厳しさがある。それだけに、その風景は純粋かつ幻想的だ。これはまぎれもない『自然』の姿であり、畏怖の念を禁じ得ない。

　北米大陸で最も低い土地であり、また極端な暑さでも有名なデスバレー。谷の中心部の標高は海抜マイナス86m、真夏には気温50℃を超えることもある（過去最高は56.67℃で公式世界記録）。年間降水量はわずか49mm（東京は約1500mm）という、まさに灼熱の谷なのだ。

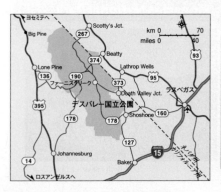

ダンテスビューから見下ろしたバッドウオーター

NOTES **最新情報に注意**　2023年8月20日、ファーニスクリークで年間降水量を上回る56mmの大雨が降り、1日の最高記録を更新。園内各所で洪水と鉄砲水が発生して、公園全体がデスバレー ↗

MAP 折込1枚目 C-2

行き方 ACCESS

デスバレー国立公園は、**ラスベガスLas Vegas**から車で3時間弱。レンタカーを借りるか、あるいは日帰りツアーバスに参加するという手もある。公園へのゲートは5ヵ所あり、さまざまなアプローチが考えられるが、普通はラスベガスで車を借りて、東側から入ることになる。

レンタカー RENT-A-CAR

ラスベガスから

最も一般的なルートは、ラスベガスのストリップからI-15を北へ走り、Exit 42AでUS-95 NORTHへ移って北へ86マイル。Amargosa ValleyでNV-373に左折。州境を越えると道はCA-127と名を変え、Death Valley Jct.で右折してCA-190を29マイル走れば、ザブリスキーポイント（→P.269）を経由して公園の中心**ファーニスクリークFurnace Creek**に到着。ラスベガスから3時間弱。

これを少しアレンジして、US-95をBeattyまで走ってしまい、NV-374（州境を越えるとCA-190）に入ってもいい。途中、ライオライトRhyolite（→P.270）というゴーストタウンも見学できる。

最も景色がよいのは、ラスベガスの南（I-15のExit 33）からNV-160を西へ走り、PahrumpでNV-372（CA-178）へ左折し、Shoshoneで右折してすぐに再びCA-178へと左折して、バッドウォーター（→P.268）を通ってファーニスクリークにいたるルート。ラスベガスから3時間30分（夏期はこのルートは避けよう）。

DATA

時間帯▶太平洋標準時 PST
☎ (760)786-3200
URL www.nps.gov/deva
開 24時間365日オープン
適期 10〜4月
料 車1台＄30、バイク＄25。そのほかの方法は1人＄15。キャッシュ不可
国定公園指定▶1933年
ユネスコエコパーク登録
▶1984年
国立公園指定▶1994年
国際ダークスカイパーク
認定▶2013年
面積▶1万3790km²
（福島県とほぼ同じ。48州の公園中最大）
入園者数▶約113万人
園内最高地点▶3368m
(Telescope Peak)
園内最低地点▶−86m
（北米大陸最低地点）
哺乳類▶55種
鳥　類▶384種
両生類▶5種
爬虫類▶35種
魚　類▶7種
植　物▶1164種

ガソリンは満タンで
Shoshoneからの74マイルはガスステーションも何もない。夏は避けるべきだ

SIDE TRIP アメリカで最もさびしい道路

デスバレーの東側のゲートシティBeattyからUS-95をさらに93マイル北上し、TonopahでUS-6にぶつかったら東へ50マイル走ると、NV-375のジャンクションがある。この道はアメリカで最も交通量が少ないといわれている。その存在自体が長い間秘密にされていた謎の軍事基地、エリア51の近くを走っているせいか、昔からUFO目撃情報が多いことでも知られ、今では正式に「ETハイウェイ」と名づけられている。100マイルにわたってほとんど何もないが、62マイル走った**Rachel**（**MAP**折込1枚目ウラ C-2）にUFOマニアが集まるカフェ＆モーテルがあり、ギフトショップの宇宙人グッズが人気だ（Beattyから3時間30分）。

Little A'Le' Inn
営 8:00〜17:00、日〜20:00 **料** 1泊＄85〜
☎ (775)729-2515 **URL** littlealeinn.com

州道をそのまま東へ36マイル走り、US-93を右折すれば85マイルでI-15に出る。Rachelからラスベガスまで3時間だ。

なお、ガスステーションは極端に少ない。西から走る場合はTonopahで、東から行くならUS-93沿いのAlamoで、必ずガソリンを満タンにしておこう。

流星群の観測地としても人気だ

道路情報
California
Free 1800-427-7623
URL quickmap.dot.ca.gov
Nevada
Free 511
Free 1877-687-6237
URL nvroads.com

AAA路上救援
Free 1800-222-4357

ヨセミテから

ヨセミテのタイオガロードを通って西からアプローチするならUS-395を利用する。4000m級の山が連なるシエラネバダ山脈を見上げながらの快適なドライブだ（→P.244）。

Lee Viningから125マイル南下し、Lone Pineの町外れでCA-136へと左折。やがてCA-190と合流し、公園内へと続く。この間ふたつの峠を越えるのだが、これがけっこう険しく、春から秋にかけての日中はオーバーヒートの可能性大。車の冷却水用も含めて水は多めに用意しよう。狭いカーブで路肩もないので、夜の走行も危険だ。ハードなルートだが、風景はすばらしい。ヨセミテバレーからファーニスクリークまで8〜9時間。

ロスアンゼルスから

LAからI-5、CA-14、US-395と走ってOlanchaでCA-190に入る。290マイル、6時間30分。またはI-10、I-15と走り、Barstowからさらに60マイル走ってBakerでCA-127に入り、ShoshoneでCA-178を西に進めばファーニスクリーク方面へいたる。風景はこちらのほうがいい。同じく6時間30分。

ラスベガスからのツアーバス
Pink Jeep Tours
Free 1888-873-3662
URL pinkjeeptours.com
料 $ 284、3〜12歳 $ 256
（ボックスランチ込み）
所要 10時間
※催行は9〜5月のみ

COLUMN　夏のドライブの注意点

真夏のドライブは避けるべきだが、それでも灼熱ドライブを体験したいという場合には、安全のため、次のことを守ってほしい。

●必ず水をたっぷりと持っていこう。車と人間の命を救ってくれる
●車の始業点検は念入りに。デスバレーで立ち往生なんて本当に地獄！
●できるだけエンジンに負担をかけないような運転を心がけよう
●デスバレーの地面はたいへんもろい。路肩などに進入しないほうがいい
●ビジターセンターで状況を聞き、気温によっては海抜の低い地域へ行くのを諦めよう
●展望台などで停車するとき、エンジンはかけっぱなしで
●暑いからといって裸になってはいけない。あっという間にやけどをして脱水症状を起こす。長袖の白いシャツを着るとよい。帽子とサングラスも必携
●突然の雷雨と砂嵐に注意。特に夜は危険

もしオーバーヒートしてしまったら

夏のトラブルでいちばん多いのはオーバーヒートだ。走行中は常にサーモメーターに注意しよう。メーターが上がってきて危ないなと思ったら、暑くても我慢してクーラーを切るといい。それでもオーバーヒートしてしまったら、慌てずに次のような処置を取ろう。
●（無理だとは思うが）日陰を探して車を停める
●エンジンは切らず、ボンネットを開けてエンジンを冷ます。ボンネット自体が熱くなっているので気をつけて
●ファンベルトやラジエーターに異常がなければ、軽くアクセルを踏んで、自然に温度が下がるのを待つ
●メーターが下がってきたらエンジンを止めて完全に冷やす
●冷却水を補給する際、いきなりラジエーターキャップを開けるのは非常に危険！　キャップが冷めて、中の沸騰がおさまっていることを確認しよう。水がたっぷりあるなら、上から水をかけて冷やすという手もある
●万一、故障などで立ち往生した場合でも、決して車から離れないこと。じっと待っていれば、そのうちにきっとほかの車が通る（はず）

常にスピードメーターを確認しながら走ろう

Trivia　26年ぶりの珍事　2023年8月20日にデスバレーを襲った嵐は、メキシコから北上してきたハリケーン・ヒラリーから変わった熱帯低気圧によるもの。ハリケーンの被害はアメリカ東部が

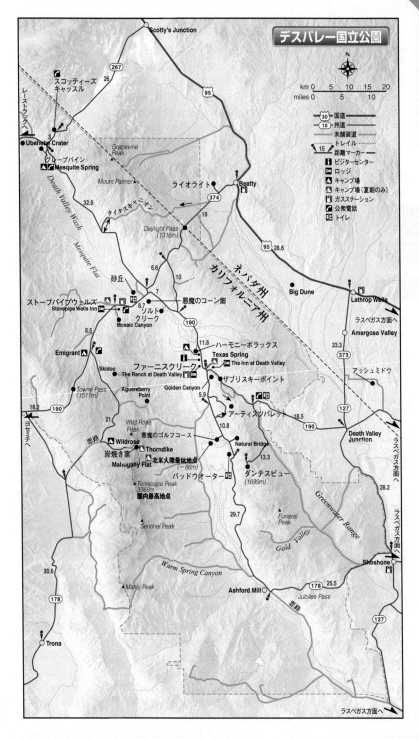

デスバレー国立公園

凡例
30	国道
10	州道
	未舗装道
	トレイル
15	距離マーカー
i	ビジターセンター
ロッジ	
キャンプ場	
キャンプ場（夏期のみ）	
ガスステーション	
公衆電話	
トイレ	

Scotty's Junction

スコッティーズキャッスル

レーストラックへ

Ubehebe Crater

グループパイン
Mesquite Spring

Grapevine Peak

Mount Palmer

ライオライト

Beatty

Death Valley Wash

Mesquite Flat

Daylight Pass (1316m)

タイタスキャニオン

砂丘

Big Dune

Lathrop Wells

ラスベガス方面へ

ストーブパイプウェルズ
Stovepipe Wells Inn

ソルトクリーク
悪魔のコーン畑

Amargosa Valley

Mosaic Canyon

Emigrant

アッシュミドウ

ハーモニーボラックス
Texas Spring
The Inn at Death Valley

Skidoo

ファーニスクリーク
The Ranch at Death Valley

ザブリスキーポイント

Towne Pass (1511m)

Aguereberry Point

Golden Canyon

アーティスツパレット

Death Valley Junction

ラスベガス方面へ

Wild Rose Peak

悪魔のゴルフコース

Natural Bridge

Wildrose
Thorndike
炭焼き窯
Mahogany Flat

北米大陸最低地点（−86m）

ダンテスビュー (1699m)

Telescope Peak 3368m
園内最高地点

バッドウォーター

Sentinel Peak

Funaral Peak

Greenwater Range

Gold Valley

Mahly Peak

Warm Spring Canyon

Shoshone

Ashford Mill

Jubilee Pass

Trona

ラスベガス方面へ

圧倒的に多く、カリフォルニア州を熱帯低気圧が通過したのは、1997年にノラが上陸して以来26年ぶり。
ちなみに東太平洋で発生したハリケーンは、西へ進んで日付変更線を越えるとタイフーンと呼ばれる

公園の中心にある最大の
ビレッジ、ファーニスク
リークは、20世紀初頭か
ら続くリゾートでもある

Furnace Creek VC
圏8:00〜17:00
※大雨被害のため閉鎖中。
再開は2024年1月の予定

Trivia
水道水も熱い！
　夏のデスバレーでは蛇
口から出てくる水も熱いた
め、スイッチを切った湯沸
かし器のタンクに水を溜
め、室温まで冷ましてから
使う。そのため蛇口からは
お湯が、湯沸かし器からは
水が出る

5弁の花びらの根元に濃
いピンク色の模様がある
Desert Five-spot。3月頃、
荒れ地に咲く

⚠ **地面でやけど⁉**
　真夏のデスバレーは日陰
でも45℃以上、地表はな
んと90℃近くになることが
ある（最高記録は93.8℃）。
裸足になったり、岩などに
手を触れたりするだけでも
やけどをする！ 車のボン
ネットに手をついたりしな
いよう注意

　カリフォルニア州とネバダ州にまたがるデスバレーは、アラ
スカを除くとアメリカで最大の国立公園だ。その面積は約1万
3790km²で、福島県の大きさに匹敵。南北に細長い形をしてお
り、幅は広い所で25km、長さは200kmもある。標高も海面下
の谷から3000mを超える山までさまざまだ。

　見どころは谷の中心に集まっているのでラスベガスから日帰り
も可能だが、朝夕の美しさは格別なので1泊することをすすめる。

公園の中心はファーニスクリーク

　公園の中央を南北に貫いて道路が通っており、これに沿って
見どころがある。このちょうど中間あたりに**ファーニスクリー
クFurnace Creek**のビレッジがある。ビジターセンターをはじ
め、あらゆる施設の集まった公園のヘソだ。

　このやや北、公園を東西に横断するCA-190沿いにある**ストー
ブパイプウェルズStovepipe Wells**のビレッジも何かと便利。

Furnace Creek Visitor Center and Museum

　デスバレーには入園ゲートがないので、まずはここへ寄って
入園料を支払おう。特に気象情報は必ず確認したい。ハイキン
グやドライブに関する注意も受けられる。

　併設の博物館では、デスバレーの地理や、この厳しい環境に
すむ動物たちについてなどの知識が得られる。レンジャーによ
るプログラムもあり、エアコンの効いたオアシスだ。

入口に設置されている温度計が2021年に新しくなり、摂氏も表示されるようになった

　夏のデスバレーは静寂の世界。人の声も車の音もまったく聞
こえない谷を、太陽がジリジリと照りつける。気温45℃を超え
る灼熱の谷は人を寄せつけない、まさに『死の谷』だ。くれぐ
れも油断は禁物。まずビジターセンターに寄って、レンジャー
のアドバイスをしっかり聞くことだ。

　オンシーズンは冬。特にクリスマス前後はたいへんなにぎわ
いになる。花の季節は2〜4月。雨が降ったあと、野草がいっせ
いに開花する。

▶NOTES　インターネットと携帯　携帯が通じるのはファーニスクリークとストーブパイプウェルズ
のみ。無料Wi-Fiはビジターセンターにはない。ストーブパイプウェルズでWi-Fiが使え↗

GEOLOGY

驚愕のデスバレー気候データ

デスバレーの極端な気候は、気温と降水量に関するさまざまな驚くべき数字を残してきた。そのいくつかを紹介しよう。

1913年	1月に最低気温氷点下9.4℃を記録（現在でも最低記録）。7月に10日間連続で52℃以上を記録。7月10日にファーニスクリークで観測された56.67℃は、世界最高気温として世界気象機関WMOに認定された（その後、1921年にイラクで58.8℃、1922年にリビアで57.8℃が記録されたが、観測方法や機器の信頼性が低く未公認とされた）
1917年	最高気温が華氏120度（48.9℃）を超えた日が43日間続いた
1929年	年間降水量ゼロ！
1953年	年間降水量ゼロ！
1972年	ファーニスクリークで地面の温度の最高記録。なんと93.8℃！
1974年	華氏100度（37.8℃）以上の日が134日連続した
1976年	2月に5日間で60ミリの雨が続き、洪水の被害が出た
1994年	華氏120度（48.9℃）の日が31日、華氏110度（43.3℃）以上の日が97日、最高気温53.3℃
1995年	1月だけで66ミリの降水を記録。「最も湿った月」だった
1996年	最高気温48.9℃を超える日が40日、43.3℃以上の日が105日あった
2001年	華氏100度（37.8℃）を超える日が154日連続！
2004年	8月、集中豪雨によって園内の11ヵ所で鉄砲水が発生。死者2名。数ヵ月にわたって公園の大部分が閉鎖された
2005年	7月19日に54℃を記録。この年は年間降水量が120ミリに達し、1913年以来92年ぶりに記録を更新した
2007年	7月6日に54℃を記録
2015年	10月に3回も大きな洪水に見舞われた。公園南部の道路は開通までに9ヵ月かかった
2018年	7月、深夜の最低気温まで含めた平均気温が42.3℃で、記録史上最も暑い1ヵ月となった
2020年	気温51.7℃を超えた日が8日あった
2022年	8月5日、年間降水量に匹敵する雨が3時間で降り、公園は2週間閉鎖された
2023年	8月20日、ファーニスクリークで56ミリの雨が降り、1日の最高記録を更新。公園全体が約2ヵ月閉鎖された

デスバレー（ファーニスクリーク）の気候データ

月	1	2	3	4	5	6	7	8	9	10	11	12
最高気温（℃）	19	23	27	32	38	43	47	46	41	34	25	18
最低気温（℃）	4	8	13	17	23	27	31	30	24	16	9	3
最高記録（℃）	31	37	39	39	50	53.33	56.67	53	50	45	36	32
降水量（mm）	7	9	6	3	2	1	3	3	4	3	5	5

スターウォーズキャニオン

2019年8月、海軍の戦闘機がデスバレーの展望台からわずか50mの地点に墜落し、パイロットが死亡、観光客7人が軽傷を負った。荒野に散らばった破片の回収作業には半年ほどかかったという。

この展望台は公園西部、CA-190沿いにあるFather Crowley Vista Point（P.265の地図よりはるかに西）。足元に広がるレインボーキャニオンでは、国立公園では原則禁止されている軍用機の訓練が1930年代から例外的に許可されており、映画『スター・ウォーズ』シリーズに登場する惑星タトゥイーンのシーンを思わせるので、いつしかスターウォーズキャニオンと呼ばれるようになった。

さまざまなタイプの戦闘機が超低空をアクロバティックに飛び、ときにはパイロットの顔がはっきりわかるほど展望台に接近することもある。戦闘機マニアに大人気だが、飛来するかどうかは時の運。特に夏期はあまりに高温で揚力を得るのが難しいためか、飛来数は少ない。

付近をドライブ中、いきなり轟音が迫ってくることがあるので覚悟しておこう。

狭い峡谷すれすれに飛行する戦闘機

↗るが、とても遅い。ファーニスクリークのThe Ranch at Death ValleyとThe Inn at Death ValleyのWi-Fiは宿泊者のみ

Bad Water
　車椅子可。デスバレーのなかでも特に気温が高い場所なので、夏期は訪れる前にビジターセンターで相談を
設備 簡易トイレ（車椅子可）

駐車場のはるか頭上に設置された海抜0mの標識に注目！

⚠ **スピードダウン！**
　デスバレーでの死亡原因トップは、スピードの出し過ぎによる単独事故だそうだ。動物の飛び出しも多いのでスピードダウンを

浸食が進めばさらにカラフルになるかもしれない

バッドウオーター　Bad Water

　ファーニスクリークから南へ車で30分。駐車場で車を降り、真っ白な大塩原へと歩き出す。塩の結晶が美しくも不気味な模様を描いている。あまりに広大で、それが塩とは信じがたい。なめてみると苦味が強い。バッドウオーターは北米大陸の最低地点で、海抜はマイナス85.9m。厳密には、展望台より北西に6kmほどの地点が最低地点だ。かつての塩水湖で、「悪い水」という名前もそこからきている。雨のあとには足元がぬかるんで歩きにくい。

この看板のような幾何学模様はさまざまな条件が揃ったときだけ現れる

悪魔のゴルフコース　Devil's Golf Course

　塩の結晶と泥が混じり合い、固まって激しい凹凸を造り上げている。人間ならゴルフはおろか、ラグビーもできないような荒地だが、悪魔ならここでプレイできるということなのだろう。SF的な不思議な風景だ。ファーニスクリークから南へ12マイル。

どこかの星にたどり着いたような感覚に襲われる

アーティスツパレット　Artists Palette

　浸食され、崩壊した崖の斜面に色彩豊かな鉱物が露出している。黄、赤、茶はともかく、緑、紫となると誰かが絵の具を塗ったのではと疑いたくなる。ファーニスクリークから南へ10マイル。標識に従って左折すると9マイルの北行き一方通行路が続いている。バッドウオーターから北上する際に立ち寄ろう。

パップフィッシュとセイシュその1　2022年9月19日、メキシコでマグニチュード7.6の地震が起きた5分後、2400km以上離れたDevil's Hole（→P.272）で水が波立ち始め、30分後 ↗

ザブリスキーポイント　Zabriskie Point

　ファーニスクリークからCA-190を東へ3マイル。駐車場から展望台へ上ると黄金の山ひだが現れる。太陽の光を浴びると本当に金色に輝くのだ。黄金色をした泥がおよそ1000万年前に湖底に沈殿してできたといわれている。

ダンテスビュー　Dantes View

　ザブリスキーポイントからさらに東へ7マイル、標識に従って右折して13マイルで展望台に到着する。終盤はかなりの急坂なのでオーバーヒートに注意。標高1669mの展望台からはデスバレーが一望のもと。眼下にはバッドウオーター（−85.9m）の白い塩の広がり、正面には園内最高峰のTelescope Peak（標高3368m）をはじめとする険しい山々。この標高差はグランドキャニオンの2倍もある。

ハーモニーボラックス　Harmony Borax

　ファーニスクリークのすぐ北側。19世紀末、ガラスやセラミックスなどの材料になるホウ酸ナトリウム（硼砂）を採掘していた所。最盛期には40人が働いていたというが、夏には水が熱くなり過ぎてホウ酸ナトリウムの結晶化が難しかったため、わずか5年で閉鎖された。

ソルトクリーク　Salt Creek

　ファーニスクリークから北へ15マイル。冬の間だけ湿原と池が姿を現すオアシスで、2〜4月頃ならSalt Creek Pupfishという小さな魚がたくさん泳いでいる。ときに38℃という温水、しかも海水の5倍という塩分濃度の中で生きられる固有種の魚だ。

よく見ると川のあちこちが塩の結晶で白くなっている。こんな所で魚が生きているとは驚異的だ

日差しの強さと角度によってさまざまな色に変化する

Zabriskie Point
　車椅子可。勾配あり
設備 簡易トイレ（車椅子可）

Dantes View
　展望台のみ車椅子可
設備 簡易トイレ

⚠️ **注意！**
　デスバレーには数多くの鉱坑の跡が残っているが、崩れかけているものもあって危険なので、近づくのはやめよう

馬に引かせていた荷車も展示されている

初級 **Salt Creek Loop**
適期 ▶12〜3月
距離 ▶1周800m
標高差 ▶ほとんどない
所要 ▶1周20〜30分
出発点 ▶ソルトクリーク駐車場
　車椅子可（大雨被害のため閉鎖中。再開は2024年秋以後の見込み）
設備 簡易トイレ

↗には高さ1m以上になった。これはセイシュ（副振動、静振）と呼ばれ、長周期の地震波に共振して遠方の湖水などが振動する現象。これによりパップフィッシュが食べている藻類がはがれるなどの被害があった

これが魔界のトウモロコシの姿だ

悪魔のコーン畑　Devils Cornfield

Arrowweedという低木が異様な姿をさらしている。普段は塩分が多く、雨が降ると湿地になる土地で生き延びるために、根がこんな形になった。砂丘のすぐ東側。

砂丘　Sand Dunes

ストーブパイプウェルズのすぐ東にある。早朝や夕刻の日が低いときに歩いてみよう。刻々と変わる風紋、流れるような砂の丘の連なり——それらが光と影のコントラストを造り上げる。SF的な雰囲気が漂う無限の空間は、いくら見ても飽きることがない。

砂丘
簡易トイレ（トイレのみ車椅子可）

⚠ **道迷いに注意**
砂丘は自由に歩いてかまわないが、最も高い場所まで片道3km以上ある。2009年夏にも2人が遭難して亡くなったので、風が強くて視界が悪い日、気温が高いときは避けよう

陰影のコントラストが際立つ早朝か夕方がおすすめ

炭焼き窯　Charcoal Kilns

公園の西部に独特の形をした10の炭焼き窯が残されている。銀の製錬のために大量の燃料が必要とされた19世紀末に造られたものだ。Stovepipe Wellsから90分。ロッジから8マイル西で左折して山道を上る。最後の2マイルは未舗装だが、通常は普通車で入れる。

窯の高さは8m近くある

ライオライトへの行き方
Beattyから園内へ向かってNV-374を3マイルほど走り、標識に従って右折して1マイル
24時間
無料

タイタスキャニオン
路面が荒れていて落石も多いので、車高の高い4WDで行こう。片道2〜3時間かかる。狭いセクションでは鉄砲水が怖い。天候にも注意を（閉鎖中。再開は2025年の見込み）

ライオライト　Rhyolite

1905〜1910年に金鉱山のブームタウンとしてにぎわった町。5つの金鉱山があり、多いときには約8000人が暮らしていた。病院は3つ、オペラハウスやコンサートホールもあったという。今はゴーストタウンとなって、いくつかの建物が保存されている。厳密には園外。

タイタスキャニオン　Titus Canyon

NV-374の園外から始まる西行き27マイルの未舗装の一方通行路。2時間ほどのドライブの間に、カラフルな地層、眺望のいい峠、小さなゴーストタウン、先住民の岩絵などがあり、最後に両側の岩壁が幅6mに迫る箇所を通る。

鉄砲水が流れるエリアなので天候に注意

🐾 **WILDLIFE**　パップフィッシュとセイシュその2　「世界で最も数が少ない魚」ともいわれる絶滅危惧種のパップフィッシュ。1990年代には400〜500匹が確認されていたが、2013年に35匹まで減 ↗

スコッティーズキャッスル　Scotty's Castle

　デスバレーの北の端に建つゴージャスな館。保険業界の大金持ちアルバート・ジョンソンの別荘で、贅の限りを尽くした内装に驚かされる。岩の噴水のあるホール、スペイン製品でまとめた部屋、ロシアの部屋など。

　城の名前になっているスコットとは、元ウエスタンショーのスターで金鉱の試掘屋でもあったウォルター・スコットのこと。ジョンソンはスコットの金鉱掘りへの影の投資家だった。スコットがいつもこの城が自分のものであるかのように吹聴したため、一般にそう信じられるようになったのだという。

レーストラック　Racetrack

　かつては湖底だったという干上がった大地。ところどころに唐突に石があり、動いた跡がついている。レースをしているかのように複数の石が同じ方向に動いた箇所もある。石が動く瞬間を見た人はおらず、その成因について長年にわたって謎とされてきた。地面が雨でぬれて滑りやすくなったときに風に押されるという説が有力だったが、なかには強風でも動きそうにない重さ300kgを超える石もある。

　この謎を解いたのは、長期間にわたるインターバル撮影＆許可を得て石に取りつけたGPS追跡に挑んだ研究者。石が動く瞬間がついに記録されたのだ。犯人は、なんと流氷！　数年に一度だけ、多くの要因が重なったときだけに起きる現象だった。

　まず、大量の雨によって大地が深さ約7cm（この厚みが重要）の水で覆われる → 夜間の冷え込みによって表面だけが凍る → 朝になって気温が上がると氷に亀裂が入り、巨大な浅い水たまりに無数の板氷が浮いた状態になる → 風によって板氷同士が押し合い、石をも動かす——これが答えだった。しかも石を動かした風は風速5m、そよ風程度だったという。

スコッティーズキャッスル
設備 トイレ・飲料水・公衆電話・売店
城内ツアー
※洪水被害のため閉鎖中。再開未定。修復の様子を見学するツアーが1〜4月の日9:30と13:00に行われている。$25。下記で要予約
URL dvnha.org

再開が待たれるスコッティーズキャッスル

レーストラック
　スコッティーズキャッスル手前のGrapevineを左に入って32マイル。ファーニスクリークから片道4時間ほどかかる。途中から悪路なので普通車では難しい。レンタカーの保険は未舗装路は適用外だし、トリプルAの路上救援も、会員でも実費（$250〜1000）を請求される。また、石のある所までかなり歩くこともあるので、夏はすすめない。水がたまっているときに歩いて入るのも危険

続・レーストラックの謎
　左記の観測では重さ300kgの石が動いたわけではなかった。大きな石も同じ仕組みで動くのかどうか、研究者の観察は続いている

西海岸

デスバレー国立公園（カリフォルニア州／ネバダ州）

West Coast

学術調査も行われているので、決して石を動かしてはいけない

少。2022年に175匹まで回復していた。ところが、地震（→P.268）10日後の調査でいきなり263匹に増えた。魚の様子もとても活発で、地震によるセイシュが求愛行動と産卵を促したのではないかと考えられている

271

アッシュメドウ　Ash Meadows

Ash Meadows
CA-127からネバダ州に入って1マイル弱で標識に従って右折。未舗装路を3マイル走ると『Crystal Spring Boardwalk』の小さな標識が出ている。Ash Meadows National Wildlife Refugeのオフィスから歩いて約5分

　ラムサール条約登録地で、ラスベガスへ戻る途中に寄り道したいオアシス。あたりの地下には深さ30m以上の鍾乳洞が広がっているが、地下水で満たされているために調査が進んでいない。一部はDevil's Holeとしてデスバレーの飛び地になっているが、非公開なので、近くにあるアッシュメドウのCrystal Springsを訪ねよう。水草の生い茂るエメラルド色の泉には、小さな魚がたくさん泳いでいる。Devil's Hole Pupfishだ。2万年も前からここに隔離されてしまった固有種で、絶滅危惧種に指定されている。

SIDE TRIP　ジョシュアツリー国立公園 Joshua Tree National Park

MAP 折込1枚目 D-2
☎ (760)367-5500　**URL** www.nps.gov/jotr
料 車1台＄30、バイク＄25

　カリフォルニア南部、ふたつの砂漠が出合う位置にあり、園内の東西でまったく異質の景観が広がる。公園の東側はチョーヤサボテンやオコティーヨなどが生えるソノラ砂漠。公園の西側はモハベ砂漠で、標高が高いぶん気温が低く、ジョシュアツリーの群落が壮観。また砂漠を吹く強風と昼夜の温度差によって生まれた奇岩が独特の景観を生み出している。

　園内にはまた「オアシス」と呼ばれるエリアが5ヵ所ある。断層によって地下水が上がってきている場所で、ヤシの木が荒野に貴重な日陰を作っている。

　行き方は、リゾートとして知られるパームスプリングスからI-10を東へ45分走り、Exit 168で下りて北上する。ここからパークロードを走り、展望台や短いトレイルに寄りながら2〜3時

デスバレー同様、大雨による被害が多いので、天気予報を確認して訪れたい

間で公園の北へ抜けることができる。パームスプリングスから日帰りドライブにちょうどいい。ロスアンゼルスからはI-10を東へ走って3時間弱。

　なお夏は非常に暑いので、トレイルを歩く際は飲料水はかなり多めに用意しよう。

　宿泊施設はないが、I-10沿いのIndioやパームスプリングスに多数ある。

グレートベイスン国立公園 Great Basin National Park

MAP 折込1枚目 C-2
☎ (775)234-7331　**URL** www.nps.gov/grba
料 無料。Cave Tourは＄12〜15

　東にロッキー、西にシエラネバダの山脈に挟まれた盆地にあり、ユタ州境に近いネバダ州の東端に位置する。周囲は地平線まで続く荒野だが、ここだけは別世界。標高3982mのWheeler Peakの山裾に緑豊かな森と湖が広がっている。森林限界付近の斜面には、世界一長寿の木として知られるイガゴヨウも見られる。夏期なら標高3049mまで車で上がることができるので、トレイルを歩いて山と湖のパノラマを楽しむのがおすすめだ。

　さらに、麓の地下にある鍾乳洞Lehman Cavesも見逃せない。見学ツアーは11月第4木曜、12/15、1/1を除いて1日1〜5回行われている。ウェブサイトから予約しておこう。

　ラスベガスからは、I-15を北へ走りExit 64でUS-93へ。235マイル走ってUS-6/50を右折、30マイルでNV-487を右折する。5時間。

©NPS

ネバダ唯一の氷河もあるWheeler Peak。山頂トレイルは往復14km、標高差890mだ

Reader's Voice モザイクキャニオンへ行く人へ　入口の800mを抜けたあとは単調なトレイルが続くが、終点近くの大きな岩の隙間をよじ登った奥にもうひとつ、狭く見事なキャニオンが待っている。大きな↗

アクティビティ 🌲🌲　　◁▷▷▷▷▷ ACTIVITIES

ハイキング　　　◁▷▷▷▷▷ HIKING

　前述の砂丘へのトレイルをはじめ、長短さまざまなトレイルがある。詳しくはビジターセンターへ。トレイルを歩くときは、十分な量の水を携帯しよう。また、夏の日中は暑過ぎて歩けない。

ゴールデンキャニオン　Golden Canyon

　CA-190からBadwater Rd.へ入って2マイルの所にある人気のトレイル。黄色い峡谷が頭上高くそびえ、青い空とのコントラストが印象的。以前は舗装道路が敷かれていたが、1976年の鉄砲水で流されてしまったそうだ。

モザイクキャニオン　Mosaic Canyon

　ストーブパイプウェルズの裏にある。大理石などのカラフルな岩が自然の力で圧着され、磨かれて、美しいモザイク模様を造り出している。特に最初の800mは非常に幅が狭い。ビッグホーンシープが多いエリアでもあるので、朝夕なら見られるかもしれない。

ストーブパイプウェルズまで行ったら、ぜひ足を延ばしてみたい

オフロードドライブ　　◁▷▷▷▷ OFF ROAD DRIVE

　園内にはレーストラック（→P.271）など4WD向けのドライブルートがたくさんあるので、腕と車に自信のある人は挑戦してみるといい。ビジターセンターで専用の地図（Dirt Road Travel & Backcountry Camping）をもらっていこう。もちろん、それなりの準備を忘れずに。

ゴルフ　　　　◁▷▷▷▷▷ GOLF

　ファーニスクリーク・ビジターセンターの裏側に、なんと18ホールのゴルフ場がある（悪魔の、ではなく人間の）。国立公園にゴルフ場なんてとんでもない話だが、1931年、ファーニスクリーク・イン（現The Inn at Death Valley）の宿泊客のために造られた歴史的ゴルフ場として、ヨセミテとともに例外的に認められているようだ。海抜マイナス65.2mで、世界で最も低いとのこと。ときおりグリーンの上をオオミチバシリ（→P.35）が横切っていくという。池は貴重なオアシスになっており、いつも数多くの水鳥が涼んでいるので、ボールを当てないように！

酷暑に注意！

中級 Golden Canyon
適期▶10〜4月
距離▶往復3.2km
標高差▶254m
所要▶往復1〜1.5時間
出発点▶ファーニスクリークとアーティスツパレットの間。ザブリスキーポイントから下りることもできる
設備▶簡易トイレ

中級 Mosaic Canyon
適期▶10〜4月
距離▶往復6.4km
標高差▶366m
所要▶往復約3時間
出発点▶ストーブパイプウェルズのすぐ西にある交差点を左折し、未舗装路を2マイル走った駐車場

道路状況の確認を
　デスバレーは2022年夏に何度も洪水に遭い、未舗装道路の多くがダメージを受けて閉鎖されていたところへ、さらに2023年8月の熱帯低気圧ヒラリーで被害が広がった。補修、再開にはかなり時間がかかる見込みなので、最新情報を確認しよう

ゴルフ場
料カート込み$78.50。夕方（日没の5時間前から）は$50。ハーフも可

↗岩がキャニオンを塞いでおり、奥は岩に隠れてまったく見えないので、間違って引き返さないように注意が必要。岩の隙間は大人なら特別な道具なく上れるが、軍手があるといい。（千葉県　露木飛鳥　'13）['23]

園内で泊まる ▶▶▶▶▶

　園内の宿は中心部に3軒、西の境界線外側に1軒ある。オンシーズンである冬の週末や祝日に泊まるなら予約は早めに。

🏠 The Inn at Death Valley

　高台にあるためバレーの景観もいいし、パームツリーに囲まれた庭もムード満点。エアコン、TV、冷蔵庫、レストラン、プール、サウナ、テニスコートあり。全館禁煙。Wi-Fi無料。66室のほか、22の新しいコテージもある。

ファーニスクリークのビレッジ近くにあるリゾートだ

📅 年中オープン
☎ (303)297-2757　☎ (760)786-2345（当日）
Free 1800-236-7916
URL www.oasisatdeathvalley.com
on off $ 329〜509、コテージ $ 419〜699
カード A M V

🏠 The Ranch at Death Valley

　レストランやストアなどの施設が集まっていて便利。エアコン、冷蔵庫、電話、TV付き。Wi-Fi無料。全館禁煙。224室。

📅 年中オープン
☎ (760)786-2345（当日）
on off $ 189〜379
予約先はThe Inn at Death Valleyと同じ

🏠 Stovepipe Wells

　CA-190沿いで、砂丘を眺められる場所にある。道の南側にモーテルとレストラン、北側にジェネラルストアとガスステーションがある。広くはないがきれいな部屋。エアコン、冷蔵庫付き、電話なし。プールあり。全館禁煙。Wi-Fiはロビーのみ（無料）。83室。

砂丘が見える部屋をリクエストしてみるといい

📅 年中オープン
☎ (760)786-7090
URL deathvalleyhotels.com
on off $ 205〜239
カード A J M V

🏠 Panamint Springs

　CA-190沿い、ストーブパイプウェルズから西へ31マイル走った、公園敷地ぎりぎりの所にある民営のロッジ。遠くにバレーを望むことができる。レストラン、ギフトショップあり。電話なし。全館禁煙。Wi-Fi無料。15室、コテージ、4キャビン。

ヨセミテ方面から来た人に便利

📅 年中オープン　🏠 40440 Hwy. 190, Panamint Springs, CA 93522　☎ (775)482-7680
URL www.panamintsprings.com
on off $ 114〜214、コテージ $ 184〜254、
キャビン $ 129〜290　カード A M V

COLUMN 　死の谷よ、さらば

　デスバレーの名の由来について、アメリカ人の間で広く知られているのはこんな話だ。19世紀にこの谷へ迷い込み、真夏の暑さに次々と死んでいった一行のなかで、かろうじて命をつなぎとめた男が谷から脱出する際に「Good Bye, Death Valley」と言った、と。

こんな塩の世界で道に迷ったら確かに地獄だ

　1849年、ゴールドを目当てにカリフォルニアを目指していた一行のうちの数十名が、この谷に迷い込んだのは事実だ。しかし彼らがデスバレーで立ち往生したのは、最も気候の穏やかな12月であり、雪や氷を溶かして飲むことができた。それまでにさんざん道に迷って食料不足になったうえ、四方を山に阻まれて立ち往生してしまったのだ。彼らは荷車を引いていた牛を殺し、荷車の板を燃やしてジャーキーを作り、荷物を捨てて谷をあとにし、その後カウボーイに救助された。この遭難で大勢が亡くなったというのもデマで、実際に命を落としたのは老人ひとりだという。

🐦 trivia　ロバの谷　バレー内には野生のロバが4000頭以上いて、環境への影響が懸念されている。もとは硼砂の採掘などに使われ、放棄されたものだ。そこでロバ愛護団体の協力を得て2018年 ➚

キャンプ場に泊まる ▷▷▷▷

　園内には7ヵ所のキャンプ場（2022年の大雨で閉鎖中あり）がある。真夏の暑さは殺人的だし、クリスマス頃はたいへん混み合うことを覚えておこう。冬の

Furnace Creekのみ6ヵ月前から予約可能。

キャンプ場予約　→P.489
URL www.recreation.gov
Free 1877-444-6777
受付 7:00〜21:00（PST）

デスバレーのキャンプ場　　　　　　　　　　　　　　　　　　　（2023年）

キャンプ場名	シーズン	標高	サイト数	予約	1泊料金	水道	トイレ	ゴミ捨て場	シャワー	ランドリー	ストア
Emigrant	年中	640m	10		無料	●	●	▲			
Furnace Creek	年中（予約は 10/15〜4/15のみ）	− 60m	136	●	$ 22	●	●	●			●
Stovepipe Wells	10/15〜5/15	0m	190		$ 14	●	●	●	●	●	●
Sunset	10/15〜4/30	− 60m	230		$ 14	●	●	●			
Texas Spring	10/15〜4/17	0m	92		$ 16	●	●	●			
Mesquite Spring	年中	549m	40		$ 14	●	●	●			
Wildrose	年中	1250m	23		無料	●	▲	▲			

※「ゴミ捨て場」の●印は、一般的なゴミ箱に加えてキャンピングカーの汚水を処理するダンプステーションを備えた施設

近隣の町に泊まる ▷▷▷▷

　ネバダ州側はBeattyなどに少数ながらホテルがある。カジノ客が多いため、意外に安く泊まれる。見つからなければラスベガスへ行けばいい。カリフォルニア州側ならUS-395まで行ってLone Pine（ピークシーズンは夏）などにモーテルがある。

ビーティ　　　Beatty, NV 89003　砂丘まで32マイル　9軒

モーテル名	住所・電話番号など	料金	カード・そのほか
Stagecoach Hotels & Casino	住 900 Hwy.95　☎(775)553-2419　URL stagecoachhotelandcasino.com	on off $ 98〜	A D M V　NV-374の交差点の北側。US-95沿い。カジノ、レストラン、プールあり。
Motel 6	住 550 Hwy. 95　☎(775)553-9090　Free 1800-099-9841 URL www.motel6.com	on off $ 90〜98	A M V　現金不可。Stagecoach Casino隣。コインランドリーあり。Wi-Fi無料

アマルゴサバレー　Amargosa Valley, NV 89020　ファーニスクリークまで38マイル　1軒

モーテル名	住所・電話番号など	料金	カード・そのほか
Longstreet Inn Casino	住 8570 S. Hwy.373　☎(775)372-1777　URL www.longstreetcasino.com	on off $ 125〜185	A M V　NV-373の州境にある。コインランドリーあり。Wi-Fi無料

シュショーニ　Shoshone, CA 92384　バッドウオーターまで55マイル　1軒

モーテル名	住所・電話番号など	料金	カード・そのほか
Shoshone Inn	住 113 Hwy.127　☎(760)852-4335　URL www.shoshonevillage.com	on off $ 160〜185	A M V　CA-127沿い。近くにレストラン、ストア、RVパークあり。Wi-Fi無料

ローンパイン　Lone Pine, CA 93545　ストープパイプウェルズまで80マイル　8軒

モーテル名	住所・電話番号など	料金	カード・そのほか
Quality Inn	住 1920 S. Main St.　☎(760)264-4090　FAX(760)876-8704　Free 1800-228-5050 日本無料 0053-161-6337　URL www.choicehotels.com	on $ 169〜299 off $ 112〜219	A D J M V　CA-136からUS-395へ右折した右側。Wi-Fi無料。朝食込み。コインランドリーあり。全館禁煙
Mt. Whitney Motel	住 305 N. Main St.　☎(760)876-4207　URL mtwhitneymotel.com	on $ 120〜210 off $ 99〜120	A M V　US-395沿い。ダウンタウン。冷蔵庫、電子レンジ付き。Wi-Fi無料
Dow Villa Motel	住 310 S. Main St.　☎(760)876-5521　FAX(760)876-5643 Free 1800-824-9317　URL dowvillamotel.com	on $ 105〜205 off $ 79〜115	A M V　US-395沿い。ダウンタウン。Wi-Fi無料。屋外ジャクージあり。全館禁煙

↗ からの5年間で2500頭を捕獲し、園外の施設へ移した。ロバ専門の愛護団体があり、寄付金だけで活動できているのはさすがアメリカ。ロバは車道に出てくることもあるので気をつけよう

チャネル諸島国立公園
Channel Islands National Park

公園随一の展望台、イーストアナカパ島のインスピレーションポイント

ロスアンゼルスから沖を望む。客船やタンカーや戦艦が行き交っている。巨大な空母が通り過ぎたその向こう、水平線に浮かぶ小さなシルエットが、「北米のガラパゴス」である。

チャネル諸島は、貴重な自然が残された5つの島をリゾート開発や軍事基地、環境汚染、外来種の侵入から守っている公園だ。海流によって大陸と隔てられ、島の環境に適応して独自の進化を遂げた固有種は145。キツネはネコのように小さくなり、カケスはひと回り大きくなった。断崖の洞窟はアシカや海鳥の絶好のすみか。長さ60mにもなる海藻、ジャイアントケルプの森で、ラッコや魚たちが遊ぶ。暖流と寒流が混ざり合う海にはシロナガスクジラなど26種ものクジラ&イルカがやってくる。

LAからわずか数時間で、ガラパゴス諸島や小笠原諸島のような体験ができる、そんなすばらしい公園を紹介しよう。

島の周囲は巨大なケルプで覆われている

カリフォルニア州
Solvang
Santa Barbara
ベントゥーラ
オクスナード
Simi Valley
Malibu
Santa Monica
ロスアンゼルス
Hollywood
Long Beach
サンミゲル島
サンタクルス島
サンタローザ島
アナカパ島
チャネル諸島
国立公園
太 平 洋
サンタバーバラ島
San Nicolas Island
Santa Catalina Island
km 0   40
miles 0   30

NOTES 閉鎖情報に注意　チャネル諸島では自然保護などの理由から島の一部が閉鎖されたり、島全体に上陸できなくなることが多い（特にサンタローザ、サンタバーバラ島）ので最新情報に注意を

MAP 折込1枚目 D-1

行き方　ACCESS

　5つの島々はすべて無人島だが、それぞれ船着場があり、ツアーで訪れることができる。ゲートシティはLAの北70マイルにある**ベントゥーラVentura**。ダウンタウンは美しく、散策も楽しい。LAからアムトラックも走っているし、ロスアンゼルス国際空港LAXからの直通シャトルも便利。**Ventura County Airporter**が走らせている。乗り場はターミナル1〜7の到着階にあるオレンジ色の看板『SHARED RIDES』。要予約。

　各島へ渡るツアーは**Island Packers**が運航している（→P.278）。運航日は限られている。要予約。荒天による欠航あり。乗り場はおもにベントゥーラ港。ダウンタウンから車で南へ10分ほど離れているので、タクシーで行く。

　車の場合、普段はフリーウエイ経由が早い。LAからI-405を北上し、Exit 63BでUS-101 NORTHへ。Victoria Ave.で下りて左折。すぐにOlivas Park Dr.を右折して直進すると港へ出る。1時間強。

　ラッシュアワーにかかるときには海沿いのCA-1を走ったほうがいいだろう。ロスアンゼルス（サンタモニカ）から2時間弱。

歩き方　GETTING AROUND

　島にはレンジャーステーションとキャンプ場以外何もない。トレイルを歩いて島内を探検するか、シーカヤックなどのアクティビティを楽しむかのどちらかになる。水と食料、暖かい上着を持参しよう。

シーズン　SEASONS AND CLIMATE

　地中海性気候で年間を通じて温暖だが、太平洋の真っただ中なので風が強い日もある。霧に包まれることも多く、特に春は濃霧に注意。最も天気が安定するのは秋。冬は雨が多くなるが、それでもホエールウオッチングなどに多くの観光客が集まる。

　花のピークは早春。特に2〜3月はどの島もキクの仲間のコレオプシスで黄色に染まる。

アナカパ島はアメリカオオセグロカモメWestern Gullの世界最大の営巣地だ

DATA
時間帯▶太平洋標準時 PST
☎(805)658-5730
URL www.nps.gov/chis
開24時間365日オープン
適期▶年中
料無料
国定公園指定▶1938年
ユネスコエコパーク登録▶1977年
国立公園指定▶1980年
面積▶1010km²
入園者数▶約32万人
園内最高地点▶552m
（サンタクルス島の
El Mountain Peak）
陸生哺乳類▶16種
（このうちコウモリが11種）
海洋哺乳類▶34種
鳥　類▶354種
両生類▶3種
爬虫類▶10種
魚　類▶258種
甲殻類▶11種
巻　貝▶33種
二枚貝・ウニ等▶195種
植　物▶879種

Amtrak
　LAのユニオン駅から毎日5便。所要2時間。片道＄26〜。駅（無人の停車場）はダウンタウンのHarbor Blvd. & Ventura Ave.の近くにある

Ventura County Airporter
☎(805)650-6600
URL www.venturashuttle.com
　LAXから毎日13往復。片道＄50、12歳以下＄30。ベントゥーラ港入口にあるFour Points by Sheraton着

国立公園ビジターセンター
開8:30〜17:00
休11月第4木曜、12/25
ベントゥーラ港の突端にある

ベントゥーラ港のビジターセンター。クルーズ乗り場はここより500mほど手前にある

🐾 WILDLIFE　島固有のマンモス　チャネル諸島では、本土のマンモスより体が小さいピグミーマンモスの化石が数多く発掘されている。海面が低かった時代に泳いで渡り、独自に進化したといわれる

Island Packers

☎ (805)642-1393
URL islandpackers.com

Anacapa Island
運航 月1~8便。夏期は週3～4便。所要片道1時間、島滞在は約2時間
料 $63、55歳以上$58、3～12歳$45
※ベントゥーラ港から南へ15分ほど離れたOxnardのChannel Islands Harborから出航する便もある
設備 簡易トイレ

初級 Inspiration Point
距離 ▶1周2.4km
標高差 ▶ほとんどない
所要 ▶1周約1時間

Santa Cruz Island
運航 Prisoners Harbor、Scorpionそれぞれ週4~7便。週末1日2便。片道1時間、滞在約3時間
料 $63、55歳以上$58、3～12歳$45
設備 簡易トイレ・飲料水

初級 Cavern Point Loop
距離 ▶1周3.2km
所要 ▶1周1~2時間
出発点 ▶Scorpion

Santa Rosa Island
運航 3~11月のみ週3便。片道3時間、滞在約4時間
料 $85、55歳以上$77、3～12歳$67
設備 簡易トイレ・飲料水

San Miguel Island
運航 7~10月のみ月2~4便。片道3.5時間、滞在3日or7日間。キャンプ場要予約
料 $115、55歳以上$102、3~12歳$90
設備 簡易トイレ

Santa Barbara Island
運航 7~10月のみ月2便。片道3時間、滞在約4時間
料 $85、55歳以上$77、3～12歳$67
初級 Arch Point
距離 ▶往復3.2km
所要 ▶往復1時間
初級 Elephant Seal Cove
距離 ▶往復8km
所要 ▶往復2~3時間
設備 簡易トイレ

島へ足を踏み入れる前に
　貴重な動植物を守るため、島への上陸にはさまざまな規則があるので、船内での注意をよく聞いておこう。土のついたもの、木製品、段ボール箱などは持ち込み禁止だ。果物を食べるときには種を落とさないように。ゴミはすべて持ち帰ろう

おもな見どころ 📷 PLACE TO GO

アナカパ島　Anacapa Islands
　チュマシュ族の言葉で蜃気楼と名づけられた島。ベントゥーラの沖約20kmに浮かぶ小島群の総称で、上陸できるのはEast Anacapaのみ。船着場から157段の階段を上がるとそこは海鳥の楽園。初夏ならアメリカオオセグロカモメWestern Gullの親子でびっしり埋め尽くされているだろう。セグロウミスズメXantus's murrelet、ススイロウミツバメAshy storm-petrelなどの固有種も繁殖している。トレイルを1周して断崖に囲まれた厳しくも美しい景観を見に行こう。

島の東端にあるアーチロック

サンタクルス島　Santa Cruz Island
　カリフォルニア州最大の島で、東西約32km、南北約9kmの島内に70の固有種が発見されている。北岸にあるPainted Coveは幅30m×高さ49m×奥行370mで、海の洞窟としては世界最大といわれる。
　島内には1万年以上前の古代先住民の貝塚などが3000ある。これも含めて島の76%は自然保護団体が所有しており、国立公園局の土地は東端だけ。船着場はPrisoners HarborとScorpionの2ヵ所。

サンタローザ島　Santa Rosa Island
　うねうねと続く草原や川に削られた峡谷、湿原などバラエティに富んだ景観が広がる。1994年、島内でピグミーマンモスの完全な骨が発見されて一躍有名になった。

サンミゲル島　San Miguel Island
　最も陸から遠く、強風が吹きすさぶ島。西側には白い砂浜が続き、世界で唯一、6種類のアシカやアザラシの繁殖地となっている。冬、3万頭がひしめくさまは壮観だが、片道13kmほどを歩かなければたどり着けない。途中には、石灰質の土壌が植物の根を固めて白いタワーになったカリーチの森Caliche Forest（要レンジャーの同行）もある。

サンタバーバラ島　Santa Barbara Island
　ほかの4島から南へ遠く離れている小さな火山島。船着場の周囲はアシカだらけで、トレイルを歩けばゾウアザラシも見られる。カッショクペリカンの営巣地としても知られる。

ハイキングが楽しめるサンタクルス島

サンタバーバラ島にはアシカとゾウアザラシがたくさんいる

Trivia 祖先は日本人？　かつてチャネル諸島に住んでいた先住民チュマシュ族は、縄文時代の日本人と石器の形や食文化など共通点が多いという。このため、縄文人が厚い氷に覆われていた↗

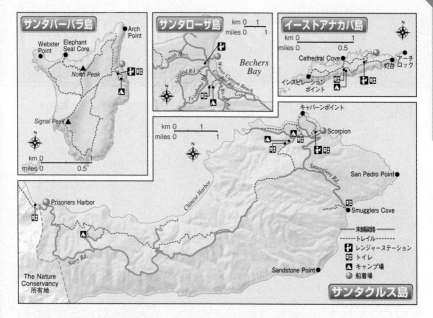

アクティビティ ACTIVITIES

ホエールウオッチング WHALE WATCHING

チャネル諸島周辺では深層水が海面へわき上がってくるため、プランクトンが大量に発生。26種のクジラ・イルカ類の餌

場となっている。冬はコククジラGray Whale、夏はシロナガスクジラBlue WhaleとザトウクジラHumpback Whaleに焦点を当てたツアーが人気。トド、ウミガメ、マンボウ、カジキマグロなども探してみよう。

Big Blueの異名をもつシロナガスクジラ

ウオータースポーツ WATERSPORTS

スキューバダイビングでジャイアントケルプの森を海中散歩したり、シーカヤックで海の洞窟を探検したりと楽しい体験ができる。スノーケルでも十分に満喫できるだろう。最適期は海水温が上がり、透明度も12〜30mになる8〜9月。

宿泊施設 ACCOMMODATION

各島にキャンプ場があり、すべて要予約（→P.489）。$15。船の予約を先にしよう。帰りの船が欠航したときに備えて予備の水と食料の用意を。

ホテルはベントゥーラ港周辺とダウンタウンに約40軒ある。

Whale Watching
運航 冬は週4〜7便（所要3時間）。夏は月1便（6時間）
料金 冬は$44、55歳以上$40、3〜12歳$31。夏は$75、55歳以上$70、3〜12歳$60
※島へは上陸しない。またOxnardのChannel Islands Harborから出航する便もある

Cal Boat Diving
☎(805)486-1166
URL spectreboat.com
料金 3ダイブ$165〜

キャンプをする人へ
チャネル諸島のネズミはハンタウイルス（→P.501）をもっているので、食品の保管には十分に気をつけよう

Ventura Visitor Center
☎(805)641-1400
URL visitventuraca.com

陸を避け、舟で海岸を伝ってアメリカ大陸へ到達した「最初のアメリカ先住民」ではないかと考える研究者もいる（→P.462）。一方でDNAや歯の形状の違いからこれを否定する研究者も多いようだ

レッドウッド国立&州立公園
Redwood National and State Parks

世界で最も背の高い生き物は、日の光が差すことがめったにない霧の森に、ひっそりと生きている

　太平洋からの湿った空気は、北カリフォルニアの森に特殊な気候を作り出す。夏は来る日も来る日も霧ばかり。冬は来る日も来る日も雨ばかり。だから、セコイアの一種であるレッドウッドの木は太陽が恋しくてたまらない。空へ空へと手を伸ばし、とうとう世界一の高さになってしまった。高さ100

森のトレイルはいずれも魅力的だ

m前後、ビルの30〜35階に相当するというレッドウッドの森の梢は、キャノピー（天蓋）と呼ばれる。揺りかごを覆う天蓋のように、数千種に及ぶ生き物を優しく育んでいる。

　世界一の木の梢にはどんな風が吹くのだろう？　世界一の梢から、2000年もの年月、いったい何を見てきたのだろう？長さ60kmに及ぶ海岸線に沿って南へ北へと行き来するクジラたちだろうか？それとも、斧で切り倒され、馬にひかれて行った、仲間たちの姿だろうか？

NOTES　カーナビに注意　レッドウッド国立&州立公園付近ではGPSが正しく機能しないことが多い。特にトールツリーグローブなどの脇道を走る際には、カーナビに頼りすぎないようにしよう

MAP 折込1枚目 B-1

行き方 ACCESS

カリフォルニア州の北西端にあり、どこから行くにもちょっと遠い。ゲートシティは**クレセントシティCrescent City**。オレゴン州境に近い港町だ。園内の見どころはUS-101に沿って南北に散らばっており、車がないとどうにもならない。サンフランシスコなどから車で訪れるか、ゲートシティで借りるかのどちらかになる。

飛行機 AIRLINE

Del Norte County - Crescent City Airport（CEC）

サンフランシスコ郊外のオークランドからContour Airlinesが1日2便飛んでいる。

California Redwood Coast – Humboldt County Airport(ACV)

旧Arcata-Eureka Airport。オリックから南へ30分のMcKinleyvilleの手前、US-101のExit 722で下りてすぐ。ユナイテッド航空がサンフランシスコ、ロスアンゼルスなどから毎日1～3便就航している。フライトはEurekaで検索するといい。

レンタカー RENT-A-CAR

サンフランシスコからの行き方はあまりにも簡単だ。国際空港を出たら、なんとそこがUS-101。あとは金門橋を渡って350マイル、ひたすらUS-101 NORTH の標識をたどるだけ！　所要6～8時間。

クレーターレイク国立公園から行くなら、OR-62を右折し、OR-234経由でI-5に出たらNORTHに乗り、Exit 55で下り、あとはずっとUS-199を南下すればいい。140マイル、4時間。

DATA

時間帯▶太平洋標準時 PST
☎(707)464-6101
URL www.nps.gov/redw
開24時間365日オープン
休通年中
料無料
国立公園指定▶1968年
世界遺産指定▶1980年
面積▶563km²
入園者数▶約46万人
園内最高地点▶944m
（Schoolhouse Peak）
陸生哺乳類▶76種
海洋哺乳類▶26種
鳥　類309種
両生類▶20種
魚　類▶190種
爬虫類▶29種
植　物▶986種

CEC ☎(707)464-7288
URL www.flycrescentcity.com
AVIS ☎(707)465-6666
Budget ☎(707)465-9999

ACV ☎(707)839-5401
URL www.flyacv.com
AVIS/Budget
☎(707)839-1576
National ☎(707)839-3229

SIDE TRIP

ミュアウッズ国定公園
Muir Woods National Monument

MAP 折込1枚目C-1　URL www.nps.gov/muwo
開8:00～日没　料1人＄15

世界で最も背が高い樹木、コーストレッドウッド（セコイアの一種）の森が海沿いに広がっている。サンフランシスコのすぐ近くにあるので、ぜひ寄り道してほしい。レッドウッド国立公園よりはるかに規模は小さいが、雰囲気は十分に味わうことができる。

ミュアウッズの入園には駐車場またはシャトルバスの予約が必要。入園料とは別に駐車料金1台＄9.50またはシャトルバス1人往復＄3.75（15歳以下無料）がかかる。シャトル乗り場はサウサリートの北にある。詳しくは以下で。

URL gomuirwoods.com

駐車場の予約が取れた場合、現地までは金門橋から20分。駐車場の入口で、予約完了の際に届くバーコードを係員がスキャンする。現地は電波が届かないので必ずダウンロードまたは印刷しておこう。園内には1周約90分のトレイルあり。

夏はにぎやかだが、オフシーズンなら静かに楽しめる

SIDE TRIP スカイウォーク　ユーリカの動物園Sequoia Park Zoo内に、レッドウッドの森の地上30mに架けられた橋を渡るアトラクションがある。車椅子可。詳しくはURL redwoodskywalk.com

運転注意
レッドウッドの道路は US-101を除けば狭い山道ばかり。キャンピングカーなど大型車が入れない道路も多いので、事前にウェブサイトなどで確認を

公園の敷地は国立公園と3つの州立公園に分かれていて、共同で運営されているが、一般の入園者にとっては何の違いもなく、ほかの国立公園と変わりはない。

ほとんどの見どころは、クレセントシティから南へ60km続く海岸線とその近くにあり、中央に**クラマスKlamath**、南端に**オリックOrick**の町がある。クレセントシティからオリックまで寄り道なしで1時間かかる。

梢を見上げていると首が痛くなる！

Readers' Voice
アベニュー・オブ・ザ・ジャイアンツ ユーリカの南、車で30分ほどの所がノースエントランス。ここからUS-101と平行して走るCA-254のうち、ハンボルトレッドウッド州立公園を中心に南北 ↗

情報収集　▷▷▷▷▷▷ INFORMATION

Crescent City Information Center

US-101から標識に従って1ブロック入ったダウンタウンにある。

Hiouchi Information Center

US-199沿い。クレーターレイクから来た人は、まずここで情報収集してから、2マイル戻ってスタウトグローブへ行くといい。

Prairie Creek Visitor Center

エルクミドウの北、プレーリークリーク州立公園のキャンプ場手前にある。

Kuchel Visitor Center

オリックから南へ1マイル走った海岸沿い。展示内容も充実している。

シーズン　▷▷▷▷▷ SEASONS AND CLIMATE

気温は真夏でも15℃前後。冬でも氷点下まで下がる日は少ない。年間を通じて青空を見られる日は少ないので、雨を楽しむ気持ちで訪れてほしい。雨にけむる森は神秘的で美しい。おすすめの季節はシャクナゲPacific Rhododendronの花が咲く6月。

おもな見どころ　📷 ◢◢◤◤◢◢ PLACE TO GO

スタウトグローブ　Stout Grove

クレセントシティに近いレッドウッドの森。スミス川の渓流に沿ってレッドウッドの古木が集まっているので、トレイルを歩いて巨大さを実感してみよう。夏なら対岸にあるJedediah Smithキャンプ場から橋を渡って歩いてくることもできる。

行き方は、Hiouchi Visitor CenterからUS-199を東へ2マイル走り、S. Fork Rd.へ右折。1分ほど走って2本目の橋を渡ってすぐ標識に従って右折すると、10マイル（片道50分）のHowland Hill Rd.が始まる。部分的に未舗装だが、普通車でOK。うっそうとしたレッドウッドの森をしばらく走るとスタウトグローブがある。西側から入るなら、クレセントシティのダウンタウンから南へ1マイル走ってElk Valley Rd.を東へ入り、1マイル走った所でHowland Hill Rd.へ右折する。

Crescent City IC
☎1111 2nd St.
☎(707)464-6101
🕐夏期9:00～17:00、
冬期10:00～16:00
🚫11月第4木曜、12/25、1/1

Hiouchi IC
☎(707)464-6101
🕐9:00～17:00、冬期10:00～16:00
🚫冬期の月・火・祝、5月最終月曜

Prairie Creek VC
☎(707)488-2039
🕐9:00～17:00、冬期10:00～16:00
🚫11月第4木曜、12/25、1/1

Kuchel VC
☎(707)465-7335
🕐9:00～17:00、冬期10:00～16:00
🚫1月第3月曜、2月第3月曜、11月第4木曜、12/25、1/1

そのほかの施設
クラマスとオリックに、スーパーマーケットやレストラン、ガスステーションがある

初級 **Stout Grove**
適期▶年中
距離▶1周800m
標高差▶ほとんどない
所要▶30分～1時間
出発点▶駐車場
🚽簡易トイレ（車椅子可。トレイルも可。勾配あり）

Howland Hill Rd.は道幅が狭いが一方通行ではない。見通しの利かないカーブでは対向車に注意

レッドウッドのキャノピーに守られた木々にも注目したい

ロープウエイは入園料に含まれている

レッドウッドの彫刻があちこちにある

Trees of Mystery
Free 1800-638-3389
URL www.treesofmystery.net
開 夏期　　　　9:00～18:00
　　冬期　　　　10:00～16:00
休 12/25。11月第4木曜と
12/24は半日営業
料 $25、60歳以上$23、3
～12歳$13

キャノピートレイル
　ツリーズ・オブ・ミステリーの新アトラクション。レッドウッドの幹の周囲に設置された階段を上り、地上15～30mにある8本のつり橋で木と木の間を移動する。利用は身長91cm以上

🐾 WILDLIFE

コククジラ
　体長14mにもなる大型のクジラ。アラスカからメキシコまで約1万6000kmを片道3週間かけて往復している

通行止め情報
　コースタルドライブの南半分は崖崩れのため車両通行止めになっている。ハイブラフ展望台より北側は通行できる（北行き一方通行）。
　また、Newton B. Drury Scenic Pkwy.は、10～5月の毎月第1土曜は車両通行止めにして自転車とハイカーに開放される

⚠ **飛び出し注意**
　エルクプレイリーからオリックまでの間は、エルクの飛び出しが非常に多い。特に朝夕、そして霧で視界が悪いときには十分に注意して走ろう

ツリーズ・オブ・ミステリー　Trees of Mystery

　US-101沿いの公園敷地外にある民間のテーマパーク。アメリカ人なら誰でも知っている伝説上の木こり、ポール・バニヤンの巨像が訪問者を迎えてくれる。ここの魅力はレッドウッドの森の上に架けられた全長480mのロープウエイだ。地上41mからキャノピーと呼ばれる木の梢を見ることができる。天気がよ

ければ太平洋も遠望できる。下りは森の中のトレイルを歩いてみるといい。円陣を組んだように生えたレッドウッドなど珍しい樹木がいろいろある。トレイルの最後は大きなギフトショップ。レッドウッド材でできた家具や置物がずらりと並び、先住民博物館も兼ねている。モーテルあり（→P.287）。

なんとレッドウッドの苗木も売られている

クラマス川展望台　Klamath River Overlook

　US-101がクラマス川を渡る手前でRaqua Rd.を右折する。15分走ると河口と海を見晴らす展望台があり、コククジラGray Whaleが見られる場所として知られている。最も見やすいのは11～12月と3～4月。

コースタルドライブ　Coastal Drive

　海を見下ろす断崖の上を行く片道1時間の周遊道路。眺めは最高だが道は狭く、大部分は未舗装。普通車OKだが、路面が荒れているので運転は慎重に。よそ見をしていると太平洋に落ちる。終点のNewton B. Drury Scenic Pkwy.を右へ行けば20分でUS-101に合流する。

　合流する手前にある高さ93mの**ビッグツリーBig Tree**、そして**エルクプレイリー Elk Prairie**もお見逃しなく。一時は州内でわずか15頭にまで激減したというルーズベルトエルクの群れが見られる。

海岸近くまでレッドウッドの森が迫る

Readers' Voice　**ファーンキャニオン**　これまでいくつかの公園で未舗装道路を走ったが、ここの荒れ具合はトップクラス。前日まで降雨があったこともあり、道のいたるところに水たまりができて湿地帯のよ↗

ゴールドブラフスビーチ　Gold Bluffs Beach

　ルーズベルトエルクが見られるもうひとつのポイントが**エルクミドウElk Meadow**。ここから未舗装路（悪路注意）を30分ほど走ると1850年に金が発見された海岸に出る。突き当たりの**ファーンキャニオンFern Canyon**では、高さ9mの崖にシダがびっしりと生い茂っていて壮観！

駐車許可証
5/15〜9/15はゴールドブラフスビーチ、ファーンキャニオンそれぞれ、事前にウェブサイトから駐車許可証＄12を取得すること

シダの壁が見事なファーンキャニオン

レッドウッドからオリンピック半島にかけて生息するルーズベルトエルク。エルクの仲間では最大で、オスは体重500kgにもなる

WILDLIFE

セコイア豆知識　その3

関連コラム→P.231、P.258

　セコイアの一種であるコーストレッドウッドは、木目が美しく、加工が容易で、腐りにくく、そのうえシロアリにも強い。このため良質な材木として1850年頃から大量に伐採されるようになった。ゴールドラッシュで大勢の人が西海岸へ移住してきたため、住宅用木材の需要が急激に高まっていたのだ。

　樹木を失った山はやがてあちこちで崩れ出し、土砂が流れ込んだ海の生態系まで変わってしまった。しかし、人々がようやく保護の必要性に気づいたのは20世紀に入ってから。1000年以上もの長い間生きてきた木々は、わずか60年でほとんど切り倒されてしまった。現在、地球上に残されたレッドウッドの森の面積は、ゴールドラッシュ前のたった4％にすぎない。

　それでもなおレッドウッド材は人気が高い。住宅の外壁、家具、船舶にまで利用され、地元の人々にとっては貴重な収入源だ。現在、国立公園＆州立公園を合わせてもレッドウッドの原生林の面積の45％にすぎないのは、このあたりに理由がある。何とか生き残った貴重な樹木の半数以上が、いまだに保護されていないのだ。

　1964年、トールツリーグローブで当時世界一の高さ112.1mの木が発見された。森は保護されたが、敷地外で始まった伐採の影響を受け、乾燥と高温、上流から流れてきた土砂のために木が弱り、嵐で折れてしまった。公園局は伐採によって丸裸になった土地を買い取り、植林によって生態系を復活させようとしている。しかし以前の姿がよみがえるには1000年もかかるのだ。

　現在、世界で最も背の高い木は116m。レッドウッド国立公園の奥地にあるが、見物客によるダメージを避けるため場所は非公開で、周囲は立入禁止になっている。

初夏にレッドウッドの足元を彩るシャクナゲ

レッドウッドの樹皮は山火事にも強い

↗う。なんとか海岸線までは行ったが、その先の小川は普通車では渡ることができなかった。天気が思わしくないときにファーンキャニオンを目指すのは無謀なようだ。（東京都　Ken　'18）['23]

285

適期▶年中
距離▶1周2.5km
標高差▶23m
所要▶約1時間
出発点▶駐車場
施設 簡易トイレ
※車椅子には不向き

⚠️ **頭上注意**
　風の強い日には枝が落ちてくるので頭上に注意を

トレイルを外れないで
　トレイルを外れて茂みの中に入ったり、木や草にやたらと手を触れたりするのはやめよう。ウルシのようにかぶれる植物もあるし、ライム病（→P.500）を媒介するダニもいる。ハイキング後は服や髪にダニが付いていないかチェックを

中級 Tall Tree Grove
集合▶年中
距離▶往復7.2km
標高差▶244m
所要▶往復3〜4時間
出発点▶駐車場

通行許可証
　ウェブサイトで180日前から45台に無料で発行している。またビジターセンターでも午前、午後それぞれ10台に翌日分を発行している

レディ・バード・ジョンソン・グローブ
Lady Bird Johnson Grove

　「時間がないので1ヵ所だけ」というなら、ここをすすめる。US-101からBald Hills Rd.を東へ3マイル走った所にある。1968年、レディバードの愛称で知られる第36代ジョンソン大統領夫人が出席して、ここで国立公園誕生の式典が開かれた。レッドウッドはもちろん見事だが、トウヒSpruce、ツガHemlock、ベイマツDouglas-firなど背の低い樹木も美しく、その足元をシダがびっしりと覆っている。運がよければニシアメリカフクロウSpotted Owlなどが見られる。

雷で幹に大きな穴が空いても、ちゃんと生きている

シダ、コケ、キノコなど足元にも注目したい

トールツリーグローブ　Tall Tree Grove

　海風を直接受けない狭い谷にあり、特に背の高い樹木が集まる。現在の最高は116m。Bald Hills Rd.をさらに奥へ進んで未舗装路へ入り、突き当たりの駐車場からトレイルを3〜4時間歩く。たいていは雨の中を歩くことになるので、けっこうキツイ。森を保護するため、通行許可証を発行して車の台数を制限している。レッドウッドを訪れる時間が1日しかない人にはすすめない。

SIDE TRIP
マウントシャスタとラバベッズ国定公園

　カスケード山脈でマウントレニエに次ぐ標高4322mを誇るシャスタ山は、不思議な力を秘めたパワースポットとして知られている。西麓にMt. Shastaという町があり、ここを拠点に湖を巡るドライブが人気。夏なら標高2408mのOld Ski Bowlまで車で上がることができ（無料）、高山植物を眺めながら高層湿原を歩くトレイルがすばらしい。レッドウッドから4〜5時間、クレーターレイクから3時間、ラッセン火山から2時間。ぜひ寄り道してほしい景勝地だ。

　もう1ヵ所おすすめなのがMt. Shastaから東へ2時間のラバベッズ国定公園Lava Beds NM。真っ黒な溶岩流が広がって壮観。1周2マイルのCave Loop Drive沿いに12の溶岩洞があり、気軽に冒険できる。
MAP 折込1枚目 B-1　☎(530)667-8113
料金 車1台＄25、バイク＄20
　レッドウッド→ラッセン火山→マウントシャスタ（泊）→ラバベッズ→クレーターレイクと回るドライブがおすすめ。

シャスタ山西麓の5合目にあるバニーフラット

溶岩流の奥に見える湖は水鳥の宝庫だ

🦌 WILDLIFE コンドル復活！　絶滅の危機に瀕しているカリフォルニアコンドル（→P.79）は、現在太平洋岸へその生息域を広げる取り組みが行われている。レッドウッド国立公園でも2022年に8 ↗

近隣の町に泊まる

公園内には現在宿泊施設はない。US-101沿いに数軒のモーテルがある。早めの時間に到着できるなら特に予約はいらないだろう。下記のほかにオリックに1軒のモーテルがある。またクレセントシティにも約20軒のモーテルがある。

キャンプ場に泊まる

州立公園の敷地に4ヵ所のキャンプ場がある。3ヵ所はレッドウッドの森にあって夏期のみ予約可。Gold BluffsはエルクミドウからDavison Rd.を4マイル走った海岸沿いにあり、予約可。Gold Bluffsと、スタウトグローブの近くにあるJedediah Smithのみ年中オープン。

> キャンプ場の予約（6ヵ月～2日前に受付）
> Free 1800-444-7275
> URL www.reservecalifornia.com
> 料 $35
> ※ほかの公園とは予約先が異なる。レッドウッドにはブラックベアが多い。食料や匂いのあるものは必ずベアボックスか車のトランクへ

US-101沿い

モーテル名	住所・電話番号など	料 金	カード・そのほか
Historic Requa Inn	住 451 Requa Rd., Klamath, CA 95548 ☎(707)482-1425 URL www.requainn.com	on off $159～510	AMV クラマス川展望台手前。フルブレックファスト込み。Wi-Fi無料。全館禁煙
Motel Trees	住 15495 Hwy. 101 N., Klamath, CA 95548 ☎(707)482-3152 Free 1800-848-2982 URL www.moteltrees.com	on off $119～299	AMV ツリーズ・オブ・ミステリー正面。レストランあり。Wi-Fi無料。冷蔵庫あり
Holiday Inn Express Klamath	住 171 Klamath Blvd., Klamath, CA 95548 ☎(707)482-1777 日本 Free 0120-677-651 URL www.ihg.com	on off $155～374	ADJMV クラマスの中心にあり、カジノに隣接。朝食付き。レストラン、プールあり。全室禁煙。Wi-Fiあり（会員無料）

SIDE TRIP

ラッセン火山国立公園
Lassen Volcanic National Park

カスケード山脈最南端の活火山で、1914年に噴火した翌年、火山研究のために国立公園に指定された。溶岩、間欠泉、温泉、湿原、湖水など多くの見どころが裾野にコンパクトに集まっている。小粒ながらキラリと光る宝石とでもいうべき公園だ。レッドウッドからは、US-101を南下し、CA-299、CA-44経由で5時間。CA-89を右折するとすぐに公園へ入るが、この道路はそのままラッセン火山を半周して南へ通り抜けることができる。標高2594mの最高地点にある駐車場からは、標高3187mの山頂まで4時間ほどで往復するトレイルがある。シーズンはおおむね6～9月。積雪期閉鎖。
MAP 折込1枚目 B-1　URL www.nps.gov/lavo
☎(530)595-4480　料 1台 $30、バイク $25

南側にある湿原アッパーメドウが美しい

山頂へのトレイルヘッド

西海岸

レッドウッド国立&州立公園（カリフォルニア州）

クレーターレイク国立公園
Crater Lake National Park

全米一、世界でもトップ10に入る深さの湖。この深さが湖の独特の色を生み出している

サンフランシスコとポートランドのちょうど中間あたり、オレゴンの優しい日差しの下、穏やかに広がる草原の向こうにお椀を伏せたような緑の山がある。何の変哲もないその山の頂に、たとえようもなく美しく青く、世界で8番目に深い湖があるなんて、誰が想像できるだろう。

ボートから見上げるPumice Castle

クレーターレイクは、形そのものは同じカルデラ湖である北海道の摩周湖そっくりだが、スケールは面積も深さも3倍近い。

とにかく、その独特の色と質感がすばらしい。雲の影が湖面を走り抜けるときなど、思わず息をのんでしまう。銀盤のようにつるりとした湖面は、青という色をさまざまに表現してみせる魔法の鏡のようだ。

どんなに説明されても、写真を見ても、きっとクレーターレイクの美しさは理解できないだろう。ぜひ、自分の目で見て、感じてほしい。

MAP 折込1枚目 B-1

行き方 ACCESS

公園への公共交通機関はなく、レンタカーに頼ることになる。オレゴン州南端の町**メッドフォードMedford**をゲートシティにするのが便利だ。

飛行機 AIRLINE

Medford Rogue Valley International Airport（MFR）

ユナイテッド航空がサンフランシスコから3便（1時間20分）、ロスアンゼルスから1便（2時間）飛んでいる。またアメリカン航空もロスアンゼルスから1便、デルタ航空もシアトルから3便（1時間30分）などのフライトがある。

空港内にはレンタカー各社のカウンターが揃っているが、台数は少ないので要予約。

長距離バス BUS

西海岸を縦断するグレイハウンドバスがメッドフォードに停車する。ポートランドから1日1便（所要6時間20分）、サクラメントから1日1便（7時間）。

バスストップはダウンタウンにあり、近くにモーテルも数軒あって便利。ただしクレーターレイクへ行くにはレンタカーを借りることになる。

なお、クラマスフォールズKlamath Fallsの鉄道駅にもバスストップがあり、距離的にはクレーターレイクに近いが、すべてメッドフォード乗り換えになるので不便だ。

DATA

時間帯▶太平洋標準時 PST
☎(541)594-3000
URL www.nps.gov/crla
開 夏期は24時間オープン。積雪期は一部を除いて閉鎖
適期▶7〜9月
料 車1台＄30（冬期＄20）、バイク＄25（＄15）、そのほかの方法は1人＄15
国立公園指定▶1902年
面積▶742km²
入園者数▶約53万人
園内最高地点▶2721m
（Mt. Scott）
哺乳類▶71種
鳥　類▶208種
両生類▶9種
爬虫類▶8種
魚　類▶6種
植　物▶931種

MFR ☎(541)776-7222
Alamo ☎(541)772-7715
Avis ☎(541)773-7023
Budget ☎(541)773-7023

**メッドフォードの
バスストップ**
住 220 S. Front St.
※旧バスディーポの建物前の道端に停車する(→P.485)

ウィザード島の影が伸びる日暮れのウォッチマン (→P.294)

オレゴン州の道路情報
☎(503)588-2941
Free 511
Free 1800-977-6368（州内のみ）
URL tripcheck.com

こんなコースも
　時間はずっとよけいにかかるが、ポートランドからUS-101でオレゴンコーストを走り、レッドウッド（→P.280）に寄り道すると、さらに楽しいドライブになる

ガスステーション
　オレゴン州ではガスステーションでのセルフサービスを禁じていたが、2023年8月からセルフでも給油できるようになった

　メッドフォードからはOR-62を77マイル北上すると、1時間40分で公園南口へ到着。クラマスフォールズからはUS-97、OR-62と進めば57マイル、1時間15分で公園南口にいたる。

　ポートランドから南下してきたら、I-5のExit 124からOR-138を100マイル走ると北口からクレーターレイクに入れる。4～5時間。このルートは積雪期（11～5月頃）は通行止めになる。

　サンフランシスコからはI-80、I-505、I-5と乗り継いで290マイルでメッドフォード。途中、WeedでUS-97に入ると計280マイルでクラマスフォールズにいたる。ともに所要6～7時間。

歩き方 〉〉〉〉 GETTING AROUND

そのほかの施設
　湖畔に建つロッジにダイニングルームと、近くにカフェテリアがある。また、南麓のマザマビレッジにレストラン、ジェネラルストア、コインランドリー、シャワー、ガスステーション（5月中旬～9月下旬）がある。
　いずれも夏期（おおむね6～9月中旬）のみオープン。冬期はSteel Visitor Centerとカフェテリアを除いてすべての施設が閉鎖される

　湖の外輪山に沿って1周33マイル（2～3時間）の**リムドライブRim Drive**が敷かれている。ここを走りながら、さまざまな角度からの湖を楽しむ。南岸の**リムビレッジRim Village**が公園の中心。南斜面へ7マイル下りた**マザマビレッジMazama Village**にもロッジやストアがある。

ウォッチマンの監視小屋まで登ってみよう

　この公園の見どころは何といっても湖の色だ。あなたが訪れるとき、クレーターレイクはどんな「青」だろうか？ 群青、紫、藍色、サファイア、ターコイズ、そしてエメラルドグリーン。太陽や雲、そして季節によって刻々と変化する湖面の色は、たとえようのない美しさだ。

　湖の周辺は高山植物が多く、秋にはアスペンの林が黄金に染まる。野鳥もよく見かける。ハイキングとドライブを上手に組み合わせて、疲れた心と体に酸素を補給していこう。
大きな花畑はないが、さまざまな花が足元に咲いている

情報収集 〉〉〉〉 INFORMATION

Steel VC
圏9:00～17:00
（冬期10:00～16:00）
休12/25

Steel Visitor Center
　リムビレッジの3マイル南（南口からだと手前になる）にあり、年中オープンしている。18分間のビデオ上映ほか、さまざまな展示がある。夏はレンジャープログラムも行われている。

Steel Visitor Center

Rim Village VC
圏9:30～17:00
休10～5月

Rim Village Visitor Center
　リムビレッジに6～9月のみオープンする。簡単な展示がある。

NOTES　インターネットと携帯　Wi-FiはCrater Lake Lodgeとマザマビレッジのレストランでつながるものの、非常に遅くて使えないと不評。携帯もあまり通じないようだ

シーズン ▶▶▶▶▶ SEASONS AND CLIMATE

冬にもレンジャープログラムが行われている

　公園は年中オープンしているが、冬は2～4m（最高記録は6.5m）に及ぶ積雪があるため、北口とリムドライブは10月下旬～6月中旬（積雪状況による）の間閉鎖される。この間はリムビレッジからしか湖を見ることはできない。湖水の平均温度は3℃で、1949年以後、凍ったことはない。6月、10月に訪れるなら降雪の覚悟が必要だ。

　7～9月上旬が天気も比較的安定していて快適。夏でも夜は冷えるので服装に気を配ろう。また、6～7月の朝夕は非常に蚊が多い。

クレーターレイクの気候データ

月	1	2	3	4	5	6	7	8	9	10	11	12
最高気温（℃）	1	2	3	6	10	15	21	21	17	11	4	1
最低気温（℃）	-8	-8	-7	-5	-2	1	5	5	3	-1	-5	-7
降水量（mm）	253	207	213	114	86	58	20	23	53	132	155	239
積雪（m）	2.0	2.6	2.9	2.8	1.9	0.6	0	0	0	0.1	0.4	1.2

⚠ WILDLIFE

秋でもないのに紅葉!?

　クレーターレイク周辺では、青々と茂った木々に混じって赤茶色に変色した木が目立つ。これはキクイムシの仕業（→P.339）だが、クレーターレイクではさらに、ヨーロッパから移入した菌による「発疹さび病」も流行している。マツの4分の1はすでに枯死し、4分の1が瀕死だそうだ。クレーターレイクのマツは豪雪と強風に強く、急斜面の土砂崩れも防いでいる。このまま枯死が続けば、生態系に大きな影響が出るのではないかと心配されている

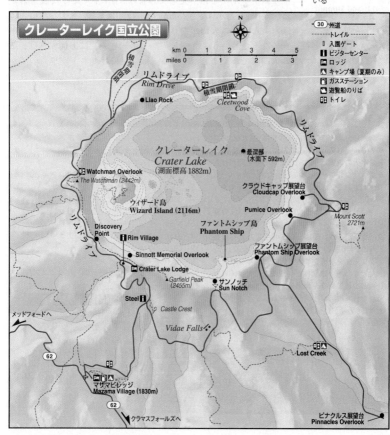

クレーターレイク国立公園

凡例：
- 30 州道
- ------ トレイル
- 🚪 入園ゲート
- ℹ ビジターセンター
- 🛏 ロッジ
- ⛺ キャンプ（夏のみ）
- ⛽ ガスステーション
- 🚢 遊覧船のりば
- 🚻 トイレ

N　km 0　1　2　3　4　5　miles 0　1　2　3

- 積雪草原
- リムドライブ Rim Drive
- Llao Rock
- 積雪期閉鎖
- Cleetwood Cove
- クレーターレイク Crater Lake（湖面標高 1882m）
- 最深部（水面下 592m）
- Watchman Overlook　The Watchman (2442m)
- クラウドキャップ展望台 Cloudcap Overlook
- ウィザード島 Wizard Island (2116m)
- Pumice Overlook
- Mount Scott 2721m
- ファントムシップ島 Phantom Ship
- Discovery Point
- Rim Village
- ファントムシップ展望台 Phantom Ship Overlook
- Sinnott Memorial Overlook
- Crater Lake Lodge
- Garfield Peak (2455m)
- サンノッチ Sun Notch
- Steel
- Castle Crest
- Vidae Falls
- Lost Creek
- メッドフォードへ
- 62
- マザマビレッジ Mazama Village (1830m)
- 62
- クラマスフォールズへ
- ピナクルス展望台 Pinnacles Overlook

シノット展望台にはミニ博物館が併設されている

クリートウッドコーブへ下りて湖水に手を触れてみたい

おもな見どころ　📷　　PLACE TO GO

シノット展望台　Sinnott Memorial Overlook

リムビレッジにある。公園に着いたらまずはここから300mほど下の巨大なインクポットを見下ろそう。手をつけたら本当に真っ青に染まりそうな湖水だ。右手にはファントムシップも小さく見えている。

ウィザード島　Wizard Island

中級
Wizard Island Summit
適期▶7〜9月
距離▶往復3.5km
標高差▶234m
所要▶往復1.5〜2時間
出発点▶船着場

リムドライブを西へ走ってみよう。8マイル走った展望台から、湖中に浮かぶ高さ234mのミニ火山を見下ろせる。山頂にはちゃんとミニ火口があり、これがクレーターレイクの名の由来になったという。ボートツアー（→P.293）に参加すれば、この火口まで歩くこともできる。毎年夏にはハクトウワシの姿が目撃されている。

GEOLOGY🔍

世界で最も澄んだ湖

今からおよそ7700年前、標高推定3700mのマザマ山が大爆発して上部の3分の1が吹き飛んだ。その噴火の規模は、1980年に世界中を騒がせたセントヘレンズ大噴火の42倍もあったという。やがて噴火口には水がたまり、直径9.6kmのカルデラ湖が誕生した。これがクレーターレイクだ。

湖は最深592mで全米1位、世界でも8位の深さ。クレーターレイク独特の湖水の色は、この深さと関係がある。湖はまた透明度でも世界屈指で、1997年6月には43.3mの世界記録を樹立した。

クレーターレイクは活火山だ。近年は噴火の予兆はないが、地震など小規模な活動はくり返し観測されている。大量の水をたたえた火口が崩れたら大災害が引き起こされることは必至であり、その状態は注意深くモニターされている。

世界の深い湖トップテン
1. 1637m バイカル湖（ロシア）
2. 1435m タンガニーカ湖（タンザニアほか）
3. 1025m カスピ海（ロシアほか）
4. 836m サンマルティン湖（パタゴニア）
5. 706m マラウイ湖（マラウイほか）
6. 668m イシククル湖（キルギス）
7. 614m グレートスレイブ湖（カナダ）
8. 592m クレーターレイク
9. 590m マタノ湖（インドネシア）
10. 586m ヘネラルカレーラ湖（パタゴニア）

	クレーターレイク	摩周湖
最大水深	592m	212m
平均水深	350m	138m
透明度	31m	13〜26m
最大透明度	43.3m（1997年）	41.6m（1931年）
周囲の長さ	42km	21km
面積	52.3km²	19.6km²
湖面標高	1881m	351m
誕生	約7700年前	約7000年前

静寂に包まれた湖は、活火山とは信じがたい

trivia 生態系復活ニュース　ロッキー地方で数を増やしているオオカミは、近年オレゴン州にも移動してきており、園内にも数頭いる。目撃したら場所をレンジャーに報告してほしいとのことだ

湖水は飲用できる。水筒にくんでもらおう

ウィザード島の山頂まで登ったらクレーターを1周するといい

クリートウッドコーブ　Cleetwood Cove

リムビレッジの対岸にある入江。湖岸へ下りて水に手を触れることのできる唯一の場所で、夏の間ボートツアーが出ている。

リムドライブにある駐車場に停めて、1.7kmの急坂を下りて行くとボート乗り場に出る。短いがけっこう急なトレイルだ。

溶岩のカラフルな造形やファントムシップを見上げながら湖を1周する。途中、ウィザード島で下船（入島料 $11）してトレイルを歩くといい（帰りのボートに乗り遅れないよう注意）。

岩だらけで歩きにくいウィザード島のトレイル

クラウドキャップ展望台　Cloudcap Overlook

標高2427m。リムドライブで最も高い所から湖を見下ろせる展望台。湖の真東にあるので、夕日の名所になっている。

ファントムシップ　Phantom Ship

幽霊船——長さ90mのこの小さな島に、これ以上ピッタリした名前はない。たそがれ時、紫の湖面に黒い影を落とす姿は鳥肌が立つほど不気味で、そして神々しい。これほど見る者をクギづけにする岩がほかにあるだろうか？

ビレッジからも見えるが、島の東側にある**Phantom Ship Overlook（Kerr Notch）**からの眺めが圧巻。また、島の西にある**Sun Notch**の駐車場から10分ほど歩いた展望台もおすすめ。

ボートなら島を1周してくれる

ピナクルス　Pinnacles

Phantom Ship Overlookの正面からリムドライブを離れて10マイル入った所にある。火山灰が浸食されたもので、うっそうとした森の中に、灰色の尖塔が忽然と立ち並ぶ光景は異様さえある。

中級 Cleetwood Trail
適期▶7〜9月
距離▶往復3.4km
標高差▶215m
所要▶往復1.5〜2時間
出発点▶Rim Drive
設備簡易トイレ

ボートツアー
運航6月下旬〜9月中旬
1日4〜5便。ウィザード島に寄港する船は9:00発のみ
所要 2時間
料 $44、3〜12歳 $30。3歳未満乗船不可
予約 Free 1866-292-6720
チケットはウェブサイトで予約、または当日2時間前までに Crater Lake Lodgeかマザマビレッジのストアで購入する。

リムビレッジから船着場まではハイキングも含めて1時間以上かかる。駐車スペースを探すのに時間がかかることもあるし、途中の展望台の見学時間も考慮して、早めに出よう

火山灰でできた奇岩ピナクルス

 NOTES シャトルボート　湖を1周するボートツアーとは別に、ウィザード島まで真っすぐに往復するだけのシャトルボートがある。12:30発で $28、3〜12歳 $18。島では3時間滞在できる

293

ガーフィールドピーク

初級 Castle Crest
Wildflower Trail
適期▶7～8月
距離▶1周800m
標高差▶30m
所要▶1周30～40分
出発点▶Steel Visitor
Centerから東へ800m

中級 Garfield Peak
適期▶8～9月
距離▶往復5.8km
標高差▶308m
所要▶往復2～3時間
出発点▶Crater Lake
Lodge

中級 Watchman
適期▶7～10月
距離▶往復2.6km
標高差▶128m
所要▶往復約1時間
出発点▶リムビレッジから
西へ4マイル

中級 Mt. Scott
適期▶8～9月
距離▶往復7.1km
標高差▶381m
所要▶往復3～4時間
出発点▶クラウドキャップ
東側にあるリムドライブ沿
いの駐車場

Ranger Snowshoe Walk
集合▶12～4月の土・日・
祝13:00
場所▶要確認。事前に
☎(541)594-3100で
登録要。8歳以上

アクティビティ　🌲🌲🌲　ACTIVITIES

ハイキング　▷▷▷▷　HIKING

　園内にはさまざまなタイプのトレイルがあるので、ビジターセンターで地図をもらって検討しよう。積雪なしでハイキングが楽しめるのは、例年7月上旬～10月上旬のみだ。

キャッスル・クレスト・ワイルドフラワー・トレイル
Castle Crest Wildflower Trail

　森や湿原を巡るおすすめのコース。特に7月下旬から8月上旬にはさまざまな花が咲き乱れ、ハミングバードもやってくる。

ガーフィールドピーク　Garfield Peak

　ロッジの奥から出発して標高2457mのガーフィールド山に登るコース。ファントムシップや周辺の眺望が楽しめる。

ウォッチマン　Watchman

　山火事を監視するための小屋までのトレイル。湖の西側にあり、眼下にウィザード島を望むことができる。

ウォッチマン山頂で夕日を見る
レンジャープログラムが行われている

マウントスコット　Mt. Scott

　標高2721mで園内最高峰。湖はもちろん、カスケード山脈のパノラマがすばらしい。真夏でも残雪が多い。

ウインタースポーツ　▷▷▷▷　WINTER SPORTS

　2～4mもの積雪があるクレーターレイクではクロスカントリースキーやスノーシューが人気。リムビレッジの周囲にたくさんのトレイルがあるので、ビジターセンターで尋ねてみよう。

WILDLIFE 🐾

幸せを呼ぶ（？）謎のじいさん

　The Old Man of the Lakeは、100年以上前から湖面を漂っているツガの枯れ木。根まで含めると9メートルほどの長さがあり、不思議なことに直立している。

リムドライブの展望台からも見つけてみよう

　なぜ倒れないのか？なぜ腐らないのか？根が岩にからみついておもりになっているとか、石化しているなどといわれているが、真相は謎。1988年には調査のために研究者がThe Old Manを捕らえたが、ウィザード島へ引き上げようとした途端、晴れていた空がにわかに荒れ模様に。やむなく調査を中止して放したところ、嵐がうそのように太陽が戻ったという。

　水面に出ている部分は年々短くなっていて、現在は1メートルほど。毎日5kmほど移動しているといわれ、どこへ行くかは風任せだ。彼に巡り会えるのはクレーターレイクを訪れる人の0.01%だそうで、「見た人には幸せが訪れる」なんてうわさまであるので、目のいい人は探してみては？

　湖岸近くを漂っていれば展望台やリムドライブから見えることもあるし、ボートツアーに参加すれば見られる確率はぐんと高まる。

🐾 WILDLIFE　移入種問題がここにも　クレーターレイクには固有種のイモリがいる。湖の透明度が高く紫外線が深層まで届くため、周辺のイモリよりも腹部の色が濃くなり、天敵が少ないことから↗

園内で泊まる ▶▶▶

🏠 Crater Lake Lodge

リムビレッジに建つ歴史的ロッジで、テラスから見下ろす湖が見事。人気があり、半年以上前から予約でいっぱいになる。エアコン、電話なし。Wi-Fi無料。バスタブのみでシャワーのない部屋が多いので注意。レイクビューの客室がおすすめだが、部屋によっては窓が小さいので、あまり期待しないほうがいい。また1階の部屋の窓は、例年7月に入るまで積雪のためシャッターで閉ざされる。71室。

崖っぷちに建っていてパノラマ抜群

圏 5月中旬〜10月中旬
Free 1866-292-6720　☎ (541)594-2255
URL www.travelcraterlake.com
on off $ 246、湖側 $ 257〜348
カード A D J M V

🏠 Cabins at Mazama Village

静かな森の中にコテージが点在する

マザマビレッジにあり、4室ずつのコテージタイプになっている。部屋は質素だが快適。ロッジに比べれば予約は取りやすいが、それでも夏に泊まるなら春までには予約を入れたほうがいい。予約先はロッジと同じ。Wi-Fi無料。40室。

圏 5月下旬〜9月下旬　on off $ 160

キャンプ場に泊まる ▶▶▶

公園内には2ヵ所のキャンプ場があり、夏期のみ利用できる。マザマビレッジのキャンプ場は7〜9月は予約も可。

Mazama Campground
圏 6月上旬〜9月下旬　圏 $ 22〜44
214サイト。シャワー、コインランドリー、ストアあり。予約先はロッジと同じ
Lost Creek Campground
圏 7月上旬〜10月中旬　圏 $ 5
テントのみ16サイト。ピナクルスへの道を3マイル。2023年夏は開設されなかった

近隣の町に泊まる ▶▶▶

OR-62沿いに数軒の宿がある。メッドフォード（40軒）やクラマスフォールズ（24軒）まで戻れば宿に困ることはない。

🏠 Prospect Historic Hotel

メッドフォードへ向かって45分。Prospectの標識に従って側道へ入った所。駅馬車の時代からあるというクラシックなホテルで、併設のレストランがおいしい。全館禁煙。Wi-Fi無料。

🏠 391 Mill Creek Dr., Prospect, OR 97536
☎ (541)560-3664　Free 1800-944-6490
URL www.prospecthotel.com
ロッジ
（フルブレックファスト込み）
on $ 210〜325　off $ 190〜305
モーテル
on $ 135〜205　off $ 115〜185
カード M V

プロスペクト		Prospect, OR 97536　南口ゲートまで 10 マイル　2 軒		
モーテル名	住所・電話番号など		料　金	カード・そのほか
Union Creek Resort	🏠 56484 Hwy. 62 Free 1866-761-6630 URL www.unioncreekoregon.com		on $ 180〜349 off $ 128〜250	A M V　OR-62 沿い。ロッジとキャビンがあり、バス共同の部屋が半数。ストア、レストランあり
ダイヤモンドレイク		Diamond Lake, OR 97731　北口ゲートまで 10 マイル　1 軒		
モーテル名	住所・電話番号など		料　金	カード・そのほか
Diamond Lake Resort	🏠 350 Resort Dr.　☎ (541)793-3333 URL www.diamondlake.net		on $ 133〜437 off $ 113〜317	A M V　OR-138 沿い。ストア、レストランあり

↗ 毒性が弱くなったと考えられている。しかし20世紀初頭、湖で釣りをするために魚が放流され、餌としてザリガニも導入。その結果、現在ザリガニだけが大繁殖し、固有種のイモリは絶滅の危機に瀕している

セントヘレンズ火山国定公園
Mount St. Helens National Volcanic Monument

山体崩壊を起こした火口の様子がよく見えるジョンストンリッジの展望台。迫力ある映像と充実した展示も人気

　1980年に起きたセントヘレンズ火山の大噴火は全米を震撼させ、世界の気候にまで影響を与えた。科学技術が発展した20世紀後半に起きた噴火のなかでは最大級。しかもシアトルやポートランドから近くて便利なこともあって、現在でも火山、地震、生物、土木技術、防災など各分野の専門家から注目されている。火山国に住む私たちも決して無関心ではいられない。噴火から40年以上がたち、何が変わって、何が変わらないのかを見に行こう。

噴火前のセントヘレンズ山

© USGS

行き方 ／ ACCESS

ポートランドと**シアトル**からとても近くて便利。夏期のみだが、ポートランドとシアトルから日帰りツアーバスも走っている。

ツアー ／ TOUR

Ecotours of Oregon

ポートランド発着の日帰りツアー。コールドウォーター・レイクでランチ休憩（別料金。持参してもよい）のあと、ジョンストンリッジ展望台まで往復する。

ポートランドのダウンタウンを見下ろすセントヘレンズ山

DATA

時間帯▶太平洋標準時 PST
☎(360)449-7800
URL www.fs.usda.gov/
giffordpinchot
閉一部を除いて24時間
365日オープン
（火山の活動状態と積雪による閉鎖あり）
適期6〜10月
園通行だけなら無料
国定公園指定▶1982年
面積▶445km²
園内最高地点▶2550m
（Mount St. Helens）

Ecotours of Oregon
☎(503)475-0226
Free 1888-868-7733
URL www.ecotours-of-oregon.com
運行夏期9:00発。8時間
園$129

シアトルからのツアー
→P.303

セントヘレンズ火山国定公園

シルバーレイク、I-5へ

504

Coldwater Lake

St.Helens Lake

マウントレニエ、ヤキマへ

Meta Lake & Miner's Car

Elk Rock

Hummocks

Cascade Peaks Viewpoint

ジョンストンリッジ
Johnston Ridge

Spirit Lake

99

Castle Lake

ウィンディリッジ
Windy Ridge

N

km 0 ... 5
miles 0 1 2 3

25

South Fork Toutle River

Sheep Canyon

Smith Creek

セントヘレンズ火山
Mount St.Helens
2550m

Lower Smith Creek

州道
未舗装道
トレイル
ℹ️ ビジターセンター
🏕️ キャンプ場
🚻 トイレ
🚰 飲料水
📞 緊急用電話

Blue Lake

Ape Canyon

Lava Canyon

83

Muddy River

Kalama River

81

Marble Mtn.

Merrill Lake

エイプケイブ
Ape Cave

ウッドランド、I-5へ

Merrill Lake

1980年5月の大噴火では北斜面が崩れたため、半年後には山頂クレーター内の日陰に氷河が誕生した。その後、溶岩ドームと氷河とのせめぎ合いが今日まで続いている。降灰と崖崩れによって黒く見えるが、最大で厚さ200mを超える立派な氷河だそうだ

⚠️ 火山情報に注意を
URL volcanoes.usgs.gov/activity/status.php

　セントヘレンズ火山は2005年3月に小噴火を起こし、その後約3年間にわたって溶岩ドームを形成し続けた。2023年11月現在は静穏な状態にあるが、警戒レベルによっては園内の道路が閉鎖されることもあるので、最新情報の確認を。

　警戒レベルは上記サイトの「CVO」のタブをクリックするとわかる。低い順からNORMAL、ADVISORY、WATCH、WARNINGの4段階ある。

　なお、活動状態と風向きによっては火山灰をかぶることがある

ワシントン州の道路情報
Free 1800-695-7623
URL www.wsdot.wa.gov

マウントレニエから
　パラダイスからウィンディリッジまで2時間15分、ジョンストンリッジまで4時間

Mount St. Helens VC
☎ (360)274-0962
⏰ 夏期 9:00〜17:00
　冬期 9:00〜16:00
休 おもな祝日と、冬期の火・水
料 $5、7〜17歳半額。アメリカ・ザ・ビューティフル・パス不可

Forest Learning Center
⏰ 夏期10:00〜16:00
　WA-504の途中（P.297の地図のすぐ外側）にある森林局の小さなビジターセンター。こちらは無料！

レンタカー　RENT-A-CAR

　シアトルからI-5を南へ116マイル走り、Exit 49からWA-504(Spirit Lake Hwy.)を東へ走ると、5マイルでSilver Lakeに出る。湖畔のビジターセンターに寄って予習をしたら、あとは突き当たりのジョンストンリッジ展望台まで一本道。シアトルから3時間15分。

　また、セントヘレンズ火山はワシントン州でも南寄りにあるため、実はオレゴン州ポートランドからアプローチしたほうが近い。I-5を北へ走り、Exit 49で下りて東へ。あとは上記と同じ。2時間15分。

　なお、園内にガスステーションはない。

歩き方　GETTING AROUND

　アプローチは北西から、北東から、南からと3とおりあるが、圧倒的に人気があるのは北西ルートWA-504(Spirit Lake Hwy.)。セントヘレンズ火山は噴火の際、北西の山腹が大きく崩れた。このため、山頂が吹き飛んでできた馬蹄形クレーターや岩屑流の跡、溶岩ドームなどのドラマチックな風景は、北側からしか見ることができないからだ。途中にはいくつもの展望台があり、走るに従って火山が迫ってくる。

　なお、セントヘレンズ火山は国立公園局ではなく農務省森林局などが管理しており、ビジターセンターも展望台も有料！

情報収集　INFORMATION

Mount St. Helens Visitor Center
　2500年前の噴火の際、溶岩流が川をせき止めて生まれたシルバーレイクの湖畔に建つ。まずは16分間のフィルムで予習しよう。噴火の歴史、被害の状況、その後の防災体制、生態学的視点からの展示も豊富だ。周囲の湿原には、短いトレイルも整備されている。

西からのアプローチなら、最初にここへ寄りたい

Trivia ビジターセンターが有料!? セントヘレンズは土地の所有権や施設の運営が実に複雑！ 基本的には農務省森林局の管轄だが、沿道には民間企業の観光施設もあるし、林業関係者やワ↗

おもな見どころ 📷 PLACE TO GO

ジョンストンリッジ　Johnston Ridge

火口の様子がよく見える展望台。標高1280mの尾根にあり、大噴火の際にここで観測をしていて犠牲になった火山学者をしのんで名づけられた。展望台から火口までは9kmほどの距離で、馬蹄形のクレーターを真正面から眺めることができる。入館したら、まずは最新技術を駆使したワイドスクリーンによるフィルムを観よう。見学を終えたあと、短いトレイルを歩いてみるのもいい。噴火後40年以上を経ても変わらない生々しい風景と、見事に再生した豊かな緑との対比がおもしろい。

シルバーレイクから52マイル、1時間15分。展望台はWA-504の突き当たりで、東側へ抜けることはできない。

地滑り被害のため2023年は閉鎖された

Johnston Ridge Observatory
☎ (360)274-2140
🗓 5月中旬～10月下旬の10:00～18:00
💲 $8。15歳以下無料。アメリカ・ザ・ビューティフル・パス可（車椅子可。勾配あり）

ウィンディリッジ　Windy Ridge

火山の北東側にある展望ポイント。尾根にも、眼下に広がる

カスケード山脈らしい裾野が優美なマウントアダムス（標高3742m）

スピリットレイクSpirit Lakeにも、爆風で倒れた樹木が無残な姿をさらしていて、まるで大噴火がつい先日のことのようだ。道路沿いには立ち枯れたままの樹木も多い。晴れた日にはマウントアダムスや、はるか南にオレゴン州のマウントフッドの姿も見える。

Windy Ridge
🚻 簡易トイレ（車椅子可）・緊急用電話

ポートランドから3時間、シアトルから4時間。ここへ上がるForest Road 99は狭い山道で、積雪期は閉鎖される。ガスステーションはない。また、ウィンディリッジにはレストランもストアもない
🚗 車1台1日$5。アメリカ・ザ・ビューティフル・パス可

手前に見える尾根にはハイキングトレイルも整備されている

↗ シントン州の天然資源局の土地もある。ビジターセンターを含む川沿いの一部は州立公園局が管理しており、そのせいでビジターセンターとトレイルが有料になっている。全部まとめて国立公園にしてほしいものだ

ヘリツアー
☎ (360)274-7750
URL www.mt-st-helens.
com/Helicopter/
運航 5月中旬〜9月中旬の
10:00〜18:00。45分ごと
料 20分 $ 129。18歳未満
$ 114
最少催行人数3名

シルバーレイクから20マ
イルの地点にある

入山許可証
料 $ 26 （11〜3月は無料）
購入は下記サイトで前月の
1日に販売開始
URL www.recreation.gov

登山について
　初めて登る際には上記
サイトの注意事項をよく読
み、なるべくガイドツアー
に参加することをすすめ
る。なお夏期以外は積雪が
多いため、冬山登山の装備
と経験、技術が必要となる

アクティビティ 🌲🌲 ▶▶▶▶ ACTIVITIES

遊覧飛行 ▷▷▷▷▷ FLIGHT SEEING

　火山の状態が安定していて天候もいいなら、ヘリツアーに参加してみてはどうだろう。クレーターのあちこちから盛んに蒸気を上げる火口に接近し、2004年秋からの活動で誕生した溶岩ドームを間近に見られる。わずか数分で形が変わってしまった湖、岩屑流が走ったToutle River、戻ってきたエルクの群れ、そして膨大な面積に及ぶ立ち枯れた森なども空から見れば一目瞭然だ。

　乗り場はジョンストンリッジへ行く途中、WA-504の24マイル地点にある**Hoffstadt Bluffs**という民間のビジターセンター。ヘリは2機あるが、1回に乗客4名しか乗れないので待たされることもある。特に夏休み中は予約をしておいたほうがいい。

岩屑流が下った川を遡って飛ぶ

登　山 ▷▷▷▷▷ MOUNTAIN CLIMBING

　セントヘレンズ火山の山頂まではトレイルが整備されている。最も人気のあるルートは南側からのもので、9〜12時間で頂上まで往復できる。堆積物で歩きにくく脚力がいるが、夏で天候がよければ特に難しいコースではない。もちろん火山の状態によっては禁止される。入山には許可証が必要。環境保護のため、5/15〜10/31は入山者を1日110人に制限している。

宿泊施設 🏠 ▶▶▶▶ ACCOMMODATION

　園内には宿泊施設はない。モーテルはシルバーレイク周辺に2軒、I-5のExit 39周辺に5軒、火山南側のCougarに1軒ある。もちろんシアトル、ポートランド方面へ走れば宿はいくらでもある。

　またキャンプ場も公園の敷地内にはないが、すぐ外側の国有林にたくさんある。WA-504沿いなら、シルバーレイク東側のToutleと、ビジターセンターの北側に小さなキャンプ場がある。

WA-504 沿い

モーテル名	住所・電話番号など	料　金	カード・そのほか
Mt. St. Helens Motel	住 1340 Mt. St. Helens Way, Castle Rock, WA 98611 ☎ (360)274-7721 URL www.mountsthelensmotel.com	on $117〜$157 off $85〜$137	A D M V I-5 Exit 49 を下りてすぐ。部屋もバスルームもとても広い。コインランドリー、冷蔵庫あり。朝食込み。Wi-Fi 無料
Timberland Inn & Suites	住 1271 Mt. St. Helens Way, Castle Rock, WA 98611 ☎ (360)274-6002 FAX (360)274-6335 URL www.timberlandinnwa.com	on $119〜$299 off $110〜$170	A M V 上記 Mt. St. Helens Motel の斜め前。レストラン、ギフトショップに隣接。Wi-Fi 無料。全館禁煙
Silver Lake Motel	住 3201 Spirit Lake Hwy., Silver Lake, WA 98645 ☎ (360)274-6141 URL silverlake-resort.com	on off $119〜$199	A M V I-5 Exit 49 から6マイル。シルバーレイク湖畔にあり、客室から釣りができる。キッチン付き

GEOLOGY

セントヘレンズ大噴火

標高2550mのセントヘレンズ山は、カスケード山脈のなかでも最も活動的な成層火山で、過去4000年の間に14回も噴火している。

1980年3月下旬、当時は標高2950mだったこの山で火山性地震が始まり、山頂で水蒸気爆発。北側斜面の一部が1日に2mという勢いで膨張を始め、近隣の住民に避難命令が出された。

5月18日朝8時32分、山頂直下で起きた地震によって100mにまで膨張した箇所がついに山体崩壊を起こし、30分後にはマグマ本体が噴出して大噴火。岩屑流が最大時速360kmという猛スピードで斜面を駆け下り、川は土石流や泥流で埋め尽くされ、約162km²の森が失われた。爆風による被害も大きく、山頂から12kmも離れた場所で観測をしていた研究者がトレーラーごと吹き飛ばされた。57人の犠牲者のうち、危険区域内にいたのはハリー・トルーマン（後述）ら4人のみ。残りは、安全といわれていた場所で命を落とした人々だ。

約9時間に及ぶ噴火によって噴煙は上空2万4000mにまで達し、約2週間で地球を1周して世界中の空を覆った。噴出した軽石は北斜面に、

ヤナギランは噴火後の大地に真っ先に根を張った植物のひとつだ

火山灰は風に乗ってアメリカ東海岸にまで降り注いだ。

こうしてセントヘレンズ山の標高は400m低くなり、堆積物は厚み100m以上に達した。

噴火の1年後には、すでに山麓で植物が確認されている。最初に発見されたのはルピナスだったという。40年以上かけてやっと生長した貴重な植物に影響を与えないよう、WA-504沿いのトレイルなど、おもな場所ではペットを連れての立ち入りは禁止されている。

セントヘレンズ山はその後ほぼ静穏な状態が続いていたが、2004年、にわかに目を覚まし、10月に水蒸気爆発、翌年3月に小噴火した。火口クレーター内部に盛り上がった溶岩ドームは、以後3年間で高さ59mまで成長した。しかし、このドームと、1980年の大噴火後に6年にわたって形成されたドームとを合わせても、大噴火で吹き飛ばされた体積の7%にすぎないそうだ。

ハリー・トルーマン

原爆投下を決定した大統領と同じ名をもち、ピンク色のキャデラックを乗り回す84歳の男。彼の最期について、ある人は「勇敢で立派だった」と言い、またある人は「頑固で愚かな老人だ。ただ有名になりたかっただけだ」と言う。

スピリットレイクの近くでロッジを経営していたハリーは、大噴火前の避難命令を拒絶した。「妻と暮らし、妻が眠るこの地を離れる理由などない」などの彼の発言は連日マスコミで報道され、大きな反響を呼んだ。「このロッジは雪崩と泥流にのみ込まれる」と警告する科学者、命の大切さを説く宗教家、彼が道連れにしようとしている15匹の猫を助けようとする人も現れた。一方、彼の元へは大量のファンレターが届けられ、なかには結婚を申し込む手紙が3通もあったという。

やがて地震と山体膨張が激しくなり、いよいよ噴火が決定的となってTV局がヘリで救出に来たが、それでもなおハリーは動かなかった。全米が見守るなかで生涯を終えた彼は、今もロッジとともに分厚い泥の下に埋まっている。

©USGS

大噴火によって破壊された道路は約300km、家屋200軒に及んだ

🐾 **WILDLIFE** 雪のバリア　1980年の大噴火では多くの動物も犠牲になったが、モグラ、カエル、昆虫などは冬眠中だったため直接的な被害は免れた。植物の種も深い雪のおかげで被害が少なかった

マウントレニエ国立公園
Mount Rainier National Park

南麓にあるビレッジ、パラダイスではさまざまなトレイルを楽しめる。標高が高く、シーズンが短いので気をつけよう

夜明け、頂上にかかっていた笠雲がしだいに取れてゆき、マウントレニエがその神々しい姿を現した。朝の強い光を浴びて氷河が白く輝き出す。空の青さが深みを増し、そのコントラストはまぶしいくらいだ。やがて草原にも光が届くと、朝露を身にまとった紫のルピナスや赤いカステラソウがいっせいに目を覚ます。サワッ

南西のニスカリーゲート

という軽い音とともに、まだ白い斑点の残る子鹿が森の中から現れた……。

カスケード山脈の最高峰、標高4392mのこの独立峰は、先住民にタホマTahoma（神の宿る所）と呼ばれ、畏れられていた。また、その優雅な姿から、日系移民の間では『タコマ富士』と呼ばれ、親しまれてきた。天気のよい日にはシアトルから望むこともできるが、車でわずか2時間30分ほどだ。ぜひ公園まで足を延ばし、清冽な空気を感じながらスケールの大きな自然のなかを歩いてみたい。

ブリティッシュ
コロンビア州
（カナダ）

フアンデフカ海峡

バンクーバーへ km 0 ⎯ 70
miles 0 ⎯ 40

ビクトリア

Sappho
Forks

Queets

オリンピック
国立公園

ポート
エンジェルス

シアトル

Tacoma

Olympia

太平洋

Hoquiam

Ashford

Packwood

ポートランドへ

ヤキマへ

Mt.Vernon

ノースカスケード
国立公園

Everett

ワシントン州

マウントレニエ
国立公園

Trivia シアトルに飛ぶなら　シアトル・タコマ国際空港に離発着する際、マウントレニエ上空を通過することがよくある。活火山であるマウントレニエの山頂クレーターからは、活動が穏やかな ↗

MAP 折込1枚目 A-1

行き方 ACCESS

ワシントン州最大の都市**シアトルSeattle**がゲートシティになる。夏期はシアトルからツアーバスが出ている。2時間30分ほどと近いので日帰りも可能だが、ぜひ1泊して高山植物が咲き乱れるトレイルを歩いてみたい。もしも1週間くらい時間を取れるなら、レンタカーでセントヘレンズ火山国定公園（→P.296）、オリンピック国立公園（→P.314）、ノースカスケード国立公園（→P.322）を周遊するといい。

ツアー TOUR

evergreen escapes

バイオ燃料のバンでパラダイスを訪れるエコツアー。最大10人まで。ナチュラリストがガイドしてくれるのも魅力だ。ランチにはオーガニックフードを満喫できる。冬も催行していて、スノーシューなどを楽しめる。

レンタカー RENT-A-CAR

シアトルからI-5を南へ走り、Exit 127で下りてWA-512、WA-7、WA-706経由で東へ向かうと南西ゲートNisqually Entranceだ。シアトルからパラダイスまで2時間30分。

夏は北東からのアプローチも考えられる。シアトルからI-5を南へ走り、Exit 142でWA-18へ。WA-167とのジャンクションを過ぎるとすぐにWA-164の出口がある。ここからEnumclaw経由でWA-410を東へ。シアトルからサンライズまで2時間30分。

東麓側のサンライズにあるファーストバローから望むイモンズ氷河

DATA

時間帯▶太平洋標準時 PST
☎(360)569-2211
URL www.nps.gov/mora
開園期24時間オープン。積雪期は一部を除いて閉鎖
道路▶7～9月
料車1台＄30、バイク＄25。そのほかの方法は1人＄15
国立公園指定▶1899年
面積▶957km²
（大阪府の約半分）
入園者数▶約162万人
園内最高地点▶4392m
（Mt. Rainier）
哺乳類▶59種
鳥　類▶157種
両生類▶14種
爬虫類▶5種
魚　類▶15種
植　物▶922種

evergreen escapes
☎(206)650-5795
URL evergreenescapes.com
運行8:00。10時間
料入園料、軽い朝食＆オーガニックランチ込みで、＄265。参加は10歳以上のみ
※セントヘレンズ火山やオリンピック国立公園へのツアーもある

ワシントン州の道路情報
Free 1800-695-7623
URL www.wsdot.wa.gov

ガソリンは満タンで
ガスステーションは園内にはない。Ashfordなど周辺の町で給油しておこう

マウントレーニア
コーヒー飲料『マウントレーニア』に描かれている山はマウントレニエだ。1792年、太平洋を探索していたイギリス海軍のバンクーバー大佐（カナダのバンクーバーの名の由来）がこの山を測量し、友人のレニエ（レーニア）少将の名を冠した。彼はまたセントヘレンズ山やピュージェット湾などにも友人知人の名を付けている

↗ときでも日常的に小規模な噴気が上がっている。このため山頂の一部には冬でも雪が解けて山肌が露出しているエリアがあり、航空機からよく見える

　公園ゲートは、南西のNisqually、南東のStevens Canyon、サンライズ入口のWhite River、北西のCarbon River（車両通行止め）と4ヵ所あるが、年中オープンしているのは南西のNisquallyだけ。

　公園は、中心にそびえるマウントレニエの山麓に各施設が散在し、南側と東側に周遊道路が通っている。ビレッジは、南側の**ロングマイアーLongmire**と**パラダイスParadise**、そして東側の**サンライズSunrise**の3ヵ所にある。

　マウントレニエの楽しみ方は、その日の天気によって変わってくる。山に雲がかかっていないなら、周遊道路をどんどん走って、いろいろな角度からレニエを眺めたい。少し長いトレイルを歩くのもいい。山頂が厚い雲に覆われているときには、パラダイスなどに滞在して花の咲き乱れる草原をのんびりと歩いてみよう。

情報収集 ▷▷▷▷▷▷ INFORMATION

Longmire Museum

　南西ゲートから6マイル。パラダイスへ向かう途中にある。マウントレニエの地理や歴史、生物などについて詳しく展示されている。ビジターセンターとしても機能している。

Jackson Visitor Center

　パラダイスインと調和するデザインで建築されたビジターセンター。融雪処理をしなくても屋根の雪が自然に落ちるように傾斜をつけ、落ちた雪を夏の冷房に使うなど、自然エネルギーを最大限に利用している。改築前のビジターセンターに比べて消費電力が約7割も減ったそうだ。動植物や氷河に関する展示のほか、オリエンテーションフィルムも上映されている。館内にカフェテリアがある。Wi-Fi無料。

Ohanapecosh Visitor Center

　南東ゲートの南にあるキャンプ場内のビジターセンター。園内にすむ動物や森の生態に関する常設展示も充実している。

Sunrise Visitor Center

　サンライズにあり、このエリアのハイキング情報が充実している。駐車場のいちばん奥の建物。手前右側の建物はカフェテリア。

ビレッジ間の所要時間
Longmire - Paradise
　　　　　　約30分
Paradise - Ohanapecosh
　　　　　　約45分
Ohanapecosh - Sunrise
　　　　　　約75分

積雪期の通行について
　WA-410は積雪期（おおむね11〜5月）は閉鎖される。WA-706のパラダイスより西は除雪車が入るので冬でも通行できるが、積雪量の世界記録を出したこともある地域なので、チェーンは忘れずに。雪崩などの危険が大きいと閉鎖されることもある。なお、積雪期は夜間通行止めになる

Longmire Museum
☎(360)569-6575
🕐9:00〜16:30

Jackson VC
☎(360)569-6571
🕐9:30〜17:30
春〜秋11:00〜17:00
積雪期は土・日・祝のみ
11:00〜16:45

Ohanapecosh VC
☎(360)569-6581
🕐9:00〜17:00
🈡10月上旬〜5月下旬

Sunrise VC
☎(360)663-2425
🕐9:00〜17:00
🈡9月中旬〜7月上旬

そのほかの施設
食事
　気軽に食べるならパラダイスのJackson VCのカフェテリア（🕐夏期11:00〜17:15、春・秋〜16:45）か、サンライズのカフェテリア（🕐夏期11:00〜17:00）で。ダイニングルームは2軒のロッジ内にある
ジェネラルストア
　ロングマイアーにある
🕐9:00〜20:00
※外貨両替は園内ではできない

サンライズ周辺のトレイルを歩く前に、ビジターセンターで地図をもらうといい

▶**NOTES** インターネットと携帯　ジャクソンVCではおもなプロバイダーの携帯が使える。Wi-Fi無料。このほかの場所ではインターネットは使えない。携帯も期待できない

シーズン ▶▶▶▶ ▶ SEASONS AND CLIMATE

高山植物が咲き競うのは7月下旬〜8月上旬。最も美しいのはその頃だが、混雑するのもその頃。年間入園者の約半数が7、8月に集中する。花は終わってしまうが、9〜10月上旬は気候が比較的安定しており、黄葉が見られる。人も少なくていい季節だ。

なお、スギ花粉症のひどい人は6月前後は避けたほうが無難。

12〜4月は深い雪の中。ロングマイアーとパラダイスの間は除雪されて年中通れるが、そのほかの道路は閉鎖される。雪に覆われた山々の凛とした美しさは、ほかの季節には味わえない魅力だ。

なお、夏でも雨や霧でマウントレニエの姿が1週間も見えないこともあるので、覚悟しておこう。

©NPS
大量の雪に埋もれる冬のパラダイスイン

⌕GEOLOGY

雪のシーズン
　パラダイスの初雪は例年10月下旬。3〜4月までは積雪があり、6月頃までは降雪がある。
　マウントレニエに氷河が多いのは、太平洋からの湿った空気が山にぶつかり、大量の雪を降らせるため。パラダイス付近では例年15mもの積雪があり、3階建てのParadise Innも屋根まですっぽり埋まってしまう。1972年には、年間降水量が2万8500ミリ（東京は平年値1529ミリ）、年間積雪量28.5mという世界記録も出している（現在の世界記録はシアトルの北にあるMt. Bakerで29m。1999年）

アバランチリリーのつぼみが膨らむのは7月後半、遅い年は8月に入ってから開花することもある

パラダイスの気候データ　　日の出・日の入りの時刻は年によって多少変動します

月	1	2	3	4	5	6	7	8	9	10	11	12
最高気温（℃）	0	1	2	5	9	12	17	17	14	9	3	1
最低気温（℃）	-6	-6	-5	-4	-4	-1	2	2	0	-4	-4	-6
降水量（mm）	445	310	300	197	127	110	44	63	135	254	412	456
降雪量（m）	3.3	2.4	2.7	1.6	0.6	0.2	0	0	0.1	0.7	2.2	2.9
日の出（15日）	7:48	7:13	7:20	6:19	5:32	5:12	5:28	6:05	6:45	7:21	7:10	7:45
日の入り（15日）	16:44	17:30	19:12	19:54	20:35	21:03	20:58	20:18	19:19	18:21	16:33	16:19

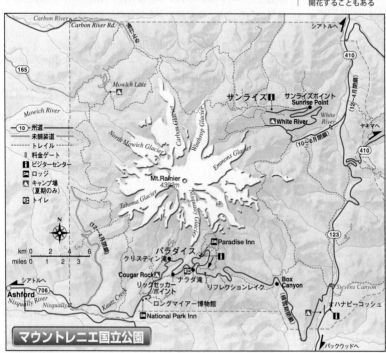

マウントレニエ国立公園

園内に数ある湖のなかで人気ナンバーワンのリフレクションレイク

おもな見どころ 📷 PLACE TO GO

パラダイス Paradise

　マウントレニエ南麓にある標高1647mのパラダイスは、ビジターセンターとロッジがあるだけの小さなビレッジ。周辺には湖、滝、高原と花畑、氷河と見どころが多く、まさにパラダイスだ。

　ビレッジのすぐ裏側には**ニスカリー氷河Nisqually Glacier**が迫っている。短いトレイルを歩けば、Nisqually Vistaという展望台から迫力ある氷河の姿を見ることができる。

Ranger Explore Mt.Rainier
高山植物の話と散策
集合▶夏期10:30
所要▶90分
場所▶Jackson VC

初級 Nisqually Vista
適期▶6〜10月
距離▶1周2km
標高差▶61m
所要▶1周約45分
出発点▶Jackson VC

リフレクションレイク　Reflection Lake

　パラダイスから東のオハナピーコッシュ方面へ向かう途中にある小さな湖。湖面にくっきりとマウントレニエの雄姿を映し出すため、絶好の撮影ポイントになっている。

🔍 GEOLOGY

氷河の話

　氷河とは、万年雪が積み重なって自らの重さで氷となり、斜面を流下するもの。巨大な氷の川が1日に数センチ〜数メートルの速さで動くのだから、そのエネルギーは莫大だ。谷底や周囲の崖の岩を削り取り、ヨセミテバレーのようなU字谷や、馬蹄型のカール（圏谷）を造る。岩石を巻き込んで流れるので、氷河は下へ行くほど汚くなる。標高の低い暖かい場所までくると氷河は前進を止め、崩れ落ちて解ける。この氷河の末端まで運ばれた岩石が堆積したものがモレーン（堆石）だ。

　現在マウントレニエにある28の氷河は、1日に30〜70cm、斜度の大きい所では1日に3mも移動している。最大はサンライズにあるEmmons Glacier。長さ6.3km、幅1.6kmで、48州最大といわれている。

　パラダイスにあるNisqually Glacierは園内6番目の大きさ。150年ほど前には氷河の先端部が現在より約2km下流にあったそうだ。

各地の氷河と同様、ここでも毎年規模が縮小している

Trivia アメリカ第3の山　マウントレニエはアメリカ48州で5番目の高さ。1位はセコイア国立公園のMt. Whitney（標高4421m）、2位Mt. Elbert（4401m）、3位Mt. Massive（4398m）、4位 ↗

ナラダ滝　Narada Falls

ロングマイアーからパラダイスへ登る途中で、ふたつの滝を見ることができる。パラダイス寄りにあるのがナラダ滝。落差50m。雪が水源になっているので、透き通った流れが見られる。特に雪解けの時期は水量も多く迫力がある。駐車場から150mほど下りると滝を間近に見られる展望台がある。

クリスティン滝　Christine Falls

ロングマイアーとパラダイスの中間にあり、駐車場から少し下りると橋越しに滝を見られる（橋上を歩くのは危ない）。1910年頃にはニスカリー氷河の末端がここまであったが、今は1.6kmも後退し、氷河から流れ出た川が滝となって落ちている。氷河が削った岩石の鉱物を含んでいるので、水は乳白色をしている。

サンライズ　Sunrise

パラダイスからマウントレニエの山裾をぐるりと回り込んで2時間、標高1950mのサンライズに着く。ビレッジのすぐ横に**イモンズ氷河Emons Glacier**が迫っていて、視界のよい日にはHood、Baker、Adamsといったカスケード山脈の山々も見える。

周辺には高山植物の群落が多いし、パラダイスとは反対側から見るマウントレニエもすばらしい。ぜひハイキングを楽しみたい。

昼頃には駐車場がいっぱいになってしまう

Narada Falls
簡易トイレ（車椅子可）

クリスティン滝

サンライズ
WA-410からサンライズへ上る道路は、例年7～9月の短い期間しかオープンしない。なお、サンライズにあるDay Lodgeはカフェテリア＆ギフトショップで、宿泊施設ではない

Ranger **Discover Sunrise**
集合▶夏期の木～月10:00、13:30
所要▶2時間
場所▶Sunrise VC

初級 **Emmons Vista**
適期▶7～9月
距離▶往復1.6km
標高差▶30m
所要▶往復30～40分
出発点▶サンライズ駐車場南側

GEOLOGY

今度はいつ噴火する？

マウントレニエは、日本列島と同じく環太平洋火山帯の一部をなしている。一度の爆発によってできた山ではなく、溶岩、火山灰などを断続的に噴出してできた複合火山だ。

今からおよそ1200万年前からマグマが形成され、100万年前頃に溶岩が押し出されて標高4900m程度の山をなしたと考えられている。その後約5800年前の大噴火で上部が吹き飛び、東側が凹んだ形の山となった。このときの噴火では北東斜面を土石流が洗い、現在のケント市あたりまで泥が覆いつくした。この噴火は、これまでにわかっている全世界の噴火のなかで最大といわれる。

大噴火の周期はおよそ3000年と考えられている。いちばん最近の大噴火は約2500年前。その後も小さな噴火は起きていて、最近では1882年に噴火した。現在も活火山であり、山頂はときおり蒸気が上がっている。

では、次はいつ噴火するのだろう？　専門家の意見は分かれているが、なかには「数年以内に噴火する可能性が高い」とする学者もおり、

火山周辺の道路には避難ルートを示す標識があちこちに設置されている。いざというときにはこの標識をたどって避難しよう

2004年からセントヘレンズ火山が活動的になったこともあって注目されている。

もしも将来大噴火を起こしたら、その被害はシアトルにまで及ぶという。例えば1980年のセントヘレンズ火山と同程度の噴火であっても、大量の氷河を残すマウントレニエのほうが被害は大きい。溶岩に触れて一瞬のうちに氷河が解け、巨大でスピードの速い泥流が発生するからだ。

Mt. Harvard（4396m）。2～4位はいずれもコロラド州の山だ。一方、標高ではなく山体の大きさ（麓と山頂の標高差）の比較では、アラスカのデナリ、ハワイのマウナケアに次いでマウントレニエが50州で第3位

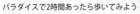

ハイキング　　　▷▷▷▷▷ HIKING

氷河や花畑を眺めながら高原を歩こう。夏期にはレンジャー引率のハイキングプログラムもある。地質や動植物についての説明が受けられるし、歩くペースもゆっくりしていて楽しい。スケジュールは公園の新聞『TAHOMA NEWS』などで確認を。

アルタビスタ・トレイル
Alta Vista Trail

パラダイスの北にある丘へ登るトレイル。マウントレニエはもちろん、セントヘレンズ火山の姿も遠くに見える。

パラダイスで2時間あったら歩いてみよう

> ⚠️ **ハイキングの注意**
>
> マウントレニエの天候は変わりやすく、真夏に雪が降ることもある。防水性が高く暖かい上着を忘れずに。また、マウントレニエのトレイルはどこも複雑に入り組んでいて迷いやすい。ポイントに標識がなく、目的地に到着したかどうかがわからないこともある。ビジターセンターかロッジでトレイルマップをもらっておこう

中級 Alta Vista Trail
適期▶6〜10月
距離▶1周2.8km
標高差▶183m
所要▶1周1.5〜2時間
出発点▶Jackson VC

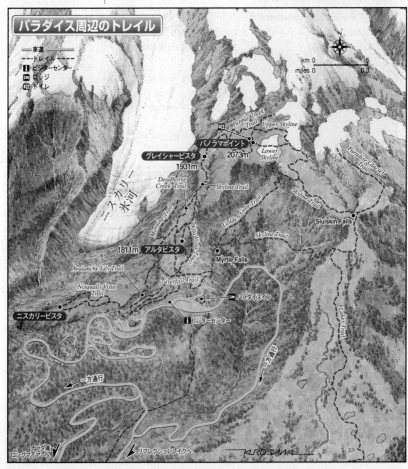

パラダイス周辺のトレイル

車道
トレイル
🛈 ビジターセンター
🏠 ロッジ
🚻 トイレ

km 0　　　　5
miles 0　　　0.3

Pebble Creek Trail　Upper Skyline
パノラマポイント　2073m
グレイシャービスタ　1931m
Lower Skyline
Paradise Glacier Trail

ニスカリー氷河

Deadhorse Creek Trail　Skyline Trail
Moraine Trail　Skyline Trail
Alta Vista Trail　Golden Gate Trail
Sluiskin Falls
1811m アルタビスタ
Skyline Trail
Myrtle Falls
Avalanche Lily Trail
Waterfall Trail
Nisqually Vista Trail
ニスカリービスタ　　パラダイスイン
🛈 ビジターセンター
Lakes Trail

一方通行

ナラダ滝
ロングマイアーへ
リフレクションレイクへ
KUROSAWA

> ⚠️ **ブラックベアに注意**　近年、ハイキングトレイルの近くでブラックベアが目撃されることが多くなっているが、かわいい子グマを見かけても決して近づいてはいけない

スカイライントレイル　Skyline Trail

　パラダイス周辺での最高地点、Panorama Point（標高2073 m）まで上る。花々の群落、残雪で遊ぶマーモット、迫力の氷河を眺めながら歩く。さまざまなルートが交差しているので、ショートカットもできる。真夏でも氷や残雪が多い。滑らない靴で歩こう。

中級 Skyline Trail
適期▶7〜9月
距離▶1周8.8km
標高差▶518m
所要▶1周4〜5時間
出発点▶Jackson VC
設備 簡易トイレ（パノラマポイント。夏期のみ）

スカイライントレイルのMyrtle Falls。ビレッジからここまでは舗装されている（車椅子可。勾配あり）

夏には氷河の末端に滝が現れる。まれに氷河や崖が崩れる音が響いてくることもある

レイクストレイル　Lakes Trail

　パラダイスからリフレクションレイクまで下るトレイル。車でも行けるが、森を抜け、草原を越えて歩く気分は爽快だ。

中級 Lakes Trail
適期▶6〜10月
距離▶1周8.3km
標高差▶396m
所要▶1周4〜5時間
出発点▶Paradise Inn
トレイルの最後に逆さタコマ富士が見られる

古老の森　Grove of the Patriarchs

　降水量の多いマウントレニエの山麓には広大な樹海が広がっている。そのひとつ、オハナピーコッシュ川の中州にある古木の森を歩く。森の中は樹齢500〜1000年のダグラスモミやヒマラヤスギが空を覆い、昼なお薄暗い。深呼吸をして、キツツキが幹をたたく音に耳を澄ましてみよう。雨のあとは足元がぬかるんでいることが多い。パラダイスから車で東へ45分。

パラダイスとサンライズの移動の途中でぜひ立ち寄りたい

初級 Grove of the Patriarchs
適期▶5〜10月
距離▶1周2.1km
標高差▶ほとんどない
所要▶約1時間
出発点▶南東ゲートを入ってすぐ
設備 簡易トイレ（トイレのみ車椅子可）

 グラッときたら　マウントレニエのトレイルを歩いているときに万一大きな地震を感じたら、すぐに少しでも高い場所へ移動しよう。氷河が一気に崩れ落ちる可能性がある

サワードゥリッジ　Sourdough Ridge（Dege Peak）

中級 Sourdough Ridge
適期▶7月中旬～9月上旬
距離▶往復6.7km
標高差▶244m
所要▶約3時間
出発点▶サンライズ駐車場北側

ルピナスをはじめとする高山植物の群落を抜けてなだらかな山道を登り、サンライズの東側にある見晴らしのいい稜線まで往復する。トイレ裏手の坂を上がり、分岐点でバローズマウンテンとは逆に右手へ歩いていく。登るにつれてマウントレニエが大きくなり、天気のいい日ならマウントアダムスからマウントベイカーなどカナダ国境の山まで遠望できるだろう。時間がなければ途中で引き返してくればいい。

セカンドバロー
Second Burrough

中級 Second Burrough
適期▶7～9月
距離▶Firstまで1周8km、Secondまで1周11.2km
標高差▶274m
所要▶Firstまで1周約3時間、Secondまで約4時間
出発点▶サンライズ駐車場北側

サンライズ周辺のおもなポイントをぐるりと1周するコース。バラエティに富んだ風景が楽しめる。詳しくはP.311コラムを参照。

イモンズ氷河の鉱物がたっぷり溶け込んだ湖を見下ろしながら歩く

サンライズ周辺のトレイル

車道
トレイル
ビジターセンター
キャンプ場（夏期のみ）
トイレ
イモンズ氷河

セカンドバロー
Second Burrough
2256m

ファーストバロー
First Burrough
2134m

Grand Park Trail

Burroughs Mountain Trail

Wonderland Trail

Mt. Fremont Trail

Frozen Lake

Burroughs Mountain Trail

Burroughs Mountain Trail

Wonderland Trail

Shadow Lake

Wonderland Trail

Burroughs Mountain Trail

Frozen Lake Trail

White River

Burroughs Mountain Trail

イモンズ氷河展望台

ビジターセンター

カフェテリア＆ショップ

Sourdough Ridge Trail

N

KUROSAWA

NOTES 登山をする人へ　事前に公園ウェブサイトから登山登録手数料を支払い、当日正午までにレンジャーステーションに登録する。パノラマポイントと山頂の間にあるCamp Muirの利用に ↗

登山 ▷▷▷▷▷ MOUNTAIN CLIMBING

『タコマ富士』の山頂を極めるのは、富士山頂に立つよりはるかに難しい。標高も緯度もより高く、無数のクレバスが待っているからだ。それでも年間約5000人があの頂に立っている。冬山登山

をやっている人で氷河歩きができるなら、レンジャーステーションに登録して自分たちだけで出発することも可能。往復26km、標高差は2750m。経験の浅い人は登山教室に参加してから、教官と頂上を目指すパーティに加わるという方法もある。

雪山の基礎を教えてくれる登山教室

ウインタースポーツ ▷▷▷▷▷ WINTER SPORTS

冬、パラダイスではクロスカントリースキーが楽しめる。週末にはレンジャーと一緒に銀世界を歩くスノーシューハイクも行われる。

登山登録手数料
料 1人 $65

登山教室
Rainier Mountaineering Inc.
Free 1888-892-5462
URL www.rmiguides.com
料 1日クラス $370、4日間
登頂コース夏期 $1905

Ranger **Snowshoe Hike**
集合▶12月下旬〜3月上旬の土・日・祝11:00、13:30
所要▶2時間
場所▶Jackson VC
料 任意の寄付 $5

TRAIL GUIDE

セカンドバロー

最短距離を行くよりも、往復で別のルートを取ってみよう。まずは、サンライズのカフェテリアとビジターセンターの間にあるトレイルヘッドから歩き始める。しばらく登った突き当たりを左へ。初めの1kmほどは緩やかな上りが続く。登りきるとアップダウンの少ない道が続くが、ガレ場に近い所もあるのでしっかりとした靴が必要だ。やがてフローズンレイクを右に見ながら回り込むと、五差路に出る。ここからがバローズマウンテンの始まりだ（ここで右折して直接シャドーレイクへ下りることもできる）。

かなりキツイ上りが続く。あたりの植生は北極圏と同様のツンドラ地帯だ。限られた高山植物だけが生きられる環境だ。北緯47度（サハリン南部程度）、標高2000m以上を甘く見てはいけない。天気は急変しやすい。

標高差約300mを登りきると、正面にマウントレニエが圧倒的な迫力をもって現れる。平坦な丘になっているあたりがファーストバロー。イモンズ氷河を望む絶景を愛でながら休憩しよう。

向かいの斜面にはセカンドバローへのトレイルが見えている。真夏でも残雪が多いので、状況によっては諦めたほうがよい。30分ほど上るとイグルー型の石のベンチがある。ここがセカンドバロー。マウントレニエがさらに近く見える。

ファーストバローまで戻ったら、今度は右に道を取ってサンライズに戻ろう。右にインターフォーク（沢）の造る谷を隔てて氷河とマウントレニエ、左にはルピナスなどの群落を見ながら下る。足場はあまりよくない。Glacier Overlookを過ぎて左へ下りていくとキャンプ場。その先、左側にシャドーレイクが現れる。色とり

どりの花に囲まれたエメラルドグリーンの湖水が静かだ。シャドーレイクからサンライズまではなだらか。森の中にぽっかりと浮かぶ花畑にシカが遊ぶ。まるでメルヘンの世界だ。

注意：緯度の高い山地であることを忘れずに。マウントレニエそのものが周囲に独特の気候を作り出すといわれるだけあって、天気は変わりやすい。太陽が陰ると気温は急激に下がり、冷たい風が体温を奪う。重ね着が絶対に必要。短いトレイルを歩く際でも、出発前にビジターセンターで天候のチェックを。また、年によっては8月でも残雪がある。通れるかどうか慎重に判断しよう。

石のベンチは特等席だ

↗ はバックカントリー許可証 $20 が別途要。装備、技術、経験はもちろんのこと、パークレンジャーの説明や、雪崩などの危険情報を正確に理解できる英語力も重要になってくる

マウントレニエの主役たち

マウントレニエは花の公園だ。例年、7月下旬〜8月中旬の短い間に、数百種類の高山植物がいっせいに咲き競う。特にパラダイスがすばらしく、まさに天上の花園となる。森林限界の下はダグラスモミを中心とした針葉樹林で覆われている。草原と森林の境目付近の美しさも特筆ものだ。

この境目を活動範囲にしているのがブラックベアやオグロジカ。森の中にはピューマもかなりの数が生息している。東側のサンライズへ上がる道路沿いや森林では、特に9月頃にエルクをよく見かける。岩場にはマウンテンゴートもいる。

マウントレニエで最もよく見られる哺乳類は、おそらくマーモットだが、彼らがすんでいる岩場でぜひ注目してほしいのがナキウサギ。シャイな動物なので人の声がすると岩の下に隠れてしまうが、しばらく静かにして待っていれば、きっと姿を見せてくれるだろう。

1. サンライズで見かけたブラックベア　2. パスクフラワーの綿毛　3. ツガザクラPink Mountain Heather　4. 岩の隙間に植物を貯め込むナキウサギ　5. 夏の訪れを告げるアバランチリリー

　珍しい動物2種　2022年、マウントレニエで初めてムースMooseが目撃・撮影された。園内ではまたクズリWolverine（体長80cm前後。ずんぐりした体形のイタチの仲間）も確認 ↗

園内で泊まる

ロングマイアーとパラダイスに1軒ずつロッジがある。どちらも歴史ある宿だが、室内は新しくて快適。バスなしの部屋でも備品がひととおり揃っており、共同シャワーは清潔で気持ちよく使える。夏の予約は3ヵ月以上前に満室となる。

ロッジの予約
☎ (360)569-2275 Free 1855-755-2275
URL www.mtrainierguestservices.com
カード A D M V

🏠 Paradise Inn

パラダイスにある1916年建造のロッジ。丸太組みの広いロビーには石造りの暖炉もあっていいムード。周辺は花の咲き乱れる草原だ。マウントレニエが見える部屋は少ないが、反対側のタトゥーシュ山脈の眺めも悪くない。電話、Wi-Fiなし。ダイニングルームとコーヒーショップあり。全館禁煙。121室。営業は夏期のみ。

ロビー内もぜひのぞいてみよう

🏛 5/18〜9/29（2024年）
on off バス共同 $ 210〜306
バス付き $ 294〜459

🏠 National Park Inn

南西ゲートに近いロングマイアーにあり、年中営業している。全25室と規模が小さく、パラダイスと違って観光客も少ないので静かに過ごせるのが魅力。電話なし。ダイニングルームあり。全館禁煙。
なお、隣にあるストアは1911年建造のログキャビンなのでお見逃しなく。

冬も営業している

🏛 年中オープン
on off バス共同 $ 228〜290
バス付き $ 297〜432

キャンプ場に泊まる

園内には3ヵ所のキャンプ場があり、夏だけオープンしている。南東ゲート近くの**Ohanapecosh**とロングマイアー近くの**Cougar Rock**は夏期は予約できる。

キャンプ場の予約→P.489
Free 1877-444-6777 URL www.recreation.gov
🏛 $ 20（いずれも水は使えない）

近隣の町に泊まる

南西ゲートの外側にあるAshfordと、南東ゲートからUS-12を南下した所にあるPackwoodに数軒ずつの宿がある。

アシュフォード		Ashford, WA 98304　南西ゲートまで4マイル　11軒		
モーテル名	住所・電話番号など		料　金	カード・そのほか
Alexander's Lodge	🏠 37515 WA-706 E. ☎ (360)569-2300 URL alexanderslodge.com		on $ 169〜299 off $ 139〜249	A M V　ゲートまで1マイル。歴史的な建物。朝食デリバリー可。Wi-Fi無料。全館禁煙
Mountain Meadows Inn	🏠 28912 WA-706 ☎ (360)569-0507 URL mountainmeadows-inn.com		on off $145〜210	A D J M V　ゲートまで6マイル。ロマンティックなB&B。朝食込み。Wi-Fi無料

パックウッド		Packwood, WA 98361　南東ゲートまで10マイル　6軒		
モーテル名	住所・電話番号など		料　金	カード・そのほか
Crest Trail Lodge	🏠 12729 US-12　☎ (360)494-4944 Free 1888-477-5339 URL www.elodging.net		on off $169〜229	A M V　町の西の外れ。冷蔵庫、電子レンジあり。Wi-Fi無料

オリンピック国立公園
Olympic National Park

ワシントン州

▶シアトルからわずか
数時間のドライブ
で、こんな温帯雨
林を散策できる。日
本の白神山地と同
様に、とても貴重な
多雨林で、どちらも
世界遺産に登録さ
れている

　アメリカには63の国立公園があるが、変化に富んでいるという点
ではオリンピックがナンバーワンではないだろうか。何しろスキー
も、ジャングル探検も、海水浴もできてしまうのだ！　オリンピッ
ク国立公園はワシントン州の北西部、オリンパス山（標高2432m）
を中心としたオリンピック半島に位置し、山岳部には60近い氷河が
ある。ところが、その麓はジャングルを思わせるコケむした温帯森
林。すぐそばには太平洋が広がっている。その特異な環境から、
1981年にUNESCOの世界遺産に登録された。

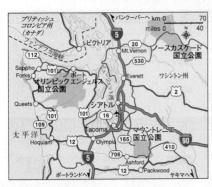

ミュールジカに近い仲間のオグロジカ

西海岸

オリンピック国立公園（ワシントン州）

West Coast

行き方　ACCESS

オリンピック半島北岸の**ポートエンジェルスPort Angeles**がゲートシティ。ファンデフカ海峡を隔ててカナダのビクトリアと向かい合っていて、フェリーが往復している。公園北部の見どころだけを回るなら、シアトルからバスで来て、ここでレンタカーを借りてもいい。公園の西側も見るなら、シアトルでレンタカーを借りて、オリンピック半島をぐるりと回るのがおすすめ。できればマウントレニエも合わせて3、4日かけて回りたい。シアトルからは日帰りツアー（→P.303）も出ている。

長距離バス　BUS

シアトルからポートエンジェルスまで**Dungeness Lines**が1日2便バスを運行している。シアトルの乗り場は、ダウンタウンのアムトラック・キングストリート駅（住303 S. Jackson St.）にある。シータック国際空港（バゲージクレームの南端。ドア#2）からも乗ることができる。

ポートエンジェルスから公園へはレンタカーで行くことになる。

Dungeness Lines					(2023年11月現在)
11:50	19:00	Sea-Tac Airport	10:00	16:40
12:35	19:55	Seattle Amtrak	9:15	15:50
16:10	23:40	Port Angeles	5:45	12:01

レンタカー　RENT-A-CAR

シアトルのピア52からBainbridge Island行きフェリーに乗り、対岸に到着してからはWA-305、WA-3、WA-104と走るとUS-101に出る。これを北へ進むとポートエンジェルスにいたる。シアトルから3時間弱をみておこう。そのままハリケーンリッジへ行くなら、市内に入ってRace St.で左折。道なりに進むとビジターセンターを経てハリケーンリッジにいたる。所要45分。

レイククレセントへは、ポートエンジェルスからUS-101を西へ22マイル。海岸地域までは70マイル。南部のクラロックまでだと、ポートエンジェルスから90マイルのドライブだ。

ビーチごとにさまざまな表情を見せてくれる海岸地域もお見逃しなく

DATA

時間帯▶太平洋標準時PST
☎(360)565-3130
URL www.nps.gov/olym
運期年中
圏24時間365日オープン
料車1台＄30、バイク＄25。そのほかの方法は1人＄15
国立公園指定▶1938年
ユネスコエコパーク登録▶1976年
世界遺産登録▶1981年
面積▶3734km²
（奈良県とほぼ同じ）
入園者数▶約243万人
園内最高地点▶2432m
(Mt. Olympus)
哺乳類▶65種
鳥　類▶263種
両生類▶13種
爬虫類▶5種
魚　類▶97種
植　物▶1196種

Dungeness Lines
住123 E. Front St.
☎(360)417-0700
URL dungeness-line.com
料シアトルから片道＄33、空港から片道＄37
※グレイハウンド（→P.485）のサイトで予約できる。レンタカーはバスディーポ内にAvisとBudgetがある

スケジュールには余裕をもって
シアトル周辺は渋滞がひどい。ラッシュアワーや週末にはI-5も延々と渋滞する。またWA-104は入江を渡る跳ね橋があり、船の通過に当たってしまうと30分～1時間も待たされる

Washington State Ferries
Free 1888-808-7977
URL www.wsdot.wa.gov/ferries
運航早朝～深夜40～90分ごと。片道35分
料車1台＄16.80～、同乗者1人＄9.45

園内の見どころは、オリンピック半島の中央にそびえる山岳地域と、太平洋岸の南北90kmに及ぶ海岸地域に点在している。それぞれの見どころを直接つなぐ道路はなく、半島の周囲をぐるりと1周しているUS-101からアクセスすることになる。

山岳地域の見どころへは北側からアクセスする。標高約1500mに広がる高原、**ハリケーンリッジHurricane Ridge**、森に囲まれた**レイククレセント Lake Crescent**などがある。

海岸地域のハイライトは温帯雨林だ。**ホー・レインフォレストHoh Rain Forest**と**キノート・レインフォレストQuinault Rain Forest**がある。その中間の海岸沿いにクラロックKalalochの町がある。

半島を1周するUS-101は通行量も少なくて走りやすい

Olympic National Park Visitor Center

ポートエンジェルスのRace St.（途中でMt. Angels Rd.となる）を南に1マイル行った所。ハリケーンリッジへ上る途中にある。トレイルの状態など各種情報のほか、25分間のオリエンテーションフィルムも上映している。

反時計回りにドライブするなら、まず最初にここを訪れよう

オリンピック国立公園は、場所によってその気候がドラマチックに変わる。太平洋を流れる冷たいカリフォルニア海流からの湿った空気は、強い西風に乗ってオリンピック山脈にぶつかり、西側の斜面に多量の雨をもたらす。標高の高い所では雪になって氷河を育み、麓では多量の雨が深い深い森を育てる。ところが、山の東側はロスアンゼルスと変わらないほど乾燥しているのだ。

公園は年間を通じてオープンしており、四季折々の楽しみ方があるが、シーズンはやはり夏。ほかの季節に比べて降水量が少なく、晴れた日が多い。最高気温も24℃前後で過ごしやすい。山岳部では冬はかなりの降雪があり、ウインタースポーツが盛んに行われる。

いずれにしても変わりやすい気候なので、重ね着が望ましい。特にハイキングやキャンプの際は十分な準備を。また、車で冬期の山岳地帯を走る際はチェーンは必携だ。

おもなポイント間の所要時間
Port Angeles-Hurricane Ridge　　約50分
Port Angeles-Lake Crescent　　約30分
Lake Crescent-Hoh　約90分
Hoh-Kalaloch　約65分
Kalaloch-Quinault　約45分

⚠ **クマに注意**
オリンピック半島にはクマが多い。車から離れる際には食品、飲み物、香辛料、化粧品、ゴミ袋など匂いのあるものはすべてトランクへ入れよう

Olympic NP VC
☎ (360)565-3130
⏰ 夏期 9:00〜17:00
冬期 10:00〜16:00
🚫 11月第4木曜、12/25

そのほかの施設
園内の各ロッジにレストラン（夏のみ）がある。そのほかの施設はポートエンジェルスなどで

ガスステーション
US-101沿いにけっこうある。またクラロックロッジでも給油できる

🐾 WILDLIFE
手荒なプロジェクト
2018〜2020年にかけて、合計381頭のマウンテンゴートが園内で捕獲され、ノースカスケード周辺の山に放たれた。オリンピック半島のマウンテンゴートは1920年代に狩猟目的で移入されたもので、増え過ぎて植生に大きな影響を与えていることと、カスケード山脈のマウンテンゴートの生息数が減ったことが移送の理由だ。

しかしヘリコプターから麻酔銃で撃ち、網に入れてロープで引っ張り上げるという手荒な方法で、捕獲＆輸送の最中に40頭が死んでしまった。計画が進むにつれて警戒されて捕獲が難しくなり、1頭を捕まえるのに1時間以上追い回すこともあったそうだ。母親と同時に捕獲できなかったため動物園に送られた幼獣も16頭いる

Reader's Voice 春のハリケーンリッジ　5月初旬のハリケーンリッジは、場所によっては人の背丈を超えるほど雪が残っていたが、緑の山並みと雪の取り合わせが美しかった。ハリケーンヒルのトレイルにはま ↗

おもな見どころ　📷　PLACE TO GO

ハリケーンリッジ　Hurricane Ridge

ポートエンジェルスから標高1500m以上まで一気に坂を登っていくと、見晴らしのよい尾根にビジターセンターが建っている。ハリケーンヒルまで上れば、氷河の残る山々、ファンデフカ海峡、カナダのバンクーバー島

赤い矢印が園内最高峰のオリンパス山（標高2432m）

やノースカスケードの山々まで一望のもと！　あたりの草原では、高山植物の群落の中をシカやマーモットが歩き回っている。

レイククレセント　Lake Crescent

US-101沿いにある三日月形の氷河湖。山々に囲まれた静かな湖で、湖畔のロッジが美しい。窒素濃度が低いために植物プランクトンが育たず、高い透明度を保っている。時間があればメリーミア滝へのトレイル（→P.320）を歩くのもおすすめだ。

日がな1日何もしないでくつろぐ。湖畔の椅子に腰かけて読みたかった本のページを開く。そんな過ごし方がふさわしい湖だ。

Hurricane Ridge Visitor Center

2023年5月、火災により焼失し、再建中。簡易トイレあり。使える駐車場が限られるため、通行台数を制限している。ポートエンジェルス（P.315のバスディーポ隣）からシャトルバスが毎日6往復している。往復＄2（入園料別）。2024年の運行は未定

初級 Cirque Rim Trail	
適期	▶6～10月
距離	▶1周1.6km
標高差	▶15m
所要	▶約40分
出発点	▶ビジターセンター

車椅子可。勾配あり

積雪期の通行

ハリケーンリッジは、積雪期は金～日・祝9:00～16:00のみ通行可。例年、11月下旬～4月初旬はチェーン規制あり。道路情報は☎(360)565-3131で

📷 WILDLIFE

巨木の森

オリンピック半島は巨木が多いことでも知られている。シトカトウヒ Sitka Spruce（58m）、ベイスギ Western Red Cedar（59m）など、樹種ごとの世界最大の木が半島内で多数発見されている

オリンピック国立公園

（地図中の地名）
フラッタリー岬へ／Sekiu／ファンデフカ海峡／Ozette／オゼット族居留地／Ozette Lake／Salt Creek／ポートエンジェルス Port Angeles／Klahowya／レイククレセント／Log Cabin Resort／シアトルへ／Sol Duc River／Fairholme／Lake Crescent Lodge／Heart O'the Hills／フォークス Forks／Sol Duc Hot Springs／リアルトビーチ／Mora／ハリケーンリッジ／Deer Park／キルート族居留地／Bogachiel／Mt.Carrie 2132m／Mt.Deception 2374m／太平洋／ホー族居留地／ホー・レインフォレスト／Mt.Olympus 2432m／国道／州道／未舗装道路／トレイル／ルビービーチ／Queets River／ビジターセンター／ロッジ／キャンプ場／キャンプ場（夏期のみ）／Kalaloch Lodge／North Fork／Graves Creek／Staircase／Big Creek／km 0 5 10／miles 0 5／キノート・レインフォレスト／Lake Quinault／キノート族居留地／オリンピアへ／Lake Quinault Lodge／Lake Cushman

だ雪が残っており、滑りやすいところもあったが、周りはどちらを向いてもすばらしい景色。往復30分ほど歩くだけでも満足できた。春まだ浅い頃でもぜひ歩いてみてほしい。（東京都　Ken　'18）['23]

ソルダック・ホットスプリングス　Sol Duc Hot Springs

レイククレセントの南に位置する温泉リゾート。Sol Ducとは先住民の言葉で"温泉が出る土地"という意味。その湯は炭酸と珪酸を多く含み、温度は37〜40℃。キャンプ場、キャビン、レストランなどの施設が整っているが、温泉だけでも利用できるし、温水プールで泳ぐこともできる。森を眺めながらの温泉は最高の気分。湯は透明だが、入ってみるとヌメリがあり、硫黄臭もある。

水着で温泉浴を楽しもう

Sol Duc Hot Springs
Free 1888-896-3818
URL www.olympicnationalparks.com
3月下旬〜10月下旬
夏期9:00〜21:00。春・秋は〜20:00
90分＄18、4〜11歳＄12
※宿泊者は無料。水着着用のこと

フラッタリー岬　Cape Flattery

マカ族先住民居留地（入場許可証要）にある48州北西端の岬。突端の断崖に設けられた展望台からも、行く途中のWA-112からも、アザラシ、アシカ、海鳥がたくさん見られる。ファンデフカ海峡にすみついているコククジラや、ハクトウワシも多い。岬からの帰路、**Neah Bay**に充実したマカ族博物館があるので立ち寄っていくといい。

Cape Flattery
レイククレセントから西へ25マイルでWA-113へ右折。途中でWA-112に合流してNeah Bayへ。村の奥へ進み、標識に従ってさらに7マイル走る。2時間。駐車場から岬へは急坂を下って約20分
WC 簡易トイレ
※居留地内のガソリンスタンドか Makah Tribal Center、マカ族博物館で、入場許可証（車1台＄20）を購入のこと

Makah Cultural and Research Museum
1880 Bayview Ave., Neah Bay
☎ (360)645-2711
10:00〜17:00
11月第4木曜、12/25、1/1
＄10

突端の展望台からは太平洋の荒波に削られた断崖が一望できる

リアルトビーチ Rialto Beach

フォークスから10マイル西、太平洋に面したキルート川河口にある。強風や津波によって倒された木々が波打ち際に横たわる。アシカやワシ、アザラシを間近に見ることができる。川を挟んだ**La Push**はキルート族居留地。オオカミの子孫であると言い伝えられるキルート族は、サケ漁やカヌー、バスケット作りにより生計を立てていた。現在はキャビンやキャンプ場などの宿泊施設とマリーナがある。

Rialto Beach
フォークスからWA-110を西へ13マイル。30分

La Push
WA-110をLa Push Rd.へ左折して、6マイル。フォークスから40分。キルート族居留地は入場無料

夕日に染まるリアルトビーチ

約370人のキルート族が独自の文化を守って暮らしている

NOTES マリファナについて　ワシントン州では嗜好用のマリファナ（大麻）の購入、使用が合法だが、国立公園、国有林のほかマカ族先住民居留地内でもマリファナの所持、使用ともに禁止され↗

海岸地域の道路には避難路を示す標識が整っている

ホー・レインフォレストでは木の幹や枝を覆うコケに注目して歩きたい

ホー・レインフォレスト　Hoh Rain Forest

　熱帯雨林のような深い森。年間平均3660mmという多量の雨が木々を巨大に育てた、世界でも数少ない温帯雨林だ。ビジターセンターの裏手にある短いトレイルを歩いてみよう。太古のムードが味わえる。ベイツガWestern Hemlock、ヒロハカエデBigleaf Mapleなど、どこにでもある樹木なのだが、幹や枝にびっしりと生えた100種以上のコケと、枝から垂れ下がったアオギヌゴケやイワヒバの仲間などが、原始の世界を思わせる不思議な雰囲気を作り出している。足元にもシダがびっしり。唯一、コケが生えていないのはベイスギWestern Red Cedar。樹皮が酸性なのでコケが育たないのだそうだ。

海岸地域

　磯の生物を観察したりしながら、海岸線に沿って砂浜を歩くのがここの楽しみ方。砂浜のない岩場にはトレイルが設置されている。クラロックに夏の間だけオープンするインフォメーションステーションで潮位表を入手し、満潮時を避けて歩くようにしたい。冬にはホエールウオッチングも楽しめる。寒流の影響で真夏でも潮風が冷たい。寄せる波の音と、海鳴りのような音とが、体を、耳を、心を、心地よく包み込んでゆく。無数の流木たちは何を語ってくれるだろう。

クラロックのビーチ。波に打ち寄せられた巨大な流木にぶつかって亡くなった人もいるので、波の荒い日にビーチを歩くときには注意を

キノート・レインフォレスト　Quinault Rain Forest

　公園の南西端にある温帯雨林。キノート湖畔にあるため、ホー・レインフォレストよりも湿度が高く、カエデがより多いなど植生が微妙に異なっている。シダ類もよく茂っていて、むせかえるほどの緑にあふれている。US-101からここへ来る途中にある、樹齢約1200年のベイスギWestern Red Cedarの巨木もお見逃しなく（看板あり）。

Hoh Rain Forest Visitor Center
☎ (360)565-3000
🕐 夏期9:00〜17:00、冬期は金〜日10:00〜16:00
🚫 冬期の月〜木、1〜2月

初級 **Hall of Mosses**
適期▶年中
距離▶1周1.3km
標高差▶30m
所要▶30〜40分
出発点▶ビジターセンター
車椅子可。トレイルヘッドから120mを過ぎると勾配が上がる

初級 **Spruce Nature Trail**
適期▶年中
距離▶1周1.9km
標高差▶30m
所要▶約1時間
出発点▶ビジターセンター

蚊に注意！
　森の中は夏は蚊が多い。日本の蚊の倍ほどの大きさがあり、刺されると痛い。半袖や短パンは避けよう

Kalaloch Ranger Station
☎ (360)962-2283
🕐 夏期9:00〜17:00、春は木〜月のみ
🚫 秋・冬期

Trivia **大海の向こう側**
　オリンピックの海岸には、東日本大震災で流されたガレキが無数に打ち上げられている。震災の翌年には、船を修理する長さ20mのドックが流れ着き、青森県三沢市のものと確認された

初級 **Maple Glade Trail**
適期▶年中
距離▶1周800m
標高差▶ほとんどない
所要▶20〜30分
出発点▶キノート・レインフォレスト・レンジャーステーション

ている。なお、日本人は国外での行為にも日本の大麻取締法が適用され、処罰の対象となることがあるので要注意

中級 Hurricane Hill
適期▶6~10月
距離▶往復5.1km
標高差▶213m
所要▶往復約3時間
出発点▶ハリケーンリッジの道路の突き当たり

中級 Marymere Falls
適期▶年中
距離▶往復2.9km
標高差▶122m
所要▶往復1.5~2時間
出発点▶Lake Crescent Lodge

上級 Mt. Storm King
適期▶5~10月
距離▶往復5.4km
標高差▶640m
所要▶往復約5時間
出発点▶Lake Crescent Lodge

フィッシングの注意
園内での釣りについては、用具、場所、魚のサイズなど細かい規則があるので、ビジターセンターで確認を

スキー場
リフト1本、ロープトウ2本。12~3月の土・日・祝のみ営業。リフト券1日$54

Ranger Snowshoe Walk
集合▶12月中旬~3月下旬の土13:30
所要▶1時間30分
場所▶ハリケーンリッジ
料 $7、6~15歳$3

アクティビティ   ACTIVITIES

ハイキング   HIKING

オリンピックの多彩な自然を限られた時間内で楽しむには、短いトレイルをいくつか歩いてみるのがいい。ビジターセンターで地図をもらおう。何しろ雨がよく降る所なので雨具をお忘れなく。

ハリケーンヒル　Hurricane Hill

ハリケーンリッジで半日の時間を取れるのなら、ぜひハリケーンヒルの頂上に登ってみよう。山頂からは海までの眺望が楽しめる。

メリーミア滝　Marymere Falls

レイククレセントから国道を渡って森の奥へと歩き、落差27mの美しい滝を訪れる。

マウント・ストームキング　Mount Storm King

メリーミア滝から少し戻り、東へ入る。かなり急なスイッチバックを登るが、レイククレセントを眼下に望む風景は見事だ。

フィッシング   FISHING

園内の川や湖では、レインボートラウト、カットスロートトラウト、ブルックトラウトなど、マスの類が釣れる。ライセンスは不要。しかし、海釣りはワシントン州のライセンス（1日用$20.15）が必要。スポーツ用具店やジェネラルストアで購入できる。

ウインタースポーツ   WINTER SPORTS

国立公園のど真ん中だというのに、ハリケーンリッジにスキー場がある。クロスカントリーに最適なコースも多く、天気のいい日には山々のパノラマを楽しみながらのツアーが満喫できる。ハリケーンリッジへの道路は週末の日中のみ通行可。チェーン規制あり。吹雪などで閉鎖されることもある。

宿泊施設   ACCOMMODATION

園内で泊まる

園内には4軒、周辺に1軒のロッジがある。Kalaloch Lodge以外の4軒は下記でまとめて予約を受け付けている。

Aramark Parks & Destinations Free 1888-896-3818 URL www.olympicnationalparks.com カード A M V

🏠 Lake Crescent Lodge

レイククレセント南岸にある上品な木造のロッジ。コテージとモーテルタイプが多い。シンプルだが落ち着いたインテリアに加え、寄せるさざ波の音や降るような星空が心を和ませてくれる。ロビーには白い木枠の窓から光が差すサンルームがあって落ち着ける。電話はない。Wi-Fi無料（ロビーのみ）。全館禁煙。55室。

雰囲気のいいレストランもある

営4月下旬~1月初旬 住416 Lake Crescent Rd., Port Angeles, WA 98363 ☎(360)928-3211 on off $173~265、ロッジ$153~189、コテージ$338~381、キャビン$417~446

🏠 Sol Duc Hot Springs Resort

温泉をゆっくりと利用するなら、ここに泊まるのがいちばん。キャビンはすべてバス、暖房付き。キッチン付きのものもあって、冷蔵庫、電子レンジ完備。32棟。

🏠3月下旬～10月下旬 🏠12076 Sol Duc Hot Springs Rd., Port Angeles, WA 98363 ☎(360)327-3583 on off $262～317

🏠 Kalaloch Lodge

US-101が太平洋と出合うクラロックに海に面して建つ。キャビン44棟（内キッチン付き15棟）のほかにロッジが27室ある。海に沈む夕日を室内から眺められるキャビンも多く、別荘気分が味わえる。海を望むダイニングルーム、ストアあり。

🏠年中オープン 🏠157151 Hwy. 101, Forks, WA 98331 ☎(360)962-2271 Free 1866-662-9928 URL www.thekalalochlodge.com on off $191～337、キャビン$171～549

高台にあるので海がよく見える

🏠 Lake Quinault Lodge

US-101から北へ2マイル入った所にあるレイクキノートの東岸に建つロッジ。1階のロビーはゆったりとしたスペースに暖炉がありくつろげる。レストラン、室内プール、サウナあり。92室。

🏠年中オープン 🏠345 South Shore Rd., Quinault, WA 98575 ☎(360)288-2900 on $290～398 off $123～283

🏠 Log Cabin Resort

レイククレセントの北東の端に建つログキャビン。US-101から北へ3マイル入った所にあって非常に静か。キャンプ場、レストラン、コインランドリーあり。24棟。

🏠5月中旬～10月上旬 🏠3183 E. Beach Rd., Port Angeles, WA 98363 ☎(360)928-3325 on off $208、キャビン$102～294、シャレー$226

キャンプ場に泊まる ◄◄◄◄

公園の中や国道沿いに16ヵ所、約900サイトのキャンプ場があり、冬でも半数はオープンしている。クラロック、ソルダック、ホーなどは夏期は予約（→P.489）できる。

近隣の町に泊まる ◄◄◄◄

US-101沿いにいくつかモーテルがある。早い時間に到着できるなら、特に予約はいらないだろう。

ポートエンジェルス	Port Angeles, WA 98362 ハリケーンリッジまで 20 マイル 21 軒		
モーテル名	住所・電話番号など	料 金	カード・そのほか
Red Lion Hotel	🏠221 N. Lincoln St. ☎(360)452-9215 Free 1800-733-5466 URL www.redlion.com	on $209～419 off $139～199	ADJMV フェリー乗り場前。レストラン、屋外プールあり。Wi-Fi無料。貸し自転車あり
Royal Victorian Motel	🏠521 E. First St. ☎(360)452-8400 URL www.royalvictorian.net	on $114～276 off $62～113	AMV 町の中心部のUS-101（東行き）沿い。全館禁煙。冷蔵庫、電子レンジあり。Wi-Fi無料
フォークス	Forks, WA 98331 ホー・レインフォレストまで 15 マイル 10 軒		
Dew Drop Inn	🏠100 Fern Hill Rd. ☎(360)374-4055 FAX(360)374-2410 URL www.dewdropinn.com	on $169～399 off $103～158	AMV 町のほぼ中心。冷蔵庫、電子レンジあり。全館禁煙。Wi-Fi無料
Forks Motel	🏠351 S. Forks Ave. ☎(360)374-6243 FAX(360)374-6760 URL www.forksmotel.com	on $189～369 off $79～179	AMV 町の中心部。Wi-Fi無料。屋外プールあり。全館禁煙
シーキュー	Sekiu, WA 98381 フラッタリー岬の手前 25 マイル 6 軒		
Chito Beach Resort	🏠7639 Hwy. 112 ☎(216)392-6220 URL www.chitobeach.com	on off $209～289	MV WA-112の海沿い。シーキューから西へ7マイル。全室フルキッチン付きで、Wi-Fi無料

ワシントン州

ノースカスケード国立公園
North Cascades National Park

国境を越えてカナダまで続くロス湖。水力発電所を備えたダム湖で、シアトル市と周辺に電力を供給している

　カナダ国境に接するノースカスケードは、神秘的な公園だ。湖や峡谷はいつもボーッとかすんでいて、まるで山水画の世界。どうやらノースカスケード特有の景観は、湿った気候に起因しているらしい。重く垂れ込めた雲が山頂を覆い、その霧が晴れると700以上の氷河を抱く山並みが忽然と姿を現す。湖も息を吹き返したように精気を帯び、そのさまは奇跡ともいうべき神々しさだ。登山家のH・マニングはこう書いている。

　「北極やグリーンランドの氷河は山々を打ち砕いた。ノースカスケードの氷河は花や木や湖、川、そして、人間を残した」

南ドイツ、バイエルン風の町、レベンワース

MAP 折込 1 枚目 A-2

行き方　ACCESS

　シアトルから2時間と近いのに残念ながらツアーはなく、車が頼り。公園自体は不便な奥地にあるので、隣接する国立レクリエーション地域や国有林を走りながら、公園の山々を眺めるのが一般的だ。

　初めて訪れるなら、**カスケードループ**と呼ばれる人気ドライブルートを1周するといい。シアトルからI-5を北に30マイルのEverettからスタートし、全行程420マイルと、1泊2日にちょうどいい。田園地帯、雪を頂いた峻険な山々、澄みわたった湖水など、多彩な自然を楽しめる。

　EverettからUS-2を東へ走り、南ドイツ風のLeavenworth、西部劇風のCashmereといった小さな町を通り過ぎ、リンゴ畑が広がるWenatcheeでコロンビア川に出る。ここからUS-97を東へ走り、**シュランChelan**で1泊。できれば、ここでもう1泊して、湖の対岸にある**ステヒーキンStehekin**を訪れたい。

　シュランからさらに東へ向かい、WA-153からWA-20を北へ。西部劇の町を再現したWinthropを過ぎると、いよいよハイライトであるカスケード山脈に登ってゆく。国立公園の山々を背景に**ワシントン峠Washington Pass**、青の色が不思議な**ロス湖Ross Lake**、**ダイアブロ湖Diablo Lake**と、神秘的なパノラマが続く。

　峠を下ると、Skagit Valleyと呼ばれる平原に出る。春には一面のチューリップ畑に囲まれながら、BurlingtonでI-5にぶつかる。

DATA

時間帯▶太平洋標準時PST
☎(360)854-7200
URL www.nps.gov/noca
積雪期は一部閉鎖。そのほかは24時間オープン
適期▶5〜10月
料金▶無料
国立公園指定▶1968年
面積▶2043km²
入園者数▶約3万人
園内最高地点▶2806m
(Goode Mtn.)
哺乳類▶70種
鳥　類▶225種
両生類▶13種
爬虫類▶8種
魚　類▶31種
植　物▶1761種

およその所要時間

Everett→Leavenworth	2時間
→ Chelan	70分
→ Winthrop	90分
→ Washington Pass	45分
→Diablo Lake	40分
→ Newhalem	15分
→ Burlington	75分

積雪期について

　WA-20のワシントン峠（Winthrop〜Diablo Lake間）は、11月中旬〜4月下旬（積雪による）は閉鎖される

WILDLIFE

ハクトウワシ

　Burlingtonの東にあるRockport付近の川には、冬になると多数のハクトウワシが集まり、WA-20沿いでも簡単に見ることができる。おすすめのポイントはカスケードリバー・ロードへ入ってすぐの橋、マイルポスト100の駐車場、Bald Eagle Interprative Center、Howard Miller Steelhead County Parkなど

マウントベイカーのすぐ東にそびえるMt. Shuksan（標高2783m）

夏でも運がよければ見られる

ニューハーレムのビジターセンターは、規模が大きく展示も充実している

Chelan Ranger Station
☎(509)682-4900
🕐9:00～16:00
🚫土・日・祝

North Cascades VC
☎(206)386-4495
🕐5月中旬～9月下旬9:00
～17:00

Golden West Visitor Center
ステヒーキンの船着場近く
☎(509)699-2080
🕐5月下旬～10月上旬11:00
～16:00

初級 **Imus Creek**
適期▶6～9月
距離▶往復2.4km
標高差▶152m
所要▶往復約1時間
出発点▶ビジターセンター

フェリー&ツアー
☎(509)682-4584
Free 1888-682-4584
URL ladyofthelake.com
(車椅子での乗船は事前連絡要)
Rainbow Fall Tour
Lake Libertyは参加不可。$20

シャトルバス
🚌High Bridgeまで片道$10
🚌運行 6月上旬～9月下旬。
ステヒーキン8:00、11:30、
14:00、17:30発。片道1時間

Washington Pass
🚻簡易トイレ(車椅子可。
展望台も可)

初級 **Rainy Lake**
適期▶6～9月
距離▶往復3.2km
標高差▶38m
所要▶往復約50分
出発点▶Rainy Pass
🚻簡易トイレ(車椅子可。
トレイルも可)

情報収集　▷▷▷▷▷ INFORMATION

Chelan Ranger Station
　シュランの湖尻にある。国立公園だけでなく、シュラン湖、ステヒーキン、ハイブリッジなどの情報が集まる。
North Cascades Visitor Center
　ロス湖国立レクリエーション地区内のNewhalemの近く(WA-20のマイルポスト120)にある。レンジャープログラムも行われる。

おもな見どころ 📷 ▶▷ PLACE TO GO

レイクシュラン　Lake Chelan
　水深457mと全米3位、世界でも19位の深さを誇る氷河湖。南端にダムがあるが、これによって増えた貯水量はごくわずかだそうだ。ダムのそばにあるシュランChelanはにぎやかな町だが、南北約80kmに及ぶ湖畔には道路が通っていないため、北欧のフィヨルドを思わせる神秘的な風景を保っている。

ステヒーキン　Stehekin
　シュラン湖北岸の小さなビレッジ。シュランからフェリーでしかアプローチできない奥地にある。ステヒーキンからさらに北へ延びる未舗装路を走ると、ノースカスケード国立公園へといたる。この区間は5月下旬～10月初旬、ハイカーやキャンパーのためにシャトルバス(赤いボンネットバス)が走る。1日2～4往復。要予約。
　シュランから日帰りする人は、年中催行されているレインボー滝へのツアーに参加したり、全米で最も水質のきれいなStehekin Riverを見下ろすハイブリッジまでシャトルバスで往復してこよう。

レイクシュランのフェリー

ボート名	往復料金	運航	出発	帰着	ステヒーキン滞在時間
Lady of the Lake II	$50	5月上旬～9月下旬	8:30	18:00	90分
Lady Express	$75.25	6月中旬～9月下旬	8:30	15:00	60分
		10月中旬～4月(週3～4日のみ)	9:30	16:00	
Lady Liberty	$98	7～8月と、5～10月の週末	8:00～12:00 13:00～17:00		60分

ワシントン峠 Washington Pass
　カスケード山脈を越える峠。頭上にそびえるLiberty Bell Mountainなどの山々が圧巻。2マイルほど西のRainy Passの駐車場から20分歩くと、周囲をぐるりと断崖に囲まれたRainy Lakeがある。

レイニーレイク。初夏には雪解け水が滝となって湖へ注ぐ

ロス湖とダイアブロ湖　Ross Lake & Diablo Lake

カナダとの国境まで続くダム湖。湖畔には野生動物も多く、しばしばその姿を目にすることができる。氷河に削られた山々に囲まれており、鉱物が造り出す不思議な色も印象的だ。

湖水の色は天候によって大きく変わる

カスケードリバー・ロード Cascade River Road

マーブルマウントでWA-20が大きくカーブする所から南へ入る23マイルの道路（一部未舗装）。途中の眺望は利かないが、針葉樹林や渓谷が美しい。1時間走った終点から、峻険な山々が迫るダイナミックな景観を堪能しよう。ここからノースカスケードで最も人気のあるトレイルが始まる。**カスケードパス**まで登れば、氷河を抱いた山並みがはるかかなたまで見晴らせる。

真夏でも雪に降られる覚悟をしておきたい

Diablo Lake Overlook
設備 簡易トイレ（車椅子可）

ダイアブロ湖クルーズ
☎(360)854-2599
URL www.skagittours.com
運航 6月下旬～9月上旬の木～月10:45
料金 $ 45、3～12歳 $ 22
集合 WA-20のマイルポスト127.5で北へ折れてダムを渡り、突き当たりを右折して湖畔をしばらく走った所にあるNorth Cascades Environmental Learning Center

上級 **Cascade Pass**
適期 ▶ 7月下旬～9月下旬
距離 ▶ 往復12km
標高差 ▶ 550m
所要 ▶ 1周4～6時間
出発点 ▶ カスケードリバー・ロード終点
※天候の急変に注意。防寒具を忘れずに

かつては強心剤として利用されていたジギタリス Foxglove（ピンク色の花）

ノースカスケード国立公園

園内で泊まる

🏠 North Cascade Lodge at Stehekin

ステヒーキンの船着場前に建つロッジ。ウインタースポーツを楽しむ人のために春もオープンしている。電話なし。レストランあり。全館禁煙。28室。冬期休業。

非日常を満喫するには
最高のロケーションだ

☎(509)699-2056　Free 1855-685-4167
URL www.lodgeatstehekin.com
on off $179〜289　カード A M V

🏠 Stehekin Valley Ranch

ステヒーキンバレーの奥にあるリゾート。シャトルバスが停車する。バスなしテントキャビンが多いが、バス付きキャビンも8棟ある。料金には3食が含まれていて、昼食はランチパックにしてもらうこともできる。質素な宿だが人気があり、半年以上前から予約でいっぱいになる。2泊以上。夏期のみ営業。シャトルバス無料。

☎(509)682-4677
URL stehekinvalleyranch.com
on off バスなし1人 $140
　　　バス付き1人 $185
子供割引、長期滞在割引可　カード M V

キャンプ場に泊まる

キャンプ場はGoodell Creek（$20）とGorge Lake（$20）のみ年中オープン。そのほかステヒーキン、ロスレイク、ニューハーレムなど各所にたくさんあるが、いずれも夏のみで$20〜32。

近隣の町に泊まる

カスケードループには宿泊施設がとても多い。Leavenworthにはドイツのシャレー風のロッジを中心に約30軒、Chelanにはモーテルなど14軒、また、西部劇を意識した町Winthropにも14軒のロッジやB&Bがある。もちろんWA-20やI-5沿いにも数多くのモーテルがある。

カスケードループの宿＆観光情報
URL www.cascadeloop.com

SIDE TRIP　マウントベイカー Mt. Baker

MAP 折込1枚目 A-2　☎(360)599-2714　料 無料
URL www.fs.usda.gov/mbs

カスケード山脈の最北、カナダ国境にそびえる標高3285mの活火山を見に行こう。I-5のExit 255からWA-542を東へ走る。Glacierの町から先はMt. Baker Scenic Bywayの名前のとおり風光明媚な寄り道ルート。カーブを曲がるごとに迫ってくるのはMt. Shuksan（標高2783m）。ノースカスケード国立公園の敷地内にある秀峰だ。

山道を24マイル上ると**ヘザーメドウHeather Meadows**のビジターセンターがある（7月中旬〜9月下旬10：00〜16：00。$5）。周囲には亜高山帯の高原が広がっているので、2〜3時間かけて湖水を巡ると楽しい。

ヘザーメドウからさらに2.5マイル上ると、終点の**アーティストポイントArtist Point**。麓からここまで1時間。それまでチラチラとしか顔を見られなかった主役マウントベイカーが、ようやく舞台中央にお出ましだ。足元にはノースカスケードの湖や山々も見えている。展望台

アーティストポイントから見上げたマウントベイカー

の標高はわずか1536mだが、なにせ年間積雪量の世界記録をもっている場所なので、ほとんど1年中雪の中。夏の観光シーズン中だけ道路と駐車場が除雪される。

なお、ヘザーメドウ手前のスキー場までは、チェーンを装着すれば冬でも通行できる。

園内には宿はなく、途中の沿道にも少ないので要予約。滞在型コンドミニアムや別荘が多いので、数日間借りてゆっくり過ごすといい。

NOTES　キャンセル条件　ステヒーキンのロッジは貸別荘感覚で滞在できるのが魅力だが、キャンセルリミットが30日前など条件の厳しい宿が多いので、しっかりと確認しよう

ロッキー山脈
Rocky Mountains

イエローストーン国立公園
Yellowstone National Park

イエローストーンの、そして国立公園局のシンボルでもあるバイソン。アメリカでは一般的にバッファローと呼ばれている

　イエローストーンはいくつもの顔をもっている。目の覚めるような鮮やかな色をした温泉や豪快な間欠泉、黄色い峡谷と壮大な滝、川が緩やかに蛇行する平原、開拓者気分が味わえる草原地帯、石灰でできた不思議な白いテラス……。

　原始の森に囲まれたこの地域に、世界初の国立公園として誕生したイエローストーン。ロッジなどの施設は自然に溶け込むように造られ、間欠泉へ、滝へと歩きやすい遊歩道が続いている。これ以上、自然を傷つけないように配慮しながら、人々が自然を満喫できるようなシステムが機能している。

　とはいえ、人間は訪問者にすぎない。主役は、どこまでも続く深い深い森と、そこにすむ野生動物たちだ。

必見のグランド・プリズマティック・スプリング

Trivia 世界一のホットスポット　イエローストーンにある間欠泉は500以上。温泉、泥泉などを含めると、なんと1万ヵ所以上！　地球上の熱水現象の約半数がここに集中している

行き方 ACCESS

イエローストーンは、レンタカーがなくてもひととおり見学できる数少ない公園のひとつ。6～9月ならさまざまなバスツアーを利用して園内を回ることができる。

公園への入口は西、北、北東、東、南の5ヵ所。それぞれのゲートの外側には観光の拠点になる町がある。レンタカーならどのゲートからでもアプローチできるが、ツアーバスが利用できるのは西口と南口に限られる。最もポピュラーなのは、西口に隣接したモンタナ州**ウエストイエローストーンWest Yellowstone**からのアプローチだ。

ツアーバスは、園内のロッジ発着のものとゲートシティ発着のものがあるので、車がない人は、まず先に宿を確保しよう。園内のロッジが取れたら、そのロッジ発のツアーを予約。取れなかったら、ゲートシティのホテルと、その町から発着するツアーを予約。こうして、おのずと滞在場所と見学方法は決まってしまう。車さえあれば、このような制約もなく自由自在に動ける。

忘れてはならないのが、公園の南に隣接するグランドティトン国立公園（→P.364）。ふたつの公園を一緒に巡れば、まったく異質な景観を一度に楽しめる。ぜひ、レンタカーで回ろう。その場合、ワイオミング州ジャクソンを拠点にして南口からアプローチする方法もおすすめ。

北からイエローストーンを訪れる観光客はルーズベルトアーチをくぐって入園する

DATA

時間帯▶山岳部標準時 MST
☎(307)344-7381
道路情報☎(307)344-2117
URL www.nps.gov/yell
圏▶3月中旬～4月中旬＆10月下旬～12月中旬は一部を除いて閉鎖。そのほかの時期は24時間オープン
適期▶5～10月、1～2月
圏▶車1台＄35、バイク＄30、そのほかは1人＄20
国立公園指定▶1872年（世界初）
ユネスコエコパーク登録▶1976年
世界遺産登録▶1978年
危機遺産登録▶1995～2003年
面積▶8984km²（四国の約半分）
入園者数▶約329万人
園内最高地点▶3462m（Eagle Peak）
哺乳類▶68種
鳥　類▶289種
両生類▶3種
爬虫類▶6種
魚　類▶18種
植　物▶1376種

飛行機 AIRLINE

West Yellowstone Airport (WYS)

公園から最も近い空港。西口ゲートに隣接したウエストイエローストーンWest Yellowstoneの郊外にある。5月下旬～9月下旬のみ、デルタ航空がソルトレイク・シティから1日2便運航している。所要1時間10分。空港からはホテルの送迎バスを利用するといい。園内のビレッジまでタクシーで片道＄100～150。10～5月は空港は閉鎖される。

なお、レンタカーで回る予定なら、フライトもレンタカー会社もより多いジャクソンホール空港（→P.365）をおすすめ。こちらは年中オープン。ほかにも、東口から入るならコディにあるYellowstone Regional Airport（COD）、北東口ならビリングスのBillings Logan Int'l Airport（BIL）、北口ならボーズマンのYellowstone Int'l Airport（BZN）などの利用も考えられる。

WYS ☎(406)646-7631
Avis ☎(406)646-7635

フライトが取れなかったら
オンシーズンのイエローストーンは混雑しており、ウエストイエローストーンやジャクソンへの便は、早くから満席になってしまう。そんなときはボーズマンへのフライトを調べてみよう。大きな空港なので西海岸からもフライトがあり、レンタカーの数も多い。ウエストイエローストーンまで2時間、リビングストン経由でマンモスへも2時間

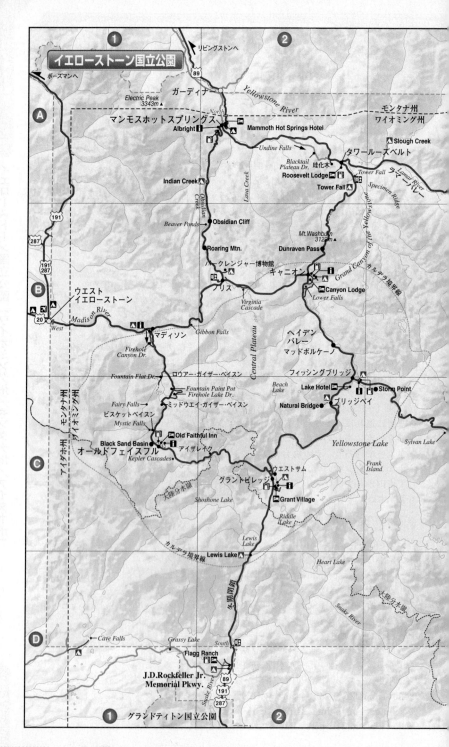

イエローストーン国立公園

リビングストンへ
ボーズマンへ
Electric Peak 3343m
ガーディナー
Yellowstone River
North
モンタナ州
ワイオミング州
マンモスホットスプリングス
Albright
Mammoth Hot Springs Hotel
Slough Creek
Undine Falls
タワールーズベルト
Blacktail 珪化木
Plateau Dr.
Roosevelt Lodge
Tower Fall ラマーバレー
Indian Creek
Tower Fall
Specimen Ridge
Lamar River
Beaver Ponds
Obsidian Cliff
Mt.Washburn 3122m
Roaring Mtn.
Dunraven Pass
Grand Canyon of the Yellowstone カルデラ境界線
パークレンジャー博物館
キャニオン
ノリス
Canyon Lodge
Lower Falls
Virginia Cascade
ウエスト
イエローストーン
West
Madison River
マディソン
Gibbon Falls
Central Plateau
ヘイデン
バレー
マッドボルケーノ
Firehole Canyon Dr.
Fountain Flat Dr.
ロウアー・ガイザー・ベイスン
フィッシングブリッジ
Fountain Paint Pot
Firehole Lake Dr.
Beach Lake
Lake Hotel
Storm Point
Fairy Falls
ミッドウエイ・ガイザー・ベイスン
Natural Bridge
ブリッジベイ
ビスケットベイスン
Mystic Falls
Old Faithful Inn
Black Sand Basin
アイザレイク
オールドフェイスフル
Kepler Cascades
Yellowstone Lake
Sylvan Lake
Frank Island
ウエストサム
グラントビレッジ
大陸分水嶺
Shoshone Lake
Grant Village
Riddle Lake
カルデラ境界線
Lewis Lake
Lewis Lake
Heart Lake
冬期閉鎖
Snake River
大陸分水嶺
Cave Falls
Grassy Lake
South
Flagg Ranch
J.D.Rockfeller Jr.
Memorial Pkwy.
Snake River
89
191
287
グランドティトン国立公園

Trivia バイオブリッツ BioBlitz 自然保護団体、研究者、ボランティアが参加して行われるイベントで、全米の公園で頻繁に行われている。一定の時間（例えば12時間）、一定のエリア

公園東部のキャニオンカントリーにあるロウアー滝

↗ 内に生息する動植物をできる限り網羅的に記録し、生物多様性や外来種の影響などを調べる。専門知識は不要で、スマホで撮影するなどの方法で誰でも参加できる。機会があったら挑戦してみては？

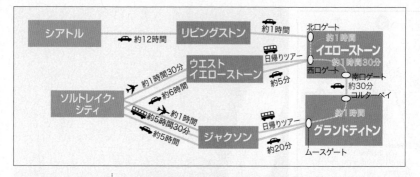

シアトル	🚗約12時間	リビングストン

約1時間 北口ゲート

約1時間 イエローストーン 約1時間30分

🚌日帰りツアー ウエストイエローストーン 西口ゲート 南口ゲート

約1時間30分 ✈ 🚗約5分 約30分 コルターベイ

ソルトレイク・シティ 🚗約6時間 約1時間

🚌約5時間30分 約1時間

🚗約5時間 ジャクソン 🚌日帰りツアー グランドティトン

約20分 ムースゲート

長距離バス　　　　　　　　　　▷▷▷▷▷▷ BUS

　残念ながらバスでイエローストーンを訪れるのは、あまり便利とはいえない。ソルトレイク・シティからウエストイエローストーンへのグレイハウンドバスの路線はなくなった。シアトルとミネアポリスを結ぶ路線が1日1便Bozemanに停車するが、ここから園内への足がない。バスを利用するならジャクソン（→P.366）経由がいい。

ツアー　　　　　　　　　　　　▷▷▷▷▷▷ TOUR

　園内には公共の交通機関がないため、車のない人はツアーバスを利用して回る。ただし、これらは夏の一時期に限られるうえ、途中で動物に出会ってもバスを降りて観察できない（停車はしてくれる）、各ポイントでの見学時間が限られる、などのデメリットを覚悟しよう。下記のツアー以外に、園内の各ロッジ発のツアーもある（→P.337）。

Yellowstone Vacations

　ウエストイエローストーン発着で、市内のホテルなら送迎してくれる。アッパーループ・ツアーはノリス、ラマーバレー、タワー滝、マンモスを回る。ロウアーループ・ツアーはオールドフェイスフル、レイク、ヘイデンバレー、キャニオンを回る。

Yellowstone Vacations
☎(406)646-9564
🌐www.yellowstone vacations.com
💲各$134.95、15歳以下$124.95
Upper Loop Tour
出発5月上旬〜10月下旬の月・水・金・土（夏期は毎日）8:00発
Lower Loop Tour
出発4月下旬〜10月下旬の毎日8:00発

イエローストーンで見逃せないもののひとつが噴出泉。できれば噴出のタイミングを狙って訪れたいが、予想時刻が外れることもよくあるので覚悟しておこう

▶NOTES　日本語が通じるツアー会社　Yellowstone HorizonsはリビングストンにあるB&B兼ツアー会社。宿泊込みのプライベートツアーが中心。詳しくは🌐www.yellowstonetour.jp

北からアプローチすると最初に通るのがマンモスのビレッジ。いつもにぎやかで、大きな駐車場がないため慢性的に渋滞している

Alltrans Tour

　ジャクソン発着ツアー。グランドティトンを通ってオールドフェイスフルで各自昼食。午後はキャニオンとレイクを回る。6月上旬〜9月下旬の月・水・金7:30〜18:30。

レンタカー ◇◇◇◇◇◇ RENT-A-CAR

西からのアプローチ ➡ 4月中旬〜10月のみ

　ウエストイエローストーン空港から公園の西口までは、Yellowstone Ave.を東に走ってすぐ。西口からマディソンまでは14マイル。さらにオールドフェイスフルまで16マイル、キャニオンまでは26マイルある。この距離感を頭に入れて行動することが大切だ。

　ソルトレイク・シティから行く場合は、I-15を北上し、Idaho FallsでUS-20に乗り換える。390マイル。6時間。この場合、復路はグランドティトンからジャクソン経由で戻るといい。

南からのアプローチ ➡ 5月中旬〜10月のみ

　イエローストーンの南側はグランドティトン国立公園と隣接しており、さらにその南に位置するジャクソンホール空港（→P.365）でレンタカーを借りるのも便利。ジャクソンからイエローストーン南口ゲートまではハイウエイUS-89を北上して60マイル、1時間20分。

北からのアプローチ ➡ 年中オープン

　I-90沿いのLivingstonからUS-89に入り、Gardinerを経由し、1903年にT.ルーズベルト大統領が礎石を置いたというアーチをくぐって北口ゲートにいたる。マンモスまで61マイル。1時間。

北東からのアプローチ ➡ 5月下旬〜10月のみ

　I-90沿いに位置するBillingsからUS-212に入り、Red Lodge、Cooke City、Silver Gateを経由して北東口ゲートにいたる。途中、ベアトゥース峠からの景色は雄大で美しい。Billingsからタワージャンクションまで157マイル。3時間。

　なお、Cooke Cityとマンモスの間は園内で唯一、普通車で年中通行できる。積雪時も除雪車が入るが、もちろんチェーンは必要だ。

東口からのアプローチ ➡ 5月上旬〜10月のみ

　デビルスタワー（→P.438）など東側からアプローチする場合のゲートシティはCody。ここから東口ゲートまでは53マイル、さらにフィッシングビレッジまで27マイルある。1時間40分。

Alltrans Tour
☎ (307)733-3135
Free 1800-443-6133
URL www.jacksonholeall trans.com
🎫 $285（入園料込み）。8歳未満参加不可

イエローストーンまでの所要時間
Salt Lake City	約6時間
Glacier NP	7〜8時間
Seattle	約12時間
Devils Tower	7〜8時間

ワイオミング州の道路情報
Free 511
Free 1888-996-7623
URL www.wyoroad.info
URL map.wyoroad.info/wtimap/

AAA路上救援
Free 1800-222-4357

イエローストーンの道路情報
☎ (307)344-2117

渋滞に注意
　イエローストーンでは毎年夏期に道路の補修工事が行われているので、30分〜1時間程度の遅れは覚悟しておこう。詳細な工事スケジュールは春頃ウェブサイトに発表される

Trivia　なんともさびしい世界遺産　アメリカで初めてユネスコ世界遺産に登録されたイエローストーンだが、そのプレートはマンモスのビジターセンター地下トイレの前に人知れず設置されている

歩き方 GETTING AROUND

　イエローストーン国立公園は以下のように大きく5つの地域に分けることができる。

ガイザーカントリー　Geyser Country

　公園南西部。ポピュラーなオールドフェイスフル・ガイザーをはじめ、多くの間欠泉があるエリア。園内で最も大きなビレッジ、**オールドフェイスフルOld Faithful**がある。

マンモスカントリー　Mammoth Country

　公園北西部。温泉が造り上げた石灰岩のテラス、マンモス・ホットスプリングスがあり、その目の前に**マンモスMammoth**のビレッジがある。冬もオープンしているエリアだ。

ルーズベルトカントリー　Roosevelt Country

　公園北東部。西部劇の時代を彷彿させる駅馬車が浅瀬を走り、草を食むバイソンの群れを見ることができるエリア。タワー滝の周辺ではクマに出会う確率も高い。**タワールーズベルトTower Roosevelt**と呼ばれる小さなビレッジがある。

SIDE TRIP　ウエストイエローストーン　West Yellowstone, MT

　世界初の国立公園の西口ゲートに隣接するウエスタンリゾート。西部劇の町並みのような小さなダウンタウンに、レストランやギフトショップ、ログハウス風ホテルなどが並ぶ。世界から観光客が集まる夏期はもちろん、スノーモービルや犬ぞりなどが楽しめる冬期も大勢の人でにぎわう。

　ダウンタウンは7×7ブロックの碁盤の目状になっていて、歩いて回れる。観光局はUS-191が曲がる交差点の前、そのすぐ南にグリズリー＆ウルフ・ディスカバリー・センターがある。

グリズリー＆ウルフ・ディスカバリー・センター
Grizzly & Wolf Discovery Center
☎(406)646-7001　Free 1800-257-2570
URL www.grizzlydiscoveryctr.org
圏9:00〜16:00。夏期〜20:00、春・秋〜18:00
料＄16.50、62歳以上＄15.50、5〜12歳＄11.50

　野生動物の宝庫、イエローストーン。1日の滞在だけでいろいろな動物たちを見ることができるが、なかにはめったに見ることができない動物もいる。その筆頭に挙げられるのがグリズリーベアとハイイロオオカミだ。

　そんなグリズリーとオオカミを、できる限り自然に近い環境（といってもやはり動物園状態だが）で観察することができるのがここ。ビデオの上映や展示を行っている建物もあり、展示内容は動物の生態から、危険な距離で出会ってしまったときの注意点まで多岐にわたっていて、なかなか興味深い。

ここなら確実にグリズリーを見られる

ガーディナー　Gardiner, MT

　北口ゲートの前にあるガーディナーは開拓時代の雰囲気が今も息づく小さな町だ。20世紀前半、ここに鉄道駅があり、シカゴやシアトルからの観光客がイエローストーンへ押し寄せた。今でも、夏はイエローストーン川でのフィッシングやラフティング、冬はクロスカントリースキーを楽しむ人々でにぎわっている。野生動物に出会うチャンスも多い。公園ゲート前のルーズベルトアーチまでは歩いて行ける。

ウエスタンムードたっぷりの町並み

334　Trivia　マクドナルド　上記グリズリー＆ウルフ・ディスカバリー・センターの正面には、町並みに合わせて山小屋風の外観をしたマクドナルドがある　圏6:30〜21:00

キャニオンカントリー
Canyon Country

公園東部。イエローストーン大峡谷と豪快そのもののロウアー滝は、絶対に外せない見どころ。峡谷のそばに**キャニオンビレッジCanyon Village**がある。また、ヘイデンバレーと呼ばれる美しい低地ではバッファローの大集団を目にすることが多い。

レイクカントリー　Lake Country

公園南東部。真っ青な湖面のイエローストーンレイクを中心としたエリア。湖にはマスが、周辺にはハクトウワシ、ムースやクマが生息している。湖の北岸に**フィッシングブリッジ Fishing Bridge**、**レイクビレッジLake Village**、**ブリッジベイBridge Bay**の3つのビレッジが並び、西岸に**グラントビレッジGrant Village**がある。

キャニオン地区の景観は、アメリカの国立公園を代表する風景のひとつだ

各ループの距離
Upper Loop
1周70マイル（約113km）
Lower Loop
1周95マイル（約153km）
Grand Loop
1周141マイル（約227km）

8の字ループの周遊道路

公園全体の南北間の距離は63マイル（約101km）、東西間が54マイル（約87km）もある。園内には8ヵ所にビレッジがあり、それらとおもな見どころを結んで、8の字型に周遊道路が造られている。8の字の北半分を**アッパールーブUpper Loop**、南半分を**ロウアールーブLower Loop**、全体を**グランドルーブ Grand Loop**と呼ぶ。

園内の道路にはあちこちに停車スペースが設けられている

観察は距離を保って
　イエローストーンでは道路上をバッファローが歩いていることも珍しくない。動物との出会いはイエローストーン最大の楽しみでもあるが、観察の際は近づき過ぎないように気をつけよう。クマとオオカミは100ヤード（約91m）以内（列車4〜5両分）、ほかの動物は25ヤード（約23m）以内（大型バス2台分）に近づくことは禁じられている。また、園内の道路では毎年多くのエルクやクマなどが交通事故の犠牲になっている。スピードの出し過ぎにはくれぐれも注意を

COLUMN ■ レンタカーを借りて 4 日以上滞在するのがベスト

　広大な面積のイエローストーンをいかに効率よく見て回るかは、事前の下調べと綿密なルート作りが重要な鍵となる。各交通機関の運行期間や便数には限りがあるし、園内の宿泊施設はいつも混んでいて予約が必要だからだ。特に6〜8月は、行きあたりばったりの自由気ままな旅は車がない限り望めない。また、公園の広さと日程をよく考えておくことも大切だ。観光の中心となるビレッジ間は16〜21マイル（26〜

34km）離れている。
　例えば、イエローストーンでたった1日だけの予定なら、全体を無理して見て回るより、ロウアールーブだけを見て、あとはのんびりするほうが賢明。ロウアールーブとアッパールーブの両方を見るつもりなら最低2〜3日は必要だし、グランドティトンへも行きたい。もちろん、タイトなスケジュールのなかでも一応全体を見ることはできるが、おすすめはできない。

Trivia 入園者数はさらに増加傾向　2023 年 9 月、イエローストーンの入園者数は 83 万 8458 人だった。これは前年同月より 48％増加、コロナ禍前の 2019 年 9 月と比べても 21％増加した

335

Old Faithful VEC
MAP P.330 C-1、P.29
☎(307)344-2750
開 夏期8:00～20:00
春・秋9:00～17:00
冬期9:00～17:00
休 3月中旬～4月中旬
11月上旬～12月中旬
Madison IS
MAP P.330 B-1
☎(307)344-2109
開 9:00～16:30
休 10月上旬～5月下旬
Albright VC
MAP P.330 A-2、P.31
☎(307)344-2263
開 9:00～17:00
休 11月第4木曜
Fishing Bridge VC
MAP P.330 C-2
☎(307)344-2450
開 夏期8:00～19:00
春・秋8:00～17:00
休 9月下旬～5月下旬
Grant VC
MAP P.330 C-2
☎(307)344-2109
開 夏期8:00～18:00
春・秋9:00～17:00
休 10月上旬～5月下旬

食事
すべてのビレッジにカフェテリアあり。軽食ならジェネラルストアでもOK。落ち着いて食べるならオールドフェイスフル・イン、マンモスホテル隣、レイクホテルがおすすめ

ジェネラルストア
マンモスだけが冬もオープン。ほかは5～10月のみ

マンモス診療所
☎(307)344-7965
休 おもな祝日、冬期の土・日
※急患は24時間対応。救急は911へ
オールドフェイスフル診療所
☎(307)545-7325
休 11月上旬～4月下旬
レイク診療所
☎(307)242-7241
休 9月中旬～5月中旬

ガスステーション
オールドフェイスフル
4月下旬～10月中旬。夏期のみ修理可
マンモス
5月上旬～10月上旬
タワールーズベルト
6月上旬～9月初旬
キャニオン
4月下旬～10月下旬。修理可
フィッシングブリッジ
5月中旬～9月下旬。修理可
グラントビレッジ
5月下旬～9月中旬。修理可

情報収集 INFORMATION

Old Faithful Visitor Education Center

イエローストーンの象徴である間欠泉、オールドフェイスフルの前にある。2010年夏に改築され、マルチメディアによって大人も子供も楽しめる展示と、エコフレンドリーなプランが採用された。建物の壁、床、天井などほとんどの素材はリサイクル製品。断熱性を高めて冷暖房を最小限にし、排出した熱が間欠泉に影響を与えないよう配慮されているという。展示のテーマはもちろん熱水現象の仕組み。足元でくすぶっている火山についてのコーナーもお見逃しなく。

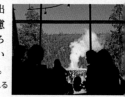

館内から真正面に間欠泉を眺められる

Madison Information Station

ウエストイエローストーンから入園すると、マディソンのジャンクションのすぐ手前にある。

Albright Visitor Center（Mammoth）

年中オープンしている唯一のビジターセンター。マンモスにあるので、北から入園した人はまずここへ立ち寄ろう。公園の自然と人間の歴史に関する資料や25分間の映画、スライドを1日中見ることができる。19世紀、イエローストーンの大自然を東部の人々に紹介したトーマス・モランの絵画とジャクソンの写真（→P.503）もお見逃しなく。館内Wi-Fi無料。

Fishing Bridge Visitor Center

イエローストーンレイクの北岸にあるので、東から入園した人はまずここへ。園内の野鳥に関する展示が充実している。

Grant Visitor Center

イエローストーンレイクの西岸にある。グランドティトンから来た人はここで情報収集しよう。1988年に発生した大規模な山火事の展示があり、火災の広がり方、鎮火活動、被害状況がわかる。ドキュメンタリー映画も上映され、山火事の生々しい画面に圧倒されるだろう。

園内の施設 FACILITIES

イエローストーンは園内の施設の充実度で全米ナンバーワンの国立公園だ。ビレッジは8ヵ所もあり、そのすべてに、泊まる所（ロッジまたはキャンプ場）と、食べる所（レストランまたはカフェテリア）、そしてジェネラルストアなどが整っている。診療所も3ヵ所にある。園内の景観がバラエティに富んでいるように、各ビレッジも雰囲気が異なる。訪れるたびに別のビレッジに滞在すると楽しい。

ただし、ほとんどのビレッジは夏期のみのオープン。夏なら不自由はないが、そのほかの季節に訪れるときには、営業しているガスステーションがあるかなどをチェックしよう。

NOTES **携帯とインターネット**　各ビレッジでは各社の携帯がほぼ通じるが、7～8月のピーク時は回線が混雑してつながりにくいようだ。無料Wi-Fiはマンモスのビジターセンターで。そのほかOld ↗

園内の交通機関とツアー ▷▷▷▷▷ TRANSPORTATION

5月下旬〜9月下旬にかけて、Xanterra Parks & Resorts社のバスが各ビレッジと観光ポイントを結んで走っている。それぞれのポイントで見学、休憩時間を設けているので、効率よくしっかりとおもな見どころを回ることができる。ただし出発場所は限られているので、滞在したビレッジによって訪れることができる場所が決まってしまう。

ロウアーループ・ツアー Circle of Fire

公園の南半分を回る1日ツアー。ロウアー＆アッパー・ガイザー・ベイスン、キャニオン、イエローストーンレイク、ヘイデンバレー、ノリス・ガイザー・ベイスンなどがおもな見どころ。

グランドループ・ツアー Yellowstone in a Day

マンモスとオールドフェイスフル発着でイエローストーン国立公園のおもな見どころを網羅しているツアー。1日ですべて回るため、慌ただしい。ランチ休憩あり（別料金）。

フォトサファリ Picture Perfect Photo Safari

写真家のガイドで早朝の園内を回るツアー。風景、草花、動物などをターゲットに撮影のコツなどを教えてくれる。訪れる場所は日によって変わる。

サンセット・ツアー Lake Butte Sunset Tour

1930年代に園内を走っていた黄色いボンネットバスのレプリカに乗って、夕暮れのレイク周辺を巡る。

ワイルドライフ・ツアー Evening Wildlife Encounters

ボンネットバスで夕暮れ時の園内を回るツアー。野生動物の観察を中心としており、訪れる場所は日によって変わる。

ガイザーカントリー・ツアー Geyser Gazers

ミッドウエイ・ガイザー・ベイスン、ロウアー・ガイザー・ベイスンなどの温泉地帯をボンネットバスで巡る夕方のツアー。

オールドフェイスフルのグランドガイザー。1日数回、45〜60mの高さに噴出する

ツアーバスの予約

☎ (307)344-7311
URL www.yellowstone
nationalparklodges.com

3〜11歳半額。3歳未満は無料。予約は上記サイトか、園内のロッジやキャンプ場にあるツアーデスクで、前日の夜までに済ませよう。電話予約もOK。なお、これらのほかにもたくさんのツアーが出ている

Circle of Fire
出発 オールドフェイスフル・イン、レイクホテル、フィッシングブリッジ、グラントビレッジ、キャニオンロッジ
所要 8時間
料 $108

Yellowstone in a Day
出発 オールドフェイスフル・イン、マンモス・ホットスプリングス・ホテル
所要 10時間
料 $151

Picture Perfect Photo Safari
出発 オールドフェイスフル・イン、レイクホテル
所要 5時間
料 $116

Lake Butte Sunset Tour
出発 レイクホテル、フィッシングブリッジ
所要 2時間
料 $48

Evening Wildlife Encounters
出発 マンモス・ホットスプリングス・ホテル、キャニオンロッジ
所要 4時間
料 $84

Geyser Gazers
出発 オールドフェイスフル・イン
所要 2時間
料 $35

€ NATIVE AMERICAN ▷▷▷▷▷▷

先住民センターがオープン

2022年、オールドフェイスフルにYellowstone Tribal Heritage Centerがオープンした。5月中旬〜10月中旬の間、公園周辺に住む27部族の先住民の文化と芸術品の展示、踊りなどのパフォーマンスが行われる。場所はビジターセンターとOld Faithful Lodgeの間。建物は1884年に写真家ヘインズのギャラリーとして造られたものだ
MAP P.29-G

↗ Faithful Snow Lodge、Lake Lodge内カフェテリア、Mammoth Hot Springs Hotel、Grant Lodgeでもインターネットが使えるが、宿泊者以外は有料での提供になる

春と秋は雪の覚悟を

積雪は2月のオールドフェイスフルで平均91cm。標高が高い場所では1年中、雪が残っている。冬もオープンしている宿泊施設はマンモス・ホットスプリングス・ホテルとオールドフェイスフル・スノーロッジだけ。1年中通行可能な道路は北口ゲート〜マンモス〜タワールーズベルトのみ。そのほかのゲートと各ビレッジ間の道路は、11〜4月の間は車では通行できない

公園の花とされているFringed Gentianというリンドウは、6〜7月に温泉地帯や湿原で花を咲かせる

公園のシーズンはおおむね5〜10月だが、年中通行可能な道路もあり、雪上車や冬のツアーなども用意されている。とはいっても、ベストシーズンはやはり6〜8月。森の緑が生きいきと茂り、色とりどりの花が咲き乱れ、バイソンやムース、クマなどが活発に動く元気な季節だ。飛行機やバス、ツアーバスなど、公園への交通機関はこの時期だけ運行している。標高が低いエリアでは、6月と9月は曇りや夕方から夜半にかけて小雨がパラついたりすることが多い。最も天気が安定しているのは10月。気温は低いが天気はよい。

©NPS

1年を通じて生息しているハクトウワシ

オールドフェイスフルの気候データ　　日の出・日の入り時刻は年によって多少変動します

月	1	2	3	4	5	6	7	8	9	10	11	12
最高気温（℃）	-2	0	4	8	13	18	24	23	18	11	2	-3
最低気温（℃）	-18	-17	-13	-8	-2	1	4	3	-2	-6	-13	-18
降水量（mm）	59	47	56	52	68	59	42	39	38	41	57	62
日の出（15日）	7:57	7:25	7:37	6:39	5:56	5:38	5:53	6:26	7:02	7:38	7:20	7:53
日の入り（15日）	17:08	17:50	19:29	20:07	20:44	21:10	21:06	20:30	19:35	18:40	16:57	16:44

COLUMN

冬のイエローストーン

原始の森も平原もすべてが白一色に覆われる冬。ピンと張りつめた静寂を破ってスノーモービルが雪原を走る。クロスカントリースキーで雪の世界へ繰り出す。夜は暖炉を囲んでおしゃべりに花が咲き、外では間欠泉が暗闇の中で噴き上がる。アメリカの大自然のふところの深さをしみじみと感じさせてくれる静かな別天地がそこにはある。

12月中旬〜3月上旬、オールドフェイスフルとマンモスがオープンし、ウインタースポーツを楽しむ人々でにぎわう。ボーズマン空港からマンモスまでは1日1便バスが走る。所要3時間15分。片道＄98。マンモス—オールドフェイスフル間はスノーコーチが1日2往復する。所要4時間15分。片道＄152.50。両ビレッジからはキャニオンなどへの日帰りツアーや、スノーシューのツアーなどが週3回程度催される。いずれも予約先はロッジと同じ（→P.360）。

また、ウエストイエローストーンやジャクソンからスノーコーチで園内を訪れる日帰りツアー

も催行されている。

なお、吹雪になるとスノーコーチは運休する。日程の変更を覚悟しておく必要がある。
Yellowstone Vacations（→P.332）
ウエストイエローストーンから日帰り＄220
Scenic Safaris
URL www.scenic-safaris.com
ジャクソンから日帰り＄450。Flagg Ranch—オールドフェイスフル片道＄165

スノーモービル

爆音と排ガスをまき散らすスノーモービルは禁止すべきだとの声を受けて、台数制限などさまざまな規制を設けている。個人で勝手に走ることはできないので、ウエストイエローストーンにたくさんあるガイドツアーに参加するといい。

©NPS

動物を怖がらせるような走り方をしてはいけない

ホテルの取り方 園内は広いので、同じ場所に連泊すると各スポットまでの往復時間がもったいない。Mammoth, Canyon, Old Faithful という具合に滞在場所を変えたほうが朝一から各ス↗

山火事とイエローストーン

1988年、イエローストーン国立公園は最悪の夏を迎えた。この夏だけで大小合わせて50もの山火事が発生したのだ。5月24日に始まった山火事が完全に鎮火したのは11月18日。これほどまでに火災が長引いたのは、その年の異常なまでの乾燥と、「積極的な消火活動は行わない」という当局の方針が原因であったようだ。山火事も自然のサイクルのひとつと考え、落雷など自然現象によって起きた火事は、鎮火も自然のままに任せるという方針である。その結果、約3213km²（東京都の面積の約1.5倍）、公園の実に36%もの土地が焼け野原になった。もちろん生態系への影響は大きいものだったが、植林などは行われず、倒木の処理も人間に危険が及ぶ場合のみに限定された。これだけ大規模で突発的な環境の変化が起き、なおかつ人間の手が入らない環境というのは非常にまれ。また、国立公園ということから長年調査研究が行われていたため、火災前と火災後の比較研究も行われている。

火災から40年近くたった今、自然がゆっくりと回復する様子がわかってきている。

松ボックリのウルトラC！

その焼け焦げた姿から、特に植物が大きな被害を受けたように見えるが、回復は確実に進んでいる。特徴的なのは園内の林のおよそ8割を占めているロッジポール松。このロッジポール松の実、つまり松カサには2種類あり、1種類の松カサだけが2年目になるとはじけて種を撒き散らし、残りの松カサは松ヤニでさらに堅くカラを閉じてしまう。そして火災以外ではあり得ないほどの高温になったときだけ、ヤニが溶けてカラがはじけるようになっている。最初から山火事まで考慮した家族計画をしているということだ。1988年の火災では、この松カサがいっせいにはじけてその役割を果たし、翌春、焼け跡を若々しい緑に染めた。

一方、焼け焦げた倒木は少しずつ分解され"高温消毒済み"の肥料となってイエローストーンの緑を豊かにするのに役立つ。また、立ったまま枯れた木々は今もまだ残っており、少しずつ倒れていくことによって土壌に優良な肥料を長期間供給し続けることになる。

現在でもまだ無数の枯れ木が残っている

山火事はその後も毎年のように起きている（写真は2015年）
©NPS

火災によって繁殖した動物

リス、ネズミ、ウサギなど小型の哺乳類は、火災から逃れることができず、直後は大きくその数を減らした。しかし、背の高い木が燃えたことによって、太陽光線が当たるようになった下草が繁殖エリアを広げ、小さな哺乳類はワシなどの天敵から身を隠しやすくなった。

バッファロー、エルクなど大型の草食動物は、火災直後の冬には食料不足から餓死する個体が多かった。しかし次の春には、火災前には林だったエリアが草原となり、減少したぶんを補う以上の繁殖を見せることになった。それによって、草食動物を餌とする肉食動物も数を増やすことになり、結果的にイエローストーン全体の生態系が豊かになったという。

短期的に見ると1988年の大火災は、イエローストーンに生きる動植物に壊滅的な打撃を与えたように見える。しかし、長期的な見方をすれば、古い世代は新しい世代の糧となり、世代交代が一気に進んだことになる。山火事も、自然の大きなサイクルのなかでの必要な現象なのだ。

赤枯れの森とキクイムシ

イエローストーンでは小規模な山火事は毎年のように起きているので、黒焦げの林を目にする機会も多い。しかし近年は、赤く立ち枯れた林が目につくようになった。これはアメリカマツノキクイムシMountain Pine Beetleという体長5mmほどの虫の仕業。本来キクイムシが攻撃するのは弱った木で、森の世代交代を促す役割も担っているが、2000年頃から爆発的に数が増え、現在では西部各地で史上最大の大発生となっている。見渡す限り赤茶色になった場所も珍しくないのだ。

おもな原因は、暖冬が続いたために幼虫が冬を生き延びる確率が上がったこと。それが地球温暖化の影響によるもので今後さらにひどくなるのか、あるいは一時的な現象で自然に治まるのか、専門家の意見は分かれている。いずれにしても、向こう数十年は立ち枯れた樹木によって山火事がひどくなるといわれている。枯れ枝が落ちてくる危険も増すので、風のある日など気をつけよう。

ロッキー山脈　イエローストーン国立公園（ワイオミング州／モンタナ州／アイダホ州）　Rocky Mountains

↗ ポットを楽しめる。なお、園内の宿が取れなかった場合でも、直前までキャンセルが出ることがある。予約状況はオンラインで確認できるので小まめにチェックしよう。（テキサス在住　しゅしゅくん　'15）[23]

339

オールドフェイスフル・ガイザーは、おそらく世界で最も多くの人が訪れている間欠泉だ

Ranger Flat Hat Chat
集合▶夏期15:00
所要▶30分
場所▶ビジターセンターの間欠泉側
　その日に担当するレンジャーが"イエローストーンのお気に入り"について解説してくれる

車椅子レンタル
　オールドフェイスフル・ガイザー、キャッスルガイザー、リバーサイドガイザー、モーニング・グローリー・プールはサイクリングロードで結ばれていて、車椅子でも回ることができる。診療所で車椅子を借りることができるので利用するといい。1日$15（保証金$300)。
　なお車椅子は園内のほとんどのロッジでも借りることができる

Upper Geyser Basin
MAP P.29
設備 ビジターセンター→P.336、ロッジ→P.360あり

初級 Old Faithful Geyser
適期▶年中
距離▶1周1.1km
標高差▶8m
所要▶1周約20分
出発点▶ビジターセンター

噴出時刻予想サイト
URL geysertimes.org

⚠️**やけどに注意！**
　イエローストーンでは毎年のように熱水域で大やけどを負う事故が起きている。特に、子供が足を踏み外して温泉に落ちる事故が多いので、十分に注意を

おもな見どころ 📷 ▷▷▷ PLACE TO GO

ガイザーカントリー ▷▷▷▷▷ GEYSER

　イエローストーンで最も多くの人が集まるエリア。アッパー・ガイザー・ベイスンを中心にたくさんの間欠泉が見られる。観光の拠点となるビレッジ、オールドフェイスフルがあり、有名な間欠泉オールドフェイスフル・ガイザーを囲むようにビジターセンター、ロッジ、郵便局、ガスステーション、ジェネラルストアなどが建ち並んでいる。

　オールドフェイスフル・ガイザーを背にしていちばん右側にあるのが**オールドフェイスフル・インOld Faithful Inn**。1904年に建てられた美しいホテルで、ログキャビンとしては世界最大級だ。1階ロビーにツアーデスクがあり、バスツアーやフィッシングツアーなどの申し込みを受け付けている。

　ビジターセンターはその隣の建物。2010年夏に改築された。そして、左端に建っているのが**オールドフェイスフル・ロッジOld Faithful Lodge**。大きなギフトショップとカフェテリアなどがあり、裏にはたくさんのキャビンが並んでいる。

　アッパー・ガイザー・ベイスンからマディソン方面には、ファイアーホールリバーに沿って熱水現象が集まった"ガイザーベイスン"と呼ばれるエリアがいくつもある。レンタカー利用なら好きな所に立ち寄ってみるといい。

木道をたどって温泉地域を1周してこよう

アッパー・ガイザー・ベイスン　Upper Geyser Basin

　イエローストーンのシンボルになっている有名な間欠泉、**オールドフェイスフル・ガイザー Old Faithful Geyser**があるエリア。「Faithful＝忠実な」の名前のとおり、ほとんど一定の噴出時間、間隔、高さを保っている（地震で噴出間隔が狂ったことはある）。水温約96℃、4万リットルの熱水を30〜55mの高さに噴き上げる（標高が2245mあるので水は93℃で沸騰する)。直前の噴出が3分以内に終われば、次の噴出までの間隔は68分。それ以上続くと噴出間隔は94分になるそうだ。そうはいっても5分や10分のズレはあるので気長に待とう。噴出予想時刻はビジターセンターや各ロッジのロビーに掲示されている。

　噴出は、初めは少しずつ、だんだん大きくなって、クライマックスは大噴出。熱水と真っ白な湯気が青空に噴き上がる。もちろん観光客が寝静まった深夜にも忠実に噴出は続いている。

NOTES 噴出時刻アプリ　Google Play か App Store から無料アプリ『NPS Yellowstone』をダウンロードすると、オールドフェイスフルなど6つの間欠泉の噴出予想時刻がわかる

そのほかの間欠泉と温泉プール

　オールドフェイスフル・ガイザーがあまりにも有名なので忘れてしまいがちだが、周辺にはたくさんの間欠泉や温泉があるので、時間をかけてトレイルをひと回りしてみよう。

　オールドフェイスフル・ガイザーの奥、北側にあるのが**ジャイアンテスガイザーGiantess Geyser**と**ビーハイブガイザーBeehive Geyser**。これを1周する遊歩道を**ガイザーヒルGeyser Hill**と呼ぶ。

　ここから小川に沿って**グランドガイザーGrand Geyser**、園内最古とされている**キャッスルガイザーCastle Geyser**などが並ぶ。

小さいけれど色のきれいなハートスプリング。奥はライオンガイザー

年に数回しか噴出しないジャイアントガイザー

初級 Geyser Hill Loop
適期▶年中
距離▶1周2.1km
標高差▶15m
所要▶1周約1時間
出発点▶ビジターセンター
車椅子可

　グランドガイザーからファイアーホールリバーを渡るまでの間、右手に**ビューティープールBeauty Pool**が現れる。後述のモーニング・グローリー・プールに似た美しい温泉だ。ダイナミックに噴出する**ジャイアントガイザーGiant Geyser**を過ぎると、奇妙な形をした**グロットガイザーGrotto Geyser**がある。沈殿物が木を埋めてしまったもので、1cm沈殿するのに40年かかるのだそうだ。

　その先の対岸には**リバーサイドガイザーRiverside Geyser**がある。川に向かって斜めに噴出する間欠泉だ。そして、トレイルのいちばん奥には**モーニング・グローリー・プールMorning Glory Pool**がある。丸い朝顔の花の形をした、何とも妖艶な色の美しい温泉だ。

　ビジターセンターからここまで真っすぐに来れば30分もかからないが、途中、間欠泉の噴出を待ったりしながら2〜3時間の散策を楽しむといい。

初級 Morning Glory Pool
適期▶年中
距離▶往復2.2km
標高差▶15m
所要▶往復約1時間
出発点▶ビジターセンター
車椅子可

　さらに時間があったらおすすめしたいのが**オブザベーションポイントObservation Point**。オールドフェイスフル・ガイザー裏手から川を渡ると、すぐ右からトレイルが始まっている。この坂道を800mほど上ると展望台。アッパー・ガイザー・ベイスンの全体を見下ろすことができる。

中級 Observation Point
適期▶6〜10月
距離▶往復1.6km
標高差▶49m
所要▶往復約1時間
出発点▶オールドフェイスフル・ガイザー裏手の橋

最も奥にあるモーニング・グローリー・プール

オールドフェイスフル周辺のおもな間欠泉

ガイザー名	噴出の高さ	継続時間	噴出の間隔
Old Faithful	30〜55m	2〜5分	60〜110分
Beehive	40〜55m	5分	22〜36時間
Castle	24m	20分	13〜15時間
Daisy	20〜30m	3〜5分	2〜4時間
Giant	60〜80m	90分	数年に1回
Giantess	45〜60m	4〜48時間	数年に1回
Grand	45〜60m	8〜12分	5〜7時間
Grotto	3m	1〜10時間	6〜21時間
Lion	9〜18m	3〜7分	1日数回
Riverside	24m	20分	6〜7時間

Trivia　黄色い朝顔　モーニング・グローリー・プールは、かつては朝顔のような美しい青色だった。しかし観光客がコインや石を投げ入れたために温度が下がり、黄色いバクテリアが繁殖してしまった

ブラック・サンド・ベイスン　Black Sand Basin

Black Sand Basin
MAP P.330 C-1、P.28
車椅子可。最大12%の勾配あり

　メインロードを隔ててオールドフェイスフル・ビレッジと反対側にある温泉域。見逃せないのが**エメラルドプールEmerald Pool**。水中に繁殖した黄色い藻の色に空の色が合わさってエメラルド色になるという、美しい自然のマジックだ。ほかにサンセットレイクSunset Lake、クリフガイザーCliff Geyserなどがある。

ビスケットベイスン　Biscuit Basin

Biscuit Basin
MAP P.330 C-1
車椅子可

　アッパー・ガイザー・ベイスンからメインロードを北に少し行った所にある。ブルーのすばらしさと透明度の高さで有名な**サファイアプールSapphire Pool**がある。また、遊歩道の奥へ続くトレイルを片道2kmほど歩いた**ミスティック滝Mystic Falls**も人気がある。

サファイアプール。晴れた日には特にすばらしい

規模は小さいが見逃せないビスケットベイスン

GEOLOGY　スーパーボルケーノ

　イエローストーン国立公園は1万ヵ所にも及ぶ温泉、間欠泉、泥泉などの熱水現象の中心地だ。これは、この地域の地殻運動が北米大陸のなかで最も活動的であることを示している。

　イエローストーンはロッキー山脈の火薬庫などといわれ、その火山現象は決して過去のものではなく、また終わりつつあるのでもない。現に活動の真っ最中であればこそ、このような熱水現象が見られるのだ。

　では、いったいその火山はどこにあるのだろうか？　実は今、われわれがイエローストーンと呼んでいる地域全体が、かつてひとつの巨大な火山の一部だったのだ。地上から見渡しただけではわからないが、今でも公園のなかには火口の跡が残っている。ロウアールーブの外側にあるカルデラ境界線（**MAP** P.330）より内側は、火口の底というわけだ。

　この火山は、およそ210万年前、120万年前、64万年前と過去3回大噴火をした。特に210万年前の大噴火のエネルギーは、1980年のセントヘレンズ大噴火の1500倍の規模があり、火山灰は遠くメキシコの原野をも覆ったといわれている。アイダホ州にあるCraters of the Moon National Monumentは、この一連の火山の火口の名残と考えられている。

　火山のエネルギーは今でもイエローストーンの地下数キロメートルでくすぶり続けている。現に、イエローストーンの地面を掘ったら、地下326mの温度がなんと237℃もあったそうだ！

　1983年にはマグニチュード6.9の地震があったし、2014年にはノリスでマグニチュード4.8の地震が発生。今も年間数千回、火山性の微弱な地震が起きている。

　パークレンジャーは、訪問者から「次の噴火はいつ？」と聞かれることが多いそうだ。イエローストーンが大噴火を起こすというテレビドラマが放映されたり、イエローストーンの地面が年間7cm以上も隆起しているという調査結果が報道されたりして、不安を感じている人も多いようだ。

　多くの学者が、次の大噴火は数百年〜千年先だろうと言っている。大噴火の前兆といえるほどの現象も観測されていない。しかし、大噴火の周期が60万年とすると、前回の大噴火からおよそ64万年たった現在、「今すぐに噴火してもおかしくない」と主張する研究者がいるのは当然だろう。

　イエローストーンの地下にあるマグマだまりは直径数十kmもあるという。超巨大火山スーパーボルケーノが目を覚ます日、それはイエローストーンの美しい景観はもとより、地球全体の景観が変わる日になるのかもしれない。

NOTES 絶景展望台　グランド・プリズマティック・スプリングを見下ろすことができる展望台がある。ミッドウエイ・ガイザー・ベイスンからオールドフェイスフル方面へ1マイル走った所

ミッドウエイ・ガイザー・ベイスン
Midway Geyser Basin

ビスケットベイスンからさらに北上した所に位置する。見どころは直径113mと園内で最大の**グランド・プリズマティック・スプリング**Grand Prismatic Spring。エメラルドブルーの温泉と、周囲を縁取るバクテリアの黄色、オレンジ、ブラウンのコントラストが圧巻。

園内最大のグランド・プリズマティック・スプリング

ロウアー・ガイザー・ベイスン
Lower Geyser Basin

オールドフェイスフルとマディソンの中間に広がる間欠泉＆温泉地帯。まずはミッドウエイ・ガイザー・ベイスンから少し北へ走って、一方通行の**ファイアーホール・レイク・ドライブ**Firehole Lake Driveへ右折しよう。道路に沿って間欠泉が並んでいるが、中ほどにある**グレート・ファウンテン・ガイザー**Great Fountain Geyserは、噴出予定時刻が発表されている間欠泉としては唯一、車に乗ったまま見学できるものだそうだ。10〜13時間ごとに23〜60mの高さに噴出があり、45分〜1時間も継続する。予定時刻はオールドフェイスフルのビジターセンターに掲示されている。

ファイアーホール・レイク・ドライブからメインロードに出たら、道路の正面にある**ファウンテン・ペイント・ポット**Fountain Paint Potに立ち寄ろう。駐車場からトレイルを右へ歩いていくとファウンテン・ペイント・ポットがある。マッドポット（→P.345）の典型で、ぐつぐつ煮えている泥の池だ。ベージュや赤い色が何とも不気味。

このトレイルの奥には7つの間欠泉が集まっている。そのなかの**クレサイドラガイザー**Clepsydra Geyserは常に噴出し続けていて見応えたっぷり。クレサイドラとは水時計のこと。かつて3分間隔で正確に噴出していたことから名づけられたが、1959年の地震以後は常時噴出するようになっている。

ロウアー・ガイザー・ベイスンの最後を飾るのは**ファウンテン・フラット・ドライブ**Fountain Flat Drive。小川に沿った穏やかな草原が広がり、初夏には一面に野の花が咲き乱れる。

ファイアーホール・キャニオン　Firehole Canyon

マディソン・ジャンクションのすぐ南から始まる南行き一方通行の周遊道路。オールドフェイスフルから流れてきたファイアーホール川に沿って、溶岩が浸食された小さな峡谷が続いている。道路の最後にはファイアーホール滝Firehole Fallsがある。

ギボン滝　Gibbon Fall

マディソンから東へしばらく行くと、湿原の中を蛇行する小川に温泉が流れ込み、川面から朝霧のように湯煙が立ち上る幻想的な光景が見られる。その先には落差26mのギボン滝Gibbon Fallsがある。付近の林にはエルクが多いので、特に朝夕は注意して探してみよう。

↗にある駐車場から、フェアリー滝へのトレイルをしばらく歩き、途中から左の斜面（最大勾配19％）を登っていく。展望台からは温泉の周囲に広がるオレンジの模様がよく見えて壮観だ

Midway Geyser Basin
MAP▶P.330 C-1
車椅子可。勾配あり
設備▶簡易トイレ（車椅子可）

初級 Midway Geyser Basin
適期▶5〜10月
距離▶1周1.3km
標高差▶23m
所要▶1周約30分
出発点▶ミッドウエイ・ガイザー・ベイスン駐車場

初級 Grand Prismatic Spring Overlook
適期▶5〜10月
距離▶往復2km
標高差▶32m
所要▶往復約1時間
出発点▶Fairy Falls駐車場

駐車場大混雑！
ミッドウエイ・ガイザー・ベイスンの駐車場は、シーズン中はほぼ終日満車状態。昼〜夕方はメインロード沿いの両側にも延々と路上駐車が続く。朝いちばんに訪れるのが賢明だ

Lower Geyser Basin
MAP▶P.330 B-1

Fountain Paint Pot
トレイルのみ車椅子可。後半に勾配あり
設備▶簡易トイレ

水量が多く、冬でも凍らないことが多いギボン滝

ノリス・ガイザー・ベイスン　Norris Geyser Basin

ノリス Norris

MAP P.330 B-2

設備 トイレ・公衆電話

　駐車場から博物館まで車椅子可だが凹凸、段差あり。トレイルはいずれも勾配がきつい

Norris Geyser Basin Museum

☎ (307)344-2109

開 5月中旬～10月中旬　9:00～17:00

Ranger Exploring the Yellowstone Volcano

集合▶夏期10:00

所要▶30分

場所▶博物館

初級 Porcelain Basin

適期▶5～10月

距離▶1周800m

標高差▶30m

所要▶約30分

出発点▶博物館

初級 Back Basin

適期▶5～10月

距離▶1周2.4km

標高差▶30m

所要▶1～2時間

出発点▶博物館

イエローストーンのなかでもいちばん活動的な温泉域で、熱水現象は約3km四方に広がっている。近年になって熱水現象が拡大した地域なので、いたるところで立ち枯れた木々の林を見ることができる。今でも毎年のように新しい間欠泉が出現したり、地震が起きたり、実にドラマチックな場所なのだ。このため火山研究の貴重な観測地点にもなっており、世界中の研究者がノリスに注目している。

ノリスの温泉域は、ミニ博物館を中心にして北の**ポーセレインベイスンPorcelain Basin**と南の**バックベイスンBack Basin**に分けられる。

バックベイスンへ進むとすぐ右手にあるのがエメラルドスプリングEmerald Spring。この温泉は酸性で高温のため、明るい緑色をした藻類が繁殖している。アッパー・ガイザー・ベイスンにあるエメラルドプールと見比べてみよう。その先にあるのが、有名な**スチームボートガイザーSteamboat Geyser**だ。世界最大の間欠泉といわれているが、普段は比較的小さな噴出しか見ることができない。不定期に大噴出があり、その際は20～40分にわたって90～120mも噴き上がる。最近では2018年から大噴出が続いている。

さらに奥にあるイキヌスガイザーEchinus Geyserは、pH3.6というお酢のような間欠泉。これほど酸性度が高い間欠泉は珍しいという。

2014年に大噴出した際のスチームボートガイザー

ノリス・ガイザー・ベイスンのおもな間欠泉

ガイザー名	噴出の高さ	継続時間	噴出の間隔
Echinus	12～18m	4～118分	年に数回
Steamboat（大噴出）	2～12m（90～120m）	1～4分（3～40分）	2～5分ごと（3日～50年）

○GEOLOGY

スチームボートガイザー

　2018年、スチームボートガイザーはなんと30回も大噴出。2023年も11月までに7回も大噴出し、観測史上最も活動的な時期となった。

　スチームボートガイザーは活動のリズムの幅が大きく、50年間まったく噴出しなかったこともあれば、数日おきに大噴出を繰り返す時期もある

ポーセレインベイスンはイエローストーンで最も高温で活動的なエリアだ

Museum of the National Park Ranger

MAP P.330 B-2

開 7月上旬～8月下旬9:00～16:00

レンジャーの歴史がわかる

パークレンジャー博物館
Museum of the National Park Ranger

ノリス・ジャンクションからマンモス方面へ1マイル走り、キャンプ場の標識に従って右折した所にある。パークレンジャーと国立公園システムにスポットを当てた展示と映像があり、運営しているボランティアスタッフはすべてレンジャーOB。国立公園の元祖ならではの博物館だ。

⚠ **油断大敵** イエローストーンが国立公園になって以来、足を滑らせて温泉プールに落ちたり、周欠泉でやけどを負ったりして亡くなった人は20人以上に及ぶ。なかには荒天のためすぐに遺体

イエローストーンに降った雨や雪は、透過性の岩盤を通り、およそ500年かけて地下深くしみ込んでゆく。3000m以上地中に下りると、260℃以上の高温で熱せられる。しかし、高圧のため気化することができず、岩盤の割れ目を通って急上昇する。これが熱水現象だ。こうした現象は園内に1万あるともいわれ、世界一の集中地域になっている。

熱水現象は、地上への噴出の仕方によって名称が変わる。

温泉　Hot Springs

広義では間欠泉なども含めて温泉だが、水がたまって温水プールになっているものを指すことが多い。温度や含有物質によってさまざまな色があるのがイエローストーンの特徴。

間欠泉　Geyser

熱水が地表まで気化せずに噴出するのが間欠泉。合計約300、世界の間欠泉の約3分の2がイエローストーンにある。周期的に熱水を噴出するが、噴出間隔はさまざま。噴出口の形態により、噴出口の周囲に円錐状に沈殿物が堆積するコーンガイザーCone Geyserと、池の中に噴出口があるファウンテンガイザーFountain Geyserに分けられる。

噴気孔　Fumarole

熱水が地表に達する前に気化し、水蒸気となって噴出する。ときに雷鳴のような音とともに、地面をも揺るがす力をもつ。別名ドライガイザーDry Geyser。熱水が気化するか否かは、温度、圧力、岩盤の種類など、さまざまな要素が複雑にからみ合って決まる。

マッドポット　Mud Pot

熱水に泥や不溶性鉱物が混ざり合って地上に出てくる。溶け込む鉱物の種類によって色が変わる。

ちょっぴり不気味なマッドポット

温泉の色の正体

モーニング・グローリー・プールの魅惑的な色彩やエメラルドスプリングの透き通るような青など、温泉の色はとても不思議だ。どうもこの色は温度と密接な関係にあるらしい。

あまりにも高温の温泉では生物が繁殖できないため、空の青がそのまま映る。例えば、アッパー・ガイザー・ベイスンのクリスタルプールなどがこれに当たる。

もう少し低温になると藻類とバクテリアが発生する。酸性の場合は緑色の藻が、そうでない場合は黄色の藻が発生する。そして、グリーンや黄色の温泉が誕生するわけだ。

また、プール周辺や間欠泉などに見られるドロドロしたものは沈殿した鉱物。黄色はおもに硫黄、オレンジやブラウンは酸化鉄などの色だ（微生物の色の場合もある）。

世にも珍しいバクテリア

イエローストーン国立公園は地形的にバラエティに富んでいるばかりでなく、そこに生息する動植物も多様で魅力的だ。

なかでも最も不可思議な生物は、スルフォバ

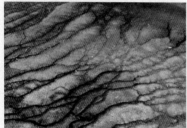

レスというバクテリアで、ここイエローストーンにしかいないといわれている。このバクテリアは酸素を必要としない、というよりも酸素を嫌う嫌気性バクテリアで、世界最古の生物のひとつ。酸素に満ちあふれた地球上ではほかに生きる場所がなく、90℃以上の高温で、しかもpH1という強酸の泥の温泉、マッドポットの中だけに生息しているという変わりものだ。

このほか、イエローストーンには高温の温泉だけに生息するバクテリアも多く、このバクテリアと藻類が温泉の周囲を黄色、オレンジ、赤、茶色に彩っている。

バウムクーヘンかクレームブリュレのような模様を描くミッドウェイ・ガイザー・ベイスンの藻類

ロッキー山脈

イエローストーン国立公園（ワイオミング州／モンタナ州／アイダホ州）

Rocky Mountains

↗ が収容できず、翌朝行ってみると酸性の熱水に溶けて跡形もなくなっていたというケースもあった。子供や高齢者も含めて大勢の観光客が歩いているので油断しがちだが、危険地帯であることを忘れずに

Mammoth

MAP P.330 A-2、P.30
設備 ビジターセンター→P.336、ロッジ→P.361あり

Ranger Experiencing Wildlife
集合▶夏期11:00、15:00
所要▶30分
場所▶オルブライトVC前

訪れるたびに異なる色と形を見せてくれるテラスマウンテン

車椅子レンタル
　マンモスにある診療所（ビジターセンターの東）で1日＄15（保証金＄300）で貸し出している。マンモスエリア内だけならビジターセンターでもレンタル可

テラスマウンテンの入口で観光客を出迎えてくれるリバティキャップ

マンモスカントリー　▶▶▶▶▶▶▶ MAMMOTH

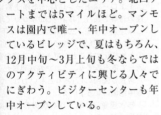

マンモス・ホットスプリングスを中心としたエリア。北口ゲートまでは5マイルほど。マンモスは園内で唯一、年中オープンしているビレッジで、夏はもちろん、12月中旬〜3月上旬も冬ならではのアクティビティに興じる人々でにぎわう。ビジターセンターも年中オープンしている。

リバティキャップ
Liberty Cap

　テラスマウンテンの手前に番人のようにデンと構えているのがリバティキャップ。近づいてみると意外に大きく、流出物が幾重にも重なっているのがわかる。石筍のような形だが、以前は温泉が噴き出ており、沈殿物によって自らの噴出口をふさいでしまったもの。

COLUMN　🐦　**イエローストーン事件簿**

●1966年、イエローストーンの温泉を彩る黄色い微生物から、耐熱性の酵素が発見された。この酵素が2019年、新型コロナウイルス感染症のPCR検査試薬の主要成分、DNAポリメラーゼとなった

●2019年、オールドフェイスフルでバッファローを見ていた9歳の女児が、突進してきたバッファローの角で空中高く舞い上げられて大けがをした。女児を含む約50人の団体客が、わずか2〜3mの距離でバッファローを取り囲むように見ていたそうだ

●2019年夏、北口ゲート近くで山火事が起き、たばこの吸い殻を捨てた男が逮捕された。彼には禁錮3ヵ月、罰金＄5000、保護観察2年、入園禁止2年が言い渡された

●2019年12月の夜、2人の若者が立入禁止エリアを越えてオールドフェイスフル・ガイザーの噴出口をのぞきに行った。2人は逮捕され、禁錮10日、罰金＄540、保護観察5年などが言い渡された

●2020年、オールドフェイスフルで観光客が写真撮影をしている際、3歳の子供が後ずさりして熱水エリアに転落し、大やけどを負った。同様の事故はほかにも数多く発生しているので十分に注意しよう

●2021年、ファウンテン・フラット・ドライブの駐車場で、車のドアを開けた際に飛び出した犬が、Maiden's Grave（乙女の墓）と名付けられた94℃の熱水プールに飛び込んで死亡。犬を助けようとした飼い主の20歳の女性も重体となった

●2022年、北口ゲートの近くにあった熱水の流れ込む川が洪水で流されてしまった

●2023年、ラマーバレーでバッファローの群れが川を渡ったとき、生まれたばかりの子牛が河岸に取り残されてしまった。これを助けようとしたのか、観光客の男性が子牛を抱きかかえて車道まで押し上げた。すると子牛は、はるか先に行ってしまった母牛ではなく、車道にいた観光客や車のあとを付いて回った。通報でやってきたレンジャーが群れへ戻そうと試みたが、人間の匂いが付いた子牛は、母牛や群れに受け入れられることはなく、子牛は車道へ戻って車のあとを追ってうろつくばかり。結局、交通事故の危険が大きいとして安楽死処分となった。子牛の死骸はあえて草原に放置し、ほかの動物たちの糧とされた。その後、子牛に手を出した観光客は公開手配され、ハワイの男性が特定されて、罰金＄500と野生生物保護基金への＄500の奉仕金支払い義務などが課せられた。

テラスマウンテン　Terrace Mountain

　地底深くから噴き上げられた温泉に含まれる石灰分が蓄積され、幾重にも重なって巨大なデコレーションケーキ状の温泉段丘が造られた。これが有名なテラスマウンテンだ。石灰華段丘、石灰棚とも呼ばれ、中国の黄龍、トルコのパムッカレ、山口県秋芳洞の百枚皿などでも見られる。

　頂上からは今も休むことなく温泉が流れ落ち、自然の造形が続けられている。毎日、2トン以上の石灰が運び上げられるため、1週間もたてば形が変わってしまうという。ただし、温泉の湧出量は不安定で、場所によっては止まってしまうこともある。すると途端に温泉段丘の色は黒ずんでしまう。どのテラスがどんな姿になっているか、訪れたときのお楽しみだ。

　温泉段丘には**ミネルバテラスMinerva Terrace**、**キューピッドスプリングCupid Spring**などと優雅な名前がつけられている。マンモスのビレッジからも近いので、テラスの周囲に造られた1周30分ほどのトレイルを歩いてみよう。

アッパーテラス　Upper Terraces

　テラスマウンテンの裏にはアッパーテラスと呼ばれるエリアがあり、一方通行のドライブルートTerrace Mountain Driveがつけられている。テラスマウンテンの上を通ってさらに奥にある数々のテラスを回るルートで**ニュー・ハイランド・テラスNew Highland Terrace**、**ホワイト・エレファント・バック・テラスWhite Elephant Back Terrace**などが次々に現れる。途中、松が石灰に閉じ込められて立ち枯れている光景が印象的。時折、エルクがテラスの上を横切っていく。

最初に現れるニュー・ハイランド・テラス

初級 Main Terrace
適期▶年中
距離▶1周2.8km
標高差▶91m
所要▶1周約1時間
出発点▶リバティキャップ
車椅子可。段差1段あり

Upper Terraces
すべてのポイントで車椅子可

GEOLOGY
ガラスの岩壁

　マンモスとノリスの間、Beaver Pondsという湖の北端に、天然の黒いガラスの岩壁Obsidian Cliffがある。高さ50〜60m、長さ800mにわたって黒曜石が露出したものだ。黒曜石は溶岩が急激に冷えて固まった際にできる。通常は岩の中に小さな塊として含まれ、このような巨大な岩壁になるのは珍しい。約18万年前に噴き出したマグマが、氷河に触れてできたという。

　先住民はこの岩壁を砕き、とがったガラスを矢じりなどの石器として交易品にした。遠く中西部の先住民が、この岩壁の黒曜石を使っていたこともわかっている。こうした歴史から、岩壁は国立史跡に登録されている

パークロードの東側にある

GEOLOGY
テラスマウンテンのでき方

　マンモス・ホットスプリングスでは、地上に降った雨や雪が、水を通しやすい地層や岩の割れ目を通って地下3000mほどの深さまでしみ込む。イエローストーンの地下深い所にはマグマだまりがあり、地下3000m付近の岩盤はこの熱によって部分的に溶けている。このため、しみ込んでできた水は熱せられ、対流の力によって他の岩の割れ目から地上へ押し上げられる。この水に火山性ガスが溶けて炭酸水となり、石灰層を通過する際に石灰がこの熱い炭酸水に溶け出す。

　地上に近づくにつれて水は冷え、地表まで来ると二酸化炭素は空気中に放出される。溶けていた石灰質が斜面に沈殿し、テラスマウンテンのできあがり。

　この現象はおよそ8000年前から始まったと考えられている。現在もテラスの形成は続いている。

湧出が止まったテラスで営巣するツバメ

ルーズベルトカントリー ▷▷▷▷▷ **ROOSEVELT**

ルーズベルトカントリーは、タワールーズベルトのビレッジを中心としたエリア。ここにあるルーズベルトロッジは、公園内の宿泊施設のなかでいちばん素朴な所。丸太小屋風のロッジには薪ストーブがあり、杉木立に囲まれた環境にある。1階のレストランもほのぼのとした雰囲気で、ゆっくりと食事が味わえる。

ロッジからは夏の間の毎日、駅馬車で草原を走るツアーが出ている。近くにはハイキングコースや釣り場もあり、乗馬も楽しめる。

ブラックテイル・プラトー・ドライブ
Blacktail Plateau Drive

マンモスとタワールーズベルトの中間にあるドライブルート。東行き一方通行のダートロードだ。松の林をぬって続いており、秋には黄葉がすばらしい。プロングホーンやエルクに出会えるかもしれない。

タワー滝　Tower Fall

タワー滝はテラスマウンテンやオールドフェイスフルに並んで印象的な存在。林立する火山岩の尖塔の間から40m下の滝つぼへ、豪快に落下している。天気がよければ美しい虹も見ることができる。尖塔の奇岩は、灰色の流紋岩に火山活動や凍結で裂け目ができ、さらにイエローストーンリバーの浸食や風化によってできたものだ。

ラマーバレー　Lamar Valley

タワールーズベルトと北東ゲートの中間にあるラマーバレーは、野生動物が豊富に見られる谷。エルク、ムース、バッファロー、コヨーテ、プロングホーンなどが生息しており、冬でも積雪が少ないため、多くの動物が餌を求めてこの谷に集まってくる。そして、それを狙ってオオカミもやってくる。広々として見晴らしもよいので、動物ウオッチングには最適だ。

GEOLOGY
珪化木の尾根
タワー滝とラマーバレーの間にあるスペシメン尾根Specimen Ridgeには無数の珪化木（→P.191）がある。アリゾナの化石の森国立公園と違って、ここの木は立ったまま石化している。残念ながら道路はないので実際に行って見ることはできないが、1本だけなら珪化木を簡単に見られる場所がある。ブラックテイル・プラトー・ドライブ終点のすぐ東、Petrified Treeの標識に従って入る

Tower Fall
2021年にトレイルが改修され、展望台まで車椅子で行けるようになった。勾配4%あり。なお滝の下まで行くトレイルは崖崩れのため閉鎖された
🚻 トイレ（車椅子可）

タワー滝

COLUMN 駅馬車ツアー

6月上旬～9月上旬の1日2～4回、タワールーズベルトから開拓時代そのままに再現された駅馬車ツアーStagecoach Ridesが出ている。あまり乗り心地がよいとはいえないが、パイオニアたちの苦労をしのぶにはいい。
🎫 $18、3～11歳 $10

タワールーズベルト名物の駅馬車に乗ってみよう

また、カウボーイ気分で野外で食べるバーベキューを組み合わせた**オールドウエスト・クックアウトOld West Cookout**というツアーも人気。草原の中で食べる陽気なバーベキューは本当においしい。乗馬（8歳以上、英語が理解できるなど条件あり）で参加するものと、駅馬車で参加するものがあり、食べる場所で合流する。要予約。
駅馬車（ワゴン） 🎫 $80、3～11歳 $62
乗馬（1時間） 🎫 $110、8～11歳 $95
乗馬（2時間） 🎫 $135、8～11歳 $120
予約は各ロッジのツアーデスクかウェブサイト、☎ (307)344-7311へ。出発はルーズベルトロッジから。15分前までに厩舎へ行って、馬やワゴンの割り振りを受ける。
🌐 www.yellowstonenationalparklodges.com

⚠ バッファローは猛獣　2018年、園内でバッファローとエルクに襲われてけがをする観光客が相次いだ。見かけた場合は静かにして刺激しないことが重要。写真を撮るために近づき過ぎないで！

キャニオンカントリー　▷▷▷▷▷ CANYON

イエローストーン国立公園の名前は、**イエローストーン大峡谷 Grand Canyon of the Yellowstone**の色に由来している。長さおよそ32kmにわたって続く黄色い絶壁だ。深さは240〜360m、幅は狭い所で450m。鉄の化合物を含んだ流紋岩が熱水と蒸気によってもろくなり、黄色く変色され、さらに川の浸食によっておよそ1万年かけて造り上げられた。

イエローストーンレイクから流れ出たイエローストーンリバーは、ヘイデンバレーの豊かな草原を下り、再び流れを速めて峡谷に入る。まず、落差33mの**アッパー滝 Upper Fall**となって落ちる。水しぶきに虹がかかる早朝や夕方が特に美しい。さらに下ると、落差94mの**ロウアー滝 Lower Fall**となる。この滝下流の両側の絶壁がキャニオンだ。北側をノースリム、南側をサウスリムという。

ノースリムのそばには、このエリアの中心となるキャニオンビレッジがある。ビジターセンター、ロッジ、キャンプ場、ガスステーションなどが集まっている。

数ある展望台のなかで人気ナンバーワンのアーティストポイント

Canyon Visitor Education Center
MAP P.330 B-2
☎ (307)344-2550
開 夏期　8:00〜18:00
　　春・秋 9:00〜17:00
休 11月上旬〜4月中旬

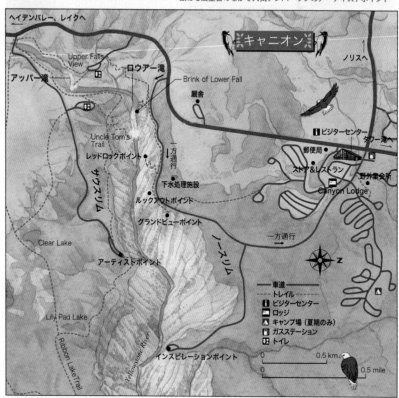

ヘイデンバレー、レイクへ

キャニオン

ノリスへ

Upper Falls View
アッパー滝
ロウアー滝
Brink of Lower Fall
厩舎
ビジターセンター
タワー滝へ
郵便局
Uncle Tom's Trail
ストア&レストラン
レッドロックポイント
野外集会所
サ
ウ
ス
リ
ム
一方通行
下水処理施設
Canyon Lodge
ルックアウトポイント
グランドビューポイント
Clear Lake
一方通行
ノ
ー
ス
リ
ム
N
アーティストポイント

Lily Pad Lake

車道
トレイル
ビジターセンター
ロッジ
キャンプ場（夏期のみ）
ガスステーション
トイレ

Ribbon Lake Trail
Yellowstone River
インスピレーションポイント

0　　　　0.5 km
0　　　　0.5 mile

>NOTES **車椅子レンタル** ビジターセンターで1日$15（保証金$300）で貸し出している。なお、キャニオンの展望台は階段が多い。車椅子で見学するならアーティストポイントがおすすめ

ノースリム　North Rim

キャニオンのビレッジからレイク方面へ2マイルほど走って左折すると、東行き一方通行のノースリム・ドライブが始まる。ここから北壁に沿って5つの展望台が並んでいる。

最初にBrink of Lower Fall Trailのトレイルヘッドがある。ここから下りるとロウアー滝目の前の展望台へ出る。緑色の流れが足元から滝つぼへ落下していく光景は息をのむ迫力。時間と体力がある人にぜひおすすめだ。

次は**ルックアウトポイント**Lookout Point。ロウアー滝が最もカッコよく見える場所。ここからRed Rock Pointへ下りるトレイルがあり、終点からは水しぶきがかかるほどの近さに滝を眺められる。

グランド・ビュー・ポイント Grand View Pointも人気のある展望台だ。滝は見えないが、黄色い峡谷がドラマチックに迫ってくる。

Brink of Lower Fall Trailは滝に最も近づける

最後の**インスピレーションポイント**Inspiration Point（冬期閉鎖）は滝から遠く離れていてちらっとしか見えないが、そのぶん峡谷全体の様子がよくわかる。ドライブルートはビレッジが終点だ。

なお、ノースリム・ドライブ入口の西にはBrink of Upper Fallのトレイルヘッドがあるが、こちらはアッパー滝の展望台へ行くラクなトレイル。サウスリム・ドライブへ行く途中で寄るといい。

サウスリム　South Rim

南壁沿いに走るサウスリム・ドライブでは、まず**アッパー滝展望台**Upper Fall Viewpointへ立ち寄ってから、**アンクルトムズ・トレイル**Uncle Tom's Trailを歩いてみるといい。ロウアー滝の滝つぼ近くまで下りて、ナイアガラの滝の約2倍の高さから落ちてくる迫力を楽しもう。ドライブの終点にあるのは**アーティストポイント**Artist Point。黄色い渓谷とロウアー滝が、絶妙なアングルで眺められる。

アンクルトムズ・トレイルは階段がしんどいけれどオススメ

中級 Brink of Lower Fall
適期▶5～10月
距離▶往復1.2km
標高差▶180m
所要▶往復約1時間
出発点▶Brink of Lower Fall 駐車場
設備 トイレ（車椅子可）
※勾配がきついので、健康状態のよくない人にはすすめられない。冬期閉鎖

中級 Red Rock Point
適期▶5～10月
距離▶往復1.2km
標高差▶150m
所要▶往復40分～1時間
出発点▶ルックアウトポイント駐車場
※勾配がきついので、健康状態のよくない人にはすすめられない。冬期閉鎖

Inspiration Point
駐車場右奥に車椅子可の展望ポイントあり（勾配あり）

GEOLOGY - - - - - - - -
巨大な迷子石
インスピレーションポイントより600m手前の道路沿い（駐車スペースあり）に、巨大な花崗岩が唐突にある。およそ8万年前の氷河によって運ばれたものだ

Upper Fall Viewpoint
車椅子可（勾配あり）
設備 簡易トイレ

中級 Uncle Tom's Trail
適期▶6～9月
距離▶往復1.6km
標高差▶150m
所要▶往復1～1.5時間
出発点▶アンクルトムズ駐車場
※勾配のきついスチール製の階段が340段ある。滑りやすいので足元には十分に注意を。夏期以外は閉鎖

Ranger Canyon Rim Walk
集合▶夏期9:00
所要▶1時間30分
場所▶アッパー滝展望台の駐車場

Artist Point
車椅子可。勾配あり
設備 簡易トイレ（車椅子可）

ヘイデンバレー　Hayden Valley

　キャニオンとイエローストーンレイクの間には、ヘイデンバレーと呼ばれる美しい低地が広がる。ゆったりと蛇行するイエローストーンリバー、魚を狙って集まってくるペリカン、そして、胸まで流れに浸ってロッドを振る釣り人たち。ときには白いほおをしたカナダグースの群れやハクトウワシの姿も見られる。川の中で水草を食んでいるのはムース。あちこちの丘で泥浴びをしているバッファローの群れ。実に穏やかな時間が流れている。動物たちの行動が活発になる早朝、朝もやの立ちこめる頃にそっと訪れるといい。

上／日中の駐車場は常に満車状態　下／この写真のなかに少なくともバッファロー3頭、エルク約20頭、オオカミ1頭、カナダガン数百羽がいる。双眼鏡必携だ

マッドボルケーノ　Mud Volcano

　ヘイデンバレーの南端にある不思議な一帯。トレイル沿いに泥の噴気孔（→P.345）がいくつもあり、カラフルな泥沼マッドポットがボコッボコッと沸騰している。グロテスクだが一見の価値はある。

⚠ **ドライブの注意**

　ヘイデンバレーではバッファローが道路を横切ることが多く、バッファロー渋滞もしばしば起こる。彼らは驚くほどのんびりしており、車や人に無頓着だが、決して刺激してはいけない。あの角と巨体で突進されたらタダでは済まない

🐾 **WILDLIFE**
マスの遡上を見よう
　イエローストーンリバーでは毎年6月頃、マスが産卵のために川を遡上する様子が見られる。マッドボルケーノとレイクの中間、LeHardys Rapidsという支流が流れ込むあたりが見やすい。カーブにある駐車スペースが目印

段差がある所では、数多くのマスがジャンプのタイミングを計って集まっている

Mud Volcano
🚹 車椅子可（勾配あり）
🚻 簡易トイレ（車椅子可）

Ranger **Mud Volcano Ramble**
集合▶夏期9:00
所要▶1時間
場所▶マッドボルケーノ駐車場
MAP P.330 B-2

GEOLOGY

イエローストーンで感じる地球のパワー

　地球という星は、私たち人間が想像もできないようなパワーを秘めている。穏やかな緑に覆われた風景を見ていると、そんな力を感じることはなかなかできないが、ときに火山の噴火や地震といった形で突然私たちを圧倒する。
　イエローストーンは、そんな地球のパワーを日常的にまとめて実感できる、地球上でも珍しいエリアだ。

マグマの力
　迫力ある間欠泉で名高いイエローストーンには、このような熱水現象が約1万あるといわれている。もちろん世界一集中した地域。では、なぜこれほどの熱水現象が集中するのか。それは、地下のマグマが深さ約4800mという極めて浅い所まで迫っているからなのだ。

ミクロの力
　マンモスにある不思議な白い段丘、テラスマウンテン。これも、そもそもはマグマの力で熱水が噴出してできたもの。噴出した熱水は石灰を中心とした鉱物を多く含み、これら鉱物が約8000年という年月をかけて結晶したのがこのテラスだ。

水の力
　長さ約32kmにわたって、深さ240〜360mの黄色い谷が続くイエローストーン大峡谷。熱水の影響を受けてもろくなった流紋岩がイエローストーンリバーの水の力で約1万年かけて削られたものだ。峡谷の白眉ともいえるロウアー滝は、園内に150ある滝のひとつ。トレイルを歩いて滝の目の前まで下りてみるといい。この壮大な谷を造ったパワーを実感できるだろう。

↗ そうだ。レンジャーはすぐに子牛をもとの場所に放し、群れに戻そうと何度も試みたが、人間の匂いが付いてしまったせいか子牛は受け入れられずに衰弱してしまい、結局、安楽死させられた

クルーズでは広々とした湖とのびやかな山並みが楽しめる。途中で席を立つことはできないので、できればいちばん前に座るといい

Lake
MAP P.330 C-2
設備 ビジターセンター→
P.336、ロッジ→P.362あり

レイククルーズ
☎(307)344-7311
運行 6月上旬〜9月上旬
1日1〜5回
料 $20、3〜11歳$12
出発はブリッジベイ・マリーナから。15分前には到着しているようにしよう。ピークシーズンは事前にウェブサイト（ロッジと同じ）で予約しておいたほうが確実

ボート
静かで美しいイエローストーン湖にボートで漕ぎ出そう。6月中旬〜9月上旬。ブリッジベイ・マリーナで
料 6人乗り1時間$65

Ranger Experience Wildlife
集合▶夏期9:30
所要▶30分
場所▶グラントビレッジVC

初級 Storm Point Trail
適期▶6〜9月
距離▶1周3.7km
標高差▶25m
所要▶1〜2時間
出発点▶Indian Pond駐車場（フィッシングブリッジより東へ3マイル）
MAP P.330 C-3

レイクカントリー ▷▷▷▷▷ LAKE

　イエローストーンレイク周辺のエリア。湖の北岸には3ヵ所のビレッジが並んでいる。東から、ビジターセンターとRVパーク、ジェネラルストアがある**フィッシングブリッジFishing Bridge**、ホテルとロッジがある**レイクビレッジLake Village**、キャンプ場がある**ブリッジベイBridge Bay**だ。
　また、湖の西岸にビジターセンター、ロッジ、キャンプ場のある**グラントビレッジGrant Village**がある。

イエローストーンレイク　Yellowstone Lake

　湖面の標高は2357m、面積は341km²と琵琶湖の約半分で、標高2134m以上にある湖としてはアメリカで最大。深さは最も深い場所で131mもあり、水温は夏が12℃前後、冬は4.5℃前後。かつて大噴火した火山の、火口の底に水がたまってできた湖で、今でも一部の湾内では熱水が湧き出ている。
　ちなみに、湖から北へ流れ出したイエローストーンリバーは、ミズーリ川、ミシシッピ川と合流し、セントルイスやニューオリンズを通ってメキシコ湾へと注ぐ。
　イエローストーンレイクの魅力は、広々とした湖面と、それを取り囲むのびやかな山容だ。天気さえよければ、はるかなグランドティトン山脈のシルエットがかすんで見えるだろう。ボートで湖に繰り出したり、フィッシングをしたりして1日のんびりと楽しみたい。
　レイククルーズもある。美しい湖面と遠くの山並み、そして湖の中央にあるスティーブンソン島の景色を楽しむ1時間のツアー。早朝のクルーズがおすすめだ。
　時間があったら、フィッシングブリッジから東へ3マイル走ったIndian Pondの駐車場から**ストームポイントStorm Point**へ上がってみるといい。湖の眺望がすばらしく、キバラマーモットなども多い楽しいトレイルだ。

Trivia **熱湯が湧き出す湖**　湖底に湧き出している熱水で最も温度が高いのは、ストームポイントのすぐ東側で、なんと122℃！　湖底には、噴き上げた鉱物が煙突状に固まったものがたくさん立つ↗

ウエストサム　West Thumb

手のような形をしたイエローストーンレイクを北から見たとき、親指thumbにあたる場所。グラントビレッジの北にあり、湖畔に温泉が湧き出している。1周1.6kmのトレイルをひと回りしてこよう。温泉の向こうに湖が見える場所はここだけだ。なかには湖の中に湧き出している**フィッシングコーンFishing Cone**と名づけられた温泉もある。その昔、釣り人が釣り上げた魚を誤ってこの中へ落としてしまった。すると すぐに魚がゆであがり、その場で食べることができた。その後、これをまねする釣り人が続出。ときおり不定期に噴出する熱水で大やけどを負う人もいたという。もちろん現在は禁止されている。

ウエストサムのある場所は湾そのものが小さなカルデラで、水温が高い。冬には湖全体が凍結するが、この湾内が凍るのは最後だ

深淵という名のAbyss Spring。約16mという深さが独特の色を醸し出している

Isa Lake
MAP P.330 C-2

アイザレイク　Isa Lake

イザベルという女性の名を冠した小さな池で、レイクとオールドフェイスフルの間にある。一面コウホネに覆われたこの池は、**大陸分水嶺**をまたいでおり、春になると雪解け水が池の東西に同時に流れ出す。しかも、西へ流れ出した川はファイアーホール川、ミズーリ川、ミシシッピ川となってメキシコ湾へ、東へ流れ出した川はスネーク川、コロンビア川となって太平洋へ注ぐという珍しい逆転現象が起きている。

パークロードが大陸分水嶺を横切る場所は園内に3ヵ所ある

West Thumb Information Station
MAP P.330 C-2
圏5月下旬〜10月中旬9:00〜17:00

Ranger Hot Water Wilderness Walk
集合▶夏期10:30
所要▶1時間
場所▶ウエストサムIS

初級 West Thumb Geyser Basin Trail
適期▶年中
距離▶1周1.6km
標高差▶18m
所要▶約30分
出発点▶ウエストサム駐車場
車椅子可。勾配あり
設備 簡易トイレ（車椅子可）

ているという。これほど熱い湯があちこちで湧いていても、それは広大な湖の中のごく一部にすぎない。イエローストーンレイクは例年12月下旬〜5月下旬まで、厚い氷に覆われるのだ

イエローストーンの主役たち

野生動物が見られる場所は世界にたくさんあるが、比較的容易に行けて、高い確率で大型動物を見ることができる所は多くない。そんな場所のひとつがイエローストーンだ。

ヨーロッパ人が新大陸に入植する前、数千年にわたって大陸が保っていた自然の均衡がここにはある。特に森林と草原の境界では変化に富んだ動物の生態を目にすることができる。草原には食料となる草と太陽があるし、いざとなれば森林が外敵から身を守ってくれるからだ。

動物の観察には早朝がいい。日の出の頃、川辺や湖岸に行くと思いもかけない珍しい動物や鳥に出会うことがある。バッファローやエルクならビレッジ内に現れることも珍しくない。彼らが人間を恐れないのは長年にわたって大切に保護されてきたから。決して餌づけされているわけではないのだ。

おすすめウオッチングポイント

ヘイデンバレー

キャニオンとレイクの間。バッファロー、エルクのほか、カナダガンなどの水鳥が多く見られる。

マウントウォシュバーン付近

タワーとキャニオンの間のアンテロープクリーク沿い。グリズリーベアの代表的な生息地で、ビッグホーンシープなども現れる。

オブシディアンクリーク沿い

ノリス〜マンモス間にある沼地で、ムース、エルク、コヨーテ、白鳥がよく見られる。

ラマーバレー

タワーと北東口の間。園内最大のエルク生息地で、バッファロー、ミュールジカ、コヨーテ、オオカミなどが見られる。

グリズリーベアとブラックベア

イエローストーンにはグリズリーベア（ハイイログマ。約1000頭）とブラックベア（アメリカクロクマ。600頭以上）が生息している。ブラックベアに比べてグリズリーは大きいので、成獣の場合は簡単に見分けがつくが、子グマの場合などは判別が難しい。そんなときには肩と腰の位置に注目してみよう。グリズリーの肩には肩甲骨の出っぱりがあり、歩いているときに腰は肩よりも低い位置にある（→P.409）。

肩が盛り上がっていればグリズリーだ

©NPS

バッファローは高山を除く公園のほぼ全域に生息している

バイソン　Bison

バッファローと呼ばれることが多い。普段の動作はニブイが、いざとなると時速約60kmで走る。国立公園局のシンボルマークにも使われているカッコイイ動物なのだが、観光客が目にする彼らはみすぼらしい姿であることが多い。バッファローの毛は春から夏にかけて生え変わるが、密生しているため抜けた冬毛がなかなか落ちない。さらに寄生虫を取るために泥浴びをするので、引きずった毛がガチガチに固まってしまうのだ。

エルク　Elk

1mにもなる立派な枝角はオス同士が戦うのに使われ、早春に抜け落ちる。秋になるとグランドティトンなどへ移動する（→P.373）。

プロングホーン　Pronghorn

ヤマヨモギの草原に群れですみ、のどにある白い縞、白いお尻が特徴。危険を感じると時速80〜90kmで走り去る。園内に約450頭いる。

近づき過ぎないように！

動物を見つけたら距離を保って観察しよう。クマには100ヤード（約91m）以内、ほかの動物には25ヤード（約23m）以内に近づくことは禁止されている。動物の気を引くためにオオカミの遠吠えの真似をしたり、懐中電灯で動物にライトを当てたりすることも禁じられている。

植物について

イエローストーンの樹木の種類はとても少なく、この広い地域にたった11種しかない。先住民が住居用テントの支柱として使ったことから、ロッジポールと呼ばれる松の林が全体の約8割を占めている。このほかモミなどの針葉樹や、ヤマナラシなどの落葉樹も多少見られる。

7月になると高山性の花が咲き揃う。Fringed Gentianという紫のリンドウがイエローストーンの花に指定されている。川辺や湖の浅瀬にはコウホネの黄色い花が浮かんでいるし、草原にはヒエンソウやモンキーフラワーが群生する。

Trivia 歯をむしばむ温泉　イエローストーンの温泉地域に暮らす動物たちは、ほかの地域に比べて短命。餌にしている植物に珪素が大量に含まれていて、歯がすり減ってしまうからだとか。↗

よみがえったオオカミ

1872年に国立公園として制定されたイエローストーン。それは世界初の試みだった。そして1990年代。イエローストーンでまたひとつ、世界にも例を見ない試みが行われた。それは、人間の手によって姿を消した動物、ハイイロオオカミGray Wolfを人間の手によってよみがえらせ、生態系を再生しようというものだ。

1870年にヨーロッパからの探検隊がこの地を発見して以来、イエローストーンの環境は大きく変わった。なかでも特に大きな変化がオオカミの絶滅だ。イエローストーンの生態系の頂点にいた彼らは、ヨーロッパからの入植者がこの地に牧場を造り始めたときから、絶滅への道を歩み始めた。家畜保護のため、そしてシカやエルクを襲う悪者のイメージという理不尽な理由のために、オオカミたちは乱獲に遭った。そして**1930年代には彼らはイエローストーン地域から姿を消してしまう。**わずか60年弱のできごとだ。

生態系の頂点であるオオカミの消滅は、イエローストーンの動植物にさまざまな変化をもたらした。その影響は、まずオオカミの餌である大型の草食動物と、ライバルである捕食動物に表れ、その後連鎖的にほかの動植物へと広がっていった。

オオカミがいた頃には、コヨーテは生態系のなかでオオカミの下に位置していた。ときには、コヨーテの子供がオオカミの餌食になることすらあった。しかし、オオカミの絶滅によってコヨーテはのびのびと暮らせるようになり、テリトリーを広げてその数は増加し続けた。その結果、コヨーテが餌にしている小さな地ネズミの数が急速に減った。そして、地ネズミを餌にしていたワシなど猛禽類の数も減ってしまった。

一方、オオカミに捕食されていた大型の草食動物への影響と、連鎖反応も問題だ。オオカミが餌にしていたエルクやムースは、コヨーテが襲うには大き過ぎる。そのため、オオカミの絶滅によって天敵がいなくなり、数が数倍にも膨れ上がってしまった。個体数が増えても土地が増えるわけではない。1日に数十キロの草を食べる動物がその数を増やせば、次にくるのは草の不足だ。一部の地域では草を食べ尽くし、木の皮をはいでしまうということも起きた。それによって、オオカミとは直接関係なかった草食動物まで食料不足に見舞われる事態になってしまった。

このような変化の先にあるのは、生態系の壊滅的な崩壊であることは目に見えている。その進行を止め、本来の姿へ戻すために発案されたのが、オオカミの再導入プランだった。**絶滅から60年余りたった1995年、カナダで捕獲された31頭のオオカミがイエローストーン国立公園に放たれた。**このプランは、決してすんなりと進んだわけではない。人間によって起きた変化とはいえ、再び人間が介入するのが正しいことなのかという疑問、家畜への被害などの安全や経済に関する懸念などが長年にわたって議論された末の結果だった。

結局オオカミは1998年まで計3回にわたって園内に放たれ、2015年には園内の個体数は528頭まで増えた。

2004年1月、再導入されたオオカミたちの最後の個体の死亡が確認された。現在、イエローストーン&グランドティトンとその周辺にいるオオカミはすべて、ここで生まれた個体だ。

なかには園外へ出て家畜を襲う群れもある。所有する牧場で家畜を襲っているオオカミを見つけた場合は射殺が許されており、さらに、被害を受けた農家には政府の補助と寄付による基金から損害賠償が支払われている。

現在、ロッキー地方全体のオオカミ生息数は約1700頭。もう十分に数が増えたとして2011年、モンタナ&アイダホ州でオオカミは絶滅危惧種リストから外され、狩猟が解禁された。これにより両州では趣味&営利目的によるハンティングでこの年に206頭が殺された。さらに、人家に近寄るなどしたため、危険動物として当局の手で殺されたオオカミも270頭にのぼる。

もちろん園内での狩猟は禁じられているが、それでも安泰ではない。2006年には生まれた幼獣の84%が犬から移ったとみられる感染症で死亡し、園内の生息数は124頭にまで激減した。エルクなどがオオカミから逃れる術を身につけ、狩りの成功率が落ちて子供が栄養不良だったことが原因に挙げられている。さらにオオカミ同士の抗争や餌不足、交通事故、密猟などによって、108頭にまで数を減らしている（2023年）。

日本でも2011年、オオカミを再導入する計画が大分県豊後大野市で検討された。イエローストーンはその手本とされているが、しかし世界初の試みが成功だったのかどうか、答えが出るまでにはまだ時間がかかりそうだ。

©NPS

上／積雪期のほうがオオカミを見つけやすい
下／足跡はグレープフルーツほどの大きさ

©NPS／Photo by Barry O'Neill

↗ 珪素は骨を丈夫にする作用もあるが、草食動物には研磨作用の影響のほうが強いようだ。さらに、日本でも酸性の温泉地の住民は歯が弱いことが知られているので、酸蝕歯の影響もあるのかもしれない

イエローストーンの本当の姿に触れたいのなら、観光ポイントを走り回っているだけでは不十分だ。少なくとも1日は移動せずにアクティビティを楽しむ日に充てよう。ハイキングをしたり、馬で草原を歩いたり、湖にボートを浮かべて昼寝をしたり。どんなに美しい景勝地を訪れるよりも思い出深い時間になるはずだ。

ハイキング ◀▶▶▶ HIKING

園内には合わせて2000km近いトレイルがあるが、クマなどの危険も多いので本格的なハイキングは初心者には難しい。オールドフェイスフル周辺の温泉巡りやキャニオン沿いのトレイルなど、数時間から半日程度で歩ける手軽なコースを楽しもう（見どころの欄外参照）。

もう少し歩きたいという人のためにおすすめのコースを紹介しておく。ただし、クマの出没するエリアを歩く場合は、それなりの準備と心構えが必要だ（→P.409）。

少人数で歩くときにはベアスプレーを用意したい

フェアリー滝　Fairy Falls

ミッドウエイ・ガイザー・ベイスンとロウアー・ガイザー・ベイスンの間にある落差約60mのフェアリー滝を訪れる。この滝へ向かうには、ミッドウエイ・ガイザー・ベイスンより1マイル南にある駐車場から歩き出すものと、ファウンテン・フラット・ドライブ突き当たりの駐車場から歩き出すものの2ルートがあるが、おすすめは後者。距離は長いが、途中の風景がすばらしく、火災後の回復の様子もうかがえる。

駐車場から、温泉や小川を越えて約2.2km進むとtrailheadの看板が右側に見えるので、右折。わかりにくい箇所には目印のオレンジ色のタグが木に打ちつけてある。しばらくは草原が広がり、遠くに山並みが続くが、ところどころ地面から湯気が上がり、場所によっては勢いよく熱湯が噴き出している。やがて、焼けた倒木や立ち枯れた木々の並ぶ林を通り抜け、湿地帯に出る。その奥でトレイルはふた手に分かれるが、左折すればゴールはもうすぐそこ。フェアリーの名にふさわしく、今にも妖精たちが滝の周りを飛び始めそうな雰囲気の滝が姿を現す。

ビーバー・ポンド・ループ　Beaver Ponds Loop

マンモス・ホットスプリングスから林の中を抜けて、ビーバーダムのある池を訪れる。ビーバーをはじめとしてプロングホーン、ムースなど動物に出会うチャンスも多い。クマに注意。

⚠ クマに厳重注意！

動物たちの世界へおじゃまさせてもらうには、それなりの作法というものがある。クマの生息域に入る際には、その作法がときに自分の命を守ることにもなる。

特にキャニオン、タワー、シュショーニ湖周辺などは要注意。2011年にはヘイデンバレーの北でハイカー死亡事故が2件続いた。襲ったグリズリーはDNAで特定され、母グマは安楽死、子グマはグリズリー＆ウルフ・ディスカバリー・センター（→P.334）へ送られた。

こうした悲劇を防ぐため、公園当局はベアスプレー（カラシによるクマ撃退スプレー）の携帯を呼びかけている。特に2、3人程度の少人数でハイキングをするとき、ハイカーの少ないトレイルを歩くとき、ピークシーズンを外れているときには、園内のストアなどで必ず購入しよう。キャニオンとオールドフェイスフルではレンタルも可（→P.378）

中級 Fairy Falls
集合▶ 6〜9月
距離▶ 往復11.2km
標高差▶ 66m
所要▶ 往復4〜5時間
出発点▶ ファウンテン・フラット・ドライブ駐車場
MAP P.330 C-1

春には野の花、秋には草紅葉が迎えてくれる

中級 Beaver Ponds Loop
集合▶ 6〜9月
距離▶ 1周8km
標高差▶ 107m
所要▶ 1周約3時間
出発点▶ リバティキャップ手前
MAP P.30

リボンレイク・トレイル　Ribbon Lake Trail

　キャニオン・サウスリムのアンクルトムズ駐車場からクリアレイクClear Lake、リリパッド・レイクLily Pad Lakeを通ってリボンレイクを訪れる。野生動物と花が多いトレイルだ。時間がなければ途中の湖まで行って戻ってきてもいい。

マウントウォシュバーン・トレイル　Mt. Washburn Trail

　タワールーズベルトとキャニオンの間にあるドンレイヴンパスDunraven Passに車を置いて、標高3122mの山頂を目指す。峠の両側にトレイルがあるが、どちらのコースも大差ない。山頂の山火事監視小屋からは峡谷や湖、遠くにはグランドティトンの山並みまで見える。このあたりはビッグホーンシープが多い。またグリズリーの姿が見えることもあるので注意。落雷にも注意。初夏には残雪が多い。

レンジャープログラム　　　RANGER-LED PROGRAM

　歴史のある国立公園だけにレンジャープログラムも充実している。夏期なら、すべてのビレッジで、毎日数種類のプログラムが行われている。新月の頃に行われる星空観察会や、子供向けプログラムも人気。また、個人ではクマが怖くて尻ごみして

しまうバックカントリーを歩くツアー（無料。前日に登録要）も行われている。曜日ごとに異なる場所を訪れる。詳しいスケジュールと申し込みは各ビジターセンターで。

最後に国旗降納を行うプログラムもある

乗　馬　　　HORSEBACK RIDING

　乗馬はタワールーズベルトで体験できる。厩舎はルーズベルトロッジの手前にあり、乗馬を楽しんだあとに野外でステーキを食べるオールドウエスト・クックアウトというツアーも人気（→P.348）。雄大な自然を眺めながら馬を歩かせていると、西部劇の世界へ紛れ込んだような気分になれる。

こんなふうに過ごす1日があってもいい

中級 Ribbon Lake Trail
適期▶5〜10月
距離▶往復9.7km
標高差▶176m
所要▶往復3〜4時間
出発点▶アンクルトムズ駐車場
MAP P.349
※クリアレイク往復4.8km、リリパッドレイク往復6.4km

上級 Mt. Washburn Trail
適期▶7〜9月
距離▶往復9.7km
標高差▶425m
所要▶往復4〜6時間
出発点▶ドンレイヴンパス駐車場
MAP P.330 B-2

山火事監視小屋を目指して登ろう

レンジャープログラム
　プログラムのスケジュールは、おもな見どころの欄外参照

乗馬の予約
☎ (307)344-7311
URL www.yellowstonenationalparklodges.com
6月下旬〜9月上旬
🎫1時間コース＄85
　2時間コース＄130
　予約は園内のロッジのツアーデスクでもOK。チェックインは出発の45分前までに厩舎で。8歳以上、身長122cm以上、体重109kg以下、英語がある程度理解できなければ参加できない

↗ リート片まで、61年分のゴミが数多く散乱していた。温泉のなかには、群馬県の草津温泉のように金属でもコンクリートでも溶かしてしまう酸性の湯もあるが、Ear Spring は pH8.25 のアルカリ泉だった

フライフィッシングで人気の Yellowstone Cutthroat Trout

許可証Fishing Permit
- 3日用＄40、7日用＄55
購入はオンラインのみ
- www.recreation.gov

ガイドツアー
- 2時間＄230〜

6人乗りボートのチャーター、ガイド、用具レンタル、ライフベスト、燃料代も含む。このほかウエストイエローストーンにもたくさんの釣り具店があり、ガイドツアーを行っている。釣った魚を調理して夕食に出してくれるレストランもあるので、ガイドに確認しよう。

なお、当局は違法なガイドツアーの摘発に力を入れている。無用なトラブルに巻き込まれないために、ガイドが公認であることを下記サイトで確認しよう
- www.nps.gov/yell/planyourvisit/fishbsn.htm

スノーシューツアー
- 集合 12月下旬〜3月上旬の毎日8:15＆13:00
- 所要 3時間15分
- ＄30、レンタル込み＄44
- 場所 オールドフェイスフル・スノーロッジ

キャニオン・スノーシューツアー
- 集合 12月中旬〜2月下旬の日・火・木の毎日7:45
- 所要 10時間15分
- ＄350
- 場所 オールドフェイスフル・スノーロッジ

フィッシング　▷▷▷▷▷ FISHING

　モンタナ州、ワイオミング州は世界中の太公望憧れの地だ。イエローストーンを水源とする公園周辺の川ではトラウト（マス）釣りが盛ん。もちろん、公園内でもフィッシングを楽しむことができる。

　公園内でのフィッシングには独自の許可証が必要で、州発行のものは必要ない。解禁になるのは、ほとんどの水域で5月の最終土曜から10月31日までだが、レイクなど異なる場合もある。

　特に注意が必要な点は、鉛を使った仕かけを使わないことと、その水域で生き餌を使うことができるかの確認だ。ポイントによっては、フライフィッシングのみ可能なところもある。また、在来種はキャッチ＆リリース、移入種は殺さなければいけない、返しのある針は禁止など細かい規定があるので、必ず詳しい規則をレンジャーステーションやビジターセンターで確認しよう。

　季節ごとの川、魚、仕かけなどの情報は、ウエストイエローストーンにある釣り具を扱っているジェネラルストアなどで聞くといいだろう。用具は、ブリッジベイ・マリーナでも借りられるし、ゲートシティの釣り具店でもレンタルを行っている。

　また、イエローストーンレイクでトラウトを狙うガイドツアーもある。6人まで参加できるので、人数が集まれば安上がりだ。

クロスカントリースキー　▷▷▷▷▷ CROSS COUNTRY SKI

　ビジターセンターでクロカン用の地図をもらって雪原に繰り出そう。マンモス・ホットスプリングス・ホテルとオールドフェイスフル・スノーロッジにレンタルがある。予約不要。

スノーシュー　▷▷▷▷▷ SNOWSHOE

　スノーシューズの底にカンジキのようなものを履き、ストックを手に持って雪原を歩こう。新雪でもあまり潜らず、快適に歩くことができる。冬の間、オールドフェイスフルからツアーが出るので、参加するといい。バッファローやエルクが群れを作っているポイントなどに連れていってくれる。キャニオンまで行く1日ツアーもある。レンタルあり。

冬はオールドフェイスフルなどの熱水域に冬眠しない動物が集まってくる

358 　**Trivia**　固有種のマス　ニジマスの仲間である Yellowstone Cutthroat Trout（のど元が赤いのでこう呼ばれる）はこの地域の固有種で、イエローストーンレイクでは湖面近くに住んでいる。

COLUMN

ナショナルパークの元祖イエローストーン

　イエローストーンの歴史は、そのままアメリカの国立公園局の歴史でもあるといえる。

　19世紀に探検隊によって発見されたこの地域は、そのすばらしい景観が探検隊員たちに強い感動を与え、先見的な政治家などの理解と協力を得て国立公園設置の運動に発展する。そして、当時のアメリカ大統領グラントが「イエローストーン国立公園を設置する法律」を制定して、世界で最初の国立公園が誕生した。1872年3月1日のことである。

　しかし、初期の頃は国立公園とは名ばかりで、予算すら満足になかった。ただ、動物を無法なハンターの密猟などから守っていただけで、その仕事をしていたのもパークレンジャーではなく騎兵隊であった。

　やがて徐々にイエローストーンの驚異と神秘が人々に知られるにつれて、馬車で公園を訪れる人が増え始める。

　そして、1890年にはマンモス・ホットスプリングス・ホテルが建てられた。

　さらに自然保護に理解のある大統領セオド

©NPS

国立公園設立に影響を与えたトーマス・モラン（→P.503）の絵画

ア・ルーズベルトの訪問によって、園内の施設は充実することになる。まず道路が整備され、1904年にはログキャビン風に木材を組み合わせる工法で造られたオールドフェイスフル・インと、コロニアル風リゾートホテル、レイクホテルが完成。さらに、1908年に発売されたT型フォードによる自動車ブームで、入園者は飛躍的に増えた。1915年には約5000台の車がイエローストーンを訪れている。

　1916年に国立公園局が設立されるとさらに整備が進み、1956年に始まった「ミッション66」と呼ばれる10年整備計画により、公園を周遊するグランドループ道路なども完成。各ビレッジのキャンプ場やロッジなども次々にオープンした。

　それでも、人間によって影響を受けた地域は全体の1％にすぎないという。

　現在は年間100万台以上の車で300万人を超える入園者があり、世界中からの観光客や旅行者でにぎわっている。

©NPS

1888年、馬車でマンモスを訪れた観光客

世界初の国立公園が犯した過ち

　自然保護運動の先駆者であるアメリカの国立公園で、かつて野生動物の餌づけが行われていた。しかも、このイエローストーンで！

　1950〜60年代、国立公園局は入場者数を増やそうと考えていたようで、客寄せのためにグリズリーベアやブラックベアの餌づけを行っていた。作戦は見事に成功。味をしめたクマが頻繁に道路に姿を現し、人間に餌をねだるようになった。イエローストーンは、誰もが簡単に巨大なクマに出会える、「マイカーで回れるサファリパーク」として有名になったのだ。

　そして、当然のように悲劇は起こった。クマに近づき過ぎてけがをする観光客が続出し、あわてた公園当局は餌づけを中止。急に食料を絶たれたクマは次々に餓死し、あるものは餌を求めてキャンプ場を襲い、ついには死者も出た。ビレッジのそばに現れて射殺されたクマも多い。こうして、わずか数年のうちに公園のクマの数は激減してしまった。

　世界で最初の国立公園の苦い経験は**「野生動物は野生のままにKeep Wildlife Wild」**という教訓を残し、以後、ゴミの管理なども徹底されるようになった。

　しかし残念ながらこの教訓は、半世紀以上たってもまだ、海の向こうにある島国には定着してはいないようだ。

NPS Historic Photograph Collection

初期の頃はこんなことが当たり前に行われていた

園内で泊まる

客室にあるヌイグルミと水筒は、欲しければそのまま持ち帰ればいい。代金はカード請求に加算される

イエローストーンの宿泊施設は園内に9ヵ所あり、デラックスなリゾートホテルからエコノミーなキャビンまで、いろいろなタイプが揃っている。建物は木をふんだんに使い、背も低く抑えて周囲の景観に溶け込むように建てられている。**園内の宿はすべて禁煙で、室内にテレビ、ラジオ、エアコンはない。キャビンには電話もない。**

どの宿も夏は混雑しており、特にオールドフェイスフルに予約なしで泊まるのは不可能に近い。ここだけは自由旅行を諦めて、早めに予約を取ろう。宿の予約はすべて右記へ。インターネットがおすすめだが、ウェブサイトから予約できない部屋もあるので、希望の宿が取れなかったら電話でトライしてみるといい。夏期の予約は前年の同じ月の5日から受付開始。

冬期（12月下旬～3月中旬）にオープンするのは、Mammoth Hot Springs HotelとOld Faithful Snow Lodgeのみ。冬期の予約は前年の3月15日から受付開始。

Xanterra Parks & Resorts
☎(307)344-7311　Free 1866-439-7375
URL www.yellowstonenationalparklodges.com
休11月第4木曜、12/25、1/1　カード A D J M V

🏠 Old Faithful Inn

オールドフェイスフル・ガイザーの前にあり、イエローストーンの象徴的な存在。1904年に完成した世界最大級のログキャビンで、吹き抜けのロビーと巨大な暖炉が古きよき開拓時代を思い起こさせてくれる。見るだけでも価値のあるホテルで、ホテル内を見学する無料ツアーも1日4回出ている。国の歴史的建造物に指定されている。公園の中心でもあるので、園内の観光に便利。327室。

MAP P.330 C-1、P.29
営5/3～10/14（2024年）
on バス共同 $239
　　シャワー付き $389～589
　　スイート $1029～1089

真夜中に間欠泉が噴き上がる音も聞こえてくる

⏩NOTES ロッジはみだし情報　3人目以後の追加料金は1人$20。12歳未満は無料。キャンセルは夏期7日前まで、冬期14日前まで。30日前から手数料$25要。税金14.33%

ロッジの本館は間欠泉の目の前にある

🏠 Old Faithful Lodge Cabins

こぢんまりとしているけれど、とても清潔なキャビン。園内では最も格安だが、ほかの中級施設と比べても決して遜色ない。本館はオールドフェイスフル・ガイザーを望む位置にあるが、キャビンは少々離れている。カフェテリア、ギフトショップあり。132室。

バス付きキャビンの客室

MAP P.29
📅 5/10～10/6（2024年）
on バス共同キャビン ＄127
バス付きキャビン ＄211

🏠 Old Faithful Snow Lodge & Cabins

冬もオープンしているロッジ。快適さを求める人におすすめ。ただし人気も高く、最も早く満室になってしまう宿でもある。レストラン、コインランドリーあり。65室。

客室も建物もきれいだが料金も高め

MAP P.29
📅 4/26～10/27（2024年）、12月中旬～3月上旬
on ロッジ ＄428～506
バスタブ付きキャビン ＄340
シャワー付きキャビン ＄160
off ロッジ ＄275～293
バスタブ付きキャビン ＄275～436
シャワー付きキャビン ＄208～236

🏠 Mammoth Hot Springs Hotel & Cabins

1911年に建てられたものを一部を残して解体し、1937年に建造されたスイスシャレー風のリゾートホテルで、設備もよく整っている。レストランも好評。オールドフェイスフル・インやレイクホテルに比べると予約が取りやすい。また、夏のみ、ホテルの裏にコテージ風の白いキャビンがオープンする。222室。

テラスマウンテンまで歩いて行ける

MAP P.330 A-2, P.30
📅 4/26～11/24（2024年）、12月中旬～3月上旬
on 本館 ＄291～425
シャワー付きキャビン ＄183～362
シャワー共同キャビン ＄150～289
off 本館 ＄210～424

🏠 Roosevelt Lodge Cabins

タワールーズベルトにある趣のある山小屋風ロッジ。セオドア・ルーズベルト大統領がキャンプをした地に1920年に建てられた。ただし、キャビンのほうもいたって簡素なのでそのつもりで。バスなしキャビンには薪ストーブがある。80室。

園内で最も安く泊まれる

MAP P.330 A-2
📅 6/1～9/2（2024年）
on シャワー付きキャビン ＄201
シャワー共同キャビン ＄125

Roosevelt Lodgeからはラマーバレーが一望できる

NOTES 客室内に電話があるロッジ　Old Faithful Snow Lodge & Old Faithful Inn & Mammoth Hot Springs Hotel & Lake Hotel、Canyon Lodge の本館と、Grant Village の全室

🏠 Canyon Lodge & Cabins

快適でエコフレンドリーな客室が7棟あ

り、まだ新しいのできれいだ。電話、エレベーターあり。昔ながらのキャビンもある。

園内で最も新しい宿だ

MAP P.330 B-2、P.349
🕿5/17～10/14（2024年）
on ロッジ $279～519
　　キャビン $279～399

🏠 Lake Hotel & Cabins

イエローストーンレイクの北岸に1904年に完成した木造リゾートホテル。黄色い外壁と白い列柱が印象的なコロニアル風の建物で、朝に夕に湖を眺めながらゆったりと過ごしたい人向け。明るいサンルームでは、湖を望みつつカクテルやピアノ演奏を楽しめる。2014年にモダンに改装され、快適な設備が整っている。296室。

MAP P.330 C-2、P.352
🕿5/10～10/6（2024年）
on スイート $789～
　　本館 $419～649
　　バス付きキャビン $359

アメリカの国立公園にある建物は景観に溶け込む色が基本で、このように目立つ外観は非常に珍しい

🏠 Lake Lodge

レイクビレッジの奥にあり、湖岸の林の中にキャビンが点在する。早朝の湖畔の散歩は気持ちがよい。カフェテリアやギフトショップ、コインランドリーがあるほか、レイクホテルへも歩いていける。全室シャワー付きだが、フロンティアキャビンは建物が古い。186室。

MAP P.352
🕿6/10～10/6（2024年）
on ウエスタンキャビン $352
　　フロンティアキャビン $196

静けさを満喫できるキャビン

🏠 Grant Village

イエローストーンレイクの西岸にあり、グランドティトンとの連絡に便利。2階建てモーテルタイプの施設が6棟あり、全室シャワー付き。湖を見渡せるレストラン、

ステーキハウス、ギフトショップなどもある。300室。

歴史的な国立公園の趣には欠けるが、快適に滞在できるのは魅力

MAP P.330 C-2
🕿5/31～10/6（2024年）
on $289

COLUMN

キャビンに泊まろう

イエローストーンの各ビレッジには必ずキャビンタイプの部屋がある。湖のほとりや林の中に点在するコテージ風キャビンは、何よりもまず静かなのがいい。テレビも電話もないけれど、朝は小鳥の声で目が覚める。小屋の周りには動物がいっぱいだ。料金によって、簡素な小屋といった感じのキャビンから、ジャクージ付きの

デラックスなものまでいろいろ。部屋の設備については予約の際にちゃんと確認しよう。バスなしのキャビンでも必ずシャワーとトイレの共同施設が近くにあり、カフェテリアやレストラン、ギフトショップなどはたいていロッジ本館にある。ちょっぴりアウトドア気分で、ぜひキャビンに泊まってみよう。

永遠の住みか　アメリカの国立公園の多くでは、事前に申請して許可を得れば園内に遺灰を撒くことができる（グランドキャニオンは禁止）。水源を避けること、1ヵ所にまとめて撒い ↗

キャンプ場に泊まる

　キャンプ場は園内に12ヵ所あるが、すべてのサイトで予約が必要。ただし、Mammothの冬期は早い者勝ちだ。予約サイトはふたつあり、Bridge Bay, Canyon, Fishing Bridge RV, Grant Village, Madisonの5つは右記①から、残りの7つは②から。なおオールドフェイスフルにはキャンプ場はない。

　また、クマが出没する地域では、テントでの宿泊が禁止されている場合があるので確認を。そのほかの場所でも食品、石鹸、シャンプーなど匂いのあるものは必ずフードロッカーか車のトランクへ。

キャンプ場の予約（受付開始は前年の同じ月の5日）
①Yellowstone National Park Lodges ☎(307)344-7901
URL www.yellowstonenationalparklodges.com
②RECREATION.gov ☎(606)515-6777
Free 1877-444-6777 URL www.recreation.gov

イエローストーンのおもなキャンプ場

キャンプ場名	MAP P.330 位置	シーズン（2023年）	標高	サイト数	1泊料金	水道	トイレ（水洗場トイレ）	ゴミ捨て場	シャワー	コインランドリー	ストア
Madison	B-1	5/5〜10/15	2073m	276	$ 33	●	●	●			
Norris	B-2	2023年は閉鎖	2286m	111	$ 25	●	●	▲			
Mammoth	A-2	2023年は閉鎖	1890m	82	$ 25	●	●	▲			
Tower Fall	A-2	閉鎖中	2012m	31	$ 20	●	▲	▲			●
Canyon	B-2	5/26〜9/17	2408m	273	$ 39	●	●	●	●	●	●
Fishing Bridge RV	BC-2	5/12〜10/8	2377m	310	$ 89/99	●	●	●	●	●	●
Bridge Bay	C-2	5/19〜9/4	2377m	432	$ 33	●	●	●			●
Grant Village	C-2	6/2〜9/10	2377m	430	$ 39	●	●	●	●	●	●

※「ゴミ捨て場」の●印は、一般的なゴミ箱に加えてキャンピングカーの汚水を処理するダンプステーションを備えた施設

近隣の町に泊まる

　西口ゲートに隣接するウエストイエローストーンWest Yellowstoneに45軒、マンモスから北へ5マイルのガーディナー Gardinerに21軒のモーテルがある。

　なお、グランドティトン国立公園の南にあるジャクソンの宿については→P.382

ウエストイエローストーン	West Yellowstone, MT 59758　西口ゲートに隣接　45軒		
モーテル名	住所・電話番号など	料金	カード・そのほか
Stage Coach Inn	⌂209 Madison Ave. ☎(406)646-7381 FAX(406)646-9575 Free 1800-842-2882 URL www.yellowstoneinn.com	on $135〜329 off $81〜198	ADJMV 町の中心部。1948年オープンで西部劇のムードたっぷり。屋内プール、サウナ、コインランドリーあり。朝食込み。Wi-Fi無料
Best Western Desert Inn	⌂133 N. Canyon St. ☎(406)646-7376 Free 1800-780-7234 URL www.bestwestern.com	on $275〜390 off $125〜245	ADJMV 町のメインストリート沿い。冷蔵庫、電子レンジ、朝食付き。屋内プール、コインランドリーあり。Wi-Fi無料。全館禁煙
Madison Hotel, Motel & Hostel	⌂139 Yellowstone Ave. ☎(406)646-7745 Free 1800-838-7745 URL www.madisonhotelmotel.com	on $165〜310 バス・トイレ共同 $85〜120	AMV 公園まで2ブロック。夏期のみ営業。1912年オープンのログハウス。ギフトショップ、レストランあり。Wi-Fi無料

ガーディナー	Gardiner, MT 59030　北口ゲートまで1マイル　21軒		
モーテル名	住所・電話番号など	料金	カード・そのほか
Yellowstone Riverside Cottages	⌂521 Scott St. ☎(406)848-7719 Free 1877-774-2838 URL www.yellowstoneriversidecottages.com	on $151〜506 off $113〜303	ADJMV US-89沿い。イエローストーン川に面し、町のほぼ中心部。冷蔵庫、電子レンジあり。全館禁煙。Wi-Fi無料
Yellowstone River Motel	⌂14 E. Park St. ☎(406)848-7303 URL www.yellowstonerivermotel.com	on $160〜190 off $93〜110	AMV ルーズベルトアーチ近くのUS-89沿いにある。5〜10月オープン。全館禁煙。Wi-Fi無料

たり埋めたりせず広範囲に拡散させること、一切の目印を残さないことなどの決まりがあり、細則は公園ごとに異なる。基本的に無料（マウントレニエは$75）。イエローストーンなどでは空から撒くことも可能だ

グランドティトン国立公園
Grand Teton National Park

19世紀、この地域には数多くの開拓民が入植した。園内には当時の建物が数軒残されている

　スネークリバーの支流が湾曲して造った小さな清らかな池。静かな水面には天を指す端正なティトンの姿が映る。どこまでも澄みわたった水と、キーンと張りつめた早朝の冷気。鏡のような池の中で、ティトンの姿がゆがんだと思うと、1頭のムースが現れた。悠々と水草を食むその巨体に、曙の輝きが一気に降り注ぐ。空気がやわらかくなったように感じ、ふと笑みをもらしてしまう……。

　イエローストーンのすぐ南にある、グランドティトン国立公園には、山と水と植物と、そして鳥や動物たちが奏でる完璧なハーモニーがある。澄みきった高原の空気の中、歩いて、ボートに乗って、馬に乗って、その魅力を思う存分満喫しよう。

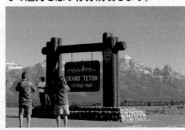

全米でも指折りの「絵になる看板」だ

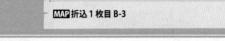

MAP 折込1枚目 B-3

行き方 ⟩⟩⟩⟩⟩⟩⟩⟩⟩ ACCESS

　ゲートシティは、公園の南に位置するワイオミング州**ジャクソンJackson**。ジャクソンホールという細長い盆地の南端にあり、夏はグランドティトン国立公園を訪れる人々で、冬はスキーリゾートとしてにぎわう。夏の間だけ、ジャクソンと公園北部のジャクソン湖畔、イエローストーン国立公園を結んでツアーバスが走る。園内には、夏期のみシャトルバスも走っているが、やはりジャクソンでレンタカーを借りて回るのがベストだ。観光案内所は市街地の北の外れ、グランドティトンへ向かう国道沿いにある。展示、ショップともに大変充実しているので寄ってみるといい。

　グランドティトンを訪れるなら、当然イエローストーン国立公園も一緒に回るだろう。だからゲートシティはウエストイエローストーンと考えてもいい（→P.329）。

飛行機 ⟩⟩⟩⟩⟩⟩⟩⟩ AIRLINE

Jackson Hole Airport（JAC）

　ジャクソンの北8マイルにある、**アメリカで唯一、国立公園敷地内に造られた空港**だ。ソルトレイク・シティからデルタ航空が1日4便（所要1時間）、ユナイテッド航空がデンバーから1日3便（1時間30分）、ロスアンゼルスやサンフランシスコから1便、アメリカン航空はシカゴやダラスなどから飛んでいる。

　ジャクソン市内へはシャトルバスやタクシーで。園内のロッジへも運んでくれる。またジャクソンのロッジ、モーテルのなかには空港から無料シャトルバスを走らせているところもある。

DATA

時間帯▶山岳部標準時 MST
☎(307)739-3399
道路情報☎(307)739-3682
URL www.nps.gov/grte
圓11月初旬～5月上旬は一部を除いて閉鎖。そのほかの時期は24時間オープン
適期6月中旬～10月上旬
圏車1台＄35、バイク＄30、そのほかは1人＄20
国立公園指定▶1929年
面積▶1255km²
入園者数▶約281万人
園内最高地点▶4197m
（Grand Teton）
哺乳類▶61種
鳥　類▶195種
両生類▶5種
爬虫類▶4種
魚　類▶21種
植　物▶1615種

JAC　☎(307)733-7682
Avis/Budget
　　　☎(307)733-3422
Alamo/National
　　　☎(307)733-0671

タクシー
圏ジャクソン市内2人まで片道＄50、コルターベイ＄110

SIDE TRIP　フォッシルビュート国定公園 Fossil Butte National Monument

MAP 折込1枚目 B-3　☎(307)877-4455
圓夏期8:00～17:30、冬期～16:30
圏冬期の日・祝　圏無料

　化石に興味があるなら、ソルトレイク・シティから車でグランドティトンを訪れる際に、遠回りをしてみよう。およそ5000万年前に湖だった場所からワニ、カメ、魚類、昆虫、植物の化石が発掘されている。骨だけでなく歯、カラ、皮が残っていることもあり、絶滅した種も多いため貴重な研究材料になっている。ビジターセンター内では、研究者が化石を採掘する様子を間近で見ることができる。

発掘作業をガラス越しに見学させてくれる

　行き方は、ソルトレイク・シティからI-80を東へ走り、州境を越えたらExit 18でUS-189へ下り、KemmererでUS-30を西へ折れる。2時間30分。グランドティトンへはUS-30をそのまま西へ行けばUS-89へぶつかる。3時間。

自分で化石採集ができる
Ulrich's Fossil Gallery
☎(307)877-6466　圏1パレット＄125
URL www.ulrichsfossilgallery.com

　公園入口のすぐ手前にあり、公園敷地外の丘で採集体験できる。採った化石は持ち帰れるが、哺乳類、鳥類など珍しい化石は規則により持ち出すことはできない。夏期9:00に催行。要予約。

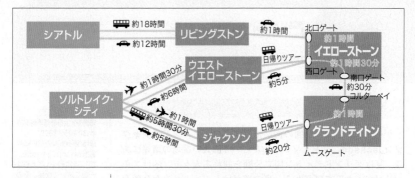

シアトル ━━ 約18時間 / 🚗 約12時間 ━━ リビングストン ━ 🚗 約1時間 ━ イエローストーン（北口ゲート・約1時間）

ウエストイエローストーン ━ 日帰りツアー ━ / 🚗 約5分 ━ 西口ゲート ━ 約1時間30分 ━ 南口ゲート ━ 🚗 約30分 ━ コルターベイ

ソルトレイク・シティ ✈ 約1時間30分 / 🚗 約6時間 ━ ウエストイエローストーン

ソルトレイク・シティ ━ 約5時間30分 / 🚗 約5時間 ━ ジャクソン ━ 約1時間 ━

ジャクソン ━ 日帰りツアー ━ / 🚗 約20分 ━ グランドティトン（約1時間・ムースゲート）

Mountain States Express

☎ (307)733-4629
Free 1800-652-9510
URL www.mountainstates
express.com
運行 ソルトレイク・シティ
13:00 発（月・火・木・金
は6:30発も）、ジャクソン
6:30発（月・火・木・金は
12:30発も）
所要 5時間30分　料 片道$79

Alltrans

☎ (307)733-3135
Free 1800-443-6133
URL www.jacksonholeall
trans.com
運行 5月下旬～9月下旬の
日・火・木7:30
所要 7時間
料 $ 245（8歳未満不可）。
入園料込み

グランドティトンの道路情報

☎ (307)739-3682
ワイオミング州の道路情報
Free 511
Free 1888-996-7623
URL www.wyoroad.info
URL map.wyoroad.info/
wtimap/

園内のガスステーション

コルターベイ、ジャクソ
ンレイク・ロッジ、シグナ
ルマウンテン・ロッジ、
Dornans、フラッグランチ
にある。年中オープンして
いるのはDornans（→P.
381）のみ

長距離バス　▷▷▷▷▷▷ BUS

ソルトレイク・シティから**Mountain States Express**社のバスが
1日1～2往復している。ソルトレイク・シティでは空港ターミナル1の
ドア#3と4の間（外側）で受付。ジャクソンではS. Park Loop Rd.と
国道の角にあるMaverik Adventure's First Stopから乗車する。

ツアー　▷▷▷▷▷▷ TOUR

Alltrans

グランドティトンのおもな見どころを回る夏期のみのツアー。
礼拝堂、メナーズフェリー、コルターベイ、オクスボーベンドな
どを訪れる。ジャクソン市内のおもなホテルから送迎してくれる。

レンタカー　▷▷▷▷▷▷ RENT-A-CAR

グランドティトンとイエローストーンを見て回るには車がい
ちばんだ。ジャクソンでレンタカーを借りて、グランドティト
ン2日間、イエローストーン2～3日というのが理想的なスケジュ
ール。ジャクソンホール空港には大手のレンタカー会社のカウン
ターがあるが、台数は少ないので事前に予約しておこう。空港を
出たら、そこはもう国立公園。国道を右折すれば10分でジャクソ
ン市街、左折すれば8分でムースジャンクションだ。

もちろんウエストイエローストーンの空港で借りてもいい
が、町自体がジャクソンよりずっと小さいので、レンタカー会
社も台数もさらに限られてしまう。

ソルトレイク・シティから行く場合は、I-15、US-89を北上す
る。ジャクソンまで307マイル。所要5時間。

右／ジャクソンの中心部にあるタウンスクエアはシカの角のアーチが目印
左／国道沿いにギフトショップとギャラリーが並び、いつもにぎやか

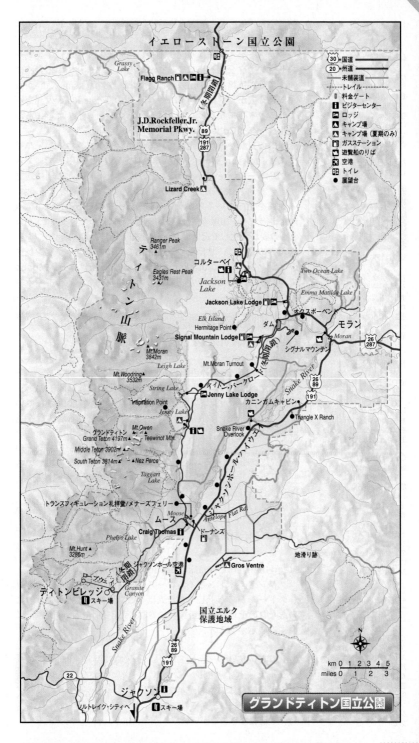

グランドティトン国立公園

イエローストーン国立公園

Grassy Lake

Flagg Ranch

J.D.Rockfeller.Jr. Memorial Pkwy.

Lizard Creek

Ranger Peak 3461m

コルターベイ

Eagles Rest Peak 3431m

テ
ィ
ト
ン
山
脈

Jackson Lake

Two Ocean Lake

Jackson Lake Lodge

Emma Matilda Lake

オクスボーベンド

モラン

Elk Island

ダム

Hermitage Point

Moran

Mt.Moran 3842m

Signal Mountain Lodge

シグナルマウンテン

Leigh Lake

Mt.Woodring 3532m

Mt.Moran Turnout

String Lake

ティトン・パークロード（冬期閉鎖）

Jenny Lake Lodge

Snake River

Inspiration Point

カニンガムキャビン

Jenny Lake

グランドティトン
Grand Teton 4197m

Mt.Owen

Teewinot Mtn.

Snake River Overlook

Triangle X Ranch

Middle Teton 3902m

South Teton 3614m

Nez Perce

Taggart Lake

ジ
ャ
ク
ソ
ン
ホ
ー
ル
ハ
イ
ウ
ェ
イ

トランスフィギュレーション礼拝堂/メナーズフェリー

Moose

Antelope Flat Rd.

ムース

Craig Thomas

ドーナンズ

Phelps Lake

Mt.Hunt 3286m

冬期閉鎖　ジャクソンホール空港

Gros Ventre

地滑り跡

ロープウェイ

ティトンビレッジ

スキー場

Granite Canyon

国立エルク
保護地域

Snake River

ジャクソ

ソルトレイク・シティへ

スキー場

km 0 1 2 3 4 5
miles 0　1　2　3

N

30 国道
20 州道
未舗装道
トレイル
料金ゲート
ビジターセンター
ロッジ
キャンプ場
キャンプ場（夏期のみ）
ガスステーション
遊覧船のりば
空港
トイレ
展望台

↗ ウム。市場に影響を与える発言も多いため注目されている会議だ。舞台は Jackson Lake Lodge（→ P.380）。
感染症対策のためウェブ開催となった 2020 ～ 21 年を除き、1981 年以後ずっとここで行われている

367

歩き方 ✦ GETTING AROUND

　グランドティトンは南北に細長い国立公園で、北はイエローストーン国立公園、南はジャクソンの町に挟まれている。園内の北半分には標高2064mのジャクソンレイクJackson Lakeが南北に長く広がり、湖の西側にティトン山脈Teton Rangeが連なっている。中心になるビレッジは、ジャクソンレイク東岸にある**コルターベイColter Bay**だ。

　園内の東側を南北に走っているのが**ジャクソンホール・ハイウエイJackson Hole Highway**（US-26／89／191）で、スネークリバーSnake Riverの流れと、広大な平原の向こうに屹立するティトン山脈のパノラマがすばらしい。年中通行できる。

　西側を走っているのが**ティトン・パークロードTeton Park Road**。ティトン山脈の足元を回り込むように走っているので、刻々と山の姿が変化して迫力満点。5月上旬～10月下旬のみオープン。

　両方の道路は、北は**モランMoran**の西にある**ジャクソンレイク・ジャンクションJackson Lake Jct.**で、南は**ムースMoose**でつながっている。車があるなら両方のルートを通ってぐるりと1周するといい。

情報収集 ▶▶▶▶▶ INFORMATION

Craig Thomas Visitor Center（Moose）

　ジャクソンホール・ハイウエイからティトン・パークロードへ入った所、南口ゲートの手前のムースにあるビジターセンター。トレイルガイド、絵本、ポスターなど売店の充実度には目を見張る。

設置されている地震計を見れば、今もティトン山脈が隆起していることがわかる。

ムースのビジターセンターは、建築デザインやインテリア、展示方法も一見の価値あり

Flagg Ranch Information Station

　グランドティトンとイエローストーンの中間にある。イエローストーンから南下してきた人はここで情報を仕入れよう。このあたりの土地を国立公園局に寄贈したJ. D. Rockefeller Jr.に関する展示がある。

Colter Bay Visitor Center

　コルターベイ・ビレッジの奥にある。公園全体の情報が集まるが、特にジャクソンレイクでのアクティビティ情報ならここがいい。

コルターベイ・ビジターセンター

⚠️**スローダウン！**

ジャクソンホール・ハイウエイ、ティトン・パークロードともに動物との衝突事故が非常に多い。例年、100頭以上が交通事故の犠牲になっている。バッファロー、エルク、ムース、グリズリー、そしてオオカミまで含まれている。急ブレーキや急ハンドルを避けるためにも、スピードを落とし、注意しながら走ろう

SLOW DOWN!
WILDLIFE ON ROAD

朝夕は特に気をつけて

ジャクソンのビジターセンター
🏠 532 N. Cache St.
☎ (307)733-3316
URL www.jacksonholechamber.com
🕐 9:00～17:00

Craig Thomas VC
🕐 夏期　8:00～17:00
　春・秋9:00～17:00
🚫 11月上旬～4月下旬
※センター内はWi-Fi無料

Flagg Ranch IS
☎ (307)543-2372
🕐 10:00～15:00
🚫 9月上旬～6月中旬

Colter Bay VC
🕐 夏期8:00～17:00
　春・秋9:00～17:00
🚫 10月中旬～5月上旬

そのほかの施設
食事
　夏期は各ロッジ内にレストランやカフェテリアあり。またジャクソンレイクの北にあるLeek's Marinaにピッツェリアがあるジェネラルストア
　コルターベイとジェニーレイク南端にある。いずれも夏期のみ。食料品だけならシグナルマウンテン・ロッジ（夏期のみ）や、ムース・ビジターセンター近くのDornans（年中オープン）のストアにもある
ATM　コルターベイにある
診療所
☎ (307)543-2514
🕐 5月中旬～10月上旬の9:00～16:00
　ジャクソンレイク・ロッジのガスステーション隣にある

📝**NOTES** 眺めのよいレストラン　1　Dornans（→ P.381）の右奥にあるレストランの2階席が最高。
山はもちろん、ラフティングボートも見えるし、ムースが姿を現すことも多い

シーズン ▶▶▶▶▶ SEASONS AND CLIMATE

ベストシーズンは6月下旬〜9月上旬だが、この時期はとても混み合う。アスペンの黄葉がすばらしい9月後半もおすすめだ。10月末になると例年雪が積もり、園内のロッジが閉鎖され、ティトン・パークロードの大部分が通行止めになる。しかし、東側を走っているジャクソンホール・ハイウエイは通行可能。ジャクソンのビジターセンター（→P.368）は年中オープンしているので、ここで情報を集めよう。

ティトンで最も気温が上がるのは7月。最高気温の平均は27℃、最低5℃。標高が高いので夏でも朝夕はかなり冷える。5月、9月でも降雪を見ることがある。10月には最低気温がマイナス5℃にまで下がる。

例年、9月最終週に黄葉のピークを迎える

COLUMN

国立公園にダム⁉

まるで天国の庭のようなオクスボーベンドのすぐ上流に、何とも無粋なダムがある。これはグランドティトンが国立公園に指定される前の1916年に、下流の農業用水を確保するために造られたもの。ジャクソンレイクの湖水の深さ約12m分は、ダム建設時に出資したアイダホ州の農家が、永久的に権利をもっている。2001年夏には水不足に悩む農民のために大量の水が放流され、コルターベイ・マリーナ付近は湖底があらわになり、ボートツアーも中止されたほどだ。

また、アメリカの国立公園はすべて国有地が原則だが、グランドティトンでは公園内に民間の観光牧場などがある（トライアングルXは国有地）。キャニオン・ディ・シェイのように先住民の居住権を認めた例はあるが、このような商売を認めるのは珍しい。東側のハイウエイ沿いには牧場の柵が続き、個人の邸宅も建っている。これはグランドティトンが国立公園に制定されたとき、すでにこの一帯が開発されてしまっていたのが原因だ。

ここではダム撤去の動きはないようだ

国立公園局は公園区域内の土地を買い上げるように努めているが、所有者は必ずしも土地を手放さなければいけないわけではないので、現在でも公園敷地面積の0.27%が私有地だ。このなかには、現在の所有者が死亡したら土地を国に売却するという契約を結んでいるものもあるが、移転や売却の意思のまったくない所有者もいる。その1例が、Craig Thomas Visitor Centerの手前にあるドーナンズ Dornans（→P.381）。ドーナンズは、グランドティトンでも特に眺めのすばらしい場所にあり、一家は20世紀初頭からここに住んできたそうだ。引っ越したくない気持ちはわからないでもない。

半家畜化されたエルク

グランドティトンが国立公園としては珍しい存在であるという例がもうひとつある。秋になると公園内で、一部のハンターにエルク猟が許可されるのだ。オオカミが足りなくてもエルクの数がほぼ一定に保たれているのは、この"間引き"のおかげだという血生臭い現実がある。銃口から無事に逃れたエルクだけが、ジャクソンの国立エルク保護地域（→P.373）にたどり着ける。

そもそも、冬だけとはいえ野生動物に餌を与えること自体、考えられないことだ。餌を与えて増やしておいて、殺す。まるで放牧されたウシである。

ジャクソンは西部劇を彷彿させるリゾートタウンだが、グランドティトンの自然のなかにも開拓時代の影が今もちらついている。

グランドティトン（標高4197m）は、ティトン氷河（右）とミドルティトン氷河（左）を両脇に抱えている

おもな見どころ 📷 ◀▶▷ PLACE TO GO

ジャクソンホール・ハイウエイ
Jackson Hole Highway

公園の東側を走る国道の、ムースからモランまでの18マイルがジャクソンホール・ハイウエイ。ワイオミングらしい雄大な景色がずっと続く。途中、数ヵ所ある展望台に入って思いきり深呼吸。まさに「シェーン！カムバーック！」の世界が広がっている。特にSnake River Overlookは有名なフォトスポットなのでお見逃しなく。

アンセル・アダムスの写真でもおなじみのアングル

アンテロープフラット・ロード
Antelope Flats Road

ムース・ジャンクションの1マイル北から東へ入る。ハイウエイよりも一段高い丘の上にあるので、さらに見晴らしがよく、バッファローやプロングホーンが多く見られる。チョウゲンボウKestrelやキジオライチョウSage Grouseなどバードウオッチングも楽しい。

ところどころにある古い建物は、19世紀に入植したモルモン教徒の住居跡。畑にも牧畜にも向いていない土だったので、映画『シェーン』に出てくる開拓民のように苦労したそうだ。

カニンガムキャビン
Cunningham Cabin

1888年、ニューヨークからやってきた男が牧場を経営していた場所。納屋やフェンスなどが残っており、ジャクソンホールが開拓された当時の暮らしを今に伝えている。記録によると無法者によるガンファイトもあったそうだ。モランの手前にある。

開拓当時の生活に思いをはせてみよう

Trivia
○シェーン！

「シェーン！ カムバーック！」のセリフで知られる、ジョージ・スティーブンス監督、アラン・ラッド主演の西部劇『シェーン』（1953年）。そのラストシーンで、去り行くシェーンの行く手にそびえていた山がグランドティトンだ。撮影は公園南部など各所で行われ、ティトンの山並みは映画全般に登場する。銃で生きてきた人々と、農業で食べていこうとする開拓民、そして無法者。先住民を追い出したあとの西部開拓の姿を描いた名作だ。グランドティトンを訪れる前に一度観ておくといい

DANGER!
DO NOT APPROACH
WILDLIFE

バッファローに近寄らないのはもちろん、車の中から写真を撮っているだけでも威嚇してくることがある。気が立っていないか、こちらを気にしたり睨んだりしていないか、注意して観察しよう

NOTES　アンセル・アダムス　Snake River Overlook はアダムス（→ P.219）の写真で知られるが、現在では樹木が成長してしまったため、彼の写真のような川の湾曲全体を見渡すことはできない

オクスボーベンド　Oxbow Bend

　モランのゲートをくぐってしばらく走ると左側にある展望台。スネークリバーはここで大きく湾曲して流れが緩やかになるため、川岸にはいろいろな動物が集まってくる。早朝か夕方に訪れれば、ムース、カワウソ、ビーバー、ハクトウワシ、ナキハクチョウ、アオサギ、ペリカンなどが見られるかもしれない。

風のない日には"逆さモラン"が見られる

　川面に端正な姿を映しているのはマウントモラン　Mt. Moran（標高3842m）。朝もや立ちこめる時間帯の美しさは格別だ。特に黄葉の頃の早朝には、カメラマンの三脚がズラリと並ぶ。

ジャクソンレイク　Jackson Lake

　ティトン山脈の北半分に面した湖。公園の中心となるビレッジ、コルターベイに着いたら、まずはボートツアーのスケジュールをチェックしよう。夏の間の毎日、90分のクルーズが出ている。日によっては、湖に浮かぶエルクアイランドを訪れてマス料理を楽しむブレックファストクルーズやディナークルーズもある。

　もし運悪く山が見えなかったら、湖畔のトレイルを歩いて湿原を巡ってみるのがいい。あたりには野生動物がとても多い。

夏になると色とりどりの花が湖畔を飾る。ルピナスは6月末頃から開花する

クルーズ
☎(307)543-3100
URL www.gtlc.com
90分クルーズ＄50、3～11歳＄35（夏期10:15発）。ブレックファストクルーズ＄66、3～11歳＄51（木曜運休）。ランチクルーズ＄62、3～11歳＄47。ディナークルーズ＄85、3～11歳＄53（木曜運休）

ボートレンタル
　コルターベイやシグナルマウンテン・ロッジのマリーナで。カヌー、手漕ぎボート2時間＄30～45

シグナルマウンテン・ロッジから湖越しに見るグランドティトンは、山頂がとがって見える

NOTES　眺めのよい朝食ナンバーワン！　ジャクソンレイクのブレックファストクルーズは超オススメ。絶景が広がる無人島でのバーベキューは格別の味わいだ

371

スネークリバーを中心に
広がるジャクソンホール

シグナルマウンテン　Signal Mountain

　ジャクソンレイクの南東にあるこの山は、自然が造った展望台だ。ティトン・パークロードを南下し、東に折れる山道を4マイル上った所が標高2314mの山頂。ジャクソンホールの谷全体が見渡せる。ティトンの山並みを見るなら坂の途中の展望台のほうがいい。眼下にジャクソンレイクを配した絵画的な構図が楽しめる。

ジェニーレイク　Jenny Lake

　ティトン・パークロードの途中から南行き一方通行のJenny Lake Scenic Roadを入ってみよう。ストリングレイクString Lake、ジェニーレイクJenny Lakeに沿って走る周遊道路で、アスペンの林の上から覆いかぶさるようなグランドティトンの姿は迫力満点。この道は大型バスが入れないので、車のある人だけが味わえる景色だ。

　湖の南岸にはビジターセンターがある。すぐそばの船着場から対岸まで15分ごとに往復しているシャトルボートに乗ってみよう。下りた所から、ヒドゥン滝 Hidden FallsやインスピレーションポイントInspiration Pointへのトレイル（→P.375）が始まる。帰りは湖岸を4kmほど歩いて戻ってくるのもいい。

Jenny Lake Visitor Center
圏5月中旬～9月下旬　9:00～17:00
　周辺のトレイル情報やティトン登山の情報が詳しい

シャトルボート
夏期　7:00～19:00
春・秋　10:00～16:00
15分ごと
圏片道＄12、往復＄20

ジェニー＆ディック・リー
　ストリングレイクの北側にあるリーレイクLeigh Lakeの名は、1872年にこの地域を探査したヘイデン調査隊のガイド、ディック・リーから取ったもの。彼はビーバーの狩猟のためにやってきたイギリス人で、先住民と結婚してグランドティトンに住んでいた。その妻の名がジェニーだ。しかし、湖に夫妻の名がつけられてから4年後、ジェニーと5人の子供たちは天然痘で相次いで死亡。ディックはその後もこの地にとどまり、一生湖を眺めて暮らしたという

標高3756mのTeewinot Mtn.の右奥にそびえるグランドティトン4197m

アメリカで最も若い山

　東に広がる平原から、唐突にそびえる峻険なティトンの山並み。しかし、その西側にはなだらかな斜面が続いている。実はティトンの東側には大きな断層がある。1300万年前頃に始まった造山運動によって形成されたものだ。900万年前頃から、この断層を境にして西のプレートが東のプレートの上に覆いかぶさるように、また、東は西の下にもぐり込むように力が加わり、現在のティトンの隆起が始まった。西側プレート上のモラン山頂（ジャクソンレイクとの標高差1778m）にある砂岩と、東側プレート上のジャクソンホールの地下7315mにある砂岩は、もともと同一の地層であったというから、その巨大な力には恐れ入る。

　隆起した山々は、その後氷河などの働きによって削られ、より険しくなった。氷河によって運ばれた岩（モレーン）は川をせき止め、数々の湖をジャクソンホールに造った。こうして現在のティトンの景観ができあがった。ティトン山脈は、北米大陸で最も若い山といわれている。今も数千年ごとに大地震が起きていて、そのたびに山が隆起していることがわかっている。

マウントモランには岩石の割れ目にマグマが貫入して固まった岩脈dikeが見られる

NOTES　グランドティトンの秋は狩猟の季節　毎年11～12月、増え過ぎたエルクの間引きが行われ、グランドティトンとイエローストーン南部で合わせて約500頭が銃弾に倒れている。この時期↗

トランスフィギュレーション礼拝堂
Chapel of the Transfiguration

日中は誰でも中へ入ることができる

　草原の中に建つ丸太造りの素朴な礼拝堂。1925年に建てられたもので、中には木の枝で作った十字架と、大きな窓の向こうにグランドティトンがあるだけ。当時の人々の暮らしと、これを建てた人の思いを感じてみよう。ムースの料金ゲートからティトン・パークロードを北上して、すぐに右折した所にある。

メナーズフェリー　Menor's Ferry

ジェネラルストア

　礼拝堂から5分ほど歩いた川岸にある。19世紀末、ビル・メナーという男がここに居を構え、流れの速いスネークリバーを安全に横断できる渡し舟を往復させていた。船着場には『大草原の小さな家』に出てくるような住居とジェネラルストアが残っている。

国立エルク保護地域　National Elk Refuge

　山に餌のなくなる冬期（11〜4月）、グランドティトン国立公園の南に集まってくる約1万頭のエルクに干し草を与えて保護している。1908年に大量のエルクが餓死したのがきっかけで、1912年に始められたという。ジャクソンのビジターセンター（→P.368）から、馬そりでエルクを見に行くツアーHorse-Drawn Sleigh Ridesが出ている。エルクだけでなく、コヨーテなど50種近い動物、200種近い鳥も集まっている。運がよければ、イエローストーンからエルクを追ってきたオオカミの姿も見られるかもしれない。

復元された船に乗ってみよう

フェリーの仕組み
　メナーが作ったフェリーは動力を使っていない。対岸までケーブルを張り、ケーブルから船まで接続したロープを調節して、双胴船の向きを流れに対して斜めにすることによって、水圧で自然に進むのだ。夏期には復元された渡し舟に乗ることができるレンジャープログラムが行われる

Horse-Drawn Sleigh Rides
運行12月中旬〜4月上旬の10:00〜16:00。20〜30分ごと。所要1時間
休12/25
料$38、5〜12歳$23

🐾 WILDLIFE
エルクの角の行方
　エルクの立派な角は春先に抜け落ちる。これを地元のボランティアがひろい集め、売上金をエルクの餌代にしているという。角はインテリアとして人気があるが、毎年、数千もの角が売れるのか？と思ったら、なんと多くの角はアジアへ売られていくという。生薬になるのだそうだ

春と秋には移動するエルクの群れを見ることができる

↗にアンテロープフラットなどを訪れる際には、ハンターによる誤射を避けるために、なるべく明るい色（できればオレンジ色）の服を着ることが推奨されている

ベリーつみ

国立公園では木の葉1枚取ってはいけない規則だが、グレンドティトンには例外がある。ハックルベリー、ブルーベリー、ナッツなどは、手づみに限り、1日に1クオート（1ℓ弱）まで取って食べてもいいことになっている。

ただしベリー類はクマの大好物なので、遭遇しないよう注意を。また、なかには毒をもつベリーもあるので、ビジターセンターで図鑑を購入しておくといい。

ハイカーの少ない場所やオフシーズンに歩くときには、ベアスプレーを携帯したい

初級 Colter Bay Nature Trail
適期▶5～10月
距離▶1周3km
標高差▶26m
所要▶1周約1時間
出発点▶コルターベイ・ビジターセンター
車椅子可。トレイルヘッドにも簡単なトレイルガイド$1あり

Ranger Lakeshore Stroll
集合▶夏期8:30
所要▶2時間
場所▶コルターベイ・ビジターセンター外側

中級 Hermitage Point
適期▶5～10月
距離▶往復15.3km
標高差▶280m
所要▶往復4～5時間
出発点▶コルターベイ・マリーナ駐車場

クマの多い公園なので、できるだけふたり以上で歩きたい

アクティビティ ACTIVITIES

ハイキング HIKING

園内のトレイルには、湖畔を歩く短いものから、ティトン山脈を1周するものまであるが、ここでは気軽に歩ける短いトレイルを紹介しておく。園内の水は一見きれいそうに見えるが飲むことはできないので、必ず飲料水を持参しよう。

コルターベイ・ネイチャートレイル
Colter Bay Nature Trail

コルターベイ・ビジターセンターからスタートし、ジャクソンレイクに突き出している小さな半島を歩く。ジャクソンレイクとティトン山脈の美しい景観を楽しむ。ビジターセンターのショップで小冊子"Colter Bay Nature Trail"を購入しておくといい。トレイルで見ることのできる植物や動物の解説、イラストで紹介された山並みなど、わかりやすくて楽しめる。

人が少なく、動物や野鳥を見つけやすい早朝がおすすめ

ハーミテージポイント Hermitage Point

水鳥の多いヒーロンポンドHeron Pond、森に囲まれたスワンレイクSwan Lakeを通って、ジャクソンレイクに突き出した半島の突端まで歩く。森林、湖畔、湿地とバラエティに富んだ楽なトレイルで、時間がなければ途中でショートカットもできる。ムースやミュールジカなど動物に出会う確率の高いトレイルだ。

Reader's Voice **湖畔を歩こう** インスピレーションポイントへ行くなら、行きは歩きで、帰りはボートをおすすめ。なぜなら、ボートを下りてから同じボートに乗った大勢の人たちとぞろぞろと歩くことになるからだ。

進むにつれて表情が変わる山にも注目

インスピレーションポイントへ行くなら、まずは
ジェニーレイク南端からボート乗り場へ

リーレイク・トレイル　Leigh Lake Trail

　ジェニーレイク・ロード沿い、ストリングレイクの駐車場からスタート。超クローズアップのティトン山脈を見上げながら歩くコース。ストリングレイクの北東岸からリーレイクの南岸までがひと区切り。余力があればリーレイク沿いのトレイルを北上してベアポウレイクBearpaw Lakeをぐるりと回る長いコースを歩くこともできる。

初級 Leigh Lake Trail
適期▶5〜10月
距離▶往復3.2km
標高差▶34m
所要▶往復約1時間
出発点▶ストリングレイク
駐車場
※ベアパウレイク1周を含めると12km、4〜5時間

インスピレーションポイント　Inspiration Point

　ジェニーレイクをボートで横切り、対岸から山道を登っていく。やがてヒドゥンフォールHidden Fallという滝があり、さらに30分ほど登るとインスピレーションポイント。森と湖を見下ろすパノラマが広がる。滝の近くの岩場では、小さなナキウサギが花をくわえて走り回っているかも。帰りは湖岸沿いのトレイルを1時間ほど歩いて戻ってもいい。なお、崖崩れのおそれがあるときなどはトレイル全体が閉鎖される。

中級 Inspiration Point
適期▶6〜9月
距離▶往復3.5km
標高差▶122m
所要▶往復2〜3時間
出発点▶ジェニーレイク対
岸の船着場
※船に乗らずに往復歩くと9.3km、約4時間

ブラッドリー・タガート・ループ　Bradley Taggart Loop

　ジェニーレイクとムースの中間にある駐車場から歩き出す人気のトレイル。どちらから回ってもいい。たくさんの花々に彩られた美しいトレイルで、渓流を遡り、山火事に遭ったエリアを抜けて、広々とした氷河湖を訪れる。もちろんティトンの眺めもすばらしい。

中級 Bradley Taggart Loop
適期▶6〜9月
距離▶1周8.5km
標高差▶262m
所要▶1周約3時間
出発点▶タガートレイク駐
車場

真夏でも比較的ハイカーが少なく、絶景をひとり占めできるタガートレイク

↗ 湖畔のトレイルは平らで楽に歩ける。鳥やマーモットを見つけたりして、すてきな経験ができた。帰りのボートは、もしも満席でも15分ほどで次が来る。（東京都　ゴマシベ　'13）['23]

レンジャープログラム ▷▷▷▷▷ RANGER-LED PROGRAM

グランドティトンのレンジャープログラムはハイキングが中心。氷河や動植物の説明を聞きながら、ゆっくりとしたペースで歩く。クマに出会わないためにも大勢で歩けるのはうれしい。また、クマに接近遭遇してしまったときの対処法などを教えてくれるプログラムや、先住民のアーティストを招いて歌とダンスを楽しむプログラムなども行われている。

Ranger Hike to Moose Ponds
集合▶夏期9:00
所要▶2時間
場所▶ジェニーレイクVC

乗 馬 ▷▷▷▷▷ HORSEBACK RIDING

乗馬はグランドティトンで最も人気のあるアクティビティだ。6月中旬から8月下旬は毎日乗馬ツアーが出ている。予約は、遅くても前日の昼までに入れておきたい。その際、乗馬の経験、体重と身長を聞かれるので、ポンドとフィートに換算しておくといい。初心者でもOK。経験や体の大きさに合った馬を用意してくれるので安心だ。

出発場所はジャクソンレイク・ロッジとコルターベイの2ヵ所。申し込みはジャクソンレイク・ロッジのフロントと、コルターベイのマーケット入口にある窓口。厩舎はテントキャビンからずっと奥へ入った所で、ビレッジから離れている。

乗馬ツアー
料1時間$65、2時間$95
ジャクソンレイク・ロッジの2時間コースはEmma Matilda Lake、コルターベイからはスワンレイクを訪れる。参加は8歳以上、身長122cm以上、体重102kg以下のみ。真夏でも朝夕は冷えるので上着を忘れずに。身長、体重の換算方法は→P.11

馬に揺られて草原を行けば『シェーン』の気分を味わえる。天気のいい日にぜひ挑戦してみたい

ラフティング ▷▷▷▷▷ RAFTING

雄大なティトンを眺めながらスネークリバーをゴムボートで下ろう。公園内から出発するツアーはもちろん、ジャクソンから出発するツアーもある。朝食や夕食を組み込んだものもあるので、ビジターセンターなどで資料を集めて検討を。園内のツアーは緩やかな流れ（フロートトリップ）、ジャクソンより下流のものは激流（ホワイトウオーター）と考えるといい。園内のツアーではハクトウワシが見られる可能性が高い。申し込みは園内の各ロッジなどで受け付けている。夏期のみ。

フロートトリップ
料$95、6〜11歳$70
夏期のみ1日6回

ラフティング
園外の激流下りの場合は、水着を下に着て、着替えを持参しよう。ライフジャケットは必ず貸してくれる。靴はたいていブーツを貸してくれるが、事前に確認したほうがよい

人気が高いので予約は早めに

ビーバーはオクスボーベンド付近でよく見かける

ワイルドライフウオッチング ▷▷▷▷ WILDLIFE WATCHING

グランドティトンは、イエローストーンと並んで動物を見るチャンスが多い国立公園だ。オクスボーベンドのように1年中動物が見られるポイントもあるが、特定の時期、時間だけ、特定の動物が集まってくる場所もある。ビジターセンターで、その日に最もおすすめのポイントを地図で示してもらうといい。

また、ジャクソンから動物ウオッチングのツアーも出ている。早朝か夕方の4時間のツアーもあるし、ハイキングとセットになった1日ツアーもおすすめだ。いずれも年中催行。

誰かが動物を見つけると、あっという間に人だかりができる

Wildlife Expeditions
☎ (307)733-1313
URL www.tetonscience.org
圏4時間＄175。プライベート1日ツアーは4人まで＄915～、9人まで＄1265～
※6～10名以内の少人数制で、双眼鏡は貸してくれる

サイクリング ▷▷▷▷ BIKING

ムースのDornans（→P.381）からムースのゲートを入ってジェニーレイクまで、国立公園では珍しくサイクリングロードが整備されている。自転車＆ヘルメットはDornansのほか、ジャクソン市内でも借りられる。なお、トレイルを自転車で走ることは禁じられている。

マウンテンバイクを借りる際に、おすすめのルートを教えてもらうといい

フィッシング ▷▷▷▷ FISHING

ジャクソンレイクやスネークリバーにはマスが生息している。シーズンはジャクソンレイクが10月を除く年中、スネークリバーが4～10月（レイクより下流は8～11月）。ワイオミング州の許可証（1日＄14）が必要。シグナルマウンテン・ロッジ、コルターベイ、Dornansなどで買うことができる。園内の各ロッジからガイド付きツアーも出ている。

ガイドフィッシング
圏ジャクソンレイクでのボートフィッシング2人まで1時間＄175（2時間以上）、スネークリバー6時間2人まで＄650

クロスカントリースキー ▷▷▷▷ CROSS COUNTRY SKI

11～4月、ティトン・パークロードがクロカンとスノーシューのために開放される。コルターベイやアンテロープフラットでも楽しめる。またムースのVCからはレンジャーのガイドでスノーシューを楽しむツアーも行われる（1月上旬～3月中旬の水・土13:30）。8歳以上のみ。

冬のツアー
ジャクソンには数多くのツアー会社があり、クロスカントリー、スノーモービルなどの日帰りツアーを催行している

グランドティトンの主役たち

ムース　Moose

　ムースとは先住民の言葉で「木を食べる者」の意。水辺に単独で暮らし、日がな1日水草を食んでいる。泳ぎが得意で、川の中に潜って水中の藻を食べることも。オスの手のひら状の角は春に生え始め、8月頃に最大になり、晩秋には抜け落ちる。片方で重さ10kg以上あるという。メスには角がなく、足の短い馬のよう。優しい目をしているが、けっこう気が荒い。特に子連れの母ムースと、秋のオスは危険なので、近づき過ぎないように。オクスボーベンドからコルターベイにかけての道路沿いに姿を現すことが多い。

プロングホーン　Pronghorn

　時速80〜90kmのトップスピードをもち、世界最速のチーターに次いで足の速い動物といわれる。この俊足は、かつてアメリカに生息していたアメリカチーターから逃げるために身につけた特技で、スピードはチーターより劣るが、持久力ではチーターを上回っていたという。

エルク　Elk

　エルクは別名をワピチというが、これは先住民の言葉で「明るい色のシカ」を意味する。確かにミュールジカと比べると白っぽい色をしているが、首のあたりは黒い。9月下旬〜10月は恋の季節。ムースのゲートをくぐって坂を上がったあたりにいくつものハーレムが集まり、壊れたホルンのようなオスの独特の鳴き声が谷間に響き渡る。いきなり道路に飛び出してくることが多いので注意。

オオカミ　Gray Wolf

　イエローストーンで行われたオオカミ復活作戦（→P.355）によって戻ってきたハイイロオオカミは、グランドティトンでも群れをつくっていることが確認されている。秋にエルクがイエローストーンからグランドティトンへ移動してくるときに、これを追ってきたものだという。運がよければ見られるかもしれない。遠目に見るとコヨーテによく似ているが、コヨーテは体高50cmほど。オオカミはその倍の1m近くある。

ムースの手のひら状の角は秋にかけて大きくなる

春と秋には数多くのエルクが公園各所で見られる。秋はオスの枝角が見事だ

NOTES　クマ撃退スプレーのレンタル　少人数でハイキングするとき、人の少ないトレイルを歩くときにはベアスプレーを用意しよう。園内で購入もできるが、使わずに済んだとしても航空機に持ち↗

©NPS/Neal Herbert

ヤマヨモギの草原にすむキジオライチョウ

カワウソ　River Otter

オクスボーベンドの川沿いにはカワウソがすんでいる。遊ぶのが大好きで、いつも夫婦で追いかけっこをしている。働き者の印象が強いビーバーと対照的。

ナキウサギ　Pika

体長15〜20cm。真ん丸い耳が特徴で、一見すると茶色いネズミのようだが、実はウサギの仲間。氷河期の生き残りといわれ、その名のとおりチッチッと鳴く。ヒドゥンフォールなど標高の高い岩場で、花や草を口いっぱいにくわえて走り回る姿を見られるだろう。

キジオライチョウ　Greater Sage Grouse

体長50〜80cm。オスはキジのような大きな尾羽をもつ。春の明け方、数十羽のオスが集まり、胸を大きく膨らませてメスに求愛する。かつては西部の広範囲に生息していたが、近年、数が激減している。

ブラックベア　Black Bear

グランドティトンにはグリズリーベアもいるが、イエローストーンに比べるとはるかに数が少ない。問題はブラックベアだ。

2007年、ビレッジにたびたび近づいて、ゴミなどをあさるようになってしまったブラックベア4頭が殺された。

こうした問題は毎年のように起きており、今後、第2のヨセミテ（→P.224）になるのではないかと懸念されている。

ハクトウワシ　Bald Eagle

頭が真っ白で、翼を広げると2mにもなる。開発による営巣地の減少や密猟、農薬の被害などによって数が激減。一時はアラスカとフロリダを除いて絶滅した。その後、手厚い保護のおかげで回復し、現在では全米各地でその姿が見られるようになった。グランドティトンでも、スネークリバー沿いの高い木の上など数ヵ所で営巣しており、ラフティングで見られる可能性が大きい。

SIDE TRIP　スクエアトップ・マウンテン Squaretop Mountain

標高3565m、その威容で他を圧倒する花崗岩の一枚岩。絵になる風景として写真家に人気だが、アメリカ人にもあまり知られていない穴場だ。ティトン山脈から大陸分水嶺をたどって南東に延びるウィンドリバー山脈にある。麓にあるグリーンリバー・レイクスGreen River Lakesはアッパー、ロウアーのふたつの氷河湖で、グリーンリバー（→P.170）の水源と考えられている。湖畔のトレイルを歩けばスクエアトップ・マウンテンがどんどん迫ってきて圧巻だ。

ソルトレイク・シティから車で5時間弱。フォッシルビュートNM（→P.365）からジャクソンへ向かう途中で寄り道するといい。Kemmererまで戻ってUS-189を北へ入り、94マイルでUS-191を右折、5マイルでWY-352へ左折し、44マイル走

った突き当たりが湖畔のキャンプ場。

なお、キャンプ場を離れると夏でも人影はまばら。クマ対策をお忘れなく。
MAP 折込1枚目 B-3

例年9月下旬には初雪をまとった姿を見られる

↗ 込むことも預けることもできないのでレンタルが便利。ジャクソン空港やイエローストーンにキオスクがある。
ホルスター込みで1日$16〜最大$28。返却はボックスに24時間OK。**URL** bearaware.com で予約も可

園内で泊まる

園内には6ヵ所にロッジがある。4ヵ所はGrand Teton Lodge Company（GTLC）が運営しているが、残りはそれぞれ別会社が運営していて、ちょっと面倒だ。夏の予約は1年前から受け付けている。

Grand Teton Lodge Company（GTLC）
☎ (307)543-3100
URL www.gtlc.com カード A M V
※キャンセル料は7日前まで$30、以後は1泊分

Jackson Lake Lodgeはロビーからの眺望も魅力

🏠 Jackson Lake Lodge

設備の整ったリゾートホテル。ロビーには先住民のアートが飾られていて、1フロア上ると大窓越しにマウントモランが絵画的に現れる。レストランMural Roomからのパノラマも圧巻。湖側の客室からはムースのすむ沼地やジャクソンレイク、ティトンの山並みを望むことができる。ロッジの客室は37室のみで、ログキャビンが348棟ある。予約はGTLCへ。

本館の隣にはキャビンが並んでいる

📅 5/17～10/6（2024年）
on off ロッジルーム湖側 $ 622
　　　 ロッジルーム森側 $ 488
　　　 キャビン湖側 $ 622～1055
　　　 キャビン森側 $ 449～504

🏠 Colter Bay Cabins

コルターベイには数多くのキャビンがある。すべてバス付きのキャビンが森の中に点在していて、大きさはいろいろだ。コインランドリーあり。209室。予約はGTLCへ。

2室ごとのコテージ式になっている

📅 5/23～9/29（2024年）
on off バス付きキャビン $ 288～307

🏠 Jenny Lake Lodge

ジェニーレイク湖畔に近い超デラックスなコテージ。暖炉のある部屋、キルティングのベッドカバー、山小屋風の家具、食事などすべての面で満点をつけたいほど充実している。料金は朝食＆5コースディナー込み。乗馬ツアー体験も含まれている。43室。予約はGTLCへ。

📅 6/1～9/8（2024年）
on off 2人まで $ 1006～1655
　　　（2食込み）

ハネムーンにもおすすめ！

⊳NOTES ロッジはみだし情報　上記3軒はチェックイン16:00、チェックアウト11:00。ジャクソンレイク・ロッジ（キャビンを除く）とジェニーレイク・ロッジはWi-Fi無料。全館禁煙。税11.4%

Signal Mountain Lodgeは湖に最も近い宿泊施設だ

Headwaters Lodge @ Flagg Ranch

グランドティトンとイエローストーンの間にあり、厳密には園外。冬期はここからオールドフェイスフルへのスノーコーチが出発する。スネークリバーに面したモーテル形式の部屋とキャビンあり。キャビンは林の中なので、車は近くまで入れない。110室。ギフトショップ、グロサリーストア、レストランあり。予約はGTLCへ。

🏠6/1～9/30（2024年）
Free 1800-443-2311
URL www.gtlc.com
on off $335～452
カード A M V

Dornans

公園の南端、ムースのビジターセンターのすぐ手前にある個人経営のロッジ（→P.369コラム）。どのキャビンからもティトンの山並みがよく見える。年中オープンしており、ボートツアーやフィッシングなどのアクティビティも豊富。TVはないが電話はある。シャワーのみ。6～9月はかなり混雑するので予約は早めに。

🏠4月&11月を除いて年中オープン
☎(307)733-2522
URL www.dornans.com
on $200～495　off $140～225
カード A M V
※夏のキャンセル料は60日前まで$100、以後は1泊分かかる

Signal Mountain Lodge

ジャクソンレイクのほとりにあるロッジ。湖に浮かぶボートやウインドサーフィンを眺めながら食事もできるし、センスのいいギフトショップやレストランも入っている。林の中に点在するキャビンの客室は全室バス付き。湖に面しているのはスイートのみ。79室。

🏠5/10～10/12（2024年）
☎(307)543-2831　Free 1877-841-1076
URL www.signalmountainlodge.com
on off キャビン$308～663
　　　スイート$518～574
カード A D J M V

キャンプ場に泊まる

キャンプ場は園内に6ヵ所ある。いずれも夏のみオープン。ジェニーレイクの最長滞在期間は7日間、それ以外は14日間。6ヵ所すべてで予約可（→P.489）。夏はできるだけ早めに場所を確保しよう。

なお、グランドティトンのキャンプ場では、食品はすべてベアボックスか車のトランクへ。また、車から離れるときには窓を開けっぱなしにしてはいけない。

キャンプ場名	シーズン（2024年）	サイト数	いっぱいになる時刻の目安	1泊料金	水道	トイレ	ゴミ捨て場	シャワー	ランドリー	ストア
Colter Bay	5/23～9/21	335	昼	$13～77	●	●	●	●	●	●
Gros Ventre	4/26～10月上旬	279	夕方	$50～77	●	●	●			
Jenny Lake（テントのみ）	6/1～9/28	49	早朝	$13～49	●	●	▲			
Lizard Creek（ジャクソンレイク北端）	6/14～9/8	60	夕方	$48	●	●	▲			
Signal Mountain	5/10～10月中旬	81	午前	$54～97	●	●	●			●
Headwaters Lodge @ Flagg Ranch	5/10～9/30	175	午後	$52～102	●	●	●	●	●	●

※「ゴミ捨て場」の●印は、一般的なゴミ箱に加えてキャンピングカーの汚水を処理するダンプステーションを備えた施設

ジャクソンには約50軒の宿があるが、全般的に料金が高く、夏休み中とスキーシーズンは非常に混雑する。ピーク時の予約は早めに。夏と冬は、当日に探しても市内のホテルはどこも空いていないと思ったほうがいい。

また、ジャクソンから車で北西へ15分ほどのティトンビレッジTeton Villageもおすすめだ。こちらもスキーリゾートで、Moose-Wilson Roadと呼ばれる道路（積雪期閉鎖）を北上すれば30分ほどでムースの入園ゲート前に出られる。

ジャクソンの宿探しは、町の北外れにあるビジターセンターへ

🏠 Snake River Lodge

ティトンビレッジのスキー場の目の前にあるデラックスなリゾートホテル。客室のインテリアなどはクラシックだが、改装されているので快適。全室バスタブ、冷蔵庫あり。暖炉のある部屋もおすすめ。併設のスパがまたすばらしい。Wi-Fi無料。125室。

ティトンビレッジの入口に建っている

🏠7710 Granite Loop, Teton Village, WY 83025
☎(307)732-6000　Free 1855-342-4712
URLwww.snakeriverlodge.com
on $419～799　off $199～419　カード AMV

ジャクソン	Jackson, WY 83001　ムースゲートまで 13 マイル　50 軒		
モーテル名	住所・電話番号など	料　金	カード・そのほか
Mountain Modern Motel	🏠380 W. Broadway ☎(307)773-4340 URLmountainmodernmotel.com	on $197～674 off $131～399	A D M V　タウンスクエアから西へ4ブロックのUS-191沿いで便利。冬期のみ朝食付き。Wi-Fi無料。コインランドリーあり。全館禁煙
Wort Hotel	🏠50 N. Glenwood & Broadway ☎(307)733-2190　FAX(307)733-2067 Free 1800-322-2727　URLwww.worthotel.com	on $429～889 off $274～699	A M V　町の中心に建つランドマーク的なホテル。Wi-Fi無料。1階のバーも町の名物。全館禁煙
Amangani	🏠1535 N.E. Butte Rd. ☎(307)734-7333 FAX(307)734-7332 URLwww.aman.com	on off $1350～2600	A M V　全米屈指の最高級リゾート。ジャクソン北西の尾根にあり、ティトン山脈を見晴らせる。スパあり。40室。全室スイート
Rustic Inn	🏠475 N. Cache St. ☎(307)733-2357 Free 1800-323-9279 URLrusticinnatjh.com	on $349～829 off $179～759	A M V　町の中心部から北へ3ブロック。空港など町内への送迎無料（7:15～22:45。冬期は短縮）。朝食付き。Wi-Fi無料
Flat Creek Inn	🏠1935 N. Hwy 89 ☎(307)733-5276 URLwww.flatcreekinn.com	on $221～379 off $113～198	A M V　町から北へ2マイル。冷蔵庫、電子レンジあり。Wi-Fi無料。コインランドリー、コンビニ、ガスステーション併設で便利
Jackson Southtown Motel	🏠600 S. Hwy. 89　☎(307)733-1620 URLjacksonsouthtown.com	on $216～369 off $117～299	A M V　町の南外れ。US-89沿い。冷蔵庫、コインランドリーあり。全館禁煙。Wi-Fi無料

ティトンビレッジ	Teton Village, WY 83025　ムースゲートまで 10 マイル　8 軒		
モーテル名	住所・電話番号など	料　金	カード・そのほか
Continuum	🏠3345 W. Village Dr. Free 1844-274-8873 URLwww.continuumjh.com	on $280～695 off $212～917	A D J M V　現金不可。冬のレジャーにも対応。レストラン、屋外プールあり。Wi-Fi無料。全館禁煙。春と秋に休みあり
The Hostel	🏠3315 Village Dr. ☎(307)733-3415　FAX(307)462-4526 URLwww.thehostel.us	on $99～269 off $49～99	M V　以前はホステルだったが、現在はきれいなロッジになった。全館禁煙。コインランドリー、ゲームルームあり。Wi-Fi無料

ダイナソア国定公園 Dinosaur National Monument

MAP 折込1枚目 C-3　☎(435)781-7700
URL www.nps.gov/dino
🕐 採掘場は夏期8:00〜17:30、冬期10:00〜16:00
🚫 11月第4木曜、12/25、1/1
💰 車1台$25、バイク$20、そのほか$15

寄り道というには遠いが、恐竜の化石を見るならここに限る。今まさに発掘途中という1億4900万年前の恐竜の化石が、目の前に山盛り。その数、なんと1500！　手を触れることだってできてしまうエキサイティングな場所なのだ。

公園の敷地はユタ州とコロラド州にまたがっているが、最大の見どころはユタ州側にある**採掘場Quarry Exhibit Hall**。恐竜の化石が大量に露出した長さ約24mの岩壁を、丸ごと建物で覆ったものだ。ここはジュラ紀後期に堆積したモリソン層という地層で、調査、発掘は今も進められている。

ここで見つかっている恐竜にはさまざまな種類が含まれるが、有名なものとしては、背中にヒレのような板状の骨が並んだステゴサウルス、ブロントサウルスの別称で知られる体長20mを超えるアパトサウルス、首の長いカマラサウルス、二足歩行の肉食恐竜などがある。現在ピッツバーグのカーネギー博物館に展示されているアパトサウルス（ブロントサウルス）の骨格標本も、ここで見つかったものだ。

化石の盗掘を防ぐため、採掘場までの往復はビジターセンターから出るシャトルバスで。

この中に無数の化石が埋まっている！

冬期はマイカーで行けるが、前述の時間にレンジャーの車の後ろについて走らなければならない。

時間が許せばコロラド州側にも立ち寄ってみたい。片道35マイルのHarpers Corner Rd.に沿って、コロラド川の支流、グリーンリバーが削った奇岩や峡谷など、ダイナミックな景観が広がっ

ている（冬期閉鎖）。激流下りのラフティングも人気で、数多くのツアーが催行されている。

行き方は、ソルトレイク・シティからI-80を東へ走り、Exit 146でUS-40へ。あとはひたすら東へ走る。採掘場へはJensenの町でUT-149を左折して6マイル。4時間。

バーナルの中心にあるユタ州立自然史博物館にも寄りたい。冬期は日曜閉館

アーチーズからソルトレイク・シティへ向かう途中で回り道して寄るのもおすすめ。I-70を東へ走り、CO-139を北上して4時間。

モーテルはユタ州バーナルVernalに約20軒、JensenとDinosaurに数軒ある。

およそ1億5500万年前のアロザウルスの脚の骨

恐竜好きなら感涙モノの採掘場。わからないことはレンジャーに尋ねてみよう

グレイシャー国立公園
Glacier National Park

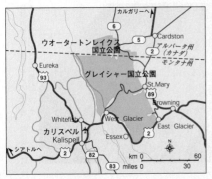

グレイシャーは花の多い公園だ。7月下旬、湖畔や草原には大きな花畑が現れ、山上では冬を生き延びた可憐な高山植物が短い夏を謳歌する

厳しく、荒々しく、大空を刺す山々。谷を埋めて競うように咲き誇る野の花。清らかな水をたたえ、鏡のような水面に緑と青空を映す大小の湖……。氷河が造り上げた雄大な風景はまた、数多くの野生動物たちのすみかでもある。人間は侵入者にすぎない。

大陸分水嶺が貫き、3000m級の山々が連なる園内には、合計1200kmにも及ぶトレイルがある。草花の群落の中を眼下に湖を眺めつつ歩く、そんな1日を過ごすのがぴったりだ。

ここはまた古くから観光開発が進んだ公園として知られている。19世紀末にグレートノーザン鉄道が敷設され、鉄道会社によって豪華なロッジが建てられ、1930年代には公園を横切る山岳道路、ゴーイング・トゥ・ザ・サン・ロード（GTTS）も開通した。園内でクラシックカーをよく見かけるのは、ここがアメリカ人にとって古きよき時代を思い起こさせる場所だからだろう。

そんなグレイシャー国立公園は、カナダのウオータートンレイクス国立公園と国境を挟んで接し、1932年には世界初の国際平和公園となっている。

NOTES 予約入園システムその1　グレイシャーでは過去20年で入園者数が2倍近くに増え、夏は駐車場不足などで渋滞がひどい。そこで2021年夏から試験的に予約入園システムを導入してい↗

MAP 折込1枚目 A-3

行き方　ACCESS

　車があったほうが便利だが、なくてもバスを使って見学できる公園だ。おもなアプローチは西と東から。特に、公園から車で西へ40分ほどの**カリスペルKalispell**がゲートシティとして便利。

　鉄道で訪れることができるのもグレイシャーの大きな特徴だ。いつも飛行機で移動している人も、たまには列車に乗ってみてはいかが？

　公園内をどう回るかは、どの交通機関でアプローチしたかによってほぼ決まってしまう。いずれの交通機関も運行頻度は少なく、氷河の公園だけに観光シーズンは夏の短い時期に限られる。早めに計画を立てて、アプローチする交通機関、園内のツアー、そして宿泊施設を確保しておきたい。

飛行機　AIRLINE

Glacier Park International Airport (FCA)

　公園の西口ゲートから西へ24マイル、カリスペルという町の手前にあり、公園からは車で30〜40分の距離にある。夏期なら、デルタ航空がソルトレイク・シティから1日2便（所要1時間45分）、ミネアポリスから1便（2時間50分）、アラスカ航空系列ホライズン航空がシアトルから2便（1時間20分）、ユナイテッド航空がデンバーから2便（2時間20分）のフライトがある。

　空港から園内へは数社がシャトルタクシーを走らせているが、料金は安くない。レンタカーを利用しない人は鉄道（→P.388）のほうが便利だろう。

DATA

時間帯▶山岳部標準時MST
Glacier National Park
☎(406)888-7800
URL www.nps.gov/glac
Waterton Lakes
National Park
☎(403)859-5133
URL www.pc.gc.ca/waterton
開▶一部を除いて10〜5月は閉鎖。そのほかの時期は24時間オープン
混雑▶7〜8月
料▶車1台＄35（11〜4月は＄25）、バイク＄30（＄20）。そのほかの方法での入園は1人＄20（＄15）。ウオータートンレイクス国立公園は1人CA＄10.50（カナダドル）。共通入園券はない
国立公園指定▶1910年
国際平和公園指定▶1932年
ユネスコエコパーク登録▶1976年
世界遺産登録▶1995年
国際ダークスカイパーク認定▶2017年
面積▶グレイシャー4100km²
ウオータートンレイクス505km²
入園者数▶グレイシャー約291万人
園内最高地点▶3190m
(Mt. Cleveland)
哺乳類▶71種
鳥　類▶242種
両生類▶6種
爬虫類▶4種
魚　類▶26種
植　物▶1177種

FCA　☎(406)257-5994
MAP P.386 D-1
Alamo　☎(406)257-7144
Avis　☎(406)257-2727
Budget　☎(406)755-7500
Hertz　☎(406)758-2220

Kalispell Airport Taxi
☎(406)253-8081
料▶Apgar Villageまで片道＄110〜130、イーストグレイシャーまで＄300〜350

全米屈指の絶景が魅力の
Many Glacier Hotel

　る。2023年の場合、公園を横断するゴーイング・トゥ・ザ・サン・ロードと、メニーグレイシャー、トゥ・メディスンに5/26〜9/10の6:00〜15:00に入る場合に予約が必要だった。手数料1台＄2。（→P.386）

グレイシャー国立公園

N

km 0 2 4 6 8 10
miles 0 1 2 3 4 5 6

A

カナダ　アルバータ州
アメリカ　モンタナ州

▲ Kintla Lake

B

Polebridge

鉄道
—30— 国道
—5— 州道
未舗装道
トレイル
□ 料金ゲート
ⓘ ビジターセンター
◻ ロッジ
▲ キャンプ場
▲ キャンプ場（夏期のみ）
⛽ ガスステーション
遊覧船のりば

C

シアトルへ

(93)

Whitefish

(40)

D

グレイシャーパーク空港✈

(93)　(2)

カリスペルへ

上／ウオータートンレイクス国立公園の遊覧船。その名もインターナショナル号
下／カナダへ向かう際に目印となるチーフマウンテン

⚡NOTES 予約入園システムその2　試験的に導入された予約入園システムでは、予約受付は120日前か
らウェブサイトで。一部の予約は24時間前から受付。ゴーイング・トゥ・ザ・サン・ロードは⤴

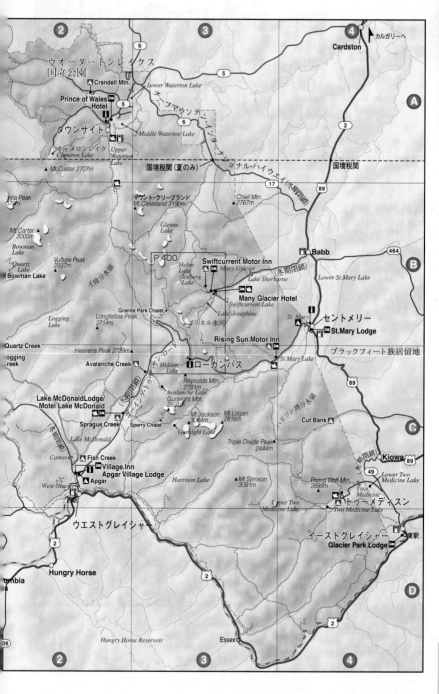

↗ 3日間、メニーグレイシャー、トゥ・メディスンは1日有効。園内のロッジかキャンプ場の予約があれば入園予約は不要。2024年夏の運用については最新情報をチェックしよう

イーストグレイシャーの小さな町は鉄道駅のすぐ裏側にある

イーストグレイシャー駅とロッジの間は、毎年夏になると色鮮やかな花で埋め尽くされる

Amtrak →P.485
Free 1800-872-7245
URL www.amtrak.com
東駅（夏期のみ）
MAP P.387 D-4
時 9:00〜12:00、
17:30〜20:30
西駅
MAP P.387 C-2
料 シアトルから片道＄85、寝台車＄790

西駅利用時の注意
西駅は現在、自然保護団体が事務所として使用しており、アムトラックのスタッフはいない。そのため、チェックインパッケージは利用できないので、荷物は車両持ち込みになる（ドアの横に荷物置き場あり）。ここでは乗車券も購入できないので、あらかじめシアトルなどで往復分を購入しておこう。
また、西駅のレンタカー会社はHertz（☎406-863-1210）のみ。営業は6/15〜9/15。遠くからタクシーを呼ぶとたいへん時間がかかる。ロッジに送迎を頼むのがいちばんだ。送迎ドライバーは列車の遅延をチェックして迎えに来てくれるが、しばらく待っても来なければ、駅の向かい側にあるガスステーションから電話を入れよう

鉄 道 ▷▷▷▷▷▷ AMTRAK

ほかの国立公園とはひと味違ったアプローチとして、アムトラックで公園入りする方法がある。公園の南端に沿って線路が敷かれていて、東西にふたつの鉄道駅があるのだ。というより、もともとグレイシャーは鉄道駅を拠点に開発された公園なのだ。

シカゴとシアトル／ポートランドを結んでいる**エンパイアビルダー号Empire Builder**が、東駅、西駅を経由している。1日1往復。アムトラックのなかでも、特に景色のすばらしい路線を走っている。スーパーライナーという2階建ての長距離用の車両を使用しており、展望車、寝台車も連結している。

東駅の正式名称は**East Glacier Park Station**。ただし、停車は夏のみ。駅に着いたら、目の前（といっても歩くと10分もかかるので、列車の到着に合わせてシャトルバスが待機している）にあるGlacier Park Lodge（→P.408）へ行こう。ここから園内の各ビレッジへシャトルバスやツアーバスが出ている。ここはまだ園外で、トゥーメディスンまで11マイル、セントメリーまで31マイル離れている。

一方、**西駅West Glacier Station（Belton）**は、公園の西口ゲートを通ってレイクマクドナルドまで3マイルと便利。Lake McDonald LodgeかVillage Innに宿泊するなら送迎を頼むこともできる。片道＄6〜14。要予約。夜間は不可。

食堂車ではコース料理が楽しめる。もちろんアルコールも揃っている

エンパイアビルダー （2024年7月のスケジュール）

15:05	発	Chicago	着	16:45
23:13	発	Minneapolis	着	8:50 翌々日
翌日 19:48	発	East Glacier Park	着	9:36
21:27	発	West Glacier	着	7:57 翌日
翌々日 11:17	着	Portland	発	16:45
11:29	着	Seattle	発	16:55

長距離バス　▷▷▷▷▷▷ BUS

　ソルトレイク・シティからグレイハウンドバス（他社運行）が走っているが、極めて不便。途中、Idaho Falls、Butte、Missoulaと3回も乗り換えがあり、Butteでは深夜に5時間、Missoulaでも4時間待たされる。計23時間15分もかかるうえ料金も高いので、航空機や列車を利用するのが現実的。カリスペルではスーパーの前に発着する。

　なお、シアトルやシカゴからの便はなくなった。

レンタカー　▷▷▷▷▷▷ RENT-A-CAR

　グレイシャーパーク空港を出たら左折。あとはUS-2の標識をたどると20マイルでウエストグレイシャーだ。ここで必ずガソリンをチェック。園内のガスステーションはすべて閉鎖されたため、この先、公園を横切ってセントメリーを出るまでガソリンは補給できない。園内の道路は起伏が多く、ガソリンの消費も早いので、忘れずに満タンにしておこう。観光局の角を左折して西口ゲートをくぐれば、レイクマクドナルドはすぐそこだ。

　イーストグレイシャーからは、州道49号線を10分ほど走るとトゥーメディスンへの分岐があり、その先は山道を越えて、T字路に突き当たったらUS-89を左折。ブラックフィート族居留地を通ってセントメリーへ出る。ここまで1時間。ガソリンを満タンにして左折すればGTTS。左折せずにUS-89を直進すればメニーグレイシャーまで30分、さらに国境を越えてウォータートンまで1時間弱。

　カルガリーでレンタカーを借りた場合は、2号線を南下し、Cardstonで5号線を西に向かえばウォータートン。2号線をそのまま南下すると国境を越え、US-89となってグレイシャーにいたる。ウォータートンまで170マイル、2時間30分〜3時間。

　シアトルからはI-90をひたすら東へ走り、Exit 33で下りたらMT-135、MT-200、MT-28、US-93、US-2とたどる。10時間。

カリスペルのバスストップ
🏠 195 3rd Ave. EN (Smith's Foods)
🚌 ソルトレイク・シティから片道 $ 248

モンタナの道路情報
Free 511
Free 1800-226-7623
URL 511mt.net

アメリカとカナダの国境標石

距離表示に注意
　カナダ国内はキロメートル表示。1マイル＝約1.6km

ウォータートンレイクス国立公園のシンボル、Prince of Wales Hotel

グレイシャーは氷河の彫刻美術館

岩壁をさらす険しい山々、その懐に抱かれた多くの湖水。現在のグレイシャーの風景は、今からおよそ200万年前に始まり、約1万年前に終結した、何度かにわたる氷河期の遺産だ。現在の地形がどのように形成されたか、さらに遡ってみよう。

太古の海から山脈へ

今からおよそ8億年前まで、現在のアメリカ北西部は浅い内海であった。数億年にわたり、泥、砂、微生物の死骸などが堆積し、泥岩、石灰岩などの厚い厚い層ができた。ときおりマグマが上昇し、割れ目から噴出して海底を溶岩で固めたり、噴出できずに石灰岩層の下に水平な溶岩層を造ったりもした。こうして堆積岩と火成岩が混在するようになる。

6000万年前あたりから、太平洋プレートと北米大陸プレートとの衝突による力を受けて、これらの地層は、褶曲、断層をくり返し、隆起し、ロッキー山脈を形成した。ここに、グレイシャーの原型ができあがる。

巨大氷河

第三紀の後半から、世界的気象変動が起こり、氷河期が始まる。氷河期以前は川が山を浸食し、V字谷を造っていたが、それが氷河にとって代わられると、谷は広く、深くなっていった。大陸分水嶺から東西に流れた巨大氷河が削り上げたU字谷が、セントメリーバレーやレイクマクドナルドバレーであり、その氷河の名残が、セントメリーレイクやレイクマクドナルドなのだ。

この巨大氷河は、最も厚いときで900～1200mの厚さがあったと考えられている。

現在見られる氷河地形

まずはホーンhorn。氷河によって山の三方以上を削られ、砥石で研いだようなピラミッド形になった山をいう。ローガンパスからヒドゥン

レイクへのトレイルを行くとき、正面に見えるクレメンツマウンテン Clements Mtn.や、その左のレイノルズマウンテン Reynolds Mtn.などがその好例。有名なスイスアルプスのマッターホルンもこのホーンの典型だ。

ヒドゥンレイクへのトレイルでは、クレメンツマウンテンの山裾を歩くが、このあたりには岩がごろごろしている。実はこれらの岩は氷河によって削られ、運ばれた砂礫で、モレーンmoraineと呼ばれる。

ローガンパスから北に続く、ほとんど垂直に切り立った尾根がガーデンウオールGarden Wall。これは氷河が山の両側を削って形成したもので、アレートarête（フランス語で「魚の骨、（山の）稜線、尾根」の意）と呼ばれる地形だ。

氷河期以降

約1万年前、温暖化により最後の巨大氷河が消え、現在の風景になった。現在園内にある24の小氷河（1900年頃には80あった）は5000年前頃にできたもの。ここ100年ほどで規模は縮小しており、例えば園内最大のジャクソン氷河Jackson Glacierは、19世紀中頃に比べて何と4分の1の規模になってしまった。

3つの海への分かれ道

グレイシャー国立公園の中には大陸分水嶺のほかにもうひとつ、ハドソン湾分水嶺もある。この両方が出合う山が、セントメリーレイクとトゥーメディスン・レイクのほぼ中間にある、その名もトリプル・ディバイド・ピークTriple Divide Peak（標高2254m）だ。この山を境にして、山頂より北側に降った雨はセントメリーからカナダのサスカチュワン川を通ってハドソン湾に注ぐ。東へ流れ出せばミシシッピ川経由でメキシコ湾、西はコロンビア川から太平洋へと続いている。この山頂に降った雨粒は、ほんの数cm離れただけで、はるかな3つの海へと隔たっていく運命にある。

©Morton J. Elrod, K. Ross Toole Archives

1926年、グリネル氷河の測量をする科学者

USGS

2008年、大幅に縮小したグリネル氷河

Trivia ムール貝の脅威 極めて繁殖力が強い外来種のムール貝がアメリカの生態系を脅かしている。3つの海の水源であるグレイシャーで繁殖すれば影響が甚大なので、2011年から園内に持ち↗

歩き方　GETTING AROUND

　グレイシャーの見どころは東西南北に散らばっていて、ルート作りがとても難しい。どこに泊まって、どう回るか。1ヵ所に連泊するのか、移動するのか。頭を悩ませるところだ。

　園内には大小762を数える湖があるが、その代表ともいえるのが東端にあるセントメリーレイクSt. Mary Lakeと西端にあるレイクマクドナルドLake McDonald。このふたつの湖を結んで公園を横断する道路が**ゴーイング・トゥ・ザ・サン・ロード Going to the Sun Road**（GTTS）。つまり『太陽へ続く道』だ。

　GTTSの北側には、氷河と湖が美しいメニーグレイシャーMany Glacier、さらに北へ走って国境を越えるとウオータートンレイクス国立公園Waterton Lakes National Parkがある。もう1ヵ所、公園の南端にある静かなトゥーメディスンTwo Medicineも見逃せない。

ビレッジは6ヵ所

　観光の拠点となるのは6ヵ所のビレッジ。レイクマクドナルド南端の**アプガーApgar**、レイクマクドナルド北東岸の**レイクマクドナルド・ロッジLake McDonald Lodge**、セントメリーレイクの中ほどにある**ライジングサンRising Sun**、セントメリーレイク北端の**セントメリーSt. Mary**（厳密には園外）、東駅の前にある**グレイシャーパーク・ロッジGlacier Park Lodge**（園外）、そしてMany Glacier HotelとSwiftcurrent Motor Innがある**メニーグレイシャーMany Glacier**だ。

　この6ヵ所とGTTSや展望台を結んで、シャトルバスと日帰りツアーバスが走っている。

　なかでもGlacier Park Lodgeは鉄道駅に近くて便利。特にトゥーメディスンはここかセントメリーに泊まっていないと訪れるのは難しい。

　しかし、ほかの宿も捨て難い。メニーグレイシャーやレイクマクドナルドのロッジはたいへん美しい湖畔にあるからだ。Glacier Park Lodge 1泊、メニーグレイシャー2泊、レイクマクドナルド1泊、合計4泊5日くらいがおすすめのプランだ。

シーズン　SEASONS AND CLIMATE

　グレイシャー国立公園は1年中オープンしているが、シーズンは6月下旬～9月上旬だけといってもいい。冬にはレイクマクドナルド湖畔では除雪されるが、あとは園内のロッジもおもな道路も閉鎖されてしまう。

　夏がピークシーズンだが、気候がいいのは晩春と初秋とのこと。どんなシーズンでも山の天気は変わりやすく、1日のうちに青空と降雪ということもあり得る。昼と夜の温度差も激しい。天気がよくても風が強くて体感温度が低いことも多い。重ね着をし、夏でもセーターか上着が必要。ウインドブレーカーなどもあるといい。雨具も必携だ。

セントメリーの不思議

　地図で見ると最も便利なのはセントメリーのビレッジ。どこへ行くにも便利だし、美しい湖が目の前にある。しかし、このビレッジは園外にあるため、シャトルバスが停車しない。とはいえセントメリーのビジターセンターは徒歩10分ほどだし、ツアーバスのなかにも停車するものもある

園内の施設
食事
　各ビレッジにレストランやカフェテリアがある。特にメニーグレイシャーのSwiftcurrent Motor Innにあるイタリアンレストランが人気。GTTSの途中で食事ができるのは、ライジングサンとレイクマクドナルド・ロッジのみ
ジェネラルストア
　各ビレッジに食料品、キャンプ用品などを売る小さなジェネラルストアがある。オープンは夏のみで、おおむね8:00～19:00
ATM
　ほとんどのロッジのロビーにある
ガスステーション
　園内にガスステーションはない。ウエストグレイシャーかセントメリーで満タンにしておこう

携帯とインターネット
　園内で携帯電話が通じる可能性があるのはアプガービレッジのみ。園外で通じるのはセントメリー、Babb（**MAP** P.387 B-4)、ウオータートンのタウンサイト。GTTSやUS-2沿いは通じない。
　無料Wi-Fiはアプガーとセントメリーのビジターセンターで。スピードは遅い

標高の高いトレイルから雪が消えるのは、例年7月末から8月に入ってからだ

ヒドゥンレイクなどへの
トレイルヘッドでもある
ローガンパスのビジター
センター

St. Mary VC
MAP P.387 B-4
8:00〜17:30
10月上旬〜5月下旬

Apgar VC
MAP P.387 C-2
夏期8:00〜17:30
　春・秋10:00〜16:00
11月上旬〜4月中旬

Waterton VC
MAP P.387 A-2
404 Cameron Falls Dr.
8:30〜17:00

Shuttle Bus
　　　（2023年夏の情報）
7月初旬〜9月初旬（車
椅子可）

East Side Route
片道1時間
セントメリーVC発
8:00〜17:30、ローガンパ
ス発最終19:00。15〜30分
間隔

West Side Route
片道1時間30分〜2時間
アプガー発 8:00〜
16:15、ローガンパス発最
終19:00。15〜30分間隔

GTTSの西側を往復してい
る無料シャトルバン

St. Mary Visitor Center

　GTTSの東側、公園の東口ゲート前にある。夏には先住民の
ダンスなどのイベントも行われている。冬期は閉鎖される。

Apgar Visitor Center

　公園の西口から2マイル入ったレイクマクドナルド近くの森の
中にある。夏だけでなく、秋から冬にかけてハクトウワシの巣
作りを観察しに来る人や、クロスカントリースキー＆スノーシュ
ーを楽しむ人のためにも、さまざまな情報を提供している。

Waterton Visitor Center

　カナダのウオータートンレイクス国立公園のゲートを過ぎ
て、しばらく走り、タウンサイトに入って突き当たりの
Cameron Falls Dr.を左折した所。ホテルやハイキングトレイ
ル、乗馬などのツアー紹介など、幅広い情報を扱っている。

園内の交通機関とツアー　▷▷▷▷▷ **TRANSPORTATION**

無料シャトル Shuttle Bus

　セントメリーレイクとレイクマクドナルドをつないでGTTSを
往復するシャトルバス。ローガンパスでは駐車スペースを探すの
が本当に大変！　バイオ燃料を使ったエコカーなので、環境のた
めにもぜひ利用しよう。片道だけトレイルを歩くときにも便利だ。

イーストサイド・ルート

　セントメリーからローガンパスまで、GTTSの東半分を大型バス
で往復する。途中、Rising Sunクルーズ乗り場、Sun Point（乗り
換え）、Sunrift Gorge、St. Mary Falls Trailhead、Johnson
Glacier Overlook、Siyeh Bendで、乗り降り自由。

ウエストサイド・ルート

　レイクマクドナルドからローガンパスまで、GTTSの西半分を
往復する。アプガービジターセンター（ビレッジから徒歩約10分
の森の中。広い駐車場がある）、Sprague Creekキャンプ場、
Lake McDonald Lodge（ストア前）、Avalanche Creek（乗り換
え）、The Loopに停車する。乗り降り自由。

　なお、GTTSは西側が特に道が狭く大型バスは通行できない
ので、ウエストサイド・ルートは15人乗りの小型バンになる。
常に満席状態で、
ピーク時には1時
間待ちになること
もあるので、覚悟
しておこう。

　特にハイライン
トレイル（→P.401）
を歩くときに便利
なThe Loopの乗り
場は、夕方になる
とハイカーでたい
へん混雑する。

さまざまなバスが走っているので、乗る前に行き先をしっ
かりと確認しよう

NOTES　**アプガービレッジから乗る人へ**　アプガービレッジからアバランチクリークまでは道幅が広
く、利用客も多いため、大型バスが往復している。その先ローガンパスまでは小型バンの運 ⤴

ボンネットバスによるツアーは初めてグレイシャーを訪れた人におすすめ

レッドバス・ツアー（有料）

園内の各ロッジからガイド付き日帰りツアーが運行されている。ピカピカに磨き上げられたクラシックな赤いボンネットバスはグレイシャー名物だ。人気が高いので事前にインターネットなどで予約を。

ただし、おもなポイントでの観光時間は短いので、ハイキングを楽しみたい人はシャトルバス（→P.392）を利用しよう。

ビッグスカイ・サークルツアー　Big Sky Circle Tour

Glacier Park Lodge発着。GTTSから国道経由でレイクマクドナルドを訪れ、途中の展望台で野生動物を観察。昼食（別料金）を取ったあと、GTTSを上ってローガンパスを訪れる。セントメリーではWild Goose Islandの展望台に立ち寄る。

クラウン・オブ・ザ・コンチネント・ツアー
Crown of the Continent Tour

メニーグレイシャーとセントメリーに滞在している人向けの、GTTSを往復するツアー。東からGTTSを上ってローガンパスを訪れ、レイクマクドナルドまで下る。ロッジ周辺で各自昼食（別料金）を取ったあと、再びGTTSで戻る。セントメリー周辺のキャンプ場から乗ることもできる。

アルパインツアー　Alpine Tour

セントメリー発着の半日ツアー。GTTSを上ってローガンパスまで往復する。無料シャトルと重なるルートだし、滞在時間が短く慌ただしいので、あまりおすすめしない。レッドバスに乗ってみたい人向け。1日2回催行。セントメリー周辺のキャンプ場から乗ることもできる。

ハイカーシャトル（有料）

セントメリーのビジターセンターと、メニーグレイシャーにある2軒の宿をつないで走る。無料シャトルと組み合わせればメニーグレイシャーを訪れることができる。ピーガンパスなどのトレイルを片道だけハイキングする人にも便利。要予約。

Red Bus Tour
Free 1855-733-4522
URL www.glaciernationalparklodges.com
※公園入場料は別料金。2〜11歳半額。運行期間は積雪によって変わることがある。また工事渋滞によって帰着が大幅に遅れることもあるので、鉄道に乗る直前に参加するのは避けよう。運行期間は2023年のもの。一部のバスのみ車椅子可

Big Sky Circle Tour
運行 6月中旬〜9月中旬
所要 8時間　料 $114

Crown of the Continent Tour
運行 6月中旬〜9月上旬
所要 6〜8時間
料 セントメリー $84、メニーグレイシャー $110

Alpine Tour
運行 6月中旬〜9月中旬
所要 3時間30分
料 セントメリー $58、ライジングサン $50

ハイカーシャトル
運行 7月初旬〜9月中旬に1日4往復
料 $14、2〜11歳半額
予約先は上記ツアーバスと同じ

⬈行なので、アバランチクリークで全員が乗り換えることになる。なお毎朝7:00〜8:30（2023年）にアプガービジターセンターからローガンパス直行シャトルバンが運行されている。15〜30分ごと

393

ゴーイング・トゥ・ザ・サン・ロード ▷▷▷▷ GOING TO THE SUN ROAD

GTTSは公園を横断する全長52マイルの観光道路で、完成は1932年。右に左に雄大な景色が次々に現れて飽きることがない。

東から走ると、まずは花の咲き乱れる草原に始まり、セントメリーレイクを過ぎるとぐんぐん高度をかせぎ、ローガンパスで大陸分水嶺と出合う。道は森林限界すれすれの所を通っているが、周囲の峰々には緑は見えない。氷河に研ぎすまされた姿は気品さえ漂わせている。

グレイシャー国立公園の山は標高はどれもそう高くないが、裾野が広く、麓からの標高差が大きいのが特徴。Reynolds Mtn.やMt. Oberlinなど、美しい山が次々と目に飛び込んでくる。

いつもにぎやかなローガンパスを過ぎると道路はぐんぐん下る。やがて道路際の岩壁から水がしみ出て流れ落ちる**Weeping Wall**を過ぎ、The Loopで大きく左にカーブし、秀峰Heavens Peakを眺めながら、McDonald Creekの清流に沿って下る。

西端のレイクマクドナルドまでゆっくり走って2〜3時間。気持ちまで大きくなったような気になる美しいドライブコースだ。

GTTS交通情報
　GTTSは1932年に造られたもので、道幅が狭く、急坂急カーブの連続。しかも片側は断崖絶壁か湖だ。オープン時期は積雪状態によるが、おおむね6月後半〜10月上旬。大雨などによる一時閉鎖もある。
　また、夏期の11:00〜16:00は自転車が通行止めになるため、朝は自転車が多い。ドライバーは注意を

人気のフォトスポット
　ライジングサンから少し西へ走ると『Wild Goose Island』の展望台がある。ここからの風景はポスターなどによく登場する。車椅子可

セントメリー
📷映画 VCあり→P.392

クルーズ
運航6/7〜9/4（2023年）
9:00〜18:00の1時間ごと
所要1時間30分
3日前までに要予約。一部のクルーズのみ車椅子可
☎(406)257-2426
URLglacierparkboats.com
料$38.10、4〜12歳$19.05

湖の東側にあるビジターセンターからのパノラマも爽快だ

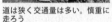

道は狭く交通量は多い。慎重に走ろう

夏には滝のように水が噴き出すWeeping Wall

セントメリーレイク　St. Mary Lake

数ある湖のなかでも特に美しいもののひとつ。**Wild Goose Island**という小島を浮かべた姿は、カナディアンロッキーのマリーンレイクにそっくりだ。湖面は標高1366m。湖岸を走るGTTSの中ほどにライジングサンのビレッジがあり、その近くの船着場から湖を1周するクルーズが出ている。対岸で下りてBaring Fallsまで15分ほど歩く時間もある。また10:00と14:00の便（要確認）にはレンジャーが乗っていて、対岸から往復約2時間歩いて**St. Mary Falls**まで案内してくれる。

ただし18:30のサンセットクルーズは、途中下船できない。

Reader's Voice **Wild Goode Islandへ行くなら**　人気の写真ポイント、Wild Goose Island は午前中に訪れたほうがいい。午後は逆光になる。（埼玉県　タカハラカツノリ　'16）['23]

ヒドゥンレイク・オーバールックまでは片道1時間弱で歩ける

ローガンパス　Logan Pass

　標高2025mの大陸分水嶺にある峠で、周辺には高山植物の群落が見られる。ビジターセンターがあり、夏には驚くほど大勢の観光客でにぎわう。背後に迫る山は、向かって右がClements Mtn.（標高2670m）、左にReynolds Mtn.（標高2781m）だ。

　ビジターセンターの裏から始まる**ヒドゥンレイク・オーバールックHidden Lake Overlook**へのトレイルはぜひ歩きたい。夏には高山植物の花々が咲き競う野原を歩き、分水嶺を越えて、カール（圏谷）にできた典型的な氷河湖Hidden Lakeを見に行く。ライチョウやマーモットも見られるし、マウンテンゴートに出会える確率も高い。

レイクマクドナルド　Lake McDonald

　シーダー杉の森と山々に囲まれた静かな湖。長さ約16km、幅約1.6kmで園内最大の湖でもある。湖面の標高は961m。深さは144m。湖の北東岸にLake McDonald Lodge、南端にアプガーApgarのビレッジがある。

　遊覧船はロッジから出発する。19:00のサンセットクルーズは特に美しいのでおすすめ。

レイクマクドナルドの朝。アプガー付近に泊まったらぜひ早起きしたい

ローガンパス大渋滞！
　夏期8:00〜16:00頃のローガンパスは大渋滞！ ビジターセンターの駐車場はすぐにいっぱいになってしまうので、スペースが見つけられない車でGTTSも渋滞する。この時間帯を避けるのが賢明だ

マウンテンゴートの幼獣。初夏のローガンパス周辺で会える可能性大

Logan Pass Visitor Center
MAP P.387 C-3、P.400
夏期　9:00〜19:00
秋　9:30〜16:00
10月上旬〜6月中旬

初級 Hidden Lake Overlook
適期▶7月下旬〜8月下旬
距離▶往復4.8km
標高差▶140m
所要▶往復1.5〜2時間
出発点▶ビジターセンター
※展望台から湖畔までは往復約2時間

レイクマクドナルド
設備 VC→P.392、ロッジ P.407あり

クルーズ
MAP P.387 C-2
運航5/17〜9/19（2023年）11:00、13:30、15:00、17:30、19:00
所要 1時間
3日前までに要予約（→P.394）
$25.40、4〜12歳 $12.70

メニーグレイシャー　Many Glacier

GTTSの北にそびえる屏風のような山々。その向こう側にあるのがメニーグレイシャーだ。氷河を抱いた鋭い岩峰に囲まれた谷筋に、いくつもの小さな氷河湖が連なっている。GTTSとは趣の異なる、神秘的な美しさが魅力。特に朝夕には幻想的なムードすら漂う。セントメリーから一度園外に出て、US・89を8マイル北上。Babbの交差点で左に折れて12マイル（積雪期閉鎖）。

中心となるビレッジはスイフトカレントレイクSwiftcurrent Lakeにある。湖の東岸にMany Glacier Hotel、西側の森の中にSwiftcurrent Motor Innが建っている。数多くのトレイルの起点になっているが、とりあえず湖を1周してみよう。Mt. Gould（標高2911m）やグリネル氷河を見ながら湖畔を歩く平坦なトレイルがある。遊覧船乗り場はMany Glacier Hotelのロビーから階段を下りて湖岸へ出た所にある。

さらに時間があればグリネル氷河（→P.402）へのハイキングがおすすめ。時間はかかるが、園内随一の人気があるトレイルだ。

朝焼けのGrinnell Point（標高2318m）。19世紀末にこの地を調査し、野生動物と景観の保護に尽力したG.グリネルから名づけられた

トゥーメディスン　Two Medicine

公園の南端にある静寂に包まれた湖。東駅から車で30分ほど走った谷の奥に、Lower Two Medicine Lake、Two Medicine Lake、Upper Two Medicine Lakeの3つの細長い湖が連なっている。道路はふたつ目の湖で行き止まりになっている。

真正面にそびえているのはSinopah Mtn.（標高2521m）。ここから遊覧船に乗って対岸へ渡ったら、ぜひツインフォールズTwin

Fallsまで歩いてみよう。さらに奥にある3つ目の湖Upper Two Medicine Lakeまでのトレイルもあるし、ボートに乗らずに湖畔を6kmほど歩いて戻ってきてもいい。

サイドバー（左段）

メニーグレイシャー
設備 ホテルあり→P.406

クルーズ
MAP P.387 B-3、P.400
運航 6/14〜9/11（2023年）
9:00、11:00、14:00、16:30
（夏期は8:30、13:00、15:00も）
所要 1時間30分
料 $38.10、4〜12歳$19.05（片道だけ乗船するなら半額）
※Swiftcurrent Lakeの対岸で下船して300mほど歩き、再びボートに乗り込んでジョセフィンレイクJosephine Lakeを横断する。
なお、たいへん混雑するので、3日前までに下記で予約しておこう
☎ (406)257-2426
URL glacierparkboats.com

初級 Redrock Falls
適期 ▶6〜9月
距離 ▶往復5.8km
標高差 ▶30m
所要 ▶往復約2時間
出発点 ▶Swiftcurrent Motor Inn正面駐車場の奥

Ranger Redrock Falls Hike
集合 ▶6月中旬〜7月下旬の日〜火・木・金9:00
所要 ▶3時間
場所 ▶Swiftcurrent Motor Inn前

トゥーメディスン
設備 簡易トイレ（車椅子可）・飲料水

クルーズ
MAP P.387 C-4
運航 6/1〜9/15（2023年）
9:00、10:00、11:00、13:00、15:00、17:00。3日前までに要予約。予約先はメニーグレイシャー参照
所要 1周45分
料 $19.05、4〜12歳は$9.55

初級 Twin Falls
適期 ▶7〜9月
距離 ▶往復2.9km
標高差 ▶23m
所要 ▶ボートを降りてから往復約1時間
出発点 ▶トゥーメディスン

中級 Upper Two Medicine Lake
適期 ▶7〜8月
距離 ▶往復7km
標高差 ▶107m
所要 ▶ボートを降りてから往復2〜3時間
出発点 ▶トゥーメディスン

真夏でも比較的静かに過ごせる

🐾 WILDLIFE　クマに注意　2019年夏、メニーグレイシャーのキャンプ場にブラックベアが現れた。レンジャーが追い払っても逃げなかったので、脅かすためゴム弾を発砲。これが運悪くクマの腹 ▷

チーフマウンテン・インターナショナルハイウエイ
Chief Mountain International Hwy.

　文字どおりアメリカとカナダを結ぶ道路。BabbからUS・89を北へ4マイルの地点から左に折れる。14マイルで国境だ。道はアスペンやロッジポール松の林の中を進み、木の間越しに見え隠れするチーフマウンテンが美しい。国境付近からは、園内最高峰のMt. Cleveland（標高3190m）も見える。

Upper Waterton Lakeを見下ろすMt. Cleveland

ウオータートンレイクス国立公園
Waterton Lakes National Park

　カナダ側のウオータートンレイクス国立公園は、グレイシャー同様に氷河の造形美が魅力。ただ、グレイシャーでは人間の手をできるだけ加えないようにしているが、ウオータートンは日本の国立公園に近い雰囲気。中心となる**ウオータートン・タウンサイトWaterton Townsite**にはメープルリーフの国旗がはためき、ギフトショップ、レストラン、モーテルがズラリと並ぶ。

　ウオータートンの目玉は、Prince of Wales Hotel。タウンサイトに入る手前、Upper Waterton Lakeを見下ろす丘の上に建つシャレー風ホテルだ。泊まらなくても、ロビーをのぞいてみるといい。大きな窓の向こうに湖と険しい山々を眺められる。ティールームでは、イギリス風のアフタヌーンティーが大人気だ（→P.408）。

　タウンサイトを1周したら、マリーナから湖を縦断する船に乗ってみよう。途中のCrypt Landingで下りてのハイキングもおすすめ。また、湖の南端のGoat Hauntはアメリカ側にあり、パスポート所持者のみ夏期の日中なら下船できる（流動的なので要確認）。

　もう1ヵ所、Prince of Wales Hotelのすぐ南から側道へ入って15分ほど走った突き当たりにある**キャメロンレイクCameron Lake**も見逃せない。ぐるりと絶壁に囲まれ、山上の隠れた湖といった風情。周辺にはハイキングコースがたくさんあるので、半日かけて歩いてみたい。

Chief Mountain Int'l Hwy.
　5/15～9/30のみオープン。セントメリーからウオータートンレイクス国立公園の中心地タウンサイトTownsiteまでは所要1時間

行き方
　Chief Mtn. Int'l Hwy.で国境を越え、5号線まで長い坂を下る。5号線を左に折れるとゲートだ（入園料1人CA＄10.50。米ドル可）。さらに10分走ると左にPrince of Wales Hotel（→P.408）があり、まもなくタウンサイトにいたる

国境税関
MAP P.387 A-3
圏5/15～9/30
　夏期7:00～22:00
　春・秋9:00～18:00
　車内やトランクまで念入りにチェックされる。アメリカ入国時にI-94取得料US＄6要。カナダドル不可。I-94はデジタル化されており、『CBP One』というアプリを利用する

カナダドル
　CA＄1＝US＄0.73＝109.57円（2023年11/6）。ギフトショップなどでは米ドルも通用するが、おつりはカナダドルになる。それが嫌な人はカードで払うといい

アッパー・ウオータートンレイク・クルーズ
MAP P.387 A-2
URL www.watertoncruise.com
運航5月上旬～10月上旬
夏期10:00、12:00、14:00、16:00、18:30
春・秋10:00、14:00
所要1時間15分
圏CA＄61、3～12歳＄30。支払いは M V のみ

夏には大勢の観光客でにぎわうキャメロンレイク

↗に命中してしまい、苦しんで死ぬことになると判断されたため射殺した。メニーグレイシャーでは多い日には7頭もクマが確認されている。食べ物の始末を徹底し、子供だけで遊ばせないなど注意を払いたい

植物

グレイシャー国立公園の標高は961mから3190mまで幅がある。これだけ標高差があるということは、生育している植物の種類が多いということだ。谷間を埋めるロッジポール松やハコヤナギ、シラカバ。山の斜面にはモミやカエデ、ジュニパーなど樹木は20種。森林限界の上はアルパインツンドラと呼ばれ、いろいろなコケの仲間が見られる。灌木（背の低い木）も、セージブラッシュをはじめ93種も記録されている。

左上／ハイライントレイル沿いに暮らすシマリス　左下／グレイシャーリリーは初夏のローガンパスで見られる　右／マーモットのケンカ

さらに、大陸分水嶺を境にして東側と西側では気候がかなり違う。東側は気温が低くてとても乾燥しているが、西側は雨や雪が多くて1年中湿度が高い。当然、生えている樹木にも差が出てくるわけだ。GTTSを車で走る際に注意して見てみよう。

グレイシャーの植物のもうひとつの特徴は、花が咲く野草の種類が非常に多いことだ。7月下旬、公園に短い夏が訪れると、谷のあちこちにお花畑が出現する。ノバラ、ユリ、リンドウ、スミレ、アスター、コロンバン、真っ赤なカステラソウ、紫色のルピナス、ピンクの群落さやヤナギラン。何しろ1000種類以上もあるのだから、とても紹介しきれない。

そんななかでグレイシャーを代表する花が**ベアグラスBear Grass**。クマの多い場所にたくさん見られることから名づけられた。1mもの高さにスーッと伸びた白い穂先にクリーム色の細かい花をたくさん咲かせる、とても印象深い姿をしたユリ科の植物だ。葉はマウンテンゴート、花はエルクやビッグホーンシープが食べる。6月にレイクマクドナルド付近で咲き始め、8月には森林限界あたりで見られる。

ハックルベリー

トム・ソーヤの相棒、自然児ハックルベリー・フィンの名のもととなったハックルベリーHuckleberry。グレイシャーを含むロッキー山脈北部に生育するベリー類の一種だ。7月下旬〜8月にかけて暗青色（見かけはほとんど黒）の実をつける。その甘酸っぱい味は、人間からグリズリーにいたるまで多くの生物に愛されているが、毒ベリーとの見分けが難しい。

ギフトショップへ行けば、瓶詰めのハックルベリージャムやクッキーが売られている。ソフトクリームもおすすめ。

グレイシャーを代表する花、ベアグラス

ベアグラスの花は下から順に開花していく

WILDLIFE 悲劇を止めよう！　2021年夏、メニーグレイシャーのキャンプ場にブラックベアが現れ、開けっ放しだった車のトランクからリンゴを盗んだ。クマは人間がいてもおかまいなしでリン ↗

動　物

グレイシャーは動物の種類もまた豊富だ。哺乳類だけで71種が生息している。谷間に広がる湖ではたくさんのビーバーがせっせと枝を運んでいるし、早朝や夕方にはムースの姿も見られる。山岳地帯にはマウンテンゴートやマーモット、氷河の周辺では、氷河時代の生き残りといわれるナキウサギがチッチッと鋭い声を響かせている。クマはブラックベア、グリズリーともに数多く生息している（→P.409）。

鳥類は、アオサギ、アボセット（シギの仲間）、カモ、カナダガンなどの水鳥から、ハクトウワシ、ツグミ、ハチドリ、そして高山の岩陰にいるライチョウまで242種類が生息している。

マウンテンゴートMountain Goatと ビッグホーンシープBighorn Sheep

グレイシャー国立公園の面積のうち、3分の1は森林限界の上にある。背の高い樹木が生育できないこの特異な環境に適応して生息する、大型哺乳動物がこの2種だ。真っ白な体毛にヒゲのように見える首の毛が特徴的なマウンテンゴート。カールした大きな角が印象的なビッグホーンシープ。その生態の一部を紹介しよう。

かつてグレートノーザン鉄道のトレードマークにも使われていたマウンテンゴートは、まさにグレイシャーの象徴。標高の高い所を中心に、園内に1400～2000頭が生息している。敵に襲われるのを避けるため、傾斜45度以上の急な岩場を好む。ほとんど垂直に見える岩場に立っている姿を見かけることも珍しくない。あんな急な岩場でよく落ちないなと感心するが、いくつか秘密がある。

まず、蹄の底がざらざらしていて滑りにくく、しかも端の部分は硬くなっている。次に足が短いこと。このため重心が低く安定している。また、足は2本ずつが極めて接近してついているため、これも体重の分散を防いでいる。加えて肩の筋肉が発達しているため、体を引き上げたり、前足を軸に向きを変えたりするのが容易なのだ。なんと、生まれて1時間、まだ満足に歩けないうちから岩に登ろうとするという。

歩くときのコツもある。彼らは四肢のうち、可能な限り3本を岩につけ、ゆっくりと動く。そんなマウンテンゴートでも、岩や氷が崩れ、落下して角や足を折ったり、死ぬこともあるという。

マウンテンゴートのオスはbilly（ビリー）、メスはnanny（ナニー）と呼ばれる。2～5頭の小さな群れで暮らすが、オスはオスだけの群れ、メスはメスと子供の群れをつくる。オスにもメスにも角があり、これは一生抜けることはない。オスとメスとを区別するのはたいへん難しく、一般の人が区別できるのは排尿のときくらい。オスは立って、メスはしゃがんでする。

13年以上生きた例もあるそうだが、寿命は約10年。3歳になると性的に成熟する。発情期は11～12月上旬で、約6ヵ月の妊娠期間を経て1～2頭の子を産む。

マウンテンゴートはグレイシャー国立公園の各地で見られるが、**ローガンパスやメニーグレイシャーで見られるチャンスが大きい**。

一方、ビッグホーンシープは、ram（ラム）と呼ばれるオスのもつ大きなカールした角から、その名がつけられた。オスの成獣は体重120kg、角の重さは14～18kgにもなる。この角はケラチン（角質）でできており、一生抜け落ちることはない。ewe（ユー）と呼ばれるメスも小さめの角をもっている。

ビッグホーンシープは、襲われたときに逃げ場となる岩場が近くにあるような草原を好む。グレイシャーの園内には、大陸分水嶺の東側に300～500頭が生息している。マウンテンゴート同様、森林には近づきたがらない。マウンテンゴートと大きく異なるのは、ときに40頭以上という大きな群れを形成するということ。この群れのなかで、オスは優位性を求めて戦う。秋、谷に「カーン」という乾いた音が響いていたら、きっとビッグホーンシープが角と角を突き合わせている音だ。

発情期は11～12月上旬。マウンテンゴート同様、出産は5～6月上旬。1回の出産で生まれるのは通常1頭のみ。メスは4年で、オスは6年半で成獣となる。体はオスのほうが大きく、オスの1歳獣とメスの成獣がほぼ同じサイズだ。寿命は8～12年といわれている。

©David Restive/NPS

上／見るからに重そうな角をもつビッグホーンシープ
左／夏のローガンパスで必ずといっていいほど見られるマウンテンゴート

ゴを食べ始め、レンジャーが追い払っても退かなかったため、危険と判断され、罠で捕らえて安楽死させられた。クマが人間の食べ物を入手できないように誰もが気をつけたならば、避けられたはずの悲劇だった

クマに注意

グレイシャーにはクマが多いのでハイキングの前に必ずP.409を読んでほしい。

また、グレイシャーではレンジャーのガイドでハイキングを楽しむプログラムがたくさん行われている。クマが多いことも理由のひとつなので、積極的に参加したい

アクティビティ 🌲 ▷▷▷▷▷ ACTIVITIES

ハイキング ▷▷▷▷▷ HIKING

大陸分水嶺や氷河、湖の周辺にはたくさんのトレイルがある。数時間から日帰り程度のトレイルのどれかひとつは、ぜひ歩いてみてほしい。喧騒のGTTSにはない、悠久の時間を感じることができるだろう。しっかりとした靴、上着、レインジャケット、飲料水は必携。標識はよく整っているが、ビジターセンターで配っているエリア別ハイキングマップを入手しておくといい。

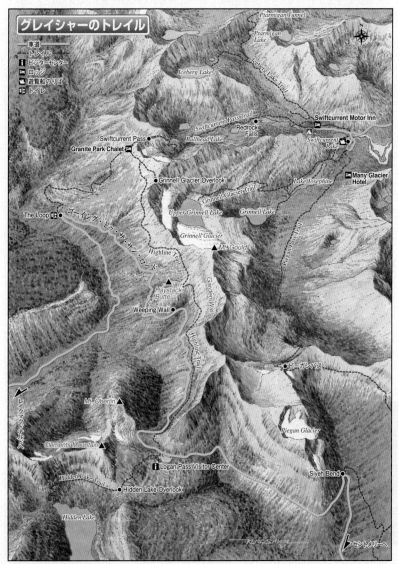

グレイシャーのトレイル

凡例:
— 車道
— トレイル
ℹ ビジターセンター
🏠 ロッジ
🚢 遊覧船のりば
🚻 トイレ

Reader's Voice ピーガンパス・トレイルを歩くなら虫に注意　ピーガンパスへのトレイルはGTTSから登る場合、ずっとなだらかな上りが続く。注意点は、最初の林の中に蚊やアブがたくさんいること（7月）。↗

アバランチレイク　Avalanche Lake

　レイクマクドナルドから東へ少し登ったGTTS沿いから始まる（シャトルバス乗り換え場所でもある）。コケむした林の中を歩く気持ちのよいトレイルだ。森が途切れ、最後の坂を下ると、コバルトブルーの湖と、対岸の崖のように険しい山々が視界に飛び込んでくる。高さ600m以上の岩壁からは幾筋もの滝が流れ落ちている。疲れも吹き飛ぶ絶景だ。

歩き出してすぐに渓流と
小さな滝がある

中級 Avalanche Lake
MAP▶P.387 C-3
適期▶7～9月
距離▶往復6.4km
標高差▶152m
所要▶往復約3時間
出発点▶Avalanche Creek
バスストップ
設備 簡易トイレ（トイレのみ車椅子可）・飲料水

初夏や雨のあとなら周囲の山々からたくさんの滝が落ちている

ハイライントレイル　Highline Trail

　ローガンパスのビジターセンターから車道を渡った所が出発点。鋸のようなGarden Wallという岩壁を眺めながら歩く。一部、幅の狭い箇所があるが、おおむね歩きやすく、Granite Park Chalet（山小屋）まではなだらかで高山植物も多い。7月にはマウンテンゴートやビッグホーンシープの姿も見られるだろう。時間のない人は適当な所でローガンパスへ引き返すといい。

　時間に余裕があるなら、山小屋の少し手前（ローガンパスから約11km地点）で**Grinnell Glacier Overlook**へ寄り道するといい。キツイ急坂を1時間ほど登りきった所は、Garden Wallの肩の上。メニーグレイシャー・バレーのパノラマが広がり、グリネル氷河が足元に沈んでいる。短いけれど標高差約300mとけっこう疲れるので、体力と相談して決めよう。また、いつも非常に風が強いので十分に注意を。

　山小屋ではあらかじめ予約をしておけば泊まることもできる。ハイカーも水を購入できる。ここから来た道を戻ってもいいが、2003年の山火事で焼けたエリアを通って急坂を下り、GTTS上のThe Loopでシャトルバスに乗るのがいい。最終に乗り遅れないよう注意（→P.404）。

中級 ～ 上級
Highline Trail
MAP▶P.400
適期▶7～8月
距離▶The Loopまで片道
18.6km
標高差▶732m
所要▶下り6～8時間
出発点▶Logan Pass
設備 VCあり→P.395
※ローガンパスからシャレーまで往復すると23.7km。Grinnell Glacier Overlookは分岐点から往復2.6km、往復約2時間

Granite Park Chalet
MAP▶P.387 B-3、P.400
圏6月下旬～9月上旬
Free 1888-345-2649
URL www.granitepark
chalet.com
圏 $134、ふたり目$92。シーツ、毛布などのセット$40。自炊のみ。水と行動食は購入可
※非常に混雑しており、1月上旬の予約開始直後にいっぱいになる（→P.404）

ピーガンパス　Piegan Pass

　メニーグレイシャー・バレーを望む絶景が広がる峠。GTTSのセントメリーレイクとローガンパスの中間点にトレイルヘッドがある（シャトルバスが停車する）。峠から戻らずにメニーグレイシャーに下りてしまうコースも健脚向けの1日ハイキングとしてはちょうどいい。

上級 Piegan Pass
MAP▶P.400
適期▶7～8月
距離▶往復14.5km
標高差▶535m
所要▶往復5～7時間
出発点▶Siyeh Bend
※峠からメニーグレイシャーまでは片道13.3km

↗ 歩いていても蚊は刺してくる。この林を抜けると、日陰のまったくない山の中腹を横切るので、日焼けに注意しよう。（埼玉県　タカハラカツノリ　'16）['23]

グリネル氷河　Grinnell Glacier

中級 Grinnell Glacier
MAP▶P.387 B-3、P.400
適期▶7月中旬～8月
距離▶ボート利用で往復
12km
標高差▶490m
所要▶ボートも含めて往復
6～8時間
出発点▶Many Glacier Hotel

**Ranger Grinnell Glacier
Hike**
集合▶夏期8:30
所要▶8時間30分
場所▶Many Glacier Hotel
船着場

中級 Iceberg Lake
MAP▶P.400
適期▶7～9月
距離▶往復15.4km
標高差▶366m
所要▶往復5～7時間
出発点▶Swiftcurrent Motor
Innの裏

　メニーグレイシャーからグリネル氷河まで登る1日がかりのトレイル。山、滝、湖、氷河と、とにかく絶景。登るにつれてどんどん景色が変化していくのも楽しいし、高山植物が好きな人にもおすすめできる。前半は湖を横断するボートでサボることもできる。

　なお、夏期8:30発のボートに乗ると、レンジャーと一緒に登ることができる。混雑しているが、うまくチケットを購入できたら、これに参加するといい。

アイスバーグレイク　Iceberg Lake

　グリネル氷河のトレイルが気に入ったので、ぜひどこかもう1ヵ所、という人におすすめ。こちらも高山植物が楽しめるトレイルで、終点の湖には氷山icebergというほどではないが、大きな氷が浮いていることが多い。残雪も多いので、しっかりとした靴を履こう。

時間と体力に余裕があれば、アイスバーグレイクとターミガントンネルの両方を歩いてみるといい。ターミガンレイク周辺も雪渓が多い

TRAIL GUIDE　グリネル氷河　Grinnell Glacier

　前半はSwiftcurrent LakeとJosephine Lakeに沿って歩くなだらかなコース。この部分はボートでラクをしてしまうこともできる。

　ジョセフィンレイクの船着場に到着したら、右に進んで橋を渡る。少し登ると湖畔のトレイルと合流。ここを左へと登っていく。初めは樹木も多いが、しだいに背の高い木は減り、低木やベアグラス、ヤナギランなどの草地になっていく。左には眼下に乳青色のグリネルレイクGrinnell Lakeを望みつつ登る。ずっと登り続きではあるが、足場はおおむねよく、歩きやすい。

　やがて前方にグリネル滝Grinnell Falls、その後方に目指すグリネル氷河が見えてくる。このあたり、トレイルの右側は岩壁だ。小さな滝を横切ったあたりがちょうど中間点。夏にはワスレナグサや黄色いコロンバンなどが目を楽しませてくれるだろう。

　さらに標高をかせぐと、あたり一面グレイシャー

リリーやパスクフラワーの群落が見られる。やがてグリネル滝が見えなくなると、平坦な場所に出る。丸太で作ったベンチがあり、簡易トイ

行く手に見える氷河を目指して、1歩ずつ勾配をかせぐ

🐾 WILDLIFE　コウモリと狂犬病　2019年夏、園内の従業員宿舎にコウモリが入り込み、従業員が引っかかれた。通常は人間を避けるはずのコウモリが人間を襲った場合、狂犬病が強く疑われる。↗

ターミガントンネル　Ptarmigan Tunnel

アイスバーグレイクのトレイルの中間点にPtarmigan Fallという滝があるが、その先の分岐を右へ折れて1時間ほど歩くとPtarmigan Lakeに出る。さらに急登のスイッチバックを上がること約30分。トンネルをくぐった峠からは、カナダ側の山々を一望できる。

ベアーズハンプ　Bear's Hump

カナダ側のトレイルをひとつ紹介しておこう。ウオータートン・タウンサイトを見下ろす山の肩にあり、グリズリーベアの盛り上がった背中のように見えることから名づけられた。グリズリーの生息地ではないのでご安心を。トレイルヘッドはPrince of Wales Hotel入口の向かい側。ここから森の中のスイッチバックをひたすら登る。短いわりにキツイが、木陰なので助かる。3分の1地点と3分の2地点にベンチが用意されている。

登りきった所からはタウンサイトとUpper Waterton Lakeが一望の下。湖の奥にはグレイシャー＆ウオータートンレイクス国立公園の最高峰Mt. Cleveland（標高3190m）も見えている。手すりも何もない崖っぷちなので、風の強い日には特に注意を。

真下に町があるので、石など落とさないよう、自分が落ちないよう、十分気をつけて

上級 Ptarmigan Tunnel
MAP P.400（上端）
適期▶7〜9月
距離▶往復16.6km
標高差▶701m
所要▶往復6〜8時間
出発点▶Swiftcurrent Motor Innの裏
　トンネルは7月中旬〜9月下旬以外は閉鎖される

中級 Bear's Hump
適期▶6〜10月
距離▶往復2.4km
標高差▶215m
所要▶往復1〜2時間
出発点▶Prince of Wales Hotel入口の向かい側

レもあって休憩にいい。その先はもうほとんど緑はない。最後のスイッチバックを登れば、目的地のグリネル氷河はすぐそこだ。

氷河の流れ込むアッパー・グリネルレイクUpper Grinnell Lakeは標高2046m。周囲はモレーンで、岩がゴロゴロしている。自由に歩き回っていいが、氷河の上にまでは行かないように。2004年にも男性がクレバスに落ちて亡くなっている。

氷河のある岩壁は、ローガンパスから北へと続くガーデンウオール。岩壁の向こう側にGTTSが通っていることになる。探検家グリネルが1887年に訪れたとき、ここは足元から山頂まで厚さ65mもの氷に覆われていたという。

西側のパノラマは雄大そのもの。眼下にグリネルレイク、ジョセフィンレイク、レイクシェルブルンと湖が連なり、その周りは深い森。それを守るかのように両側には険しい岩山がそそり立っている。ここでゆっくりと時間を取り、

ボートの出航時間に合わせて引き返すといい。
健脚の人なら急げば4時間ほどで往復できるが、できれば1日つぶすつもりでゆっくりと歩いてみたいトレイルだ。

手前中央に見える滝の上まで登るのだ！

このため従業員はすぐに狂犬病ワクチン接種プログラム（→P.500）を開始。同時にコウモリを捕獲して処分、検査したところ、やはり狂犬病ウイルス陽性だった

展望ポイントから見下ろしたグリネル氷河

頭上に大陸分水嶺の鋭い岩壁、足元にGTTS、180度に広がる山々のパノラマ、雪渓や花畑まで楽しめる極上のトレイルを歩いてみよう。

出発はローガンパス。ここに車を置いてもいいが、The Loopに停めてシャトルバスでローガンパスへ上がるのがおすすめ。最終バスを気にせずに歩けるからだ。

こうしたロングトレイルを歩くときは早朝出発が原則だが、ハイライントレイルの場合は少々遅めがいい。なぜなら、トレイルの前半は北へ向かって歩くことになるが、東にガーデンウォールがそびえているので早朝は日が差さない。標高が高いため8月でも足元が凍っていることがあり、特に歩き出しの狭い箇所が怖い。8:00頃になって草原が目覚めてから歩き出そう。

ビジターセンターからGTTSを渡ってトレイルへ入り、草原を横切るとすぐに、断崖に刻まれた幅の狭いトレイルとなる。真下には車が行き交うGTTSがあってスリルたっぷり。しかし緊張する箇所は10分足らずで終わり。その後は雄大な山々と、その裾野を駆け下る何本もの滝、トレイルの両側を彩る高山植物を眺めながらの快適なハイキングとなる。

やがて正面に台形をしたHaystack Butteが現れ、トレイルはGTTSと分かれてビュートの右へ回り込む。たいてい雪渓があり、マウンテンゴートも多いエリアだ。ベアグラスの大群落のな

か坂を上りきった所に岩がごろごろした平地があり、休憩にもってこい。ローガンパスからここまで約2時間。ここで引き返す人も多いようだ。

緩やかな坂道をしばらく進むと、やがて左手の谷の奥にレイクマクドナルドが、さらに何度かカーブを曲がると前方に山小屋が見えてくる。

ほどなく分岐点に出る。右折して急坂を上がるとグリネル氷河を足元に見下ろせる展望ポイント。片道1.3kmだが、急勾配なので往復1.5〜2時間かかるだろう。

分岐点から20〜30分ほど進むとGranite Park Chaletに到着。トイレがあり、テラスで休憩できる。この先は急な下り坂となる。山火事で森がなくなって眺望が利くようになったトレイルを、秀麗なHeavens Peakを愛でながらThe Loopまで下ろう。初夏ならグレイシャーリリーの群落が風に震えているだろう。

グリネル氷河展望ポイントへの分岐点

Granite Park Chaletに泊まろう

ハイライントレイルの途中にある山小屋は、2014年に創業100周年を迎えた歴史ある宿。水道も電気もないが、ロッキーの山懐に抱かれた一夜は、きっと印象深いものとなるだろう。

予約は1月初旬に受付開始(→P.401)。食事は自炊だが、予約時にフリーズドライのキャンプフードやジュースなどを注文しておけば山小屋に用意しておいてくれる。2日分の水と食料を背負うと重いので、2日目の飲料水だけでも購入しておきたい。小屋にはキッチンがあり、コンロ、鍋、やかんを使えるが、食器はない。12ある部屋には2段ベッドが2〜6台あり、たとえ1人で泊まっても他人と同室はない。壁が薄いのか音は筒抜けで、隣室の人の寝息まで聞こえるほどなので、耳栓は必携。もちろん懐中電灯も忘れずに。

左／GTTS沿いのスリリングな区間にはロープが付けられている
右／尾根に建つ山小屋は眺望抜群

NOTES 雪の状態に注意　ハイライントレイルの残雪は年による差が大きい。6月中に解けることもあれば、7月に入っても2mを超える雪が残っていることもある。残雪が多いとハイ↗

レンジャープログラム ▷▷▷▷▷ RANGER-LED PROGRAM

　グレイシャー国立公園では驚くほど多くのレンジャープログラムが行われている。湖畔を散策しながら氷河などの説明を聞くもの、山火事の跡を歩いて生態系の回復を観察するもの、クマよけスプレーの使い方講座などバラエティに富んでいる。

　特に、ボートクルーズと組み合わせたハイキングプログラムが大人気（→見どころ参照）。グリズリーベアが多い公園なので、レンジャーと一緒に歩けば安心だ。

　また、各キャンプ場で夕暮れ時に行われる、写真などを使って公園の歴史などを知るプログラムも雰囲気があっておすすめ。キャンパーでなくても参加できるので、一度のぞいてみるといい。

フィッシング ▷▷▷▷▷ FISHING

　園内の川や湖には数種類のマスやホワイトフィッシュ、カワカマスなどが生息しており、例年5月下旬〜11月下旬に解禁になる。レイクマクドナルドやセントメリーレイクのトラウトフィッシングは年中楽しめる。

　ライセンスは特に必要ないが、規則について書かれたパンフレットをビジターセンターなどで入手し、よく読んでおこう。釣り竿のレンタルは、レイクマクドナルドのApgar Boat Dockなどで。

ハイキングの途中で渓流に釣り糸を垂らす親子

乗　馬 ▷▷▷▷▷ HORSEBACK RIDING

　メニーグレイシャーとレイクマクドナルドで乗馬を体験できる。いずれも5月下旬〜9月上旬のみで、1時間ツアーから1日ツアーまでいろいろある。人気があるので、なるべく早めにウェブサイトで予約をしておこう。クレジットカード不可。

ラフティング ▷▷▷▷▷ RAFTING

　園外になるが、ウエストグレイシャーからフラットヘッド川を下るラフトツアーがある。半日から1週間のコースまでさまざまあり、のんびりとした川下りから激流まで楽しめる。乗馬と組み合わせたツアーを行っているところもある。たくさんの会社があるので、ロッジのツアーデスクなどでパンフレットを集めて検討しよう。

クロスカントリースキー ▷▷▷▷▷ CROSS COUNTRY SKI

　11月中旬〜3月中旬、白一色のレイクマクドナルド周辺ではクロカンが盛んに行われる。アプガー・ビジターセンターでスキートレイルの地図をもらって雪原へ飛び出せば、エルクや、ときにはピューマにも会えるかもしれない。スノーシューも人気だ。いずれもウエストグレイシャーからツアーがあり、用具レンタルも可。

Ranger **Half the Park Happens After Dark**
集合▶7月上旬〜9月上旬の水〜土22:00（晴天時のみ）
所要▶1時間45分
場所▶セントメリー・ビジターセンター駐車場
　星空を観察しながら、夜の公園について解説してくれる。椅子などを持参するといい。車椅子可

乗馬
Swan Mountain Outfitters
☎(406)387-4405
URL www.swanmountain glacier.com
圏1時間$85、2時間$120、1日$325

メニーグレイシャーの谷を馬の背から眺めてみよう

ラフティング
Glacier Raft Co.
☎(406)888-5454
URL www.glacierparkcollec tion.com
圏半日$74、1日$144
　ウエストグレイシャー発着ツアー。静かな川下りから激流下りまで、さまざまなコースがある

クロカン&スノーシュー
Glacier Treks
☎(406)885-7882
URL www.tourglacier.com
圏5時間ツアー$375
　レンタルのみも可

⤴ ラントレイルは閉鎖される。この場合でもシャレーは営業しているが、The Loopからシャレーまで急坂を往復することになる

園内で泊まる

ロッジは10軒もあるが、いずれも夏期のみの営業で非常に混雑している。コンセッショナーは下記の2社に分かれている（各ロッジ名の後ろに表記）。それぞれのキャンセル条件などをよく読んで、納得してから申し込もう。アムトラックや園内のツアーを組み合わせたパッケージ料金もある。すべて禁煙。

Xanterra Parks & Resorts, Inc.（X社）
Free 1855-733-4522 ☎(303)265-7010
URL www.glaciernationalparklodges.com
カード A D J M V

Pursuit（P社） ☎(406)892-2525
Free 1844-868-7474 URL www.glacierpark
collection.com カード A M V

🏠 Many Glacier Hotel（X社）

メニーグレイシャーのSwiftcurrent Lakeのほとりに建つ、5階建てのホテル。1915年に完成したスイスシャレー風のホテルで、湖側の部屋なら眺望は最高！ 内装もスイス風になっていて「ハイジのアイスクリームパーラー」なんてのもある。

ロビーは2階にある。夏期は1階にある映写室でさまざまな無料イベントが行われる。ただし建物が古いため、エレベーターは新館にしかない。最上階の部屋は眺めがいいが、ちょっぴり疲れる。1階の部屋は安いが、窓の外を大勢の人が通るので落ち着かないだろう。バスまたはシャワー付き。電話あり。Wi-Fi無料。214室。

MAP P.387 B-3、P.400
📅 5/31〜9/19（2024年）
☎(406)732-4411
on 山側 $258〜313　湖側 $313〜650

国の歴史的建造物にも登録されている

🏠 Swiftcurrent Motor Inn（X社）

メニーグレイシャー・ロードの突き当たりにある。モーテル棟と、林の中に点在するキャビンがある。Swiftcurrent Lakeから1.5kmほど離れており、部屋から湖は見えない。電話なし。レストラン、ストアあり。Wi-Fi無料。95室。

MAP P.387 B-3、P.400
📅 6/5〜9/14（2024年）
☎(406)732-5531
on モーテル $251
　　キャビン $149〜231
　　バスなしキャビン $182

バルコニーから絶景を望むことができる湖側客室

メニーグレイシャーの谷のいちばん奥に建つ

NOTES Xanterra Parks & Resorts, Inc.　予約受付は1年前の1日から（例：2025年7/31までの予約は2024年7/1から）。キャンセルは3日前までウェブサイトで可。以後は1泊分が没収される

🏨 Rising Sun Motor Inn（X社）

セントメリーレイクの西岸にあるが、部屋から湖は見えない。電話なし。グロサリーストアあり。Wi-Fi無料。72室。

> **MAP** P.387 C-3
> 🗓 6/7〜9/11（2024年）
> ☎ (406)732-5523
> **on** キャビン $231
> 　　モーテル $234〜251

🏨 Lake McDonald Lodge（X社）

西口ゲートから10マイル。レイクマクドナルド北東岸にある。多くの客室から湖を望むことができて、遊覧船乗り場もすぐ目の前。暖炉のあるロビーは歴史を感じさせてくれる。あちこちにエルクやシープの剥製が飾られているのは、1914年にロッジを建てたオーナーがハンティングの名手だったからだそうだ。ハンティング厳禁の国立公園にふさわしくない気もするが、古い時代の"証人"でもあるわけだ。

客室は、本館にあるロッジルームのほかに、6室ずつのコテージが湖畔に並んでいる。またモーテルタイプの客室棟もある。電話あり。Wi-Fi無料。82室。

> **MAP** P.387 C-2
> 🗓 5/10〜9/26（2024年）
> ☎ (406)888-5431
> **on** ロッジ $257〜597
> 　　キャビン $203〜599
> 　　バスなしキャビン $140

山岳リゾートのムードたっぷり

🏨 Village Inn（X社）

レイクマクドナルドの南端にあり、全室湖に面している。ビレッジ内にビジターセンターもレストランも揃っているので便利。電話なし。フロントは8:00〜20:00のみ。36室。

> **MAP** P.387 C-2　🗓 5/15〜10/2（2024年）
> ☎ (406)888-5632
> **on** $234〜321
> 　　キッチン付き $318〜334

全室レイクフロントがうれしい

🏨 Apgar Village Lodge（P社）

レイクマクドナルド南端、上記Village Innの隣にある。48室のうち20室はモーテル棟、28室が林の中に点在するキャビンになっていて、湖が見える部屋もいくつかある。電話あり。

> **MAP** P.387 C-2
> 🗓 5/10〜9/29（2024年）
> **on** モーテル $140〜239
> 　　キャビン $255〜459

🏨 Sperry Chalet（山小屋）

アメリカの国立公園には珍しい山小屋で、レイクマクドナルド・ロッジから東へ5時間ほど歩いた山の上に建っている。非常に人気があり、1月上旬の予約受付開始直後に売り切れる。ハイライントレイルにあるGranite Park Chalet（→P.401）と同じ経営だが、こちらは3食付き。17室。

> **MAP** P.387 C-3
> **Free** 1888-345-2649
> **URL** www.sperrychalet.com
> 🗓 7月上旬〜9月上旬
> 🏷 3食付き1人 $273、2人 $455。シャワーなし

NOTES Pursuit 予約受付は16ヵ月前から（流動的なので要確認）。キャンセル受付は電話のみ。予約から30日を過ぎるとキャンセル手数料 $30、3日前（7・8月前は14日前）以後は1泊分没収

407

🏨 Motel Lake McDonald（P社）

レイクマクドナルド湖畔に建つ2階建て
モーテル。従業員宿舎を改装して2014年
にオープン。電話なし。Lake McDonald
Lodgeの近くにあるが予約先は異なるの
で注意。ジェネラルストア手前の細い坂
道を下った所。

MAP P.387 C-2　🗓5/24〜9/22（2024年）
on $169〜239

レストランやストアまで歩ける距離にある

🏨 Glacier Park Lodge（P社）

イーストグレイシャー駅前にあり、園内
観光の拠点にもなっている。ただし、ここ
は公園の敷地の外側、ブラックフット先住
民居留地になる。1913年、グレートノー
ザン鉄道が先住民から土地を買い取って
オープンさせたリゾートホテルで、木をふ
んだんに使った4階建てのシックな建物。
ダグラスモミの柱が見事なロビーをお見
逃しなく。温水プール、ゴルフ場、ギフト
ショップほかさまざまな施設あり。電話あ
り。161室。

室内の家具やリネンなどは先住民のモチーフでまとめられている

MAP P.387 D-4
🗓5/31〜9/24（2024年）
on ロッジ $165〜439

🏨 Prince of Wales Hotel（P社）

カナダのウオータートンレイクス国立公
園を代表するホテル。Upper Waterton
Lakeを見下ろす丘の上というロケーショ
ンがすばらしい。建物も英国調のエレガ
ントな造り。ちょっと目立ち過ぎだが、自
然景観を壊さないという概念が浸透する
前に造られたホテルなので仕方がない。
完成は1927年。ホテルの名前は当時の英
国の皇太子から名づけられた。有名なア
フタヌーンティーは眺めのよいロビー

泊まらなくても、アフタヌーンティーだけでもおすすめ

の一画で。エレベーターあり。ただし部屋
によっては階段で6階まで上がらなければ
ならない。電話あり。86室。

MAP P.387 A-2
🗓5/17〜9/16（2024年）
☎(403)859-2231
on 山側　　　CA$289〜480
　　湖側　　　CA$309〜550
　　スイート　CA$545〜889
※上記はカナダドル
※アフタヌーンティーは12:00〜16:00
🍴CA$49、11歳以下$20

🏨 St. Mary Lodge（P社）

セントメリーの公園ゲートのすぐ外で、
ビジターセンターから歩ける距離にある。
電話あり。レストラン、ギフトショップ、
ガスステーションあり。

設備が整っていて何かと便利

MAP P.387 B-4　🗓5/24〜9/30（2024年）
on $170〜439

キャンプ場に泊まる ◆◆◆◆◆

車で入れるキャンプ場は園内に13ヵ所
ある。4ヵ所は6ヵ月前の同日から予約可。
最長14連泊までできる。

園内にはクマが多い。食物の管理には
十分に気をつけよう。現在のところ、車
のトランクへ食品を入れることは認められ
ているが、クマの活動が活発な時期だけ、
テント禁止になることがある。

キャンプ場予約　　→P.489
Free 1877-444-6777
URL www.recreation.gov　🍴$10〜23

⯈ **NOTES** **近隣のホテル**　西側はウエストグレイシャーに5軒、空港までの間に10軒ほどのモーテルがある。東側はUS-89沿いに数軒あるのみ。ウオータートン・タウンサイトには6軒ある

グリズリーベアの生態

かつてはアラスカからメキシコにいたるまで広い範囲にわたって生息していたグリズリーベア。18世紀以降、開拓者が入ってくると狩猟の対象となったり、生息地を荒らされたりして激減した。現在アメリカ本土に残る数少ない生息地がグレイシャー、イエローストーンなどだ。

クマは、アニメーションのモデルやぬいぐるみとして、かわいらしいというイメージをもつ人も多いだろう。一方で、鋭い爪と牙で人間を襲う猛獣というイメージをもっている人も多いと思われる。本当のところ、グリズリーベアとはどんな生き物なのか、ごく簡単に学んでみよう。

グリズリーの形態

クマのなかで、ホッキョクグマ（シロクマ）に次いで大きいのがグリズリーだ。和名はハイイログマだが、体の色は必ずしも灰色ではない。むしろ茶色に近いものが多いが、色はさまざまだ。もう1種、北米大陸に生息するクマであるブラックベアも色は黒とは限らず、茶色、灰色などさまざまだという。ではこの2種をどう見分けるか。

まずは成獣の体の大きさだ。ブラックベアがおおむね90kg程度で、後ろ足で立つと1m50cmほどになるのに対し、グリズリーは150〜400kg、立つと2m以上にもなる。大きいのだ。

次に顔つき。ブラックベアは鼻が長く、いわば鼻筋がスキッとしているが、グリズリーの顔は全体に丸っこい。爪も違っていて、ブラックベアの爪が短く、大きく曲がっているのに対し、グリズリーの爪は長く、少しだけ曲がっている。

最後に、4本足で立った姿勢のとき、グリズ

リーは前足の上、つまり肩のあたりが大きく盛り上がっている。これは筋肉なのだが、ブラックベアにはこれがない。

グリズリーの活動

グリズリーは、それぞれが縄張りをもっている。開拓者が入ってグリズリーの数が激減した要素のひとつは、この縄張りが非常に広い、ということなのだ。つまりグリズリーが生息するためには、常緑樹林、高山性の草原、低山性の草地などを含む、大変に広いエリアを必要とする。この縄張りの中で、食料を探し、冬眠する。

彼らは、自分の縄張りについては熟知している。どのへんに行けば隣の縄張りのクマが現れやすいか、人間のつけたトレイルがどこにあるか、それを知っていて避けるという。ただ、トレイルはクマにとっても歩きやすい道なので、ときには人間同様に利用することもある。

活動が著しいのは朝夕。昼や夜は、倒木の脇、倒木の根の跡にできた窪みなどで休んでいる。

というと何となくのんびりした動物のようだが、瞬発力はすばらしく、最初の3秒で50mをダッシュできる。これは時速に直すと、何と60kmだ。また、並み外れた嗅覚と聴覚をもっている。これらの能力を生かして活動、つまり食べていくわけだが、次に食事についてみてみよう。

グリズリーの食事

グリズリーは雑食性。意外かもしれないが、摂取栄養分のうち90%までが植物性で、動物性は昆虫を含めて10%にすぎない。

ヒグマの亜種、グリズリーベア。北海道のヒグマ同様、肩が瘤のように盛り上がっている

春は低山性の草地を中心に食料探しだ。トクサをはじめ、植物の若芽が中心。冬の間に死んだシカなどの動物が雪の下に埋もれていることがあるが、これを掘り返したりもする。食べ残した肉は小枝や葉などで隠しておく。

夏になると高山性の草原に移り、植物の新芽を食べたり、ユリ科植物の球根を掘り返して食べる。ほかにアリや甲虫類、ときにリスを取る。夏も終わりに近づくとハックルベリーをはじめベリー類が熟す。これも大好物だ。

秋になると冬のねぐら近くに移り、ベリー、草の根、昆虫などを食べて冬に備える。

冬眠について

冬は食料が少なくなることが主因で冬眠する。ねぐらに入る時期は、夏から秋にかけての食料の量によるが、11月にはほとんどのクマが冬眠に入る。ねぐら（denという）は斜面に掘られることが多い。表土が十分にある場所を選び、地面を水平方向に2.5～3mほど掘る。

クマがねぐらに入ると、雪が入口をふさいでくれる。これによって外の寒気を遮断しているわけだ。そのため、入口の雪が解けないよう、寒い所を選んでねぐらを掘る。

冬眠に入ると心拍数、体温ともに下がる。代謝率が低くなるので脂肪分はあまり失わない。そのぶん、春になってねぐらから出たあとが大変。まだ雪が残り、植物の芽生えも少ない状態で、しかも消化器系が正常に戻るまで1～2週間を要するという。この間は前年の秋までに体内に蓄えた脂肪分に頼ることになるのだ。

子グマ誕生

グリズリーの寿命は25～30年（ちなみにブラックベアは約20年）。5～7歳で性的に成熟するが、完全に成獣となるのは8～10歳になってから。

発情期は初夏で、オスの成獣がほかのクマと行動をともにするのはこの時期だけ。メスは7～8ヵ月の妊娠期間の後、1～4頭（通常は2頭）の赤ちゃんを産む。出産は冬眠の時期だ。生まれたときは500gに満たない赤ちゃんグマだが、母乳の栄養価がたいへん高く、春になってねぐらから出る頃には5～9kgにまで成長している。

子グマのことを"カブcub"と呼ぶ。カブは生まれてから2回の夏を母グマと過ごす。母グマはカブを身の回りから離さずに、さまざまな教育を行う。食料の探し方、冬のねぐらの掘り方などなど。そして3度目の春が親離れの時。一度離れた母子は、ともに生活することは二度とない。

なお、グリズリーの母グマは、カブが一緒にいる間は決して次の子を産まない。つまり、1頭の母グマが子を産むのに、最低3年の間隔があるということになる。例えば、グレイシャー

には約300頭のグリズリーが生息していると推定されているが（イエローストーンには690頭）、子供を産むのはそのうち年平均20頭にすぎない。グリズリーの個体数を増やそうという努力が難しいのは、このあたりに原因がある。

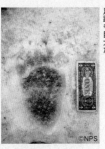

足跡も巨大だ！

©NPS

グリズリーに出会わないために

本来は狂暴な動物ではないグリズリー。しかし、人間との不意の遭遇は双方にとって思わぬ悲劇を招きかねない。大切なのは、人間のほうが彼らのテリトリーに入り込んでいる、という気持ちを忘れずにいることだ。

バックカントリーでグリズリーに出くわさないために、注意すべき点を挙げておく。

ハイキング中

●音を立てる。人間の存在に気づけば、たいていはクマのほうから避けてくれる。向こうからわざわざ近づいてくることはほとんどない。ただし、クマよけの鈴（ベアベル）はあまり効果がなく、むしろ、しゃべったり歌ったりするほうがいいという意見をよく聞く

●単独行動はしない

●朝夕を避け、なるべく日中歩く

●化粧品や香水、整髪料などをつけない

●ベアサインに気をつける。クマの通ったあとには、糞や動物の死骸が見つかるほか、縄張りを示すための爪を研いだような傷が木の幹に付いている。そんなサインを見つけた場合にはハイキングを中止して戻ろう

●匂いの強い食品を持たない。乾燥して、できる限り匂いの少ない食べ物を持っていくようにする。特にベーコンや魚などは禁物。果物などはジッパー付きポリ袋などにしまっておく

●犬を連れていかない。クマに出会った際、犬が吠えたてることでクマを攻撃的にさせてしまうおそれがある

●茂みや急流の近く、風の強い日など音が聞こえない状況や、トレイルが曲がっていて見とおしが利かない場所では、いっそうの注意を

キャンプ場で

●ベアサインを見かけたエリアは避ける。特に動物の死骸や地面を掘り起こした跡のある場所でのキャンプは絶対にしてはいけない

●食料をテントに持ち込まない。調理だけでなく、保管する食料もテント内には持ち込まない。食

料の保管は、クマ対策用容器（ベアボックス、ベアキャニスターなどと呼ばれる）に入れて、テントから100m以上離れた木の枝にかけておく。地上3m、木の幹から1.2mは離す。生ゴミや石鹸、歯みがき粉などの匂いのあるものも同様。ただし、ブラックベアのなかには、木の枝にかけた食料を上手に取ることを覚えてしまったものがいる。そのような地域、公園では木の枝にかけることを禁止している場合がある。ビジターセンターで確認しよう

● 調理をして食べ物の匂いのついた衣服のまま寝るのは危険
● ゴミはクマ対策されたゴミ箱に捨てるか、クマ対策用容器に入れて持ち帰る。ポイ捨てはもちろん、埋めるのも不可
● 犬を外につながない。クマだけでなく、ピューマの"餌"になる可能性もある

もしも出くわしてしまったら

野生のクマは、脅威を感じたり、刺激を与えたりしない限り、意図的に人間に危害を加えることは少ない。クマと出会ってしまったら、とにかくクマを怖がらせないことが重要だ。

● 風下へ移動する。まずは気づかれないようにするのが大事。クマのいる地点を大きく迂回する
● 走らない。急な動きをするとこちらの存在に気づき、クマを攻撃的にしてしまうことがある。ちなみにクマは時速60km弱で走ることができる。陸上の短距離走者より速いことになる
● 後ずさりする。クマがこちらに気づき、しかも距離が近い場合は、クマに背中を向けずにゆっくりと後ずさりして距離をとる
● 木に登らない。クマは木登りが得意
● 死んだフリをする。いかにもといった感じだが、意外に効果が高いようだ。ただし、大の字になるのではなく、ひざを胸につけ、手で後頭部を守って地面に伏せる姿勢がいちばんい

い。1998年秋には、音を立てて歩いていたにもかかわらずグリズリーに接近遭遇して襲われた女性が、この姿勢のまま動かずにいたことが幸いして命をとりとめた。

ただしブラックベアの場合は、攻撃してきたら本当に食べられてしまう危険があるので、目や鼻を殴るなどして戦うしかないそうだ。

クマの生息地域に入る場合は、以上を守ろう。なお、ベアサインやクマ自体を見つけたときには、最寄りのレンジャーステーションに時刻や場所を報告すること。

なお、近年グレイシャー国立公園ではピューマ Mountain Lion の数が増えている。万一、接近遭遇した場合、クマとは逆に大声を上げ、腕を振り回して脅かしたほうがいいとのことだ。

尊敬の気持ちを

アイヌの人々がヒグマを神の使いとして畏れ敬ったように、グリズリーも先住民にとって尊敬の対象であった。グリズリーに限らず、すべての野生生物は私たち人間と同じ、ひとつの生命だ。そのことを忘れずにいたい。

彼らの姿を見るのは心はずむ体験だ。それはおそらく、心のどこかで彼らに共感を覚えているからだ。彼らは決して見せものではない。

最後に、ワシントン州シアトルの市名ともなった先住民の指導者、チーフシアトルの言葉を紹介しておこう。

「動物たちなくして人間とは何か。もし、すべての動物たちが死に絶えたとしたら、人間は魂のさびしさに耐えきれずに死んでしまうだろう。動物たちに何かが起これば、それはすぐに人間の身の上にも起こる。すべての物事はつながっているのだ」

クマが目撃されたトレイルは閉鎖される。このような張り紙に注意しよう

コロラド州

ロッキーマウンテン国立公園
Rocky Mountain National Park

公園の東側に広がる草原、モレーンパーク。左奥に見える山が園内最高峰のロングスピーク（標高4346m）

　視界いっぱいに連なる長大な山脈、氷河に削られた岩肌、森林限界付近に力強く生きる針葉樹……。ここには厳しい冬を生き抜いてきた自然の姿がある。北米大陸を南北に貫く長大なロッキー山脈のなかほどに位置し、園内には標高3600mを超える峰が72、谷に点在する湖水や湿原、動物たちを育む豊かな森など、変化に富んだ景観があふれている。アクセスもいいので、標高3713mまで車で上がって、短い夏を謳歌する生き物たちの姿を探してみよう。

標高3000mを超える高所に咲く
アルパインサンフラワー

NOTES　予約入園システム　5月下旬〜10月下旬の9:00〜14:00にトレイルリッジ・ロード＆オールド・フォールリバーロードへ入るには許可証 Park Access Timed Entry Permit が必要。ベアレイク↗

MAP 折込1枚目 C-4

行き方 ACCESS

デンバーDenverから車で2時間と、比較的アクセスしやすい公園だ。ゲートシティは、公園の東にある**エステスパークEstes Park**と、南西にある**グランドレイクGrand Lake**。このうちエステスパークは人気の高いリゾートタウンで、デンバーからのアクセスもいいが、ここから園内への交通機関は何もないし、レンタカー会社の数も台数も少ない。やはりデンバーを拠点に動くのが便利。デンバー空港でレンタカーを借りてしまうか、デンバー発の日帰りツアーバスを利用するかのどちらかが一般的だ。

飛行機 AIRLINE

Denver International Airport (DEN)

デンバーのダウンタウンから東へ30分の所にある全米屈指の大空港。日本からの便（ユナイテッド航空成田直行便）も含めて各都市から数多くのフライトがあり、メインターミナルはロッキー山脈を連想させる白く連なる屋根が印象的。もちろんレンタカー会社は大手各社がずらりと揃っていて、台数も十分にある。空港内はWi-Fiが無料。

長距離バス BUS

ダウンタウンにあるアムトラックのユニオン駅から、グレイハウンドバスが発着している。ソルトレイク・シティ（1日2便、所要11時間）など全米各地からのバスが数多く走っている。

鉄道 AMTRAK

アムトラックのユニオン駅はデンバーのダウンタウンの北端に位置し、中心部まで徒歩約10分。サンフランシスコとシカゴを結ぶカリフォルニアゼファー号が毎日1便停車する。

2〜3時間で歩けるトレイルが多いので、ぜひ半日をハイキングに充てよう
©NPS

DATA

時間帯▶山岳部標準時MST
☎(970)586-1206
URL www.nps.gov/romo
圏▶一部を除いて24時間365日
適期▶6〜9月
圏▶車1台＄35、バイク＄30
そのほかの方法は1人＄20（キャッシュ不可）
国立公園指定▶1915年
ユネスコエコパーク登録▶1976年
面積▶1076km²
入園者数▶約430万人
園内最高地点▶4346m（Longs Peak）
哺乳類▶65種
鳥　類▶257種
両生類▶4種
爬虫類▶2種
魚　類▶10種
植　物▶1011種

DEN　☎(720)902-9351
URL www.flydenver.com
Alamo　☎(303)342-7373
Avis　☎(303)342-5500
Budget　☎(303)342-9001
Dollar　☎(303)317-0598
Hertz　☎(303)342-3800

Greyhound
圏1701 Wynkoop St.
圏6:30〜20:30

Amtrak Union Station
圏1701 Wynkoop St.
☎(303)534-2812
圏6:00〜21:30

1日だけ有効のパス
上記の入園料は連続7日間有効だが、ロッキーマウンテン国立公園には1日のみ有効なパスがある。車1台＄30、バイク＄25、そのほか＄15。
なお、支払いはクレジットカードのみで現金は不可

ロード（5:00〜18:00）を含む許可証 Park Access+もある。予約は URL www.recreation.gov で。予約手数料1台＄2。入園後は当日中有効。バスツアー、キャンプ場などの予約がある人は不要

デンバーから下記の2社がロッキーマウンテン国立公園へのツアーを催行している。

Aspire Toursはアムトラックのユニオン駅（→P.413）発着で、ベアレイクロードとトレイルリッジ・ロードを往復する。時間に余裕があればThe Stanley（→P.424下欄外）に立ち寄ることもある。8歳未満参加不可。

Colorado Sightseerも同じくユニオン駅発着。エステスパークでショッピングを楽しみ、The Stanleyを見てから公園へ入ってトレイルリッジ・ロードへ上る。最大12人。ハイキング付きのツアーも催行している。

レンタカー　　　▷▷▷▷▷▷▷ RENT-A-CAR

ロッキーを心ゆくまで楽しみたいならレンタカーに限る。デンバー空港で2日間借りて、1日目はベアレイクやモレーンパークまで行ってトレイルを歩き、エステスパークへ戻って宿泊。もう1日はトレイルリッジ・ロードを走ってロッキー山脈を横断し、グランドレイク経由でデンバーへ戻るといい。

デンバーからエステスパークへ

デンバー国際空港から公園まで75マイル。空港からPena Blvd.→I-70WEST→I-270WESTでダウンタウンを迂回し、US-36へ入れば2時間でエステスパークにいたる。途中、おしゃれな大学都市ボウルダーBoulderに立ち寄るといい。

また、空港からE-470（有料）→I-25NORTHに入って、Exit 243からCO-66を西へ走り、US-36に合流してエステスパークにいたる方法もある。こちらは片道$9.20かかるが、渋滞を避けられる。所要90分。

エステスパークは小さいながらも清潔感漂うリゾートタウン。メインストリートはUS-34とUS-36が合流したElkhorn Ave.で、町のビジターセンターはこの合流点の東側角にある（Wi-Fi無料）。ホテルは町の西側、公園ゲートとの間に多い。

エステスパークから園内へ

エステスパークから公園へ入るには2本のルートがある。町のメインストリートであるElkhorn Ave.はUS-34でもあり、そのまま西へ進むと10分で**フォールリバー入口Fall River Entrance**に到着する。さらに西へ向かえばオールド・フォールリバーロードやトレイルリッジ・ロードへと続く。

一方、ダウンタウン中心の交差点からMoraine Ave.（US-36）を南へ入って、右車線を保ったまま道なりに進み、US-36をそのまま西へ走れば、7分で**ビーバーミドウ入口Beaver Meadows Entrance**へ出る。モレーンパークやベアレイクなどに行くルートであるとともに、トレイルリッジ・ロードにも続いている。ビーバーミドウ入口の近くにはショッピングモールやモーテルが多くて便利だ。

▶NOTES **ガソリンは満タンで**　園内にはガスステーションはない。山道走行は思いのほかガソリンを消費するので、エステスパークかグランドレイクで必ず満タンにしてから入園しよう

デンバーからグランドレイクへ

グランドレイクはロッキー山脈の西にあるゲートシティで、同名の湖に面している。エステスパークより規模が小さく、の

夏は大勢の観光客でにぎわうグランドレイク

んびりした雰囲気だ。グランドレイク側から公園を訪れるには、デンバーからI-70を西へ走り、Exit 232でUS-40を北に入り、GranbyでUS-34へと右折する。所要2時間40分。

園内の道路情報
☎ (970)586-1222

コロラド州の道路情報
☎ (303)639-1111
Free 511
Free 1877-315-7623
URL codot.gov/travel

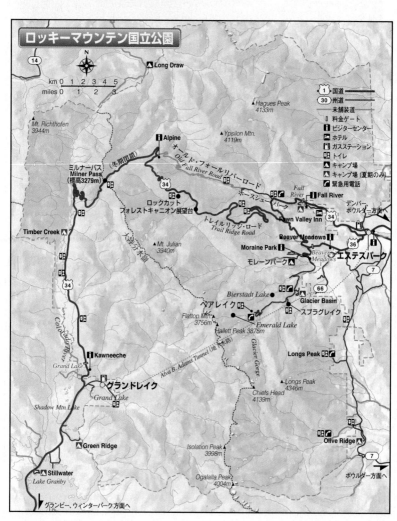

ロッキーマウンテン国立公園

凡例
- 国道
- 州道
- 未舗装道
- 料金ゲート
- ビジターセンター
- ホテル
- ガスステーション
- トイレ
- キャンプ場
- キャンプ場（夏期のみ）
- 緊急用電話

14

Long Draw

Mt. Richthofen 3944m

Hagues Peak 4133m

Ypsilon Mtn. 4119m

Alpine

km 0 1 2 3 4 5
miles 0 1 2 3

オールド・フォールリバー・ロード
Old Fall River Road

ミルナーパス
Milner Pass
（標高3279m）

34

ロックカット
フォレストキャニオン展望台

ホースシュー

Fall River

Fall River

デンバー、ボウルダー方面へ

34

Timber Creek

Mt. Julian 3940m

トレイルリッジ・ロード
Trail Ridge Road

Fawn Valley Inn

Beaver Meadows

Moraine Park

モレーンパーク

Beaver Meadows

エステスパーク

36

34

Bierstadt Lake

66

Glacier Basin

スプラグレイク

ベアレイク

Flattop Mtn. 3756m

Emerald Lake

Hallett Peak 3875m

Glacier Gorge

Alva B. Adams Tunnel（送水用）

7

Longs Peak

Kawneeche

Grand Lake

グランドレイク

Grand Lake

Longs Peak 4346m

Chiefs Head 4139m

Shadow Mtn Lake

Green Ridge

Olive Ridge

7

Isolation Peak 3998m

ボウルダー方面へ

Stillwater

Lake Granby

Ogalalla Peak 4004m

グランビー、ウィンターパーク方面へ

NOTES 頑丈な車椅子レンタル　エステスパークの Estes Park Mountain Shop で、未舗装路にも対応したタイヤとレバー、補助輪付きの車椅子を無料で借りられる。要予約。☎(970)586-6548

マウントブルースカイ Mt. Blue Sky （旧マウントエバンス）

MAP 折込1枚目 C-4
🕐 5月下旬～10月初旬（積雪による変動あり）

トレイルリッジ・ロードは通り抜けできる舗装道路の全米最高地点（標高3713m）を通る（→P.418）が、行き止まりの舗装道路の全米最高地点もコロラド州にある。デンバーの南西にそびえるマウントエバンスへ上る山岳道路CO-5で、完成は1930年。その終点は富士山頂よりはるかに高い標高4307mだ。デンバーからグランドレイクへ行く途中で寄り道してみよう。

入園は予約制になっているので、まずは **URL** www.recreation.govで許可証を取得しよう。1台＄10＋予約手数料＄2。

行き方は、デンバーからI-70を西へ33マイル走り、Exit 240でCO-103へ入って南へ。山道を15マイル上ってEcho Lakeを過ぎた所にCO-5のゲートがある。山頂まではさらに15マイルの山道。例年9月後半には黄葉が楽しめる。

終点の駐車場から400mほど歩いて標高4348mの山頂に立てば、ロッキー山脈とデンバー市街の大パノラマが広がる。真夏でも最高気温は5～10℃なので上着を忘れずに。

短時間で高所へ上ることになるので、高山病に注意を。途中にいくつか湖があるので、休憩しながら上ろう。日本から着いた翌日など、体調が万全でないときには避けたほうが無難だ。

マウントエバンスは第2代準州知事ジョン・エバンスにちなんで名づけられたが、彼が先住民虐殺にかかわっていたことが明らかとなり、2023年9月、マウントブルースカイに改名された。各所の標識などはまだマウントエバンスのままの可能性があるので気をつけよう

ジョージタウン・ループ鉄道
Georgetown Loop Railroad

Free 1888-456-6777
URL www.georgetownlooprr.com
🚂 6～9月（春・秋・クリスマスなど臨時運行あり）。1日3～7便 🕐 往復1時間（夕方の便は2時間）💰 往復＄34～。銀鉱山＄32～

デンバーからグランドレイクへ行く途中で寄り道できる、楽しい観光鉄道を紹介しよう。

1884年からデンバーまで銀を運んでいた鉱山鉄道で、全長5.6kmの区間だけがSLに乗れる観光鉄道として1984年に再建された。

東側のGeorgetown（Devil's Gate）駅から西側のSilver Plume駅まで、195mもの標高差をかせぐために、高さ30mの鉄橋を含むループになっている。ただし回転半径が大きいので、ループ全体を眺められるわけではない。ディーゼルカーもあるので、蒸気機関車に乗りたい人は予約時にスケジュールの確認を。

また中間駅で降りて銀鉱山跡を見学するツアーも家族連れに人気。Devil's Gate駅はI-4のExit 228、Silver Plume駅はExit 226。デンバーから1時間。週末と夏休み中は予約したほうが確実だ。

砂金すくい体験のオプションもある

Trivia 山また山また山 ロッキーマウンテン国立公園の敷地内には、標高1万フィート（約3048m）を超える峰が118座、1万3000フィート（約3962m）を超える峰が20座ある。1万4000 ↗

歩き方 ▶▶▶▶▶ GETTING AROUND

　ロッキーマウンテン国立公園の面積はイエローストーンのおよそ8分の1と、アメリカの国立公園としては大きいほうではないが、園内にはLongs Peak（4346m）をはじめとして標高4000mを超える山が14座もあり、公園の中央を大陸分水嶺が走っている。この分水嶺を越えてエステスパークとグランドレイクを結んでいるのが、世界でも有数の山岳道路**トレイルリッジ・ロードTrail Ridge Road**だ。

　観光のポイントは、トレイルリッジ・ロード沿いの高山の景観と、公園の東側にあるベアレイクをはじめとする湖沼や高原とに大別される。

　また、ロッキーマウンテンはエルクとビッグホーンシープが多く生息することでも有名。フォールリバー入口の奥にあるホースシューパークなどで、朝夕に多く見られる。

　標高の高い公園なので、真夏でも雪が降ることがある。トレーナーだけでなく、ジャケットも欲しい。特にトレイルを歩く人は防寒＆防水を兼ねたレインジャケット＆パンツなどがあるといい。最低でもポンチョは必携だ。風が強く、落雷も怖いので傘は使えない。

情報収集 ▶▶▶▶▶ INFORMATION

Beaver Meadows Visitor Center

　US-36沿いにある。公園本部も兼ねていて、公園全体の情報を総合的に扱っている。大きなギフトショップを併設している。天気予報やトレイルリッジ・ロードの状況などをチェックしておきたい。花壇に植えられた州花ブルーコロンバンなどの野草もお見逃しなく。

Fall River Visitor Center

　フォールリバー入口のそば、US-34沿いにある。野生動物などの展示がある。

フォールリバー・ビジターセンター

Kawuneeche Visitor Center

　グランドレイク入口から5分の、US-34沿いに位置する。西側からアプローチする人は、初めにここへ寄るといい。

シーズン ▶▶▶▶▶ SEASONS AND CLIMATE

　トレイルリッジ・ロードが通行可能となるのは、おおむね5月下旬から10月中旬まで。最も気候がよく、高山植物が咲き競うのは7〜8月だが、混雑するのもこの時期だ。9月中旬〜10月上旬は訪れる人も減り、アスペンの黄葉が美しい季節。ただし、雪になることもある。冬でもエステスパークはスキー客でにぎわっており、クロスカントリースキーやスノーシューでベアレイクなどを訪れる人も多い。

コロラド州の花、コロンバン

⚠ トルネードに注意

　コロラド州（特に東部）は竜巻の発生率が比較的高い。平野部に多いが、山岳地帯でも竜巻は発生する。雲行きがあやしいとき、町にサイレンが鳴り響いていたら竜巻警報の可能性がある。TVやカーラジオで確認しよう（→P.432）

トレイルリッジ・ロードの最高地点付近には高山植物の群落が広がっている

Beaver Meadows VC
🕐 9:00〜16:30
※館内はWi-Fi無料

Fall River VC
🕐 9:00〜16:30

Kawuneeche VC
🕐 9:00〜17:00

そのほかの施設

　トレイルリッジ・ロードを上がったAlpine Visitor Centerの隣にレストランとギフトショップがあるが、ほかでは食事はできない。また園内にはガスステーションやジェネラルストアはない。エステスパークやグランドレイクの町にすべての施設が揃っている

🐾 WILDLIFE -----

秋でもないのに紅葉!?

　ロッキーマウンテンの森では、真夏でも葉が赤茶色に変色した樹木が目につくだろう。これはMountain Pine Beetleというキクイムシの仕業だ。詳しくは→P.339

↗ フィート（約4267m）を超えるのは1座のみ、公園南部にあるLongs Peakだ。標高4346mもあるが、これでもコロラド州で13番目の高さだ

ホースシューパークでは
動物が車道を横断するこ
とが多いが、歩いて近寄
っていくのは危険だ

Trail Ridge Road
　積雪時（平年で10月中
旬〜5月下旬）は閉鎖され
る。ガスステーションはな
いので必ず入園前に満タ
ンにしておこう。長い下り
坂ではブレーキ焼けに十
分注意を
道路状況☎(970)586-1222

初級 Tundra Communities
適期▶7〜8月
距離▶往復800m
標高差▶79m
所要▶往復約30分
出発点▶ロックカット駐車場
設備簡易トイレ（トイレの
み車椅子可）
※落雷に注意

Alpine Visitor Center
圓5月下旬〜10月中旬
10:00〜16:30
　標高3595m。ツアーバ
スで一気に上ってきた人
は、心臓が慣れるまでは静
かにしていたほうがいい。
レストランがあるので、
ゆっくりと休憩しよう。夏
でも寒く、雪が舞うことも
ある。人間も車も無理を
しないように。上着を忘れる
と車やバスから一歩も出ら
れないなんてことになる

**Ranger High Country
Tales**
集合▶6月中旬〜10月上旬
14:30
所要▶20分
場所▶アルパイン・ビジタ
ーセンター前

Milner Pass
設備簡易トイレ（車椅子可）

森林限界の上を走るので、360
度の眺望を楽しめる

ホースシューパーク　Horseshoe Park

　フォールリバー入口を入っていくと、やがて左手にSheep
Lakesの駐車場がある。ここから奥へと続く草原をホースシュ
ーパークと呼んでいる。特に朝夕はエルクやビッグホーンシー
プなどの野生動物に出会うチャンスが多いエリアだ。

トレイルリッジ・ロード　Trail Ridge Road

　エステスパークとグラ
ンドレイクをつなぎ、ロッ
キー山脈を横断する全長
40マイルの山岳道路で、
（行き止まりではなく）通
り抜けできる舗装道路と
しては全米最高地点（標
高3713m）を通る。当然、
景色はすばらしく、国立
シーニックバイウエイ（景勝道路）にも選ばれている。足元に
広がる雲海の向こうに鋸の歯のような山脈のシルエットが延々
と続く。アメリカの背骨とはよくいったものだ。高原から高山
へ、そしてツンドラへと変化していく道路沿いの植物の様子も
興味深い。

真夏の日中はどの展望台も混雑する

　途中、いくつもの展望台があるが、天気のよい日におすすめ
なのは**ロックカットRock Cut**。高山植物を眺めながら30分ほ
どのトレイルを歩くといい。ツンドラの大地にナキウサギが走
り回っているだろう。

　ルートの中央には**アルパイン・ビジターセンター**がある。氷河
が削ったカール（圏谷）や大陸分水嶺の山々のパノラマが広がる。

　さらに西へ進むと、トレイルリッジ・ロードが大陸分水嶺と
交わる峠、**ミルナーパスMilner Pass**（標高3279m）に出る。
この地点から東の水流はミシシッピ川を経て大西洋（メキシコ湾）
に注ぎ、西側はグランドキャニオンを経て太平洋（カリフォルニ
ア湾）に流れ込む。ここから西側へ少し下ると、山の中腹にコ
ロラド川の源流が見える。

©NPS

Trivia 全米一高いビジターセンター　アルパイン・ビジターセンターの標高は3595m。全米の国立
公園で最も高い所にあるビジターセンターだ。富士山の9合目より高いので高山病に注意

オールド・フォールリバーロード　Old Fall River Road

　ホースシューパークからSheep Lakesを過ぎてすぐに右折すると、道はやがて**未舗装の上り一方通行路**となる。これがオールド・フォールリバーロードだ。1920年に開通したロッキー越えの道路で、トレイルリッジ・ロードが開通するまではこの道を使っていた。途中に滝や色鮮やかな岩、小さな湖があったりして楽しい。

　普通車OKだが、狭い急カーブのスイッチバック（つづら折り）が続くので運転は慎重に。アルパイン・ビジターセンターまで全長11マイル、ゆっくり走って1時間ほど。

モレーンパーク　Moraine Park

　公園の東側、ベアレイク・ロードにある。氷河によって運ばれた土砂が堆積した谷で、広大な草原が広がる。野生動物や野鳥も多いエリアなので、時間があったら平坦なトレイルを歩いてみたい。谷の端にミニ博物館があり、ロッキーマウンテンに関する自然史の展示や、その時期に咲いている花についての展示が興味深い。

ダイヤモンドと呼ばれるロングスピーク東壁

スプラグレイク　Sprague Lake

　ベアレイクの手前にあり、なぜかベアレイクよりはるかに観光客が少ないが、Hallett Peakや氷河を湖面に映し出す美しい湖。特に早朝、1周30分ほどの湖畔の散策はとても気持ちがいい。

ベアレイク　Bear Lake

　標高2887m。ベアレイク・ロードの終点にあり、夏の日中は観光客が多い。駐車場側からは正面にHallett Peakがそびえているが、湖畔のトレイル（1周約40分）を回り込めば、標高3875mのHallett Peakを湖面に映し出すポイントがある。

　ベアレイクはまたハイキングトレイルの出発点でもあり、周辺には宝石をまいたような美しい湖水がたくさんあるので、1～2時間でもいいからぜひ歩いてみよう。

駐車場はいつも満車だが、トレイルを歩けば山の湖の静けさを堪能できる

Old Fall River Road
　要予約　（→P.412）。積雪時閉鎖。レンタカーの保険は未舗装路での事故には適用されないことが多いので、運転には細心の注意を

狭い未舗装路なので時間がかかる。スケジュールに余裕があるときに走ろう

Moraine Park Discovery Center
🕐5月上旬～10月上旬9:00～16:30
設備トイレ（車椅子可）

初級 **Sprague Lake Loop**
適期▶6～9月
距離▶1周800m
標高差▶ほとんどない
所要▶約30分
出発点▶スプラグレイク駐車場
車椅子可
設備トイレ（車椅子可）

無料シャトル
　ベアレイクの駐車場は夏の日中は満車になるので、Glacier Basinキャンプ場そばの駐車場から走っている無料シャトルを利用したい。途中、Bierstadt LakeやGlacier Gorgeのトレイルヘッドにも停車する
運行5月下旬～10月中旬6:30～19:30。10～15分ごと
　またFern Lakeとスプラグレイクを結ぶルートもあり、Glacier Basinでベアレイク行きバスに乗り換えることができる。1時間ごと

シャトルバスを積極的に利用したい

初級 **Bear Lake Loop**
適期▶6～9月
距離▶1周1.6km
標高差▶13m
所要▶約40分
出発点▶ベアレイク駐車場
一部車椅子可
設備トイレ（車椅子可）・緊急用電話

ハイキング ◁◁◁▷▶ HIKING

アルバータ滝　Alberta Falls

ベアレイク手前にある駐車場からスタートするラクなトレイル。迫力のある滝が見られる人気のルートで、途中からの風景もすばらしい。

エメラルドレイク　Emerald Lake

ベアレイクからエメラルド色に澄んだ湖を訪ねるルート。途中のNymph Lake、Dream Lakeも美しく、進むにつれてHallett Peakが迫ってくる。標高が高いので真夏でも日が陰ると寒い。山の天気は変わりやすいので、レインジャケットなども忘れずに。

ベアレイク　Bear Lake → モレーンパーク　Moraine Park

景色は最高。Fern Lake、Fern Falls、Cub Lakeを通ってモレーンパークへと下る高山植物の多いコース。Little Matterhornを湖面に映すOdessa Lakeも美しい。逆ルートは上りが多くなる。

ビアシュタットレイク Bierstadt Lake

広々とした風景に気分爽快になれる山上湖。19世紀ドイツ出身の画家アルバート・ビアシュタットは、ここからの風景を描いたという。シャトルバスが停車するトレイルヘッドから歩くと約1時間の急登があるので、ベアレイクから下るとラクだ。最初に少々登るが、あとは林の中の緩い下りが続く。

夏の午後は天気が崩れることが多いので、なるべく午前中に訪れたい

フラットトップマウンテン　Flattop Mountain

ベアレイク正面にそびえるHallett Peakの右側の山への登山道。かつてはロッキー越えの最短ルートとして馬で越えた道だ。標高3757mまで登るので、それなりの服装と準備を。

レンジャープログラム ◁◁◁▷▶ RANGER-LED PROGRAM

ロッキーマウンテンはレンジャープログラムが充実した公園だ。特に夏は、アルパイン・ビジターセンターやホースシューパークなどで、動物ウオッチングやバードウオッチング、高山植物などさまざまなコースが用意されている。なかにはピューマ、ビーバー、昆虫、高山植物、ツンドラ、雷、星空観察など具体的にテーマを絞ったものもある。ゲートで手渡される新聞で時間をチェックして、ぜひ参加してみよう。

初級 Alberta Falls
適期▶5〜10月
距離▶往復2.6km
標高差▶49m
所要▶往復約1時間
出発点▶Glacier Gorge Junction

公園の東側で最も人気があるトレイルだ

中級 Emerald Lake
適期▶6〜9月
距離▶往復5.8km
標高差▶184m
所要▶往復2〜3時間
出発点▶ベアレイク
設備▶トイレ・緊急用電話

中級 Bear Lake → Moraine Park
適期▶6〜9月
距離▶片道17km
標高差▶418m
所要▶下り約6時間
出発点▶ベアレイク湖畔を右へ回り込んだ所

初級 Bear Lake → Bierstadt Lake → Park & Ride
適期▶6〜9月
距離▶片道6km
標高差▶215m
所要▶下り約2時間
出発点▶ベアレイク湖畔を右へ回り込んだ所

上級 Flattop Mountain
適期▶7〜8月
距離▶往復14km
標高差▶868m
所要▶往復約8時間
出発点▶ベアレイク湖畔を右へ回り込んだ所

乗　馬　▷▷▷▷▷ **HORSEBACK RIDING**

　エステスパークにはたくさんの牧場があり、釣りや朝食と組み合わせたツアーなど趣向を凝らしたものがいろいろ出ている。園内ではモレーンパークで乗馬を楽しめる。なかには1日かけてロッキー山脈を横断し、グランドレイクまで行くコースもある。5月中旬〜9月下旬のみ。要予約。

フィッシング　▷▷▷▷▷ **FISHING**

　公園の川や湖にはCutthroat、Rainbow、Brook Troutなどのマスがいる。釣りを楽しむにはコロラド州のライセンスが必要。釣り具店やスポーツ用品店などで手に入る。釣りをしてもいい場所や方法、魚の大きさなど細かい規定があるので、しっかり確かめておこう。なお、ベアレイクでのフィッシングは禁止されている。

釣り人に人気のスプラグレイク

ウインタースポーツ　▷▷▷▷▷ **WINTER SPORTS**

　冬、園内ではクロスカントリースキーやスノーシューを楽しむ人の姿があちこちで見られる。エステスパークやグランドレイクからは、レンジャーのガイドでクロカンなどを楽しむプログラムも行われる（スニーカー不可。要登山靴）。

乗馬
Hi Country Stables
☎ (970)444-2716
URL rockymountainhorserides.com
料 2時間 $110
　3時間 $140
　5時間 $245

フィッシングライセンス
料 1日用 $17.35
　5日用 $32.95

Ranger **Snowshoe Walk**
集合▶1月上旬〜3月下旬
　　　金・日12:30
所要▶2時間
場所▶ビーバーミドウ・ビジターセンター
※子供（8歳以上のみ）は大人同伴。要予約
☎ (970)586-1223

鉄砲水の爪跡

　オールド・フォールリバーロードへ入る直前、右側の沢に流木や岩石が積み上がっているのを目の当たりにするだろう。大災害の痕跡であることが容易に確認できる。これらは1982年、上流にあるLawn Lakeから発生した鉄砲水の残骸だ。

鉄砲水の跡は今もあちこちで見ることができる

　Lawn Lakeは今から約1万3000年前、氷河の浸食によってできた天然の湖だった。しかし、西部開拓後、灌漑用の湖として人の手によって拡大され、1903年以後は貯水池として利用されてきた。

　1982年7月15日の早朝、貯水量を超えたダムは突然決壊した。水はRoaring River沿いに周囲の樹木や岩をのみ込みながら、すさまじいほどの土石流となって南の方角へ流れ、45分後にはホースシューパークに達した。決壊から1時間後の被害は、樹木の倒壊が452トン、沖積した岩や土砂が13mの厚さに達したという。

　とどまることを知らない流れは、次にFall River沿いに進み、発生から3時間後にはエステスパークの町を襲った。住人はなすすべもなく、ただ土石流を見守るだけ。町外れのダムまで到達して、やっとその流れを止めた。

　この鉄砲水で受けた損害は3100万ドル。国立公園でも3人の工事関係者が亡くなっている。

　しかし、鉄砲水がもたらしたものはマイナス面だけではなかった。鉄砲水のあと、公園では35種類もの植物が新たに発見され、野鳥の数も鉄砲水前より断然増えているそうだ。

　現在、エステスパークの川沿いにはすてきな遊歩道が整備されているが、ここは1982年の鉄砲水のメモリアルとなっている。

Trivia　洪水再び　2013年9月の豪雨はエステスパークを水浸しにし、Lawn Lake下流でも土砂が崩れた。しかしダムは1982年に決壊したまま自然に戻されていたため、鉄砲水の被害は免れた

ロッキーマウンテンの主役たち

ビッグホーンシープは山岳地帯だけでなくエステスパーク周辺でも見かける

植物

ロッキーマウンテン国立公園の自然の大きな特色のひとつに、異なった気候帯を一度に体験できるということが挙げられる。ほんの数時間で本土からアラスカまで旅をするようなものなのだ。

松などの林や豊かな草原が続く山岳帯The Mountain Life Zone。カナダ北部のような生態が見られる亜高山帯The Subalpine Zone。そして森林限界3450mを超えるとあたりの景色は一変する。高山帯Alpine Tundraと呼ばれる、北極圏に似た地域である。ここでは背の低い植物が地面にはいつくばって生きていて、夏のほんの短い期間に色とりどりの可憐な花を咲かせる。

花で忘れてはならないのがコロラド州の花、コロンバンRocky Mountain Columbineだ。オダマキの仲間で、白と紫のドレスをまとった姿は本当に美しい。7月頃、草原などに咲いている。

動物

園内にはそれぞれの気候帯に適応したいろいろな動物がすんでいる。エルク、ビーバー、テン、ビッグホーンシープなど。ブラックベアとピューマはめったに姿を現すことはない。ツンドラ地帯の岩場にはマーモットやナキウサギなどがいる。

NPS/Marianne Tucker 冬毛が残るライチョウ

氷河時代の生き残り、ナキウサギ

丸い耳が特徴の小さなウサギ。汚れた空気や温度変化などに弱く、肺にカビが生えて死んでしまうという。冬眠しないので、植物を巣穴にためて冬の間の食料にする。葉っぱや花を口にくわえて岩場を行ったり来たりしているのはそのためだ。

国立公園で殺されるエルク

秋はエルクたちにとって恋の季節。9～10月にかけて、オスがハーレムをつくるためにメスたちを呼び集める声が山々に響きわたる。この時期に夕方、ホースシューパークあたりへ行けば、きっと聞こえるだろう。

エルクの遠吠えは公園名物だが、実はこのエルクが問題になっている。オオカミの減少によって数が増え過ぎ、深刻な自然破壊が起きているのだ。狂牛病に似た慢性消耗性疾患（CWD）のエルクが州内で増えていることもあり、ついにエルクの間引きが始まった。

しかし、動物たちの聖域である国立公園でエルクを殺すことには批判も強い。国立公園局は自然保護団体から裁判も起こされた。団体側は、オオカミを園内に放す、エルクを去勢するなどの代替手段を講じるべきだと主張。これに対して公園側は、そうした手段も検討したが、オオカミが周辺住民に与える危険性や、コストの問題などで断念したと主張し、2013年に勝訴した。

モレーンパークなどで牧場のようなフェンスを目にすることがあるかもしれない。これは、エルクによって食い尽くされ、丸裸になった草原を再生するための試みだ。日本各地の山でも起こっているシカの食害問題。その原因が私たち人間にあることだけは間違いない。

宿泊施設　　　　　ACCOMMODATION

近隣の町に泊まる

　園内には宿泊施設はないが、エステスパークとグランドレイクにたくさんのロッジがある。いざとなったらデンバー方面へ戻ればモーテルはいくらでもあるので、車さえあれば宿には困らない。

　特にエステスパークにはB&Bやリゾートホテルも数多くある。夏やスキーシーズンは混み合うが、春と秋は閉鎖する宿も多い。

湖畔に素朴なロッジが並ぶグランドレイク

キャンプ場に泊まる

　園内には5ヵ所のキャンプ場があり、Aspenglenのみ年中オープン。夏は7連泊まで可能。夏はたいへんな人気で、朝からいっぱいになってしまうことが多い。4ヵ所は予約可。6ヵ月前の同日から受付開始なので、なるべく早く予約しよう。なお、どのキャンプ場にも水洗トイレはあるが、電気、シャワーはない。

キャンプ場予約→P.489
Free 1877-444-6777　URL www.recreation.gov
料 夏期 $35、冬期 $30

エステスパーク　　　Estes Park, CO 80517　公園ゲートまで2〜6マイル　約70軒

モーテル名	住所・電話番号など	料金	カード・そのほか
Fawn Valley Inn	住 2760 Fall River Rd. ☎(970)586-2388　Free 1800-672-9289 URL www.rockymtnresorts.com	on $125〜350 off $95〜350	AMV　フォールリバー・ビジターセンターから車で3分、ダウンタウンまで5分。キッチン付き。夏期は2泊以上。Wi-Fi無料。全館禁煙
Alpine Trail Ridge Inn	住 927 Moraine Ave. ☎(970)586-4585 URL www.alpinetrailridgeinn.com	on $150〜207 off $80〜130	AMV　US-36のゲート手前にあって便利。全館禁煙。Wi-Fi無料。屋外プールあり。レストランあり。夏期の週末などは2泊以上
The Ridgeline Hotel	住 101 S. St. Vrain Ave. ☎(970)527-1500 URL ridgelinehotel.com	on $149〜474 off $115〜323	ADJMV　町の東側、CO-7沿い。レストラン、ゲーム室、温水プールあり。朝食付き。Wi-Fi無料。全館禁煙
Deer Crest Resort	住 1200 Fall River Rd. ☎(970)586-2324 Free 1800-331-2324 URL deercrestresort.com	on $163〜205 off $96〜170	AMV　US-34のゲート手前。全館禁煙。18歳未満不可。Wi-Fi無料。2〜3泊以上
Castle Mountain Lodge	住 1520 Fall River Rd.　☎(970)586-3664　Free 1800-852-7463 URL castlemountainlodge.com	on $179〜629 off $99〜559	AMV　現金不可。US-34のゲート手前。コテージが多い。電子レンジ、冷蔵庫付き。全館禁煙。Wi-Fi無料

グランドレイク　　　Grand Lake, CO 80447　西口ゲートまで3マイル　約15軒

モーテル名	住所・電話番号など	料金	カード・そのほか
Gateway Inn	住 120 Lake Ave. ☎(970)627-2400 URL gatewayinn.com	on $199〜269 off $99〜119	AMV　町の北、US-34沿いにありゲートまで1.8マイル。シーズンは2泊以上。レストランあり。Wi-Fi無料。全館禁煙
Western Riviera Lakeside Lodging	住 419 Garfield St. ☎(970)627-3580 URL www.westernriv.com	on $155〜269 off $99〜170	MV　町の中心部の湖岸にあり、モーテル全16室がレイクビュー。キャビンもある。週末とシーズンは2泊以上。Wi-Fi無料

↗ 139。キャビン on off $119〜254。朝夕のビュッフェもおいしい。通年営業。非会員も宿泊できる。（大阪府大阪マリ '15）ビーバーミドウ入口手前でCO-66へ入る。URL ymcarockies.org ['23]

第2次世界大戦の最中に建設された地下トンネルは直径約3m、長さ20km以上に及ぶ

ロッキーマウンテン国立公園には、公園を大きく横断する長大な水路トンネルが埋められている。**アルバ・アダムス・トンネルAlva B. Adams Tunnel**という（MAP P.415）。公園の西側に接するグランドレイクにためられたコロラド川の水が、このトンネルを通って公園の東側のマリーレイクへ、そこからさらにトンネルで、エステスパークにあるレイクエステスへと流されている。ここからサウスプラット川に流れ、最後はミシシッピ川に注ぐ。このトンネルはロッキー山脈を横断し、太平洋に注ぐはずの水を、コンチネンタルディバイド（大陸分水嶺）を越えて、大西洋側へともってくるのだ。

アメリカの国立公園は自然保護に関しては世界のトップ水準を行くといわれるが、このような長大なトンネルが国立公園の地下に敷設されていることに驚かされる。国立公園に限らず、大きく生態系を傷つけることは間違いがない。いったいなぜこのようなことがアメリカで行われたのか？ 多くの人が疑問を抱くに違いない。

実は、分水嶺を越えて太平洋に注ぐ水を大西洋側にもってくる水路トンネルは、このアルバ・アダムス・トンネルに限らない。大きくは7ヵ所もの所で、太平洋への水が大西洋に流されている。

なぜ？ この疑問を解く鍵は、アメリカの水問題の歴史に隠されている。

アメリカの国土は、西経100度を越えてアメリカ中西部に入ると乾燥した草原や砂漠の大地が広がる。年平均降水量が12インチ（約300mm。東京の約5分の1）といわれている。カンザスやネブラスカに入った入植者は、木が育たない大地に木造の家を建てられなかった。サッドハウスSod Houseという草の根の張った地面をれんがのように切って、これを積み重ねて「土の家」を作った。映画『ダンス・ウィズ・ウルブズ』でケビン・コスナーが、れんがを積み重ねたような土の家の砦にひとり派遣されていったのを覚えている人もいるだろう。太平洋岸の一部を除いて、アメリカの中西部から西部は、水がほとんどない大地なのだ。

そんなアメリカに1848年から**ゴールドラッシュ**が始まる。金は水がなければ採取できな

い。砂金は、かつて川が流れていた場所に砂と一緒に埋まっている。今も川が流れていればよいが、たいがいは川の流れは変わっている。そこで遠くの川から水を引いてきてこの水で砂と金を選り分けなければならない。当然、水争いが起こる。このとき、鉱山の慣習として、「**先に水を引いたものが水利権をもつ**」という法制度が生まれた。第1順位の人の余った水を次の人がもらえる。早い者勝ちだから、水を尾根を越えて違う「集水域」にもってきてもよい。流れているだけの水を、価値あるものに変えた者が、その恩恵を蒙る、ということだ。

この水利権についての大原則は、その後の灌漑事業や都市用水などにも適用され、今でも西部では、ほとんどの州がこの法制度に従っている。

砂漠が広がるロッキー山脈の西側に比べ、東側は大草原が小麦畑に変貌し、デンバーをはじめ大都市がつくられていった。必然的に水の需要は高まり、コロラド川の水を大西洋側にもってくる大プロジェクトが行われた。ロッキーマウンテン国立公園を地中深く横切るトンネルも、このような事業のひとつであったのだ。国立公園内であっても、トンネルなので認められたのであろう。ただし、巨大な貯水池の建設は園内には認められなかった。

では、このような早い者勝ちの論理で水の流れを変えてしまう大事業は今でも行われているのか？ 今では、ロッキー山脈の西側の人たちの生活や、何よりも生態系の保護の観点から、このような「大胆な水抜き」はなされていない。しかし、「早い者勝ち」のルールは今でも生きているので、干ばつのときなど（2002年がそうだった）、第1順位の農家の畑には水が流れるが、それ以外では、余った水がないために畑が枯れ、牛は餌がないために処分されていった。

生まれたばかりのコロラド川。この水の一部がこの後ロッキー山脈の地下をくぐることになる

Trivia 『シャイニング』のホテル　エステスパーク郊外の山中に建つホテルThe Stanleyはコロニアル様式の美しいリゾート。ホラー映画の名作『シャイニング』の舞台として有名で、原作者 ↗

SIDE TRIP　マルーンベルス　Maroon Bells

標高4315m。高さでいえばコロラド州のトップ20にも入らないが、ロッキー山脈を代表する風景として紹介されることすらある秀麗な山。その端正な顔立ちと、アスペンの黄色いドレスをまとった姿は、ポスターなどで目にする機会が多い。

マルーンベルスはデンバーから西へ車で4時間。高級スキーリゾートとして知られるアスペンAspenからもバスで30分と近い。

アスペンは、その名のとおりアスペンの林に囲まれたさわやかな高原の町で、デンバーほか全米各地から数多くのフライトがある。6～8月に行われる音楽祭も世界的に有名で、この時期は音楽家と留学生が集まるミュージックタウンとなる。

アスペンはまた、車の使用を抑え、自然エネルギーを積極的に活用するエコリゾートでもある。マイカーの代わりに市バスが縦横に走っていて、空港へもマルーンベルスへも連れていってくれる。

マルーンベルスへのバスはAspen Highlandから出ていて往復＄16。7:00～15:00、秋9:45～。復路最終は17:00発。**5月下旬～10月中旬は予約制。**

Maroon Lakeを拠点に山麓のトレイルを歩こう

車で行く場合、8:00～17:00は通行規制があるので、Aspen Highland（駐車場1時間＄7、最大＄40）から前述のバスを利用する。8:00前に訪れる場合はマルーンベルスの駐車場（1日＄10）の予約が必要。予約は右記の観光局ウェブサイトで。

降りた所はマルーンベルスを湖面に映すMaroon Lake。ビジターセンターもトイレも周囲の景観に溶け込むようデザインされている。湖の周囲にはトレイルがたくさんあるが、人気なのは往復約3時間のCrater Lake。アスペンの林を抜け、マーモットやシマリスが走り回る砂礫地を横切って、山々が頭上に迫る静かな湖を訪れる。

なお、マルーンベルスでは飲食物は入手できないので、あらかじめ用意しておこう。

宿泊について

アスペンの町には、雰囲気のあるB&Bやログハウスなど魅力的な宿が約50軒ある。スキーシーズンと音楽祭のときには1泊＄300～600するが、春と秋に訪れるとグンと安く泊まれる。詳しくは観光局 URL www.aspenchamber.org で。

残雪のある初夏と黄葉の秋がおすすめ

クレーターレイクへのトレイル

↗ スティーブン・キングが滞在した際のエピソードを聞かせてくれるホテルツアーが1時間ごとに行われている。＄30。さらに怪奇現象のうわさを逆手に取り、幽霊部屋なる客室もある！ URL www.stanleyhotel.

グレート・サンド・デューンズ国立公園
Great Sand Dunes National Park

MAP 折込1枚目 C-4
☎ (719)378-6395　**URL** www.nps.gov/grsa
🎫 車1台$25、バイク$20、そのほか$15（キャッシュ不可）

北米大陸で最も背の高い砂丘と、雪をかぶったロッキー山脈の両方をいっぺんに楽しめる公園。砂丘の面積は約78km²、最大高低差229mで、いずれも鳥取砂丘の2倍以上。山岳地帯には滝や湖が点在し、ツンドラには高山植物が咲く。

© NPS, Patrick Myers
最も近い砂丘の頂上まで登ると、往復2時間ほどかかる

麓の草原には1000頭に及ぶバッファローもいる。

普通車で入れる場所はビジターセンター周辺など一部のみだが、自由に砂丘を歩いて美しい風紋や4000m級の山々の眺望を楽しもう。砂丘のすぐ前を小川が流れており、雪解けの頃には川があふれて"水に浮かぶ砂丘"の光景も見られる。真夏はけっこう暑くなるので、砂丘を歩くなら早朝に。周囲にはアスペンの林が広がっていて、秋に黄葉を見るために訪れる人も多い。標高が2500mもあるので、冬は雪への備えを忘れずに。

行き方

デンバーから南へ車で4時間。I-25を南へ走り、Exit 50でUS-160へ下りて西へ60マイル。CO-150を北へ入って12マイル。アルバカーキからも4時間。

宿泊施設は園内にはないが、ゲートのすぐ外側にGreat Sand Dunes Lodgeがある。
🏨 3月中旬～11月中旬
🎫 $119～259
☎ (719)378-2900
URL www.gsdlodge.com

ブラック・キャニオン・オブ・ザ・ガニソン国立公園
Black Canyon of the Gunnison National Park

MAP 折込1枚目 C-3
☎ (970)641-2337　**URL** www.nps.gov/blca
🎫 車1台$30、バイク$25、そのほか1人$15

ガニソン川によって浸食された峡谷に、ガーネットなどの鉱物を含む原生代の地層が深さ829m、長さ77kmにわたって露出している。ガニソン川は流れが速く岩も多い。あまりにも危険なためラフティングが禁止されているほどで、ロッククライミングも難度が高い。

サウスリム、ノースリムそれぞれ道路があるが、ポピュラーなのはビジターセンターがあるサウスリム。峡谷沿いに敷かれた片道7マイルの道路沿いに10ヵ所の展望台がある。特にビジターセンター前のGunnison Pointや、Chasm View、Painted Wall、Sunset Viewがおすすめ。

標高2500m前後なので冬期は積雪があり、Gunnison Point以外は閉鎖される。

一方、ノースリムは未舗装路のみで冬期は閉鎖される。両サイドをつなぐ橋はない。

行き方

グレート・サンド・デューンズからCO-17、US-50、CO-347経由で4時間。デンバーからはGrand Junction、Montrose経由で6時間。モアブからは3時間30分。

園内にはロッジがないので、25マイル離れたMontroseのモーテル（約20軒）を利用しよう。

峡谷の狭さも特徴。最も狭い所ではリムからリムまで335mしかない

そのほかの地域

Other Area

バッドランズ国立公園
Badlands National Park

グランドサークルの奇岩とはまったく異なる景観が広がる。スー族などの先住民にとっては神聖な場所でもある

　黄金に輝く草の波がどこまでも続くプレーリー（大平原）。それが突然崖となって落ち込み、地球上のものとは思えぬ荒々しい地形をあらわにする。地球創成の歴史を思わせるバッドランズは、太陽の動き、雲の動きとともにその姿を変化させてゆく。そこに感じられるのは、人間の創り上げてきた文明とは対極にある美しさであり、私たちの遺伝子のどこかに潜む記憶である。

草原が広がっているので動物を見つけやすい。プロングホーンにも会えるかもしれない

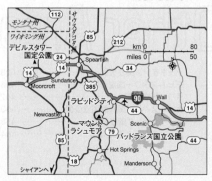

Trivia ダンス・ウィズ・ウルブス　ケビン・コスナーが監督、主演を務めた映画『ダンス・ウィズ・ウルブス』は、ほとんどがサウスダコタ州で撮影された。主人公のダンバー中尉がセ↗

MAP 折込1枚目 B-4

行き方　ACCESS

　ゲートシティはサウスダコタ州西部の中心都市**ラピッドシティ Rapid City**。空港でレンタカーを借りよう。3日ほどかけてマウントラシュモアやデビルスタワー（→P.438）を回るのがおすすめ。車がない人はラピッドシティ発着のバスツアーを利用しよう。数社が催行している（下記観光案内所のウェブサイト参照）。

歴代大統領の像が交差点に立つ。ダウンタウンのケネディ氏は子供の手を引いている

飛行機　AIRLINE

Rapid City Regional Airport (RAP)

　デルタ航空がミネアポリス（3便。2時間）などから、ユナイテッド航空がデンバー（6便。1時間15分）、シカゴ（2便。2時間20分）などから、アメリカン航空がダラス（2便。2時間30分）からの定期便を運航している（冬期減便）。空港には大手レンタカー会社が揃っているが、予約をしたほうがよい。空港を出たらSD-44を西へ走れば15分でダウンタウン。逆に東へ走れば1時間30分で直接バッドランズ国立公園へ行ける。

長距離バス　BUS

　西からはグレイハウンドのバスがビリングスとの間を1日1往復（所要6時間30分）、南からはJefferson Linesのバスがソルトレイク・シティとの間を1往復（22時間。乗り換え2回あり）している。バスディーポはダウンタウンのOmaha St.（SD-44）と線路の間、6th St.に面している。市バスのターミナルも兼ねている。ダウンタウンの中心部も近い。

ビジターセンター、ロッジ、キャンプ場のあるシーダーパスが公園の中心

DATA

時間帯▶山岳部標準時 MST
☎(605)433-5361
URL www.nps.gov/badl
圏24時間365日
適期3〜11月
圏車1台＄30、バイク＄25、それ以外の入園方法は1人＄15。キャッシュ不可
国定公園指定▶1939年
国立公園指定▶1978年
面積▶982km²
入園者数▶約100万人
園内最高地点▶1018m
哺乳類▶49種
鳥　類▶209種
両生類▶5種
爬虫類▶9種
植　物▶449種

RAP	☎(605)393-9924
Alamo	☎(605)393-2664
Avis	☎(605)393-0740
Budget	☎(605)393-0488
Hertz	☎(605)393-0160

バスディーポ
Milo Barber
Transportation Center
個 333 6th St.
☎(605)348-3300
URL www.jeffersonlines.com
圏月〜金・祝11:30〜18:30、土〜12:30
休日

ラピッドシティ観光案内所
Black Hills Visitor
Information Center
個1851 Discovery Circle
☎(605)355-3700
URL www.blackhillsbadlands.com
圏8:00〜17:00
I-90 Exit 61を北へ出てすぐ

↗ ジウィック砦に向けて旅するシーンには、ピナクルス付近で撮られた映像も使われている

サウスダコタ州の道路情報
Free 511
Free 1866-697-3511
URL www.sd511.org

ラピッドシティまでの
所要時間
Denver　　　7〜9時間
Yellowstone Lake
　　　　　　8〜10時間

レンタカー　RENT-A-CAR

　ラピッドシティからダウンタウンの北を走るI-90に乗り、東に75マイル（約120km）。Exit 131の**カクタスフラットCactus Flat**でフリーウエイを下りてSD-240に入れば標識が出ている。11マイル（約18km）ほど進むと北東ゲートだ。所要1時間30分。

　空港から直接公園へ行くなら、SD-44を東へ走れば1時間30分で**インテリアゲート**に着く。

歩き方　GETTING AROUND

　公園は北部と南部に大別できる。見どころが集中しているのはSD-240が横断している北部で、ビジターセンターは北部の東寄りにある。ラピッドシティからの日帰りなら、カクタスフラットからSD-240を西へ走って公園を抜け、**ウォールWall**（→下記コラム）でI-90のExit 110に戻って帰るというコースが一般的。バッドランズループBadlands Loopと呼ばれている31マイル（約50km）のドライブルートだ。もちろん逆コースでもかまわない。

　ドライブしながら次々に現れる展望エリアに駐車して、短いトレイルを歩きながら景観を楽しもう。入園ゲートでレンジャープログラムのスケジュールを渡されるので、これに合わせて回るといい。バッドランズはまたバッファローやプレーリードッグなど野生動物の聖域でもある。アニマルウォッチングもお楽しみに。

迷路のように入り組んだウォールドラッグ

SIDE TRIP　巨大ドラッグストアと核ミサイル基地

　ラピッドシティからI-90を東へ走ると、道路沿いに大きな看板が次々に現れる。その数40以上。ひとつとして同じデザインはなく、ニヤリとさせられるようなコピーがしつこいほど続く。これらはバッドランズの手前、Exit 109と110の間にある**ウォールドラッグWall Drug**の広告だ。ウォールは数軒のショップとモーテルがあるだけの小さな町だが、メインストリートの片側すべてをこの店が占めている。中にはTシャツから宝飾品までズラリと並ぶ。レストランの名物はたった5¢のコーヒーだ。

　バッドランズの行きか帰りに寄ってみては？
URL www.walldrug.com
営8:00〜18:00、カフェ〜17:00

　もう1ヵ所、寄り道してみたい場所がある。なんと核兵器発射基地だ。I-90のExit 131を北へ出た所にある**ミニットマンミサイル国立史跡 Minuteman Missile NHS**。冷戦時代に配備された大陸間弾道ミサイル基地の跡だ。大統領がブラックボックスのボタンを押してから30分以内に、旧ソビエトなどの目標に到達できたという。ここは戦略核兵器削減条約に基づいて閉鎖されたが、このような施設が今も各地で稼働していると思うと鳥肌が立つ。管制センターをレンジャーツアーで訪れるほか、I-90のExit 116の南にある核ミサイル格納庫を各自で見学できる。
営8:00〜16:00、格納庫9:00〜15:00
休おもな祝日と冬期の月・火
Ranger 1日4回。定員6名。前日までに下記で要予約
URL www.nps.gov/mimi
料 $12、6〜16歳$8

発射基地の跡をのぞいてみよう

地図凡例：
- 5 インターステートハイウェイ
- 10 州道
- 未舗装道
- トレイル
- 料金ゲート
- ビジターセンター
- ロッジ
- キャンプ場
- 展望台

バッドランズ国立公園

プレーリードッグ・タウン Prairie Dog Town
Sage Creek Road
Sage Creek
ピナクルス Pinnacles
イエローマウンズ Yellow Mounds
シーニック Scenic
ラピッドシティ、空港へ
バッファローギャップ国立草原 Buffalo Gap National Grassland
ホワイトリバー・ビジターセンター、ストロングホールド・ユニットへ
ウォール、I-90へ ラピッドシティ
核ミサイル格納庫跡 Delta-09
ミニットマン ミサイル国立史跡
カクタスフラット
Badlands Loop Road
化石の道 Fossil Exhibit Trail
Northeast
Castle Trail
Window
Ben Reifel
Cedar Pass Lodge
インテリア Interior

情報収集　▷▷▷▷▷▷ INFORMATION

Ben Reifel Visitor Center（シーダーパス）

　カクタスフラットから入った場合、ウインドウなどいくつかのトレイルを過ぎ、シーダーパスの坂道を下った所にある。バッファローの毛皮などに触れることのできるコーナー、地質学的な展示、バッドランズを紹介する美しいビデオも上映している。

　ロッジ、レストラン、ギフトショップが隣接している。Wi-Fi無料。

園内で発掘された化石や古生物に関する展示も豊富

White River Visitor Center

　公園南部のUS-27沿いにある案内所。トイレや飲み水、簡単な展示などがある。冬期は閉鎖される。

シーズン　▷▷▷▷▷▷ SEASONS AND CLIMATE

　バッドランズの天候は基本的に予測不可能だ。夏は日中かなり暑くなるが、夜になると急激に冷える。雷雨、あられや強風が吹き荒れる日も多いので雨具の用意をしていこう。この激しい気候こそがバッドランズの特異な景観を造ったのだから仕方がない。

　春、秋は訪れる人も減るが、実はベストシーズン。冬はときに地吹雪が吹き荒れるが、おおむね天気のよい日が多い。野生動物を見るには冬が最もいいそうだ。ただし、最高気温でも0℃前後と寒いし、車の運転にも細心の注意が必要。荒天の場合、SD-240は閉鎖されることがある。

バッドランズの気候データ

月	1	2	3	4	5	6	7	8	9	10	11	12
最高気温(℃)	1	4	9	17	22	28	33	33	27	20	10	4
最低気温(℃)	-12	-9	-4	2	8	13	17	16	11	4	-3	-8
降水量(mm)	7	12	23	46	70	79	49	37	31	23	10	8

Ben Reifel VC
☎(605)433-5361
圏夏期8:00～17:00
　冬期9:00～16:00
休11月第4木曜、12/25、1/1

Ranger Fossil Talk
集合▶夏期10:30、13:30
所要▶30分

White River VC
☎(605)455-2878
圏9:00～16:00
休10月中旬～5月下旬

園内の施設
　シーダーパス・ロッジ内にレストランとギフトショップあり。冬期は休業する
圏8:00～21:00
休10月下旬～4月中旬

⚠落雷注意！
　バッドランズはとても雷の多い地域だ。雲行きがあやしくなったら、すぐに車内へ避難しよう

特に州都ピアPierreの周辺ではスケールの大きなヒマワリ畑が広がっていて壮観だ。これらのヒマワリは約75%が食用油に加工され、残りはスナック（種子）などに利用されている

ビッグホーンシープの幼獣。バッドランズには彼らの天敵はほとんどいない

|初級| **Window Trail**
適期▶3〜11月
距離▶1周400m
標高差▶ほとんどない（車椅子可）
所要▶約20分
出発点▶ウインドウ駐車場
|設備|トイレ

|Ranger| **Geology Walk**
夏期のみ8:30。30分

|初級| **Door Trail**
適期▶3〜11月
距離▶往復1.6km
標高差▶15m（車椅子可）
所要▶往復20〜40分
出発点▶ウインドウ駐車場

|中級| **Notch Trail**
適期▶4〜10月
距離▶往復2.4km
標高差▶38m
所要▶往復1.5〜2時間
出発点▶ウインドウ駐車場

|初級| **Cliff Shelf Trail**
適期▶3〜11月
距離▶往復800m
標高差▶61m
所要▶往復30分
出発点▶ビジターセンターとウインドウ駐車場の間

|初級| **Fossil Exhibit Trail**
適期▶3〜11月
距離▶1周400m
標高差▶ほとんどない（車椅子可）
所要▶約20分
設備|簡易トイレ（車椅子可）

おもな見どころ 📷 ▶▶▶ PLACE TO GO

シーダーパス　Cedar Pass

　ロッジやビジターセンターのあるシーダーパスからは屏風状の岩山がそそり立っているのが見える。これらすべてが風と水の創造物だ。あたりにはさまざまなトレイルが設置されているので、ぜひ歩いてみよう。特にウインドウ駐車場からのDoor Trailが人気。途中までは遊歩道が整備されているが、その先は激しく浸食された大地を適当に進むことになる。そのほかのトレイルもはっきりと道がわからない箇所が多く、足元も崩れやすい。黄色いマーカーなどの表示をよく見て歩こう。またNotch Trailは不安定なハシゴを上るので、スカートやサンダルは不可。

化石の道　Fossil Exhibit Trail

　シーダーパスから西へ5分ほど走った所にある。

　はるか昔（とはいっても2600万〜7700万年前と新しいが）、このあたりが海であったり、あるいはエバーグレーズのような湿地帯であったりした時期にワニ、カメ、オウムガイなどが堆積し、化石となった。また初期の哺乳動物の化石も数千点見つかっており、現在もサイに似た動物の発掘作業が続いている。1周400mの遊歩道を回りながら、バッドランズで採掘された化石を見て歩こう。

トレイル沿いには古生物の化石の展示もある

トンネル越しの大統領　Iron Mountain Rd.（→P.437）は、北上すると、途中にあるふたつの細いトンネルの穴からマウントラシュモアの大統領が見られます。南下ルートを走ると気づ↗

イエローマウンズ　Yellow Mounds

　シーダーパスより標高が低く、より古い地層が露出している。浸食を受け、土壌から溶け出した成分が、空気にさらされて黄色く変色したのだという。太陽の光を受けると金色に輝く。多くの展望台があるので、気に入った所から眺めてみよう。

ピナクルス　Pinnacles

　地球創成時を思わせる不思議な景観を、大地を渡る風とともに味わおう。眼下にはピナクルスPinnaclesと呼ばれる奇妙な岩の尖塔がそそり立っている。夕暮れ時には岩々が赤く染まり、大地に沈む夕日を十分に堪能できる。

　このあたりには19世紀には数多くのビッグホーンシープが生息していたが、鉱山労働者の食料として乱獲され、ほとんど絶滅してしまった。そこで2004年秋、ニューメキシコで捕獲された30頭がピナクルスに放たれた。足元の岩場をよく見れば、身軽に飛び回るビッグホーンシープを目にできるかもしれない。

荒涼とした景観に彩りを添えるイエローマウンズ

⚠ 転落注意！
　手すりのない部分が多く、また土が軟らかくてたいへん崩れやすい。転落しないよう足元には十分注意を

ピナクルスの展望台からはバッドランズのスケールの大きさがよくわかる

クロアシイタチ　©NPS

WILDLIFE

大草原の動物たちの受難

　一見、手つかずに見える広大な草原に、のんびりと暮らす動物たち。しかし彼らの多くは、いつ絶滅するかわからない、危うい存在だ。

　20世紀、大平原地帯の開拓が進むにつれて、プレーリードッグは害獣として大々的に駆除された。さらに農地化や宅地化によって草原が奪われ、プレーリードッグの数は減っているといわれるが、公園の外では今でも駆除が行われている。

　20世紀にはまたプレーリードッグを捕食していた動物も激減。なかでもクロアシイタチBlack-footed Ferretは1950年代にほとんど絶滅してしまった。1981年にワイオミング州でわずかに生き残っていた個体を人工的に繁殖させ、94年にバッドランズ国立公園などに放した。また、同じように絶滅したネコくらいの大きさの

キツネ、スウィフトギツネSwift Foxも、2003年にコロラドから連れてこられた114頭が園内に放され、観察が続けられている。

　しかし2009年、園内の動物にペストが発生。せっかく350頭まで増えたクロアシイタチは一時約40頭にまで数を減らした。ワクチンを混ぜた餌の散布などによって、現在ようやく120頭程度まで回復したところだ。

　草を食むバッファローもまた、その舌と角のために乱獲され、19世紀後半にほとんど絶滅。バッドランズでは1963年にノースダコタから移されてきた群れの子孫が現在1200頭ほど生息している。家畜からのブルセラ症感染を防ぐため、隣にあるウシの放牧地とはフェンスで仕切られている。

プレーリードッグ・タウン　Prairie Dog Town

プレーリードッグと共存
しているバッファロー

　ピナクルスを過ぎてすぐ、メインロードから未舗装のSage Creek Roadに入ってしばらく走ると、右側に駐車場がある。ここでは草原にすむオグロプレーリードッグBlack Tail Prairie Dogを観察できる。彼らは地下に張り巡らせたトンネルで町を作り、ひとつのコミュニティを形成する。警戒心が非常に強く、奇声やしぐさで危険を仲間に知らせるのだが、それがまた愛敬たっぷり。寿命は3〜4年だが、生後1年以内に死ぬ確率が高いという。なんと生まれてすぐに、多くの個体がほかのプレーリードッグに食べられてしまうことがあるのだそうだ。

　ここはまた、バッファローが集まってくる場所でもある。運がよければ草原のかなたにプロングホーンが走る姿も見えるかもしれない。

草原の地下には巨大な"都市"が築かれているはずだ

▧ WILDLIFE ----------
Don't feed!
　かわいらしいプレーリードッグだが、餌を与えることは、彼らを死に追いやることになるということをお忘れなく。また、ペストや狂犬病をもっている可能性があるので、弱った個体や死骸を見つけても手を触れてはいけない

宿泊施設 🏠 ▱▱▱ ACCOMMODATION

園内で泊まる ▱▱▱

🏠 Cedar Pass Lodge

　4月中旬〜10月下旬のみオープンする。ビジターセンターの隣にあり、岩山の風景がすばらしい。1930年代に建てられたロッジだが、1987年に修復された。エアコン付きキャビンが24室のみ。TV、冷蔵庫、電子レンジ付きのキャビンもある。ロビーはWi-Fi無料。

広さも十分で気持ちがいい

🏠 20681 Hwy. 240, Interior, SD 57750
☎ (605)433-5460　Free 1855-765-0737
URL www.cedarpasslodge.com　on off $ 220

NATIVE AMERICAN
山に消えたバッファロー
〜カイオワ族の伝説より〜

　その昔、バッファローはどこにでもいて、人間と仲よく暮らしていました。人間はバッファローを殺しても、いつもその魂に敬意を表し、殺したそのすべての部分を使いました。肉は食料に、皮は衣類、毛は枕の詰め物にというように。

　やがて白人がやってきて、平穏な生活が180度変わりました。軍隊はハンターを雇ってバッファローをどんどん殺していったのです。初めのうちバッファローは人間が生きていけるように努めたのですが、あっという間に山のようになった仲間の骨を見て、彼らはあることを悟ったのでした。

　ある霧の深い朝、カイオワ族の娘が泉へやってきました。彼女がバケツに水を汲んだとき、霧の中で何かが動きました。それはバッファローの群れでした。年老いたバッファローを先頭に、人間と戦ってきた若いバッファローも、傷ついたものも、そして子供もいました。彼らが真っすぐに山のほうに向かっていくと、突然、山が開いたのです。山の中は自然が豊かで、よく見ると、白人がこの土地に来る以前の光景が広がっていました。

　バッファローの群れが山の中に進むと、山はもとに戻りました。

　そして、バッファローはいなくなったのです。
※バッファローを絶滅させたのは、先住民を飢えさせて居留地へ追い込むための政策でもあったといわれている

Trivia エコロッジ　Cedar Pass Lodgeはアメリカのエコ建築基準LEEDに認証された環境に優しいロッジ。使用した木材はすべてキクイムシで枯れたマツの木で、家具は地元の職人の手作りだ

キャンプ場に泊まる ❭❭❭❭

　公園内のキャンプ場は2ヵ所。一応1年中オープンしているが、冬期は管理人がいなくなる。

　ひとつはBen Reifel Visitor Centerの西にある**Cedar Pass Campground**。オンシーズンのみロッジのサイトまたは電話での予約が必要。飲み水、トイレ、シャワーなどの設備が整い、96サイトある。もうひとつは公園の北西にある**Sage Creek Campground**。こちらは飲み水もなく、簡易トイレがあるのみ。22サイト。

Cedar Pass Campground on off $28〜42
Sage Creek Campground 無料
※雨や雪が降ったあとは普通車での進入は難しい

近隣の町に泊まる ❭❭❭❭

　ラピッドシティに宿泊施設がたくさんあるので、ここからの日帰りが便利。モーテルはI-90のExit 59を出たあたりに多い。

🏠 Alex Johnson

　1928年に建てられた歴史あるホテル。ラピッドシティのダウンタウンの中心部（6th & St. Joseph Sts.）にあって、昼も夜もよく目立つ。建物は古いが、木を基調とした家具や、先住民スー族がテーマのロビーは心地よい。レストランあり。全館禁煙。Wi-Fi無料。

523 Sixth St.,Rapid City, SD 57701 ☎(605)342-1210
Free 1800-774-1500 URL www.alexjohnson.com
on $119〜529 off $79〜259 カード A M V

ラピッドシティ　Rapid City, SD 57701　ピナクルスゲートまで 62 マイル　60 軒

モーテル名	住所・電話番号など	料 金	カード・そのほか
Best Western Ramkota Hotel	2111 N. LaCrosse St. ☎(605)343-8550 Free 1800-780-7234 URL www.bestwestern.com	on $139〜344 off $89〜239	A D J M V I-90 Exit 59 からすぐ。レストラン、コインランドリー、室内プールあり。空港送迎無料。Wi-Fi 無料。全館禁煙
Holiday Inn Express & Suites Rapid City I-90	645 E. Disk Dr. ☎(605)355-9090 Free 1800-465-4329 日本 0120-677-651 URL www.hiexpress.com	on $125〜239 off $106〜142	A D J M V I-90 Exit 59 から北へ 1 ブロック。朝食付き。コインランドリーあり。冷蔵庫、電子レンジあり。Wi-Fi 無料
Super 8	620 Howard St. ☎(605)600-5612 Free 1800-454-3213 URL www.super8.com	on $70〜149 off $54〜134	A D J M V I-90 Exit 58 の北側。朝食付き。コインランドリーあり。屋外プールあり。Wi-Fi 無料
Days Inn	1570 N. LaCrosse St. ☎(605)939-3471 Free 1800-225-3297 URL www.daysinn.com	on $81〜184 off $59〜148	A D M V I-90 Exit 59 の 南 側。朝食付き。コインランドリー、Wi-Fi 無料。全館禁煙
Comfort Inn & Suites	915 Fairmont Blvd. ☎(605)416-2768 FAX (605)718-4707 URL www.choicehotels.com	on $102〜229 off $69〜168	A D J M V US-16 をマウントラシュモア方面へ 1.5 マイル。朝食付き。コインランドリーあり。Wi-Fi 無料。全館禁煙

インテリア　Interior, SD 57750　インテリアゲートまで 2 マイル　3 軒

モーテル名	住所・電話番号など	料 金	カード・そのほか
Badlands Inn	20615 Hwy. 377 Free 1833-272-0011 URL www.badlandsinn.com	on off $149	M V 5 月上旬〜 10 月中旬のみ営業。受付は深夜から早朝はクローズ。Wi-Fi 無料。全館禁煙
Badlands Hotel & Campground	900 Hwy. 377 ☎(605)433-5335 URL www.badlandshotelandcampground.com	on $85〜161 off $85〜132	A M V 4 月中旬〜 10 月上旬のみ営業。コインランドリーあり。Wi-Fi 無料。全館禁煙。キャンプ場あり

ウォール　Wall, SD 57790　ピナクルスゲートまで 8 マイル　10 軒

モーテル名	住所・電話番号など	料 金	カード・そのほか
Best Western Plains Motel	712 Glenn St. ☎(605)279-2145 Free 1800-780-7234 URL www.bestwestern.com	on $128〜225 off $110〜155	A D J M V I-90 Exit 110 のすぐ北側。朝食付き。冬期休業（11月下旬〜 3 月中旬）。Wi-Fi 無料
Super 8	711 Glenn St. ☎(605)743-0904 Free 1800-454-3213 URL www.super8.com	on $82〜160	A D M V I-90 Exit 110 のすぐ北側。朝食付き。Wi-Fi 無料。全館禁煙。11 月〜 12 月中旬休業

パノラマ街道——ブラックヒルズ

ブラックヒルズ

ラピッドシティの南に広がるブラックヒルズと呼ばれる丘陵地帯には、観光ポイントがめじろ押し。特に4人の大統領の顔が岩山に彫られたマウントラシュモアは年間訪問者数なんと244万人。入口の町には観光客目当ての居酒屋やTシャツ屋がズラリと並んでいる。

以下に紹介するポイントのうち、ジュエルケイブを除けばラピッドシティから日帰りドライブにちょうどいい。モーテルはマウントラシュモア手前のキーストーンKeystoneの町にも15軒ある。また日帰りバスツアーも数社が催行している。

詳しくは『地球の歩き方B01アメリカ』編を参照。

 マウントラシュモア国定記念物
Mount Rushmore National Memorial

ラピッドシティのダウンタウンからMt. Rushmore Rd.（US-16）を南西へ18マイル、車で30分。道路は走りやすく、標識もよく整っている。
☎(605)574-2523 URL www.nps.gov/moru
圏7:00〜21:00。夏期は5:00〜23:00。ライトアップセレモニーは5月下旬〜8月上旬の21:00と8月中旬〜9月下旬の20:00。おもな祝日には花火も打ち上げられる。冬期はセレモニーはないがライトアップは21:00まで行われる。休12/25 料無料。駐車料金＄10。1年間有効
MAP 折込1枚目 B-4

1927年から14年の歳月をかけて造られたが、資金不足のため中断。未完成のままになっている。花崗岩でできた顔の上下は約18mある

リンカーンの目は幅が約3.4mある

クレイジーホース・メモリアル Crazy Horse Memorial

マウントラシュモアからSD-244を西へ走り、ワシントンの横顔を見られるポイント（左側の駐車場）に寄って、US-16/385にぶつかったら左折。20分。スー族の英雄クレイジーホースの巨大な彫像が現れる。1948年、白人の英雄ばかりが並ぶマウントラシュモアへの抗議の意味を込めて工事が始められたが、いまだに制作中。完成すれば世界最大の彫像になるという。民間の施設なので、制作費は入場料などで捻出しているそうだ。
☎(605)673-4681
URL crazyhorsememorial.org
圏8:00〜16:30。夏期は夜にレーザーショーが行われる 休12/25
料1人＄12、3人以上＄30

右／顔の上下は約27mと、大統領よりずっと大きい　左／完成模型どおりの姿が見られるのは何年後になるのだろう？

カスター州立公園ではバッファローの大きな群れに遭遇することもよくある

🚐 カスター州立公園　Custer SP

クレイジーホースからUS-16/385を戻り、**Needles Hwy.**（SD-87）へ右折して20分。花崗岩が鋭く浸食された奇岩群が見られる。道幅の狭い山道が続くので14マイルを走るのに45分〜1時間かかる。

US-16Aに出たら右折して、すぐにSD-87へ左折。途中、天気がよければ**Mt. Coolidge**に寄ってみよう。砂利道を1マイル上れば、クレイジーホースからバッドランズまで一望できる展望台に着く。光の加減によっては肉眼では見つけにくいが、天気のよい朝夕なら白く光るマウントラシュモアもはっきりと見える。SD-87へ戻って峠を越えると、やがて広大な草原が広がる。そのまま南下すればウインドケイブだ。

ウインドケイブからラピッドシティへ戻る途中、ぜひ**Wildlife Loop**

幅が狭く急カーブが続くので運転注意

Rd.を走ってみよう。野生のバッファローの巨大な群れが見られる18マイル（45分）のドライブコースだ。US-16Aにぶつかったら右折し、そのまま**Iron Mountain Rd.**（US-16A）へ。ここもバッファローが多い場所。急カーブが続く山道を17マイル（45〜60分）走ると、やがて行く手に4人の大統領の顔が見えてくる。この頃にはもう夕方になっているだろうから、キーストーンの町で夕食を取り、マウントラシュモアのライトアップセレモニーを見てから帰るといい。
☎(605)255-4515　URL gfp.sd.gov/parks/
翻車1台＄20、バイク＄10

🚐 ウインドケイブ国立公園　Wind Cave NP

カスター州立公園からSD-87を南へ走り、US-385にぶつかったら左折。30分。長さ約260kmと2023年10月現在発見されている洞窟としては世界トップ10に入る。ボックスワークBoxworkと呼ばれる蜂の巣状の方解石が世界で最も多く見られる場所としても有名。ガイドツアーで見学する。夏期はネットから予約を。

Natural Entrance Tour
1日2〜9回催行。75分　翻＄16　☎(605)745-4600
URL www.nps.gov/wica　休11月第4木曜、12/25、1/1

ウインドケイブ最大の見どころは天井にできたボックスワーク

🚐 ジュエルケイブ国定公園　Jewel Cave NM

ウインドケイブから車で50分、クレイジーホースから30分。発見されているだけでも346kmと世界屈指の長さの洞窟がある。方解石が透明な犬牙状に結晶化したCalcite Crystalがいたるところで見られ、光を当てると宝石のように輝くことから名づけられた。
Scenic Tour　1日3〜17回。80分　翻＄16　※夏期は毎日20〜40分ごとに催行される。ネットから予約しよう。☎(605)673-8300
URL www.nps.gov/jeca　休11月第4木曜、12/25、1/1

見学できるのは洞窟のごく一部だが、世界有数の洞窟だと思うとワクワクする

デビルスタワー国定公園
Devils Tower National Monument

夕暮れ時、タワーの西にあるビジターセンターからは赤く染まったタワーを、東側にある州道からはシルエットになったタワーを見ることができる

　　1906年、セオドア・ルーズベルト大統領によってアメリカで最初の国定公園National Monumentに指定されたデビルスタワーは、ワイオミング州の北東、サウスダコタ州に近い所にある。スティーブン・スピルバーグ監督の映画『未知との遭遇』のラストシーンでUFOが降りたのがここ。広大な大平原に忽然と現れる高さ264mの塔は、近寄りがたい荘厳さすら感じさせる。アクセスは不便だが、一度は見てみたい光景だ。

武藤順九の『風の環』(→P.439)

©NPS/Jacob W. Frank

MAP 折込1枚目 B-4

行き方 ACCESS

デビルスタワーはワイオミング州にあるが、**サウスダコタ州のラピッドシティRapid City**（→P.429）から日帰りするのが一般的。交通手段はレンタカーのみ。ラピッドシティ周辺には見どころが多いので、それらを組み合わせたプランを立てるとよい。

レンタカー RENT-A-CAR

ラピッドシティからI-90を西へ向かい、ワイオミング州に入ってExit 185でUS-14に移る。手前の出口で下りる案内標識があるが、Exit 185を利用したほうが早い。20マイル（約32km）走ってWY-24を右折すれば、ほどなくデビルスタワーに到着する。ラピッドシティから112マイル（約180km）。所要2時間。

歩き方 GETTING AROUND

まずはタワーを1周するトレイルを歩いて、周辺の自然をじっくりと観察しよう。夏期ならレンジャープログラム（→P.440欄外）に参加するといい。先住民の話も聞けるし、肉眼では見つけにくい登はん用の縄バシゴも教えてくれる。

公園ゲートの近くにはプレーリー（大平原）が広がっている。ところどころに土が盛り上がっているのはオグロプレーリードッグの巣穴。上空には彼らの天敵であるハヤブサなどの猛禽類が飛んでいて、運がよければハクトウワシも見ることができる。

顔を泥だらけにして巣穴の補修をするプレーリードッグ

DATA

時間帯▶山岳部標準時 MST
☎(307)467-5283
URL www.nps.gov/deto
圃24時間365日オープン
適期▶年中
圏車1台＄25、バイク＄20
そのほかの入園方法は1人＄15。キャッシュ不可
国定公園指定▶1906年
面積▶5.5km²
入園者数▶約48万人
園内最高地点▶1558m
(Devils Tower)
哺乳類▶45種
鳥　類▶133種
両生類▶6種
爬虫類▶7種
魚　類▶13種
植　物▶475種

道路情報
ワイオミング州
Free 511
URL www.wyoroad.info
サウスダコタ州
Free 511
URL www.sd511.org

**イエローストーンレイク
→ デビルスタワー**
375マイル（7〜8時間）

下記のトレイルはいずれもタワーを1周するもので、出発点はビジターセンター
初級 **Tower Trail**
適期▶4〜11月
距離▶1周2km
標高差▶46m
所要▶1周約45分

中級 **Red Beds Trail**
適期▶4〜11月
距離▶1周4.5km
標高差▶135m
所要▶1周約2時間

日本人の彫刻に注目
　入園ゲートを通ってしばらく走ると左手にキャンプ場への道があるが、ここを入った所に仙台出身の彫刻家、武藤順九の作品『風の環』が設置されている。先住民の儀式の際に立ち上る煙を思わせる造形で、環の中にタワーが見える

バイクラリーに注意
　毎年8月、ラピッドシティとデビルスタワーの間にあるSturgisの町で、70万台以上が参加するという全米最大規模のバイクのイベントが行われる。デビルスタワー周辺も大渋滞が予想されるので注意。2024年は8/2〜8/11、2025年は8/2〜8/10の予定

Visitor Center
🕐9:00〜17:00
🚫おもな祝日、2月下旬
[Ranger] Geology of Tower
5月下旬〜8月下旬の土日
11:00、14:00。30分間

そのほかの施設
　園内には何もないが、ゲートのすぐ外にガスステーション、ストアなどがある

冬期について
　冬には積雪があり、クロスカントリー・スキーを楽しむ人や儀式を行う先住民らがタワーを訪れる。州道や国道が雪で閉鎖されることはまれ

デビルスタワー豆知識
その1：ワイオミング州にはアメリカ初の国立公園（イエローストーン）と国定公園の両方がある
その2：ここを国定公園にしたセオドア・ルーズベルト大統領は、子グマを撃ち殺すのを思いとどまったことで有名。テディベアの名は彼の愛称からきている。彼はデビルスタワーを訪れたことはなく、写真を見て公園指定を決めたという

Visitor Center
　公園ゲートから3マイル走った道路の終点にある。夏期には、タワーを1周するものなどさまざまなレンジャープログラムが行われる。駐車場が狭く、混雑する夏期には車を停めるまでにかなりの時間を要するので覚悟しよう。

　デビルスタワーがクライマーに征服されたのは1893年7月4日。初登頂を知らせるニュースは万国博覧会よりも人々の関心を集めたという。1941年にはパラシュート部隊の兵士がタワーの頂上に落ち、6日後に救出されたこともある。
　タワーには220の登はんルートがあり、年間約5000人が挑んでいる。必ず登はん前とあとにビジターセンターに届けなくてはならない。登はん時間は4〜6時間が一般的だが、最短記録はなんと18分！　最年少は6歳、最高齢は81歳だそうだ。さらにタワーでは事故もまれにしか起きていない。過去87年間で死者6人。救助要請も少ないという。

　なお、デビルスタワーは先住民にとって神聖な場であるため、たいせつな儀式が行われる6月は登らないよう呼びかけている。またこの時期は、ハヤブサの営巣地がある西壁は登はん禁止になる。

ルートによっては初級者でも登れるそうだ

GEOLOGY 🔍　デビルスタワーはマグマの固まりだった！

　今からおよそ6000万年前、このあたりの地下深い所にあった巨大なマグマが、いくつもの地層を貫いて地表付近にまで上昇してきた。このマグマは活動をやめたあと、冷えてフォノライト斑岩と呼ばれる硬い火成岩となった。その後、数百万年の間に軟らかい地層は浸食されて、高原全体が削られていったが、硬い火成岩だけは浸食を受けずに残った。マグマは固まると収縮して砕け、細長い柱状になる。デビルスタワーを構成しているこれらの柱は、大きなもので下のほうの直径が2.5m、上のほうの直径が1.2mほどあるという。

タワーの頂上には何がある？
　タワーの頂上部分は、上から見るとしずくのような形をしており、南北122m、東西61mの広さがある。大部分は草で覆われており、セージブラッシュ（ヨモギの一種）やウチワサボテンなどが生えているそうだ。
　そして驚くべきことに、シマリスやネズミ、ガラガラヘビなどもいるのだ。垂直のタワーを登ってきて頂上にすみついたらしい。多くのクライマーが、ヘビやネズミが岩の亀裂を登っていくのを目撃している。

意外なことに、大規模な崩落が起きたことは過去200年間で一度もないそうだ

Readler's Voice 静かな絶景ポイント　ビジターセンターから少し戻って最初の枝分かれを右折してください。Joyner Ridge Trailに出ます。人もほとんどいないので全景を撮影するには最高の場所です。↗

宿泊施設　　　　　　　　　　　　　ACCOMMODATION

キャンプ場に泊まる

　園内のキャンプ場Belle Fourche Campgroundはタワーの南側にあり、5月中旬～10月中旬オープン。46サイト。予約はできない。また、公園ゲートのすぐ外側に民間のキャンプ場KOAがある。

Belle Fourche Campground
圏 $20。飲料水、水洗トイレあり。シャワーなし

近隣の町に泊まる

　タワー周辺には下記のみ。I-90まで戻ればサンダンスSundanceに3軒、東へ30分走って州境を越えたスペアフィッシュSpearfishに11軒、西へ向かうならムアクロフトMoorcroft（Exit 154）に2軒ある。ラピッドシティのホテルは→P.435。

モーテル名	住所・電話番号など	料金	カード・そのほか
Devils Tower Lodge	住 37 State Route 110, Devils Tower, WY 82714 ☎ (307)467-5267 URL www.devilstowerlodge.com	on $160～285	MV　公園敷地のすぐ北にある、著名なクライマーが経営するB&B。夏期のみ営業。全館禁煙。P.440下欄外Joyner Ridge Trailの先を右折する（未舗装）。レストランあり。Wi-Fi無料
Sawin' Logs Inn	住 201 Hwy. 24, Devils Tower, WY 82714 Free 1866-328-5328 URL sawinlogs.com	on $140 off $110	AMV　タワーの手前、WY-24沿いにある。TVなし。Wi-Fi無料。全館禁煙。3室

NATIVE AMERICAN　　デビルスタワーがあっという間にできた話

　ずーっと昔のお話。8人の姉弟が森で遊んでいたとき、突然、弟の体に長い毛が生え出し、爪も伸びて、クマに変身してしまいました。驚いて逃げ出した姉たちは大きな切り株に飛び乗りましたが、追いかけてきたクマは姉たちに襲いかかろうとしました。するとそのとき、切り株が空に向かってぐんぐん上昇し始めたのです。クマは一生懸命よじ登ろうとしましたが、やがて転落し死んでしまいました。現在、タワーに残っている縦の溝は、クマがひっかいた爪跡なのです。助かった7人はその後も空に住み続け、プレアデス星団（＝すばる。北斗七星との説もある）になりました。

　　　※　　※　　※

　これはカイオワ族の伝説だが、デビルスタワーに関する言い伝えは部族ごとにさまざま。なかにはクマを尊敬すべき動物として英雄視したものもあるが、多くは人間がクマに襲われるというストーリーになっている。しかし、現実にすみかを奪われたのはもちろんクマのほうである。

　デビルスタワーという名は19世紀に白人の大佐がつけたもので、先住民はベアーズロッジ、ベアーズティピ（いずれもクマのすみかの意）などと呼ぶ。カナダ在住も含めた20の部族がデビルスタワーを聖地としていて、真冬のキャンプや断食修行などの儀式をここで行っている。トレイル沿いの樹木に布の切れ端が結び付けてあるのをよく目にするが、これも儀式のひとつなので、ゴミと間違えて取り外したりしないよう注意。

かつてこの地にはブラックベア、グリズリーベアともに生息していたが、現在はどちらもまったくいなくなってしまった

↗（愛知県　松井岳仁　'17）1周2.4km、標高差71m、所要約1時間30分。Tower TrailやRed Beds Trailよりもタワーから離れているぶん、樹木にじゃまされずにタワー全景を見ることができる。['23]

サワロ国立公園
Saguaro National Park

公園はツーソンの町を挟んで東西に分かれており、それぞれ景色のよいドライブルートが整備されている

　アメリカ最大のハシラサボテン、サワロ（ベンケイチュウ）を見たことがあるだろうか。大地に足を踏ん張り、両腕を曲げてガッツポーズをしたようなユーモラスな姿はアリゾナの象徴だ。ところが、グランドキャニオンやモニュメントバレーに代表される北アリゾナは思いのほか気温が低く、サワロを目にすることはできない。西部劇でおなじみの風景は、アリゾナ南部のソノラ砂漠特有のものだ。サワロ国立公園へ行けば、高さ10～15mもある巨大なサワロをいやというほど見ることができる。ニョキニョキ、ニョキニョキ、地平線のかなたまでサワロだらけだ！　よく見ればサボテンの中にも足元にも、息づいている命がある。サワロは、砂漠の貴重な水を精一杯吸い込んで、たくさんの動物や鳥たちを養っている頼もしい父さんでもある。

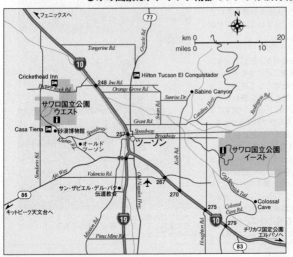

MAP 折込1枚目 D-3

行き方　ACCESS

ゲートシティは**ツーソン Tucson**。アリゾナ州第2の都市で、市内にも郊外にも見どころはたくさんあるし、宿にも困らない。

公園の敷地はツーソンの町を挟んで東側のサワロイーストと西側のサワロウエストに分かれている。それぞれツーソンから15マイル（約24km）、車で30分ほどの距離。

現在ツアーバスはない。レンタカーを借りてサワロの林の中をゆっくりと巡るのがベストだ。

表面に無数に生えたトゲで空気中の水分を吸収している

飛行機　AIRLINE

Tucson International Airport（TUS）

ユナイテッド航空がサンフランシスコから1日3便（所要2時間25分）など全米から各社のフライトが多数ある。空港内にはレンタカー各社のカウンターがある。

DATA

時間帯 ▶ 山岳部標準時 MST（夏時間不採用）
☎(520)733-5153
URL www.nps.gov/sagu
開 日の出〜日没
休 11月第4木曜、12/25
適期 10〜5月
料 車1台$25、バイク$20
そのほかの方法は1人$15。
キャッシュ不可
国定公園指定 ▶ 1933年
国立公園指定 ▶ 1994年
面積 ▶ 376km²
入園者数 ▶ 約91万人
園内最高地点 ▶ 2641m
（Mica Mtn.）
哺乳類 ▶ 69種
鳥　類 ▶ 210種
両生類 ▶ 8種
爬虫類 ▶ 51種
植　物 ▶ 1236種

TUS ☎(520)573-8100
Alamo
Free 1844-370-9822
Avis ☎(520)294-3662
Budget ☎(520)573-2025
Dollar ☎(520)434-3420
Hertz ☎(520)434-3400

時間がない人にはサワロ・ウェストをおすすめ。1時間もあれば車でざっと一周できる

Saguaro National Park

長距離バス ▷▷▷▷▷ BUS

ツーソンのバスディーポ
🏠 801 E. 12th St.
☎ (520)792-3475
🕐 5:00〜13:00、
　 17:00〜23:00

　グレイハウンドバスがフェニックスから1日4便（2時間15分）、エルパソから3便（5時間30分）走っている。バスディーポはダウンタウンの東の外れにある。レンタカー会社はダウンタウンにもある。

鉄　道 ▷▷▷▷▷ AMTRAK

ツーソン駅
🏠 400 N. Toole Ave.
☎ (520)623-4442
🕐 月　　　6:15〜21:00
　 火　　 15:45〜23:00
　 水　　 13:45〜21:00
　 木・日　6:15〜13:30、
　　　　 15:45〜23:00
　 金・土　6:15〜13:30

　アムトラックのSunset Limited号（ロスアンゼルス-ニューオリンズ）が週3便、ツーソンに停車する。ロスアンゼルスから所要9時間30分、エルパソから6時間。駅はダウンタウンにある。

レンタカー ▷▷▷▷▷ RENT-A-CAR

ツーソンの観光局
🏠 115 N. Church Ave.
Free 1800-638-8350
URL www.visittucson.org
🕐 10:00〜17:00
🚫 おもな祝日

ガソリンは満タンで
　園内はもちろん、周辺にもガスステーションはない。ツーソンで入れておこう

　ツーソンで借りてサワロウエスト、砂漠博物館、オールドツーソンと3ヵ所を回ると日帰りドライブにちょうどいい。ツーソンからはSpeedway（I-10 Exit 257）を西へ走り、やがてGates Pass Rd.と名前を変えて、丘を越えた途端に待望のサワロとご対面。峠の展望台からは地平線まで続くサワロの林が圧巻だ。Kinney Rd.に突き当たったら右折。砂漠博物館を過ぎてしばらくするとビジターセンターがある。市内中心部から30分。

　サワロイーストへは、BroadwayかSpeedwayを東へ走り、Freeman Rd.を右折。突き当たりのOld Spanish Trailを左折すれば入園ゲートへ出る。市内中心部から30分。

一方通行路が敷かれているサワロ・イースト

オルガン・パイプ・カクタス国定公園
Organ Pipe Cactus National Monument

　ツーソンから南西へ3時間、メキシコ国境に面した公園。ソノラ砂漠が広がるなかに、3〜8mの高さに伸びるパイプオルガンサボテン（大王閣とも呼ぶ）をはじめとして28種のサボテンが見られる。オンシーズンは12〜3月。真夏は40℃を超え、極端に乾燥する。

　行き方は、ツーソンからAZ-86を西へ120マイル（途中、キットピーク天文台を通る）。Whyという町でAZ-85へ左折して17マイルでビジターセンターへ出る。ここから西側に1周37マイル、東側に1周21マイルの未舗装路がある。いずれも通常は普通車で走れる。園内にはキャンプ場（＄20）以外何もないが、メキシコ国境の町Lukevilleにガスステーションなどひととおり揃っている。

MAP 折込1枚目 D-2
☎ (520)387-6849　URL www.nps.gov/orpi
ビジターセンター 🕐 9:00〜17:00　🚫 11月第4木曜、12/25　🎫 1台＄25、バイク＄20。キャッシュ不可

注意：国境地帯なので検問は厳しい。あやしい人に声をかけられても決して車を停めてはいけない。また、車を盗まれないよう、少しの時間でも車を離れるときにはドアロックを。公園は24時間オープンしているが、武装している不法入国者もいるので夜間の走行は避けよう。

パイプオルガンサボテンのほかにもサワロなどさまざまなサボテンが見られる

左／10mを超えるような大きなサワロに生長できるのは、サワロが一生のうちに作る4000万個の種のうち、わずか1個の確率だという　中／霜や雪に遭うと"腕"が脱力してしまうことも。ダメージが軽ければ再び立ち上がることもあるそうだ　右／落雷、干ばつ、低温などで枯れたサワロ。木質の葉脈は先住民が住居などに利用した

歩き方　GETTING AROUND

　イースト、ウエストともにサボテンの林を走り抜ける周遊道路がある。途中の駐車場に車を置いてトレイルを歩いてみるといい。

　なお、ソノラ砂漠はアメリカで最も暑く、乾燥した場所のひとつ。真夏の日中は40℃前後まで気温が上がるので、炎天下での活動は人にも車にもたいへんな負担をかける。もしも夏に訪れるなら、夕方がいい。サワロ林のかなたに沈む夕日を見に行こう。

情報収集　INFORMATION

Visitor Center

　イースト、ウエストそれぞれの入口にあり、12〜4月にはレンジャーウオークなどのプログラムも催される。そのほかの施設はないが、大都市ツーソンが近いので不便はないだろう。

シーズン　SEASONS AND CLIMATE

　ツーソンのピークシーズンは過ごしやすい冬。12〜3月は雨期だが、それが明ける頃、砂漠はいっせいに花々で彩られる。

サワロの花は5月頃
に咲く。7〜9月は
40℃を超える日も
あり、地面はとき
に60℃を超え
る。この時期は雷雨に
も気をつけよう。

サワロの花が咲くのは
5月頃だ

☀ WILDLIFE

世界最大のサボテン
　メキシコのカリフォルニア半島に育つカルドンCardonというサボテン（和名は武倫柱）。姿も花もサワロにそっくりだが、サワロはカーネギア属、カルドンはパキセレウス属。根元付近から腕が伸びるのが特徴で高さ15〜20m、重量25トンと、サワロよりはるかに大きい

Visitor Center
☎ (520)733-5153
🕐 8:00〜16:00
🚫 11月第4木曜、12/25

そのほかの施設
　一切なし。食事は砂漠博物館で

初級	Valley View Overlook Trail
適期	▶10〜5月
距離	▶往復1.3km
標高差	▶15m
所要	▶約30分
出発点	▶Bajada Loop Dr.の途中

サワロウエスト Saguaro West （Tucson Mountain District）

サワロの密集度が高い（小さなものまで含めると約100万本）ので訪れる人が多い。ビジターセンターを過ぎてしばらくすると、1周6マイルの未舗装路バハダ・ループ・ドライブBajada Loop Driveがある。途中のトレイルを歩くと、地平線のかなたまで見渡せる。

初級	Desert Ecology Trail
適期	▶10〜5月
距離	▶1周480m
標高差	▶ほとんどない
所要	▶約15分
出発点	▶Cactus Forest Dr.の途中

サワロイースト Saguaro East （Lincon Mountain District）

標高2000mを超える山脈の裾野に広がっており、麓には約25万本のサワロの林が続くというのに、山の上ではカナダに見られる針葉樹が育ち、冬には冠雪もある。1周8マイルのカクタス・フォレスト・ドライブCactus Forest Driveが敷かれている。

園内に宿泊施設はないが、公園の敷地に隣接して数軒のB&Bがある。またツーソンに100軒以上のホテルがあり、予約なしでも宿に困ることはまずない。**オンシーズンは冬。**モーテルは、I-10のExit 256、257、262、264付近や空港周辺に多い。

キャンプ場は園内にはないが、ウエストの砂漠博物館手前の**Tucson Mountain Park**に130サイト（$10〜20）がある。

近隣の町に泊まる ▶▶▶▶

広大な敷地にさまざまな施設が点在するヒルトン

🏠 Hilton Tucson El Conquistador

町の北外れにある大型リゾートで、ゴルフとテニスが特に充実している。I-10のExit 248からIna Rd.を東へ走り、Oracle Rd.を左折してしばらく行った右側。室内金庫、ミニバーあり。TVでNHKワールド（英語）が観られる。

ビジネスセンターのPCは24時間使える。レストランあり。428室。

数日滞在してリゾートライフを満喫したい

🏠 10000 N. Oracle Rd, Tucson, AZ 85704
☎ (520)544-5000
東京 ☎ (03)6864-1633
URL www.hilton.com
on $ 214〜638
off $ 187〜482
カード A D J M V

ツーソン			Tucson, AZ 85743 など　約100軒
モーテル名	**住所・電話番号など**	**料金**	**カード・そのほか**
Cat Mountain Lodge	🏠 2720 S. Kinney Rd. ☎ (520)578-6085　**FAX** (520)578-6385 **URL** www.catmountainlodge.com	**on off** $ 119〜249	**M V**　オールドツーソン、砂漠博物館の近くにある。朝食付き。Wi-Fi無料。斜め向かいに姉妹ホテルのRoadside Innがあり、オフィスは10:00〜19:00
Crickckethead Inn B & B	🏠 9480 Picture Rocks Rd. ☎ (520)682-7126 **URL** www.cricketheadinn.com	**on off** $ 110	**M V**　公園の北西に隣接。3室。フルブレックファスト付き。Wi-Fi無料。全館禁煙。2泊から
Sonesta Tucson Airport	🏠 6885 S. Tucson Blvd. ☎ (520)295-0405　**Free** 1800-766-3782　**URL** www.sonesta.com	**on off** $ 84〜250	**A D J M V**　空港そば。送迎無料。屋外プール、コインランドリーあり。朝食付き（フルブレックファスト）。Wi-Fi無料。全館禁煙

▶NOTES ハシラサボテンで背比べ　サワロ国立公園は周り一面サボテンだらけだが、しばらくすると飽きてくるかもしれない。そんなときは、自分の身長と同じサボテンを探して写真を撮ってみよ 🖊

WILDLIFE

ユーモラスな巨人

サワロのつぼみ。通常は頭頂部に咲く

サワロSaguaro（ワにアクセントをおいてサワーロと発音する）の和名はベンケイチュウ。仁王立ちになった弁慶を想像させる名前だ。ソノラ砂漠のみに自生し、高さ5〜15m、重さ10トンにもなる。茎には無数のヒダが走っているが、ここがポイント。雨が降るとヒダが膨らみ、内側にあるスポンジ状の部分に大量の水分を吸い込む。一度に760リットルの水を吸い上げ、たった1回の雨で1年分の水分を蓄えてしまうという。5月頃になると先端に白い花を咲かせ、実や種は人間にも動物たちにも貴重な食料になる。

サワロの生長は極めて遅い。芽を出してから30年たってようやく花が咲き、60〜75年で"腕"が伸び始める。寿命は150〜175年といわれる。

サワロとともに生きる動物たち

サワロばかりに目を奪われがちだが、足元にも注目。ウチワサボテンをはじめとして、ソノラ砂漠には約150種類のサボテンが自生している。サワロの幹に穴を空けてすんでいるのはキツツキ。穴の中は昼間涼しく夜は温かい、断熱効果に優れた家だ。キツツキは毎年新しい穴を作るので、使わなくなった古い穴はチョウゲンボウ（小型のタカ）やフクロウなど、数多くの鳥が利用する。

鳥のなかでちょっと変わり者なのがオオミ

チバシリGreater Roadrunner。飛ぶのは苦手だが、逃げるときには地上を時速約30kmで突っ走る。白と茶のまだら模様で、頭頂部の毛が逆立っている。

砂漠では夜行性の動物が圧倒的に多いので、昼間最もよく見かけるのはトカゲ。世界的にも珍しい、毒をもったトカゲGila Monster（ヒーラモンスターと発音する。体長30〜50cm）もいるので足元には気をつけて。もちろんサソリやヘビもいる。なかにはガラガラヘビを食べてしまうというすさまじいヘビもいるそうだ。

夜になるとネズミやウサギ、コウモリ、サバクガメなどが活動を始める。小動物を狙ってコヨーテもやってくるし、イノシシによく似たクビワペッカリーJavelina（ハバリーナと読む）も多い。サワロの生える砂漠は、命にあふれる土地なのだ。

キツツキが空けた穴は、やがてフクロウなどさまざまな生き物のすみかになる

過酷な砂漠で人間より長い命を謳歌するサワロ

う。さまざまな大きさのサボテンがあるので、きっとあなたと同じ背のサボテンが見つかるはずだ。子供の場合は、次回来たときに再び背比べしてもおもしろいかも。（テキサス在住　しゅしゅくん　'15）['23]

447

砂漠博物館
Arizona-Sonora Desert Museum

サワロウエストに隣接して建つ屋外博物館、というより動物園＆植物園。ピューマ、ボブキャット、サボテンフクロウ、ハチドリなど、砂漠に生きる動物230種と植物1200種が集められている。公園の野生動物は日中はなかなか姿を見せてくれないので、ここで観察しよう。

なお、夏期は閉園時間が早いので気をつけよう。

MAP P.442　☎(520)883-2702
URL www.desertmuseum.org
圃8:30〜17:00。6〜9月は7:30〜14:00、土〜22:00
料$29.95、65歳以上$27.95、3〜12歳$19.95

上／険しい岩場にすむビッグホーンシープ。サワロ・ウエストのSignal Hillなどで見かけることがあるかもしれない
下／世界最小の鳥、ハミングバードも数多く飼育している

星空観察会は人気があるので予約は1ヵ月ほど前に

オールドツーソン　Old Tucson

コロンビア映画社が映画撮影のために、1860年代のツーソンを再現した屋外セット。ここで400本以上の映画やTVドラマの撮影が行われた。今にもワイアット・アープが現れそうな街角で、ガンファイトなどのアクションショーやレビューが連日行われている。場所は、ツーソンからサワロウエストへ向かうGates Pass Rd.がKinney Rd.に突き当たった所を左折してすぐ。

☎(520)883-0100　**URL** oldtucson.com
園内は1日4回ほど行われるツアーで見学する。サイトから要予約。撮影などのため不定期に休園あり　料ツアーによって$14〜40

西部劇の舞台をあちこち見て回ろう

キットピーク国立天文台
Kitt Peak National Observatory

ツーソンから南西へ56マイル。標高2096mのキットピーク山頂にある世界でも最大規模の天文台。口径4mメイヨール反射望遠鏡をはじめとして光学望遠鏡22基、電波望遠鏡2基、3.5mリッチー・クレアチン望遠鏡もある。特定の大学に属さず、観測時間の半分以上を世界の研究者に開放している。

日中に見学ツアーが3回ほど行われている。$19.95。ウェブサイトから要予約。

しかし人気は天体望遠鏡をのぞかせてもらえる夜のツアーだ。ビジターセンターのドミトリー（個室あり）で休憩しながら、朝まで4台の望遠鏡で観測できる。参加は4名まで。初心者OK。チェックイン15:00、チェックアウト9:00〜12:00。3食込み1人$945、2人$1000〜。要予約。12歳未満の子供には不向き。悪天候の場合、後日に振替可。

行き方は、I-19 Exit 99からAjo Wayをひたすら西へ。標識に従って山道を12マイル上る。ツーソン市内から1時間30分は見ておこう

☎(520)318-8726
URL kpno.noirlab.edu/tours-programs

NOTES キットピーク追加情報　ツアーには規則がいろいろあるのでよく確認を。またツーソンへ戻る途中に検問所があるので、パスポートと帰りの航空券（Eチケット）などの書類を忘れずに

チリカワ国定公園　Chiricahua National Monument

舗装道路の終点、マサイポイント

　ツーソンから東へ2時間。地平線まで広がる砂漠地帯のど真ん中に、緑濃い小さな山並みがある。「砂漠の海に浮かぶ島」と呼ばれるこの場所で、およそ2700万年前、セントヘレンズ山の1000倍の規模の火山爆発が起きた。その際にできた火山岩（流紋岩rhyolite）が風と昼夜の温度差によって浸食され、奇怪な尖塔の群像が生まれた。グランドサークルへ行けば奇岩なんて飽きるほどあるけれど、岩の墓場のような不気味な表情は、ほかのどの公園でも見られない独特のものだ。ツーソンほどの都会から気軽に日帰りできるにもかかわらず、訪れる人は非常に少ない。静けさに支配された谷に風が吹き抜けると、無数の亡霊たちの囁きが響く。近寄りがたいと感じるのも無理はない。

　ここはまた、4つの生態系の交差点といわれる特殊な位置にあり、動植物の多様性、特に渡り鳥の多さでは全米屈指。山の東側（公園ゲートから南へ延びる未舗装路を1時間20分）には、ハチドリ観察のメッカとして有名なPortalの町もある。

　行き方は、ツーソンからI-10を東へ80マイル走り、WillcoxでAZ-186へ下りて35マイル。園内では、片道8マイルの道路沿いにも奇岩が迫っているので、終点のマサイポイントMassai Pointまで往復してくるだけでも楽しめるが、できれば30分だけでもトレイルを歩いてみるといい。おすすめはEcho Canyon Trail（1周5.5km。約2時間）。時間があるならHeart of Rocks（往復約12km。約4時間。標高差186m）もすばらしい。いずれも標高が2000m以上あるのでツーソンよりずっと気温が低く、冬には積雪もある。

　園内の施設はビジターセンターとキャンプ場

地名度は低いが奇岩の宝庫だ

（\$20）だけ。園内にも周辺にもガスステーションはない。Willcoxにモーテル（10軒）、ガスステーション、レストランが揃っている。

MAP 折込1枚目 D-3　**URL** www.nps.gov/chir
ビジターセンター
8:30～16:30　11月第4木曜、12/25
(520)824-3560　無料

カールスバッド洞穴群国立公園
Carlsbad Caverns National Park

ビッグルームの「巨人の間」。ビッグルーム全体をじっくり見て回ると2時間ほどかかるが、中間地点でショートカットすることもできる

今からおよそ2億年前に海底に堆積した珊瑚礁（石灰層）が、数百万年前に隆起し、雨水に浸食されて巨大な鍾乳洞が造られた。グアダルーペ山脈の東斜面、標高1343mの所にぽっかりと口をあけたカールスバッドは、世界でも最大級の鍾乳洞群。なかには地下489mと全米2位の深さ、長さ245kmで世界でもトップ10に入るといわれるレチュギアケイブLechuguilla Caveもあり、まだ調査は続行中。灌木ばかりの荒野の地下に、こんな巨大な鍾乳洞が120も広がっているなんて、実に驚異的！

しかしカールスバッドの魅力は、全体の大きさよりもむしろ鍾乳石の多彩な造形美にある。その規模と繊細な美しさにわれわれは言葉を失うばかりだ。

驚きはそれだけではない。夕暮れが訪れる頃、洞穴にすむコウモリたちが餌を求めていっせいに飛び立つ。その数約40万！　圧倒的な迫力の前にわれわれは再びぼう然とする。辺ぴな場所にあるが、絶対に訪れたい公園だ。

NOTES　**検問に注意**　メキシコ国境に近い地域のため検問が多く、パスポートと帰りの航空券（eチケット）を持っていないと面倒に巻き込まれることがある。またエルパソからリオグランデ川を ↗

MAP 折込1枚目 D-4

行き方 ((◇)) ▶▶▶▶▶ ACCESS

　カールスバッドを訪れると決めたら、まずはウェブサイトから予約を取ろう。**入園は年間を通じて予約制**になっている。後述の見どころなどを読んで見学方法を決めてから予約しよう。

　ゲートシティはテキサス州**エルパソEl Paso**。ここでレンタカーを借り、ホワイトサンズ国立公園（→P.458）と合わせて回ることをすすめる。カールスバッドだけならエルパソから日帰りできないこともないが、かなりキツイ。特にコウモリの飛翔を見るなら、公園周辺で1泊したい。

飛行機 ▶▶▶▶▶ AIRLINE

El Paso International Airport (ELP)

　1日100便以上が離発着する大きな空港。ユナイテッド航空がデンバーから1日2便（1時間50分）、アメリカン航空がダラスから6便（1時間50分）、ロスアンゼルスから2便（2時間）、シカゴから1便（3時間30分）のフライトをもっている。

　空港内にはレンタカー各社のオフィスが揃っている。

長距離バス ▶▶▶▶▶ BUS

　グレイハウンドが各方面から走っている。ロスアンゼルスから1日1便、所要17時間30分。ツーソンから1日1便、6時間20分。

鉄道 ▶▶▶▶▶ AMTRAK

　大陸を横断するアムトラックのSunset Limited号（ロスアンゼルス〜ニューオリンズ）が週3便、エルパソに停車する。ロスアンゼルスから所要15時間30分、ツーソンから6時間。

レンタカー ▶▶▶▶▶ RENT-A-CAR

　エルパソ空港からUS-62/180を東へ。州境を越えてしばらく走るとホワイツシティだ。エルパソから138マイル（約222km）、所要2時間30分。ここを左折すればすぐに公園ゲート。サボテンだらけの山道を7マイル（約11km）でビジターセンターに到着する。

　なお、カールスバッドからエルパソへ帰る際、125マイル（約201km）にわたってガスステーションがないので注意。公園ゲートのすぐ外側にあるホワイツシティのガスステーション（無人。日本で発行されたクレジットカード不可）で忘れずに満タンにしておこう。もしもこのガスステーションで給油できなければ、東へ30分走ってCarlsbadの町まで行くしかない。

DATA

時間帯 ▶ 山岳部標準時 MST
☎(575)785-2232
URL www.nps.gov/cave
囲 夜間閉鎖
休 11月第4木曜、12/25、1/1
適期 年中
料 1人＄15（3日間有効）
国定公園指定 ▶ 1923年
国立公園指定 ▶ 1930年
世界遺産登録 ▶ 1995年
面積 ▶ 189km²
入園者数 ▶ 約39万人
園内最高地点 ▶ 1941m
園内最低地点 ▶ 地下489m
哺乳類 ▶ 68種
鳥　類 ▶ 367種
両生類 ▶ 8種
爬虫類 ▶ 43種
魚　類 ▶ 5種
植　物 ▶ 940種

入園予約先
URL www.recreation.gov
　受付は30日前から当日5:00まで。予約が取れた時間から1時間以内に到着すること。入園後は当日中有効。予約手数料1人＄1。入園料金。現地は電波が弱いので、予約メールは必ずダウンロードまたは印刷しておこう

ELP	☎(915)212-0330
Alamo	☎(915)778-9417
Avis	☎(915)779-2700
Budget	☎(915)779-2532
Dollar	☎(915)778-6960
Hertz	☎(915)775-6960
National	☎(915)778-9417

エルパソのバスディーポ
住 200 W. San Antonio St.
☎(915)532-5095
営 深夜1:00〜20:00

エルパソ駅
住 700 W. San Francisco Ave.
☎(915)545-2247
営 11:45〜19:00。水・金は9:15〜16:30

ニューメキシコ州の道路情報
Free 511
Free 1800-432-4269
URL nmroads.com

↗ 隔てた対岸にあるメキシコのファレスJuarezは観光地でもあるが、麻薬がらみの殺人事件が多発している。日本の外務省の海外危険情報でも「レベル2：不要不急の渡航は止めてください」となっている

歩き方　GETTING AROUND

　洞内にはふたつの見学ルートと6つのレンジャー引率ツアーがあり、各自の興味と都合に合わせて予約時に選択する。ただし2023年11月現在、新型コロナなどの感染症対策のためツアーはKings Palace Tourしか催行されていない。予約は早めに。

　コウモリがいる季節（4～10月頃）には、夕暮れ時のコウモリの飛翔は見逃せない。鍾乳洞が閉まってから日没まで時間があるので、ホワイツシティで食事をしてから再び訪れるといい。

　なおカールスバッドは洞内への最終入場が14:30～15:30と驚くほど早い。朝から計画的に見学しないと回りきれないだろう。

情報収集　INFORMATION

Visitor Center

ミニ博物館を併設している

　ビジターセンターに着いたら、まずは駐車場で深呼吸。チワワ砂漠特有の植物が造る不思議な風景と、丸い地平線が見事だ。

　館内では、鍾乳洞やコウモリに関する展示のほか、コウモリの飛翔についての短いフィルム上映も行っている。早速受付で予約メールを提示し、地底の世界に出発しよう。

シーズン　SEASONS AND CLIMATE

　洞内の気温は年間を通して約13℃。地上の真夏の最高気温は35℃、真冬の最低気温は0℃前後だ。6～9月上旬は混雑し、キングス・パレス・ツアーやスローターキャニオン・ケイブ・ツアーの予約は取りにくくなる。また、公園の目玉のひとつであるコウモリの飛翔は例年4月下旬～10月中旬で、ピークは8月。このあたりを考えて計画を立てたい。

おもな見どころ　PLACE TO GO

メインコリドー　Main Corridor

　地表の穴と地底とをつなぐ細長い鍾乳洞。スイッチバックの急な下りが続く**ナチュラルエントランス・ルート**というトレイルで見学する。ビジターセンターに向かって右端の出口から地上を約300m歩き、レンジャーから注意事項の説明を受けたら、あとは各自のペースで歩けばよい。

　ぽっかりと開いた自然の入口から暗い洞穴を下っていくと、昼間コウモリたちが眠っているバットケイブBat Caveがある。さらに悪魔の泉Devil's Spring、クジラの口Whale's Mouth、魔女の指先Witch's Fingerなどと名づけられた鍾乳石を見ながら、83階建てのビルと同じほ

メインコリドーの天井を指す魔女の指はこんなに長い

洞内での注意

　洞内では必ず定められたトレイルを歩き、決して鍾乳石に手を触れてはいけない。ちょっと触っただけで、手の脂や汚れで何万年も続いてきた成長がいっぺんに止まってしまう！ガムやジュースなども禁止。ベビーカーも持ち込めない。もちろん禁煙だ。

　なお、洞内では携帯の電源を切らないと、電話とインターネットの回線を探し続けて無駄にバッテリーを消費する

Visitor Center

☎ (505)785-2232
🕐 8:00～17:00
🚫 11月第4木曜、12/25、1/1

そのほかの施設

　ビジターセンター内にレストランとストアがある。またエレベーターで地下230mへ下りた所に食堂とトイレがある。ここを除いて地下では水以外の飲食は禁止

真夏でも地下は寒い！

　洞内の気温は年間を通して約13℃。上着を持っていこう。見学ルートは舗装されているが、滑りやすいのでサンダルなどは危ない

写真撮影について

　洞内ではフラッシュ、三脚、ムービーいずれもOK。薄暗いので、デジタルカメラでない場合は高感度フィルムか三脚が必要。ただしキングスパレス・ツアーなどは三脚禁止。三脚を預ける場所はないので、車まで戻る必要がある

初級 Natural Entrance Route

適期▶年中
距離▶片道2km
標高差▶244m
所要▶地下のランチルームまで下り約1時間
🕐 8:30～14:30
🚫 11月第4木曜、12/25、1/1

▶NOTES　日本語の解説が便利　ビジターセンター内にあるストアでオーディオガイドを借りることができる。日本語版もあり、鍾乳洞の理解に役立つのでぜひおすすめ。1日$5

どの高度を一気に下りてゆく。

　気がつけばそこは、すでに地上の光が届かない神秘の世界。終点は地下230mのランチルームだ。ひと休みしたら、さらにビッグルームを巡ったり、キングスパレス・ツアーに参加したりして存分に楽しもう。帰りはエレベーター（〜16:45）があっという間に現実の世界へと連れ戻してくれる。

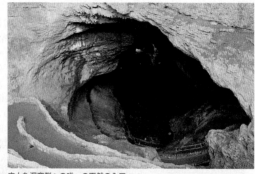
広大な洞窟群への唯一の天然の入口

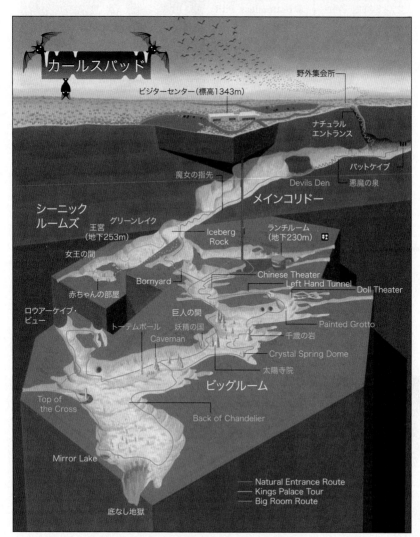

初級 **Big Room Route**
適期▶年中
距離▶1周2km
標高差▶7m
所要▶1周1〜2時間
エレベーターでの入場
時間8:30〜15:30
　車椅子可（一部不可の
エリアあり）。ベビーカー
不可
トイレ（車椅子可）

おもな洞窟
マンモスケイブ（世界最長）
　ケンタッキー州　686km
ジュエルケイブ（→P.437）
　サウスダコタ州　346km
ウインドケイブ（→P.437）
　サウスダコタ州　260km
レチュギアケイブ　245km
安家洞（日本最長）
　岩手県　　　　23.7km
　※2023年10月現在の長さ

Ranger **Kings Palace Tour**
距離▶1周1.6km
所要▶1時間30分
時間10:00、12:00
料金$8、6〜15歳$4
※参加は6歳以上のみ
集合地下のランチルーム

GEOLOGY -----------
レチュギアケイブ
　公園北部にあるレチュギ
アケイブは長さ世界第9
位＆全米第2位の深さとい
うだけでなく、鍾乳石のす
ばらしさでも注目されてい
て、現在も調査が進められ
ている（一般非公開）。と
ころが、洞窟は公園敷地外
にも広がっており、そこで
はガス田や油田の開発が計
画されている。試掘だけで
も大きなダメージを受ける
のではと心配されている

「内気なゾウ」。尻尾がゾ
ウそのもの！

ビッグルーム　Big Room

　天井の高さ80m前後、面積は3万3190m²で、フットボール場が6面入るという巨大な部屋。前述のメインコリドーを歩いて下りてもいいし、ビジターセンターからエレベーターで一気に地下230mまで下りて、ビッグルームだけを見学することもできる。

　ただの巨大な空間ではない。大小さまざまな形をした鍾乳石が多彩な表情を見せている。太陽寺院Temple of the Sun、巨人の間Hall of Giants、千歳の岩Rock of Ages、妖精の国Fairyland、トーテムポールTotem Pole、人形劇場Doll's Theaterなど特徴ある自然の芸術が次々と現れる。底なし地獄Bottomless Pitやロウアーケイブ・ビュー Lower Cave Viewからは、さらに奥へと続く真っ暗な洞穴をのぞくことができる。

とても歩きやすいトレイルが整備されている

シーニックルームズ　Scenic Rooms

　キングスパレス・ツアーに参加しなければ見学できない。美しさという点では世界有数で、まばゆいばかりの、そして繊細な鍾乳石群が集中したエリアなので、ぜひ参加しよう。すいている時期なら前日でも予約が取れることもあるが、ピークシーズンは30日前から売り切れてしまうことも。

　各自エレベーターまたは徒歩（ナチュラル・エントランス・ルート）で下り、地下のランチルームから出発。無数の鍾乳石が垂れ下がる部屋にひっそりと水をたたえる**グリーンレイクルームGreen Lake Room**、流れ落ちる石灰華がベビーベッドにかけたレースのような**赤ちゃんの部屋Papoose Room**、ベーコンと呼ばれる光を通すカーテン状鍾乳石が見事な**女王の間Queen's Chamber**などがある。ツアーのハイライトは**王宮King's Palace**だ。意匠を凝らした調度品のイメージと相まって、まさに王宮の名にふさわしい空間を現出している。このあたりが一般客の行けるトレイルのなかではいちばん深く、地表から253mある。

　なお、巨大な鍾乳石群のなかでは見逃してしまいそうなほど小さな石だが、実は訪問者に最も人気があるのは**内気なゾウBashful Elephant**（グリーンレイクルーム入口）。はにかんで向こうを向いてしまったシャイな象サンのお尻がたまらない！　また直径数ミリから数センチの粒状の鍾乳石が密集してつき、ミモザの花のようになったポップコーンにも注目。石筍（せきじゅん）の半面だけにポップコーンができているものもあるが、これは洞窟内に吹き抜けるわずかな風が造り出したものと考えられている。これによって洞穴内の風の流れを知ることができ、未知の洞窟の位置を推測できるそうだ。

コウモリの飛翔　The Bat Flight

　カールスバッド国立公園のコウモリたちは、6月にここで繁殖し、霜が降りる冬は寒さを避けてメキシコへと移動していく。彼らが公園にとどまる5月下旬～10月中旬（年によって異なる）には、毎夕刻、驚異のショーが繰り広げられる。

　メインコリドーにあるバットケイブで昼を過ごした彼らは、太陽が沈む頃に餌を求めていっせいに洞穴から飛び立つ。その数は、子供たちも飛ぶ8月頃になると、なんと約40万匹。らせん状に隊列を組み、あとからあとから湧くように飛び出してきて、東の空へと黒い帯を描いてゆく。それが30分から数時間も続く。

　日没30分～1時間前くらいから、洞窟前の野外劇場でレンジャーによる解説が行われ、コウモリの飛翔を待つ。彼らの"出勤"が始まる時刻は日によってかなり幅があるが、日没15分前くらいが多いようだ。スケジュールはビジターセンターでチェックしよう。帰りは足元も真っ暗なので、懐中電灯を持っていくと便利。

撮影厳禁！
　コウモリに悪影響を与えるため、フラッシュ使用の有無にかかわらず撮影は一切禁止。カメラ、ムービー、携帯電話、携帯カメラ、スマートウォッチも禁止。車椅子可

WILDLIFE
コウモリの感染症
　カナダとアメリカでは現在、白鼻症候群という感染症によってコウモリが大量死している。過去10年以内にコウモリ生息地や洞窟へ入ったことがある人は、そのときに身に着けていた服や靴でカールスバッドを訪れるのは避けよう

WILDLIFE
コウモリについての誤解

　哺乳類で唯一飛ぶ能力をもつコウモリ（モモンガなどはグライダーのように滑空するだけで、自力で飛ぶことはできない）は、その特異な能力、大きな耳に鋭い歯という悪役顔などからダーティーなイメージがある動物だ。そのため、コウモリについて誤った説が信じられていることも多い。

●コウモリは農作物を食べる？
　果実を食べるコウモリもいるが、多くは虫を主食としている。蚊などの害虫を食べてくれるのだ。

●コウモリは人間の血を吸う？
　吸血コウモリもいるが、少なくともカールスバッドのコウモリは人間の血は吸わない。

●コウモリは目が見えない？
　人間でもずっと暗い所にいて、急に明るい場所に出ると、目がすぐには順応できずに一時的に視力が落ちる。コウモリも同じで、太陽光に目がくらんでしまうのだそうだ。

●コウモリは逆さになったまま出産する？
　これは正しい。暗闇の中で天井にしっかりとつかまったままお産をする。出産は毎年6月で、子供は1匹。子供も、生まれるとすぐ天井や母親にしがみついて逆さになる。この状態で約1ヵ月間、お乳を飲んだり居眠りをして過ごす。そう、

コウモリはれっきとした哺乳動物なのだ。8月になると子供たちも親と一緒に狩りに出かけて虫をつかまえ、秋にはメキシコへ旅立っていく。

メキシコオヒキコウモリ
　カールスバッドには17種類のコウモリが生息しているが、多くはメキシコ（ブラジル）オヒキコウモリMexican Free-tailed Batだ。体長4.5～12cm、翼を広げると幅28cm、体重わずか13g前後と、とても小さい。

狂犬病とコウモリ
　カールスバッドに限らず、アメリカ滞在中に万一コウモリがぶつかってきたら一大事！　普通は人間を避けるはずのコウモリが自ら人間に向かってくるときには、狂犬病Rabiesを発症しているおそれがある。咬まれていないかどうかよく確かめてみよう。コウモリの口はとても小さいが、蚊に食われたような傷でも即座、傷口を石鹸と水でていねいに洗い、必ずその日のうちに狂犬病ワクチンを打ってもらうこと（詳しくは→P.500）。

　カールスバッドのコウモリは1%程度が狂犬病ウイルス陽性だが、幸い発症しても攻撃的にはならず、ただ弱って死んでしまうケースがほとんどとのこと。うずくまっているコウモリや死骸を見つけても手を触れず、レンジャーに報告を。「そんなオーバーな」と思うなかれ。アメリカでは毎年大勢の人がコウモリから狂犬病に感染していて、その多くが直後の洗浄とワクチンによって命びろいしている。発症したら最後、100%死にいたるということを忘れずに。

明るいうちから準備をして待とう

WILDLIFE　コウモリの大群　カールスバッドには約40万匹のコウモリが生息しているが、1930年代には870万匹もいたという。越冬地メキシコで農薬の被害を受け、激減してしまったそうだ

洞窟探検 ◀◁▶▷ CAVING

メインの鍾乳洞に敷かれた舗装されたトレイルではなく、さらに奥に広がる整備されていない洞穴をレンジャーと一緒に探検してみよう。ヘッドランプ付きのヘルメットをかぶり、懐中電灯を持ってワイルドに出発だ！

ロウアーケイブ　Lower Cave

かつての探検者が残した痕跡を見ることができる。多彩な鍾乳石群も見もの。途中、高さ18mのハシゴやロープを伝って下る部分がある。参加は12歳以上のみ。

ホール・オブ・ザ・ホワイト・ジャイアント
Hall of the White Giant

ハードでワイルドなコース。四つんばいになって進んだり、岩をよじ登ったり、狭い狭い岩の間を通り抜けたり……、と冒険を求めるなら最高だ。参加は14歳以上のみ。

スローター・キャニオン・ケイブのツアーは特に人気がある

最新情報の確認を
新型コロナなどの感染症対策のため、2023年11月現在、下記のツアーはいずれも催行されていない。再開日未定。下記の情報は2019年のもの

Lower Cave
時間 火・木・土・日8:30
所要 3時間
料 $20

Hall of the White Giant
時間 月8:30
所要 4時間
料 $20

参加の際の注意
30分前までにビジターセンターでチケットと交換すること。
これらのツアーに参加するときには、ハイキングシューズが必要。スニーカーやテニスシューズは不可。飲料水も忘れずに。ヘルメット、革手袋、ヘッドライト、ニーパッドは貸してくれる。また、コースによっては服が汚れる可能性があるので、それなりの覚悟と準備を。
なお、ほかのツアーに参加したときのままの汚れた服での参加不可。
カメラは持ち込めるが、バックパック禁止のツアーが多く、三脚はすべて不可

🚐 SIDE TRIP

グアダルーペマウンテンズ国立公園
Guadalupe Mountains National Park

エルパソからカールスバッドへ向かうUS-62/180沿いの、州境のすぐ手前にある。二畳紀の珊瑚礁が露出しているなど地質学的な希少さで知られるが、一般の観光客にはマイナーな存在。それでは寄り道する価値がないかというと、決してそんなことはない。おすすめはMcKittrick Canyon Trail（往復約1時間。ビジターセンターから東へ7マイルにあり、17:00にゲートが閉まる）。しばらく歩くと、それまでの荒野がうそのように突然みずみずしい渓谷が現れる。カエデが紅葉する10月下旬は特にすばらしいという。
MAP 折込1枚目 D～E-4　料 1人 $10

エルパソへ戻る途中で立ち寄ってみたい

スローター・キャニオン・ケイブ　Slaughter Canyon Cave

最もワイルドなツアー。1930年代後半に発見された洞穴で、高さ27mもある世界最大級の石筍モナークMonarchのほか、クリスマスツリーChristmas Tree、万里の長城China Wallといった見どころがある。このツアーのみ、入口がビジターセンターから遠く離れている。まずはビジターセンターに集合し、パークレンジャーが先導する車についてエルパソ方面へ5マイル、未舗装路を11マイル走る。さらに駐車場から30〜45分ほど山を登って入口にいたる。参加は10歳以上のみ。

Slaughter Canyon Cave
時間 金8:30
所要 5時間30分
料 $15

宿泊施設 🏠　ACCOMMODATION

園内には宿泊施設もキャンプ場もないが、ゲートに隣接するホワイツシティにモーテルとRVパークがある。またカールスバッドの町にもモーテルは多い。

ホワイツシティ		Whites City, NM 88268　公園ゲートに隣接　1軒	
モーテル名	住所・電話番号など	料　金	カード・そのほか
Whites City Cavern Inn	🏠6 Carlsbad Cavern Hwy. ☎(575)361-2687 URL whitescitynm.com	on off $91	A M V RVパークに付随した簡素なモーテルで、建物は古い。ミニ冷蔵庫と電子レンジあり。Wi-Fi無料。全館禁煙

カールスバッド		Carlsbad, NM 88220　公園ゲートまで25マイル　30軒	
モーテル名	住所・電話番号など	料　金	カード・そのほか
Holiday Inn Express	🏠2210 W. Pierce St. ☎(575)234-1252 日本 無料 0120-677-651 URL www.hiexpress.com	on off $133〜320	A D J M V　町の北寄り。US-285沿い。フルブレックファスト付き。コインランドリー、屋内外プールあり。全館禁煙。Wi-Fi無料
Super 8	🏠3817 National Parks Hwy. ☎(575)689-6955 Free 1800-454-3213 URL www.super8.com	on off $63〜130	A D J M V　US-62/180沿い。US-285のジャンクションの手前。朝食付き。コインランドリーあり。Wi-Fi無料。全館禁煙
Motel 6	🏠3824 National Parks Hwy. ☎(575)885-0011 Free 1800-899-9841 URL www.motel6.com	on off $80〜110	A M V　現金不可。Super 8の斜め前。ミニ冷蔵庫と電子レンジあり。朝食付き。コインランドリーあり。喫煙できる客室もある。Wi-Fi無料

SIDE TRIP

ビッグベンド国立公園
Big Bend National Park

エルパソからI-10、US-90、US-385を南東に310マイル（約499km）のメキシコ国境にある公園。敷地面積3242km²の園内では、リオグランデ川、チソス山脈、チワワ砂漠とさまざまな景色を楽しめる。特に、メキシコを対岸に見渡せるリオグランデ・オーバールックとサンタエレナキャニオン・オーバールック、水着着用で入浴できるボキラス温泉は必訪のスポットだ。春〜秋にかけて日中は暑くなるので、必ず水を持参したい。またキャンプサイト周辺にはブラックベアが頻繁に出没しているので、食べ物はフードロッカーに保管すること。

MAP 折込1枚目E-4　料 車1台 $30（キャッシュ不可）

©NPS/Cookie Ballou
世界遺産暫定リストにも名を連ねている

Readler's Voice　コウモリの観察時は　Apple Watchも含めて「電源」を落とすように言われます。私語も厳禁で、子供がぐずったら車に戻るように言われました。（静岡県 旅好き '18）['23]

ホワイトサンズ国立公園
White Sands National Park

©NPS

雪原を歩いているようにしか見えないが、夏は気温が30℃以上になる

　ニューメキシコ州南部の乾燥地帯、山並みに囲まれた谷に、琵琶湖よりひと回り大きく、雪原のように白い砂丘が唐突に現れる。雲の動きに連れて光と影が走り、気まぐれな紋様を描く。この幻想のような純白の世界は、世界最大の石膏砂丘。そう、まぶしいほどの白さの正体は、医療用ギプスにも使われる、あの石膏の粉なのだ。
　アメリカ政府は、2027年までにユネスコの世界遺産に登録することを目指し、ここを世界遺産暫定リストに加えている。

世界最古の人類の足跡化石
(→P.462)

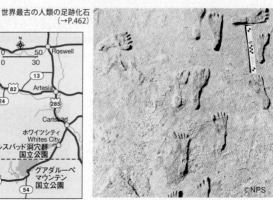

©NPS

Trivia ブラジルの白い砂丘　レンソイス・マラニャンセス国立公園は石英quartzでできた海岸砂丘（ホワイトサンズは石膏gypsumでできた内陸砂丘）で、面積はホワイトサンズの2.2倍ある

ホワイトサンズ国立公園（ニューメキシコ州）

MAP 折込1枚目 D-3

行き方 ACCESS

テキサス州西端にある**エルパソEl Paso**（→P.451）がゲートシティになる。エルパソはメキシコと国境を接した町で見どころも多く、レンタカーを借りるにも便利。カールスバッド洞穴群国立公園（→P.450）と一緒に2日かけてドライブするのがおすすめだ。

ホワイトサンズだけを訪れるなら、最寄りの町は公園ゲートから北東へ16マイル（約26km）のニューメキシコ州**アラモゴードAlamogordo**。核兵器製造と密接にかかわってきた歴史をもち、現在でも基地の町。グレイハウンドバスも停車し、レンタカー会社もあるので、ここで借りてもよい。

長距離バス BUS

グレイハウンドのバスがエルパソとテキサス州アマリロAmarilloを結んで走っており、**火〜金のみ**1日1便アラモゴードに停車する。エルパソから2時間15分。アラモゴードから公園へはレンタカーだけが頼りだ。台数が少ないので要予約。

レンタカー RENT-A-CAR

エルパソからI-10 WESTを42マイル（約68km）走り、Las CrucesでI-25 NORTHへ入り、7マイル（約11km）走ったらExit 6でUS-70 EASTへ下りる。険しい山々に向かって走り、峠を越えると砂漠地帯。US-70に入ってから50マイル（約80km）で公園に到着。エルパソから1時間40分。

アラモゴードからはUS-70を南へ（標識ではWEST）16マイル（約26km）、所要20分。

カールスバッドから行く場合は、カールスバッドの町からUS-285を北上し、ArtesiaでUS-82を西へ。あとはひたすらUS-82の標識をたどる。チョーヤサボテンやユッカが生える広大な丘を越え、リンゴ畑を走り抜け、やがて山道となってスキー場を過ぎると、峠のトンネルを出た所でようやくホワイトサンズが見えてくる。坂を下りきった所がアラモゴードだ。167マイル（約269km）、所要3時間〜3時間30分。

日干しれんがでできたビジターセンター。ニューメキシコの先住民の家を模したものだ

DATA

時間帯▶山岳部標準時 MST
☎(575)479-6124
URL www.nps.gov/whsa
開7:00〜日没　休12/25
週随年中
料車1台＄25、バイク＄20、そのほかの方法は1人＄15
国定公園指定▶1933年
国立公園指定▶2019年
面積▶592km²
入園者数▶約71万人
園内最高地点▶1255m
園内最低地点▶1185m
哺乳類▶52種
鳥　類▶151種
両生類▶7種
爬虫類▶32種
魚　類▶1種
植　物▶302種

**アラモゴードの
バスストップ**
住3500 N. White Sands Blvd.
☎(575)437-3050
開14:00〜18:00
休祝
　町の北のガスステーションに停車する

アラモゴードのレンタカー会社
Hertz
住1500 S. White Sands Blvd.
☎(575)215-0019
開9:00〜13:00
休土・日・祝
　町の南端にある

**ニューメキシコ州の
道路情報**
Free 511
Free 1800-432-4269
URL nmroads.com

検問について
　テキサス州とニューメキシコ州は検問が多いが、特に軍の重要施設に隣接するホワイトサンズ周辺ではチェックが厳しい。パスポートと帰りの航空券を携帯するのはもちろん、不審な言動は慎もう

🦌 **WILDLIFE** White Sands Pupfish　ホワイトサンズに生息する唯一の魚でこの地域の固有種。メダカやグッピーに近い体長6cmほどの小魚だ。絶滅が危惧されている（→P.269）

459

Ranger **Sunset Stroll**
夏期は19:00前後、冬期は
16:00〜17:00頃。無料

Visitor Center
🕘9:00〜17:00
🚫12/25

そのほかの施設
　デューンズドライブの突
き当たりの駐車場に簡易ト
イレがあるが、飲料水はビ
ジターセンターにしかな
い。ビジターセンターにス
ナック類は売っているが、
食事などはアラモゴードで

甲子園のまねは御法度
　ほかの国立公園で草花を
採ってはいけないように、
ここでも砂を持ち帰ったり
することは規則に反する

歩き方 GETTING AROUND

　園内の道路は片道8マイル（約13km）の**デューンズドライブ Dunes Drive**のみ。ビジターセンターに立ち寄って地図と日本語のパンフレットを入手したら、とにかくデューンズドライブを往復して純白の世界にわが身をおいてみるのがホワイトサンズの歩き方。急げば1時間もあれば見学できてしまうが、できれば真っ白なトレイルを歩きたいし、砂のオブジェに影ができる夕暮れも見逃せない。ぜひ半日は予定しておこう。

　夏の間はさまざまなレンジャープログラムが行われている。なかでも夕暮れのホワイトサンズを1時間かけて歩く**Sunset Stroll**はおすすめ。ツアーは日没時間によって変わるのでビジターセンターで確認を。集合場所はビジターセンターからデューンズドライブを5マイル、Interdune Boardwalkを過ぎた所。そのほか、満月の夜に砂丘を歩くプログラム（$8）や、月1回程度ルセロ湖を訪れるツアー（$8）も行われている。

夕暮れ時にはここへ集合！

情報収集 INFORMATION

Visitor Center
　US-70から公園に入ってすぐ右側。いわゆるサンタフェ調の建物で、ホワイトサンズの形成過程などの展示がある。

シーズン SEASONS AND CLIMATE

　砂漠気候で昼夜の寒暖の差が激しい。夏の昼間はかなり暑いが、夜になるとグンと冷える。服装には十分気を配ろう。春には風の強い日が多い。なお、ホワイトサンズの真っ白な砂は太陽光線を強烈にはね返す。雪焼けと雪目（？）に注意を。

ホワイトサンズの気候データ

月	1	2	3	4	5	6	7	8	9	10	11	12
最高気温（℃）	14	17	22	26	31	36	36	34	32	26	19	14
最低気温（℃）	-6	-3	0	4	10	15	18	17	13	5	2	-6
降水量（mm）	15	10	7	7	13	23	36	53	37	28	17	20

ユッカが見られるのはデューンズドライブの前半だけだ

⚠️ **水は多めに！**　ホワイトサンズのトレイルではこれまでに何人もの観光客が遭難し、脱水によって命を落としている。涼しい季節に短いトレイルを歩くだけでも、飲料水は忘れずに。気温が30℃以上 ↗

おもな見どころ　PLACE TO GO

　ここでは白い世界そのものが見どころ。ところどころに設置された案内板を見ながら、デューンズドライブをゆっくりと進もう。

車道も駐車場も真っ白

　まずは**デューンライフ・ネイチャートレイル**で車を降りて砂丘を歩いてみるといい。風が造った小山が延々と続き、斜面には風紋が刻まれている。両手で砂をすくいあげると、驚くほど柔らかい粒子がキラキラと光りながら指の間からこぼれて落ちる。空の青と大地の白……それしかない。

　トレイルを歩く時間のない人は、少し先にある**インターデューン・ボードウォークInterdune Boardwalk**がおすすめ。遊歩道沿いに、わずかな養分と水分を巧みに摂取して咲く花々が見られる。

　デューンズドライブの最も奥は**ハート・オブ・ザ・サンズHeart of the Sands**と名づけられ、日よけ付きのピクニックテーブルが並ぶ。それ自体真っ白な駐車場で車を降りたら、純白

真夏はこの日よけがありがたい

の丘へ上がろう。はるかかなたを見渡せば、四方を青い山々に取り囲まれているのがわかる。さまざまな必然が偶然を呼び、白い奇跡が生まれた。そこに立てた幸せをかみしめるひとときだ。

⚠ ホワイトアウトの恐怖

　砂丘のトレイルでは、ひとつのマーカーに着いたら、必ず次のマーカーの確認を。もしも見つからなかったら、それ以上進まないのが鉄則。無理をせずに引き返そう。真夏は40℃になることもあるので水も忘れずに。また落雷も多いので、雲行きがあやしくなったら車へ戻ろう

初級 Dune Life Nature Trail
適期▶9〜5月
距離▶1周1.6km
標高差▶ほとんどない
所要▶45分〜1時間

初級 Interdune Boardwalk
適期▶年中
距離▶1周650m
標高差▶ほとんどない
所要▶15〜30分
車椅子可

車椅子でも入れるインターデューン・ボードウォーク

中級 Alkali Flat Trail
適期▶9〜5月
距離▶1周7.8km
標高差▶16m（起伏多し）
所要▶2〜4時間
出発点▶Heart of the Sands

COLUMN　純白の丘に残る20世紀の負の遺産

　砂丘の面積は約712km²で琵琶湖より少し大きい。世界的にも貴重な石膏砂丘だが、公園として保護されているのは南側の41%のみ。59%は、なんと全米最大規模のミサイル射撃場として使われている。ミサイル実験は週に2回ほど行われ、その際には公園上空を戦闘機が飛ぶ。デューンズドライブやUS-70のAlamogordo〜Las Cruces間が3時間程度通行止めになるので覚悟しておこう。園内には、ごくまれにミサイルの破片（！）が落ちていることがあるが、手を触れずにレンジャーに報告しよう。

白い滑走路

　ミサイル射撃場の中にはスペースシャトル用滑走路がある。宇宙からもよく見えるという白い滑走路は、フロリダのケネディ宇宙センター、カリフォルニアのエドワーズ空軍基地に次ぐ第3の着陸候補地となっていた。実際に使わ

れたのは1982年3月30日の一度だけ。

　着陸後、スペースシャトルは自力で飛べないため、巨額の費用をかけてジェット機の背中に"おんぶ"され、ケネディ宇宙センターに連れ戻されたそうだ。

ファットマン

　この射撃場の中にもうひとつ、忘れてはならない場所がある。1945年7月16日（広島への原爆投下3週間前、長崎の24日前）に人類初の核実験を行った**トリニティサイトTrinity Site**だ。爆発したのは長崎型原爆ファットマン。

　現在、爆心地にはモニュメントが立っており、毎年4月第1土曜と10月第3土曜に公開されている。2023年は"原爆の父"の生涯を描いた映画『オッペンハイマー』が全米で公開された影響で、訪問者が殺到した。

↗になる日なら、ひとり4リットル以上を用意したい。トレイルを歩く際には帽子を風で飛ばされないように注意し、サングラスもお忘れなく。用意した水が半分に減ったら、それ以上先へは進まずに引き返すのが鉄則

園内には、砂漠のど真ん中にバックカントリー・キャンプサイトがあるだけ。片道約1.6km歩いて入ってテントを利用する場合のみ使用できる。あとはアラモゴードかLas Cruces（約50軒）のモーテルを利用することになる。

Backcountry Campsite（一時閉鎖中）
🏕1人＄3
※10サイト。先着順。水もトイレもないので携帯用トイレが必要。事前にビジターセンターで許可を取ること。ミサイル実験にともなう閉鎖あり

GEOLOGY 🔍
白い砂丘は生きている

トゥラローサ・ベイスンの形成
およそ2億5000万年前、この地方は浅い海に覆われていた。海底に堆積したプランクトンの死骸などが固まって石膏となった。

7000万年前頃、造山運動とともにこの地域も隆起し、石膏の大ドームができる。さらに下って1000万年前頃、ドームの中央部が崩れ、盆地ができた。これがトゥラローサ・ベイスンTularosa Basin、現在ホワイトサンズがある盆地だ。周辺部は現在のサンアンドレス山脈やサクラメント山脈として残っている。

石膏の結晶化
ホワイトサンズの砂は石膏（硫酸カルシウム $CaSO_4 \cdot 2H_2O$）。医療用ギプスと同じものだ。可溶性で、温泉に含まれていることも多いが、砂の形になることは珍しい。

ところが、トゥラローサ・ベイスンでは環境が整っていた。周辺の山に降った雨や岩の中から石膏を溶け出させ、盆地へと運ぶ。普通はこのまま川となって海へ運ばれてしまうが、ここには流れ出す川がなかったのだ。

こうして第三紀氷河期にオテロ湖Lake Oteroという大きな湖ができた。現在のルセロ湖Lake Luceroは、その名残だ。

オテロ湖からゆっくりと水分が蒸発し、水中に溶けていた石膏は、やがて透明石膏Seleniteと呼ばれる結晶となる。これが気温差や湿度差などによって砕かれ、やがて砂状の粒子になった。ホワイトサンズの誕生だ。

前進する砂丘
南西からの強風によって粒子は風下へ飛ばされる。粒子は前の粒子の山を駆け上がるように進み、砂丘を形成する。風下側は急な崖状になるが、やがて重さを支え切れずに崩れる。風上側には新たな粒子が波紋を造りながら進んでくる。こうして砂丘は風下へと移動していく。今もこの形成過程は継続中で、砂丘は北東へ向かって1年に約9m移動している。

4種の砂丘
ホワイトサンズの砂丘には次の4つがある。

Dome Dunes：砂の源であるルセロ湖近くで形成されるもの。低いマウンド状の丘。

Barchan Dunes：強風で、砂の量があまり多くない所にできる三日月状の砂丘。公園北部にある。

Transverse Dunes：運ばれてくる砂の量が多くなると、Barchan Dunesがいくつもつながって波打ったような形の砂丘ができる。ハート・オブ・ザ・サンズがこれにあたる。

Parabolic Dunes：砂丘の周辺部では、植物が船のいかりのような役目をして砂の移動を妨げ、放物線状の砂丘を造る。ビッグ・デューン・トレイルがこの中にある。

打ち寄せる波のようなTransverse Dunes

風下側にできた崖はやがては崩れる

人類史を覆す大発見!? 2021年、ホワイトサンズの砂丘の中から若者と子供の足跡化石が多数見つかり、炭素年代測定から2万1000～2万3000年前のものとわかった。人類がアメリカ↗

モーテル名	住所・電話番号など	料　金	カード・そのほか
Quality Inn & Suites	⌂1020 S. White Sands Blvd. ☎(575)434-4200　FAX(575)437-8872 Free 1877-424-6423 日本 無料 0053-161-6337 URL www.qualityinn.com	on off $69～115	ADJMV　US-54/70 沿い。ダウンタウンのすぐ南。歩ける範囲にレストランがたくさんある。電子レンジ、冷蔵庫あり。朝食付き。全館禁煙。Wi-Fi無料。コインランドリーあり
Classic Desert Aire Hotel	⌂1021 S. White Sands Blvd. ☎(575)437-2110　FAX(575)437-1898 URL www.theclassicdesertairehotel.com	on off $75～159	AMV　US-54/70 沿い。ダウンタウンのすぐ南。朝食付き。冷蔵庫、電子レンジあり。Wi-Fi無料。コインランドリーあり
Holiday Inn Express & Suites Alamogordo	⌂100 Kerry Ave. ☎(575)434-9773 日本 無料 0120-677-651 URL www.hiexpress.com	on off $122～256	ADJMV　ダウンタウンの南の外れ。朝食付き。冷蔵庫、電子レンジあり。全館禁煙。Wi-Fi無料。コインランドリーあり
Hampton Inn	⌂1295 Hamilton Rd. ☎(575)439-1782 東京 ☎(03)6864-1633 URL www.hilton.com	on off $92～189	ADMV　US-54/70 沿い。Wi-Fi無料。朝食付き。冷蔵庫、電子レンジあり。全館禁煙
Motel 6	⌂251 Panorama Blvd. ☎(575)434-5970 Free 1800-899-9841 URL www.motel6.com	on off $59～85	AMV　US-54/70 沿い。ダウンタウンの南の外れ。冷蔵庫、コインランドリーあり。喫煙できる客室あり。Wi-Fi無料

アラモゴード　　Alamogordo, NM 88310　公園ゲートまで 16 マイル　14 軒

WILDLIFE

動植物だって生きている

　白一色の世界に、なんと数百種に及ぶ動植物が生きている。よく見られるユッカSoaptree Yucca（ヤッカと発音する）などは地下茎を深く伸ばして移動する砂にしがみつき、ネズミやトカゲは体を白くして身を守っている。過酷な環境を乗り越えてきたサバイバルの知恵だ。動物の多くは夜行性なので出会うことは少ないが、大雨のあとには水たまりにオタマジャクシがいないか見てみよう。

©NPS

ど根性コットンウッドの固まりは高さ15mにもなる

ツキミソウの仲間。まざまな花が咲く。早春にはさ

白い巨塔

　小さな植物ばかりのホワイトサンズで異様な姿をさらしているのが、白い巨塔のようなコットンウッドRio Grande Cottonwood。アスペンによく似た仲間だが、アメリカクロヤマナラシの和名からもわかるように幹は黒っぽい。樹木の水分によって砂粒が貼り付き、石膏固めになってしまったのだ。それでも元気に葉を茂らせているのは、砂の下の大地に根差している証拠。将来、砂丘が北東へ移動したあとも、コットン

ウッドだけはこのままここで生き延びるだろうといわれている。

もうひとつの20世紀の負の遺産

　ホワイトサンズ周辺で、白黒ツートンカラーの顔に槍のような角をもつ珍獣を見かけるかもしれない。これはアフリカのオリックス。このあたりにはハンティングの標的として人気のある動物が少ないからと、州政府が輸入して放したのだ。他国の野生動物を放すことは連邦法で禁じられているが、"実験的に"公園に隣接するミサイル射撃場に放してしまった。彼らの故郷アフリカでは幼獣の9割がライオンなどの餌食になるが、天敵のいないホワイトサンズでは増えに増え、ハンターがいくら撃ち殺しても追いつかず、1970年代に97頭だったものが、現在約3000頭。国立公園局では自然への影響をくいとめるため、公園の敷地をフェンスで囲っている。

大陸へ渡ったと考えられている1万6000年前よりずっと前に、こんな内陸で人が暮らしていたことになり、論争が起きている。当時はまだ砂丘が形成される前で、このあたりは草原と湿地だったようだ

エバーグレーズ国立公園

フロリダ州

Everglades National Park

世界的にも貴重な大湿原だが、ユネスコの危機遺産に登録されている危うい存在でもある。リゾート開発されるまで、フロリダ半島の大部分はこのような湿原だった

　　低い雲が移動し、太陽光線を遮る。遠くに雨の塊が落ちているのが見える。またたく間に黒い雲が空を覆い、スコールが地面をたたく。湿原の植物は身じろぎもせず雨に打たれている……。

　　フロリダ半島南端の大湿原エバーグレーズ。公園のはるか北から続く湿地帯も合わせると関東地方より広い。実はここは、水深わずか15cmほどの、しかし幅は約150kmもある川の流れなのだ。水源から河口までの標高差わずか4m。1日に30mという緩やかな流れはバクテリアや藻類を豊かに育み、虫や魚、カメやヘビ、鳥類やワニへと続く食物連鎖の舞台となっている。淡水の流れはやがてメキシコ湾の海水と出合い、マングローブの森を生み出す。

　　亜熱帯の豊かな自然も、それを育む水の不足のために危機を迎えている。公園のすぐ隣に迫る大都市マイアミもまた、大量の水を必要としているのだ。

　　湿原の多様な生物たちを探しに、そして人間と彼らとの関係を考えるために、ぜひ訪れてみたい。

Naples
75
27
Fort Lauderdale
29
Tamiami Trail
41
Shark Valley
95
Everglades City
Miami Beach
マイアミ
1
エバーグレーズ国立公園
Florida City
9336
ビスケーン国立公園
メキシコ湾
Flamingo
Key Largo
Florida Bay
km 0　　　　　50
miles 0　　　30
大西洋
1
→キーウエスト、ドライトートゥガス国立公園へ

MAP 折込 1 枚目 E-1〜2

行き方　ACCESS

エバーグレーズの見どころは**メインパークロード**（FL-9336）沿いの南部と、フロリダ半島を東西に横切る**国道41号線Tamiami Trail**沿いの北部に分けられ、それぞれを園内で結ぶ道はない。いずれも**マイアミMiami**のすぐそばにあるが、残念ながら公共の交通機関はない。公園の手前まではバスがあるが、そこから園内へ行く足がないのだ。マイアミで数日車を借りて、そのスケジュールのなかに半日か1日エバーグレーズを組み込もう。

なお、マイアミからエバーグレーズを訪れる日帰りツアーバスがたくさんあるが、これらは公園の敷地外でエアボートに乗るもの。風景も生態系も園内とあまり変わらないが、やはり、なるべくなら自分の足で園内のトレイルを歩いて、感じてほしい。

飛行機　AIRLINE

Miami International Airport (MIA)

全米各都市からのフライトはもちろん、中南米との中継地としても重要な役割を担っている大空港。西海岸からの夜行フライトもある。ロスアンゼルスから所要5時間20分、ニューヨークから3時間10分。レンタカーも予約なしでも大丈夫。

長距離バス　BUS

グレイハウンドも各都市から数多くの便がある。ニューヨークからの便（乗り換え2回）も毎日あり、所要27時間。ロスアンゼルスからは途中2〜3回乗り換えて所要2日と15時間。バスターミナルは空港ターミナルと直結したセントラル駅にある。電車やバスが構内から発着していてたいへん便利。

DATA

時間帯▶東部標準時 EST
☎(305)242-7700
URL www.nps.gov/ever
圓24時間365日オープン
シャークバレーは8:30〜18:00のみオープン
適圓12〜4月
圉車1台＄30、バイク＄25、そのほかの方法は1人＄15。キャッシュ不可
国立公園指定▶1947年
ユネスコエコパーク登録▶1976年
世界遺産登録▶1979年
ラムサール条約登録▶1987年
危機遺産登録▶1993年〜2007年、2010年〜
面積▶5668km²
入園者数▶約116万人
園内最高地点▶2.4m
哺乳類▶43種
鳥　類▶359種
両生類▶17種
爬虫類▶56種
魚　類▶225種
植　物▶1064種

MIA	☎(305)876-7000
Hertz	☎(305)871-0300
Alamo	☎(305)633-6076
Avis	☎(305)341 0936
Budget	☎(305)871-2722
Dollar Free	☎1866-434-2226
National	☎(305)638-1026

マイアミのバスターミナル
圉3801 NW 21st St.
☎(305)871-1810
圓24時間

SIDE TRIP　ビスケーン国立公園　Biscayne National Park

MAP 折込1枚目 E-2
☎(305)230-1144　URL www.nps.gov/bisc

大西洋岸に残る貴重な海の生態系を守る海中公園。高層ビル群が肉眼で見えるほどマイアミに近いにもかかわらず、水が驚くほど澄んでいるのは、海岸線を彩るマングローブのおかげだ。遠浅の海、砂州、珊瑚礁を体験してみよう。

マイアミから直接訪れるなら、ターンパイクのExit 6 で Speedway Blvd.を南へ7マイル。エバーグレーズのフラミンゴからは、US-1を突っ切ってそのまま東へ走ればいい。入園無料。

園内では島へのクルーズツアーやダイビングが楽しめる。スノーケルツアーやシーカヤックツアーもおすすめだ。

マイアミ沖に連なる珊瑚礁とマングローブの島を訪れるボートツアーが人気

フロリダ州の道路情報
Free 511
URL fl511.gov

おもなポイントの距離
（マイル）

Florida City - Miami
.... 36
Florida City - Flamingo
.... 47
Florida City - Biscayne
.... 10
Florida City - Key West
.... 126
Shark Valley - Miami
.... 41
Shark Valley - Florida City
.... 40
Shark Valley - Everglades City
.... 45
Everglades City - Naples
.... 36

レンタカー　▷▷▷▷▷▷▷ RENT-A-CAR

　マイアミからフラミンゴへは、ターンパイクFlorida's Turnpike（有料道路。→下記欄外）を使う方法とUS-1（一般道）を使う方法がある。後者は信号と渋滞が多く、おすすめできない。

　ターンパイクに入るには、マイアミ空港からLeJeune Rd.（NW 42nd Ave.）を南へ走り、すぐにFL-836（Dolphin Expwy.。有料）を西へ（ビーチからは、5th St.からMacArthur Causewayを渡ればFL-836になる）。突き当たりのTurnpikeを南へ入り、終点のFlorida Cityまで走ってUS-1に合流したらすぐに、Palm Dr.（FL-9336）の大きな交差点を右折。あとは標識に従って走れば11マイル（約18 km）で公園ゲート。マイアミ空港から1時間。片道合計＄5.54、SunPass＄3.64。

　一方、シャークバレーへ行くなら、空港からLeJeune Rd.（N.W. 42nd Ave.）を南へ向かい、FL-836（Dolphin Expwy.）を西へ。ターンパイクのジャンクションで5車線のうち左から2番目を走り、ターンパイクへ入ってすぐに（THRU LANEへ入らないよう注意）右車線からUS-41 WESTへ下りてUS-41/Tamiami Trail/SW 8th St.（3つも呼称がある！）へ合流。あとはひたすら西へ30マイル走る。空港から45分。片道合計＄3.50、SunPass＄1.90。

　エバーグレーズシティへは、シャークバレーからさらに西へ1時間ほど走り、CR-29（地方道29号線）を南へ入る。

ツアー　▷▷▷▷▷▷▷ TOUR

　マイアミから日帰りバスツアーを催行している会社がたくさんある。各ホテルへ送迎あり。ほとんどは、公園敷地外でエアボートに乗り、インディアンビレッジでワニのレスリングを見るというもの。マイアミ市内観光などを組み合わせたコースもある。各社の資料を集めて検討しよう。

SIDE TRIP　ドライトートゥガス国立公園 Dry Tortugas National Park

MAP 折込1枚目 E-1　☎(305)242-7700
URL www.nps.gov/drto　圏1人＄15

　メキシコ湾に点々と続く島々を貫き、セブンマイルブリッジを渡り、マイアミから4～5時間でUS-1の終点へ。そこは約90軒のホテルがひしめく南国の楽園**キーウエストKey West**だ。そこからさらに西へ68マイルの沖に浮かぶ珊瑚礁と砦の島、ドライトートゥガスを訪れてみよう。

砦の内部を見学するレンジャーツアーも行われている

　ドライトートゥガスは渡り鳥のルート上に位置するため、この小さな島で299種もの鳥が確認されている。特に春と秋にはネッタイチョウTropicbird、カツオドリMasked Booby、アメリカグンカンドリMagnificent Frigatebirdなど200種以上も観察できる。行き方は、キーウエストから日帰りクルーズ（片道2時間30分）または飛行艇（片道40分）で。要予約。

クルーズ Yankee Freedom Ⅱ
Free 1800-634-0939
URL www.drytortugas.com　出発 8:00
圏＄200、4～16歳＄145（昼食、入園料込み）

飛行艇 Key West Seaplane Adventures
☎(305)293-9300
URL www.keywestseaplanecharters.com
出発 1日2～4回　圏半日＄451（2～12歳＄360.80）、1日＄792（＄633.60）

▶NOTES **有料道路について**　マイアミ周辺の有料道路は料金所が撤廃され、Open Road Tollingが導入された。SunPass（ETC）の車載器があればゲートが感知して料金を引き落とし、なければナン↗

歩き方　GETTING AROUND

　見どころは南部と北部に大別されるが、どちらか一方だけでもエバーグレーズの魅力に触れることはできる。湿原のトレイルを歩いたり、数千といわれる島々をボートで巡ったりして楽しもう。

　よく、湿原を爆走するエアボートに乗って満足して帰る人がいるが、これは大きな間違い。世界最大級のマングローブの林や青い海に浮かぶ無数の島々も見なければエバーグレーズへ行ったことにはならない。そもそもエアボートは、植物や野生動物を脅かす迷惑な存在なのだ。それでもやはり乗ってみたいという人はUS-41へ行こう。シャークバレーの近くで営業を許可されている会社が3社あり、マイアミからツアーも出ている。

情報収集　INFORMATION

Ernest F. Coe Visitor Center

　フラミンゴへ向かうメインパークロード（FL-9336）の入園ゲート手前にある。虫よけグッズを忘れた人はここでも購入できる。

そのほかの施設
　フラミンゴにストア、ガスステーション、ロッジ、レストランがある。
　また、公園北部のUS-41沿いに民間のレストランやガスステーションがところどころにある

Ernest F. Coe VC
☎(305)242-7700
圏9:00～17:00。冬期延長
　このほかにも園内のおもなポイントにはそれぞれビジターセンターがあり、入園者の便宜を図っている

Ernest F. Coe VC

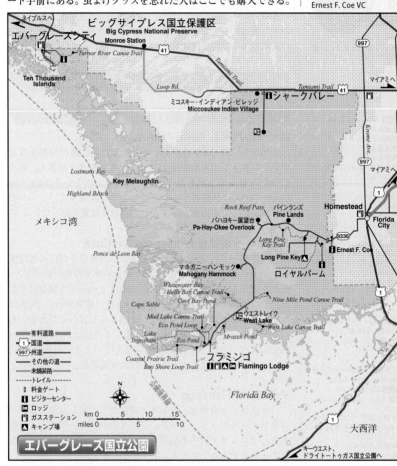

エバーグレーズ国立公園

（地図内のラベル）
ネイプルスへ
エバーグレーズシティ
Everglades City
ビッグサイプレス国立保護区
Big Cypress National Preserve
Monroe Station
Turner River Canoe Trail
Ten Thousand Islands
Tamiami Trail
Loop Rd.
997
マイアミへ
ミコスキー・インディアン・ビレッジ
Miccosukee Indian Village
シャークバレー
Krome Ave.
Lostmans Key
Key Melaughlin
Highland Beach
メキシコ湾
Rock Reef Pass
パインランズ
Pine Lands
Homestead
パハヨキー展望台
Pa-Hay-Okee Overlook
Florida City
Long Pine Key Trail
9336
Ernest F. Coe
Long Pine Key
Ponce de Leon Bay
マホガニーハンモック
Mahogany Hammock
ロイヤルパーム
Whitewater Bay
Hells Bay Canoe Trail
Coot Bay Pond
Nine Mile Pond Canoe Trail
Cape Sable
Mud Lake Canoe Trail
Eco Pond Loop
ウエストレイク
West Lake
West Lake Canoe Trail
Lake Ingraham
Eco Pond
Mrazek Pond
Coastal Prairie Trail
Bay Shore Loop Trail
フラミンゴ
Flamingo Lodge
Florida Bay
公園境界線

有料道路
国道
州道
その他の道
未舗装路
トレイル
料金ゲート
ビジターセンター
ロッジ
ガスステーション
キャンプ場
km 0　5　10　15
miles 0
N
大西洋
キーウエスト、ドライトートゥガス国立公園へ

↗ パープレートをカメラで読み取って所有者に請求するシステムだ。レンタカーの対応は会社によって異なるが、ステッカータイプのSunPassがフロントガラスに貼ってあり、後日、通行料と手数料を請求されることが多い

メインパークロードのビジターセンターにあるアリゲーターの生態についての展示。建物のすぐ前の池にもワニが生息している

ハリケーンに注意
フロリダ南部はたびたび巨大ハリケーンに襲われており、エバーグレーズ国立公園も2022年のイアンなどによって大きな被害を受けている。6〜11月（特に8〜10月）に訪れる際には、下記で情報の確認を
☎(305)229-4550
URL www.nhc.noaa.gov
ハリケーンについて詳しくは「地球の歩き方B10 フロリダ」編をご覧ください

車で避難する際はこの標識をたどるといい

初級 Anhinga Trail
適期▶年中
距離▶1.2km
標高差▶ほとんどない
所要▶約30分
出発点▶Royal Palm VC
車椅子可

初級 Gumbo Limbo Trail
適期▶12〜4月
距離▶600m
標高差▶ほとんどない
所要▶約30分
出発点▶Royal Palm VC
車椅子可。夏は想像を絶するほど蚊が多いので覚悟して！

Flamingo（Guy Bradley）Visitor Center
☎(239)695-2945
開8:00〜17:00

フラミンゴのボートツアー Backcountry Tour
Free 1855-708-2207
URL flamingoeverglades.com
出発▶夏期10:00、12:00、14:00、16:00。冬期9:00〜16:00の毎正時
所要▶1時間30分
料$48、5〜12歳$24

シーズン ▷▷▷▷▷ SEASONS AND CLIMATE

亜熱帯に属するエバーグレーズの夏は蒸し暑い。そして雨と蚊が多い。**虫よけ製品がないと夏は見学できない**といっても過言ではない。スコールと落雷、ハリケーンの襲来にも気をつけたい。

冬はフロリダのピークシーズン。気候も安定し、暖かい日差しの下で快適に観光できる。蚊の数もぐんと少なくなる。全米有数の避寒地なので特に12月下旬〜1月はホテルの値段がはね上がる。

おもな見どころ 📷 ▲▲▲ PLACE TO GO

メインパークロード（FL-9336）沿い ▷▷▷▷▷

ロイヤルパーム Royal Palm

公園ゲートから4マイル走って左折した所。池の周囲を歩くアンヒンガトレイルAnhinga Trailにはワニやカメが多く、朝夕には魚を狙って水鳥も集まる。ガンボリンボトレイルGumbo Limbo Trailは熱帯のジャングルのような森を歩く。シュロの木、ガンボリンボの木、シダなどが独特の風景を作っている。

パハヨキー展望台 Pahayokee Overlook

パークロードへ戻って奥へ進むと、このあたりだけに生育するSouth Florida Slash Pineという珍しいマツの林が広がり、それを抜けると、あたりはヌマスギBald Cypressの風景に変わる。この道路の最高地点ロックリーフ峠（標高90cm。大西洋とメキシコ湾の立派な分水界！）を過ぎてしばらくしたら、右折してパハヨキー展望台に寄り道しよう。ソーグラスSaw Grass（カヤツリグサ科の多年草）の生えるパノラマが見渡せる。エバーグレーズを代表する静かで壮大な風景だ。

フラミンゴ Flamingo

パークロードの終点、フロリダ湾に面したビレッジ。ビジターセンターとロッジ、ストア、ガスステーションがある。時間があればフロリダ湾の小島群やマングローブの林を回るボートツアーがおすすめ。マナティに会えるかもしれない。

Trivia 園内最高地点 エバーグレーズ国立公園の最高地点は海抜約2.4mだが、実は公園北西部の小島群のなかに高さ6mのものがある。約1万年前に住んでいたカルーサ族が遺した貝塚だ

国道41号線　Tamiami Trail 沿い ▷▷▷▷▷▷▷

シャークバレー　Shark Valley

　幅150kmといわれる川のちょうど中央部にあり、平均水深15cmの広大な湿地がどこまでも続く。1周15マイルの舗装路があり、途中に展望タワー（車椅子可。勾配あり）が設けられている。一般車は入れないのでトラムツアーに参加しよう。サイクリングもおすすめだ（レンタルあり）。現在なら建設が許可されないであろう立派な舗装路とタワーはとても見晴らしがよく、タニシトビSnail Kiteなどの絶滅危惧種も見かける。道路の下には湿原を分断しないためのトンネルがあちこちに設けられて、アリゲーターの格好のすみかになっている。

エバーグレーズシティ　Everglades City

　公園北西端の境界線のすぐ外側にある町から、海岸沿いのマングローブのジャングル、または静かな海に浮かぶ小島群を訪れるボートに乗ろう。イルカやマナティなどを見られることも多く、1時間30分はあっという間だ。

ビッグサイプレス国立保護区
Big Cypress National Preserve

　国立公園の外にあるが、大湿原の一部をなしており、シャークバレーとはまた違った景観がすばらしい。国立公園局の管理下にあるが、条件付きでシカやシチメンチョウのハンティング、石油の採掘、スワンプバギーの通行が許可されている。

　おすすめの見どころは、US-41の南側に敷かれた片道24マイルの未舗装路、ループロードLoop Road。乾いていれば普通車OKだ。両側に広がるスワンプにはヌマスギが生え、枝にはエアプランツなどの着生植物がびっしり。よく見るとあちこちでランの花が咲いている。入口は東西2ヵ所あり、東側はシャークバレーから西へ4マイル、道路が大きく右へカーブする所を左へ入る。ワニの横断が非常に多いので運転は慎重に。

　おすすめの季節は冬。5〜10月は雨が多く、水位が上がるとワニは観察しにくくなる。蚊の大群もすさまじい！

根元が池や沼の水に浸かっていても生長するヌマスギ（ラクウショウ）

Shark Valley
🕗8:30〜18:00
落雷注意！

**Shark Valley
Information Center**
☎(305)221-8776
🕗9:00〜17:00

Ranger **Tram Tour**
12〜3月のピーク時は予約しておいたほうが安心
☎(305)221-8455
URL www.sharkvalleytramtours.com
出発▶9:30、11:00、14:00、16:00。冬期は9:00〜16:00の毎正時
所要▶2時間
🎫 $31、62歳以上 $24、3〜12歳 $16

自転車レンタル
☎(305)221-8455
🎫貸出は8:30〜16:00（返却は17:00までに）
🎫1日 $25

**エバーグレーズシティの
ビジターセンター
Gulf Coast V C**
☎(239)695-4758
🕗9:00〜16:30、冬期8:00〜
※ハリケーン被害のため閉鎖中。再開は2024年秋の予定

**エバーグレーズシティの
ボートツアー**
URL evergladesnationalpark.starboardsuite.com
小島群クルーズ
出発▶10:00、12:00、14:00
所要▶1時間30分
🎫 $40、5〜12歳 $20
※上記ビジターセンター再開まで催行中止

Oasis Visitor Center
URL www.nps.gov/bicy
☎(239)695-2000
🕗9:00〜16:30
🎫12/25 🎫無料
　US-41沿いにあり、前の水路にはアリゲーターがうじゃうじゃいる。まるで飼育しているかのようだが、野生動物なので餌を与えるのは厳禁

宿泊施設について
Flamingo Lodge
URL flamingoeverglades.com
　2023年10月、フラミンゴに待望のロッジがオープンした。6名まで泊まれるスイートタイプで $259〜399。冬期は2連泊以上。
　キャンプ場は園内に2ヵ所。予約も可。上記ロッジ内にもエコテント（グランピング）あり。$109〜

エバーグレーズの主役たち

水鳥の楽園

エバーグレーズにすむ水鳥は種類も数も豊富で、バードウオッチングにはもってこい。なかでも最も美しいのはサギ類だろう。19世紀、その美しい羽を婦人の帽子に飾ることが流行したために乱獲されて絶滅の危機に陥ったが、今ではオオシラサギGreat White Heron、紅色の羽とスプーンのよ

美しい色が目を引くベニヘラサギ

うなくちばしをもつベニヘラサギRoseate Spoonbillなどが見られる。またコウノトリ、トキ、ツルなどの仲間も多いし、ミサゴやハクトウワシなど猛禽類もよく見かける。

水鳥の代表、ヘビウ Anhinga

ねずみ色をした鵜の一種で、長い首をくねらせるさまは本当にヘビそっくり。水中に潜って、とがったくちばしを槍のように突き刺して魚を取る。お見事なのはこのあと。近くの木の枝などに飛んでいって、その枝を器用に使って、くちばしから魚を外すと同時に空中に放り上げ、落ちてきた魚を頭から丸飲みにするのだ。もしも彼らの食事時に出くわしたら、この瞬間芸をお見逃しなく！ おなかがいっぱいになると翼を大きく広げて日光浴。ぬれた羽を乾かして体温を一定に保つのだ。

2種類のワニ

エバーグレーズへ行ったらワニを見たいという人も多いはず。トレイルを歩くと簡単にワニを見ることができるし、道路をのそのそ横切っていくこともある。これらのワニはアリゲーター（ミシシッピワニ）で、体長は2〜6m。澄んだ水の中にすみ、魚や鳥などを食べる。比較的おとなしく、人を襲うことは少ないが、近づき過ぎると餌と間違えられることもあるそうで、国立公園局では4.5m以内に近寄らないよう呼びかけている。特に子供の動きには注意を。

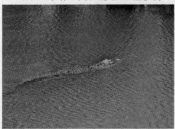

現在100万頭いるといわれるアリゲーターも1960年代には絶滅危惧種だった

一方、エバーグレーズにはもう1種類のワニがいる。クロコダイル（アメリカワニ）だ。こちらは体長約7m、緑がかった色をしており、口は細長い。泥地を好み、性質は獰猛。数が少なく、海沿いの一部の地域で保護されているので、一般の観光客が見ることは少ないが、フラミンゴのマリーナで時折目撃されるようだ。

人魚のモデル、アメリカマナティ

世界的に貴重な海牛類の一種アメリカマナティは、ジュゴンの親戚。愛嬌のある顔にゆったりした仕草、極めて温和な性格で人気者だが、それが災いしてボートなどとの接触事故が多く、環境の悪化も重なって絶滅が心配されている。

潜水艦体型のマナティは極めて温和な性格

夏のエバーグレーズは蚊の王国

花々が咲き、スコールが巨大な劇場を造り出す夏のエバーグレーズは魅力的だが、大敵がいる。蚊だ。大湿原の蚊の襲撃は想像を絶するすさまじさ。人の周囲が黒い雲で覆われるほどの大群がたかってくる。

ボウフラはトンボ、カエル、魚などにとって貴重な栄養源。公園のパンフレットには「さぁ、あなたもエバーグレーズの生態系の一部に加わりましょう」とある。メスの蚊が吸う血のうち人間のものは1%で、あとはネズミなどから得ているそうだし、幸いエバーグレーズの蚊が感染症を媒介したという報告もない。それでも、あまりの迫力とかゆみにはたじろいでしまう。そこで、蚊の襲撃を少しでも避けるためのヒントを挙げておく。

●暑くても長袖シャツ、長ズボンの着用を
●特に朝夕は樹木の下や草地を歩かない。日のあたる開けたエリアのほうが蚊は少ない
●車でもロッジでも窓は常にしっかりと閉め、ドアの開け閉めは素早く
●現地で売っている防虫剤を利用する。刺激が強いので、肌が弱い人や子供には頭からかぶるモスキートネットをおすすめ。日本製の虫よけ製品やハーブオイルは、経験からいってまるで効かない
●車内＆寝室内の殺虫には日本製の電池式携帯蚊取りが便利。ただし、屋外でこれを腰に下げて歩いても無駄。あくまでも室内用におすすめ

「死のリンゴ」に注意 マンチニールManchineelは「死のリンゴ」と呼ばれる木。小さな青リンゴのような実はもちろん、樹木全体に強い毒性がある。この木の下で雨にぬれると激しい皮膚炎にな

スワンプリリーは湿原で最も目立つ花だ

エバーグレーズの主役たちに迫りくる危機

　国立公園は、外の地域で起こるさまざまなできごとの影響を受ける。特にエバーグレーズの場合は水が問題だ。中部フロリダに降る雨やオキーチョビー湖の水を源とした、公園外からの水の流入によって支えられているエバーグレーズの生態系は、人間の活動の影響をまともに受けてしまうのだ。

　南フロリダが陸地となったのは、氷河期以降と新しく、それでも6000～8000年の間、この生態系は機能してきた。それが20世紀に入ってから急速に狂い出したのだ。湿原自体の規模もかつての5分の1になってしまった。

　理由のひとつは**農業の影響**だ。大量の化学肥料を使う農場から流れ込む水には硝酸塩やリン酸塩が含まれており、水が富栄養化する。農業用水の取水による水量の減少も問題だし、逆に本来水の少ない乾期に放流があると鳥類やワニの営巣に多大な影響を与えてしまう。

　また、**大都市やリゾートの水需要**も大問題だ。今やフロリダ州の人口は全米第3位。マイアミ周辺は約610万もの人口を抱えている。加えてマイアミ＆マイアミビーチを訪れる年間2650万人という観光客もいる。避寒地なので多くは冬期に訪れるが、実は冬は乾期で雨が少ない。近年注目のフロリダ西海岸のリゾートも、淡水資源がもともと少ない地域。水の需要が急増していることがわかるだろう。

　オキーチョビー湖や湿原の水を大都市圏に引く大規模な運河はおよそ1600kmに及ぶ。これらは、自然の水の流れを分断し、エバーグレーズへの水の供給量を減らしている。

　結果として、エバーグレーズの水は質、量ともにかつてないほど危機的な状況にある。

　危機的状況を救うため、エバーグレーズは1976年に**ユネスコエコパーク**（→P.249）に登録され、79年には**世界遺産**に登録、87年には**ラムサール条約登録**となった。さらに92年にハリケーンの被害を受けたのをきっかけに、翌年、世界遺産の**危機遺産**にも登録された。

　あれこれと『肩書き』が付いたところで、すぐに状況が改善されるわけもない。このままではエバーグレーズの生態系はいずれ壊滅するだろう。かといってフロリダの人に「そこに住むな！水を使うな！」などと言えるはずもない。

　2000年、クリントン大統領はエバーグレーズの湿原復元のために14億ドルの予算を充てることに同意した。生活廃水の濾過や、国道の下に水路を設けたり、道路の一部を橋に替えたり、堤防や水門を撤去する計画も進行中。果たしてアメリカはエバーグレーズを救えるだろうか？

フロリダピューマは世界で最も絶滅のおそれが高い動物のひとつだ

絶滅の危機に瀕しているおもな動植物

フロリダピューマFlorida Panther
Florida Bonneted Bat（コウモリ）
オサガメLeatherback Turtle（世界最大のウミガメ）
アオウミガメGreen Turtle
タイマイHawksbill Turtle
ケンプヒメウミガメAtlantic Ridley Turtle
タニシトビSnail Kite
ハマヒメドリCape Sable Seaside Sparrow
ホオジロシマアカゲラRed-Cockaded Woodpecker
Miami blue butterfly（チョウ）
Bartram's scrub-hairstreak butterfly（チョウ）
Florida Leafwing（チョウ）
Cape Sable Thoroughwort（フジバカマの仲間）

　なかでも**フロリダピューマ**の状況は待ったなしだ。園内に10頭以下、園外を含めても30頭以下にまで激減し、すでに絶滅は確定的。園内で見つかったピューマの死骸からは、人間の致死量を超える水銀が検出された。

　そこで1995年、近似種であるテキサスパンサーのメス8頭が放たれ、フロリダピューマとの繁殖が試みられた。これによって生まれた混血のピューマは現在は約200頭になっているが、それでもなお危機的状況は続いている。

　また、小さな薄紫の花を付けるフジバカマの仲間**Cape Sable Throughwort**は、エバーグレーズとフロリダキーズの固有種。温暖化による海面上昇によって、生息地に海水が流れ込んで汽水域化し、生育が危ぶまれている。

⤴️ り、車の塗装がはげ、木を燃やした煙が目に入ると失明、吸い込めば窒息するとまでいわれる。世界一危険な木としてギネスブックに載っている。数は少ないが、エバーグレーズの海沿いに生えているので注意を

あなたの**旅の体験談**をお送りください

「地球の歩き方」は、たくさんの旅行者からご協力をいただいて、
改訂版や新刊を制作しています。
あなたの旅の体験や貴重な情報を、これから旅に出る人たちへ分けてあげてください。
なお、お送りいただいたご投稿がガイドブックに掲載された場合は、
初回掲載本を1冊プレゼントします！

ご投稿はインターネットから！

URL www.arukikata.co.jp/guidebook/toukou.html
画像も送れるカンタン「投稿フォーム」
※左記のQRコードをスマートフォンなどで読み取ってアクセス！

または「地球の歩き方　投稿」で検索してもすぐに見つかります

地球の歩き方　投稿

▶投稿にあたってのお願い

★ご投稿は、次のような《テーマ》に分けてお書きください。

《**新発見**》————ガイドブック未掲載のレストラン、ホテル、ショップなどの情報
《**旅の提案**》————未掲載の町や見どころ、新しいルートや楽しみ方などの情報
《**アドバイス**》———旅先で工夫したこと、注意したこと、トラブル体験など
《**訂正・反論**》———掲載されている記事・データの追加修正や更新、異論、反論など

> ※記入例「○○編20XX年度版△△ページ掲載の□□ホテルが移転していました……」

★データはできるだけ正確に。

ホテルやレストランなどの情報は、名称、住所、電話番号、アクセスなどを正確にお書きください。
ウェブサイトのURLや地図などは画像でご投稿いただくのもおすすめです。

★ご自身の体験をお寄せください。

雑誌やインターネット上の情報などの丸写しはせず、実際の体験に基づいた具体的な情報をお
待ちしています。

▶ご確認ください

※採用されたご投稿は、必ずしも該当タイトルに掲載されるわけではありません。関連他タイトルへの掲載もありえます。
※例えば「新しい市内交通バスが発売されている」など、すでに編集部で取材・調査を終えているものと同内容のご投稿をい
　ただいた場合は、ご投稿を採用したとはみなされず掲載本をプレゼントできないケースがあります。
※当社は個人情報を第三者へ提供いたしません。また、ご記入いただきましたご自身の情報については、ご投稿内容の確認
　や掲載本の送付などの用途以外には使用いたしません。
※ご投稿の採用の可否についてのお問い合わせはご遠慮ください。
※原稿は原文を尊重しますが、スペースなどの関係で編集部でリライトする場合があります。

Travel Tips

インターネットの普及で、日本にいながらアメリカの情報を得ることも容易になった。特に、国立公園局のウェブサイトでは観光やイベント情報、トレイル、天候などの情報が満載。

日本での情報収集

国立公園のサイト URL www.nps.govでは、地図や交通機関などの詳しい情報が得られ、ホテルやキャンプ場の予約サイトへのリンクがあり、メールで質問も可能。また、釣りが楽しめる公園、洞窟のある公園など興味ごとに調べることもできる。気象情報や道路情報（工事や積雪、山火事による閉鎖）などは、出発前に必ずチェックしたい。また、下記の園内新聞のPDF版もウェブサイトで見ることができる公園もある。

左記の政府観光局は日本に事務所をもち、州に関する質問も受け付けている。

現地での情報収集

現地での情報収集で、いちばんおすすめするのが各国立公園内のビジターセンター。国立公園では入場の際に、ゲート（ゲートがない場合は園内のビジターセンター）で地図付きのパンフレット（園内新聞）が渡されるから、これでビジターセンターを探そう。必要な情報が入手できる。このほか、人が多く集まる場所や空港、幹線道路沿い、州境付近などにも車で立ち寄れるその地域の案内所が設けられている。

服装と持ち物

真夏の旅でもTシャツ＆ショートパンツだけという格好はすすめられない。内陸にある公園は昼夜の寒暖の差が激しいし、山沿いの公園は天気が変わりやすい。気温に合わせて調節できるよう、重ね着が基本だ。長袖シャツにロングパンツなら、日中の強烈な日差しからも、朝夕に多い虫からも肌を守ることができる。上着は、トレーナーのほかに晴雨兼用のジャケットなどがあるといい。標高の高い公園では夏に雪が降ることもあるので、トレーナーの代わりにセーターが必要。

靴は歩きやすいものを。サソリやガラガラヘビがいる場所ではサンダルは×。暑くてもソックス＆スニーカーを。

旅のシーズン

国立公園を旅行するとき、四季それぞれの楽しみ方はあるが、やはりベストシーズンは夏。グランドキャニオンなどグランドサークルの公園も、世界中から観光客が集まる夏がピークシーズンだが、真夏は暑過ぎるので、春と秋も人気がある。ロッキー山脈、カスケード山脈などの公園はおおむねメモリアルデイ（5月下旬）からレイバーデイ（9月上旬）がシーズン。冬期は積雪のため閉鎖される施設が多い。

海外旅行の最旬情報はここで！

「地球の歩き方」公式サイト。ガイドブックの更新情報や、海外在住特派員の現地最新ネタ、ホテル予約など旅の準備に役立つコンテンツ満載
URL www.arukikata.co.jp

ウェブサイトの閲覧

ウェブサイトの更新状況は運営側の管理によりまちまちなので、最新の情報ではない場合もある。その点に留意して利用しよう

国立公園の旅に役立つ日本のウェブサイト

●カリフォルニア観光局
URL www.visitcalifornia.com/jp

渡航関連情報

●外務省・海外安全ホームページ
URL www.anzen.mofa.go.jp

「地球の歩き方」公式LINEスタンプが登場！

旅先で出合うあれこれがスタンプに。旅好き同士のコミュニケーションにおすすめ。LINE STOREで「地球の歩き方」と検索！

荷物について

荷物もスーツケースはいただけない。園内のロッジはロビーと客室棟が離れていて、駐車場から砂利道を歩くこともある。中身もなるべく軽くしたいが、帽子、サングラス、日焼け止めは必携

渡航先で最新の安全情報を確認できる「たびレジ」に登録しよう

外務省の提供する「たびレジ」に登録すれば、渡航先の安全情報メールや緊急連絡を無料で受け取ることができる。出発前にぜひ登録しよう
URL www.ezairyu.mofa.go.jp/index.html

NPS App

AllTrails App

▶NOTES 国立公園お役立ちアプリ　NPS App—全米400以上の国立公園のホームページとほぼ同じ情報を紹介。AllTrails—アメリカの国立公園を含めた世界のハイキング情報が満載

旅の予算とお金

国立公園の旅でかかる費用は入園料、食事代（アメリカの平均相場と同じ）、宿泊費（オンシーズンは高い）、車がある場合はレンタカー＆ガソリン代、車がない人は公園までの交通費＆園内で参加するツアー代、海外旅行保険料など。

旅の予算

▶ 宿泊費、食費、現地ツアー代

宿泊費の目安は、園内の宿＄180〜350、キャンプ場＄6〜40、公園外のモーテル＄65〜390。

食費を安く抑えるなら園内のストアで軽食を買うといい。＄10〜15でおなかいっぱい食べられる。もう少し落ち着いて食べるならカフェテリアなどで。ランチ＄25前後、ディナー＄30〜40。高級レストランでディナーを食べるなら、アルコールやチップも含めて1人＄70〜130くらい覚悟しておこう。

現地で参加するツアー代は、内容により異なるが、例えばグランドキャニオンで遊覧飛行する場合、小型機が45分＄179、ヘリコプターが40〜50分＄349。

外貨の両替

アメリカの通貨単位はドル（＄）とセント（¢）で、＄1.00＝100¢。紙幣は＄1、＄5、＄10、＄20、＄50、＄100の6種類。一般に流通しているのは＄1、＄5、＄10、＄20。コインは、1¢（通称ペニーPenny）、5¢（ニッケルNickel）、10¢（ダイムDime）、25¢（クオーターQuarter）、50¢（ハーフダラーHalf Dollar）、＄1（ダラーコインDollar Coin）の6種類で、1¢、5¢、10¢、25¢の4種類のコインが流通している。持っていく現金の目安は、交通費程度の日本円、現地での交通費と軽食、チップなどの合計に滞在日数を乗じた金額を持っていき、あとはクレジットカードや海外専用プリペイドカードをうまく使おう。

外貨両替は大手銀行、国際空港内の銀行などで取り扱っている。日本円からドルへの両替は、日本国内のほうが概してレートがよいが、日本を出発する前に準備できなくても、国際空港の到着ロビーには必ず両替所があり、到着便がある時間帯は営業している。なお、国立公園内で外貨の両替は行っていない。公園へ行く前に必ず準備しよう。

海外専用プリペイドカード

海外専用プリペイドカードは、カード作成時に審査がなく、外貨両替の手間や不安を解消してくれる便利なカードのひとつだ。出発前にコンビニATMなどで円をチャージ（入金）し、入金した残高の範囲内で渡航先のATMで現地通貨の引き出しやショッピングができる。各種手数料が別途かかるが、使い過ぎや多額の現金を持ち歩く不安もない。おもに右欄外のようなカードが発行されている。

入園料と年間パス
→P.42

航空券の手配
→P.479

レンタカー
→P.486

航空券
●日本発着ロスアンゼルスへのノンストップ便・往復運賃の目安
※2023年9月現在（10〜12月の運賃）
エコノミークラス、燃油サーチャージ込み。航空会社、シーズンにより異なる。
6万6000〜52万8000円

●国内線片道運賃
※2023年10月現在
ロスアンゼルス〜ソルトレイク・シティ間＄54〜382

長距離バス（グレイハウンド）
●片道運賃の目安
※2023年10月現在
ロスアンゼルス〜ソルトレイク・シティ間＄82〜113

鉄道（アムトラック）
●片道運賃の目安
※2023年10月現在
ロスアンゼルス〜ソルトレイク・シティ間＄101〜291

2023年11月6日現在の為替交換レート
＄1.00＝149.55円

海外専用プリペイドカード
●アプラス発行
「MoneyT Global マネーティーグローバル」
URL www.aplus.co.jp/prepaidcard/moneytg
●トラベレックスジャパン発行
「Travelex Money Card トラベレックスマネーカード」
URL www.travelex.co.jp/travel-money-card

▶**NOTES** スーパーで現金が引き出せる　アメリカではスーパーのレジで現金が引き出せる。クレジットカードで支払うとき係員に「I need cashback ＄10」と告げるか、端末を操作すると現金が引き出せる。アメリカで電子マネーはあまり普及していない

デビットカード
URL www.arukikata.co.jp/
web/article/item/3000231

**クレジットカードを
なくしたら!?**

大至急カード発行金融
機関に連絡し、無効化する
こと。万一の場合に備え、
カード裏面の発行金融機
関、緊急連絡先を控えてお
こう。現地警察に届け出て
紛失・盗難届出証明書を
発行してもらっておくと、
帰国後の再発行の手続き
がスムーズ。届出の連絡先
をメモし、カードとは別の
場所に保管したい

ATMの操作手順

※機種により手順は異なる
①クレジットカードの磁気部
分をスリットさせて、機械に
読み取らせる。機械によっ
ては挿入口に入れてすぐ抜
き取るタイプなどがある
　　　↓
②ENTER YOUR PIN=「暗
証番号」を入力して、
ENTERキーを押す
　　　↓
③希望する取引を選択す
る。WITHDRAWAL、また
はGET CASH=「引き出し」
　　　↓
④取引の口座を選択。クレ
ジットカードの場合、
CREDITかCREDIT CARD=
「クレジットカード」を指定
　　　↓
⑤引き出す金額を入力す
るか、画面に表示された金
額のなかから、希望額に近
い金額を指定
　　　↓
⑥現金とRECEIPT「利用明
細」を受け取る
※初期画面に戻っているか
を確認し、利用明細はその
場で捨てないように

**クレジットカードでの
支払いの際に**

ICカード（ICチップ付き
のクレジットカード）で支
払う際は、サインではなく
PIN（暗証番号）が必要だ。
日本出発前にカード発行金
融機関に確認しよう。クレ
ジットカードの読み取り機
も、チップの部分を読み込
ませるようにする

**カード払いは通貨と
レートに注意**

カード払いをしたとき、現
地通貨でなく日本円で決済
されていることがある。店
側に有利な為替レートにな
っていたりするので注意し
たい。サイン前に通貨と為
替レートを確認すること。
勝手に決済されたときは、
帰国後でも発行金融機関に
相談を

デビットカード

使用方法はクレジットカードと同じだが支払いは後払いでは
なく、発行金融機関の預金口座から即時引き落としが原則とな
る。口座残高以上に使えないので予算管理をしやすい。加えて、
現地ATMから現地通貨を引き出すこともできる。

クレジットカード

クレジットカードはアメリカ社会において、所有者の経済的
信用を保証するものとして不可欠のもの。

メリットは、①多額の現金を持ち歩かなくてもよいので安全
である　②現金が必要なとき、手続きをしておけばキャッシン
グサービスを受けられるので、所持金が底を突いたら……とい
う心配から解放される　③経済的信用を求められる意味合い
で、レンタカー、ホテルの予約、ホテルのチェックイン時に必
ず提示を求められる、といったケースに対応できる点。日本で
加入できる国際カードは**アメリカン・エキスプレスAmerican
Express、ダイナースDiners、ジェーシービーJCB、マスタ
ーカードMasterCard、ビザVisa**などがあり、各社に特徴があ
るが、緊急時のことも考えると複数のクレジットカードを持っ
ていることが望ましい。新規にクレジットカードを作る場合、
余裕をみて旅行の1ヵ月前には申し込んでおくとよい。

▶ クレジットカードの使い方

日本と同様ほとんどの店やレストランで利用できるが、店に
よっては最低の利用金額を定めているところもある。会計時に
カードを渡す、または端末機に自分でカードをスライドさせた
り、タッチする。利用内容と金額を確認のうえサイン（電子）、
またPIN（暗証番号）を入力すると、控えが発行される。

▶ クレジットカードでキャッシングする

現金が少なくなったときに便利なのが、クレジットカードの
キャッシングサービス。ATM（操作方法は左記）で、いつでも
現地通貨で引き出しが可能。キャッシングには、ATM利用料
や利息がかかり、カード代金の支払い口座から引き落とされる。

ATMは大きな国立公園なら各ビレッジにたいていあるが、小
さな公園にはない。圏外のATMは周囲の治安に注意。

▶ クレジットカードはすべてに使えるわけではない

クレジットカード社会アメリカでは、コーヒー1杯の支払いも
クレジットカードを使うのが普通。安全面を考えればクレジッ
トカードですべて済ませたいところだが、クレジットカードは実際
の為替レートよりわずかだが高くつくうえ、レートも会社ごとに
異なる。これを頭に入れて使おう。

また、町にもよるが路線バスなどは現金でないと受け付けな
いところもあり、クレジットカードが万能というわけではない。
チップは現金が必要なこともある。

旅の準備

出発までの手続き

パスポートの取得

　パスポート（旅券）は、あなたが日本国民であることを証明する国際的な身分証明書。これがなければ日本を出国することもできず、旅行中は常に携帯しなければならない大切なもの。

　一般旅券と呼ばれるパスポートの種類は、有効期間が5年（紺）のものと10年（赤）のものとがある。発行手数料は5年用（12歳以上）が1万1000円、5年用（12歳未満）6000円、10年用が1万6000円で、期間内なら何回でも渡航可能。なお、18歳未満の場合は5年用しか申請できない。すでにパスポートを持っている人は有効期間の確認をしておこう。アメリカに渡航する場合、パスポートの残存期間は入国日から90日以上あることが望ましい。パスポートの署名（サイン）は、日本語でも英語でもどちらでもかまわないが、自分がいつも書き慣れている文字で書くこと。クレジットカードや国立公園の年間パスのサインも、パスポートと同じものにしておこう。なお、パスポートの電子申請も始まった。詳しくは右記のウェブサイトで。

▶▶ パスポートの申請から受領まで

　申請手続きは、オンラインまたは住民登録をしている居住地の各都道府県の旅券課やパスポートセンターで行う。必要書類を提出し、指定された受領日以降に、申請時に渡された受領票を持って受け取りに行く。必ず本人が出向かなければならない。申請から受領まで約1週間。出張所や支庁などで申請した場合は2〜3週間かかることもある。

●パスポート申請に必要な書類

①一般旅券発給申請書（1通）
　用紙は各都道府県庁旅券課にあり、申請時にその場で記入するか、オンライン申請もできる。18歳未満の場合は親権者または後見人のサインが必要になる。
②戸籍謄本（1通）　6ヵ月以内に発行されたもの。
③住民票（1通）住基ネット導入エリアに住む人は原則不要。
④顔写真（1枚）　6ヵ月以内に撮影されたもの。サイズは縦4.5cm×横3.5cm（あごから頭まで3.4±0.2cm）、背景無地、無帽、正面向き。スナップ写真不可。白黒でもカラーでも可。また、パスポート紛失時などの予備用に2〜3枚あるといい。
⑤申請者の身元を確認する書類　有効なパスポート、運転免許証、マイナンバーカードなど、官公庁発行の写真付き身分証明書ならひとつ。健康保険証、年金手帳、社員証や学生証（写真が貼ってあるもの）などならふたつ必要。窓口で提示する。
⑥有効パスポート　パスポートを以前に取得した人は返納のうえ失効手続きを行う。希望すれば無効パスポートを返却してくれる。

パスポートに関する注意

　国際民間航空機関（ICAO）の決定により、2015年11月25日以降は機械読取式でない旅券（パスポート）は原則使用不可となっている。日本ではすでにすべての旅券が機械読取式に置き換えられたが、機械読取式でも2014年3月19日以前に発行の身分事項に変更のあった人は、ICチップに反映されていない。渡航先によっては国際標準外と判断される可能性もあるので注意が必要

●外務省による関連通達
URL www.mofa.go.jp/mofaj/ca/pss/page3_001066.html
旅券法令改正及び旅券（パスポート）の電子申請の開始について
URL www.mofa.go.jp/mofaj/ca/pss/page22_003958.html
●おもな改正内容
URL www.mofa.go.jp/mofaj/files/100412468.pdf

現在の居住地に住民票がない人の申請方法
1.住民票がある都道府県庁旅券課で申請（代理可）。受領は本人のみ
2.住民票を現在の居住地に移して申請
3.居所申請（住民票を移さずに、現住の居住地で申請→下記）をする。その場合、学生、単身赴任等一定の条件を満たしていれば可能。代理申請は認められていない。なお、居所申請については各都道府県庁の旅券課に確認すること

居所申請書
　「居所申請書」を提出する際、住民票のほか学生は学生証や在学証明書、6ヵ月以上の単身赴任者の場合、居所証明書や居所の賃貸契約書などが必要

パスポートの切替申請
　パスポートの有効期間が1年未満となったときから、切替申請が可能。申請には左記の申請に必要な書類のうち①④⑥を提出する（③が必要な場合もある）
　氏名、本籍の都道府県名に変更があった場合は戸籍謄本も必要となる。加えて手数料もかかる

パスポートの紛失については
→P.498

アメリカ大使館
📮 〒107-8420
東京都港区赤坂 1-10-5
☎ (03)3224-5000(代表)
🔗 jp.usembassy.gov/ja

ビザに関する質問
　非移民ビザを申請する場合は、ほとんどの人は面接(予約制)が必要となる。問い合わせは、日本在住者は☎050-5533-2737、米国在住者は☎(703)520-2233、eメール、チャット、Skypeで受け付けている。これらのサービスは無料で、通話料のみ利用者負担となる。詳細は🔗www.ustraveldocs.com/jp/ja/nonimmigrant-visa/を参照

ESTAの代金決済
　登録料は$21。支払いはクレジットカードで。
💳 A D J M V
※JCBカードとダイナースクラブは、クレジットカード情報の入力をする際、支払いカードのプルダウン・メニューで「ディスカバーカードDiscover Card」を選択し、JCBカードまたはダイナースクラブの情報を入力

ビザ免除プログラムで入国できないケース
　2011年3月以降、イラン、イラク、北朝鮮、スーダン、シリア、リビア、ソマリア、イエメンに渡航、または滞在したことがある人(例外あり)。該当する場合は、非移民ビザの申請が必要

取得しておくと便利な証書類
●**国外(国際)運転免許証**
　レンタカーを借りる予定の人には必要不可欠。自分の運転免許証を発行した都道府県の免許センターなどに出向いて申請する。詳しくは都道府県警察のウェブサイトで
●**ユースホステル会員証**
　ユースホステルは、原則として会員制。手続きは全国各地にある窓口かオンラインで
🔗 www.jyh.or.jp

「地球の歩き方」ホームページで海外旅行保険について知ろう
　「地球の歩き方」ホームページでは海外旅行保険情報を紹介している。保険のタイプや加入方法の参考に
🔗 www.arukikata.co.jp/web/article/item/3000681

ビザ(査証)の取得

　ビザとは、国が発行するその国への入国許可証。観光、留学、就労など渡航目的に応じてビザも異なるが、日本人のアメリカ入国にあたっては、90日以内の観光、商用が目的の渡航であれば、ほとんどの場合ビザ取得の必要はない(**ビザ免除プログラム**)。なお、ビザなしで渡米する場合、**ESTAによる渡航認証**を取得しなければならない(→下記)。

▶ 滞在が90日以内でもビザが必要なケース

　日本から第三国へ渡航したあと、アメリカに入国する場合、国によってはビザが必要な場合もある。予定のある人は必ず、航空会社、旅行会社、アメリカ大使館・領事館に問い合わせること。ただし、直接アメリカに入国したあとにカナダ、メキシコなどに出国、再びアメリカに戻ってくる場合、そのアメリカ滞在の総合計日数が90日以内ならビザは不要。

ESTA(エスタ)の取得

　ビザ免除プログラム(上記)を利用し、ビザなしで飛行機や船でアメリカへ渡航・通過(経由)する場合、インターネットでESTAによる渡航認証を取得する必要がある。事前にESTAの認証を取得していない場合、航空機への搭乗やアメリカへの入国を拒否されることがあるので注意が必要。一度ESTAの認証を受けると2年間有効で、アメリカへの渡航は何度でも可能。なお、最終的な入国許可は、初めの入国地において入国審査官が行う。

　渡航が決まったら、早めにESTAによる渡航認証を申請・取得をしよう(渡米日の72時間以上前までに取得を)。手順は、まず🔗 esta.cbp.dhs.govにアクセス。申請にはパスポートの画像のアップロードが必須。渡航認証の回答はESTAのサイトで3日以内に確認でき、「渡航認証許可」はOK、「渡航認証保留」は審査中。承認されず「渡航認証拒否」となった場合、アメリカ大使館・領事館でビザの申請が必要。

海外旅行保険の加入

　海外旅行保険とは、旅行中の病気やけがの医療費、盗難に遭った際の補償、あるいは自分のミスで他人の物を破損した際の補償などをカバーするもの。保険に加入する、しないは、当然本人の意思によるが、万一のときに金銭的な補償が得られるということだけでなく、緊急時に保険会社のもつ支援体制が使えることはたいへん心強い。感染症もカバーされる(隔離費用など例外あり)ので、海外旅行保険には必ず加入しよう。

　保険の種類は、必ず加入しなければならない基本契約と、加入者が自由に選べる特約に分かれている。一般的に必要な保険をセットにしたパッケージプランに加入するのが便利で簡単。国立公園は僻地にあるため、万一の際にヘリで移送される可能性が高い。補償額が十分かどうかよく検討しよう。

▶**NOTES** **ESTA申請代行サイトに注意** インターネットのキーワード検索結果などから申請を行う場合、申請代行会社などのサイトを利用していると気付かずに、あとで手数料を請求されるケースがあるので注意

航空券の手配

日本からアメリカへの就航便

●ゲートシティから考える

アメリカの国立公園を訪れる場合、まずその公園のゲートシティに空港があるか、空港がない場合はどの都市からアプローチするのがよいのかを調べよう。国内線は小型機を運航するコミューター航空となることが多いが、たいてい大手航空会社の系列に入っているので日本でも航空券を買うことができる。系列会社なら空港ゲートも近く乗り継ぎにも便利。

▶▶ 航空券の種類

●普通（ノーマル）運賃

定価（ノーマル）で販売されている航空券で、利用においての制約が最も少ないが、運賃はいちばん高い。

●正規割引運賃（ペックス PEX 運賃）

ペックス運賃とは、日本に乗り入れている航空会社がそれぞれに定めた正規割引運賃のこと。他社便へ振り替えることができない、予約後72時間以内に購入することなどの制約があるが、混雑期の席の確保が容易といったメリットもある。

航空会社がパッケージ用に旅行会社などに卸し、個人用に販売した格安航空券は、かつてはペックス運賃よりも安く出回っていた。現在、アメリカ路線においては運賃に差がないため、ペックス運賃が主流。

e チケットについて

現在、紙の航空券が発券されない（チケットレス）eチケットが主流。航空券を注文すると、eメールアドレスにチケットのリンク先が送られてくるので、リンクをクリックしてeチケットを確認しよう。万一に備えてプリントして持ち歩きたい。eチケットは空港の自動チェックイン機で各自でチェックイン手続きを行うのが基本。

航空会社にもよるが、事前に座席の予約ができ、インターネットでチェックイン手続きが前日、またはそれ以前にできるようになってきた。インターネットでチェックイン手続きを終えた人は、空港では荷物を預けるだけ。自動チェックイン機での手続きは不要だ。

航空会社（日本国内）
●全日空
☎0570-029-333
URL www.ana.co.jp
●ユナイテッド航空
☎(03)6732-5011
URL www.united.com/ja/jp
●アメリカン航空
☎(03)4333-7675
URL www.americanairlines.jp
●デルタ航空
☎0570-077733
URL ja.delta.com
●日本航空
☎0570-025-031
URL www.jal.co.jp

燃油サーチャージ
燃料費変動により、航空運賃のほかに"燃油サーチャージ"が加算される。時期や航空会社によって異なる

eチケット
eチケットには、搭乗者の航空券のデータがすべて航空会社のコンピューターに記憶されている

国際観光旅客税について
日本出国者を対象に、出国1回につき1000円の国際観光旅客税がかかる。原則として支払いは航空券代に上乗せされる

左／航空機の中からダイナミックな景色を見られることも（グランドキャニオン）
右／アドーベを思わせる建材で造られたエルパソの空港。大空港では早めに到着したい

日本を出国する

日本国内の国際空港でアメリカへの路線が運航しているのは、成田、東京（羽田）、関西の3ヵ所。空港までのアクセス方法を前日までに確認しておこう。

▶ 空港到着から搭乗まで

①搭乗手続き（チェックイン）

空港へは出発時刻の3時間前までに着くようにしたい。チェックイン手続きに時間を要するのと、急なフライトスケジュールの変更に対応するためだ。

空港での搭乗手続きをチェックイン（Check-in）といい、手続きは各自が自動チェックイン機で行うのが基本。紙の航空券を持っている場合は、各航空会社のカウンターでチェックイン手続きを行う。その際は、航空券とパスポート、機内預け荷物を係員に渡せばよい。自動チェックイン機で手続きを行う場合は、タッチパネルの操作をガイダンスに従って行う。最初にパスポートを読み込ませ、氏名や搭乗便などを確認。機内預けの荷物の数、アメリカでの滞在先などの入力、まだ決めてなければ座席などを選択。完了すると搭乗券と荷物タグが出力されるので、荷物タグは自分でつけて**荷物預けBaggage Drop**へ。その際パスポートの確認がある。パッケージツアーの場合でも各自チェックインすることが増えている。

②手荷物検査（セキュリティチェック）

保安検査場の前にパスポートと搭乗券の用意を。搭乗券コードの読み取りが行われる。検査場では機内に持ち込む手荷物のX線検査と金属探知機による身体検査を受ける。ノートパソコンやタブレットはかばんから出し、上着、携帯電話やコイン、ベルトなどの身に着けている金属類はトレイに置いてX線検査を受けること。アメリカでは靴も脱いで、X線をとおさなければならない。液体などの持ち込みについては制約がある（→左記）。

③税関手続き

高価な外国製品を持って出国する場合、「外国製品の持出し届」に記入をして申告する。これを怠ると、帰国時に国外で購入したものとみなされ、課税対象になることもある。ただし、使い込まれたものならほぼ心配はない。

④出国審査

出国審査は原則として各自ミラーゲートで行う。パスポートを読み込ませ、顔をミラーに向けて問題なければゲートが開く。

⑤搭乗

自分のフライトが出るゲートへ向かう。飛行機への搭乗案内は出発時間の約30分前から始まる。搭乗はグループごとに分けられて機内に入るので、自分のグループ番号を覚えておこう。ゲートでは搭乗券とパスポートを提示することもある。

成田国際空港
空港の略号コード　"NRT"
☎(0476)34-8000
URL www.narita-airport.jp

東京国際空港（羽田空港）
空港の略号コード　"HND"
☎(03)5757-8111
URL tokyo-haneda.com

関西国際空港
空港の略号コード　"KIX"
☎(072)455-2500
URL www.kansai-airport.or.jp

ESTAを忘れずに！
ビザなしで渡航する場合は、出発の72時間前までにインターネットを通じて渡航認証を受けることが必要（→P.478）。必ず事前に認証を取得し、できれば取得番号の表示された画面を印刷して、携行していくように。航空会社によっては、この番号を確認するところもある。
「地球の歩き方 ホームページ」にも申告の手順が詳しく解説されている
URL www.arukikata.co.jp/esta

液体などの持ち込みに注意
化粧品や歯磨き粉など液状やジェル状のものは、それぞれ100ml以下の容器に入れ、容量1ℓ以下の無色のジッパー付きの袋に入れ、X線検査を受けること

機内預けの荷物は施錠しない
現在、アメリカ線は機内に預ける荷物には施錠をしないように求められている。心配な人はスーツケースにベルトを装着するか、TSAロック機能のスーツケースを使用しよう

アメリカに入国する

アメリカの場合、アメリカ国内で乗り継ぎがあっても、必ず最初の到着地で入国審査を行う。例えば、日本からロスアンゼルスを経由してソルトレイク・シティへ向かうなら、ロスアンゼルスの空港で入国審査を受けることになる。飛行機が到着する前に機内で配布される「税関申告書」を記入しよう。

▶ 入国審査から税関申告まで

①入国審査

飛行機から降りたら、"Immigration" の入国審査場に向かう。窓口はアメリカ国籍者(U.S. Citizen)、それ以外の国籍者(Visitor）の2種類に分かれている。Visitorの列に並び、順番がきたら審査官にあいさつをし、パスポートと税関申告書（→下記）を提出。渡航目的や滞在日数、滞在先などの質問のあと入国が認められれば、インクを使わないスキャン装置による両手指の指紋採取（一部空港）とデジタルカメラによる顔写真の撮影が行われ、捺印したパスポートと税関申告書を返してもらって入国終了。

②荷物をピックアップする

入国審査のあと、バゲージクレームBaggage Claimへ。フライトをモニターで確認して、荷物の出てくるターンテーブルCarouselへ行き、機内預け荷物を受け取る。手荷物引換証（タグ）を照合する空港もあるので、タグはなくさないように。また、預けた荷物が出てこない、スーツケースが破損していたなどのクレームは、その場で航空会社に申し出ること。

③税関検査

ここでは入国審査の際にスタンプを押してもらった税関申告書を提出する。税関でチェックされるのは、持ち込み数量に制限がある酒、たばこ、肉類と肉エキスが入ったもの、野菜や果物の持ち込みで、制限を超える場合は課税の対象となる。

税関申告書記入例

❶ 姓　❷ 名
❸ 生年月日（月／日／年：西暦の下2桁）
❹ 同行している家族の人数
❺ 滞在先（ホテル）の名称
❻ 滞在先（ホテル）の市
❼ 滞在先（ホテル）の州
❽ パスポート発行国
❾ パスポート番号
❿ 居住国
⓫ 米国到着前に訪問した国。なければ無記入
⓬ 米国に乗り入れる便名
⓭ 該当するものがない場合は「いいえ」をチェック
⓮ おみやげなど米国に残るものの金額（私物は含まない）
⓯ パスポートと同じサイン
⓰ 米国到着日（月／日／年：西暦の下2桁）
⓱ 課税対象がある場合は、品目と金額を書き込む
⓲ その合計金額

空港で荷物が出てこなかったら
→P.498

まずはあいさつから

慣れない英語での入国審査は緊張するものだが、審査官の前に進んだら、"Hello"、"Hi"、"Good morning" と、まずはあいさつをしよう。審査終了後も "Thank you" のひと言を忘れずに。また、審査官には敬意をもって接すること

質問の答え方

●入国目的は、観光なら "Sightseeing"、仕事ならば "Business"
●滞在日数は、5日なら "Five days"、1週間ならば "One week"
●宿泊先は到着日に泊まるホテル名を答えればよい
●所持金については、長期旅行や周遊する町が多い場合に尋ねられることもある。現金、クレジットカード所有の有無を正直に答えておこう

入国審査は簡単な英語だが、どうしてもわからないときは通訳Interpreter（インタープリター）を頼もう

アメリカ入国の持ち込み制限

通貨は無制限だが、現金は総額1万ドル以上は申告が必要。酒類は、21歳以上で個人消費する場合は1ℓ、おみやげは$100相当まで無税。たばこは200本または、葉巻100本まで無税。電子たばこも持ち込み可。

ふりかけやカレールウ、カップラーメンなど肉類や肉のエキスを含んだすべての食品は持ち込み禁止となっている

税関検査後、市内やほかの都市への乗り継ぎ

空港から市内へは、地下鉄や路線バス、空港バス、タクシー、UberやLyftの配車サービスなどのアクセスがある。

デンバーなどどこかの空港を経由して目的の都市へ行くときは、国内線への乗り継ぎとなる。出口を出ずに、税関検査が終わったら"Connecting Flight"（乗り継ぎ）のサインに従い、乗り継ぎカウンターへ。ここでタグの行き先が目的の都市であるかを確認して再び荷物を預ける。近くにあるフライトモニターを見て、次の便のゲート番号と何時に出発するかを確認しよう。そして、国内線のターミナルに移動する。大規模な空港ではほかのターミナルへ移動するためにモノレールや地下鉄に乗ることもある。

アメリカを出国する

①空港へ向かう

ホテルから空港への交通手段で、最も便利なのはUberやLyftなどの配車サービス。予約することもできて便利だが、時間帯によってはタクシーのほうが安いからよく考えよう。都市によっては地下鉄や路線バスなどの公共交通機関が利用しやすい場合もある。遅延なども考えて、時間に余裕をもって行動したい。なお、現在アメリカの空港はセキュリティが非常に厳しく、特にハブ空港では時間がかかる。最低でも国内線の場合は2時間前に、国際線は3時間前までには空港に着くようにしよう。

②利用航空会社のカウンターに向かう

アメリカのおもな国際空港は、航空会社によってターミナルが異なるから自分の利用する航空会社をしっかり伝えよう。地下鉄やバスは降りた所からカウンターまで歩くか、空港内を走るモノレールや地下鉄で移動することもある。

③チェックイン（搭乗手続き）

2023年10月現在、アメリカでは出国審査官がいるゲートで出国スタンプを押してもらうプロセスがない。自動チェックイン機でチェックイン手続きを済ませたあと、利用航空会社の荷物預けのカウンターで、機内預け荷物とパスポートを提示して終了。チェックイン手続きが済んだら、手荷物検査を通って搭乗ゲートへ。ゲートでの搭乗の際、搭乗券とパスポートを見せることがある。

日本に入国する

飛行機が到着し、検疫カウンターへ。アメリカからの帰国者は基本的に素通りでよいが、体調異常がある場合は検疫官に申し出ること。入国審査は日本人の場合、往路と同じように顔認証ゲートで済ませることになる。次にアメリカから動植物を持ち込む人は、検疫を受ける必要がある。バゲージクレーム・エリアのターンテーブルで機内預けの荷物を受け取ったら、税関のカウンターへ。ここではVisit Japan Webで登録したQRコードを提示して通過する。登録を忘れたら右ページの「携帯品・別送品申告書」を記入、提出すること。

乗り継ぎは再度セキュリティチェックがある

入国審査、税関検査を終え、乗り継ぎカウンターで荷物を預けたあと、乗り継ぎ便の搭乗口に向かう手前にもセキュリティチェックがある。日本の出国手続き後に購入したり、機内で購入したペットボトルや瓶のアルコール類は、ここで没収されてしまうので注意したい

Visit Japan Web

日本入国時の「税関申告」をウェブで行うことができるサービス。必要な情報を登録することでスピーディに入国できる。
URL vjw-lp.digital.go.jp
登録に必要なもの
・パスポート
・航空券
・メールアドレス
※2023年4月末より日本入国時のコロナウイルスのワクチン証明書、または出発前検査証明書の提示は不要となった

地方の空港から日本へ帰国

ロスアンゼルスなど日本への直行便をもつ空港は大規模で、チェックイン手続きやセキュリティチェックに時間がかかる。しかし、地方の空港は小規模でチェックインもセキュリティもあっという間、ということもよくある。3時間前では早過ぎたということもあるので、ホテルの人に混雑具合を聞いてみるといい。加えて、アメリカの空港は冷房がきついことが多いので、上着は必需品

肉類、肉加工品に注意

アメリカ（ハワイ、グアム、サイパン含む）、カナダで販売されているビーフジャーキーなどの牛肉加工品は、日本に持ち込むことができない。免税店などで販売されているもの、検疫済みシールが添付されているものも、日本への持ち込みは不可。注意してほしい
URL www.maff.go.jp/aqs

携帯品・別送品申告書について

　2023年10月現在、日本に入国（帰国）するすべての人はVisit Japan Webの税関申告か、「携帯品・別送品申告書」を1通提出することになっている。海外からの別送品がある人は2通提出し、このうちの1通に税関が確認印を押して返してくれる。この申告書は、別送品を受け取る際必要になるので、大切に保管しよう。帰国後に別送品の申告はできない。申告書はバゲージクレーム・エリアなど税関を通過する前に用意されているので、これに記入して提出する。もし、別送品の申請をしなかったり、確認印入りの申請書をなくした場合は、一般の貿易貨物と同様の輸入手続きが必要になるので要注意。

携帯品・別送品申告書記入例

携帯品・別送品申告書記入例
（表面）
①航空会社（アルファベット2字の略号）と便名
②出発地
③入国日
④氏名とフリガナ
⑤住所と電話番号
⑥職業
⑦生年月日
⑧パスポート番号
⑨同伴の家族がある場合の内訳
⑩質問の回答欄にチェック
⑪別送品がある場合は「はい」にチェック、個数を記入
⑫署名
（裏面）
⑬入国時に持ち込むもの
※日本入国時に携帯して持ち込むものについての質問欄がある。不明な点などは係員に確認

海外から日本への持ち込み規制と免税範囲

　日本への持ち込みが規制されている物は下記のとおり。海外で購入する際に問題ないと言われても、税関で規制対象品と判明した時点で所有を放棄するか、自己負担で現地に送り返す、輸入許可が下りるまで有料で保管されるなどの処置がなされる。

●**日本へ持ち込んではいけないもの**
●覚せい剤、大麻、MDMAなどの不正薬物
●けん銃等の銃砲、これらの銃砲弾、けん銃部品
●わいせつ雑誌、わいせつDVD、児童ポルノなど
●偽ブランド品、海賊版などの知的財産を侵害するもの
●ワシントン条約に基づき、規制の対象になっている動植物、それらを加工した製品も規制の対象
●ビーフジャーキーなどの牛肉加工品。免税店で販売されているもの、検疫済みシールが添付されているものでも不可
※輸出入禁止・規制品の詳細は **URL** www.customs.go.jp

日本入国時の免税範囲（成年者ひとり当たり）

2023年10月現在

	品　目	数量または価格	備　考
1	酒　類	3本	1本760㎖程度のもの
2	たばこ　葉巻たばこ	50本（ただし、ほかのたばこがない場合）	「加熱式たばこ」の免税数量は、紙巻きたばこ200本に相当する数量となる
	紙巻きたばこ	200本（同上）	
	加熱式たばこ	個装等10個（同上）	
	その他のたばこ	250g（同上）	
3	香水	2オンス	1オンスは約28㎖
4	品名が上記1〜3以外であるもの	20万円（海外市場の合計額）	合計額が20万円を超える場合は、超えた額に課税。ただし、1個20万円を超える品物は、全額に課税される

20歳未満の酒類、たばこの持ち込みは範囲内でも免税にならない。
6歳未満の子供は、おもちゃなど明らかに子供本人の使用と認められるもの以外は免税にならない。
※たばこの免税範囲についての詳細は税関 **URL** www.customs.go.jp/kaigairyoko/cigarette_leaflet_j.pdf

↗購入しないように。これらの品物を持って帰国すると、空港の税関で没収されるだけでなく、場合によっては損害賠償請求を受けることも。「知らなかった」では済まされないのだ

現地での国内移動

アメリカでの国内移動手段として代表的なものは、飛行機、レンタカー、長距離バス、鉄道などの交通機関が挙げられる。利用する乗り物によって、料金、時間に差が出てくるのはもちろんのこと、旅の印象も変わってくる。国立公園の旅をするときに、威力を発揮するのがレンタカーだ。なお、アメリカ国内を旅するにあたっては、どの移動手段においても「時差」があることを念頭に行動をすること。移動した先の現地ツアーなどの出発時刻に間に合わないというケースもあるからだ。

飛行機　Domestic Flight

▶ 滞在都市数と航空券の種類

国立公園を旅するにあたり最初に決めておきたいのが、どこの空港に入り（ゲートシティ）、どこの空港から出るか。同じ空港にして周遊する方法もあるし、入る空港と出る空港が異なることもあるだろう。

基本的に、ゲートシティと出る空港が同じなら、航空券は日本とゲートシティ間の単純往復航空券を手配する。2都市以上の複数都市を飛行機で回る旅の形態は周遊といい、周遊の運賃はゾーンや滞在都市数など、航空会社により条件が異なる。

▶ 周遊の旅、航空会社選びはハブ HUB が重要

航空会社は、乗客や貨物の効率的な輸送を図るため、運用の拠点としてハブ（中核）となる空港をもっている。行きたい都市への直行便がなくても、ハブになっている都市を経由すれば目的の都市にたどり着ける。ただし、ハブの都市を経由すると遠回りになるなど、多少のデメリットもあるが、ルート作成時の航空会社は、同一航空会社とすることが大切だ。

選んだ航空会社の路線が訪問予定都市をどうしてもカバーしきれない場合、次の都市まで飛行機に乗るほどでもないときは、鉄道や長距離バスといった、ほかの交通機関も考えてみよう。

▶ アメリカ国内線の基礎知識

飛行機移動の最大のメリットは速いこと。特に短期間に旅行をする人や、訪れるそれぞれの場所が著しく離れている人にとって利用価値は大きい。ロッキー越えやグランドキャニオンなどでは、空からの雄大な景観を楽しむこともできる。

デメリットは、飛行時間以外の時間がけっこうかかること。出発の2時間前までに空港に着いていなければならないし、空港は一般に郊外にあるため、国立公園へのバスの乗り継ぎにも時間がかかる。場所によっては1日1便しか飛んでいないフライトもあり、乗り遅れるとたいへん。天候による運休も覚悟しよう。

国内線利用の流れ
空港へは出発時刻の少なくとも2時間前までに到着。ハブ空港ならもっと早めが望ましい。国内線は「ドメスティックDomestic」の自動チェックイン機でチェックインの手続きを行う。チェックイン後、手荷物検査を受け、搭乗ゲートに向かう

航空券に関する専門用語
●OPEN（オープン）：航空券の有効期限内であれば、復路のルート変更が可能な航空券
●FIX（フィックス）：出発前に日程、経路、往復便の予約を行う必要がある航空券
●オープンジョー：複数都市を回る際、途中の移動を飛行機以外の手段（レンタカー、鉄道、バスなど）で行うことができる航空券
●トランジット：同じ飛行機で途中にほかの空港に立ち寄ること。乗り継ぎ時間は24時間以内
●ストップオーバー：同じ途中降機のことで、乗り継ぎ地で24時間以上滞在すること

コードシェアとは？
路線提携のこと。ひとつの定期便に2社以上の航空会社の便名がついているが、チェックインの手続きや機内サービスは主導運航する1社の航空会社によって行われる。搭乗券には実運航の航空会社名が記載されるが、空港内の案内表示には複数の便名、または実運航の航空会社のみの便名で表示されるなど、ケース・バイ・ケース。予約時に必ず、実運航の航空会社を確認すること

アリゾナ州ツーソン空港のターミナル前に植えられたサワロなどのサボテン

鉄道　Amtrak

広大なアメリカ大陸を迫力満点に疾走する列車の旅は、単なる移動手段としてではなく、それ自体が大きな楽しみといえる。現在、アメリカの中長距離旅客輸送を受けもっている半官半民の会社がアムトラックAmtrak。各地方の私鉄の線路を借り受けて、アムトラックの車両を走らせている。

▶ 国立公園への足として使えるアムトラック

路線網はバスに比べてはるかに少ないが、グレイシャーは駅が公園の目の前だし、ヨセミテとグランドキャニオンは、駅からビレッジまでシャトルバスや鉄道が運行している。サワロ（ツーソン）、ロッキーマウンテン（デンバー）、オリンピック＆マウントレニエ（シアトル）、ホワイトサンズ＆カールスバッド（エルパソ）などの公園も、ゲートシティに鉄道駅がある。

デメリットは、とにかく遅いこと。バスよりものろく、遅延もとても多いので、スケジュールには十分な余裕が必要。鉄道旅行は、ゆったり、のんびりとした旅に適している。

運賃はバスに比べると割高で、ピーク時かオフピーク時か、一般車両か寝台車かなどによって細かく変動する。

長距離バス　Greyhound

グレイハウンド社はアメリカで唯一最大の長距離バス会社。ハワイとアラスカを除く48州とワシントンDCをカバーし、提携バス会社と合わせると行けない町はないといっていいほど路線網は充実している。

▶ 料金が安いのが最大のメリット

デメリットは、ローカル路線は本数が極端に少なく、季節によっては運休する路線もあること。特に国立公園の多いロッキー地方を走るルートは、冬になると運休したり、便数が大幅に減ったりするので要注意。また、長距離バスは国立公園の中までは乗り入れていないので、バスディーポから公園までの足に困ることも多い。

上記のように、グレイハウンドを使って国立公園を回るのは現実的ではない。グレイハウンドは、国立公園のゲートシティへの交通手段と考えるほうがいいだろう。例えば、ヨセミテならゲートシティのマーセドまで行けば、YARTSのバスを使って公園までアクセスできる。また、グランドキャニオンならフラッグスタッフまで行けばシャトルバスがある。しかし、時間のロスが大きいこともあるので事前に必ず時刻表を確認すること。公園までの交通手段がない場合は、グレイラインなどのツアーを利用するしかないだろう。

グレイハウンドのチケットは事前にウェブサイトから購入するとかなりお得。近年、人件費削減のためかバスディーポには係員が少なく、チケットを購入するのに意外に時間がかかる。早めにバスディーポに行こう。

アムトラック
Free 1800-872-7245
URL www.amtrak.com
（時刻表検索、チケット購入もできる）

USAレイルパス　USA Rail Pass
アムトラックでは旅行者向けにUSAレイルパスという鉄道周遊券を販売している。これはアセラ特急などを除くアムトラックの全路線で利用できる（主要駅から発着している連絡バスAmtrak Thruway Busも利用できる）。適用期間内の利用回数分だけ乗車可能だ。パスは、アムトラックのウェブサイトからも購入ができ、現在販売されているパスは30日間で10区間の1種類のみ

グレイハウンド
Free 1800-231-2222
URL www.greyhound.com
※グレイハウンドは**フリックスバスFlixBus**との提携を開始し、運行本数も増えた。車体はグレイハウンド以外もあるので注意を。停車する場所も増えたが、バスの停車場所がどこかは必ず確認したい。場所によっては看板のみで周囲には何もなく、夜の利用は避けたい場所もある

時刻表はウェブサイトで
グレイハウンドのウェブサイトにアクセスしたあと、フロントページの"From/To（出発地／目的地）"、乗車日を入力するとタイムテーブルだけでなく、運賃も知ることができる。ここから乗車券を購入することも可能だ。さらに進んでいけばバスターミナルやバスディーポの情報も見ることができる

バスディーポについて
大都市のバスディーポは周辺の環境がよくないことが多いので、夜間の利用は気をつけよう。小さな町のバスディーポは、バスが発着する時間しか営業していないし、バスの発着があっても週末は閉まってしまうバスディーポも多い。バスディーポが閉まっているかどうかはウェブサイトで確認しよう。バスストップについては、マクドナルドなどのファストフード店やガソリンスタンドがバスストップに指定され、店内が待合所になっていることも多い。この場合、バスの乗車時間に店が営業しているかを確認しよう

485

国立公園の走り方
→P.48

**日本に支社、代理店の
あるレンタカー会社**

エイビス　Avis
(株)ジェイバ
無料 0120-31-1911
URL www.avis-japan.com
アメリカ
Free 1800-352-7900

アラモ　Alamo
アラモレンタカー
無料 0120-088-980
URL www.alamo.jp
アメリカ
Free 1844-354-6962

バジェット　Budget
(株)ジェイバ
無料 0120-150-801
URL www.budgetjapan.jp
アメリカ
Free 1800-214-6094

ダラー　Dollar
ダラーレンタカー予約センター
無料 0800-999-2008
URL www.dollar.co.jp
アメリカ
Free 1800-235-9393

ハーツ　Hertz
ハーツレンタカー予約センター
無料 0800-999-1406
URL www.hertz-japan.com
アメリカ
Free 1800-654-4174

**JAFとAAA（トリプルA）
の上手な利用法**
　JAFの会員であれば、入国から90日以内に限り、AAA（トリプルA）会員同様にAAAのサービスを受けることができる。AAAとは、American Automobile Association（アメリカ自動車協会、通称トリプルA）のことで、日本ではJAF（日本自動車連盟）にあたる組織。JAF同様、AAAも会員に対してさまざまなサービスを行っている
JAF総合案内センター
☎ 0570-00-2811
URL jaf.or.jp
24時間路上救援
Free 1800-222-4357
（カナダも同番号）

レンタカー

　車での移動を基本に町が造られているので、どこへ行くにも車の有用性を実感するはず。交通法規やルールの違う日本からの旅行者は不安に思うかもしれないが、逆に、車で移動することによって生じるメリットは数えきれないほどある。

▶ 走り出す前に

●国外（国際）運転免許証の取得

　アメリカでドライブをするために、日本から用意していかなければならないもののひとつが国外（国際）運転免許証だ。各レンタカー会社では、国外運転免許証と同じ効力がある日本の免許証の翻訳サービスを有料で行っている。なお、アメリカでは国外運転免許証や免許の翻訳書だけでは運転免許証としての効力がないので、必ず日本国内の運転免許証も持っていくこと。

●ドライブの心構え

　運転の基本はどこでも同じ「安全」。しかし、その安全を実現するための交通法規は、アメリカと日本では少し異なる。日本とは異なる交通法規を覚えておきたい。

　アメリカは日本とは反対の右側通行。最初は不安でとまどうかもしれないが、意外にすぐ慣れてしまう。速度がマイル表示なので、慣れないうちはキロメートルと錯覚し、スピードを出し過ぎてしまう場合があるので要注意。

　また、アメリカの合理的な交通法規が、赤信号での右折。いったん停止し、他の車や歩行者などの動きを見て、安全が確認できたときのみ赤信号でも右折できる。また、"NO TURN ON RED"の標識がある場合、信号が青になるまで右折はできない。

▶ レンタカー会社と日本からの予約

　大手の会社としてはハーツHertz、エイビスAvis、アラモAlamo、バジェットBudget、ダラーDollarなどがある。アメリカ国内の各地に営業所があり、整備の面でも信頼がおける。いずれも日本に支社や代理店があり、日本で予約できる。

▶年齢制限

　大手レンタカー会社の貸し出しは20歳以上でできるが、25歳未満は追加料金がかかることがある。予約の際には必ず確認が必要。

●日本で予約する特別プラン

　日本に支社や代理店をもつ大手レンタカー会社は、日本から予約することによって通常の料金よりも割安になることが多く、保険もセットにした日本払い、または現地払いのパッケージプランを発売したりしている。取り扱いプランは、各社特徴が異なるので、条件を比較したうえで決めたほうがよい。

● 予約の際に決めておく項目

　予約を入れる際に決めなければいけない項目は、借り出し（ピ

ックアップ）、返却（リターン）の日時、場所と車種。

借り出し、返却の日時は、「8月10日の午後10時頃」という決め方。場所については、「ソルトレイク・シティ国際空港の営業所」など、営業所を特定する。

車種はおもに大きさを基準にして、いくつかのクラスに分類されている。クラスの名称は各社異なるが、一般的には小型車、中型車、大型車があり、それに4WD、コンバーチブル、バンなどの車が加わる。

▶▶ レンタカーを借りる手続きと返却手続き

●車をピックアップ（チェックアウト）

現地に着いたらいよいよ車を借り出す。レンタカーを借りることをピックアップ（チェックアウト）、返却することをリターン（チェックイン）という。ここでは日本から空港に着いて、そのまま空港の営業所から借り出す場合の手順を説明する。

カウンターで、予約してあることを告げて、予約確認証または予約番号、国外（国際）運転免許証、日本の運転免許証、パスポート、クレジットカード、クーポンで支払う場合はクーポンを差し出す。クーポンで支払う場合でも、任意保険や保証金のためにクレジットカードの提示が必要になる。任意で加入する保険は必要なものだけ、よく確認してから加入する。最後に契約書にサインをする。契約書の条件を守る義務を生じさせるものなので、契約内容を十分に理解したうえでサインをするようにしよう。契約書にサインしたら手続きは終了。キーと一緒に、車の停めてあるスペースの番号が告げられる。

●車をリターン（チェックイン）

各レンタカー会社の営業所が"Car Return"のサインを出している。営業所内でも"Car Return"のサインが出ているので、これに従って進む。車を停めたら、カウンターに向かうか、リターン手続き専門の係員がやってくるので、契約書の控えと記入済みの契約書ホルダーを出して精算する。支払いが終わったら、契約書の控えと領収書を受け取って手続き終了。

アメリカでの運転に慣れよう

まずは、左ハンドル、右側通行に慣れよう。いったん停止、歩行者優先、十字路での優先順位などの基本的なルールを順守し、無謀な運転はしないように。

フリーウエイの走行では、制限速度に要注意。周辺の状況により変則的なので標識で確認するようにしよう。また、むやみにクラクションを鳴らす、頻繁にレーンを変更する、遅い車をあおるなどの行為は控えたい。車間距離を取る、合流のときは必ず1台ずつ交互に出るなど、マナーのよい運転を心がけよう。

詳しいドライブガイドは『地球の歩き方 B25 アメリカ・ドライブ』編を、ぜひ参考にしてほしい。

提携店舗に注意

エイビスとバジェット、ハーツとダラー、アラモとナショナルはそれぞれ提携しており、小さな空港などではカウンターを共有していることがある

特に国立公園の周辺では動物の飛び出しが多い。スピードは控えめに

左／日本語サイトで予約ができる大手レンタカー会社が何かと便利
下／指定されたエリア内にある車から自由に選べる営業所が増えてきた

アクティビティ

ハイキング

手軽なコースを無理なく歩く

　スケールの大きな自然を知るいちばんの方法は、自分の足で自然の奥深くに分け入ることだ。時間や体力を費やしたぶん、自然はいろいろなものを与えてくれ、貴重な体験ができる。

　ほとんどの国立公園にはハイキングトレイルがある。ビジターセンターで手に入る地図を見れば、詳しいルートやだいたいの所要時間、難易度もわかる。数時間のコースから、バックカントリーに数泊するコースまでさまざまだ。自分で歩けば、車やバスに乗っていては決して見ることのできない景色や感動が必ず得られる。歩くにあたっては、無理をしないことが重要。

所要時間の目安と歩き方

　平均的なハイカーの場合で、1時間に2マイル（約3.2km）歩ける。標高差がある場合は、1000フィート（約300m）の登りにつき1時間を加算するといい。例えば5マイル（約8km）のコースで1500フィート（約460m）の登りがあるとすると、5÷2＝2.5、1500÷1000＝1.5で、計4時間が目安となる。体力に自信のない人は長めに見積もろう。そして、「自分に合ったペースで」というのが基本。ただ、体力があって経験のない人ほど速く歩きがちだから要注意。こまめに休憩を取りながら歩きたい。

出発は朝〜午前中が基本

　朝か、遅くても昼までには出発しよう。日中は気温が上がるので、涼しいうちに出かけるのがいちばん。最悪は目的地に着かないうちに日が暮れてしまうこと。命にかかわることなので絶対に避けたい。

気候と服装と持ち物

　服装の基本は重ね着と履き慣れた靴がポイント。重ね着なら寒暖の差にも対応できる。標高の高い所では朝のうちはまだ寒く、天気がよければ日中はかなり気温が上がる。常に服装で温度調整をしないと、体調を崩したり、疲れやすくなる。素材に気をつけて選んだ下着、シャツ、セーター、ジャケットを組み合わせて着るのが理想的。

　また、ハイキングトレイル中には飲める水がほとんどないと考えよう。夏場は日差しも強く、のどが渇くので、飲料水は必ず十分な量を用意しよう。あわせて、ちょっとしたスナックを持っていくといい。手軽にカロリー補給できるし、非常食にもなる（→P.83）。

トレイルヘッド
　アメリカではハイキングコースをトレイルtrail、その出発点をトレイルヘッドtrailheadという

動物とのつきあい方
　ハイキングをしていると野生動物と出会うことが多いが、餌を与えるのは禁止されている。また、各地で観光客とクマとの接触が問題になっている。お互いの命にかかわることなので、P.224、409を読んで注意事項をしっかりと守ろう。ピューマに出会ったときの対処法はクマとは逆なので、ぜひP.130も読んでほしい

バックカントリー
　本格的なハイキング、トレッキングをする人は、ビジターセンターで詳しい情報をきっちりと教えてもらおう。公園によって許可の取り方も異なるので、必ず確認を

馬に出会ったら
　トレイルでは馬やラバに優先権があるので道を譲ろう。その際、決して動物の体に手を触れてはいけない

ポンチョがおすすめ
　出発のときに晴れていても、長時間のハイキングのときは雨具を用意しておいたほうが安心。レインジャケットか、荷物までずっぽり覆うポンチョがいい

ポイ捨て厳禁
　ハイキングトレイルにゴミを捨てるのは厳禁。特にたばこの不始末は、取り返しのつかない事態を招く！

キャンピング

アメリカでのキャンピングは、水道、トイレ、シャワー、ランドリーといった基本的な設備のよさ、各キャンプサイトの広さと快適さ、行き届いた管理とバランスの取れた自由、そして、キャンプ場利用者のマナーなど、まさに「キャンプ先進国アメリカ」といえる充実度。「アメリカの大自然を満喫しよう！」と思うなら、キャンプをしながら旅することも考えてみたい。

▶ キャンピング旅行のスタイル

まず、交通手段は車、レンタカーを利用することが望ましい。国立公園内のキャンプ場は先着順でサイトが割り当てられる場所が多い。ということは、夏ならば午前中にキャンプ場に到着する必要がある。もしも、キャンプ場がどこもいっぱいで泊まれない場合は、公園外のキャンプ場を探さなければならない。こんなときも車があれば対応しやすい。旅行荷物に加えてテント、シュラフ、コッヘル、食料などのキャンプ道具を持ち歩くことを考えたら、車の必要性がますます大きくなる。

▶ 持っていくものと現地調達するもの

キャンプのための道具は、すべてを日本から持参する必要はない。現地で買い揃えたほうが安上がりだ。アメリカのアウトドアショップの広さと品揃えの豊富さに驚かされるだろう。

テントはできるだけ軽くてかさばらないもので、設営、撤収がラクにできるものがいい。やや大きめのテントのほうが快適。

ストーブは現地で購入しても安い。自炊するならば、ツーバーナーのカートリッジ式コンロを買ったほうが便利。スーパーマーケットなどで安く売っている。

シュラフは3シーズン用のものを。朝夕の冷え込みは相当なものなので、シュラフの下に敷くマットも必需品だ。

▶ 気候と服装

キャンプの場合、気候によって装備や行動が大きく左右される。暑ければ服を脱いでいけばよいのだが、問題は寒さ。特に夏の寒さが怖い。夏でも明け方は10℃を切ることはざら。温度調節ができるように重ね着をしよう。洗ってもすぐに乾くポリプロピレンの下着を用意しておくと寒くなったときに安心。上に着るパーカーは防水、保温を兼ねるようなものを選ぼう。

▶ キャンプ場の予約

国立公園内のキャンプ場は、多くが先着順。しかし、なかには一部のキャンプ場だけを予約制にしている公園がある。グランドキャニオン、ヨセミテ、ザイオン、グレイシャー、ロッキーマウンテン（各公園の宿泊の欄を参照）などがそうだ。また、混雑する時期だけ予約制にする公園もある。特に夏のピークシーズンにキャンプを計画している人は、できるだけ早く予約を入れよう。

クマに注意！
ヨセミテ、イエローストーン、グランドティトン、グレイシャーなどクマの多い公園では、食べ物の保管、ゴミの捨て方に細かい決まりがある。注意書きをよく読んで厳密に守ろう

あると便利なゴムゾウリ＆ヘッドランプ
ゴムゾウリかビーチサンダルがあると便利。シャワーを浴びるとき、ゴムゾウリを履いたまま入れば床が汚くても気にならない。
夜のキャンプ場は真っ暗になる。ヘッドランプがあればトイレへの道案内、暗いテント内での作業、夕暮れに書きものをするときの明かりなど。懐中電灯と違い、頭に付けているので両手が使える

スーパーマーケットを利用しよう
テントなどキャンプ専用品以外のものは、大型スーパーマーケットで購入したほうが安く手に入ることが多い。例えばツーバーナー、クーラーボックスやテントに敷くマットなどだ

キャンプ場などの予約先
URL www.recreation.gov
☎ (606)515-6777
Free 1877-444-6777
🕐 10:00〜24:00（EST）
休 11月第4木曜、12/25、1/1
カード A M V
イエローストーンなど一部の公園を除いて、上記で一括して扱っている。電話でも予約できるが、名前のスペルが違っているなどのトラブルが多いので、できるだけインターネットで予約をしよう。空き状況がその場でわかるし、キャンプ場の設備なども細かく記載されている。支払いはクレジットカードで。予約受付の開始日は公園によって異なる

▶ キャンプ場の様子

キャンプ場のサイトは一つひとつ区画されている。各サイトにはサイトナンバーが付いており、テントを張るスペースとパーキングスペース、ピクニックテーブル、焚火をするファイアースペースが設けられている。スペースは基本的に4人用テントが悠々ふたつ張れる広さ。さらに隣のサイトとの間隔も十分にある。公園によってはRVとテントのみTent Onlyのキャンプ場がはっきり分かれているところもある。

▶ サイト確保とシステム

まずは、キャンプ場入口のステーションのレンジャーにキャンプをしたいと告げる。すると、例えば「Bループに行ってください。そこで好きな場所を選ぶように」と指示される。このとき、ペイスタンドやサイトのパネル周辺に置いてあるキャンピング申し込み用の封筒をもらっておく。次にBループに行き、空いているスペースを見つけたら、申し込み用紙に年月日、サイト番号、名前、住所などを記入し、1日分のキャンピング料金を入れ、封をして、ペイスタンドに投函する。封筒のふたは半分を切り離し、サイトのナンバープレートに付けておく。サイトの申し込みは毎朝しなければいけないところと、一度に何泊分かを支払えるところがある。

▶ サイトの選び方

サイトは先着順で選ばれていくので、できるだけ早くキャンプ場へ。できれば小高いサイトで、トイレからあまり離れていない所が便利だ。水洗トイレが多いので、日本のキャンプ場のように臭くない。奥まった所だと、意外に面倒だ。

▶ キャンプ場の設備

キャンプ場内にあるのはトイレと水道で、シャワー、コインランドリー、ジェネラルストアなどは、少し離れた場所にあるのが普通。トイレはたいてい水洗で、トイレの前に水道がある。トイレットペーパーやハンドドライヤー、コンセントもある。

日本のような洗い場はない。生ゴミはきれいにゴミ袋に入れるか、トイレに流してしまう。食器は拭くだけか、あるいはバケツや大きなボウルに水をためて洗う。ペーパーできれいに拭き取ってから、トイレの洗面所や水道で洗い流す程度だ。

シャワーとコインランドリーは同じ建物内にあることが多い。オープン時間は場所によってまちまちなので確認を。どちらも快適に利用できる。入口のカウンターでは石鹸、シャンプーが売られていたり、バスタオルのレンタルをしているところもまれにある。

イエローストーンのノリスにあるキャンプ場

ペイスタンド

キャンプ場入口にある料金支払い所。1日に何回かレンジャーが見回りにくる。このとき、サイトナンバーに支払い証明書が付いているかどうかチェックされる。

なお大きな公園では入口の料金所で先払いすることも多い

コインランドリー

コインランドリーには洗濯機と乾燥機があり、それぞれ$2〜2.50程度。クオーター（25¢硬貨）を機械に入れるので、十分なコインを用意しておこう

静寂を楽しもう

国立公園のキャンプ場では、なるべく静かに過ごすことが求められている。酔っ払って騒いだりしないよう、またスマホやカーステレオなどの音量にも気を配ろう。モーター音、エンジン音など50フィート（約15m）離れた場所で60デシベルを超えるような騒音には、罰金が課せられることもある

バックカントリー・キャンプサイト

徒歩でしかアプローチできない奥地にあるキャンプ場のこと。設備はサイトによってまちまちだが、トイレも何もないのが普通。利用方法については公園ごとに規定があるので確認

大手キャンピングカーレンタル会社

Cruise America

Free 1800-671-8042
URL www.cruiseamerica.com
料 スタンダード（2ベッド）1週間＄594〜

トラベルデポ

Free 1800-123-1776
URL motor-home.net
キャンピングカーを日本語で手配してくれる

フィッシング

▶ フィッシングにはライセンスが必要

いくつかの国立公園では、フィッシングが楽しめる。

魚類の種族保護のため、アメリカでは淡水、海水別、対象魚別にライセンス制を取っている。ライセンス料は州によって違い、1日＄5〜、3日＄15〜といったところ。ライセンスは釣り具店、スポーツ用品店、現地の旅行会社などで入手できる。公園内のスポーツショップなどで購入できる場合もある。

▶ まずはポイントを探す

狙いどおりの魚を釣ろうと思ったら、場所を絞り込んでいくこと。いちばん当てにできるのは、やはり地元のショップの情報だろう。釣りの専門誌には必ずショップの広告が小さく載っている。確実に釣果を、という人はガイドを頼むのがいちばんいい。モグリのガイドでないかどうか、公園ウェブサイトなどで確かめよう。どうせ宿泊することになるから、ガイドのいるフィッシングロッジを予約すると、同宿の釣り師とも交流できるので楽しい。

用具を借りられる公園もある

ラフティング

ラフティングとは、一般にはゴムボートによる急流下りのことだ。アメリカではたいへんポピュラーで、4〜6人がひとつのゴムボートに乗り込み（10人以上乗れるものもある）、それぞれが手にパドルを持ち、皆で協力しながら、逆巻く急流（もちろんこればかり続くわけではないが）を乗り切っていくという、いかにもアメリカ人の好きそうなウオータースポーツだ。

このほかにも、雄大な景色や動植物を眺めながらの、のんびりした川下りもある。スムースウオーターSmoothwater（フローティング）と呼ばれており、子供でも安心して参加できる。

▶ ずぶぬれは当たり前。着替えを忘れずに

ラフティングに臨むときは、急流下りの場合はもちろん、ゆったりと漂う川下りの場合でも、水の上を行くのだからぬれてしまうのは覚悟しておいたほうがよい。激流ともなれば全身びしょぬれだ。

服装は、ポリエステルのように乾きが早く、保温性もある服がいいだろう。着替えはソックスも含めて必ず用意しておこう。シャツの下に水着を着ていく人も多い。タオルも忘れずに。靴も乾きにくい革製は避けて、軽くて乾きも早い、ジョギングシューズなどがいい。日差しが強いので、サングラスと日焼け止めもお忘れなく。

ヨセミテのラフティングは子供にも人気

規則は公園によっていろいろ
国立公園内では州のライセンスが不要のところもある。とはいえ、細かな規則が定められているので、必ずビジターセンターで情報を得ておこう

用具について
フライ、ルアーともに日本とスケールが違うので、よりヘビーなタックルが必要。特にフライの場合はロングキャストが多くなるから、ウェイトフォワードのラインも用意したい。これは現地で買ってもいい

おすすめの公園
グランドキャニオン、キャニオンランズなど。スムースウオーターならヨセミテ、キャニオンランズ、グランドティトンなど。予約はロッジのツアーデスクなどで

乗　馬

馬に揺られて森や湖を巡る乗馬ツアーは、人気のあるアクティビティのひとつだ。経験がなくても大丈夫。リーダーに率いられて1グループ10人前後で列をなして歩く。

▶ ツアーの申し込み

国立公園のビジターセンターや、公園内のロッジのツアーデスクなどで申し込みができる。ピークシーズンは混雑するので、公園に着いたらすぐに申し込みをしよう。料金は2時間ツアーで＄60～80程度。申し込みの際に乗馬経験の有無、身長、体重などを聞かれるので、フィートとポンドで換算しておくといい。

当日は出発の30分前に行く。乗馬時の注意事項の説明がある。

▶ 乗馬のテクニックと服装

馬を割り当てられたときに、馬の扱い方についてのアドバイスがある。スタートはアブミで馬の脇腹を軽く蹴る。右に行くときは右手の手綱を引いて馬の顔を右に向け、左に行くときは左に引く。止めるときは両手の手綱を軽く後ろに引く。道端の草を食べ始めて動かなくなったときは、手綱を思いっきり引き上げて、頭を正面に向かせる。初めてでも堂々とした態度で馬を扱うといい。

服装に特別の指定はないが、ショートパンツは避け、しっかりとしたジーンズがいちばんだ。半袖もおすすめできない。馬は平気で枝をかき分けて進んでいくので、腕や足を出していると傷だらけになってしまう。

子供でも気軽に挑戦できる

ウインタースポーツ

▶ クロスカントリー

冬の大自然を肌で感じるなら、スキーを履いて雪の上を滑り歩くのがいちばんだ。雪の上に残る動物たちの足跡、雪と氷の樹々が造り出した芸術、真っ白な冬毛がかわいらしいウサギ、餌を求めて集まった野生動物。ドキリとするほど感動的な場面にきっと出会える。場所にもよるが、シーズンは1～3月。夏のシーズン中にトレイルだった所の一部が、雪が降るとクロスカントリーのコースとなる。

見渡す限りの雪景色の中で道に迷ったら最悪。1日中誰にも会わないことすらある。トレイルマップを必ずもらい、レンジャーの注意事項を聞く。天候が下り坂のときや雪の予報が出ているときは避けたほうがいい。人気の国立公園ではガイド付きツアーも行われているので、初心者はこれに参加するのがいい。

用具はロッジやスポーツショップで借りられる。スキー、シューズ、ストックなどのセットで1日＄30～60程度。服装は、動きやすいパンツと雪が染み込まないジャケットがあればいい。スキー用もしくは厚手の手袋と、サングラスかゴーグルを用意しよう。

フィート、ポンドへの換算
メートル表示の身長に3.28をかけ、1の位がフィート、残った小数点以下には12をかけてインチを出す。例えば身長170cmとすると、1.7×3.28＝5.576。0.576に12をかけ12÷7で、5フィート7インチとなる。
体重はkg表示のものに2.2をかける。例えば60kgとすると60×2.2＝132で132ポンドだ。

よく調教されていても
馬は、ビクビクした人が乗っていると、馬鹿にしてまったく歩こうとしなくなったり、突然走り出したりすることがある

ショートパンツはNG
ショートパンツだと、馬の汗を直接肌に感じることになる。気持ちが悪いし、内股が擦れて痛くなる

スノーシューハイク
ウインタースポーツでもうひとつ人気なのが、スノーシューハイク。雪の季節もゲートが開いている公園なら、たいてい行われているアクティビティ。柔らかい新雪でももぐらないカンジキのような靴を履いて、レンジャーと一緒に森の中などを歩く。ビジターセンターでスケジュールをチェックしよう。用具はロッジやビジターセンターで借りることができる。マウントレニエ、クレーターレイク、イエローストーンなどで楽しめる

旅の技術 | チップとマナー

アメリカではサービスを受けたらチップを渡す習慣がある。レストラン、ホテル、タクシー、ツアーなどケース・バイ・ケース。チップは忘れずに渡すようにしよう。

チップについて

国立公園の中ではレンジャープログラムほかさまざまな場面でパークレンジャーにお世話になるが、パークレンジャーにチップを渡す習慣はない。国立公園局のレンジャーは名誉職というべき立場にあり、子供たちの憧れの存在。そういう人にチップを渡すのは、かえって失礼になる。レンジャーに似たジャケットを着たボランティアの人や、シャトルバスのドライバーの場合も、非常にお世話になった、大きな迷惑をかけたというときだけ、お礼の気持ちとして渡せばいいだろう。

なお、園内であっても民間業者が行うバスツアーやロッジの従業員（ピローチップなど）にはチップが必要。

● レストランでのチップ

ウエーター、ウエートレスへのチップは支払い後、会計伝票（請求書）を載せてきたトレイに残す。会計伝票の見方も覚えておこう。売り上げ金額の下にタックス（税金）の欄がある。チップは飲食費の合計金額に対して18〜20%程度を置き、タックス分は対象にしなくていい。クレジットカードで支払う場合は、"Gratuity"、または "Tip" の欄にチップの額を書き込み、請求金額（飲食代と飲食税の合計）とチップを合計した金額を自分で計算していちばん下の空欄に書き込む。なお、少額であっても＄1以上のチップを手渡したい。

マナーについて

アメリカで必要なマナーとは「他人との接し方」に尽きる。多民族が住むアメリカでは、他人に対するマナーがことのほか重要視される。最低限のルールを守ろう。

● あいさつ

道を歩いていて人に触れたり、人混みで先に進みたいときは「Excuse me」。もし、ひどくぶつかってしまったり、足を踏んでしまったら「I'm sorry」。無言はたいへん失礼になる。お店に入って、店員に「Hi!」と声をかけられたら、「Hi」または「Hello」の返事を。話をするときは、真っすぐ人の目を見よう。

● 飲酒とたばこ

州によって異なるが、アメリカでは21歳未満の飲酒と、屋外での飲酒は法律で禁じられている。酒屋、クラブなどでは、アルコール購入の際ID（パスポートなどの身分証明書）の提示を求められる。特に公園や公道でのアルコールは厳禁。

たばこを取り巻く環境となると、さらに厳しい。ほとんどのレストランもホテルも禁煙だ。山火事の警戒度が高まっているときなど、屋外でも禁煙ということが珍しくない。

チップの目安

● ホテルメイドへ

ベッド1台につき＄2〜5。ベッドサイドテーブルの上などにはっきりわかるように置く。滞在中のお客の部屋に入るメイドは、お客の持ち物がなくなることに対して極めて神経質なので、紛らわしい置き方だと持っていかないことが多い

● ルームサービスで

ルームサービスを頼んだ場合、まず伝票を見る。サービス料金が記入されていればチップは不要。サービス料金が加算されていなければ伝票にチップの金額を書き、さらに合計金額を書く。現金でもOK。メッセージや届け物などは＄1〜2

● タクシーで

チップは単体で手渡すのでなく、メーターの表示額に自分でチップを加えて支払うことになる。メーター料金の15〜20%とされるが、気持ちよくドライブできたら多めにチップをはずんであげたり、細かい端数は切り上げて支払うのが一般的。現在タクシーもクレジットカードの支払いが増えている

● 観光ツアーで

ツアーの長さや参加人数によって変わるが、ツアー代金の15〜20%を目安にツアーガイドに渡す。ツアーガイドとは別にドライバーに＄2程度渡す人もいる。渡すのはツアーの最後

気をつけたいマナー

● 列の並び方

アメリカではキャッシャーやATM、トイレなどで並ぶときは、1列に並んで空いた所から入るという、フォーク型の並び方が定着している

● 子供連れの場合

レストランや公共の場などで騒いだら、落ち着くまで外に出ていること。また、ホテル室内や車の中に子供だけ入っていたり、子供をしつけるつもりでたたいたりすると、警察に通報されるので特に日本人は要注意だ

電話

アメリカの公衆電話。携帯電話の普及のおかげで台数が減っているが、携帯の電波が届かない国立公園では、まだまだ大切な存在

トールフリーとは

トールフリー Free はアメリカ国内通話料無料の電話番号。1800、1888、1877、1866、1855、1844、1833で始まる。なお、日本からかける場合は有料となるから要注意。アメリカ国内で携帯電話から利用する場合も、通話料がかかる

アルファベットの電話番号

アメリカの電話機には、数字とともにアルファベットが書き込まれている。これによって数字の代わりに単語で電話番号を記憶できる

ABC →2　　DEF →3
GHI →4　　JKL →5
MNO →6　　PQRS →7
TUV →8　　WXYZ→9

日本からスマートフォンを持って行く場合

日本で使っているスマートフォンはそのままアメリカでも使えるが、音声通話は日本の回線を経由するため高額となる。しかし「LINE」「FaceTime」「Messenger」といったアプリを通せば無料で会話をすることも可能。重要なポイントは、データ通信の環境（インターネット接続）が整っているかそうでないか。空港やホテルのようにWi-Fiが開通している場所であれば不便はないが、町なかはそうはいかない。しかも国立公園内には電波の届かないところもあるから、注意が必要だ。

近年、日本の携帯電話会社のなかには海外でのデータ通信を可能としている社もあるので、検討してみるのもいい。アプリなしでアメリカ国内での音声通話をする予定があるのなら、**現地のSIMカード**という選択肢もある。しかし、うまく接続できない、日本の携帯電話はNGという会社もあるので、慎重に。

アメリカ国内での電話のかけ方

アメリカでの公衆電話のかけ方を覚えておくとホテル、現地のSIMカードなどでも応用できる。なお日本同様、アメリカでも公衆電話が町なかから姿を消している。あるのは空港や鉄道駅、バスディーポ、そして国立公園のビジターセンターくらい。覚えておこう。

●市内通話　Local Call

同じ市外局番（エリアコード）内の市内通話の場合、受話器を持ち上げて発信音を確認しよう。発信音がなければ故障中だ。最低通話料金（50¢が一般的）を投入し、エリアコードを除いた下7ケタの番号を押す。

●市外通話 Long Distance Call

最初に「1」を押すのが日本と違う点。コインは投入せず「1」に続けて相手の電話番号を押すと、オペレーターの声で「Please deposit 1 dollar and 80 cents for the first one minute」というように料金投入の指示がある。その金額を投入すると回線がつながる。不足すると「2 dollars, please」などと追加の指示があるので、その額を投入すると継続して通話できる。公衆電話やホテルからは通話料が高いので、次のプリペイドカードが便利。

アメリカから日本へ電話をかける場合	例：(03)1234-5678 へかける場合[※1]

011 国際電話識別番号	+	**81** 日本の国番号	+	**3** 市外局番の最初の0を取る[※2]	+	**1234-5678** 相手先の番号

※1：公衆電話から日本にかける場合は上記のとおり。ホテルの部屋からは、外線につながる番号を頭に付ける
※2：携帯電話などへかける場合も、[090][080][070] などの最初の0を除く

日本からアメリカへ電話をかける場合	例：(333)444-5555 へかける場合

事業者識別番号 **0033**（NTTコミュニケーションズ） **0061**（ソフトバンク） 携帯電話の場合は不要	+	**010** 国際電話識別番号[※]	+	**1** アメリカの国番号	+	**333** 市外局番（エリアコード）	+	**444-5555** 相手先の番号

※携帯電話の場合は010のかわりに「0」を長押しして「+」を表示させると、国番号からかけられる
※ NTT ドコモ（携帯電話）は事前に WORLD CALL の登録が必要

NOTES アメリカで日本のスマートフォン使用時の注意　アメリカでスマートフォンを通話でなく、インターネット（国際ローミング）で利用した場合、高額となることがある。出発前に海外使用 ↗

● プリペイドカード

　日本のテレフォンカードのように直接電話機に挿入して使うシステムではなく、カードに記された各カード固有の番号をダイヤル入力することによって、通話ができるというもの。利用方法は、まず専用のアクセス電話番号（カードに表記されている）を押す。操作案内があるので、それに従って自分のカード番号、相手先電話番号を押していけばよい。プリペイドカードはおもにアメリカのドラッグストアで販売されている。アメリカ国内でも日本へも、購入金額に達するまで通話できる。

ホテルの部屋から電話をかける

　まず外線発信番号（多くの場合8または9）を最初にダイヤルする。あとは通常のかけ方と同じだ。ただし、ホテルの部屋からの通話には手数料が加算され、これが高額となる。トールフリー（無料電話 Free ）の番号でもかかるところが多い。また、市外通話や国際通話をかける際、たとえ相手が電話に出なくても、一定時間（あるいは回数）以上呼び出し続けていると、それだけで手数料がかかってしまうケースもある。

アメリカから日本への国際電話のかけ方

● ダイヤル直通

　公衆電話を使い、自分で料金を払う最も基本的なもの。オペレーターを通さずに直接、日本の相手先の電話番号とつながる。国際通話の場合は相当数のコインが必要となり、現実的ではない。前述のプリペイドカードを使うのが一般的。

● 日本語オペレーターに申し込むサービス

　オペレーターを介して通話するもので、一般的にいわれるコレクトコールのこと。料金は高いが、すべて日本語で事足りるので安心。支払いも日本円となる。

● 携帯電話を紛失した際のアメリカからの連絡先（利用停止の手続き。全社24時間対応）

au	☎ (011) +81+3+6670-6944	※1
NTTドコモ	☎ (011) +81+3+6832-6600	※2
ソフトバンク	☎ (011) +81+92+687-0025	※3

※1　auの携帯から無料、一般電話からは有料

※2　NTTドコモの携帯から無料、一般電話からは有料

※3　ソフトバンクの携帯から無料、一般電話からは有料

アメリカのプリペイドカード。裏にアクセス番号などが表示されている

日本語オペレーターに申し込むコレクトコールアクセス番号
● KDDI（ジャパンダイレクト）
Free 1877-533-0051、1800-543-0051
URL www.kddi.com/phone/international/with-operator/accessnumber/

日本での国際電話に関する問い合わせ先
● NTTコミュニケーションズ
☎ 0120-003300（無料）
URL www.ntt.com
● ソフトバンク
☎ 0088-24-0018（無料）
URL www.softbank.jp
● au
☎ 0057
☎ 157（auの携帯から無料）
URL www.au.com
● NTTドコモ（携帯）
☎ 0120-800-000
☎ 151（NTTドコモの携帯から無料）
URL www.docomo.ne.jp
● ソフトバンク（携帯）
☎ 0800-919-0157
☎ 157（ソフトバンクの携帯から無料）
URL www.softbank.jp

グランドキャニオンの峡谷内トレイルに設置された緊急用電話（無料）。公衆電話として使うことはできない

↗ 時の設定を必ず確認すること

郵便とインターネット

郵便にしろ、国際宅配便にしろ、アメリカから日本へ物を発送した場合は、Visit Japan Webの「携帯品・別送品申告書」に登録する方法もあるが、税関の前に用意されている申告書を2枚記入して、税関審査時に渡すほうが確実（→P.483）

旅の便り、重い荷物は郵便を活用

アメリカから日本への所要日数は、航空便で1週間前後。料金は普通サイズのはがき、封書とも＄1.45が基本。

かさばる書籍類やおみやげなどの荷物は、郵便で日本に送ってしまえばあとがラク。大きな郵便局ならクッション入りの大型封筒、郵送用の箱なども売っている。

送る方法としては航空便Air Mailのみ。約1週間で届く。あて先住所は日本語で書いてかまわない（国名"JAPAN"は英語）が、差出人住所氏名としては自分のものを英語で書く。

インターネットを使うには

「地球の歩き方」ホームページでは、アメリカでのスマートフォンなどの利用にあたって、各携帯電話会社の「パケット定額」や海外用モバイルWi-Fiルーターのレンタルなどの情報をまとめた特集ページを公開中
URL www.arukikata.co.jp/net

無料Wi-Fiスポット
URL www.wifimap.io/234-united-states

アメリカのインターネット環境

旅行者がインターネットを利用する場所として最も便利なのがホテル。アメリカのホテルやモーテルのほとんどがWi-Fiだ。

国立公園内でインターネットや携帯電話が使えるのは、入園者が多い公園のビジターセンター周辺に限られる。特に町や国道から遠く離れた公園では、通信手段はビジターセンターの外に設置された公衆電話（たいてい24時間使用可）のみと思ったほうがいい。園内のロッジは、ロビーやレストランでWi-Fiが使える所が増えてきているが、速度は非常に遅い。

INFORMATION
アメリカでスマホ、ネットを使うには

スマホ利用やインターネットアクセスをするための方法はいろいろあるが、一番手軽なのはホテルなどのネットサービス（有料または無料）、Wi-Fiスポット（インターネットアクセスポイント。無料）を活用することだろう。主要ホテルや町なかにWi-Fiスポットがあるので、宿泊ホテルでの利用可否やどこにWi-Fiスポットがあるかなどの情報を事前にネットなどで調べておくとよい。ただしWi-Fiスポットでは、通信速度が不安定だったり、繋がらない場合があったり、利用できる場所が限定されたりするというデメリットもある。そのほか契約している携帯電話会社の「パケット定額」を利用したり、現地キャリアに対応したSIMカードを使用したりと選択肢は豊富だが、ストレスなく安心してスマホやネットを使うなら、以下の方法も検討したい。

☆ 海外用モバイルWi-Fiルーターをレンタル

アメリカで利用できる「Wi-Fiルーター」をレンタルする方法がある。定額料金で利用できるもので、「グローバルWiFi（【URL】https://townwifi.com/）」など各社が提供している。Wi-Fiルーターとは、現地でもスマホやタブレット、PCなどネットを利用するための機器のことをいい、事前に予約しておいて、空港などで受け取る。利用料金が安く、ルーター1台で複数の機器と接続できる（同行者とシェアできる）ほか、いつでもどこでも、移動しながらでも快適にネットを利用できるとして、利用者が増えている。

▼グローバルWiFi

海外旅行先のスマホ接続、ネット利用の詳しい情報は「地球の歩き方」ホームページで確認してほしい。
【URL】http://www.arukikata.co.jp/net/

旅のトラブルと安全対策

アメリカの治安

「アメリカは危ない」という話を一度は耳にしたことがあるだろう。確かにアメリカは日本と比較して犯罪の発生率が高い。しかも銃社会で、麻薬も大きな社会問題だ。しかし、漠然と「危険」の影におびえながら旅をするなんてつまらない。要は注意すべきことは何かを知ること。そして、「ここは日本ではない、アメリカである」という意識を常にもって行動することだ。世界トップクラスの治安を誇る日本の感覚をもたないように。

▶ スリ、置き引きの多い場所とは

駅、空港、ホテルのロビー、観光名所、ショッピングモール、ファストフード店の中などでは、ほかのことに気を取られがち。「ついうっかり」や「全然気づかぬスキに」被害に遭うことが多い。ツアーバスに乗ったときもバスに貴重品を置いたまま外へ出ないこと。貴重品は常時必ず身に付けること。

▶ こんなふうにお金は盗まれる

犯罪者は多くの場合、単独行動ではなく、グループで犯行に及ぶ。例えば、ひとりが狙いをつけた人に話しかけて気を引き、もうひとりがかばんを奪って逃げていくという具合に。彼らは、いかにも犯罪者という風貌はしておらず、きちんとした身なりで感じもよかったりする。人を疑うのもいやなことだが、用心の上にも用心を。

● 親しげな人に注意

向こうから、親しげに話しかけてくる人、日本語で話しかけてくる人も注意。たいていはカモになる人を探している。例えば、「お金を落としてしまって困っている」と話しながら、うまくお金を巻き上げていく。

▶ 本当に大切なものは肌身離さず

なくなったらその旅が不可能になる、パスポート、お金（クレジットカード）、スマートフォンなどは常に携帯し、パスポート番号など備忘録は貴重品とは別にしまっておこう。万一、手荷物をなくしても、前述3点の貴重品があれば旅行はできる。

トラブルに遭ってしまったら

▶ 盗難、紛失の際には

すぐ警察に届ける。所定の事故報告書があるので記入する。暴行をともなわない置き引きやスリ程度の被害では、被害額によほど高額でない限り捜索はしてくれない。報告書は、自分がかけている保険の請求に必要な手続きと考えよう。控えか報告書の処理番号（Complaint Number）を保険請求の際に添えること。

荷物は少なくまとめること

両手がふさがるほど荷物を持って歩いているときは注意力も散漫になりがちだ。スリに狙われやすく、落とし物もしやすくなる。大きな荷物は行動範囲をせばめる原因でもある

スリや泥棒のターゲットにならないために

スリや置き引きの被害に遭うのはスキのある人。ぼんやりしていたり、落ち着きのない人はすぐカモにされる。海外では、一度手から離したものは戻ってこないと思ってよい。また、安全といわれる国立公園でも夜はひとりで歩かない、昼間のハイキングもできる限り単独行動はしないようにしたい

よいとされる荷物の持ち方

● ショルダー式バッグ

常にバッグを身に付けたまま用が足せる。斜めにかけてファスナーや留め具にいつも手を置くようにする

● デイパック

背負わずに片方の肩だけにかけ、前で抱え込むようにすればなおよい

● ウエストバッグ

バッグ部をおなかの前に。背中部分の留め具が外されることが心配なので、上着を着てその下に付けておく

● 上着の内側ポケット

バッグを持たず、服の内側のポケット2～3ヵ所に分散させて入れる

大麻（マリファナ）は要注意

アメリカの多くの自治体で医療目的以外の嗜好用の大麻販売が合法となり、目立たないがショップが町なかにもある。「日本は違法だけれども、アメリカ国内なら大麻を吸っても大丈夫」と考える人もいるだろう。しかし、絶対に吸ってはいけない。日本人は国外でも日本の法律が適用される

**2520 Massachusetts Ave.
NW, Washington, DC 20008
☎ (202)238-6700（緊急の
場合は24時間対応）入館
には電話予約が必要
URL www.us.emb-japan.
go.jp
窓口受付：月～金9:15～16:
30（12:30～13:30は昼休み）
電話受付：月～金9:00～17:
00（12:30～13:30は昼休み）
休 土・日、祝日
　州によって総領事館の
管轄が異なる（→P.499）

なくしたときのために
　パスポートや、クレジッ
トカードなどの番号をメモ
したものかコピーを取って
おきたい

**海外旅行保険のサービ
スを利用する**
　日本語を話せる医師を
紹介し、病院の予約を取っ
たりする（→P.499）

**航空会社の係員に聞か
れるおもな事柄**
●便名の確認
●預けた空港の確認
●フライト何分前のチェッ
クインか
●かばんの形と色
●外ポケットやいちばん上
の内容物
●発見されたときの配送先

車が故障したら
　故障の場合、自走でき
るときは、レンタカー会
社に連絡して修理する。
自走できないなら、AAA
Free 1800-222-4357を呼
んで対処しよう

交通罰則金を支払う
　駐車違反、スピード違
反の罰金の支払い方法は、
ウェブサイトにアクセスし
て、クレジットカードでの
引き落としが一般的。締め
切りがあるので、必ず間に
合うように処理をしよう。
　なお、罰金の処理を怠
ると、レンタカー会社を通
じて追跡調査が行われる。
またアメリカの有料道路
（トールToll）で未払いを
した場合も同様なので、気
をつけよう

●パスポートをなくしたら

　パスポートをなくしたら、すぐ現地の警察署へ行き、紛失・
盗難届出証明書を発行してもらう。次に日本大使館・領事館で
旅券の失効手続きをし、新規旅券の発給（再発給でなく新規発
給）、または帰国のための渡航書の発給を申請する。パスポー
トの顔写真があるページと航空券や日程表のコピーがあると手
続きが早い。
　失効手続きには①紛失一般旅券等届出書、②現地警察署の発
行した紛失・盗難届出証明書、③写真（縦4.5cm×横3.5cm）1
枚（撮影から6ヵ月以内）が必要。
　発給手続きはパスポートの場合①一般旅券発給申請書、②手
数料（10年用 1万6000円、5年用 1万1000円。現地通貨の現金
払い）。帰国のための渡航書の場合①渡航書発給申請書、②手
数料（2500円。現地通貨の現金払い）、③旅行日程が確認でき
る書類が必要で、パスポート、帰国のための渡航書とも④写真
（縦4.5cm×横3.5cm）1枚、⑤戸籍謄本1通（発行から6ヵ月以内）
が必要となる。

●クレジットカードをなくしたら

　大至急カード発行金融機関（→P.499）に連絡し、無効化す
ること。万一に備えカード発行金融機関の緊急連絡先を控えて
おこう。

●お金をすべてなくしたら

　現金をなくしてしまったときのために、キャッシングサービ
スのあるクレジットカードはぜひとも持っていきたい。なすす
べのない人は、日本総領事館に飛び込んで相談に乗ってもらう
しかない。

▶病気やけがをしたら

　旅先での風邪や下痢の原因は、気候や生活の変化に対応しき
れずに起こることが多い、とにかく休息すること。ホテルなど
の緊急医や救急病院のほかは、医者は予約制。痛み止め、風邪
薬などは処方箋なしで買える。大きな公園には診療所がある。

▶空港で荷物が出てこないとき

　自分の荷物が出てこない場合、バゲージクレーム内の航空会
社のカウンターで、クレームタグの半券を示して諸手続きを行
う。聞かれることは、左記のとおり。

▶ドライブ中のトラブル

　旅行者が犯しやすいのが、駐車違反とスピード違反。アメリ
カでは駐車違反の取り締まりはかなり厳しい。無料の駐車場の
少ない都市部では、違反のチケットをあっという間に切られる。
　スピード違反のとき、パトカーは違反車の後ろにつけると、
赤と青のフラッシャーの点滅で停止を指示する。車は右に寄せ
て停車。警官が降りて近づいてくる間、ハンドルに手を置いて、
同乗者とともにじっと待つ。このとき手を動かさないこと。警
官が声をかけてきたら、日本の運転免許証、国外（国際）運転
免許証とレンタル契約書を見せ、聞かれた質問に答えればいい。
　事故や故障の場合は、レンタカー会社へ連絡をしよう。次は
警察へ。車の返却時に事故報告書を提出することになる。

NOTES **パスポート紛失時はここをチェック**　「旅券申請手続きに必要な書類」の詳細や「IC旅券作成機が設置されていな
い在外公館」は、外務省のウェブサイトで確認を。URL www.mofa.go.jp/mofaj/toko/passport/pass_5.html

旅のイエローページ

緊急時

- ●警察、消防署、救急車　☎911
- ●日本大使館　☎(202)238-6800(領事班)／☎(202)238-6700(緊急24時間)
- ●シアトル総領事館(ワシントン、モンタナの各州、アイダホ州のアイダホ郡以北)　☎(206)682-9107
- ●ポートランド領事事務所(オレゴン州、アイダホ州のシアトル総領事館管轄外)　☎(503)221-1811
- ●ロスアンゼルス総領事館(アリゾナ州、カリフォルニア州のロスアンゼルス、オレンジ、サンディエゴ、インペリアル、リバーサイド、サンバーナディノ、ベントゥーラ、サンタバーバラ、サン・ルイ・オビスポの各郡)　☎(213)617-6700
- ●サンフランシスコ総領事館(ネバダ州、カリフォルニア州のロスアンゼルス総領事館管轄外)　☎(415)780-6000
- ●デンバー総領事館(コロラド、ユタ、ワイオミング、ニューメキシコ各州)　☎(303)534-1151
- ●シカゴ総領事館(サウスダコタ州など)　☎(312)280-0400
- ●マイアミ総領事館(フロリダ州)　☎(305)530-9090

航空会社（日本語）

- ●全日空　Free 1800-235-9262
- ●日本航空　Free 1800-525-3663
- ●アメリカン航空　Free 1800-237-0027
- ●デルタ航空　Free 1800-327-2850
- ●ユナイテッド航空　Free 1800-537-3366

空港・交通（レンタカー除く）

- ●デンバー国際空港　☎(720)730-4359
- ●ソルトレイク・シティ国際空港　☎(801)575-2400
- ●ロスアンゼルス国際空港　Free 1855-463-5252
- ●サンフランシスコ国際空港　☎(650)821-8211
- ●シータック空港　☎(206)787-5388
- ●ポートランド国際空港　☎(503)460-4234
- ●ラスベガス・ハリー・リード国際空港　☎(702)261-5211
- ●フェニックス・スカイハーバー国際空港　☎(602)273-3300
- ●マイアミ国際空港　☎(305)876-7000
- ●アムトラック(鉄道)　Free 1800-872-7245
- ●グレイハウンド(長距離バス)　Free 1800-231-2222
- ●AAA(アメリカ自動車協会)　Free 1800-222-4357

レンタカー会社

- ●エイビス　Free 1800-352-7900
- ●アラモ　Free 1844-354-6962
- ●ハーツ　Free 1800-654-4174
- ●バジェット　Free 1800-214-6094
- ●ダラー　Free 1800-235-9393

クレジットカード会社

- ●アメリカン・エキスプレス　Free 1800-766-0106
- ●ダイナースクラブ　☎+81-3-6770-2796(コレクトコールを利用)
- ●JCBカード　Free 1800-606-8871
- ●マスターカード　Free 1800-627-8372
- ●VISAカード　Free 1800-635-0108

旅行保険会社

- ●損保ジャパン　Free 1800-233-2203(けが・病気の場合)　Free 1833-950-0893(けが・病気以外のトラブル)
- ●東京海上日動　Free 1800-446-5571
- ●AIG損保　Free 1800-874-0119
- ●三井住友海上　Free 1833-835-0380
- ●あいおいニッセイ同和損保　Free 1833-950-0791

帰国後の旅行窓口相談

- ●(一社)日本旅行業協会 JATA　旅行会社で購入した旅行サービスについての相談は「消費者相談室」まで　☎(03)3592-1266　URL www.jata-net.or.jp

感染症の知識

アメリカには、日本ではほとんど見られない感染症が存在する。いずれも旅行者の感染例は極めて少なく、決して神経質になる必要はない。野生動物に手を出さない、なるべく虫に刺されない、体調を整えておく、この3点に気をつければ、重大な事態になる可能性は低い。しかし、だからといって何の知識もないと、初期症状を見逃し、命にかかわることになりかねない。以下を読んで、ぜひ頭の隅に入れておいてほしい。

狂犬病（恐水病）
Rabies

潜伏期間：9日〜6年（1、2ヵ月が多い）
初期症状：頭痛、発熱、咬まれた場所の痛み、かゆみなどだが、症状が出たときには手遅れ！

発病したら最後、**数日以内にほぼ100%死亡する**。アメリカでは毎年数人が犠牲になっている。アメリカでの感染例が最も多いのがコウモリ、アライグマ、スカンクだが、リスやキツネなど**すべての哺乳類が感染源**となる。アリゾナ州だけでも年平均30人がコウモリやスカンクに咬まれ、狂犬病ワクチンを打っている。ペットも毎年数百頭が死亡しており、犬より猫のほうが多いそうだ。決して動物に餌を与えたり、触ろうとしてはいけない。

狂犬病を発症した動物は攻撃的になっているので、**何もしていないのに突然咬みつかれること**がある。コウモリのような小動物の場合、蚊に刺されたような小さな傷しか残らずに、見過ごしてしまうことがあるので注意。コウモリが人間にぶつかってきたり、手の届く所にいたら、狂犬病を疑うべきだ。

アメリカで動物に咬まれたら、**すぐに石鹸と水で傷口を15分以上かけて洗い、一刻も早く病院へ行き**（大きな国立公園には診療所がある）、必ず数時間以内に狂犬病＆破傷風ワクチンを接種してもらおう。咬まれた当日から90日後まで、6回ワクチンを接種することによって、発病の確率をグンと減らすことができる。2本目以後の接種は帰国後でも可。

破傷風
Tetanus

潜伏期間：3〜21日
初期症状：首筋や肩が凝る、寝汗をかく、口が開けにくくなる、顔がひきつるなど

世界中に分布する感染症。傷口に土、木屑、砂利などが付いて感染する。重症になると激痛をともなう強直性けいれん、呼吸困難などを起こす。致死率40%。傷口を放っておかないことが大切。子供の頃に3種混合ワクチンを接種してから10年以上たっている人は、旅行前に追加接種しておくと安心。ただし1ヵ月以上の間隔を開けて2回または3回の接種が必要。

ペスト（黒死病）
Plague

潜伏期間：2〜7日
初期症状：腺ペストの場合は頭痛、突然の高熱、筋肉痛、嘔吐、リンパ節肥大など。肺ペストの場合は紫斑など

その昔、ヨーロッパなどで2500万人の犠牲者を出したといわれるペストは、現在でもロッキー地方、ニューメキシコ、アリゾナ、カリフォルニアなどで発生している。2015年にはヨセミテで子供が感染。リスの死骸からペスト菌が検出された。

ノミによる感染が8割を占めるが、ダニに刺されたり、プレーリードッグなどとの接触、弱っている動物や死体に手を触れるなどが原因で感染することもある。

昔と違って、現在は早期に治療を受ければ完治するが、治療開始が遅れると発症後1週間以内にほとんど死亡する。症状が似ていて間違えられやすい感染症に野兎病 Francisella tularensis、レプトスピラ症 Leptospira などがある。

ライム病
Lyme Borreliosis

潜伏期間：数日〜数週間
初期症状：刺された場所の紅斑、頭痛、だるさ、発熱など

日本でも発生している感染症で、アメリカでは春から秋にかけて北東部やカナダに多く発生する。マダニから感染する。ダニがヒトの体に付いて吸血を始めてから感染までに24時間以上かかるといわれているので、ハイキングした日には、入浴時に全身をチェックするといい。ダニを見つけた場合、上手に取らないとかえって危険なので、病院で取ってもらおう。初期のうちなら抗生剤で完治するが、放置すると脳炎、関節炎、顔面麻痺、心疾患などを引き起こす。

同じく標高の高い地方でダニから感染するものにロッキー山紅斑熱、コロラドダニ熱がある。

コクシジオイデス症
Coccidioidomycosis

潜伏期間：1週間〜数十年
初期症状：せき、関節痛、胸痛、発熱、頭痛、下腿部の発疹

アメリカ西部の砂漠地帯などの風土病。カリフォルニア、ネバダ、アリゾナ、ユタ州などに多く、年に約10万人が感染しているといわれる。valley fever、desert fever とも呼ばれる。

コクシジオイデスは湿度の低い場所を好むカビの一種で、その毒性はペストに匹敵する。土の表面にいるカビ（真菌）の芽胞が強風、土木工事などで空中に舞い上がり、これを吸い込んで肺感染を起こす。吸い込んだ人の約4割が発症し、ほとんどは風邪のような症状だけで治るが、200人に1人程度、感染が全身に広がるケースがあり、その半数が死亡する。なかには20年後に発病するタイプもある。傷口から感染した場合は潰瘍ができ、花キャベツのような腫瘤となる。下腿部の発疹は女性に多い。白人よりも有色人種のほうが致死率が高く、女性ホルモンが菌の成長を促すといわれる。

特に南カリフォルニアと南アリゾナで多発していて、近年爆発的に増加しているので注意。ダイナソア国定公園で調査をしていた古生物学者らが集団感染したこともある。

万一、上記のような症状が出た場合、医師にアメリカ西部の砂漠地帯で砂ぼこりを吸い込んだことを申告し、コクシジオイデス症の検査を受けよう。**日本人も毎年数名が発症している。**

ハンタウイルス肺症候群
Hantavirus Pulmonary Syndrome

潜伏期間：1〜8週間
初期症状：発熱、せき、筋肉痛、呼吸困難など

ネズミの糞尿から飛散したウイルスを吸い込んで感染する。肺水腫に進むと24時間以内に死亡する。致死率40%以上で、成人男性に多い。1993年にナバホ族居留地で流行して以後、2012年にヨセミテで2人が死亡するなど全米で130人以上が死亡している。リスやネズミに接触しないこと。キャンプなどの際、ネズミが近寄らないよう、食品の保管に気をつけよう。

ウエストナイルウイルス
West Nile Virus

潜伏期間：2〜15日
初期症状：39℃以上の急激な発熱、異常な精神状態、頭痛、首や背中の痛み、発疹、発汗、めまい、手足の筋力低下など

ヨーロッパや東南アジアで散発的に流行していた感染症だが、1999年にニューヨーク市内で流行して以後、わずか数年で全米に拡大。2006年には43州で4269人の患者が確認され、うち177人が死亡した。流行はいったん下火になったが、2012年に急増。2023年にも45州で2000人近くが罹患した。9月頃に急に患者が増えるのが特徴。

ウイルスに感染しても約8割の人は無症状。残り2割が高熱などの症状を呈するが、1週間ほどの治療で治る。感染者の約1%が脳炎、髄膜炎、肝炎、膵炎、心筋症などを起こして重篤になり、うち約10%が死亡する。50歳以上の人や子供、免疫力が落ちている人は重くなりやすい。

予防法は蚊に刺されないこと。虫よけスプレーの使用と、白っぽい服装や長袖シャツの着用をおすすめする。

万一、蚊に刺されてから数日後に上記のような症状が現れたら、すぐに病院で診察を受けよう。帰国後の場合、こちらから「アメリカで蚊に刺されたので、ウエストナイルウイルスの検査をしてほしい」と申し出るとよい。

症状が似ているものにセントルイス脳炎 St. Louis Encephalitis がある。

サル痘
Monkeypox

潜伏期間：7〜21日
初期症状：頭痛、発熱、リンパ腺の腫れ、発疹

アフリカでまれに見られる感染症だったが、2003年にアメリカで初めての患者が確認された。プレーリードッグなどの小動物の飼い主を中心に、71人の患者（疑い例を含む）が発生。症状は天然痘に似ていて、種痘はサル痘にも有効。致死率は1%以下といわれる。

デング熱
Dengue Fever

潜伏期間：2〜15日
初期症状：激しい頭痛、発熱、関節痛、嘔吐、発疹

2010年にカリブ海地域で大流行し、マイアミやキーウエストでも毎年感染者が出ている。多くは軽症で済むが、デング出血熱に進むと致死率が高い。流行地域を旅する際には蚊に刺されないよう気をつけよう。

また、デング熱が流行している場所では、同時にマラリアが発生していることもある。発熱などの症状が出たら、すぐに診察を受けよう。

感染症についての問い合わせ
URL www.forth.go.jp
東京検疫所
☎(03)3599-1515
成田空港検疫所
☎(0476)34-2310
関西空港検疫所
☎(072)455-1283

緊急時の医療英会話

●ホテルで薬をもらう

具合が悪い。
アイ フィール イル
I feel ill.

下痢止めの薬はありますか。
ドゥ ユー ハヴ アン アンティダイリエル メディスン
Do you have an antidiarrheal medicine?

●病院へ行く

近くに病院はありますか。
イズ ゼア ア ホスピタル ニア ヒア
Is there a hospital near here?

日本人のお医者さんはいますか？
アー ゼア エニー ジャパニーズ ドクターズ
Are there any Japanese doctors?

病院へ連れていってください。
クッデュー テイク ミー トゥ ザ ホスピタル
Could you take me to the hospital?

●病院での会話

予約したい。
アイドゥライク トゥ メイク アン アポイントメント
I'd like to make an appointment.

グリーンホテルからの紹介で来ました。
グリーン ホテル イントロデュースド ユー トゥ ミー
Green Hotel introduced you to me.

私の名前が呼ばれたら教えてください。
プリーズ レッ ミー ノウ ウェン マイ ネイム イズ コールド
Please let me know when my name is called.

●診察室にて

入院する必要がありますか。
ドゥ アイ ハフ トゥ ビー ホスピタライズド
Do I have to be hospitalized?

次はいつ来ればいいですか。
ホェン シュッダイ カム ヒア ネクスト
When should I come here next?

通院する必要がありますか。
ドゥアイ ハフ トゥ ゴートゥ ホスピタル レギュラリー
Do I have to go to hospital regularly?

ここにはあと2週間滞在する予定です。
アイルステイ ヒア フォー アナザー トゥ ウィークス
I'll stay here for another two weeks.

●診察を終えて

診察代はいくらですか。
ハウ マッチイズイットフォー ザ ドクターズ フィー
How much is it for the doctor's fee?

保険が使えますか。
ダズ マイ インシュアランス カバー イット
Does my insurance cover it?

クレジットカードでの支払いができますか。
キャナイ ペイ イットウィズ マイ クレジット カード
Can I pay it with my credit card?

保険の書類にサインをしてください。
プリーズ サイン オン ジ インシュアランス ペーパー
Please sign on the insurance paper.

※該当する症状があれば、チェックをしてお医者さんに見せよう

☐ 吐き気 nausea	☐ 悪寒 chill	☐ 食欲不振 poor appetite
☐ めまい dizziness	☐ 動悸 palpitation	
☐ 熱 fever	☐ 脇の下で計った armpit	＿＿＿ ℃／℉
	☐ 口中で計った oral	＿＿＿ ℃／℉
☐ 下痢 diarrhea	☐ 便秘 constipation	
☐ 水様便 watery stool	☐ 軟便 loose stool	1日に ＿ 回 times a day
☐ ときどき sometimes	☐ 頻繁に frequently	絶え間なく continually
☐ 風邪 common cold	☐ 花粉症 pollinosis（allergy to pollen）	
☐ 鼻詰まり stuffy nose	☐ 鼻水 running nose	☐ くしゃみ sneeze
☐ 咳 cough	☐ 痰 sputum	☐ 血痰 bloody sputum
☐ 耳鳴り tinnitus	☐ 難聴 loss of hearing	☐ 耳だれ ear discharge
☐ 目やに eye discharge	☐ 目の充血 red eyes	☐ 見えにくい visual disturbance

※下記の単語を指してお医者さんに必要なことを伝えましょう

●どんな状態のものを食べた	落ちた fell	毒蛇 viper
生の raw	やけどした burnt	リス squirrel
野生の wild	●痛み	（野）犬 (stray) dog
油っこい greasy	ヒリヒリする tingling	●何をしているときに
よく火が通っていない	刺すように sharp	草原に行った
uncooked	鋭く keenly	went to the meadow
調理後時間がたった	ひどく severely	ラフティングをした
a long time after it was cooked	●原因	went rafting
●けがをした	蚊 mosquito	キャンプをした
刺された・噛まれた bitten	ハチ wasp	went camping
切った cut	アブ gadfly	登山をした
転んだ fell down	毒虫 poisonous insect	went hiking (climbling)
打った hit	サソリ scorpion	川で水浴びをした
ひねった twisted	クラゲ jellyfish	went swimming in the river

▶NOTES　お役立ち翻訳アプリ　google翻訳のアプリは海外旅行にとても便利。レストランのメニューにかざすと画面上で翻訳してくれる、日本語で話しかけると現地語の音声で返してくれる。インターネット環境が必要